CHARLES DICKENS

Oliver Twist

Oliver wird im Armenhaus einer englischen Kleinstadt geboren – der Vater ist unbekannt, die Mutter stirbt gleich nach der Geburt – und erlebt eine trostlose Kindheit. Er kommt ins Arbeitshaus, wird wenig später zu einem Sargtischler in die Lehre gegeben, ehe er nach London flieht und an eine Bande jugendlicher Taschendiebe gerät. Mit seinen drastischen Beschreibungen des Elends und der Ausbeutung von Kindern zieht Charles Dickens in seinem Roman, der in den Jahren 1837 bis 1839 in Fortsetzungen erschien, alle Register, um auf die prekäre Lage der englischen Arbeiterklasse aufmerksam zu machen.

CHARLES DICKENS

Oliver Twist

oder

Der Werdegang eines Jungen aus dem Armenhaus

Aus dem Englischen übersetzt,
mit Anmerkungen und Nachwort
von Axel Monte

RECLAM

Erstes Kapitel

Wo Oliver Twist zur Welt kam und die Umstände seiner Geburt.

Unter anderen öffentlichen Gebäuden einer gewissen Stadt, die ich aus vielerlei guten Gründen weder benennen noch ihr einen erfundenen Namen geben möchte, befand sich eines, das seit alters her in den meisten Städten, ob groß oder klein, vorhanden ist, nämlich ein Armenhaus. In diesem Haus wurde an einem Datum, das ich hier nicht zu erwähnen brauche, zumal es für den Leser im Moment nicht weiter von Belang ist, der kleine Erdenbürger geboren, dessen Name in der Überschrift dieses Kapitels geschrieben steht.

Noch eine ganze Weile, nachdem er vom Amtsarzt in diese Welt voll Kummer und Leid befördert worden war, blieb es höchst zweifelhaft, ob das Kind überleben und überhaupt einen Namen benötigen würde. In diesem Fall wäre die vorliegende Geschichte sehr wahrscheinlich nie erschienen, oder wenn, dann gebührte ihr, weil auf wenige Seiten beschränkt, das unschätzbare Verdienst, die kürzeste und genaueste Biographie in der Literatur aller Zeiten und Länder zu sein.

Auch wenn ich keineswegs grundsätzlich behaupten möchte, eine Geburt im Armenhaus sei das allerglücklichste und beneidenswerteste Schicksal, das einem Menschen widerfahren kann, möchte ich in diesem besonderen Fall doch sagen, dass es das Beste war, was Oliver Twist passieren konnte. Es bedurfte nämlich vieler Mühen, Oliver dazu zu bewegen, selbständig zu atmen; eine zwar beschwerliche, doch für unser Wohlergehen unerlässliche Tätigkeit. Einen Augenblick lang lag er keuchend auf einer kleinen, mit Wollfetzen gefüllten Matratze, unentschlossen zwischen Diesseits und Jenseits schwankend, aber eher dem letzteren zugeneigt. Wäre Oliver nun während dieser kurzen Zeitspanne von besorgten Großmüttern, ängstlichen Tanten, erfahrenen Krankenschwestern und kunstfertigen Ärzten umgeben gewesen, hätte er unweigerlich im Nu das Zeitliche gesegnet. Da jedoch nur eine Armenhäuslerin, die aufgrund des Genusses eines ungewohnten Quantums Bier leicht benebelt war, und ein Amtsarzt, der dies bloß als lästige Pflichterfüllung betrachtete, zugegen waren, mussten Oliver und die Natur die Sache unter sich ausmachen.

Nach kurzem Kampf stand das Ergebnis fest: Oliver begann zu atmen, nieste und setzte dann dazu an, den Bewohnern des Armenhauses zu verkünden, dass der Gemeindekasse eine neue Bürde auferlegt worden war, indem er so laut schrie, wie man es von einem männlichen Säugling eben erwarten konnte, der erst seit dreieinviertel Minuten über das höchst nützliche Organ einer Stimme verfügte.

Als Oliver dieses erste Zeugnis einer einwandfreien Lungentätigkeit ablegte, regte sich etwas unter der Flickendecke, die nachlässig über das eiserne Bettgestell geworfen worden war. Das bleiche Gesicht einer jungen Frau erhob sich mühsam vom Kissen, und eine dünne Stimme formte kaum vernehmbar die Worte: »Lasst mich das Kind sehen und sterben.«

Der Arzt saß am Kamin, wo er sich die Hände abwechselnd rieb und am Feuer wärmte. Als die junge Frau sprach, erhob er sich, ging zum Bett hinüber und sagte sanfter, als man es von ihm erwartet hätte: »Na, na, wer wird denn gleich ans Sterben denken?«

»Gott segne ihre arme Seele, nein!«, warf die Pflegerin ein und stopfte hastig eine grüne Glasflasche, deren Inhalt sie sich zuvor in einer Ecke mit augenscheinlichem Behagen hatte munden lassen, in die Tasche. »Gott segne ihre arme Seele. Wenn se ersma so alt is wie ich, Sir, un dreizehn Blagen zur Welt gebracht hat, die alle gestor'm sind, außer den beiden, die mit mir im Armenhaus leben, dann wird se schon zur Vernunft kommen, die arme Seele. Denkt doch, was es heißt, Mutter von so nem hübschen kleinen Kerlchen zu sein!«

Diese tröstliche Aussicht auf künftige Mutterfreuden verfehlte offensichtlich die beabsichtigte Wirkung. Die Wöchnerin schüttelte den Kopf und streckte die Hand nach dem Kind aus.

Der Doktor legte es ihr in die Arme. Sie drückte ihre kalten, bleichen Lippen leidenschaftlich auf Olivers Stirn, fuhr sich mit den Händen übers Gesicht, blickte wild umher, schauderte, sank zurück … und verstarb. Sie rieben der Frau Hände, Brust und Schläfen, aber ihr Herz hatte für immer zu schlagen aufgehört. Sie sprachen von Zuversicht und Hoffnung, doch beides war ihr schon zu lange fremd gewesen.

»Jetzt ist es vorbei, Mrs. Thingummy«, sagte der Amtsarzt schließlich.

»So sieht's aus, die Ärmste«, pflichtete die Pflegerin bei und griff sich den Korken der grünen Flasche, der aufs Kissen gefallen war, als sie sich vorgebeugt hatte, um das Kind aufzunehmen. »Armer Wurm.«

»Ihr braucht nicht nach mir zu schicken, wenn das Kind schreit«, sagte der Arzt und streifte sich bedächtig seine Handschuhe über. »Sehr wahrscheinlich wird es ein wenig unruhig sein. Gebt ihm dann einfach etwas Haferschleim.« Er setzte den

Hut auf, blieb auf dem Weg zur Tür beim Bett stehen und bemerkte: »Hübsches junges Ding, wo kam sie eigentlich her?«

»Sie wurde letzte Nacht gebracht«, erwiderte die alte Frau, »auf Anweisung des Amtsfürsorgers. Hat in der Gosse gelegen. Muss wohl ne ganze Weile gelaufen sein, denn ihre Schuhe war'n völlig durchgelatscht. Aber keiner weiß, woher sie kam oder wohin sie wollte.«

Der Arzt beugte sich über den Leichnam und hob die linke Hand an. »Die alte Geschichte«, sagte er kopfschüttelnd, »kein Ehering. Also dann, gute Nacht!«

Der Herr Mediziner begab sich zum Essen, und die Pflegerin, die nochmals dem Inhalt der grünen Flasche zugesprochen hatte, setzte sich auf einen Hocker ans Feuer, um den Säugling zu wickeln.

Der kleine Oliver Twist bot das allerbeste Beispiel dafür, dass Kleider Leute machen! In die Decke gehüllt, die bis dahin sein einziges Kleidungsstück gewesen war, hätte er sowohl Kind eines Adligen als auch eines Bettlers sein können. Selbst ein Beobachter mit ausgeprägtem Standesbewusstsein hätte Schwierigkeiten gehabt, Olivers gesellschaftliche Stellung zu bestimmen. Aber jetzt, wo er in einen alten Kattunfetzen, der in langjährigem Gebrauch ergilbt war, gewickelt wurde, bekam er einen Stempel aufgedrückt und erhielt seinen Platz in der Gesellschaft zugewiesen: als Heimkind, als Waise aus dem Armenhaus, als halbverhungerter, kuschender Kuli, den man nach Belieben drangsalieren konnte – von allen verachtet, von niemandem bemitleidet.

Oliver schrie aus Leibeskräften. Hätte er gewusst, dass er eine Waise und der fragwürdigen Gnade von Kirchenvorständen und Amtsfürsorgern ausgeliefert war, vielleicht würde er dann noch lauter geschrien haben.

Zweites Kapitel

Wie Oliver Twist aufwuchs, erzogen und ernährt wurde.

In den nächsten acht oder zehn Monaten fiel Oliver einem planmäßigen Betrug und Verrat zum Opfer. Er wurde mit dem Fläschchen großgezogen. Die Verwaltung des Armenhauses meldete den ausgehungerten und beklagenswerten Zustand des verwaisten Säuglings pflichtschuldigst an die Verwaltung der Gemeinde. Die Gemeindeverwaltung erkundigte sich in aller Form bei der Armenhausverwaltung, ob es denn »im Hause« keine Frau gebe, die in der Lage sei, Oliver Twist mit der Nahrung und dem Trost zu versorgen, derer er bedürfe. Die Verwaltung des Armenhauses erwiderte geflissentlich, dass dem nicht so sei. Daraufhin fasste die Gemeindeverwaltung den hochherzigen und menschenfreundlichen Beschluss, Oliver »in Pflege« zu geben, das heißt, er kam in eine drei Meilen entfernt gelegene Zweigstelle des Armenhauses, wo zwanzig oder dreißig andere kleine Missetäter, die mit dem Armengesetz in Konflikt geraten waren, den ganzen Tag auf dem Boden umhertollten, ohne dabei von allzu viel Nahrung oder Kleidung behelligt zu werden. Sie standen unter der fürsorglichen Aufsicht einer älteren Dame, die die Übeltäter für siebeneinhalb Pence pro kleinem Kopf und Woche beherbergte. Siebeneinhalb Pence die Woche sind ein beachtlicher Betrag für den Unterhalt eines Kindes. Für siebeneinhalb Pence bekommt man eine Menge zu essen, jedenfalls genug, um einem Kind den Magen zu verderben, so dass es sich unwohl fühlt. Die ältere Dame war eine weise und erfahrene Frau. Sie wusste, was gut für die Kinder war, und sie besaß eine ganz genaue Vorstellung davon, was gut für sie selber war. Also verwendete sie den größeren Teil des Kostgeldes für den eigenen Bedarf und setzte die heranwachsenden Heimkinder auf noch schmalere Kost, als ursprünglich für sie vorgesehen war. Indem sie also zeigte, dass es auch für jene, die bereits ganz unten sind, noch weiter bergab gehen kann, erwies sie sich als große Expertin der angewandten Philosophie.

Wir alle kennen die Geschichte eines anderen Vertreters der angewandten Philosophie, der die kühne These vertrat, ein Pferd könne ohne Futter überleben. Zum Beweis setzte er sein Pferd auf immer strengere Diät, bis es schließlich tatsächlich nur noch einen Strohhalm pro Tag benötigte. Aus dem Tier würde auch ohne Frage bald ein kraftstrotzendes und feuriges Ross geworden sein, das keinerlei Nahrung mehr bedurfte, wäre es nicht just vierundzwanzig Stunden, bevor es seinen ersten leckeren Bissen Luft zu sich nehmen sollte, überraschend gestorben. Unglücklicherweise führte die angewandte Philosophie der Dame, in deren Obhut Oliver Twist überstellt worden war, zu ähnlichen Ergebnissen. Gerade in dem Augenblick, wenn ein Kind es fertigbrachte, von der kleinstmöglichen Portion der dürftigsten Nahrung zu leben, geschah es seltsamerweise in achteinhalb von zehn Fällen, dass es aufgrund des Mangels und der Kälte erkrankte, unbeaufsichtigt ins Feuer fiel oder durch eine Unachtsamkeit halb erstickte. In jedem dieser Fälle wurden die armen kleinen Wesen für gewöhnlich ins Jenseits abberufen, zu ihren Vätern, die sie im Diesseits nie gekannt hatten.

Wenn zuweilen eine genauere Untersuchung als gewöhnlich stattfand, weil ein Kind beim Aufschütteln des Betts übersehen oder an den Badetagen versehentlich zu Tode verbrüht worden war – obwohl dies nicht oft geschah, da die seltenen »Badetage«

im Heim ihren Namen kaum verdienten –, dann kam es den Gerichten schon einmal in den Sinn, unbequeme Fragen zu stellen, oder aufsässige Gemeinderäte setzten ihre Unterschrift unter Beschwerdebriefe.

Aber derartigen Unverschämtheiten wurde schnell durch Zeugnis und Aussage von Amtsarzt und Büttel Einhalt geboten. Der eine hatte stets den Leichnam geöffnet und nichts gefunden (was ja auch zu erwarten gewesen war), und der andere sagte aus, was immer die Ratsleute hören wollten, was von großem Pflichtbewusstsein kündet. Außerdem statteten die Vorstände des Armenhauses dem Heim regelmäßig Besuche ab, wobei sie sich stets einen Tag zuvor vom Büttel ankündigen ließen. Wenn *sie* eintrafen, waren alle Kinder stets sauber und ordentlich anzusehen, was wollte man mehr!

Es stand nicht zu erwarten, dass in diesen Heimen eine blühende Kinderschar herangezogen wurde. An seinem neunten Geburtstag war Oliver Twist ein dünnes blasses Kind von etwas zu kleinem Wuchs und entschieden zu geringem Körperumfang. Aber Natur oder Vererbung hatten ihm einen unbeugsamen Geist in die Brust gepflanzt. Dieser konnte sich dank der spärlichen Kost des Heimes ungehindert ausbreiten, und vielleicht ist es gar ihm zuzuschreiben, dass Oliver seinen neunten Geburtstag überhaupt erlebte. Wie dem auch sei, es *war* jedenfalls sein neunter Geburtstag, und er beging ihn gerade im Kohlenkeller, in der erlesenen Gesellschaft zweier anderer junger Herren, die, nachdem sie alle drei eine gehörige Tracht Prügel bezogen hatten, darin eingesperrt worden waren, weil sie sich erdreistet hatten, hungrig zu sein, als Mrs. Mann, die ehrwürdige Leiterin des Heimes, von dem gänzlich unerwarteten Erscheinen Mr. Bumbles aufgeschreckt wurde, dem Büttel der Gemeinde, der sich vergeblich mühte, das Gartentor zu öffnen.

»Ach du meine Güte, Mr. Bumble, seid Ihr's wirklich, Sir?«, rief Mrs. Mann, während sie mit gespielter Freude ihren Kopf zum Fenster hinausstreckte. »(Schnell, Susan, hol Oliver und die beiden andern Bengel aus'm Keller und schrubb sie ab!) Bei meiner Seel, Mr. Bumble, da freu ich mich aber, Euch zu sehen!«

Nun war Mr. Bumble ein beleibter Mensch von aufbrausendem Charakter, der, statt diese herzliche Begrüßung ebenso zu erwidern, am kleinen Gartenpförtchen rüttelte und ihm einen Tritt versetzte, wie es nur ein Büttel zu tun vermochte.

»Mein Gott, wie dumm«, sagte Mrs. Mann und eilte hinaus, denn inzwischen waren die drei Knaben aus ihrem Verlies befreit, »wie schrecklich dumm von mir! Wie konnt ich bloß vergessen, dass ich der lieben Kleinen wegen das Tor verriegelt habe! Kommt herein, Mr. Bumble, ich bitt Euch, Sir, tretet ein!«

Obwohl diese Einladung von einem Knicks begleitet wurde, der vielleicht das Herz eines Kirchenvorstands besänftigt haben mochte, ließ sich der Büttel davon keineswegs beschwichtigen.

»Mrs. Mann«, hob Mr. Bumble an und griff seinen Stock fester, »haltet Ihr es vielleicht für ein respektvolles und angemessenes Benehmen, Amtspersonen der Gemeinde am Gartentor warten zu lassen, wenn sie in Amtsgeschäften vorstellig werden, die die Waisenkinder der Gemeinde betreffen? Darf ich Euch daran erinnern, dass Ihr Angestellte und Kostgängerin der Gemeinde seid?«

»Gewiss doch, Mr. Bumble, ich wollte ja nur einigen der lieben Kleinen, die so an Euch hängen, Euer Kommen ankündigen«, entgegnete Mrs. Mann unterwürfig.

Mr. Bumble besaß eine hohe Meinung von seiner Beredsamkeit und der Würde seines Amtes. Die eine hatte er unter Beweis gestellt, die andere verteidigt, also war er's zufrieden.

»Nun gut, Mrs. Mann«, antwortete er in milderem Ton, »sei es, wie Ihr's sagt. Lasst uns hineingehen, denn ich bin in offizieller Angelegenheit hier und habe Euch etwas mitzuteilen.«

Mrs. Mann geleitete den Büttel in eine kleine Stube mit Steinfußboden, schob ihm einen Stuhl hin und plazierte Dreispitz und Stock sorgfältig vor ihm auf dem Tisch. Mr. Bumble wischte sich den Schweiß, den die körperliche Anstrengung hervorgerufen hatte, von der Stirn, betrachtete selbstgefällig den Dreispitz und lächelte. Ja, er lächelte. Auch Büttel sind Menschen, und Mr. Bumble lächelte.

»Ich möchte Euch ja nicht zu nahe treten«, bemerkte Mrs. Mann mit bezwingender Liebenswürdigkeit, »aber Ihr habt einen langen Fußmarsch hinter Euch, wisst Ihr, sonst würde ich es ja gar nicht erwähnen. Wie wär's also mit einem kleinen Schlückchen zur Stärkung, Mr. Bumble?«

»Keinen Tropfen. Keinen einzigen Tropfen«, entgegnete Mr. Bumble und winkte mit der rechten Hand bestimmt, aber nicht unfreundlich ab.

»Es würde Euch aber guttun«, hakte Mrs. Mann nach, die den Tonfall der Weigerung und die begleitende Geste wohl bemerkt hatte. »Nur'n kleines Schlückchen, mit etwas kaltem Wasser und einem Stückchen Zucker.«

Mr. Bumble hüstelte.

»Nur'n kleines Schlückchen«, sagte Mrs. Mann einschmeichelnd.

»Was habt Ihr denn da?«, erkundigte sich der Büttel.

»Nun, wovon ich immer ein wenig im Hause haben muss, um

es den lieben Kleinen in die Medizin zu mischen, wenn sie krank sind«, erwiderte Mrs. Mann, als sie ein Eckschränkchen öffnete, dem sie Flasche und Glas entnahm. »Es ist Gin, Mr. Bumble, ich sag's Euch ganz ehrlich.«

»Ihr mischt den Kindern Gin in die Medizin, Mrs. Mann?«, fragte Bumble und verfolgte aufmerksam, wie Mrs. Mann den Trunk zubereitete.

»Ja, Gott segne sie, das tue ich, auch wenn's mich teuer zu stehen kommt«, erwiderte die alte Pflegemutter. »Wisst Ihr, Sir, ich kann sie einfach nicht leiden sehen.«

»Nein«, pflichtete Mr. Bumble ihr bei, »das könnt Ihr nicht. Ihr seid eine herzensgute Frau, Mrs. Mann.«

Sie stellte ihm das Glas hin.

»Das werde ich bei nächster Gelegenheit auch dem Vorstand mitteilen, Mrs. Mann.«

Er zog das Glas näher zu sich heran.

»Ihr seid den Kindern eine wahre Mutter, Mrs. Mann.«

Er rührte um.

»Ich … ich trinke auf Euer Wohl, Mrs. Mann«, sagte er und trank das Glas in einem Zug zur Hälfte leer.

»Und jetzt zum geschäftlichen Teil«, fuhr der Büttel fort und holte ein ledernes Notizbuch hervor. »Der Knabe, der per Nottaufe den Namen Oliver Twist erhalten hat, wird heute neun Jahre alt.«

»Gott segne ihn!«, rief Mrs. Mann und rieb sich mit dem Schürzenzipfel das linke Auge rot.

»Und trotz einer Belohnung von zehn Pfund, die später auf zwanzig Pfund heraufgesetzt wurde, trotz der größten, ja, ich möchte sagen übermenschlichen Anstrengungen, die der Gemeinderat unternommen hat«, verkündete Bumble, »ist es uns weder gelungen, herauszufinden, wer sein Vater ist, noch wo seine Mutter herkam, wie sie hieß oder welchen Standes sie war.«

Mrs. Mann hob erstaunt ihre Hände, stutzte kurz und fragte nach: »Wie kommt es dann, dass er überhaupt einen Namen hat?«

Der Büttel warf sich voller Stolz in die Brust und erwiderte: »Den habe ich ihm gegeben.«

»Ihr, Mr. Bumble!«

»Ich, Mrs. Mann. Wir benennen unsere Findelkinder in alphabetischer Reihenfolge. Der letzte war ein S – den habe ich Swubble genannt. Dieser war ein T – *ihn* habe ich Twist genannt. Der nächste wird ein Unwin sein, und der danach ein Vilkins. Ich habe schon bis zum Ende des Alphabets Namen parat, und wenn wir bei Z angelangt sind, geht's wieder von vorn los.«

»Na so was, Ihr seid ja gar ein Dichter, Sir!«, rief Mrs. Mann.

»Na ja«, meinte der Büttel, der das Kompliment mit offensichtlicher Genugtuung zur Kenntnis nahm, »kann schon sein, dass ich einer bin, Mrs. Mann.« Er trank sein Glas leer und fuhr fort: »Oliver ist jetzt zu alt, um weiter hierzubleiben, der Vorstand hat entschieden, ihn wieder ins Armenhaus zu holen. Ich bin höchstpersönlich gekommen, um ihn mitzunehmen, also lasst mich ihn gleich sehen.«

»Ich werde ihn sofort herbeischaffen«, entgegnete Mrs. Mann und verließ zu diesem Zwecke das Zimmer. Oliver, dem man inzwischen so viel von der Dreckkruste, die ihm Gesicht und Hände überzog, entfernt hatte, wie man mit einmaligem Waschen abzuschrubben vermochte, wurde von seiner wohlwollenden Beschützerin hereingeführt.

»Mach einen Diener vor dem Herrn, Oliver«, sagte Mrs. Mann.

Oliver machte einen Diener, der gleichermaßen dem Büttel auf dem Stuhl wie dem Dreispitz auf dem Tisch galt.

»Willst du mit mir kommen, Oliver?«, fragte Mr. Bumble in hoheitsvollem Ton.

Oliver wollte gerade sagen, dass er nur zu gerne bereit sei, wegzugehen, mit wem auch immer, als er aufschaute und sein Blick auf Mrs. Mann fiel, die hinter den Stuhl des Büttels getreten war und ihm mit wütender Miene mit der Faust drohte. Er verstand den Wink sofort, denn diese Faust hatte zu oft Spuren auf seinem Leib hinterlassen, um nicht auch welche in seinem Gedächtnis hinterlassen zu haben.

»Wird *sie* mitkommen?«, erkundigte sich der arme Oliver.

»Nein, das geht nicht«, antwortete Mr. Bumble. »Aber sie wird dich hin und wieder besuchen.«

Das war dem Knaben kein sonderlicher Trost. Trotz seines jungen Alters war er verständig genug, großes Bedauern zu heucheln, fortgehen zu müssen. Es fiel dem Jungen nicht schwer, die Tränen fließen zu lassen. Hunger und jüngst erlittene Misshandlungen sind ausgesprochen hilfreich, wenn man weinen will, und so kamen Oliver von ganz allein die Tränen. Mrs. Mann umarmte ihn tausendmal und gab ihm, was Oliver weitaus mehr zu schätzen wusste, ein Stück Brot mit Butter, damit er nicht gar so hungrig aussähe, wenn er ins Armenhaus kam. Mit der Scheibe Brot in der Hand und der kleinen Armenhäuslermütze aus grobem Tuch auf dem Kopf wurde Oliver von Mr. Bumble fortgeführt, aus seinem erbärmlichen Zuhause, wo weder ein liebes Wort noch ein freundlicher Blick die Düsternis seiner frühen Kindheit erhellt hatten. Und doch überkam ihn, als die Tür des Heimes hinter ihm ins Schloss fiel, der Schmerz kindlicher Verzweiflung. So armselig seine kleinen Gefährten, die er zurückließ, in ihrem Elend auch sein mochten, so waren sie doch die einzigen Freunde, die er je gekannt hatte, und zum ersten Mal machte sich im Herzen des Kindes das Gefühl breit, ganz allein in der großen weiten Welt zu sein.

Mr. Bumble holte mit weiten Schritten aus, der kleine Oliver trabte, sich am goldbetressten Ärmel des Büttels festklammernd, neben ihm her und erkundigte sich alle Viertelmeile, ob sie schon »bald dort« seien. Auf diese Fragen gab Mr. Bumble nur kurz und barsch Antwort, denn die vorübergehende Milde, die der Gin in mancher Brust weckt, hatte sich inzwischen verflüchtigt, und er war wieder ganz Büttel.

Oliver befand sich noch keine Viertelstunde innerhalb der Mauern des Armenhauses und hatte kaum eine zweite Scheibe Brot vertilgt, als Mr. Bumble, der ihn der Obhut einer alten Frau übergeben hatte, zurückkehrte und ihm mitteilte, dass gerade eine abendliche Sitzung stattfinde und der Vorstand bestimmt habe, er solle unverzüglich vor selbigem erscheinen.

Da er keine rechte Vorstellung davon besaß, was eine Vorstandssitzung wohl sein könne, war Oliver über diese Nachricht nicht wenig erstaunt und wusste nicht, ob er lachen oder weinen sollte. Er fand auch keine Gelegenheit, darüber nachzusinnen, denn Mr. Bumble versetzte ihm mit seinem Stock einen Schlag auf den Schädel, um ihn aufzuwecken, einen weiteren in den Rücken, um ihn anzutreiben, und befahl ihm, mitzukommen. Der Büttel führte ihn in ein großes, weiß getünchtes Zimmer, in dem acht oder zehn wohlbeleibte Herrn an einem Tisch saßen. Am Kopfende des Tisches thronte in einem Lehnstuhl, noch größer als die anderen, ein besonders feister Herr mit einem kugelrunden, roten Gesicht.

»Verbeuge dich vor dem Hohen Hause«, sagte Bumble. Oliver wischte ein oder zwei Tränen fort, die ihm in die Augen getreten waren, und da er kein hohes Haus sah, sondern bloß einen großen Tisch, verbeugte er sich auf gut Glück vor diesem.

»Wie heißt du, Junge?«, fragte der Herr in dem Lehnstuhl.

Oliver war vom Anblick so vieler Herren eingeschüchtert, weshalb er zu zittern begann, und der Büttel stieß ihm erneut in den Rücken, weshalb er zu weinen anfing. Wegen beidem konnte er nur sehr leise und stockend antworten, woraufhin ein Herr in weißer Weste ihn einen Dummkopf nannte. Das war natürlich bestens geeignet, Oliver Mut zu machen und ihm seine Befangenheit zu nehmen.

»Junge«, sagte der Herr auf dem großen Stuhl, »hör mir zu. Du weißt, dass du eine Waise bist, nehme ich an?«

»Was ist das, Sir?«, fragte der arme Oliver.

»Der Junge ist wirklich ein Dummkopf ... ich hab's doch gleich gewusst«, bemerkte der Herr in der weißen Weste.

»Ruhe!«, rief der Herr, der zuerst gesprochen hatte. »Du weißt, dass du weder Vater noch Mutter hast und von der Gemeinde großgezogen wurdest, nicht wahr?«

»Ja, Sir«, erwiderte Oliver und weinte bitterlich.

»Warum weinst du?«, erkundigte sich der Herr in der weißen Weste. Und es war ja auch wirklich merkwürdig. Was sollte der Junge für einen Grund haben, zu weinen?

»Ich hoffe, du sprichst jeden Abend dein Gebet«, warf ein anderer Herr mit schroffer Stimme ein, »und bittest für die Menschen, die dir zu essen geben und für dich sorgen ... wie ein guter Christ.«

»Jawohl, Sir«, stammelte der Junge. Der Herr mit der schroffen

Stimme hatte, ohne es zu wissen, ins Schwarze getroffen. Oliver wäre in der Tat ein guter, ja sogar ein vorbildlicher Christ gewesen, hätte er für die Menschen gebetet, die ihn ernährten und für ihn sorgten. Er tat es aber nicht, weil es ihm niemand beigebracht hatte.

»Gut! Du bist hier, damit du erzogen wirst und ein nützliches Handwerk erlernst«, sagte der rotgesichtige Herr in dem hohen Lehnstuhl.

»Also wirst du morgen früh um sechs Uhr damit beginnen, Werg zu zupfen«, fügte der bärbeißige Herr in der weißen Weste hinzu.

Für diesen zwiefachen Segen, der in der einfachen Tätigkeit des Wergzupfens lag, verbeugte sich Oliver auf Geheiß des Büttels und wurde dann in einen großen Saal getrieben, wo er sich auf einem harten und rauhen Lager in den Schlaf schluchzte. Welch schönes Bild der fürsorglichen Gesetze Englands! Sie lassen ihre Armenhäusler schlafen gehen!

Armer Oliver! Wie er so dalag, im glückseligen Schlummer alles um sich herum vergessend, dachte er nicht im geringsten daran, dass die Vorstände am selbigen Tag einen Beschluss gefasst hatten, der sein künftiges Geschick entscheidend beeinflussen sollte. Aber das hatten sie. Und zwar wie folgt:

Die Mitglieder dieses Vorstands waren äußerst verständige, scharfsinnige und lebenskluge Männer, und als sie ihre Aufmerksamkeit auf das Armenhaus richteten, fiel ihnen sofort auf, was gewöhnliche Leute niemals entdeckt hätten: Den Armen gefiel es dort! Für das niedere Volk war es geradezu eine öffentliche Vergnügungsstätte, ein Wirtshaus, wo man nicht zu zahlen brauchte, gratis Frühstück, Mittagstisch, Teetafel und Abendbrot, das ganze

Jahr hindurch, ein steingewordenes Elysium, wo man sich nur verlustierte und nicht zu arbeiten brauchte. »Oho!«, sagten die Vorstände und machten ein schlaues Gesicht. »Wir sind die Richtigen, um diese Dinge in Ordnung zu bringen, wir setzen dem im Handumdrehen ein Ende.« Also stellten sie per Verordnung alle Armen vor die Wahl (sie wollten ja niemanden zwingen, sie nicht), langsam und allmählich im Armenhaus zu verhungern oder ganz schnell außerhalb desselben. Zu diesem Zwecke schlossen sie mit den Wasserwerken einen Vertrag über die unbegrenzte Versorgung mit Wasser und mit einem Getreidehändler über die regelmäßige Lieferung kleinerer Mengen Hafermehls und gaben täglich drei Mahlzeiten dünnen Haferschleims aus, dazu zweimal die Woche eine Zwiebel und sonntags ein halbes Brötchen. Sie erließen noch weitere weise und menschenfreundliche Verordnungen, welche die Damen betrafen und hier nicht wiederholt zu werden brauchen, übernahmen es – angesichts der hohen Kosten eines Verfahrens im Gerichtshof *Doctors' Commons* – freundlicherweise, arme Eheleute zu scheiden, und statt einen Mann dazu zu zwingen, für seine Familie zu sorgen, wie sie es bisher gehalten hatten, nahmen sie ihm die Seinen fort und machten ihn zum Junggesellen!

Man weiß nicht, wie viele Bittsteller aus allen Schichten der Gesellschaft in den letzten beiden Angelegenheiten um Unterstützung vorstellig geworden wären, hätte man diese nicht mit dem Armenhaus verknüpft. Die Vorstände waren jedoch Männer von Weitblick und hatten gegen diese Gefahr Vorkehrungen getroffen. Die fragliche Unterstützung war nicht ohne Armenhaus und Haferschleim zu haben, und das schreckte die Leute ab.

In den ersten sechs Monaten nach Olivers Umquartierung traten die neuen Verordnungen in Kraft. Anfangs war es recht kostspielig, weil die Ausgaben für die Leichenbestatter anstiegen und die Kleidung der Armenhäusler enger gemacht werden musste, da sie ihnen nach ein oder zwei Wochen Haferschleim um die abgezehrten, ausgemergelten Leiber schlotterte. Doch die Zahl der Armenhäusler nahm bald ebenso schnell ab wie sie selbst, so dass der Vorstand vollauf zufrieden sein konnte.

Der Saal, in dem die Jungen aßen, war ein großer Raum mit Steinfußboden, an dessen einem Ende ein kupferner Kessel stand, aus dem der Koch, zu diesem Zwecke mit einer Schürze bekleidet, zur Essenszeit mit einer Kelle den Haferschleim schöpfte, wobei ihm ein oder zwei Frauen zur Hand gingen. Von diesem Festtagsschmaus erhielt jeder Junge einen Napf voll, nicht mehr – außer an hohen Feiertagen, wenn es zusätzlich noch ein achtel Pfund Brot gab. Die Näpfe brauchten nie gesäubert zu werden, da die Jungen sie mit ihren Löffeln so blank polierten, dass sie glänzten. Hatten sie diese Tätigkeit beendet – was nie sehr lange dauerte, weil die Löffel fast so groß waren wie die Näpfe –, saßen sie da und starrten den Kessel an, mit so gierigen Augen, als wollten sie die Ziegelsteine, mit denen er eingefasst war, verschlingen, begnügten sich aber einstweilen damit, eifrig ihre Finger abzulecken, in der Hoffnung, ein paar Spritzer Haferschleim zu erwischen, die dort hängen geblieben sein mochten.

Jungen haben im allgemeinen einen gesunden Appetit. Oliver Twist und seine Gefährten ertrugen drei Monate lang die Qualen eines langsamen Hungertods, bis sie schließlich vor Hunger so toll und gierig wurden, dass ein Junge, der für sein Alter recht groß und an derlei nicht gewöhnt war (da sein Vater eine kleine Garküche betrieben hatte), sich gegenüber seinen Gefährten in düsteren Andeutungen erging: Wenn er nicht *per diem* einen weiteren Napf Haferschleim bekäme, dann fürchte er, eines Nachts noch den kleinen Jungen, der neben ihm schlief und zufällig ein schwächlicher Knabe zarten Alters war, zu verspeisen. In seinem Blick lag etwas derart Wildes und Hungriges, dass sie ihm ohne weiteres Glauben schenkten. Es wurde also beratschlagt und ausgelost, wer an diesem Abend nach dem Essen zum Koch gehen und Nachschlag verlangen sollte. Das Los fiel auf Oliver Twist.

Der Abend kam, und die Jungen nahmen ihre Plätze ein. Der Koch stellte sich in seiner Schürze an den Kessel, die Küchenhilfen aus dem Armenhaus gleich hinter ihm, der Haferschleim wurde ausgeteilt und vor der kurzen Mahlzeit ein langes Tischgebet gesprochen. Der Haferschleim verschwand, die Jungen tuschelten und gaben Oliver Zeichen, während seine Sitznachbarn ihn heimlich anstießen. Obwohl nur ein Kind, machten ihn der Hunger verzweifelt und die Not verwegen. Er stand vom Tisch auf, ging, Löffel und Napf in der Hand, zum Koch und sagte ein wenig erschrocken über seine eigene Kühnheit:

»Bitte, Sir, ich möchte noch mehr.«

Der Koch, ein rotwangiger, wohlgenährter Mann, wurde ganz bleich. Einige Sekunden glotzte er den kleinen Aufrührer bestürzt und verblüfft an, dann klammerte er sich haltsuchend am Kessel fest. Die Küchenhilfen waren starr vor Staunen, die Jungen vor Angst.

»Was?«, fragte der Koch schließlich mit schwacher Stimme.

»Bitte, Sir«, wiederholte Oliver, »ich möchte noch mehr.«

Der Koch schlug mit der Schöpfkelle nach Olivers Kopf, packte sich den Jungen und schrie laut nach dem Büttel.

Der Vorstand tagte gerade in streng vertraulicher Sitzung, als Mr. Bumble in heller Aufregung in den Saal stürmte und an den Herrn im hohen Stuhl gewandt sagte:

»Mr. Limbkins, ich bitte um Verzeihung, Sir! Oliver Twist hat mehr verlangt!«

Bestürzung machte sich breit. Auf allen Gesichtern zeichnete sich Entsetzen ab.

»*Mehr* verlangt!«, rief Mr. Limbkins. »Reißt Euch zusammen, Bumble, und antwortet geradheraus. Verstehe ich recht, dass er mehr verlangte, nachdem er die ihm zum Abendessen zustehende Ration verspeist hat?«

»Das hat er, Sir!«, erwiderte Bumble.

»Dieser Junge wird noch mal am Galgen enden«, sagte der Herr in der weißen Weste. »Denkt an meine Worte, der wird noch mal am Galgen enden.«

Niemand widersprach dieser prophetischen Aussage des Herrn. Es entspann sich eine lebhafte Diskussion. Oliver kam unverzüglich in Arrest, und am nächsten Tag wurde außen am Tor eine Bekanntmachung angebracht, die jedermann, der Oliver Twist der Gemeinde abnähme, eine Belohnung von fünf Pfund versprach. Mit anderen Worten, jedem, ob Mann oder Frau, der für welches Handwerk, Gewerbe oder Geschäft auch immer einen Lehrjungen brauchte, wurden Oliver Twist und obendrein fünf Pfund angeboten.

»Noch nie in meinem Leben war ich von etwas so überzeugt gewesen«, sagte der Herr in der weißen Weste, als er am nächsten Tag ans Tor klopfte und die Bekanntmachung las, »noch nie im Leben war ich von etwas so überzeugt gewesen, wie davon, dass dieser Junge am Galgen enden wird.«

Da ich im Laufe des Buches noch darlegen werde, ob der Herr in der weißen Weste recht behält oder nicht, würde ich bloß das Interesse an dieser Erzählung (so sie denn auf selbiges stößt) schmälern, wenn ich mich bereits jetzt in Andeutungen erginge, ob das Leben des Oliver Twist tatsächlich ein solch gewaltsames Ende nimmt.

Drittes Kapitel

Beschreibt, wie Oliver Twist beinahe eine Stellung antrat, die alles andere als ein Ruheposten gewesen wäre.

Nachdem er die frevelhafte und gotteslästerliche Missetat begangen hatte, mehr zu verlangen, blieb Oliver eine Woche lang streng bewacht in dem dunklen und einsamen Verlies, in das er aufgrund der Weisheit und Gnade des Vorstands gesperrt worden war. Auf den ersten Blick schien es nicht abwegig, anzunehmen, Oliver würde, hätte er der Vorhersage des Herrn in der weißen Weste den gebührenden Respekt gezollt, um den Ruf dieses Weisen als Prophet ein für alle Mal zu festigen, ein Ende seines Taschentuchs an einem Haken in der Wand befestigen und sich selbst am anderen aufknüpfen. Der Ausführung dieser Tat stand indes ein Hindernis im Weg, weil Taschentücher ganz entschieden als Luxusartikel galten und daher ausdrücklich auf in feierlicher Sitzung beschlossene, verbriefte und besiegelte Anordnung des Vorstands zukünftig und für alle Zeiten von den Nasen der Armen ferngehalten wurden. Ein noch größeres Hindernis stellten Olivers junges Alter und kindliches Gemüt dar. Also weinte er bloß den ganzen Tag, und als die trostlose lange Nacht hereinbrach, presste er seine kleinen Hände auf die Augen, um die Dunkelheit auszusperren, und versuchte, in die Ecke gekauert zu schlafen. Immer wieder fuhr er mit einem Ruck hoch und zitterte, rückte näher und näher an die kalte und harte Wand heran, als verspräche er sich in der Düsternis und Einsamkeit, die ihn umgaben, selbst von dieser Berührung Schutz.

Die Feinde des »Systems« sollen aber nicht meinen, Oliver seien während der Zeit seiner Einkerkerung die Wohltaten körperlicher Ertüchtigung, das Vergnügen der Geselligkeit oder der Segen religiösen Trostes vorenthalten worden. Was die körperliche Ertüchtigung betrifft, so herrschte schönes kaltes Wetter, und es war ihm gestattet, jeden Morgen im gepflasterten Hof an der Pumpe seine Waschungen vorzunehmen, in Gegenwart Mr. Bumbles, der durch wiederholte Anwendung seines Stocks auf Olivers Haut ein prickelndes Gefühl hervorrief, um so einer Erkältung vorzubeugen. Was die Geselligkeit betrifft, so wurde Oliver jeden Tag in den Saal geführt, wo die Jungen speisten, um dort zur allgemeinen Warnung und als abschreckendes Beispiel vor jedermann gezüchtigt zu werden. Und der Segen religiösen Trostes blieb ihm schon gar nicht versagt, vielmehr wurde er jeden Abend zur Gebetszeit mit Fußtritten in den gleichen Saal getrieben, wo er zur Tröstung seiner Seele dem gemeinsamen Bittgebet der Jungen lauschen durfte. Dieses enthielt einen besonderen Zusatz, der auf Geheiß des Vorstands eingefügt worden war, in dem die Jungen darum baten, gut, tugendhaft, bescheiden und gehorsam zu sein und vor den Sünden und Lastern des Oliver Twist bewahrt zu werden. Dieser, so legte der Zusatz klar und deutlich dar, erfreue sich des besonderen Wohlwollens und Schutzes der Mächte des Bösen und sei direkt der Werkstatt des Teufels entsprungen.

Als die Dinge für Oliver gerade derart hoffnungsvoll und vielversprechend aussahen, ging eines Morgens zufällig Mr. Gamfield, der Kaminkehrer, die High Street hinab seines Weges, eifrig über Möglichkeiten nachsinnend, wie er gewisse Mietrückstände, wegen derer sein Hauswirt Druck zu machen begann, begleichen könne. Selbst wenn er die günstigsten Berechnungen seines Guthabens anstellte, fehlten Mr. Gamfield noch immer ganze fünf

Pfund an dem notwendigen Betrag. In einem Anfall mathematischer Verzweiflung malträtierte er gerade abwechselnd sein Hirn und seinen Esel, als er am Tor des Armenhauses vorbeikam und sein Blick auf die Bekanntmachung fiel.

»Wo-ho!«, rief Mr. Gamfield dem Esel zu.

Der Esel befand sich jedoch in einem Zustand tiefer Versunkenheit. Wahrscheinlich grübelte er darüber nach, ob er wohl in den Genuss von ein oder zwei Kohlstrünken kommen würde, wenn er die beiden Säcke Ruß, mit denen der kleine Karren beladen war, abgeliefert hätte, also trottete er, ohne das Kommando zu beachten, einfach weiter.

Mr. Gamfield stieß einen wüsten Fluch aus, gegen den Esel im allgemeinen, aber insbesondere gegen dessen Augen, lief ihm nach und verpasste ihm einen Schlag auf den Kopf, der jeden anderen Schädel als den eines Esels unweigerlich zerschmettert hätte. Dann bekam er die Zügel zu fassen, riss den Esel mit einem Ruck am Maul, um ihn sanft daran zu erinnern, dass er nicht sein eigener Herr sei, und drehte ihn herum. Dann versetzte er ihm einen weiteren Schlag auf den Kopf, einfach, um das Tier bis zu seiner Rückkehr ruhig zu stellen. Als er all diese Vorkehrungen getroffen hatte, schritt er zum Tor und las die Bekanntmachung.

Der Herr in der weißen Weste stand, nachdem er im Sitzungssaal einige tiefgründige Bemerkungen von sich gegeben hatte, mit auf dem Rücken verschränkten Händen am Tor. Da er Zeuge der kleinen Auseinandersetzung zwischen dem Esel und Mr. Gamfield gewesen war, lächelte er frohgemut, als dieser Mensch nun herantrat, um die Bekanntmachung zu lesen, denn er erkannte sofort, dass es sich bei Mr. Gamfield genau um jene Art von Lehrherrn handelte, die Oliver Twist benötigte. Mr. Gamfield lächelte ebenfalls, als er das Schriftstück studierte, denn fünf Pfund waren genau die Summe, die er brauchte, und was den Jungen betraf, den man obendrein nehmen musste, so wusste Mr. Gamfield, der mit der Kost des Armenhauses vertraut war, dass er nur von schmächtiger Gestalt sein konnte, gerade richtig für die Kamine mit Ventilklappen. Also buchstabierte er die Bekanntmachung noch einmal von oben bis unten durch und sprach dann, indem er sich als Zeichen der Ergebenheit an die Fellmütze tippte, den Herrn in der weißen Weste an.

»Dieser Junge hier, Sir, wo die Gemeinde in Lehre geben will«, sagte Mr. Gamfield.

»Ja, guter Mann«, entgegnete der Herr in der weißen Weste mit einem leutseligen Lächeln, »was ist mit ihm?«

»Wenn die Gemeinde will, dass er'n leichtes und nützliches Handwerk lernt, bei nem ehrbarn Kaminkehrer«, sagte Mr. Gamfield, »ich brauch'n Lehrjungen und würd'n nehm.«

»Kommt herein«, forderte ihn der Herr in der weißen Weste auf. Mr. Gamfield, der noch kurz zurückblieb, um den Esel ein weiteres Mal auf den Kopf zu schlagen und am Zügel zu reißen, als Mahnung, in seiner Abwesenheit ja nicht fortzulaufen, folgte dem Herrn in der weißen Weste in das Zimmer, wo Oliver diesen zum ersten Mal gesehen hatte.

»Das ist ein schmutziges Handwerk«, erklärte Mr. Limbkins, als Gamfield sein Anliegen erneut vorgebracht hatte.

»Es sind schon viele junge Burschen in den Kaminen erstickt«, bemerkte ein anderer Herr.

»Bloß desweg'n, weil se's Stroh anfeuchten, bevor se's im Kamin entzünden, um se wieder rauszujagen«, sagte Mr. Gamfield. »Das gibt bloß Rauch, keine Flammen, aber Rauch taucht nix, wenn man die Burschen rausjagen will, der macht se bloß schläfrich, das ham se sogar gern. Die Jungs sin nämlich richtich widerborstich un faul, es gibt nix Bessres als tüchtich lodernde Flammen, um se aus'm Kamin rauszujagen. Is außerdem auch menschenfreundlich, meine Herrn, denn falls se wirklich ma im Kamin feststecken, dann zappeln se, wenn man ihnen die Füße röstet, so lang, bis se wieder freikomm.«

Diese Ausführungen schienen den Herrn in der weißen Weste sehr zu belustigen, doch seiner Heiterkeit wurde durch einen Blick von Mr. Limbkins umgehend Einhalt geboten. Die Vorstände berieten sich dann einige Minuten untereinander, aber mit so gedämpften Stimmen, dass nur die Worte »Kostenersparnis«, »macht sich gut in den Büchern« und »öffentlicher Rechenschaftsbericht« zu vernehmen waren, und auch nur deshalb, weil sie des öfteren und mit großem Nachdruck wiederholt wurden.

Schließlich verstummte das Getuschel, und als die Mitglieder des Vorstands wieder ihre Plätze und ihre würdevolle Haltung eingenommen hatten, verkündete Mr. Limbkins:

»Wir haben Euer Ansinnen geprüft, lehnen es jedoch ab.«

»In vollem Umfang«, warf der Herr in der weißen Weste ein.

»Mit aller Entschiedenheit«, fügten die anderen Vorstände hinzu.

Da Mr. Gamfield nun zufällig mit dem leichten Makel behaftet war, bereits drei oder vier Lehrjungen totgeprügelt zu haben, kam ihm der Gedanke, der Vorstand habe sich vielleicht aus einer unerklärlichen Laune heraus in den Kopf gesetzt, sich in seinem Vorgehen von diesem unwesentlichen Umstand beeinflussen zu lassen. Falls dem so war, würde das zwar dessen sonstigem Geschäftsgebaren so gar nicht ähnlich sehen, aber da er nicht unbedingt den

Wunsch hegte, diese Gerüchte erneut aufleben zu lassen, drehte er seine Mütze in den Händen und entfernte sich langsam vom Tisch.

»Ihr wollt'n mir also nich geb'n, meine Herrn?«, fragte Mr. Gamfield, als er bei der Tür innehielt.

»Nein«, erwiderte Mr. Limbkins, »zumindest sind wir der Meinung, dass Ihr, weil es sich um ein solch schmutziges Gewerbe handelt, Euch mit weniger als dem von uns gebotenen Lehrgeld zufriedengeben solltet.«

Mr. Gamfields Miene hellte sich auf, als er schnellen Schrittes zum Tisch zurückkehrte und sagte:

»Was wollt'er denn geb'n, meine Herrn? Ich bitt Euch, seid nich zu hart zu nem armen Mann. Was wollt'er geb'n?«

»Ich würde meinen, drei Pfund zehn seien mehr als genug«, sagte Mr. Limbkins.

»Zehn Shilling zu viel«, warf der Herr in der weißen Weste ein.

»Ich bitt Euch«, erwiderte Gamfield, »sag'n wir vier Pfund, meine Herrn, und Ihr seid'n für immer los. Schlagt ein!«

»Drei Pfund zehn«, wiederholte Mr. Limbkins unbeirrt.

»Gut, komm wir uns auf halb'm Weg entgegen, meine Herrn«, hakte Gamfield nach. »Drei Pfund fuffzehn.«

»Keinen Heller mehr«, beharrte Mr. Limbkins.

»Ihr werd mich noch ruiniern, meine Herrn«, sagte Gamfield, sich langsam geschlagen gebend.

»Aber, aber, das ist doch Unsinn!«, rief der Herr in der weißen Weste. »Selbst ohne Lehrgeld würdet Ihr mit dem Jungen noch ein gutes Geschäft machen. Seid nicht dumm, nehmt ihn! Er ist der rechte Bursche für Euch. Hin und wieder braucht er den Stock, das wird ihm nur guttun, und seine Verpflegung dürfte Euch kaum teuer zu stehen kommen, denn in dieser Hinsicht ist er in seinem Leben bisher nicht sonderlich verwöhnt worden, hahaha!«

Mr. Gamfield blickte bauernschlau in die Runde und begann, da er auf allen Gesichtern ein Lächeln erkennen konnte, ebenfalls vorsichtig zu lächeln. Man war sich handelseinig. Mr. Bumble wurde umgehend angewiesen, Oliver Twist noch am selbigen Tag samt Lehrvertrag zur Unterschrift und Genehmigung vor den Amtsrichter zu führen.

In Ausführung dieses Beschlusses wurde der kleine Oliver zu seinem großen Erstaunen aus der Gefangenschaft entlassen und angewiesen, sich in ein sauberes Hemd zu kleiden. Kaum hatte er diese ungewohnte Leibesübung ausgeführt, als Mr. Bumble ihm eigenhändig einen Napf Haferschleim brachte und dazu die Feiertagsration von einem achtel Pfund Brot. Bei diesem ungeheuerlichen Anblick begann Oliver jämmerlich zu weinen, da er, was man nachvollziehen kann, dachte, der Vorstand müsse entschieden haben, ihn zu irgendeinem nützlichen Zwecke zu töten, denn warum sonst sollten sie beginnen, ihn derart zu mästen.

»Heul dir nicht die Augen aus, Oliver, sondern iss und sei dankbar«, sagte Mr. Bumble mit wichtiger Miene. »Du kommst jetzt in die Lehre, Oliver.«

»In die Lehre?«, fragte das Kind bange.

»Jawohl, Oliver«, antwortete Mr. Bumble. »Die gütigen und segensreichen Herren, die dir deine Eltern ersetzen, da du ja keine hast, wollen dich in die Lehre geben. Sie werden dir den Weg ins Leben ebnen und einen Mann aus dir machen, obwohl es die Gemeinde drei Pfund und zehn Shilling kostet, Oliver! Siebzig Shilling! Einhundertundvierzig Sixpence! Und all das bloß für einen ungezogenen Waisenjungen, den niemand mag.«

Als Mr. Bumble innehielt, um nach dieser Ansprache, die er in ehrfurchtgebietendem Ton gehalten hatte, Atem zu holen, liefen dem armen Jungen die Tränen übers Gesicht, und er schluchzte bitterlich.

»Na, na«, sagte Mr. Bumble ein wenig milder, denn es verschaffte ihm ein Gefühl der Zufriedenheit, zu sehen, welche Wirkung seine Redekunst hervorgerufen hatte. »Na, na, Oliver! Wisch dir die Tränen mit dem Ärmel ab, und heul nicht in den Haferschleim, das ist dumm von dir, Oliver.« Womit er recht hatte, denn dieser war schon wässrig genug.

Auf dem Weg zum Amtsrichter schärfte Mr. Bumble Oliver ein, er brauche nichts weiter zu tun, als möglichst fröhlich dreinzuschauen und, wenn der Herr Richter ihn frage, ob er denn in die Lehre gehen wolle, zu antworten, er könne sich nichts Schöneres vorstellen. Oliver versprach, beiden Anweisungen Folge zu leisten, umso mehr, da Mr. Bumble dunkel andeutete, dass, falls er auch nur den geringsten Ungehorsam zeigen sollte, nicht abzusehen sei, was mit ihm geschähe. Als sie beim Amt eintrafen, wurde er allein in ein kleines Zimmer gesperrt und von Mr. Bumble ermahnt, sich nicht vom Fleck zu rühren, bis er ihn holen komme.

Dort wartete der Junge mit klopfendem Herzen eine halbe Stunde lang. Als diese Zeit verstrichen war, steckte Mr. Bumble seinen Kopf, der Zierde des Dreispitzes entblößt, herein und sagte mit lauter Stimme:

»Oliver, mein Bester, komm jetzt zu dem Herrn.« Dabei setzte Mr. Bumble eine grimmige und bedrohliche Miene auf und fügte mit leiser Stimme hinzu: »Denk dran, was ich dir gesagt habe, du kleiner Halunke!«

Auf diese widersprüchliche Anrede hin blickte Oliver Mr. Bumble unschuldig ins Gesicht, der Büttel gab ihm jedoch keinerlei Gelegenheit, etwas zu erwidern, sondern führte ihn sofort durch eine offenstehende Tür ins benachbarte Zimmer. Es war ein geräumiger Saal mit großem Fenster. Hinter einem Schreibpult saßen zwei alte Herren mit gepuderten Perücken auf dem Kopf. Der eine las in der Zeitung, während der andere mit Hilfe einer Hornbrille ein kleines, vor ihm liegendes Dokument prüfte. Mr. Limbkins stand auf der einen Seite vor dem Pult, und Mr. Gamfield, mit flüchtig gewaschenem Gesicht, auf der anderen, während zwei oder drei derb aussehende Männer in Stulpenstiefeln müßig umhergingen.

Der alte Herr mit der Brille döste allmählich über dem kleinen Dokument ein, und nachdem Oliver von Mr. Bumble vor das Pult postiert worden war, entstand eine kurze Pause.

»Das ist der Junge, Euer Ehren«, sagte Mr. Bumble.

Der alte Herr, der in der Zeitung las, hob kurz den Kopf und zupfte den anderen alten Herrn am Ärmel, woraufhin zuletzt Genannter aufwachte.

»Oh, das ist also der Junge?«, fragte der alte Herr.

»Das ist er«, erwiderte Mr. Bumble. »Verbeuge dich vorm Herrn Richter, mein Guter.«

Oliver schreckte auf und machte seinen schönsten Diener. Er hatte sich, die gepuderten Perücken der Richter betrachtend, gerade gefragt, ob alle Amtspersonen mit diesem weißen Stoff auf ihren Köpfen geboren würden und aus diesem Grund sogleich ein Amt erhielten.

»Nun«, sagte der alte Herr, »ich nehme an, ihm gefällt das Kaminkehren?«

»Er ist ganz versessen darauf, Euer Ehren«, entgegnete Bumble, wobei er Oliver verstohlen zwickte, um ihm zu verstehen zu geben, besser nichts Gegenteiliges zu behaupten.

»Und er möchte wirklich gern Kaminkehrer werden, nicht wahr?«, erkundigte sich der alte Herr weiter.

»Gäben wir ihn woanders in die Lehre, würde er noch am selben Tag fortlaufen«, antwortete Mr. Bumble.

»Und dieser Mann soll sein Lehrherr werden? Ihr, Sir … Ihr werdet ihn doch gut behandeln, ihn verpflegen und all das, nicht wahr?«, fragte der alte Herr.

»Wenn ich was sach, tu ich's auch«, erwiderte Mr. Gamfield verdrossen.

»Eure Rede klingt ungeschliffen, mein Freund, aber Ihr seht mir wie ein braver und rechtschaffener Mann aus«, meinte der alte Herr und richtete seine Brille auf den Anwärter für Olivers Lehrgeld, dessen Schurkengesicht einem ordnungsgemäß abgestempelten Beleg für Grausamkeit gleichkam. Doch der Richter war halb blind und halb kindisch, also konnte man von ihm nicht ernsthaft erwarten, das zu erkennen, was anderen offensichtlich erschien.

»Das will ich doch hoff'n, Sir«, brummte Mr. Gamfield mit einem scheelen Seitenblick.

»Ich zweifle nicht daran, dass dem so ist, mein Freund«, entgegnete der alte Herr, rückte die Brille auf der Nase zurecht und schaute sich suchend nach dem Tintenfass um.

Dies war ein entscheidender Augenblick für Olivers Schicksal. Wäre das Tintenfass dort gestanden, wo der alte Herr es vermutete, hätte er seine Schreibfeder eingetaucht und den Lehrvertrag unterzeichnet, und Oliver wäre unverzüglich fortgeschafft worden. Da es aber zufällig direkt vor seiner Nase stand, suchte er natürlich den ganzen Tisch danach ab, ohne fündig zu werden. Bei dieser Suche fiel sein Blick auf das bleiche und entsetzte Antlitz Oliver Twists, der ungeachtet aller warnenden Blicke und Winke Mr. Bumbles die abstoßende Visage seines künftigen Lehrherrn betrachtete, mit einer Mischung aus Angst und Schrecken, die zu eindeutig war, um missverstanden zu werden, auch nicht von einem halbblinden Richter.

Der alte Herr hielt inne, legte die Schreibfeder nieder und sah von Oliver zu Mr. Limbkins, der versuchte, mit heiterer und unbekümmerter Miene eine Prise Schnupftabak zu nehmen.

»Mein Junge«, sagte der alte Herr über das Pult gelehnt. Oliver fuhr bei diesen Worten zusammen, was verständlich ist, denn sie wurden in einem freundlichen Ton gesprochen, und ungewohnte Laute können einen durchaus erschrecken. Er bebte am ganzen Leib und brach in Tränen aus.

»Mein Junge«, sagte der alte Herr, »du siehst blass und verängstigt aus, was bedrückt dich?«

»Tretet ein wenig zur Seite, Büttel«, befahl der andere Richter, legte die Zeitung fort und beugte sich mit aufmerksamer Miene vor.

»Jetzt erzähle uns, was dich bedrückt, mein Junge. Hab keine Angst.«

Oliver fiel auf die Knie und flehte mit gefalteten Händen, sie sollten ihn wieder in die finstere Kammer sperren, ihn hungern lassen, prügeln oder gar töten, wenn sie wollten, aber bloß nicht mit diesem schrecklichen Mann fortschicken.

»Also wirklich«, sagte Mr. Bumble und erhob mit feierlicher Würde Hände und Augen, »also wirklich, von allen gerissenen und arglistigen Waisenjungen, die mir je untergekommen sind, Oliver, bist du doch einer der unverschämtesten!«

»Haltet den Mund, Büttel!«, befahl der andere alte Herr, als Mr. Bumble sich mit diesem gesteigerten Eigenschaftswort Luft gemacht hatte.

»Ich bitte Euer Ehren um Verzeihung«, sagte Mr. Bumble, der seinen Ohren nicht trauen mochte. »Haben Euer Ehren mit mir gesprochen?«

»Jawohl. Haltet den Mund.«

Mr. Bumble war starr vor Staunen. Einem Büttel den Mund verbieten! Eine moralische Revolution!

Der alte Herr mit der Hornbrille sah seinen Kollegen an, dieser nickte vielsagend.

»Wir lehnen es ab, diesen Lehrvertrag zu genehmigen«, verkündete der alte Herr und schob das Dokument zur Seite.

»Ich hoffe«, stammelte Mr. Limbkins, »ich hoffe, die Herren Amtsrichter gelangen aufgrund der unbestätigten Aussage eines bloßen Kindes nicht zu der Auffassung, die Vorstände des Armenhauses hätten sich irgendeines ungebührlichen Verhaltens schuldig gemacht.«

»Es war nicht Aufgabe des Gerichts, über derlei zu befinden«, sagte der andere alte Herr scharf. »Bringt den Jungen wieder ins Armenhaus und behandelt ihn gut. Er scheint es nötig zu haben.«

Am selben Abend erklärte der Herr in der weißen Weste im Brustton der Überzeugung, dass Oliver nicht nur am Galgen enden, sondern obendrein auch noch geschunden und gevierteilt werden würde. Mr. Bumble schüttelte finster und geheimnisvoll den Kopf und sagte, er wünschte, Oliver möge bald in die richtigen Hände geraten, worauf Mr. Gamfield erwiderte, er wünschte,

Oliver möge ihm in die Hände geraten. Auch wenn er ansonsten in den meisten Dingen mit dem Büttel übereinstimmte, schienen sich diese beiden Wünsche doch zu widersprechen.

Am nächsten Morgen wurde die Öffentlichkeit ein weiteres Mal davon in Kenntnis gesetzt, dass Oliver Twist »in Stellung« abzugeben sei, und jedem, der ihn nehmen wolle, fünf Pfund gezahlt würden.

Viertes Kapitel

Oliver, dem eine andere Stellung angeboten wird, tritt ins Berufsleben ein.

Wenn sich in großen Familien für einen jungen heranwachsenden Mann kein sicheres Unterkommen findet, was Besitz, Anwartschaft, Erbe oder sonstige Aussichten betrifft, so ist es ein durchaus üblicher Brauch, ihn zur See zu schicken. Nach dem Muster dieses ebenso weisen wie empfehlenswerten Vorbilds beriet der Vorstand über die Zweckmäßigkeit, Oliver Twist eine Heuer zu verschaffen, an Bord irgendeines kleinen Handelsschiffes, das Kurs auf einen möglichst ungesunden Hafen nimmt. Dies empfahl sich als das Bestmögliche, was man mit ihm tun konnte, denn wahrscheinlich würde ihn der Schiffer eines Tages nach dem Essen aus einer Laune heraus zu Tode peitschen oder ihm mit einer Eisenstange den Schädel einschlagen. Beiderlei Kurzweil ist, wie allgemein bekannt, bei Herren dieses Standes ein sehr beliebter und üblicher Zeitvertreib. Je länger die Vorstände unter diesem Gesichtspunkt über den Fall berieten, umso mehr Vorteile schien dieser Plan zu besitzen. Also gelangten sie zu dem Schluss, dass die einzige Möglichkeit, Oliver endgültig zu versorgen, darin bestehe, ihn unverzüglich zur See zu schicken.

Mr. Bumble, der ausgesandt worden war, um vorab Erkundigungen einzuholen, ob sich irgendein Kapitän finde, der einen Schiffsjungen ohne Anhang haben wolle, kehrte gerade ins Armenhaus zurück, um über die Ergebnisse seiner Nachforschungen zu berichten, als er am Tor niemand Geringerem begegnete als Mr. Sowerberry, dem Leichenbestatter der Gemeinde.

Mr. Sowerberry war ein großer, hagerer und grobknochiger Mann, der einen fadenscheinigen schwarzen Anzug, gestopfte Strümpfe der gleichen Farbe und dazu passendes Schuhwerk trug. Seine Züge waren von Natur aus nicht dazu geschaffen, ein Lächeln zu zeigen, aber im allgemeinen neigte er durchaus zu berufsmäßiger Heiterkeit. Sein Schritt war beschwingt und sein Gesicht verriet eine innere Zufriedenheit, als er sich Mr. Bumble näherte und ihm herzlich die Hand schüttelte.

»Ich habe gerade Maß genommen bei den zwei Frauen, die gestern nacht gestorben sind, Mr. Bumble«, sagte der Leichenbestatter.

»Ihr werdet noch ein reicher Mann, Mr. Sowerberry«, bemerkte der Büttel, als er mit Daumen und Zeigefinger in die dargebotene Schnupftabakdose des Leichenbestatters griff, die das kunstvolle Miniaturmodell eines Sargs darstellte. »Ich sage Euch, Ihr werdet noch ein reicher Mann, Mr. Sowerberry«, wiederholte Mr. Bumble und klopfte dem Leichenbestatter freundlich mit dem Stock auf die Schulter.

»Meint Ihr?«, fragte der Leichenbestatter in einem Ton, der die Wahrscheinlichkeit dieses Ereignisses halb einräumte und halb bezweifelte. »Die Summen, die mir die Gemeinde erstattet, sind nur sehr klein, Mr. Bumble.«

»Genau wie die Särge«, erwiderte der Büttel und deutete gerade so viel von einem Lachen an, wie es sich ein wichtiger Amtmann erlauben durfte.

Mr. Sowerberry, den diese Bemerkung sehr erheiterte, was sie ja auch sollte, lachte eine ganze Weile ohne Unterlass. »Nun ja, Mr. Bumble«, sagte er schließlich, »es lässt sich nicht leugnen, seit es die neuen Regeln zur Armenspeisung gibt, sind die Särge um einiges schmaler und flacher als früher, aber wir müssen ja auch irgendwie auf unsere Kosten kommen, Mr. Bumble. Gut abgelagertes Holz ist teuer, Sir, und die Eisengriffe kommen auf dem Kanalweg eigens aus Birmingham.«

»Ja, ja«, sagte Mr. Bumble, »jedes Geschäft hat so seine Tücken. Aber dennoch sollte ein anständiger Gewinn dabei herausspringen.«

»Natürlich, natürlich«, entgegnete der Leichenbestatter, »und wenn ich mal bei dem einen oder anderen Auftrag keinen Gewinn erziele, dann hole ich es auf lange Sicht eben woanders wieder herein, nicht wahr, hehehe!«

»Genau«, bemerkte Mr. Bumble.

»Obwohl ich sagen muss«, fuhr der Leichenbestatter mit seinen Betrachtungen, die der Büttel unterbrochen hatte, fort, »obwohl ich sagen muss, Mr. Bumble, dass ich mit einem großen Nachteil zu kämpfen habe, weil nämlich all die wohlbeleibten Leute am schnellsten wegsterben. Die Leute, denen es früher einmal besser gegangen war und die der Gemeinde viele Jahre lang Steuern gezahlt haben, gehen als erste zugrunde, wenn sie ins Armenhaus kommen, und ich sage Euch, Mr. Bumble, drei oder vier Zoll mehr, als man berechnet hat, reißen ein großes Loch in die Kasse, besonders wenn man Familie besitzt, für die man sorgen muss, Sir.«

Da Mr. Sowerberry mit der gerechten Empörung eines Mannes sprach, dem Unrecht widerfahren war, und Mr. Bumble spürte, dass die Sache dazu angetan schien, ein schlechtes Licht auf die Ehre der Gemeinde zu werfen, hielt es letzterer Herr für geraten, das Thema zu wechseln. Und weil er gerade vor allem die Sache mit Oliver Twist im Kopf hatte, kam er auf ihn zu sprechen.

»Ach, übrigens«, begann Mr. Bumble, »Ihr kennt wohl niemanden, der einen Lehrjungen sucht? Einen Jungen aus dem Armenhaus, der uns augenblicklich bloß zur Last fällt, ein Mühlstein am Hals der Gemeinde, wenn ich so sagen darf. Zu den besten Bedingungen, Mr. Sowerberry, zu den besten Bedingungen!« Während Mr. Bumble sprach, hob er seinen Stock zu der Bekanntmachung, die über ihm hing, und schlug dreimal kräftig auf die Worte »fünf Pfund«, die dort in riesigen Lettern gedruckt standen.

»Alle Wetter!«, rief der Leichenbestatter und fasste Mr. Bumble an den goldgesäumten Aufschlägen seines Amtsrocks. »Genau darüber wollte ich mit Euch reden. Wisst Ihr – herrje, was für ein schmucker Knopf, Mr. Bumble, der ist mir bisher nie aufgefallen!«

»Ja, der ist recht hübsch«, sagte der Büttel und schaute stolz auf die großen Messingknöpfe herab, die seinen Rock zierten. »Dieselbe Prägung wie auf dem Gemeindesiegel, der barmherzige Samariter hilft dem kranken, verwundeten Mann. Der Vorstand hat ihn mir am Neujahrsmorgen verliehen, Mr. Sowerberry. Ich habe ihn, das weiß ich noch genau, zum ersten Mal bei der Leichenschau dieses bankrottgegangenen Händlers getragen, der um Mitternacht in einem Hauseingang gestorben ist.«

»Ich entsinne mich«, sagte der Leichenbestatter, »die Gutachter vom Gericht kamen zu dem Ergebnis: ›Starb durch Kälteeinwirkung und infolge mangelnder Versorgung mit dem Lebensnotwendigsten‹, nicht wahr?«

Mr. Bumble nickte.

»Und ich meine«, fuhr der Leichenbestatter fort, »es war ein besonderes Gutachten, weil sie noch einige Worte hinzufügten, die besagten, wenn der Armenfürsorger seiner Pflicht …«

»Ach was, dummes Zeug!«, unterbrach ihn der Büttel. »Würden die Vorstände jeglichem Unsinn, den ignorante Gerichtsgutachter von sich geben, Beachtung schenken, hätten sie viel zu tun.«

»Wohl wahr«, sagte der Leichenbestatter, »das hätten sie.«

»Diese Leute vom Gericht«, sagte Mr. Bumble und packte seinen Stock fester, wie es seine Gewohnheit war, wenn er sich in Rage redete, »sind allesamt ein verbildetes, gemeines Lumpenpack von Leisetretern.«

»Das sind sie«, stimmte der Leichenbestatter zu.

»Die ham nich so viel Ahnung vom wirklichen Leben oder von volkswirtschaftlichen Dingen«, sagte der Büttel und schnippte verächtlich mit den Fingern.

»Nicht so viel«, pflichtete der Leichenbestatter bei.

»Ich verabscheue sie«, sagte der Büttel und wurde ganz rot im Gesicht.

»Ich auch«, schloss sich der Leichenbestatter an.

»Und ich wünschte bloß, wir hätten solche aufsässigen Leute vom Gericht mal ein oder zwei Wochen im Armenhaus«, fuhr der Büttel fort, »die Regeln und Anordnungen des Vorstands würden ihr Mütchen schon kühlen.«

»Das täte ihnen wahrlich gut«, meinte der Leichenbestatter und lächelte zustimmend, um den wachsenden Zorn des aufgebrachten Gemeindedieners zu beschwichtigen.

Mr. Bumble nahm den Dreispitz ab, holte aus der Wölbung des Hutes ein Taschentuch hervor, wischte sich damit den Schweiß, den seine Erregung hervorgerufen hatte, von der Stirn, setzte den Hut wieder auf, wandte sich an den Leichenbestatter und fragte mit ruhigerer Stimme:

»Also, wie steht's mit dem Jungen?«

»Oh«, erwiderte der Leichenbestatter, »nun, wisst Ihr, Mr. Bumble, ich zahle eine ganze Menge Armensteuer.«

»Soso«, bemerkte Bumble. »Und?«

»Und«, fuhr der Leichenbestatter fort, »da dachte ich mir, wenn ich so viel für sie zahle, hab ich auch das Recht, so viel aus ihnen rauszuholen, wie ich kann, Mr. Bumble, und da … da hab ich mir halt überlegt, den Jungen selbst zu nehmen.«

Mr. Bumble griff den Leichenbestatter am Arm und führte ihn in das Gebäude. Der Vorstand beriet sich fünf Minuten lang vertraulich mit Mr. Sowerberry, dann wurde vereinbart, Oliver solle noch am selben Abend »auf Probe« zu ihm gehen. Diese Floskel bedeutet bei einem Jungen aus dem Armenhaus, dass der Lehrherr, wenn er nach kurzer Probezeit feststellt, dass er aus dem Jungen mehr Arbeitskraft herausbekommt, als er Essen in ihn hineinsteckt, denselben für einige Jahre überlassen bekommt, um nach Belieben über ihn zu verfügen.

Als der kleine Oliver am Abend »den Herren« vorgeführt und davon unterrichtet wurde, dass er noch heute als Gehilfe zu einem Sargmacher gehen solle, und er, falls ihm das nicht passe oder er jemals ins Armenhaus zurückkehre, zur See geschickt werde, um entweder zu ertrinken oder den Schädel eingeschlagen zu bekommen, zeigte dieser so wenig Gemütsregung, dass sie ihn einhellig einen verstockten kleinen Halunken hießen und Mr. Bumble befahlen, ihn unverzüglich fortzuschaffen.

Obwohl es nur allzu natürlich war, dass die Vorstände, mehr als irgendwer sonst auf der Welt, angesichts des geringsten Anzeichens der Gefühllosigkeit von tugendhaftem Erstaunen und Entsetzen ergriffen wurden, so lagen sie in diesem besonderen Fall jedoch falsch. Es verhielt sich einfach so, dass Oliver nicht zu wenig Gefühl besaß, sondern eher zu viel, und sich auf dem besten Weg befand, durch die schlechte Behandlung, die er erfahren hatte, für den Rest seines Lebens auf den verrohten Zustand tierischen Stumpfsinns herabgewürdigt zu werden. Er vernahm die Nachricht über sein neues Schicksal ohne einen Ton zu sagen, und als man ihm sein Gepäck in die Hand drückte – was nicht schwer zu tragen war, da alles in einen braunen Pappkarton passte, einen halben Fuß im Quadrat und drei Zoll hoch –, zog er sich die Mütze tief ins Gesicht, hängte sich ein weiteres Mal an Mr. Bumbles Ärmelaufschlag und wurde von diesem Würdenträger an den Schauplatz seiner nächsten Leiden geführt.

Eine Weile zog Mr. Bumble Oliver hinter sich her, ohne ihn zu beachten oder anzusprechen, denn er trug seinen Kopf hoch erhoben, wie es einem Büttel geziemt, und da es ein windiger Tag war, wurde der kleine Oliver immer vollständig von Mr. Bumbles Rockschößen eingehüllt, wenn sie, von einer Bö erfasst, einen Blick auf die ganze Pracht seiner zerknitterten Weste und mausgrauen Kniehosen aus Plüsch freigaben. Als sie sich ihrem Ziel näherten, hielt es Mr. Bumble jedoch für angebracht, herabzuschauen, um zu prüfen, ob sich der Junge in geeignetem Zustand für die Musterung durch seinen neuen Herrn befinde, was er dann auch mit einer dazu passenden und angemessenen Miene gnädiger Gönnerschaft tat.

»Oliver!«, rief Mr. Bumble.

»Ja, Sir?«, fragte Oliver leise mit bebender Stimme.

»Schieb dir die Mütze aus dem Gesicht und halte deinen Kopf gerade, Junge.«

Obwohl Oliver sofort tat, wie ihm geheißen, und sich mit dem

Rücken seiner freien Hand rasch über die Augen wischte, hing noch eine Träne darin, als er zum Büttel aufsah. Unter Mr. Bumbles strengem Blick rollte sie ihm die Wange hinab. Ihr folgte eine weitere und dann noch eine. Das Kind versuchte, sich mit aller Macht zusammenzureißen, doch vergebens. Oliver entzog Mr. Bumble die andere Hand, schlug beide vors Gesicht und weinte, bis ihm die Tränen durch die dünnen, knochigen Finger rannen.

»Also wirklich!«, rief Mr. Bumble aus und blieb abrupt stehen, um seinem kleinen Schutzbefohlenen einen höchst gehässigen Blick zuzuwerfen. »Also wirklich! Von *allen* undankbaren und ungezogenen Jungen, die ich je gekannt habe, Oliver, bist du der …«

»Nein, nein, Sir«, schluchzte Oliver und umklammerte die Hand, die den nur allzu vertrauten Stock hielt, »nein, Sir, nein, ich will ja brav sein, ganz ehrlich, Sir! Ich bin doch bloß ein kleiner Junge, Sir, und so … so …«

»So was?«, begehrte Mr. Bumble verwundert zu wissen.

»So allein, Sir! So ganz allein!«, weinte das Kind. »Alle hassen mich. Oh, Sir, seid nicht böse mit mir!«

Das Kind schlug sich mit der Hand gegen die Brust und schaute seinem Begleiter mit Tränen großer Seelenpein ins Gesicht.

Mr. Bumble betrachtete einen Moment lang leicht erstaunt Olivers klägliche und verzweifelte Miene, räusperte sich drei-, viermal, und nachdem er mit belegter Stimme etwas von »diesem lästigen Husten« gebrummt hatte, hieß er Oliver, sich die Tränen zu trocknen und ein braver Junge zu sein. Dann nahm er wieder seine Hand und ging schweigend mit ihm weiter.

Der Leichenbestatter hatte soeben die Läden seiner Werkstatt geschlossen und nahm beim passenderweise trüben Licht einer Kerze einige Einträge in sein Kassenbuch vor, als Mr. Bumble eintrat.

»Aha!«, rief der Leichenbestatter, hielt mitten in einem Wort beim Schreiben inne und schaute vom Buch auf. »Seid Ihr's, Bumble?«

»Höchstpersönlich, Mr. Sowerberry«, antwortete der Büttel. »Hier! Ich habe den Jungen mitgebracht.«

Oliver machte einen Diener.

»Oh, das ist also der Junge, was?«, fragte der Leichenbestatter und hob die Kerze über den Kopf, um Oliver besser in Augenschein nehmen zu können. »Mrs. Sowerberry, wollt Ihr die Güte haben, einen Augenblick herzukommen, meine Liebe?«

Aus einem kleinen Zimmer hinter der Werkstatt tauchte Mrs. Sowerberry auf, in Gestalt einer kleingewachsenen, dürren, verkniffenen Frau mit zänkischer Miene.

»Meine Liebe«, sagte Mr. Sowerberry ehrerbietig, »das ist der Junge aus dem Armenhaus, von dem ich Euch erzählt habe.«

Oliver machte wieder einen Diener.

»Ach herrje«, rief die Frau des Leichenbestatters, »ist der aber klein!«

»Nun, er *ist* ein wenig klein«, erwiderte Mr. Bumble und schaute Oliver an, als sei es dessen Schuld, nicht größer zu sein. »Er *ist* klein, das lässt sich nicht leugnen. Aber er wird wachsen, Mrs. Sowerberry, er wird wachsen.«

»Ha! Das glaube ich gern«, entgegnete die Dame schnippisch, »von unserem Essen und Trinken. Bei Kindern aus dem Armenhaus zahlt man bloß drauf, finde ich. Die kosten stets mehr, als sie wert sind. Aber Männer wissen ja immer alles besser. Los, die Treppe runter mit dir, du kleines Knochengestell.«

Mit diesen Worten öffnete die Frau des Leichenbestatters eine Seitentür und stieß Oliver die steile Treppe hinab in eine feuchte, dunkle gemauerte Kammer, die sich unmittelbar vor dem Kohlenkeller befand und »Küche« genannt wurde. Dort saß ein schlampig gekleidetes Mädchen in ausgetretenen Schuhen und verschlissenen blauen Wollsocken, die dringend der Ausbesserung bedurften.

»Da, Charlotte«, sagte Mrs. Sowerberry, die Oliver hinabgefolgt war, »gib diesem Jungen von den kalten Fleischresten, die wir für Trip aufgehoben haben. Der hat sich seit heute morgen nicht mehr blicken lassen, also wird er darauf verzichten müssen. Ich denke mal, der Junge ist sich nicht zu fein, so etwas zu essen … nicht wahr, mein Junge?«

Oliver, dessen Augen bei der Erwähnung von Fleisch aufblitzten und der vor Begierde, es zu verzehren, bebte, verneinte, worauf man ihm einen Teller mit kargen Tafelresten vorsetzte.

Ich wünschte, ein wohlgenährter Volksökonom, in dessen Leib sich Essen und Trinken zu Galle wandeln, der kühlen Blutes und festen Herzens ist, hätte sehen können, wie Oliver sich auf diese Leckerbissen stürzte, die vom Hund verschmäht worden waren. Ich wünschte, er wäre Zeuge der schrecklichen Gier gewesen, in der Oliver die Stücke mit der ganzen Wildheit eines Ausgehungerten entzweiriss. Nur eines würde mich noch mehr erfreuen, nämlich den Volksökonomen die gleiche Mahlzeit mit demselben Genuss verzehren zu sehen.

»Nun«, fragte die Frau des Leichenbestatters, als Oliver mit seinem Abendbrot, das sie mit stillem Entsetzen und bangen Ahnungen, was seinen zukünftigen Appetit anging, verfolgt hatte, zu Ende war, »bist du fertig?«

Da sich nichts Essbares mehr in Reichweite befand, gab Oliver eine bejahende Antwort.

»Dann komm mit«, befahl Mrs. Sowerberry, nahm eine trübe schmutzige Lampe und führte ihn die Treppe hinauf, »dein Bett ist unterm Ladentisch. Es macht dir doch nichts aus, bei den Särgen zu schlafen, oder? Ist ohnehin egal, woanders ist kein Platz für dich. Na los, halt mich hier nicht die ganze Nacht auf!«

Da zögerte Oliver nicht länger, sondern folgte gehorsam seiner neuen Herrin.

Fünftes Kapitel

Oliver trifft auf neue Gefährten. Er nimmt zum ersten Mal an einem Begräbnis teil und bildet sich eine ungünstige Meinung vom Gewerbe seines Lehrherrn.

Oliver, der allein in der Werkstatt des Leichenbestatters zurückgeblieben war, stellte die Lampe auf eine Werkbank und schaute sich mit einem Gefühl von Furcht und Scheu verzagt um, was selbst viele Leute, die um einiges älter sind als er, voll und ganz verstehen werden. Ein noch nicht fertiggestellter Sarg, der auf schwarzen Böcken mitten in der Werkstatt stand, sah so düster und nach Tod aus, dass ihn jedesmal, wenn sein Blick auf diesen grausigen Gegenstand fiel, ein kalter Schauder durchlief, halb in der Erwartung, eine schreckliche Gestalt würde langsam ihren Kopf daraus erheben, damit er vor Entsetzen den Verstand verlöre. An der Wand lehnte in peinlicher Ordnung eine lange Reihe von Brettern aus Ulmenholz, die alle gleich zugeschnitten waren. In dem trüben Licht sahen sie aus wie Gespenster, die ihre Schultern hochgezogen und die Hände in die Hosentaschen gesteckt hatten. Sargbeschläge, Ulmenholzspäne, Nägel mit blanken Köpfen und Fetzen schwarzen Tuchs lagen verstreut auf dem Boden herum, und die Wand hinter dem Ladentisch zierte eine lebensechte Darstellung zweier Totenwächter in sehr steifen Hemdkragen, die vor der Tür eines Hauses ihren Dienst verrichteten, während sich aus der Ferne ein von vier Rappen gezogener Leichenwagen näherte. Die Werkstatt war eng und stickig, und die Luft schien vom Geruch der Särge verpestet. Der Winkel unter dem Ladentisch, wo man Olivers mit Wollfetzen gefüllte Matratze hingeworfen hatte, glich einem Grab.

Doch das waren nicht die einzigen düsteren Gefühle, die Oliver bedrückten. Er befand sich allein an einem fremden Ort, und wir wissen alle, wie mutlos und verlassen sich selbst die Tapfersten von uns in einer derartigen Lage zuweilen fühlen. Der Junge besaß keine Angehörigen, um die er sich sorgen konnte, oder die sich um ihn sorgten. Weder verspürte er den Kummer einer jüngst erlebten Trennung, noch lastete die Abwesenheit eines geliebten und vertrauten Gesichts auf seinem Herzen. Aber dennoch *war* ihm das Herz schwer, und als er in sein enges Bett kroch, wünschte er, es wäre sein Sarg und er könne auf dem Friedhof zu einem seligen und ewigen Schlaf finden, während das hohe Gras über seinem Kopf wogte und das Läuten der tiefen Glocken ihn in seinem Schlummer besänftigte.

Am Morgen wurde Oliver durch laute Tritte gegen die Ladentür aufgeweckt, die sich, bevor er hastig seine Kleider überstreifen konnte, wild und ungestüm wohl fünfundzwanzigmal wiederholten. Als er die Kette abnehmen wollte, verstummten die Füße, und eine Stimme erklang.

»Mach die Tür auf, verstanden?«, schrie die Stimme, die zu den Füßen gehörte, die gegen die Tür getreten hatten.

»Jawohl, Sir, sofort!«, erwiderte Oliver, entfernte die Kette und drehte den Schlüssel herum.

»Bist wohl der neue Junge, was?«, fragte die Stimme durch das Schlüsselloch.

»Jawohl, Sir«, erwiderte Oliver.

»Wie alt bist du?«, erkundigte sich die Stimme.

»Zehn, Sir«, erwiderte Oliver.

»Dann werd ich dich vermöbeln, wenn ich reinkomm«, sagte die Stimme, »das wirste schon seh'n, du Armenhauslümmel!« Und nachdem sie dieses feste Versprechen gegeben hatte, begann die Stimme zu pfeifen.

Oliver war schon zu oft dieser eben mit einem launigen Ausdruck bezeichneten Tätigkeit ausgeliefert gewesen, um auch nur den geringsten Zweifel daran zu hegen, dass der Besitzer der Stimme, wer immer es auch sein mochte, sein Versprechen höchst ehrenhaft einlösen werde. Mit zitternder Hand schob er den Riegel zurück und öffnete die Tür.

Oliver schaute kurz die Straße hinauf, dann die Straße hinab, und schließlich auf die gegenüberliegende Seite, in der festen Annahme, der Unbekannte, der mit ihm durchs Schlüsselloch gesprochen hatte, sei ein paar Schritte gegangen, um sich aufzuwärmen, denn er sah niemanden, außer einem großen Jungen aus der Armenschule, der vor dem Haus auf einem Pfosten hockte und ein Butterbrot aß, das er mit einem Klappmesser in mundgerechte Stücke schnitt, die er mit großer Geschicklichkeit verzehrte.

»Verzeihung, Sir«, sagte Oliver schließlich, als er sah, dass kein anderer Besucher auftauchte, »habt Ihr geklopft?«

»Ich habe getreten«, erwiderte der Armenschüler.

»Wollt Ihr einen Sarg, Sir?«, erkundigte sich Oliver unschuldig.

Daraufhin schaute der Armenschüler ungeheuer grimmig drein und meinte, Oliver werde bald selbst einen brauchen, wenn er mit seinen Vorgesetzten weiterhin derlei Scherze treibe.

»Du weiß wohl gar nich, wer ich bin, was, Armenhäusler?«, fuhr der Armenschüler fort, während er mit erbaulichem Ernst vom Pfosten herabstieg.

»Nein, Sir«, antwortete Oliver.

»Ich bin Mister Noah Claypole«, sagte der Armenschüler, »und du bist mir unterstellt. Nimm die Fensterläden runter, du fauler Lausebengel!«

Mit diesen Worten versetzte Mr. Noah Claypole Oliver einen Tritt und betrat mit einer würdevollen Miene, die ihm alle Ehre machte, die Werkstatt. Für einen Jungen mit großem Kopf, kleinen Augen, plumper Gestalt und feistem Gesicht ist es ohnehin nicht einfach, würdevoll auszusehen, aber das gilt umso mehr, wenn sich zu diesen persönlichen Vorzügen obendrein noch eine rote Nase und kurze gelbe Kniebundhosen gesellen.

Oliver wurde, als er den ersten Laden abgenommen und bei dem Versuch, unter dessen Gewicht auf einen kleinen Hof an der Seite des Hauses, wo sie tagsüber aufbewahrt wurden, zu wanken, eine Scheibe zerbrochen hatte, gnädigerweise von Noah unterstützt, der sich, nachdem er Oliver mit der Versicherung, dafür werde er sich »ein paar einfangen«, getröstet hatte, herabließ, ihm zu helfen. Bald darauf kam Mr. Sowerberry nach unten. Kurz nach ihm erschien auch Mrs. Sowerberry, und Oliver, der sich »ein paar einfing«, wie Noah richtig vorausgesagt hatte, folgte diesem jungen Herrn die Treppe hinab zum Frühstück.

»Komm hier ans Feuer, Noah«, sagte Charlotte. »Ich hab dir'n schönes Stückchen Speck vom Frühstück des Meisters aufbewahrt. Oliver, mach die Tür hinter Mister Noah zu, und nimm dir, was ich auf den Deckel des Brotkastens gelegt hab. Hier is dein Tee, geh damit rüber zur Kiste und trink ihn dort, und beeil dich, denn du wirst in der Werkstatt gebraucht, haste gehört?«

»Haste gehört, Armenhäusler?«, fragte Noah Claypole.

»Mein Gott, Noah«, rief Charlotte, »was für'n ulkiger Kerl du doch bist! Warum lässte den Jungen nich in Ruh?«

»Ihn in Ruh lassen!«, entgegnete Noah. »Es lassen ihn doch schon alle in Ruh. Weder sein Vater noch seine Mutter werden ihn je belästigen. Seine ganze Familie lässt ihn tun, was er will, oder nich, Charlotte? Hehehe!«

»Ach, du komischer Vogel!«, sagte Charlotte und brach in herzhaftes Gelächter aus, in das Noah einstimmte, und dann schauten sie beide hämisch auf den armen Oliver Twist, der in der kältesten Ecke des Raumes zitternd auf einer Kiste hockte und seine altbackenen Brocken aß, die man eigens für ihn aufbewahrt hatte.

Noah war ein Junge aus der Armenschule, aber keine Waise aus dem Armenhaus. Er war kein uneheliches Kind, denn er konnte seine Abstammung bis zu seinen Eltern zurückverfolgen, die ganz in der Nähe wohnten. Seine Mutter war Waschfrau, sein Vater ein dem Trunke ergebener Soldat, der mit einem Holzbein und einem täglichen Gnadensold von zweieinhalb Pence Komma irgendwas aus dem Dienst entlassen worden war. Unter den Ladenburschen in der Nachbarschaft gab es seit langem den Brauch, Noah auf offener Straße mit schmähenden Beinamen wie »Lederhose«, »Lumpenschule« und dergleichen zu belegen, und Noah hatte es ohne Widerrede ertragen. Aber jetzt, wo ihm das Schicksal einen unehelichen Waisen gesandt hatte, auf den noch der Niedrigste verächtlich mit dem Finger zeigen konnte, zahlte er es ihm mit Zinsen heim. Das bietet trefflichen Stoff zum Nachdenken. Es zeigt uns, was für ein wunderbares Ding die menschliche Natur zuweilen ist und wie sich die gleichen liebenswerten Eigenschaften ohne Unterschied sowohl beim vornehmsten Lord wie auch beim elendsten Armenschüler finden.

Oliver lebte inzwischen etwa drei oder vier Wochen bei dem Leichenbestatter. Mr. und Mrs. Sowerberry nahmen, die Läden waren bereits geschlossen, in der kleinen hinteren Stube ihr Abendbrot zu sich, als Mr. Sowerberry, nachdem er mehrmals schüchtern zu seiner Frau hinübergeschaut hatte, anhob:

»Meine Liebe ...«

Er wollte noch mehr sagen, aber als Mrs. Sowerberry mit ungnädiger Miene aufblickte, verstummte er jäh.

»Ja?«, fragte Mrs. Sowerberry unwirsch.

»Nichts, meine Liebe, gar nichts«, antwortete Mr. Sowerberry.

»Bah, wie gemein!«, rief Mrs. Sowerberry.

»Aber nicht doch, meine Liebe«, erwiderte Mr. Sowerberry unterwürfig, »ich dachte, Ihr wolltet es nicht hören, meine Liebe. Ich wollte nur sagen ...«

»Ach, verratet mir bloß nicht, was Ihr sagen wolltet«, unterbrach Mrs. Sowerberry. »Ich bin doch unwichtig, beachtet mich einfach nicht. *Ich* will Euch gewiss nicht Eure Geheimnisse entlocken.« Bei diesen Worten stieß Mrs. Sowerberry ein hysterisches Lachen aus, was nichts Gutes verhieß.

»Aber meine Liebe«, sagte Sowerberry, »ich wollte Euch um Rat fragen.«

»Nein, nein, fragt nicht mich«, entgegnete Mrs. Sowerberry geziert, »fragt jemand anderen.« Hier folgte ein weiteres hysterisches Lachen, das Mr. Sowerberry sehr beängstigte. Dies ist eine altbewährte und weitverbreitete eheliche Vorgehensweise, die zumeist erfolgreich ist. Sie nötigte Mr. Sowerberry unversehens dazu, als besondere Vergünstigung zu erbitten, etwas sagen zu dürfen, das Mrs. Sowerberry nur allzu begierig zu hören wünschte. Nach einem weiteren kurzen Wortwechsel von noch nicht einmal einer Dreiviertelstunde Dauer wurde die Erlaubnis höchst gnädig erteilt.

»Es geht bloß um den kleinen Twist, meine Liebe«, sagte Mr. Sowerberry. »Der Junge sieht prächtig aus.«

»Kein Wunder, er isst ja auch genug«, bemerkte die Dame.

»Sein Gesicht hat so einen wehmütigen Ausdruck«, sprach Mr. Sowerberry weiter, »der sehr anrührend wirkt. Er würde einen vortrefflichen Leichenzügler abgeben, meine Liebe.«

Mrs. Sowerberry schaute nicht wenig verwundert auf. Das bemerkte Mr. Sowerberry natürlich, und so fuhr er, ohne der guten Dame Gelegenheit zu Einwänden zu geben, fort:

»Ich meine keinen richtigen Leichenzügler für die Erwachsenen, meine Liebe, sondern nur für die Kinder. Es wäre wirklich etwas Neues, einen Leichenzügler in passender Größe zu haben. Verlasst Euch drauf, meine Liebe, es würde den allerbesten Eindruck machen.«

Mrs. Sowerberry, die einigen Sachverstand besaß, was das Bestattungsgewerbe betraf, war von der Originalität dieses Einfalls sehr angetan, aber da es unter den gegebenen Umständen ihrer Würde abträglich gewesen wäre, dieses einzugestehen, fragte sie lediglich mit einiger Schärfe, warum ihrem Gatten ein solch naheliegender Gedanke nicht schon eher in den Sinn gekommen sei. Da Mr. Sowerberry dies ganz richtig als Zustimmung zu seinem Vorschlag auslegte, wurde umgehend beschlossen, Oliver auf der Stelle in die Geheimnisse des Gewerbes einzuweihen, zu welchem Zwecke er seinen Lehrherrn bei der allernächsten Gelegenheit, wenn dessen Dienste benötigt würden, begleiten solle.

Die Gelegenheit ließ nicht lange auf sich warten. Am nächsten Morgen betrat Mr. Bumble eine halbe Stunde nach dem Frühstück die Werkstatt, lehnte seinen Stock gegen den Ladentisch und holte seine große lederne Brieftasche hervor, der er ein kleines Schnipsel Papier entnahm, um es Mr. Sowerberry zu überreichen.

»Aha!«, rief der Leichenbestatter und warf einen neugierigen Blick darauf. »Die Bestellung für einen Sarg, was?«

»Erst für einen Sarg, dann für ein Armenbegräbnis«, erwiderte Mr. Bumble und zog den Riemen der ledernen Brieftasche, die, wie er selbst, recht dickleibig war, wieder fest.

»Bayton«, las der Leichenbestatter und schaute von dem Schnipsel Papier zu Mr. Bumble. »Diesen Namen habe ich noch nie gehört.«

Bumble schüttelte den Kopf, als er antwortete: »Widerborstige Leute, Mr. Sowerberry, äußerst widerborstige Leute. Obendrein noch stolz, wie ich leider sagen muss, Sir.«

»Stolz, was?«, entfuhr es Mr. Sowerberry höhnisch. »Na, das ist ja wohl das Letzte.«

»Ja, unerträglich«, erwiderte der Büttel. »Geradezu übelkeiterregend, Mr. Sowerberry!«

»So ist es«, pflichtete ihm der Leichenbestatter bei.

»Wir haben erst vorletzte Nacht überhaupt von der Familie erfahren«, sagte der Büttel, »und auch nur deshalb, weil eine Frau, die im selben Haus logiert, bei den Behörden vorstellig geworden war, damit sie den Amtsarzt schicken, um sich eine Weibsperson anzusehen, der es sehr schlecht geht. Der Doktor war jedoch gerade zum Essen, aber sein Gehilfe, ein blitzgescheiter Kerl, hat ihnen auf der Stelle in einem Fläschchen für Schuhwichse etwas Medizin geschickt.«

»Ah, das nenne ich kurz entschlossen gehandelt«, bemerkte der Leichenbestatter.

»Kurz entschlossen, das will ich meinen«, erwiderte der Büttel. »Aber was ist die Folge, wie undankbar verhalten sich daraufhin diese Störenfriede, Sir? Der Gatte lässt ausrichten, die Medizin sei für das Gebrechen seiner Frau nicht geeignet, also würde sie sie nicht nehmen ... sagt, sie würde sie nicht nehmen, Sir! Gute, starke, gesunde Medizin, wie sie erst eine Woche zuvor zwei irischen Arbeitern und einem Kohlenträger verabreicht worden war ... kriegen sie umsonst, samt nem Fläschchen für Schuhwichse ... und er lässt ausrichten, sie würde sie nicht nehmen, Sir!«

Wie diese Greueltat Mr. Bumble mit aller Macht vor Augen trat, schlug er mit seinem Stock fest auf den Ladentisch und lief vor Empörung rot an.

»Also wirklich«, rief der Leichenbestatter, »das hätte ich ja nie-hie-mals ...«

»Niemals, Sir!«, stieß der Büttel hervor. »Ihr nicht, und auch sonst niemand, aber jetzt ist sie tot, und wir müssen sie beerdigen, so lautet die Vorschrift, und je eher die Sache erledigt wird, desto besser.«

Bei diesen Worten setzte sich Mr. Bumble den Dreispitz im Eifer seiner amtlichen Erregung verkehrt herum auf und stürmte aus der Werkstatt.

»Tja, Oliver, er war so aufgebracht, dass er nicht einmal nach dir gefragt hat«, bemerkte Mr. Sowerberry, der dem Büttel nachschaute, wie er schnellen Schrittes die Straße hinabeilte.

»Ja, Sir«, entgegnete Oliver, der sich während der Unterredung mit Bedacht verborgen gehalten hatte und noch bei der Erinnerung an den Klang von Mr. Bumbles Stimme von Kopf bis Fuß bebte. Er hätte sich jedoch die Mühe sparen können, sich den Blicken Mr. Bumbles zu entziehen, denn dieser Beamte, auf den die Prophezeiung des Herrn in der weißen Weste tiefen Eindruck gemacht hatte, war der Meinung, das Thema sei, solange Oliver sich auf Probe beim Leichenbestatter befand, besser zu meiden, bis dieser für sieben Jahre fest gebunden und die Gefahr, dass er wieder der Gemeinde zur Last falle, ein für alle Mal gesetzlich gebannt sei.

»Gut«, sagte Mr. Sowerberry und nahm seinen Hut, »je eher wir dieses Geschäft hinter uns bringen, desto besser. Noah, gib auf die Werkstatt acht. Oliver, setz deine Mütze auf und komm mit.« Oliver gehorchte und folgte seinem Herrn bei dessen beruflichem Einsatz.

Sie gingen eine Weile durch das am dichtesten bevölkerte Viertel der Stadt, wo das Gedränge am größten war, bogen dann in eine enge Gasse, die schmutziger und elender war als alle anderen, durch die sie bisher gekommen waren, und hielten an, um sich nach dem Haus umzusehen, dem ihre Suche galt. Die Gebäude ragten zu beiden Seiten groß und hoch empor, waren aber sehr alt und wurden von Leuten der ärmsten Schicht bewohnt, wie die heruntergekommenen Fassaden zur Genüge verrieten, auch ohne dass es des gleichzeitigen Zeugnisses, das von dem verwahrlosten Aussehen der wenigen Männer und Frauen abgelegt wurde, die mit untergeschlagenen Armen und gebeugten Leibern vereinzelt umherschlichen, bedurft hätte. Viele der Häuser besaßen Ladenfronten, die jedoch fest verrammelt waren und verfielen, denn nur die oberen Stockwerke wurden bewohnt. Einige durch Alter und Verfall baufällig gewordene Gebäude wurden durch riesige hölzerne Balken, die gegen die Wände gestützt und fest auf der

Straße verankert waren, am Einsturz gehindert. Doch selbst diese erbärmlichen Bruchbuden schienen von einigen unbehausten armen Teufeln als nächtliches Lager auserkoren worden zu sein, denn viele der groben Holzplanken, die Türen und Fenster ersetzten, waren herausgerissen worden, um eine Öffnung zu schaffen, groß genug, um einem menschlichen Körper Durchlass zu gewähren. In der Gosse stand das dreckige Abwasser. Sogar die Ratten, die hier und da verwesend im Moder lagen, sahen vor Hunger ganz elend aus.

Weder Klingelzug noch Klopfer befanden sich an der offenen Tür, vor der Oliver und sein Lehrherr stehen blieben, deshalb ertastete sich der Leichenbestatter vorsichtig den Weg durch den dunklen Gang, befahl Oliver, sich dicht hinter ihm zu halten und keine Angst zu haben, und stieg zum ersten Treppenabsatz empor, wo sie auf eine Tür stießen, an die Sowerberry mit seinen Knöcheln klopfte.

Ein junges Mädchen von dreizehn oder vierzehn Jahren öffnete. Mit einem Blick ins Innere des Zimmers sah der Leichenbestatter genug, um zu wissen, dass es sich um die Behausung handelte, zu der er bestellt worden war. Er trat ein, Oliver folgte ihm.

Im Zimmer brannte kein Feuer, aber ein Mann kauerte wie entrückt am leeren Ofen. Auch eine alte Frau hatte sich einen Hocker an den kalten Herd gezogen und saß neben ihm. In der anderen Ecke drängten sich ein paar zerlumpte Kinder, und in einer kleinen Nische gegenüber der Tür lag etwas unter einer alten Decke auf dem Boden. Oliver erschauderte, als sein Blick auf diese Stelle fiel, und er drückte sich unwillkürlich enger an seinen Herrn, denn obwohl die Decke darüber lag, spürte der Junge, dass es ein Leichnam war.

Der Mann hatte ein hageres, sehr bleiches Gesicht, Haare und Bart waren grau, die Augen blutunterlaufen. Das Gesicht der alten Frau war voller Runzeln, die beiden ihr noch verbliebenen Zähne standen über die Unterlippe vor, ihre Augen waren hell und stechend. Oliver fürchtete sich, sie oder den Mann anzuschauen. Sie schienen so sehr den Ratten zu gleichen, die er draußen gesehen hatte.

»Keiner rührt sie an«, rief der Mann und fuhr mit einem Ruck hoch, als der Leichenbestatter sich der Nische näherte. »Zurück! Weg da, schert Euch zum Teufel, zurück, wenn Euch Euer Leben lieb ist!«

»Aber nicht doch, guter Mann«, sagte der Leichenbestatter, der mit Elend in all seinen Erscheinungsformen wohlvertraut war. »Aber nicht doch!«

»Ich sag Euch«, rief der Mann, ballte seine Hände und stampfte wild auf den Boden, »ich sag Euch, ich werde nicht zulassen, dass sie unter die Erde kommt. Dort fände sie keine Ruhe. Die Würmer würden sie nur quälen, statt sie zu fressen, sie ist ja nur noch Haut und Knochen.«

Der Leichenbestatter erwiderte nichts auf diese Raserei, sondern holte ein Band aus seiner Tasche hervor und kniete für einen Augenblick neben dem Leichnam nieder.

»Ach!«, schluchzte der Mann, brach in Tränen aus und sank zu Füßen der toten Frau auf die Knie. »Kniet nieder, kniet nieder, kniet alle vor ihr nieder und hört meine Worte! Ich sag euch, man hat sie verhungern lassen. Ich wusste nicht, wie schlimm es mit ihr stand, bis das Fieber über sie kam, da stachen ihr dann die Knochen durch die Haut. Wir hatten weder Feuer noch Kerzen, sie starb im Finstern … im Finstern. Sie konnte nicht einmal die Gesichter ihrer Kinder sehen, obwohl wir hörten, wie sie keuchend ihre Namen rief. Ich hab auf der Straße für sie gebettelt, dafür hat man mich ins Gefängnis gesteckt. Als ich zurückkam, lag sie im Sterben, und mir brach das Herz, denn man hat sie verhungern lassen. Ich schwöre bei Gott, Er weiß es! Man hat sie verhungern lassen!«

Er griff sich mit den Händen ins Haar und wälzte sich mit einem lauten Schrei auf dem Boden, seine Augen starrten ins Leere, und Schaum trat ihm vor die Lippen.

Die verstörten Kinder weinten bitterlich, doch die alte Frau, die bis dahin so ruhig geblieben war, als sei sie taub für alles, was um sie herum geschah, brachte sie drohend zum Schweigen, und nachdem sie dem Mann, der ausgestreckt auf dem Boden liegen blieb, das Halstuch gelockert hatte, wankte sie zum Leichenbestatter.

»Sie war meine Tochter«, sagte die alte Frau, wobei sie mit ihrem Kopf Richtung Leichnam nickte und mit einem irren Blick sprach, der an diesem Ort sogar noch schauerlicher wirkte als die Anwesenheit des Todes. »O mein Gott! Es *ist* doch komisch, dass ich, die sie geboren hat und schon damals eine erwachsene Frau war, noch am Leben und wohlauf bin, und sie liegt da, so kalt und steif! O mein Gott ... allein der Gedanke ... zum Totlachen, zum Totlachen!«

Während das arme Geschöpf in seiner unheimlichen Fröhlichkeit noch vor sich hin murmelte und kicherte, wandte sich der Leichenbestatter zum Gehen.

»Halt, halt!«, rief die alte Frau mit heiserem Krächzen. »Wird sie morgen oder übermorgen oder heute abend beerdigt? Ich hab sie doch zur Aufbahrung eingekleidet und muss ja mitgehen, versteht Ihr. Schickt mir einen großen Mantel, einen schön warmen, denn es ist bitterkalt. Wir brauchen auch noch Kuchen und Wein, bevor wir gehen! Ach, lasst gut sein, schickt ein wenig Brot … nur einen Laib Brot und einen Becher Wasser. Bekommen wir ein wenig Brot, guter Mann?«, fragte sie beschwörend und packte den Leichenbestatter am Rock, als er sich erneut Richtung Tür bewegte.

»Ja, ja«, erwiderte der Leichenbestatter, »natürlich. Von allem und jedem!«

Er befreite sich aus dem Griff der Alten und eilte, Oliver hinter sich herziehend, schnell davon.

Am nächsten Tag (die Familie war inzwischen – von Mr. Bumble höchstpersönlich – mit einem halben Vierpfundbrot und einem Stück Käse versorgt worden) kehrten Oliver und sein Lehrherr zu der armseligen Behausung zurück, wo bereits Mr. Bumble in Begleitung von vier Männern aus dem Armenhaus, die als Träger dienen sollten, eingetroffen war. Sie warfen einen verschlissenen schwarzen Mantel über die Lumpen der alten Frau und des Mannes, und nachdem man den schmucklosen Sarg zugeschraubt hatte, hoben ihn die Träger auf die Schultern und gingen damit auf die Straße hinunter.

»Ihr müsst jetzt einen Schritt zulegen, Madam!«, flüsterte Sowerberry der Alten ins Ohr. »Wir sind spät dran, und es gehört sich nicht, den Geistlichen warten zu lassen. Vorwärts, Männer … so schnell ihr könnt!«

Derart angewiesen, trabten die Träger mit ihrer leichten Last los, und die beiden Trauernden blieben ihnen so gut sie vermochten auf den Fersen. Mr. Bumble und Mr. Sowerberry schritten in schnellem Tempo voran, und Oliver, dessen Beine nicht so lang waren wie die seines Herrn, rannte neben ihnen her.

Es bestand jedoch keine so dringliche Notwendigkeit zur Eile, wie Mr. Sowerberry angenommen hatte, denn als sie den abgelegenen Winkel des Friedhofs erreichten, wo die Nesseln wucherten und die Armengräber ausgehoben wurden, war der Geistliche noch nicht eingetroffen, und der Küster, der in der Sakristei am Feuer saß, schien es keineswegs für unwahrscheinlich zu halten, dass noch eine Stunde oder so vergehen könne, bevor er käme. Also stellten sie die Bahre am Rand des Grabes ab, und die beiden Trauernden standen geduldig wartend im aufgeweichten Lehm, während ein kalter Nieselregen niederging und die zerlumpten Jungen, die das Schauspiel auf den Friedhof gelockt hatte, zwischen den Grabsteinen lärmend Versteck spielten oder sich zur Abwechslung damit vergnügten, über den Sarg hin und her zu springen. Mr. Sowerberry und Mr. Bumble, die persönlich mit dem Küster befreundet waren, setzten sich zu ihm ans Feuer und lasen Zeitung.

Nachdem etwas mehr als eine Stunde verstrichen war, sah man endlich Mr. Bumble, Mr. Sowerberry und den Küster Richtung Grab laufen. Unmittelbar darauf erschien der Geistliche, der sich unterwegs das Chorhemd überstreifte. Sodann verdrosch Mr. Bumble, um den Schein zu wahren, ein oder zwei der Jungen, und Hochwürden reichte, nachdem er so viel von der Totenmesse gelesen hatte, wie sich in vier Minuten unterbringen ließ, dem Küster sein Chorhemd und ging wieder fort.

»Los, Bill«, sagte Sowerberry zum Totengräber, »schütt's zu!«

Das stellte keine allzu schwere Arbeit dar, denn das Grab war so gefüllt, dass sich über dem obersten Sarg nur noch ein paar Fuß Luft befanden. Der Totengräber schaufelte Erde hinein, stampfte sie mit den Füßen ein wenig fest, schulterte seinen Spaten und ging davon, gefolgt von den Jungen, die sich laut murrend beschwerten, weil der Spaß so schnell vorbei war.

»Kommt, mein Freund«, sagte Bumble und klopfte dem Mann auf die Schulter, »sie wollen den Friedhof schließen.«

Der Mann, der vollkommen regungslos stehengeblieben war, seit er seinen Platz am Grab eingenommen hatte, fuhr zusammen, hob den Kopf und starrte den Menschen, der zu ihm gesprochen hatte, ausdruckslos an, tat ein paar Schritte nach vorne und fiel ohnmächtig zu Boden. Die irrsinnige Alte war zu sehr damit beschäftigt, den Verlust ihres Mantels (den ihr der Leichenbestatter wieder abgenommen hatte) zu beklagen, um dem Mann irgendwelche Beachtung zu schenken, weshalb man eine Kanne kaltes Wasser über ihn schüttete. Als der Mann zu sich kam, geleiteten sie ihn vorsichtshalber vom Friedhof, schlossen das Tor und zerstreuten sich in alle Richtungen.

»Nun, Oliver«, fragte Mr. Sowerberry auf dem Heimweg, »wie hat es dir gefallen?«

»Ganz gut, Sir, danke«, erwiderte Oliver recht zögerlich. »Eigentlich überhaupt nicht, Sir.«

»Ach, du wirst dich mit der Zeit daran gewöhnen«, meinte Sowerberry. »Halb so schlimm, wenn du erst einmal daran gewöhnt *bist*, mein Junge.«

Oliver überlegte, ob Mr. Sowerberry wohl sehr lange gebraucht habe, um sich daran zu gewöhnen, hielt es aber für besser, diese Frage nicht zu stellen, also ging er mit zur Werkstatt zurück und bedachte dabei alles, was er gesehen und gehört hatte.

Sechstes Kapitel

Oliver schreitet, von Noahs Spott angestachelt, zur Tat und versetzt ihn dabei nicht wenig in Erstaunen.

Mit Ablauf der einmonatigen Probezeit wurde Oliver in aller Form als Lehrjunge übernommen. Es herrschte damals gerade eine recht ungesunde Jahreszeit, was für das Geschäft bedeutete, dass Särge hoch im Kurs standen und Oliver innerhalb weniger Wochen viel Erfahrung sammelte. Der Erfolg von Mr. Sowerberrys klugem Plan übertraf seine kühnsten Erwartungen. Selbst die ältesten Einwohner konnten sich nicht erinnern, wann die Masern jemals so heftig und tödlich unter den Kindern gewütet hätten. So gab es zahlreiche trübselige Leichenzüge, die der kleine Oliver mit einem Trauerflor am Hut, der ihm bis ans Knie reichte, zum unbeschreiblichen Entzücken und zur Rührung aller Mütter der Stadt anführte.

Da Oliver seinen Lehrherrn auch bei den meisten Begräbnissen der Erwachsenen begleitete, damit er den Gleichmut im Benehmen und die vollkommene Beherrschung seiner Gefühlsregungen erlangen möge, die einen vollendeten Leichenbestatter erst ausmachen, bekam er oft Gelegenheit, die erstaunliche Schicksalsergebenheit und Seelenstärke zu beobachten, mit der gewisse unbeugsame Menschen ihre Prüfungen und Verluste ertrugen.

Erhielt Sowerberry beispielsweise den Auftrag zur Bestattung einer reichen alten Dame oder eines wohlhabenden Herrn, die eine große Anzahl Neffen und Nichten besaßen, so waren diese während derer vorangegangenen Krankheit völlig untröstlich gewesen und hatten ihren Gram selbst in aller Öffentlichkeit nicht bezwingen können, doch auf der Beerdigung gaben sie sich untereinander so unbekümmert, fröhlich und zufrieden, wie man sich nur denken kann, sie unterhielten sich so ungezwungen und heiter, als ob nichts geschehen wäre, was sie hätte betrüben können. Auch Ehemänner trugen den Verlust ihrer Gattinnen mit ausgesprochen heldenhafter Gelassenheit. Frauen wiederum legten ihrer verstorbenen Gatten wegen Witwentracht an, als ob sie, weit davon entfernt, sich in der Trauerkleidung zu grämen, dazu entschlossen wären, darin so schick und reizend wie nur möglich auszusehen. Es ließ sich auch beobachten, dass feine Damen und Herren, die noch während der Beerdigung große Seelenpein litten, sich bereits auf dem Heimweg wieder gut erholten und vollends davon genesen waren, bevor die Teestunde sich dem Ende zuneigte. All das war sehr erbaulich und lehrreich anzuschauen, und Oliver betrachtete es mit großer Bewunderung.

Obwohl ich der Verfasser seiner Lebensgeschichte bin, wage ich nicht mit absoluter Gewissheit zu behaupten, ob Oliver Twist sich durch das Beispiel dieser guten Leute seinem Schicksal ergeben hatte, ich kann aber versichern, dass er während vieler Monate klaglos die Schikanen und Misshandlungen durch Noah Claypole ertrug, der ihm schlimmer zusetzte als zuvor, jetzt, wo seine Eifersucht geweckt war, als er sah, wie der Neue zu schwarzem Stock und Trauerflor am Hut befördert wurde, während er, der alte Lehrjunge, weiter mit Wollmütze und Lederhose der Armenschüler herumlief. Charlotte behandelte ihn schlecht, weil Noah es tat, und Mrs. Sowerberry war seine erklärte Feindin, weil Mr. Sowerberry ihm freundschaftlich begegnete. Zwischen diesen dreien auf der einen und jeder Menge Beerdigungen auf der anderen Seite befand sich Oliver also keineswegs in solch kommoder Lage wie das hungrige Ferkel, als es versehentlich in die Kornkammer einer Brauerei gesperrt wurde.

Und jetzt komme ich zu einem höchst wichtigen Abschnitt in Olivers Geschichte, denn ich muss einen Vorfall verzeichnen, der vielleicht unbedeutend und nebensächlich erscheint, auf Umwegen aber all seine zukünftigen Aussichten und Erlebnisse von Grund auf veränderte.

Eines Tages, als Oliver und Noah zur üblichen Mittagszeit in die Küche hinabgestiegen waren, um sich an einem kleinen Stück Hammelbraten – anderthalb Pfund vom schlechtesten Nackenstück – gütlich zu tun, mussten sie, da Charlotte fortgerufen wurde, eine Weile warten, und Noah Claypole vermeinte, hungrig und boshaft wie er war, diese Zeit zu keinem besseren Zweck nutzen zu können, als den jungen Oliver Twist zu triezen und ihm das Leben schwer zu machen.

Zu diesem unschuldigen Zeitvertreib entschlossen, legte Noah seine Füße aufs Tischtuch, zog Oliver an den Haaren, zwickte ihm ins Ohr und gab seiner Meinung Ausdruck, er sei ein »Duckmäuser«, und verkündete außerdem seine Absicht, Olivers Hinrichtung am Galgen beizuwohnen, wann immer dieses begrüßenswerte Ereignis auch stattfinden mochte, und erging sich in weiteren kleinen Sticheleien, wie ein gemeiner und gehässiger Armenschüler, der er ja auch war. Da aber keine dieser Schmähungen die erwünschte Wirkung erzielte, Oliver zum Weinen zu bringen, versuchte Noah es mit noch größerer Schalkhaftigkeit, und tat bei diesem Versuch, was viele kleine Geister von weit höherem Ansehen als Noah bis heute zuweilen tun, wenn sie amüsant sein wollen. Er wurde persönlich.

»Armenhäusler«, sagte Noah, »wie geht's deiner Mutter?«

»Sie ist tot«, antwortete Oliver, »sprich nicht von ihr.«

Oliver errötete, als er das sagte, sein Atem ging schneller, und um Mund und Nase zuckte es verdächtig, was Mr. Claypole für die Vorboten eines unmittelbar bevorstehenden Weinkrampfes hielt. In dieser Hoffnung setzte er nach.

»Woran isse denn gestorben, Armenhäusler?«, fragte Noah.

»An gebrochenem Herzen, wie mir die alte Pflegerin erzählt hat«, erwiderte Oliver, mehr zu sich selbst sprechend als Noah antwortend. »Ich glaub, ich verstehe, was das bedeutet.«

»Trallala, wer's glaubt, wird selig, Armenhäusler«, rief Noah, als Oliver eine Träne über die Wange lief. »Was heulste denn auf einmal?«

»Nicht wegen dir«, erwiderte Oliver, der sich rasch die Träne wegwischte. »Bild dir das bloß nicht ein.«

»Ach, nich wegen mir, was?«, höhnte Noah.

»Nein, nicht wegen dir«, erwiderte Oliver scharf. »Das reicht jetzt, sprich besser nicht mehr von ihr, sieh dich vor!«

»Sieh dich vor!«, rief Noah. »Das ist gut! Sieh dich vor! Werd bloß nicht frech, Armenhäusler. Herr im Himmel, ich weiß schon, was deine Mutter für eine war!«

Dabei nickte Noah vielsagend mit dem Kopf und rümpfte seine kleine rote Nase mit so viel Muskelkraft, wie er zu diesem Zwecke aufzubringen vermochte.

»Weißt du, Armenhäusler«, fuhr Noah, durch Olivers Schweigen ermutigt, fort und sprach dabei im hämischen Ton geheuchelten Mitleids, dem aufreizendsten aller Tonfälle. »Weißt du, Armenhäusler, das lässt sich nu nich mehr ändern, und du hätts es auch damals nicht ändern könn, und es tut mir ehrlich leid, uns allen, und wir bedauern dich auch tüchtich. Aber du musst wissen, Armenhäusler, dass deine Mutter ein ganz liederliches Weibsstück war.«

»Was sagst du da?«, fragte Oliver und blickte rasch auf.

»Ein ganz liederliches Weibsstück, Armenhäusler«, erwiderte Noah unverfroren. »Und es is wirklich besser, dasse damals gestorben is, sonst wär se inzwischen im Zuchthaus, inner Verbannung oder am Galgen gelandet, was am wahrscheinlichsten is.«

Hochrot vor Zorn sprang Oliver auf, stieß Tisch und Stuhl um, packte Noah an der Kehle und schüttelte ihn in seiner Raserei so heftig, bis diesem die Zähne im Mund klapperten, dann legte er all seine Kraft in einen einzigen mächtigen Hieb und streckte ihn zu Boden.

Noch einen Augenblick zuvor schien der Junge das stille, schwache und entmutigte Geschöpf gewesen zu sein, das unbarmherzige Behandlung aus ihm gemacht hatte. Aber endlich waren seine Lebensgeister erwacht, die schimpfliche Beleidigung seiner verstorbenen Mutter hatte sein Blut in Wallung gebracht. Dort stand er, wie verwandelt, mit geschwellter Brust und aufrechter Haltung, mit lebhaft glänzenden Augen, und funkelte seinen feigen Peiniger an, der nun geduckt zu seinen Füßen lag, und trotzte ihm mit einer Stärke, die er nie zuvor gekannt hatte.

»Er will mich morden!«, kreischte Noah. »Charlotte! Frau Meisterin! Der neue Junge will mich morden! Hilfe! Hilfe! Oliver is verrückt geworden! Char-lot-te!«

Noahs Hilferufe wurden von einem lauten Aufschrei Charlottes und einem noch lauteren Mrs. Sowerberrys beantwortet. Erstere stürmte durch eine Seitentür in die Küche, während letztere auf der Treppe innehielt, um sich erst zu vergewissern, ob auch keine Lebensgefahr damit verbunden war, sich weiter hinabzubegeben.

»Oh, du kleiner Schuft!«, schrie Charlotte, ergriff Oliver mit ihrer ganzen Kraft, die der eines körperlich ertüchtigten, durchschnittlich starken Mannes gleichkam. »Oh, du kleiner un-dank-ba-rer, blut-rüns-ti-ger, ab-scheu-li-cher Ha-lun-ke!«

Und nach jeder Silbe versetzte sie Oliver mit voller Wucht einen Schlag, den sie jeweils, zum Ergötzen der Anwesenden, mit einem Schrei begleitete.

Charlottes Faust war alles andere als harmlos, doch aus Furcht, sie könne Olivers Wut nicht bezwingen, stürzte Mrs. Sowerberry in die Küche und eilte zu Hilfe, indem sie ihn mit der einen Hand festhielt, während sie ihm mit der anderen das Gesicht zerkratzte. Als die Dinge derart günstig standen, erhob sich Noah vom Boden und bearbeitete Olivers Rücken mit den Fäusten.

Diese Leibesübungen erwiesen sich dann doch als zu kraftraubend, um sie allzu lange zu betreiben. Als alle drei erschöpft waren und nicht mehr schlagen und kratzen konnten, schleiften sie Oliver, der sich sträubte und zeterte, aber kein bisschen eingeschüchtert war, in den Gerümpelkeller und sperrten ihn dort ein. Als dies vollbracht war, sank Mrs. Sowerberry in einen Stuhl und brach in Tränen aus.

»Himmel, die Gute wird ohnmächtig!«, rief Charlotte. »Ein Glas Wasser, Noah, mein Schatz, mach schnell.«

»Oh, Charlotte!«, sagte Mrs. Sowerberry, so gut sie es mit kurzem Atem und durchnässt vom Wasser, das Noah ihr reichlich über Kopf und Schulter gegossen hatte, eben vermochte. »Oh, Charlotte, wir können froh sein, dass wir nicht alle in unseren Betten ermordet wurden!«

»Ja, wirklich froh, Madam«, kam die Antwort. »Ich hoffe nur, das wird unsern Herrn lehren, nie mehr eines dieser schrecklichen Geschöpfe ins Haus zu holen, denen es von der Wiege an bestimmt ist, Räuber und Mörder zu werden. Armer Noah! Er war schon fast tot, als ich reinkam.«

»Armer Kerl!«, sagte Mrs. Sowerberry und schaute voller Mitleid auf den Armenschüler.

Noah, dessen oberster Westenknopf sich ungefähr auf Höhe von Olivers Scheitel befand, rieb sich, während ihm so viel Zuneigung zuteil wurde, mit den Innenseiten der Handgelenke die Augen und brachte ein paar rührselige Tränen und Schluchzer hervor.

»Was sollen wir bloß tun?«, rief Mrs. Sowerberry. »Der Meister ist nicht daheim, es ist kein Mann im Hause, und der Junge wird die Tür in zehn Minuten eingetreten haben.« Olivers ungestüme Tritte gegen das fragliche Stückchen Holz machten diese Einschätzung sehr wahrscheinlich.

»O Gott, o Gott, ich weiß nicht, Madam«, sagte Charlotte, »wir sollten wohl besser die Polizei rufen.«

»Oder die Sohldaten«, schlug Mr. Claypole vor.

»Nein, nein«, sagte Mrs. Sowerberry, der Olivers alter Freund in den Sinn gekommen war. »Lauf zu Mr. Bumble, Noah, und sag ihm, er soll schnurstracks herkommen, ohne auch nur eine Minute zu verlieren. Lass deine Mütze, beeil dich! Drück dir unterwegs ein Messer auf dein blaues Auge, damit es abschwillt.«

Ohne ein weiteres Wort zu verlieren, lief Noah los, so schnell er konnte, und die Leute, die draußen unterwegs waren, staunten nicht schlecht, einen Armenschüler ohne Mütze auf dem Kopf und mit einem Klappmesser am Auge durch das Gewimmel auf den Straßen rennen zu sehen.

Siebtes Kapitel

Oliver bleibt widerspenstig.

Noah Claypole rannte, so schnell er konnte, die Straße entlang und hielt kein einziges Mal an, um Atem zu holen, bis er am Tor des Armenhauses ankam. Nachdem er dort ein wenig verschnauft hatte, um für einen theatralischen Auftritt voller Tränen, Schluchzer und Entsetzen Kraft zu sammeln, klopfte er laut an das Pförtchen im Tor und zeigte dem betagten Armenhäusler, der öffnete, ein so klägliches Gesicht, dass sogar dieser, der die meiste Zeit nichts als klägliche Gesichter zu sehen bekam, erstaunt zurückfuhr.

»Nanu, was hat der Junge bloß?«, entfuhr es dem alten Armenhäusler.

»Mr. Bumble! Mr. Bumble!«, rief Noah mit gut gespieltem Schrecken und so lauter und aufgeregter Stimme, dass sie Mr. Bumble, der sich zufällig in der Nähe befand, nicht bloß ans Ohr drang, sondern ihn auch derart beunruhigte, dass er ohne Dreispitz in den Hof stürmte, was ein ebenso seltsamer wie bemerkenswerter Vorgang war, da er zeigt, wie selbst ein Büttel, von einem plötzlichen und starken Drang getrieben, vorübergehend vom Verlust seiner Selbstbeherrschung heimgesucht werden und seine persönliche Würde vergessen kann.

»Oh, Mr. Bumble, Sir!«, sagte Noah. »Oliver, Sir ... Oliver ist ...«

»Was? Was?«, unterbrach Mr. Bumble mit einem freudigen Aufleuchten in seinen metallenen Augen. »Doch nicht fortgelaufen, er ist doch wohl nicht fortgelaufen, oder, Noah?«

»Nein, Sir, nein. Nicht fortgelaufen, Sir, aber er ist bösartich geworden«, erwiderte Noah. »Er hat versucht, mich zu morden, Sir, und dann wollte er noch Charlotte morden, und auch die Frau Meisterin. Oh, mir tut alles weh! Was für Schmerzen, Sir!« Und dabei drehte und wand er seinen Leib wie ein Aal in zahlreichen Windungen, um Mr. Bumble zu verstehen zu geben, dass er durch den brutalen und mörderischen Angriff Oliver Twists schwere innere Verletzungen und Schäden davongetragen habe, wegen derer er im selbigen Augenblick die größten Qualen leide.

Als Noah bemerkte, dass die von ihm überbrachte Nachricht Mr. Bumble völlig lähmte, verlieh er ihr noch zusätzlich Wirkung, indem er seine fürchterlichen Wunden zehnmal lauter als zuvor beklagte, und als er sah, wie ein Herr in weißer Weste den Hof überquerte, wurde sein Gejammer noch dramatischer, denn er hielt es zu Recht für förderlich, die Aufmerksamkeit des besagten Herrn zu erregen und dessen Empörung hervorzurufen.

Die Aufmerksamkeit des Herrn war sehr bald erregt, denn dieser hatte noch keine drei Schritte getan, als er sich verärgert umwandte und sich erkundigte, warum die kleine Kanaille ein derartiges Spektakel veranstalte und Mr. Bumble sie nicht in den Genuss von etwas kommen ließe, was ihre – wie er es nannte – geräuschvollen Äußerungen zu einem unfreiwilligen Vorgang mache.

»Das ist ein armer Junge aus der Freischule, Sir«, erwiderte Mr. Bumble, »der um ein Haar – es hat nicht viel gefehlt, Sir – vom jungen Twist ermordet worden wäre.«

»Donnerschlag!«, rief der Herr in der weißen Weste und blieb abrupt stehen. »Ich hab's gewusst! Ich hatte von Anfang an eine so seltsame Vorahnung, dass diese dreiste kleine Bestie am Galgen enden wird!«

»Er hat ebenso versucht, das Dienstmädchen zu ermorden, Sir«, sagte Mr. Bumble mit aschfahlem Gesicht.

»Und die Frau Meisterin«, warf Mr. Claypole ein.

»Und seinen Lehrherrn auch, nicht wahr, Noah?«, fügte Mr. Bumble hinzu.

»Nein, der ist außer Haus, sonst hätte er ihn auch gemordet«, entgegnete Noah, »das hat er gesagt.«

»Aha, das hat er also gesagt, mein Junge?«, erkundigte sich der Herr in der weißen Weste.

»Jawohl, Sir«, antwortete Noah. »Und bitte, Sir, die Frau Meisterin lässt fragen, ob Mr. Bumble sofort mitkommen und ihn verprügeln kann, da der Herr doch außer Haus ist.«

»Gewiss, mein Junge, gewiss«, sagte der Herr in der weißen Weste, lächelte wohlwollend und tätschelte Noah den Kopf, der den seinen um fast zwei Zoll überragte. »Du bist ein guter Junge ... ein sehr guter Junge. Hier hast du einen Penny. Bumble, begebt Euch unverzüglich mit Eurem Stock zu Sowerberrys und seht, was Ihr ausrichten könnt. Schont ihn nicht, Bumble.«

»Ganz bestimmt nicht, Sir«, entgegnete der Büttel und prüfte das mit Pechdraht umwickelte Ende seines Stocks, das dem Zwecke der amtlichen Züchtigung diente.

»Sagt Sowerberry, auch er brauche ihn nicht zu schonen. Ohne blaue Flecken wird der Junge keine Vernunft annehmen«, erklärte der Herr in der weißen Weste.

»Ich werde mich um die Angelegenheit kümmern, Sir«, antwortete der Büttel. Und da sich Dreispitz und Stock inzwischen zur Zufriedenheit ihres Besitzers an ihren angestammten Plätzen befanden, begaben sich Mr. Bumble und Noah Claypole schnellstmöglich zur Werkstatt des Leichenbestatters.

Dort hatte sich die Lage keineswegs gebessert, da Sowerberry noch nicht zurückgekehrt war und Oliver weiterhin mit unverminderter Kraft gegen die Kellertür trat. Die Berichte über seine Wildheit, die Mrs. Sowerberry und Charlotte abgaben, waren derart erschreckend, dass Mr. Bumble es für ratsam hielt, erst einmal zu verhandeln, bevor er die Tür öffnete. In dieser Absicht versetzte er zum Auftakt der Tür von außen einen Tritt und rief dann, indem er den Mund ans Schlüsselloch legte, mit tiefer und dröhnender Stimme:

»Oliver!«

»Lasst mich sofort hier raus!«, schrie Oliver von drinnen.

»Erkennst du meine Stimme, Oliver?«, fragte Mr. Bumble.

»Ja«, antwortete Oliver.

»Fürchtest du sie gar nicht? Zitterst du nicht, wenn du mich hörst?«, fragte Mr. Bumble.

»Nein!«, entgegnete Oliver kühn.

Diese Antwort, die so anders war als die, welche er hervorzulocken erwartet hatte und für gewöhnlich erhielt, erschütterte Mr. Bumble über alle Maßen. Er trat vom Schlüsselloch zurück, richtete sich zu voller Größe auf und schaute die drei, die neben ihm standen, sprachlos vor Staunen an.

»Oh, wisst Ihr, Mr. Bumble, er muss verrückt geworden sein«, sagte Mrs. Sowerberry. »Kein Junge, der noch halbwegs bei Verstand ist, würde es wagen, so zu Euch zu sprechen.«

»Das ist keine Verrücktheit, Madam«, entgegnete Mr. Bumble, nach einigen Augenblicken tiefen Nachdenkens. »Das ist das Fleisch.«

»Was?«, rief Mrs. Sowerberry.

»Fleisch, Madam, das Fleisch«, sagte Bumble mit ernstem

Nachdruck. »Ihr habt ihn überfüttert, Madam. Ihr habt wider die Natur Geist und Seele in ihm geweckt, was einem Menschen seiner Art nicht zuträglich ist, wie die Herren Vorstände, die allesamt lebenskluge Männer sind, Ihnen bestätigen werden, Mrs. Sowerberry. Was sollen Armenhäusler mit Geist oder Seele? Es reicht völlig, wenn wir ihnen ihre Leiber lassen. Hättet Ihr den Jungen mit Haferschleim verköstigt, Madam, wäre das nie passiert.«

»Lieber Himmel!«, rief Mrs. Sowerberry und hob die Augen fromm zur Küchendecke. »Das kommt davon, wenn man großherzig ist!«

Die Großherzigkeit Mrs. Sowerberrys gegenüber Oliver hatte darin bestanden, ihm all die schäbigen Küchenabfälle zu überlassen, die niemand mehr essen mochte, daher war also auch viel Demut und Selbstverleugnung im Spiel, als sie Mr. Bumbles schwerwiegende Anklage ohne Widerrede auf sich sitzen ließ, obwohl sie sich dieses Vergehens, um ihr Gerechtigkeit widerfahren zu lassen, weder in Gedanken, Wort noch Tat schuldig gemacht hatte.

»Ah«, sagte Mr. Bumble, als die Dame ihre Augen wieder senkte, »das einzige, was man meines Wissens nach jetzt tun kann, ist, ihn einen Tag oder länger im Keller zu lassen, bis der Hunger ihn schwächt, und ihn dann rauszuholen und während seiner gesamten Lehrzeit allein mit Haferschleim zu ernähren. Er stammt aus einer üblen Familie. Leicht erregbare Gemüter, Mrs. Sowerberry! Sowohl die Pflegerin als auch der Doktor haben erzählt, die Mutter habe sich bis hierher unter solchen Schwierigkeiten und Schmerzen durchgeschlagen, die jede anständige Frau schon Wochen zuvor getötet hätten.«

Als Mr. Bumbles Erörterungen so weit gediehen waren, begann Oliver, der gerade genug hören konnte, um zu verstehen, dass erneut Anspielungen auf seine Mutter gemacht wurden, wieder so ungestüm zu treten, dass alles andere übertönt wurde. In diesem Moment kehrte Sowerberry heim, und als ihm Olivers Missetat von den Damen in der Absicht, seinen Zorn zu erregen, mit vielen Übertreibungen hinterbracht worden war, sperrte er im Handumdrehen die Kellertür auf und zerrte seinen aufsässigen Lehrjungen am Kragen heraus.

Olivers Kleidung war während der Prügel, die er bezogen hatte, in Fetzen gegangen, sein Gesicht geschwollen und zerkratzt, und das Haar hing ihm wirr in die Stirn. Doch die Zornesröte war noch nicht verschwunden, und als er aus seinem Verlies gezogen wurde, warf er Noah unerschrocken finstere Blicke zu und schien keineswegs eingeschüchtert.

»Na, du bist mir ja vielleicht ein sauberes Bürschchen«, sagte Sowerberry, wobei er Oliver schüttelte und ihm eine Ohrfeige verpasste.

»Er hat meine Mutter beschimpft«, entgegnete Oliver.

»Ha, und wenn schon, du undankbarer kleiner Halunke?«, sagte Mrs. Sowerberry. »Sie hat verdient, was er sagt, und Schlimmeres.«

»Hat sie nicht«, rief Oliver.

»Hat sie wohl«, sagte Mrs. Sowerberry.

»Das ist eine Lüge!«, rief Oliver.

Mrs. Sowerberry brach in einen Strom von Tränen aus.

Dieser Tränenstrom ließ Sowerberry keine Wahl. Hätte er auch nur einen Augenblick gezögert, Oliver strengstens zu züchtigen, dann würde er, wie es jedem lebensklugen Leser sofort klar ist, und nach allem, was wir aus bisher bekannten Fällen ehelichen Zwistes wissen, als Unmensch, als gefühlloser Gatte, als schimpfliche Kreatur, als gemeines Zerrbild eines Mannes und anderes Schmeichelhaftes mehr, zu dessen Aufzählung der Platz in diesem Kapitel nicht ausreicht, gegolten haben.

Um ihm Gerechtigkeit widerfahren zu lassen, muss man sagen, dass er, soweit es in seiner Macht – die nicht allzu weit reichte – stand, dem Jungen freundlich gesonnen war, vielleicht, weil es ihm nützte, vielleicht, weil seine Frau ihn nicht leiden konnte. Der Tränenstrom ließ ihm jedoch keinen Ausweg, also verabreichte er Oliver unverzüglich eine Tracht Prügel, die selbst Mrs. Sowerberry zufriedenstellte und die darauffolgende Anwendung von Mr. Bumbles Amtsstock eigentlich überflüssig machte. Für den Rest des Tages wurde Oliver in die hintere Küche gesperrt, in Gesellschaft einer Pumpe und eines Stückchens Brot. Am Abend schaute Mrs. Sowerberry, nachdem sie vor der Tür verschiedene Bemerkungen gemacht hatte, die dem Andenken seiner Mutter keineswegs zur Ehre gereichten, in den Verschlag und schickte ihn, unter dem Hohn und Spott von Noah und Charlotte, treppauf in seine trostlose Bettstatt.

Erst als Oliver in der Stille und dem Schweigen der düsteren Werkstatt des Sargmachers allein geblieben war, ließ er seinen Gefühlen, die durch die tagsüber erfahrene Behandlung in dem noch kindlichen Jungen verständlicherweise aufgewühlt worden waren, freien Lauf. Er hatte sich ihre Schmähungen mit verächtlicher Miene angehört und die Schläge ertragen, ohne einen Muckser von sich zu geben, denn er verspürte in seinem Herzen einen Stolz schwellen, der jeden Schrei unterdrückt haben würde, auch wenn sie ihn bei lebendigem Leibe geröstet hätten. Aber jetzt, wo niemand da war, der ihn hören oder sehen konnte, ging er auf dem Boden in die Knie, verbarg das Gesicht in den Händen und weinte solche Tränen, wie sie, Gott gebe es zur Ehre unserer Natur, nur wenige so junge Menschen jemals Grund haben mögen, vor Ihm zu vergießen.

Lange Zeit verharrte Oliver reglos in dieser Haltung. Als er sich wieder erhob, war die Kerze auf dem Ständer schon weit herabgebrannt. Nachdem er sich vorsichtig umgeschaut und angespannt gelauscht hatte, schob er sachte die Riegel an der Tür zurück und blickte hinaus.

Es war eine kalte und dunkle Nacht. Die Sterne schienen den Augen des Jungen weiter von der Erde entfernt, als er es je zuvor gesehen hatte, es regte sich kein Lüftchen und die düsteren Schatten, die die Bäume auf den Boden warfen, gemahnten in ihrer Reglosigkeit an Grab und Tod. Leise schloss er die Tür wieder und setzte sich, nachdem er das schwindende Licht der Kerze dazu genutzt hatte, die wenigen Kleidungsstücke, die er besaß, in ein Bündel zu schnüren, auf eine Werkbank, um auf den Morgen zu warten.

Beim ersten Lichtstrahl, der sich durch die Spalten der Läden zwängte, stand Oliver auf und entriegelte erneut die Tür. Ein ängstlicher Blick in die Runde, ein Moment des Zögerns, dann hatte er sie hinter sich geschlossen und befand sich draußen auf der Straße.

Er schaute nach rechts und nach links, unschlüssig, wohin er fliehen sollte. Ihm fiel ein, dass er gesehen hatte, wie die Fuhrwerke sich auf ihrem Weg aus dem Ort hinaus den Hügel hinaufmühten. Also schlug er dieselbe Richtung ein, und als er auf einen schmalen Pfad stieß, der über die Felder führte und, wie er wusste, nach einer Weile wieder auf die Straße mündete, bog er dort ein und lief schnell weiter.

Diesen Pfad, dessen entsann sich Oliver noch gut, war er neben Mr. Bumble hergetrabt, als der ihn damals vom Heim ins Armenhaus gebracht hatte. Sein Weg führte ihn jetzt direkt an diesem Heim vorbei. Bei dem Gedanken daran klopfte sein Herz, und er wollte beinahe schon wieder umkehren. Doch hatte er bereits eine längere Strecke zurückgelegt und würde dadurch viel Zeit verlieren. Außerdem war es noch so früh am Tag, dass für ihn kaum Gefahr bestand, gesehen zu werden, also ging er weiter.

Er erreichte das Heim. Nichts deutete darauf hin, dass seine Bewohner zu so früher Stunde schon auf den Beinen waren. Oliver hielt an und spähte in den Garten. Ein Junge rupfte in einem der kleinen Beete Unkraut. Als Oliver stehen blieb, hob er sein blasses Gesicht, und Oliver erkannte die Züge eines früheren Gefährten. Er war froh, ihn zu sehen, ehe er fortging, denn obwohl jünger als er selbst, war er sein Freund und Spielkamerad gewesen. Viele, viele Male hatten sie gemeinsam Schläge, Arrest und Hunger ertragen.

»Leise, Dick!«, mahnte Oliver, als der Junge ans Tor gerannt kam und seine dünnen Arme durch die Gitterstäbe steckte, um ihn zu begrüßen. »Ist schon wer auf?«

»Niemand außer mir«, antwortete der Knabe.

»Du darfst keinem sagen, dass du mich gesehen hast, Dick«, sagte Oliver. »Ich laufe fort. Sie schlagen und quälen mich, Dick, ich werde mein Glück irgendwo weit weg suchen. Ich weiß nicht, wo. Wie blass du bist!«

»Ich habe gehört, wie der Doktor ihnen gesagt hat, dass ich bald sterben werde«, erwiderte der Junge mit schwachem Lächeln. »Wie schön, dich zu sehen, mein Freund, aber du darfst nicht länger bleiben!«

»Nur, um von dir Abschied zu nehmen«, sagte Oliver, »doch werden wir uns wiedersehen, Dick, ich weiß es. Und du wirst gesund und glücklich sein!«

»Hoffentlich! Aber wohl erst, wenn ich tot bin, vorher nicht. Ich weiß, dass der Doktor recht hat, Oliver, denn ich träume so viel vom Himmel und von Engeln und von lieben Gesichtern, die ich nie sehe, wenn ich wach bin. Gib mir einen Abschiedskuss«, sagte der Kleine, kletterte am niedrigen Tor empor und schlang seine Ärmchen um Olivers Hals. »Auf Wiedersehen, mein Freund! Gott segne dich!«

Der Segen kam von den Lippen eines kleinen Kindes, doch es war der erste, den Oliver je empfangen hatte, und bei allem Kummer und Leid, allen Nöten und Wechselfällen seines künftigen Lebens hat er ihn nie vergessen.

Achtes Kapitel

Oliver geht nach London. Unterwegs begegnet er einem sonderbaren jungen Herrn.

Oliver erreichte den Zauntritt, an dem der Feldweg endete und wieder auf die Landstraße stieß. Es war jetzt acht Uhr. Obwohl er sich fast fünf Meilen vom Ort entfernt hatte, bewegte er sich, aus Furcht, verfolgt und eingeholt zu werden, bis zum Mittag abwechselnd rennend und sich hinter Hecken versteckend fort. Dann machte er bei einem Meilenstein Rast und dachte zum ersten Mal darüber nach, wohin er am besten gehen und ein neues Leben anfangen sollte.

Der Stein, neben dem er sich niedergesetzt hatte, trug in großen Buchstaben den Hinweis, dass es von dieser Stelle nur siebzig Meilen bis nach London seien. Dieser Name brachte den Jungen auf neue Gedanken. London! Diese ungeheuer große Stadt! Niemand, nicht einmal Mr. Bumble, würde ihn dort jemals finden können! Auch hatte er die alten Männer im Armenhaus oft sagen hören, dass kein aufgeweckter Bursche in London Not leiden müsse und dass es in dieser riesigen Stadt Mittel und Wege gebe, sein Leben zu bestreiten, von denen jene, die auf dem Lande aufgewachsen sind, keine Vorstellung besäßen. Das war der richtige Ort für einen heimatlosen Jungen, der auf der Straße sterben musste, wenn ihm keiner half. Als ihm diese Dinge durch den Kopf gingen, sprang er auf und setzte seinen Weg fort.

Er hatte die Entfernung zwischen sich und London um weitere vier volle Meilen verringert, bevor ihm in den Sinn kam, wie viel er noch durchstehen müsse, ehe er hoffen durfte, den Ort seiner

Bestimmung zu erreichen. Als sich ihm diese Gedanken aufdrängten, verlangsamte er seinen Schritt ein wenig und sann nach, welche Mittel er habe, um dorthin zu gelangen. In seinem Bündel befanden sich ein Stück trockenes Brot, ein derbes Hemd und zwei Paar Strümpfe. Zudem hatte er noch einen Penny in seiner Tasche stecken – ein Geschenk Sowerberrys nach einer Beerdigung, bei der er seine Sache noch besser als sonst gemacht hatte. »Ein sauberes Hemd«, dachte Oliver, »ist eine feine Sache, sehr sogar, ebenso die zwei Paar gestopften Strümpfe und der Penny, doch für einen Weg von fünfundsechzig Meilen im Winter sind sie von geringem Nutzen.« Aber obwohl Olivers Gedanken, wie die der meisten anderen Leute, eifrig bestrebt und bemüht waren, ihm seine Schwierigkeiten vor Augen zu führen, versagten sie doch vollkommen dabei, ihm irgendeinen gangbaren Weg aufzuzeigen, wie er sie überwinden könne. Als er sich eine Weile vergeblich den Kopf zerbrochen hatte, schulterte er sein kleines Bündel und stapfte weiter.

An diesem Tag wanderte Oliver zwanzig Meilen, und die ganze Zeit zehrte er von nichts anderem als von dem Stück trockenen Brotes und einigen Schluck Wasser, die er an den Türen der Bauernhöfe entlang der Straße erbettelte. Als die Nacht hereinbrach, bog er auf eine Wiese, kroch unter einen Heuschober und beschloss, dort bis zum Morgen liegenzubleiben. Zuerst fürchtete er sich, denn der Wind heulte schaurig über die kahlen Felder. Er fror, war hungrig und fühlte sich einsamer als je zuvor. Da ihn sein Marsch jedoch sehr erschöpft hatte, fiel er bald in tiefen Schlaf und vergaß all seine Sorgen.

Als er am nächsten Morgen aufstand, war er kalt und steif und so hungrig, dass er sich genötigt sah, den Penny im ersten Dorf, in das er kam, gegen einen kleinen Laib Brot einzutauschen. Er hatte nicht mehr als zwölf Meilen zurückgelegt, als erneut die Nacht hereinbrach, denn seine Füße waren wund und seine Beine so schwach, dass sie unter ihm wegsackten. Eine weitere Nacht verstrich an der nasskalten Luft, was seinen Zustand zusehends verschlimmerte, und als er am nächsten Morgen seine Reise fortsetzen wollte, konnte er kaum noch vorwärtskriechen.

Oliver wartete am Fuß eines steilen Hügels, bis eine Postkutsche kam, und bettelte die Fahrgäste auf den Außensitzen an, doch nur wenige von ihnen schenkten ihm überhaupt Beachtung, und selbst diese bedeuteten ihm, er solle warten, bis sie auf der Hügelkuppe angekommen wären, dann solle er ihnen mal zeigen, wie weit er für einen Halfpenny rennen könne. Der arme Oliver versuchte, eine kurze Strecke mit der Kutsche Schritt zu halten, schaffte es der Erschöpfung und seiner wunden Füße wegen aber nicht. Als die Außenfahrgäste das sahen, steckten sie ihre Halfpence wieder in die Tasche und erklärten, er sei ein fauler junger Hund und würde keinen Lohn verdienen. Dann ratterte die Kutsche davon und ließ nur eine Staubwolke zurück.

In manchen Dörfern waren große Schrifttafeln mit Hinweisen angebracht, die allen Personen, die in diesem Bezirk bettelten, mit dem Gefängnis drohten. Sie flößten Oliver große Furcht ein, und er war froh, dort so schnell wie möglich wieder wegzukommen. In anderen Dörfern stand er in den Höfen der Gasthäuser und schaute jeden, der vorbeiging, traurig an. Dieser Tätigkeit wurde zumeist von der Wirtin ein Ende gesetzt, indem sie die müßiggehenden Stallknechte der Poststation anwies, den fremden Jungen fortzujagen, denn sie war überzeugt, er sei nur hergekommen, um etwas zu stehlen. Bettelte er an einem Bauernhof, drohten sie ihm in neun von zehn Fällen, den Hund auf ihn zu hetzen, und ließ er sich in einem Laden blicken, riefen sie nach dem Büttel, was Oliver vor Furcht mit den Zähnen klappern ließ, die ohnehin über viele Stunden oft das einzige waren, was seinen Mund füllte.

Und tatsächlich wären Olivers Leiden, hätte es nicht einen gutherzigen Schlagbaumwärter und eine wohlwollende alte Dame gegeben, auf dieselbe Art verkürzt worden, wie die seiner Mutter ein Ende gefunden hatten, mit anderen Worten, er wäre ziemlich sicher auf dem *King's Highway* nach London tot umgefallen. Aber der Schlagbaumwärter reichte ihm ein aus Brot und Käse bestehendes Mahl, und die alte Dame, die einen Enkel besaß, der Schiffbruch erlitten hatte und barfuß einen weit entfernten Winkel der Erde durchstreifte, erbarmte sich des armen Waisenkindes und gab ihm, so viel sie zu geben vermochte – ja mehr sogar – und mit so gütigen und freundlichen Worten und Tränen voller Zuneigung und Mitgefühl, die tiefer in Olivers Seele sanken als aller Kummer, den er je erlitten hatte.

In der Frühe des siebten Morgens, nachdem er seinen Geburtsort verlassen hatte, humpelte Oliver in das kleine Städtchen Barnet. Die Fensterläden waren geschlossen, die Straßen leer, und noch keine Menschenseele hatte sich an ihr Tagwerk gemacht. Die Sonne ging in ihrer ganzen Pracht auf, aber das Licht diente nur dazu, dem Jungen seine Einsamkeit und Verzweiflung vor Augen zu führen, als er sich staubbedeckt und mit wunden Füßen auf eine kalte Stufe vor einer Haustür niedersetzte.

Nach und nach wurden die Fensterläden geöffnet, die Rollvorhänge hochgezogen, und die ersten Leute kamen und gingen. Manche blieben stehen, um Oliver einige Augenblicke anzustieren, oder drehten im Vorbeigehen den Kopf nach ihm um, aber niemand half ihm oder fühlte sich bemüßigt zu fragen, wie er hergekommen sei. Ihm fehlte der Mut zu betteln. Er hockte einfach da.

So kauerte er eine Weile auf der Stufe und staunte über die große Zahl von Wirtshäusern (jedes zweite Haus in Barnet, ob groß oder klein, war eine Schenke), blickte teilnahmslos den durchfahrenden Kutschen nach und dachte, wie seltsam es sei, dass sie in wenigen Stunden mühelos das schafften, was ihn zu vollbringen eine ganze Woche voller Ausdauer und Entschlossenheit, die weit über sein Alter hinausgingen, gekostet hatte. Da bemerkte er, wie ein Junge, der wenige Minuten zuvor achtlos an ihm vorübergegangen war, kehrtmachte und ihn von der anderen Straßenseite aus eingehend musterte. Er schenkte dem erst wenig Beachtung, aber der Junge betrachtete ihn weiterhin so unverwandt und aufmerksam, dass Oliver den Kopf hob und den festen Blick erwiderte. Daraufhin kam der Junge herüber, ging auf Oliver zu und sagte:

»Hallo, Kollege, was'n los?«

Der Bursche, der sich derart bei dem jungen Wanderer erkundigte, war ungefähr in dessen Alter, aber von solch sonderbarem Äußeren, wie Oliver es nie zuvor gesehen hatte. Zwar zierten ihn, wie jeden anderen Jungen, Stupsnase, flache Stirn und ein gewöhnliches Gesicht, und er war auch so schmutzig, wie man es sich von einem Halbwüchsigen nur wünschen konnte, doch besaß er das Benehmen und Gebaren eines Mannes. Er war für sein Alter ein wenig kurz geraten, hatte krumme Beine, und seine kleinen Augen blickten boshaft und stechend. Der Hut saß ihm so locker auf dem Kopf, dass er jeden Augenblick herunterzufallen drohte, was auch des öfteren geschehen wäre, hätte sein Träger nicht den Dreh herausgehabt, von Zeit zu Zeit mit dem Kopf zu rucken, was den Hut wieder auf seinen angestammten Platz beförderte. Er trug den Gehrock eines Erwachsenen, der ihm fast bis zu den Fersen reichte. Die Ärmelaufschläge hatte er bis zu den Ellbogen hochgekrempelt, um die Hände freizubekommen, offenbar allein zu dem Zwecke, sie sogleich wieder in die Taschen seiner Kordhosen zu versenken, denn dort befanden sie sich. Alles in allem war er der großspurigste und protzigste junge Herr, der je seine vier Fuß sechs Zoll – oder etwas weniger – in Schaftstiefeln gestanden hatte.

»Hallo, Kollege, was'n los?«, sagte der sonderbare junge Herr zu Oliver.

»Ich bin sehr hungrig und müde«, erwiderte Oliver, mit Tränen in den Augen, als er sprach. »Ich habe einen weiten Weg hinter mir. Ich bin sieben Tage lang gegangen.«

»Sieben Tage lang gelatscht!«, rief der junge Herr. »Ah, verstehe, auf Befehl der Bullen, was? Aber«, fügte er hinzu, als er Olivers erstaunten Blick bemerkte, »du weiß wohl gar nich, was'n Bulle is, mein kleiner Ganeff?«

Oliver erwiderte schüchtern, er kenne den fraglichen Begriff nur als Bezeichnung für ein großes Tier mit Hörnern.

»Herrlich, wie grün!«, rief der junge Herr. »Na, ein Bulle is'n Polizist, und wenn du auf Befehl der Bullen marschierst, dann nich geradaus, sondern immer nur aufwärts, und du komms nie wieder runter. Noch nie inner Mühle gewesen?«

»Was für eine Mühle?«, erkundigte sich Oliver.

»Was für ne Mühle! Na, die Tretmühle, die is so klein, die hat im kleinsten Kittchen Platz, und je schlechter der Wind für die Leute steht, desto besser für die Mühle, denn steht er günstig, findet se keine Müllerburschen. Aber los, du brauchs was zwischen die Zähne, und du solls es bekommen. Bei mir herrscht zwar Ebbe, hab bloß ’n Shilling und’n Halfpenny, aber die werd ich schon lockermachen, um damit zu blechen. Dann schwing dich mal auf deine Stelzen. Na los, lass uns gehen!«

Nachdem er Oliver geholfen hatte, aufzustehen, nahm ihn der junge Herr in einen nahe gelegenen Kramladen mit, wo er reichlich aufgeschnittenen Schinken und ein halbes Vierpfundbrot, oder, wie er es nannte, »für vier Pence Kleie« erwarb. Der Schinken wurde durch den findigen Kunstgriff, ein Loch in den Laib zu bohren, daraus ein paar Brocken hervorzuklauben und stattdessen den Schinken hineinzustopfen, vor Staub geschützt und sauber gehalten. Das Brot unter den Arm geklemmt kehrte der junge Herr in ein kleines Wirtshaus ein und schritt geradewegs zu einer Schankstube auf der rückwärtigen Seite der Lokalität. Hier wurde auf Geheiß des geheimnisvollen jungen Mannes ein Krug Bier gebracht, und Oliver machte sich nach Aufforderung seines neuen Freundes an ein ausgiebiges und herzhaftes Mahl, in dessen Verlauf ihn der fremde Junge von Zeit zu Zeit aufmerksam beäugte.

»Willste nach London?«, fragte der fremde Junge, als Oliver schließlich fertig war.

»Ja.«

»Schon’n Quartier?«

»Nein.«

»Geld?«

»Nein.«

Der fremde Junge pfiff und steckte seine Hände so tief in die Taschen, wie es die weiten Ärmel zuließen.

»Wohnst du in London?«, erkundigte sich Oliver.

»Ja, wenn ich zu Hause bin«, entgegnete der Junge. »Wahrscheinlich suchste für heute nacht noch'n Schlafplatz, was?«

»Ja, das stimmt«, antwortete Oliver. »Seit ich unterwegs bin, habe ich keine Nacht ein Dach über dem Kopf gehabt.«

»Lass dir deshalb mal keine grauen Haare wachsen«, sagte der junge Herr, »ich muss heut nacht noch nach London, und ich kenn 'n ehrbarn alten Herrn, der dort wohnt und dir gratis Quartier verschafft und nix dafür verlangt, jedenfalls nich, wenn irgend'n Gentleman, den er kennt, dich vorstellt. Und kennt er mich etwa? Oh nein! Nich im geringsten! Kein bisschen. Überhaupt nich!«

Der junge Herr grinste, als wolle er andeuten, dass die letzten Gesprächsbrocken scherzhaft und ironisch gemeint waren, und während er das tat, leerte er den Bierkrug.

Dieses unerwartete Angebot eines Obdachs war zu verlockend, um ihm widerstehen zu können, besonders da ihm umgehend die Versicherung folgte, der bereits erwähnte alte Herr würde Oliver zweifelsohne und unverzüglich eine gute Stellung verschaffen. Das führte zu einem freundschaftlichen und vertraulichen Zwiegespräch, bei dem Oliver erfuhr, dass der Name seines Freundes Jack Dawkins war und dieser der besondere Liebling und Schützling des besagten älteren Herrn sei.

Mr. Dawkins' Erscheinung sprach nicht allzu sehr für die Segnungen, die die Förderung seines Gönners jenen zuteil werden ließen, die er unter seine Fittiche nahm. Da er jedoch eine eher weitschweifige und liederliche Art der Rede pflegte und obendrein bekannte, dass er bei seinen guten Freunden besser unter dem Spitznamen *Artful Dodger* – was »Der gerissene Schwindler« bedeutet – bekannt sei, schloss Oliver, dass die moralischen Unterweisungen seines Wohltäters an jenem, weil er einen so frivolen und lasterhaften Lebenswandel pflegte, bisher verschwendet gewesen waren. Unter diesem Eindruck beschloss er insgeheim, sich bei dem alten Herrn so bald wie möglich in ein gutes Licht zu setzen, und, falls sich der Dodger als unverbesserlich erweisen solle, was er beinahe fürchtete, die Ehre seiner Bekanntschaft nicht weiter in Anspruch zu nehmen.

Da John Dawkins London nicht vor Einbruch der Nacht betreten wollte, war es schon fast elf Uhr, als sie den Schlagbaum bei Islington erreichten. Vom *Angel* gingen sie zur St. John's Road hinüber, bogen in die kleine Straße, die am Sadler's Wells Theatre endet, kamen durch Exmouth Street und Coppice Row zu dem kleinen Platz neben dem Armenhaus, überquerten den altehrwürdigen Grund, der einst den Namen Hockley-in-the-Hole trug, liefen durch die Little Saffron Hill und schließlich durch die Saffron-Hill-the-Great, wo der Dodger ein scharfes Tempo anschlug und Oliver mahnte, ihm dicht auf den Fersen zu bleiben.

Obwohl Olivers Aufmerksamkeit ganz davon beansprucht wurde, seinen Führer nicht aus den Augen zu verlieren, konnte er doch nicht widerstehen, unterwegs ein paar hastige Blicke nach links und rechts zu werfen. Noch nie hatte er eine schmutzigere und erbärmlichere Gegend gesehen. Die Gasse war eng und matschig und die Luft von ekelerregendem Gestank geschwängert. Es gab zahlreiche kleine Läden, doch die einzigen Waren im Angebot schienen scharenweise Kinder zu sein, die selbst zu dieser nachtschlafenden Zeit durch die Türen rein- und rauskrochen oder drinnen schrien. Die einzigen Orte, die inmitten dieser allgegenwärtigen Fäulnis offenbar gediehen, waren die Wirtshäuser, in denen Iren der untersten Schichten aus Leibeskräften zankten. Überdachte Gänge und Höfe, die hier und da von der Hauptstraße abzweigten, gaben den Blick auf kleine verschachtelte Häuserzeilen frei, wo betrunkene Männer und Frauen sich regelrecht im Dreck suhlten, und aus verschiedenen Eingängen tauchten verstohlen große, finster aussehende Gestalten auf, allem Anschein nach auf dem Weg zu Geschäften, die offenbar weder harmlos noch allzu wohltätiger Natur waren.

Oliver überlegte gerade, ob er nicht besser fortlaufen solle, als sie das untere Ende der Saffron Hill erreichten. Sein Führer packte ihn am Arm, stieß die Tür eines Hauses nahe der Field Lane auf und schloss sie, nachdem er ihn in den Eingang gezogen hatte, hinter sich wieder zu.

»Nun, wie steht's?«, rief eine Stimme von unten als Erwiderung auf einen Pfiff des Dodgers.

»Alles in Butter!«, war die Antwort.

Das schien irgendeine Losung oder ein Zeichen zu sein, dass alles in Ordnung war, denn am fernen Ende des Ganges glimmte an der Wand der schwache Widerschein einer Kerze auf, und das Gesicht eines Mannes lugte dort hervor, wo das Geländer der alten Küchentreppe weggebrochen war.

»Ihr seid zu zweit«, sagte der Mann, während er die Kerze weiter vor streckte und mit der Hand seine Augen beschattete. »Wer is'n der andere?«

»Ein neuer Kumpan«, erwiderte Jack Dawkins und zog Oliver voran.

»Wo kommt er her?«

»Aus Grünhausen. Is Fagin oben?«

»Ja, er sortiert die Rotzfahnen. Rauf mit euch!« Die Kerze wurde zurückgezogen, und das Gesicht verschwand.

Oliver, der sich mit einer Hand vorantastete, während sein

Gefährte die andere fest im Griff hielt, kam nur mühsam die düstere und baufällige Treppe hinauf, die sein Führer mit einer Leichtigkeit und Schnelligkeit emporstieg, die verrieten, dass sie ihm wohlvertraut war. Dann stieß er die Tür zu einem Hinterzimmer auf und zog Oliver hinter sich hinein.

Wände und Decke des Zimmers waren vor Alter und Schmutz pechschwarz. Vor dem Feuer stand ein Tisch aus Kiefernholz, darauf befanden sich eine Ingwerbierflasche, in der eine Kerze steckte, zwei oder drei Zinnkrüge, ein Laib Brot, Butter und ein Teller. In einer Bratpfanne, die mit einer Schnur am Kaminsims befestigt war, brutzelten über dem Feuer ein paar Würstchen, und darüber gebeugt stand, mit einer Röstgabel in der Hand, ein sehr alter, runzliger Mann, dessen abstoßendes Schurkengesicht hinter einem Gewirr verfilzter roter Haare verschwand. Er war mit einem schmierigen Flanellgewand ohne Kragen bekleidet und schien seine Aufmerksamkeit zwischen der Bratpfanne und einem Wäscheständer, an dem eine große Anzahl seidener Schnupftücher hing, zu teilen. Mehrere aus groben alten Säcken bestehende Schlafstätten lagen am Boden kreuz und quer durcheinander, und um den Tisch herum saßen vier oder fünf Jungen, keiner älter als der Dodger, die mit dem Gebaren erwachsener Männer Tonpfeifen rauchten und Schnaps tranken. Sie drängten sich alle um ihren Kumpan, als dieser dem Alten einige Worte zuflüsterte, drehten sich dann zu Oliver um und grinsten ihn an, ebenso der Alte, die Röstgabel in der Hand.

»Das isser, Fagin«, sagte Jack Dawkins, »mein Freund Oliver Twist.«

Fagin grinste und nahm Oliver, wobei er sich tief vor ihm verbeugte, bei der Hand und gab der Hoffnung Ausdruck, die Ehre seiner näheren Bekanntschaft machen zu dürfen. Daraufhin umringten ihn die jungen Herren mit den Pfeifen und schüttelten ihm kräftig beide Hände, besonders jene, mit der er sein kleines Bündel hielt. Einer der jungen Herren war eifrig besorgt, die Mütze für ihn aufzuhängen, ein anderer so zuvorkommend, seine Hände in Olivers Taschen zu stecken, damit diesem, müde wie er war, die Mühe erspart bliebe, sie vor dem Zubettgehen eigenhändig auszuleeren. Diese Höflichkeiten wären wahrscheinlich noch viel weiter gediehen, hätte die Röstgabel des Alten nicht Köpfe und Schultern der fürsorglichen Jungen, die sich in ihnen ergingen, ausgiebig bearbeitet.

»Wir freuen uns, dich zu sehen, Oliver, sehr sogar«, sagte Fagin. »Dodger, kümmere dich um die Würstchen und rück für Oliver ein Fass ans Feuer. Aha, du staunst über die Schnupftücher, was, mein Lieber? Das sind ganz schön viele, nicht wahr? Wir haben sie gerade für die Wäsche bereitgelegt, das ist alles, Oliver, das ist alles. Hahaha!«

Der letzte Teil seiner Rede wurde von all den hoffnungsvollen Schützlingen des fröhlichen alten Herrn mit stürmischem Gejohle begrüßt, unter welchem sie sich nun an den Abendbrottisch begaben.

Oliver aß seinen Teil, dann bereitete der Alte ihm ein Glas mit verdünntem heißem Gin zu und forderte ihn auf, es in einem Zug zu leeren, da ein anderer der Herren das Glas benötige. Oliver tat, wie ihm geheißen. Er merkte noch, wie er gleich darauf sanft auf einen der Säcke gelegt wurde und sogleich in tiefen Schlaf versank.

Neuntes Kapitel

Enthält weitere Angaben über den netten alten Herrn und seine hoffnungsvollen Schützlinge.

Spät am nächsten Morgen erwachte Oliver aus einem tiefen, langen Schlaf. Im Zimmer befand sich niemand außer dem alten Fagin, der zum Frühstück in einer Kasserolle Kaffee kochte und leise vor sich hin pfiff, während er mit einem eisernen Löffel stetig umrührte. Ab und an, wenn von unten auch nur das leiseste Geräusch heraufdrang, hielt er inne, um zu horchen. Hatte er sich dann vergewissert, fuhr er mit Pfeifen und Rühren fort, ganz wie zuvor.

Obwohl Oliver nicht mehr schlief, war er doch nicht völlig wach. Es gibt einen solchen Zustand des Dösens, zwischen Schlafen und Wachen, in dem man mit halboffenen Augen und halb wahrnehmend, was um einen herum vorgeht, in fünf Minuten mehr träumt als in fünf Nächten mit fest geschlossenen Augen und Sinnen, die zu keinerlei Wahrnehmung fähig sind. Bei solchen Gelegenheiten erfährt ein Sterblicher gerade genug davon, was sein Geist treibt, um den Schimmer einer Vorstellung seiner gewaltigen Kräfte zu bekommen, davon, wie er sich von der Erde aufschwingt und Zeit und Raum überwindet, wenn er von den Fesseln seines Gefährten aus Fleisch und Blut befreit ist.

Genau dieser Zustand war es, in dem Oliver sich befand. Er sah den Alten mit halbgeschlossenen Augen, hörte sein leises Pfeifen und erkannte das Geräusch des Löffels, der am Rand der Kasserolle kratzte, und doch waren dieselben Sinne zur selben Zeit in Gedanken mit fast jedem beschäftigt, den er je gekannt hatte.

Als der Kaffee zubereitet war, zog Fagin die Kasserolle auf den

Kaminvorsprung und wandte sich, nachdem er einige Momente in unschlüssiger Stellung verharrt hatte, als wisse er nicht so recht, was er tun solle, langsam um, betrachtete Oliver und rief ihn bei seinem Namen. Dieser antwortete nicht und schien allem Anschein nach zu schlafen.

Als er sich dessen vergewissert hatte, ging der Alte leise zur Tür, die er verriegelte. Dann holte er aus einer Klappe im Boden – so schien es Oliver – ein kleines Kästchen hervor, das er behutsam auf den Tisch stellte. Seine Augen leuchteten auf, als er den Deckel hob und hineinschaute. Er zog einen alten Stuhl an den Tisch, setzte sich und entnahm dem Kästchen eine prächtige goldene Taschenuhr, die vor Edelsteinen glitzerte.

»Ah!«, rief Fagin, zog die Schultern empor und verzerrte sämtliche Gesichtszüge zu einem schrecklichen Grinsen. »Schlaue Hunde! Schlaue Hunde! Treu bis zuletzt! Haben dem alten Pfaffen kein Versteck verraten! Haben den alten Fagin nicht verpfiffen! Warum sollten sie auch? Hätte sie weder vor dem Strick bewahrt noch die Falltür einen Augenblick später aufschwingen lassen. Nein, nein, nein! Brave Jungs! Brave Jungs!«

Unter diesen und anderen gemurmelten Bemerkungen ähnlicher Art verstaute Fagin die Uhr wieder an ihren sicheren Platz. Mindestens ein halbes Dutzend weitere wurden einzeln aus selbigem Kästchen geholt und mit dem gleichen Vergnügen eingehend betrachtet, außerdem Ringe, Broschen, Armreife und andere Preziosen, aus so kostbaren Materialien und von einer so vortrefflichen Machart, wie Oliver sie nie zuvor gesehen hatte oder auch nur dem Namen nach kannte.

Als er diese Dinge zurückgelegt hatte, holte der Alte ein anderes Schmuckstück hervor, so klein, dass es in seiner Hand Platz fand. Es schien eine winzige Inschrift zu tragen, denn der Alte legte es flach auf den Tisch, schirmte es mit seiner Hand ab und brütete lange und ernst darüber nach. Schließlich legte er das Stück beiseite, als zweifle er, dass es ihm noch gelingen könne, lehnte sich im Stuhl zurück und murmelte:

»Was für eine feine Sache die Todesstrafe doch ist! Tote können nicht mehr bereuen. Tote bringen keine hässlichen Geschichten ans Licht. Hach, das ist gut fürs Geschäft! Zu fünft hingen sie in einer Reihe, und keiner übrig, der auspacken oder umfallen könnte!«

Als Fagin diese Worte sprach, fielen seine glänzenden dunklen Augen, die ins Leere gestarrt hatten, auf Olivers Gesicht. Die Augen des Jungen waren in stummer Neugier auf die seinen gerichtet, und obwohl das Erkennen nur einen Lidschlag währte – den kürzesten Zeitraum, den man sich vorstellen kann –, reichte es aus, um dem alten Mann zu enthüllen, dass er beobachtet worden war. Mit einem lauten Knall schloss er den Deckel des Kästchens, griff ein Brotmesser, das auf dem Tisch lag, und sprang wütend auf. Gleichwohl war er zutiefst erschüttert, denn selbst in seinem Entsetzen konnte Oliver sehen, wie das Messer in der Luft zitterte.

»Was soll das?«, rief Fagin. »Was beobachtest du mich? Warum bist du wach? Was hast du gesehen? Rede, Junge! Los, los … sonst geht's dir an den Kragen!«

»Ich konnte nicht länger schlafen, Sir«, erwiderte Oliver verschüchtert. »Verzeiht, wenn ich Euch gestört habe, Sir.«

»Warst du vor einer Stunde etwa auch schon wach?«, fragte Fagin und blickte den Jungen finster an.

»Nein … nein, ehrlich nicht«, antwortete Oliver.

»Bist du sicher?«, schrie Fagin, der noch finsterer blickte als zuvor und eine bedrohliche Haltung einnahm.

»Auf mein Wort, Sir«, antwortete Oliver ernst. »Ich war wirklich nicht wach, Sir.«

»Ruhig, mein Kleiner, ruhig!«, sagte Fagin, der jäh in sein altes Benehmen fiel und ein wenig mit dem Messer herumspielte, bevor er es weglegte, als wolle er glauben machen, er habe es nur zum Scherz ergriffen. »Das wusste ich natürlich, mein Lieber. Ich wollte dir bloß Angst machen. Bist ein tapferer Junge, Oliver. Haha, ein tapferes Kerlchen!« Kichernd rieb Fagin sich die Hände, schaute aber dennoch voller Unbehagen auf das Kästchen.

»Hast du diese hübschen Dinge gesehen, mein Kleiner?«, fragte Fagin nach einer Weile und legte seine Hand auf das Kästchen.

»Ja, Sir«, erwiderte Oliver.

»Ha!«, entfuhr es dem Alten, der bleich wurde. »Das … das gehört alles mir, Oliver, mein kleiner Notgroschen, von dem ich leben muss, wenn ich alt bin. Die Leute schimpfen mich einen Geizkragen, mein Kleiner – bloß ein alter Geizkragen, das ist alles.«

Oliver dachte, der alte Herr müsse sogar ein ausgemachter Geizkragen sein, da er trotz der vielen Uhren an einem so erbärmlichen Ort lebte, doch vielleicht, so kam es ihm in den Sinn, koste ihn seine fürsorgliche Zuneigung für den Dodger und die anderen Jungen ein gutes Stück Geld, also schaute er den Alten nur ehrerbietig an und fragte, ob er aufstehen dürfe.

»Gewiss doch, mein Guter, gewiss«, entgegnete der alte Herr. »Halt. Da in der Ecke bei der Tür steht ein Krug mit Wasser. Hol ihn her, dann gebe ich dir eine Waschschüssel, mein Lieber.«

Oliver stand auf, durchquerte das Zimmer und bückte sich

kurz, um den Krug hochzuheben. Als er sich wieder umwandte, war das Kästchen verschwunden.

Kaum hatte er sich gewaschen, alles wieder gesäubert und den Zuber auf Anweisung Fagins zum Fenster hinaus entleert, als auch schon der Dodger zurückkehrte, in Begleitung eines munteren jungen Freundes, den Oliver die Nacht zuvor unter den Rauchern gesehen hatte und der ihm jetzt in aller Form als Charley Bates vorgestellt wurde. Die vier setzten sich mit dem Kaffee und ein paar warmen Brötchen und Schinken, die der Dodger in seinem Hut heimgebracht hatte, zum Frühstück nieder.

»Nun«, sagte Fagin zum Dodger, während er listig zu Oliver hinüberlinste, »ich hoffe, ihr habt heute morgen schon gearbeitet, meine Lieben?«

»Sogar hart«, erwiderte der Dodger.

»Eisenhart«, fügte Charley Bates hinzu.

»Brave Jungs, brave Jungs!«, rief Fagin. »Und was hast *du* mitgebracht, Dodger?«

»Zwei Brieftaschen«, gab der junge Herr zur Antwort.

»Gefüttert?«, erkundigte sich der Alte begierig.

»Ganz ordentlich«, entgegnete der Dodger und holte zwei Brieftaschen hervor, die eine grün, die andere rot.

»Nicht so dick, wie sie sein könnten«, bemerkte Fagin, nachdem er ihr Inneres sorgfältig inspiziert hatte, »aber sehr hübsch und gut gearbeitet. Ist er nicht ein geschickter Handwerker, Oliver?«

»Ja, Sir, in der Tat«, antwortete Oliver, worauf Mr. Charley Bates schallend auflachte, zum großen Erstaunen Olivers, der an dem, was vorgegangen war, nichts zum Lachen finden konnte.

»Und was hast du, mein Bester?«, fragte Fagin Charley Bates.

»Rotzfahnen«, entgegnete Meister Bates, wobei er vier Schnupftücher hervorzog.

»Sehr schön«, sagte Fagin und nahm sie näher in Augenschein, »gute Qualität, sehr gute sogar. Doch hast du das Monogramm nicht schön eingestickt, Charley, also wollen wir es mit einer Nadel entfernen und Oliver zeigen, wie man das macht. Sollen wir, Oliver? Hahaha!«

»Wenn Ihr meint, Sir«, sagte Oliver.

»Möchtest du nicht auch so einfach Schnupftücher herstellen können wie Charley Bates, mein Lieber?«, fragte Fagin.

»Sehr gern sogar, wenn Ihr es mir beibringen wollt, Sir«, antwortete Oliver.

Meister Bates fand diese Antwort derart belustigend, dass er erneut in Gelächter ausbrach, ein Gelächter, das dem Schluck Kaffee, den er gerade trank, in die Quere kam und den falschen Hals hinabbeförderte, was beinahe mit dem vorzeitigen Erstickungstod des Jungen geendet hätte.

»Er ist so herrlich grün!«, sagte Charley, als er sich erholt hatte, um sich bei der Gesellschaft für sein unhöfliches Benehmen zu entschuldigen.

Der Dodger sagte nichts, sondern strich Oliver das Haar in die Stirn und meinte, schon bald würde er alles besser verstehen, worauf der alte Herr, der sah, wie Oliver rot wurde, das Thema wechselte, indem er fragte, ob der Hinrichtung an diesem Morgen eine große Menschenmenge beigewohnt habe. Das verwirrte Oliver nur noch mehr, denn die Antworten der zwei Jungen ließen erkennen, dass beide vor Ort gewesen waren, und Oliver wunderte sich natürlich, wie sie da noch Zeit finden konnten, so fleißig zu arbeiten.

Als das Frühstück abgeräumt war, spielten der fröhliche alte Herr und die beiden Jungen ein höchst seltsames und ungewöhnliches Spiel, das so vor sich ging: Der fröhliche alte Herr steckte eine Schnupftabakdose in die eine Hosentasche und eine Brieftasche in die andere, eine Uhr, die ihm an einer Kette um den Hals hing, in die Westentasche und eine unechte Diamantennadel ans Hemd, dann knöpfte er seinen Rock fest zu, füllte dessen Taschen mit Brillenetui und Schnupftuch und spazierte daraufhin mit einem Stock im Zimmer auf und ab, ganz so, wie die alten Gentlemen, die man zu jeder Tageszeit durch die Straßen gehen sieht. Mal blieb er am Kamin stehen, mal an der Tür, und tat so, als würde er aufmerksam Schaufenster betrachten. Bei solchen Gelegenheiten schaute er sich aus Furcht vor Dieben ständig nach allen Seiten um und klopfte reihum alle Taschen ab, um zu prüfen, ob auch nichts verlorengegangen sei, und alles wirkte so natürlich und komisch, dass Oliver lachte, bis ihm die Tränen übers Gesicht liefen. Die ganze Zeit folgten die beiden Jungen dem alten Herrn auf Schritt und Tritt und wichen jedesmal, wenn er sich umwandte, seinem Blick so geschwind aus, dass man ihren Bewegungen nicht zu folgen vermochte. Schließlich trat ihm dann der Dodger auf die Zehen oder stieß ihm wie zufällig gegen die Stiefel, während Charley Bates ihn von hinten anrempelte, und in diesem Augenblick entwendeten sie ihm mit bemerkenswerter Flinkheit Schnupftabakdose, Brieftasche, Uhr samt Kette, Anstecknadel, Schnupftuch und sogar das Brillenetui. Spürte der alte Herr in irgendeiner Tasche eine Hand, rief er, in welcher sie sich befand, und dann begann das Spiel von neuem.

Als dieses Spiel viele Male wiederholt worden war, kamen zwei junge Damen, um die jungen Herren zu besuchen, die eine hieß Bet, die andere Nancy. Sie trugen ihr Haar, das nicht allzu ordentlich hinten hochgesteckt war, ziemlich lang, und ihre Schuhe und Strümpfe wirkten ein wenig ungepflegt. Sie waren vielleicht nicht eigentlich hübsch, hatten jedoch viel Farbe im Gesicht und sahen drall und munter aus. Da sie von ungezwungenem und liebenswürdigem Benehmen waren, hielt Oliver sie für ausgesprochen nette Mädchen. Und das waren sie zweifellos auch.

Der Besuch blieb eine ganze Weile. Infolge der Klage einer der jungen Damen, ihr würde innerlich frösteln, kamen Spirituosen auf den Tisch, worauf die Unterhaltung eine lebhafte und fröhliche Wendung nahm. Schließlich gab Charley Bates seiner Meinung Ausdruck, es sei Zeit, in die Hufe zu kommen. Das, so vermutete Oliver, müsse wohl Französisch für »ausgehen« sein, denn gleich darauf brachen der Dodger und Charley mit den beiden jungen Damen auf, wobei sie vom liebenswerten alten Herrn noch mit einem Taschengeld versehen wurden.

»Na, mein Lieber«, sagte Fagin, »das ist ein herrliches Leben, was? Den Rest des Tages haben sie frei.«

»Ist ihre Arbeit denn schon getan, Sir?«, erkundigte sich Oliver.

»Ja«, erwiderte der Alte, »es sei denn, ihnen läuft draußen zufällig welche über den Weg, dann werden sie sich die Gelegenheit nicht entgehen lassen, mein Bester, darauf kannst du dich verlassen. Nimm sie dir zum Vorbild, mein Junge, nimm sie dir zum Vorbild«, sagte Fagin und klopfte mit dem Schürhaken auf den Herd, um seinen Worten Nachdruck zu verleihen. »Tu alles, was sie dir auftragen, und befolge in allen Dingen ihren Rat, besonders den des Dodgers, mein Liebling. Er wird es einmal zu etwas bringen und auch dir dazu verhelfen, wenn du seinem Beispiel folgst.

Hängt mir da etwa mein Schnupftuch aus der Tasche, mein Junge?«, fragte Fagin, plötzlich innehaltend.

»Ja, Sir«, antwortete Oliver.

»Versuche, es herauszuziehen, ohne dass ich es merke. So wie du es heute morgen bei unserem Spiel gesehen hast.«

Oliver hielt mit einer Hand die Tasche unten fest, so wie er es beim Dodger beobachtet hatte, und zog mit der anderen sachte das Schnupftuch heraus.

»Hast du's?«, fragte Fagin.

»Hier ist es, Sir«, sagte Oliver und hielt es ihm hin.

»Du bist ein cleveres Kerlchen«, sagte der alte Herr launig und tätschelte Oliver lobend den Kopf. »Noch nie habe ich einen geschickteren Burschen gesehen. Hier hast du einen Shilling. Wenn du so weitermachst, wirst du es von allen am weitesten bringen. Und jetzt komm, ich werde dir zeigen, wie man die Monogramme aus den Schnupftüchern entfernt.«

Oliver fragte sich verwundert, was seine Aussicht, es weit zu bringen, damit zu tun hatte, einem alten Herrn im Spiel die Taschen zu leeren. Aber mit dem Gedanken, Fagin, der ja so viel älter war als er, müsse es wohl am besten wissen, folgte er ihm wortlos zum Tisch und war schon bald emsig mit seiner neuen Arbeit beschäftigt.

Zehntes Kapitel

Oliver macht nähere Bekanntschaft mit dem Charakter seiner neuen Gefährten und sammelt zu hohem Preis neue Erfahrungen. Ein kurzes, aber äußerst wichtiges Kapitel dieser Geschichte.

Viele Tage lang blieb Oliver im Zimmer des fröhlichen alten Herrn, entfernte die Monogramme aus den Schnupftüchern (die in großer Zahl ins Haus gebracht wurden) und nahm manchmal am schon beschriebenen Spiel teil, das die beiden Jungen und Fagin jeden Morgen regelmäßig aufführten. Schließlich begann er sich nach frischer Luft zu sehnen und nutzte viele Gelegenheiten, um Fagin eindringlich um Erlaubnis zu ersuchen, ihn mit seinen beiden Gefährten zur Arbeit hinausgehen zu lassen.

Oliver war umso erpichter darauf, sich betätigen zu dürfen, weil er gesehen hatte, von welch unbeugsamer Moral der Charakter des alten Herrn war. Wann immer der Dodger oder Charley Bates abends mit leeren Händen nach Hause kamen, verbreitete er sich ausgiebig und leidenschaftlich über die Schande von Faulheit und Müßiggang und bleute ihnen die Notwendigkeit eines tätigen Lebens ein, indem er sie ohne Abendbrot zu Bett schickte. Einmal ging er sogar so weit, beide die Treppe hinabzuprügeln, aber für gewöhnlich nahmen seine Lektionen in Tugend keine derartigen Ausmaße an.

Eines Morgens erhielt Oliver dann endlich die Erlaubnis, die er so herbeigesehnt hatte. Schon seit zwei oder drei Tagen gab es keine Schnupftücher mehr, die zu bearbeiten waren, und die Mahlzeiten fielen recht kärglich aus. Vielleicht waren das die Beweggründe des alten Herrn, seine Einwilligung zu geben, doch wie dem auch sei, er sagte Oliver, er dürfe ausgehen, und stellte ihn unter die gemeinsame Aufsicht des Dodgers und seines Freundes Charley Bates.

So zogen die drei Jungen los. Der Dodger hatte wie immer die Ärmel seines Gehrocks aufgekrempelt und den Hut schief auf dem Kopf sitzen, Meister Bates schlenderte mit den Händen in den Taschen dahin, und zwischen ihnen Oliver, der sich fragte, wohin sie wohl gingen und in welcher Art von Handwerk man ihn als erstes unterweisen werde.

Sie trotteten so gemächlichen und saumseligen Schrittes daher, dass Oliver schon bald vermutete, seine Gefährten wollten den alten Herrn betrügen und sich überhaupt nicht zur Arbeit begeben. Zudem besaß der Dodger die boshafte Neigung, kleinen Jungen die Mütze vom Kopf zu reißen und in Kellerschächte zu werfen, während Charley Bates einen sehr weit gefassten Begriff von Eigentum an den Tag legte, indem er mehrere Äpfel und Zwiebeln von den Ständen am Bordstein stibitzte und sich in die Taschen stopfte, die so erstaunlich geräumig waren, dass sie seine ganze Kleidung in sämtlichen Richtungen zu durchziehen schienen. All diese Dinge wirkten so verderbt, dass Oliver gerade seine Absicht, sich auf eigene Faust auf den Rückweg zu begeben, kundtun wollte, als seine Gedanken plötzlich durch eine rätselhafte Änderung im Verhalten des Dodgers in eine andere Richtung gelenkt wurden.

Sie traten gerade aus einem engen Gässchen unweit des offenen Platzes in Clerkenwell, der in seltsamer Verkehrung der Tatsachen *The Green* genannt wird, als der Dodger abrupt stehenblieb, den Finger an die Lippen legte und seine Kumpane ganz vorsichtig und behutsam wieder zurückzog.

»Was ist los?«, erkundigte sich Oliver.

»Pssst!«, machte der Dodger. »Siehst du diesen alten Knilch an der Bücherbude?«

»Den alten Herrn dort drüben?«, fragte Oliver. »Ja, den sehe ich.«

»Den werd'n wir rupfen«, sagte der Dodger.

»Wie'n Federvieh«, bemerkte Meister Charley Bates.

Oliver blickte bass erstaunt von einem zum anderen, erhielt aber keine Gelegenheit, irgendwelche Fragen zu stellen, denn die zwei Jungen schlichen verstohlen über die Straße, bis dicht hinter den alten Herrn, auf den seine Aufmerksamkeit gelenkt worden war. Oliver folgte ihnen ein paar Schritte und blieb dann, unschlüssig, ob er nähertreten oder sich zurückziehen sollte, in stummer Verwunderung stehen.

Der alte Herr war von sehr achtbarer Erscheinung, mit gepudertem Haar und goldener Brille. Er war in einen dunkelgrünen Gehrock mit schwarzem Samtkragen gekleidet, trug weiße Hosen und unter dem Arm ein elegantes Bambusstöckchen. Er hatte ein Buch von der Auslage genommen und stand nun so eifrig lesend da, als säße er in seinem Arbeitszimmer im Lehnstuhl. Sehr gut möglich, dass er sich tatsächlich dort wähnte, denn seine Versunkenheit verriet deutlich, dass er weder Bücherbude noch Straße, noch die Jungen sah, kurz gesagt, nichts außer dem Buch, welches er in einem Zuge durchlas. Sobald er das Ende einer Seite erreichte, blätterte er um und fuhr auf der nächsten Seite mit der obersten Zeile fort, und so las er aufmerksam und begierig immer weiter.

Welch Schrecken und Entsetzen überkamen Oliver, der ein paar Schritte entfernt stand, die Augen sperrangelweit aufgerissen, als er sah, wie die Hand des Dodgers in die Tasche des alten Herrn schlüpfte und ein Schnupftuch daraus hervorzog! Als er sah, wie der Dodger selbiges an Charley Bates weiterreichte, und als er schließlich sah, wie beide in vollem Lauf um die Ecke wegliefen!

Mit einem Schlag offenbarte sich dem Jungen das ganze Geheimnis um Schnupftücher, Uhren, Juwelen und den alten Fagin. Einen Moment lang stand er da, während ihm vor Grausen das Blut wie Feuer durch seine Adern pulsierte, so dass er zu brennen meinte, dann nahm er verwirrt und erschrocken die Beine in die Hand, und ohne zu wissen, was er tat, rannte er davon, so schnell ihn seine Füße trugen.

All das geschah innerhalb weniger Augenblicke. Genau in dem Moment, als Oliver zu laufen begann, griff sich der alte Herr mit der Hand an die Tasche, vermisste das Schnupftuch und drehte sich rasch um. Als er den Jungen so geschwind davonstürmen sah, hielt er ihn natürlich für den Langfinger und setzte ihm mit dem Buch in der Hand nach, wobei er aus vollem Halse »Haltet den Dieb!« rief.

Aber der alte Herr war nicht der einzige, der Zeter und Mordio schrie. Der Dodger und Meister Bates waren, da sie kein öffentliches Aufsehen erregen wollten, nicht durch die belebten Straßen geflohen, sondern hatten sich bloß um die Ecke in den erstbesten Torweg gedrückt. Sobald sie den Ruf vernahmen und Oliver wegrennen sahen, errieten sie genau, wie die Dinge standen, kamen unverzüglich hervor und schlossen sich wie ehrbare Bürger der Verfolgung an, wobei auch sie »Haltet den Dieb!« schrien.

Obwohl von lebensklugen Menschen erzogen, fehlte Oliver die theoretische Kenntnis des schönen Grundsatzes, dass Selbsterhaltung oberstes Gebot der Natur ist. Ansonsten wäre er vielleicht auf die Lage vorbereitet gewesen. Gänzlich unvorbereitet erschreckte sie ihn umso mehr, weshalb er wie der Wind davonlief, den alten Herrn und die beiden Jungen schreiend und brüllend auf seinen Fersen.

»Haltet den Dieb! Haltet den Dieb!« Diese Worte bergen Zauberkraft: Der Kaufmann lässt die Ladentheke in Stich, der Fuhrmann den Karren, der Schlachter das Messer, der Bäcker den Korb, der Milchmann die Kannen, der Laufbursche das Päckchen, der Schuljunge die Murmeln, der Pflasterer die Spitzhacke und das Kind seinen Federballschläger. Da stürmen sie hin, Hals über Kopf, holterdiepolter, hopplahopp, rasend, schreiend und brüllend, biegen um die Ecke, stoßen Spaziergänger um, scheuchen Hunde auf und verschrecken das Federvieh, Straßen, Plätze und Höfe hallen wider von ihrem Ruf.

»Haltet den Dieb! Haltet den Dieb!« Der Ruf wird von hundert Stimmen aufgenommen, und an jeder Ecke schwillt die Menge an. So fliegen sie dahin, spritzen durch den Matsch, trampeln übers Pflaster, Fenster schwingen auf, Leute stürzen heraus, weiter tobt der Mob, reißt mitten in der Vorstellung das gesamte Publikum eines Straßentheaters mit, das sich der hetzenden Meute anschließt, das Gebrüll verstärkt und dem Ruf neue Kraft verleiht: »Haltet den Dieb! Haltet den Dieb!«

»Haltet den Dieb! Haltet den Dieb!« Tief in des Menschen Brust wurzelt die Leidenschaft, *irgendetwas zu jagen*. Ein elendes, atemloses Kind, vor Erschöpfung keuchend, Entsetzen im Blick, Todesangst in den Augen, dicke Schweißtropfen rinnen über sein

Gesicht, jeder Nerv gespannt, um den Verfolgern zu entkommen, und wie sie ihm im Nacken sitzen und jeden Augenblick näher kommen, bejubeln sie seine schwindenden Kräfte mit noch lauteren Rufen, sie schreien und johlen vor Freude. »Haltet den Dieb!« Ja, haltet ihn um Gottes willen, und sei es allein aus Barmherzigkeit!

Endlich zum Halten gebracht. Ein geschickter Hieb. Er liegt auf dem Pflaster, und die Menge drängt sich um ihn, jeder Neuankömmling schubst und stößt die anderen, um einen Blick erhaschen zu können. »Tretet beiseite!« – »Lasst ihm etwas Luft!« – »Ach was, das hat er nicht verdient.« – »Wo ist der Herr?« – »Da kommt er die Straße herab!« – »Macht Platz für den Herrn!« – »Ist das der Junge, Sir?« – »Ja.«

Oliver lag mit Schmutz und Staub bedeckt und aus dem Mund blutend da und blickte wirr auf all die Gesichter um ihn herum, als der alte Herr von den eifrigsten Verfolgern beflissen in den Kreis gezogen und geschoben wurde.

»Ja«, sagte der Herr, »ich fürchte, er ist es.«

»Er fürchtet!«, raunte die Menge. »Der is vielleicht gut.«

»Armer Kerl!«, rief der Herr. »Er hat sich verletzt.«

»Das war *ich*, Sir«, meldete sich ein grobschlächtiger Kerl und trat vor. »Hab mir an seinem Maul ganz schön die Knöchel ramponiert. *Ich* hab ihn aufgehalten, Sir.«

Der Bursche tippte sich mit einem Grinsen an den Hut, als erwarte er etwas für seine Mühen, doch der alte Herr, der ihn mit einem Ausdruck des Missfallens beäugte, schaute unbehaglich in die Runde, als gedächte er, selber davonzulaufen. Sehr wahrscheinlich hätte er es auch versucht und damit eine weitere Jagd ausgelöst, wäre in diesem Augenblick nicht ein Polizist (der bei solchen Gelegenheiten für gewöhnlich als letzter eintrifft) aufgetaucht, der sich den Weg durch die Menge bahnte und Oliver am Kragen packte.

»Los, aufstehen«, herrschte ihn der Mann an.

»Ich war's nicht, Sir! Ehrlich nicht, es waren zwei andere Jungen«, sagte Oliver, der flehentlich mit den Händen rang und sich umschaute. »Sie müssen hier irgendwo sein.«

»Nein, sind sie nicht«, erwiderte der Polizist. Er meinte es zwar ironisch, dennoch entsprach es der Wahrheit, denn der Dodger und Charley Bates hatten sich durchs nächste Gässchen, das sich anbot, verdrückt. »Los, steh auf!«

»Tut ihm nicht weh«, bat der alte Herr voller Mitleid.

»Oh nein, ich werd ihm schon nicht weh tun«, antwortete der Polizist und riss Oliver wie zum Beweis die Jacke halb vom Leib. »Los, stell dich bloß nicht so an, ich kenn dich doch. Willst du wohl aufstehen, du kleiner Satansbraten?«

Oliver, der sich kaum auf den Beinen halten konnte, unternahm einen Versuch, sich zu erheben und wurde sofort am Kragen schnellen Schrittes durch die Straßen geschleift. Der Herr begleitete ihn an der Seite des Polizisten, und so viele von der Menge, wie zu dieser Heldentat fähig waren, trabten ein Stückchen vorneweg und schauten sich immer wieder nach Oliver um. Die Straßenjungen stießen ein Triumphgeheul aus, und so zogen sie dahin.

Elftes Kapitel

Handelt von dem Polizeirichter Mr. Fang und gibt eine kleine Kostprobe davon, wie er Gerechtigkeit walten lässt.

Die Straftat war in dem Bezirk, ja sogar in unmittelbarer Nachbarschaft einer äußerst berüchtigten Wache der städtischen Polizei verübt worden. Die Menge musste sich damit begnügen, Oliver bloß durch zwei oder drei Straßen und über einen Platz namens Mutton Hill begleiten zu können, als er auch schon unter einem niedrigen Torbogen und durch ein schmutziges Gässchen hindurch zum Hintereingang dieser Armenapotheke der Schnelljustiz geführt wurde. Sie betraten einen kleinen gepflasterten Hof, wo sie auf einen stämmigen Mann trafen, der im Gesicht einen dicken Schnurrbart und in der Hand ein dickes Schlüsselbund trug.

»Worum geht's?«, fragte der Mann gleichgültig.

»Ein kleiner Langfinger«, antwortete der Mann, der Oliver am Schlafittchen hatte.

»Seid Ihr der Bestohlene, Sir?«, erkundigte sich der Mann mit den Schlüsseln.

»Ja, der bin ich«, erwiderte der alte Herr, »aber ich bin mir nicht sicher, ob dieser Junge tatsächlich mein Schnupftuch entwendet hat. Ich … ich möchte die Sache eigentlich nicht weiterverfolgen.«

»Jetzt müsst Ihr sie auch zur Verhandlung bringen, Sir«, sagte der Mann. »Der Herr Richter wird jeden Augenblick frei sein. Rein mit dir, du kleiner Galgenstrick.«

Letzteres war eine Aufforderung an Oliver, durch eine Tür zu treten, die der Mann aufgeschlossen hatte, während er noch sprach, und die in eine kleine gemauerte Zelle führte. Dort wurde Oliver durchsucht und, als man nichts fand, eingesperrt.

Die Zelle glich in Größe und Form dem Lichtschacht eines Kellers, war jedoch nicht so hell. Sie befand sich an diesem Montagmorgen in einem unerträglich dreckigen Zustand, da sie bis Samstagnacht mit sechs Betrunkenen belegt gewesen war, die jetzt anderswo einsaßen. Aber das ist noch gar nichts. Auf unseren Polizeiwachen werden jede Nacht Männer und Frauen aufgrund der nichtigsten *Anschuldigungen* – man achte auf den genauen Wortsinn – in Kerker gesperrt, gegen die jene, die in Newgate mit den schlimmsten Verbrechern belegt werden, die angeklagt, für schuldig befunden und zum Tode verurteilt wurden, wahre Paläste sind. Jeder, der das bezweifelt, mag sich ruhig persönlich davon überzeugen.

Als die Tür ins Schloss fiel, blickte der alte Herr beinahe ebenso kläglich drein wie Oliver. Mit einem Seufzer wandte er sich dem Buch zu, das die unschuldige Ursache der ganzen Aufregung gewesen war.

»Da ist etwas in dem Gesicht des Jungen«, sagte der alte Herr, als er langsam fortging und sich mit dem Einband des Buches nachdenklich ans Kinn klopfte, »etwas, das mich berührt und anzieht. Ist er vielleicht gar unschuldig? Er sieht so aus ... Herrje!« Der alte Herr blieb wie angewurzelt stehen, blickte zum Himmel empor und rief: »Bei meiner Seel! Woher kenne ich diesen Gesichtsausdruck bloß?«

Nachdem er eine Weile überlegt hatte, ging der alte Herr, noch immer nachdenklich dreinschauend, in ein kleines, zum Hof gelegenes Vorzimmer. Dort zog er sich in eine Ecke zurück und beschwor vor seinem geistigen Auge ein ganzes Amphitheater an

Gesichtern, die viele Jahre lang hinter einem dunklen Vorhang verborgen gewesen waren. »Nein«, sagte der alte Herr kopfschüttelnd, »es muss Einbildung sein.«

Er ging noch einmal alle durch. Er rief sie sich vor Augen, doch war es nicht leicht, den Schleier, der sie so lange verhüllt hatte, zu lüften. Da gab es Gesichter von Freunden und Feinden, und von vielen, die beinahe Fremde waren und aufdringlich aus der Menge hervorstarrten, es gab Gesichter von blühenden jungen Mädchen, die jetzt alte Frauen waren, es gab Gesichter, die das Grab verwandelt und verschüttet hatte, die aber der Geist, der mächtiger ist als das Grab, wieder in einstige Frische und Schönheit kleidete, er verlieh den Augen wieder ihren Glanz und dem Lächeln seine Heiterkeit, er ließ die Seele durch die irdene Hülle strahlen und raunte von Anmut, die über die Gruft hinaus besteht: nur verwandelt, um erhöht, und der Erde nur abhanden gekommen, um als Licht zu scheinen und den Pfad zum Himmel mild und sanft zu erleuchten.

Aber der alte Herr konnte sich keines Angesichts erinnern, das irgendeine Spur von Olivers Gesichtszügen verriet. So stieß er einen Seufzer aus über die Erinnerungen, die er wachgerufen hatte, und begrub sie, da er zu seinem Glück ein zerstreuter alter Herr war, wieder in den Seiten des verstaubten Buchs.

Eine Berührung an der Schulter und die Aufforderung des Mannes mit den Schlüsseln, ihm in die Amtsstube zu folgen, brachte ihn zu sich. Hastig schloss er das Buch und wurde umgehend in die ehrfurchtgebietende Gegenwart des berühmten Mr. Fang geführt.

Die Amtsstube war ein nach vorne gelegener Saal mit getäfelten Wänden. Mr. Fang saß am oberen Ende hinter einer Schranke, und an einer Seite neben der Tür befand sich eine Art hölzerner Verschlag, in den man den armen kleinen Oliver, der angesichts des furchterregenden Ortes am ganzen Leibe zitterte, inzwischen gesteckt hatte.

Mr. Fang war ein hagerer, steifer, halsstarriger Mann mittlerer Größe, mit nur wenig Haaren, die allein an Hinterkopf und Schläfen wuchsen. Sein Gesicht war finster und stark gerötet. Sollte er wirklich nicht die Gewohnheit pflegen, mehr zu trinken als gut für ihn war, hätte er sein Gesicht wegen Verleumdung verklagen und eine erhebliche Summe Schadensersatz einstreichen können.

Der alte Herr verbeugte sich respektvoll, trat an das Pult des Polizeirichters und sagte, wobei er den Worten die Tat folgen ließ: »Hier sind mein Name und meine Adresse, Sir.« Dann zog er sich ein oder zwei Schritte zurück und wartete mit einem weiteren höflichen und vornehmen Neigen des Kopfes darauf, befragt zu werden.

Nun verhielt es sich so, dass Mr. Fang gerade den Leitartikel einer Morgenzeitung studierte, der sich mit einem kürzlich von ihm gefällten Urteil befasste und ihn zum dreihundertundfünfzigsten Mal der speziellen und besonderen Aufmerksamkeit des Justizministers empfahl. Er war gereizter Stimmung und blickte grimmig auf.

»Wer seid Ihr?«, fragte Mr. Fang.

Der alte Herr wies ein wenig erstaunt auf seine Karte.

»Wachtmeister!«, rief Mr. Fang, der die Karte mit der Zeitung verächtlich beiseitefegte. »Wer ist dieser Bursche?«

»Mein Name, Sir«, sagte der alte Herr und sprach im Tonfall eines echten Gentlemans, »mein Name, Sir, ist Brownlow. Es sei mir gestattet, mich nach dem Namen des Polizeirichters zu erkundigen, der eine ehrbare Person unter dem Schutz seines Amtes grundlos und ohne Not beleidigt.« Während er das sagte, schaute sich Mr. Brownlow in der Amtsstube um, als suche er jemanden, der ihm die gewünschte Auskunft geben würde.

»Wachtmeister!«, rief Mr. Fang und stieß die Zeitung fort. »Was liegt gegen diesen Kerl vor?«

»Gar nichts, Euer Ehren«, erwiderte der Wachtmeister. »Er ist Kläger gegen diesen Jungen, Euer Ehren.«

Seine Ehren wusste das sehr wohl, doch war es eine gute Gelegenheit zum Schikanieren, und eine billige dazu.

»Kläger gegen diesen Jungen, soso«, sagte Fang und musterte Mr. Brownlow verächtlich von Kopf bis Fuß. »Vereidigt ihn!«

»Bevor ich vereidigt werde, möchte ich darum bitten, noch etwas sagen zu dürfen«, erklärte Mr. Brownlow, »und zwar, dass ich, ohne es selbst erlebt zu haben, niemals geglaubt hätte …«

»Haltet den Mund, Sir!«, fuhr ihn Mr. Fang gebieterisch an.

»Das werde ich nicht, Sir!«, entgegnete der alte Herr.

»Haltet sofort den Mund, oder ich lasse Euch aus der Amtsstube entfernen!«, sagte Mr. Fang. »Ihr seid ein unverschämter und anmaßender Geselle. Wie könnt Ihr es wagen, einen Polizeirichter zu drangsalieren!«

»Also wirklich!«, rief der alte Herr und lief rot an.

»Vereidigt diese Person«, sagte Fang zu dem Schreiber. »Ich will kein Wort mehr hören. Vereidigt ihn.«

Mr. Brownlows Empörung war riesengroß, aber da er wohl bedachte, dass es dem Jungen vielleicht nur schaden würde, wenn er sich Luft machte, hielt er seine Gefühle im Zaum und willigte ein, sich umgehend vereidigen zu lassen.

»Also«, sagte Fang, »was liegt gegen diesen Jungen vor? Was habt Ihr dazu zu sagen, Sir?«

»Ich hielt mich gerade an einer Bücherbude auf ...«, begann Mr. Brownlow.

»Haltet den Mund, Sir!«, unterbrach Mr. Fang. »Der Polizist! Wo ist der Polizist? Da, vereidigt diesen Polizisten. Gut, was ist vorgefallen?«

Der Polizist berichtete mit gebührender Unterwürfigkeit, wie er die Verhaftung vorgenommen, Oliver durchsucht und nichts gefunden habe, und das sei alles, was er wisse.

»Gibt es irgendwelche Zeugen?«, erkundigte sich Mr. Fang.

»Nein, Euer Ehren«, antwortete der Polizist.

Mr. Fang saß einige Minuten schweigend da, wandte sich dann an den Kläger und sagte aufbrausend:

»Wollt Ihr nun Eure Klage gegen diesen Jungen vorbringen, Bursche, oder nicht? Ihr steht unter Eid. Wenn Ihr die Aussage verweigert, werde ich Euch wegen Missachtung des Gerichts verurteilen, das werde ich, beim ...«

Bei wem oder was sollte niemand erfahren, denn Schreiber und Wärter husteten just in diesem Moment sehr vernehmlich, und Erstgenannter ließ ein dickes Buch zu Boden fallen – rein zufällig, versteht sich –, so dass man die Worte nicht verstehen konnte.

Ungeachtet vieler Unterbrechungen und wiederholter Beleidigungen brachte Mr. Brownlow es fertig, seinen Fall vorzutragen. Er berichtete, er sei in der Überraschung des Augenblicks dem Jungen nachgelaufen, weil er ihn habe davonrennen sehen, und gab seiner Hoffnung Ausdruck, der Polizeirichter möge, falls er den Jungen nicht für den Dieb selbst, aber doch für einen

Komplizen halte, mit ihm so gnädig verfahren, wie es das Gesetz zulasse.

»Er hat sich bereits eine Verletzung zugezogen«, sagte der alte Herr abschließend. »Und ich fürchte«, fügte er mit großem Nachdruck hinzu und schaute zu der Schranke, »ich fürchte wirklich, dass er ernsthaft krank ist.«

»Oh ja, das fürchte ich auch!«, rief Mr. Fang höhnisch. »Na komm schon, lass die Mätzchen, du kleiner Strolch, das zieht bei mir nicht. Wie heißt du?«

Oliver versuchte zu antworten, aber ihm versagte die Stimme. Er war leichenblass, und alles um ihn herum schien sich zu drehen.

»Dein Name, du verstockter Lausebengel!«, herrschte ihn Mr. Fang an. »Wachtmeister, sein Name?«

Das galt einem gutmütigen alten Burschen in gestreifter Weste, der an der Schranke stand. Er beugte sich zu Oliver hinab und wiederholte die Frage; da er jedoch feststellte, dass Oliver sie tatsächlich nicht verstand, und da er wusste, eine ausbleibende Antwort würde den Polizeirichter nur noch mehr erzürnen und das Urteil verschärfen, verlegte er sich beherzt aufs Raten.

»Er sagt, sein Name sei Tom White, Euer Ehren«, sprach dieser gütige Diebesfänger.

»Aha, er will wohl nicht laut reden, was?«, sagte Fang. »Also gut, wo wohnt er?«

»Wo er kann, Euer Ehren«, erwiderte der Wachtmeister, der abermals vorgab, von Oliver Antwort zu erhalten.

»Hat er Eltern?«, begehrte Mr. Fang zu wissen.

»Er sagt, sie seien gestorben, als er noch ganz klein war, Euer Ehren«, erwiderte der Wachtmeister, die Antwort wieder auf gut Glück erfindend.

An diesem Punkt des Verhörs hob Oliver den Kopf, schaute sich flehenden Blickes um und murmelte kaum vernehmlich die Bitte um einen Schluck Wasser.

»Dummes Zeug!«, rief Mr. Fang. »Versuch nicht, mich zum Narren zu halten.«

»Ich glaube, er ist tatsächlich krank, Euer Ehren«, wandte der Wachtmeister ein.

»Das weiß ich besser«, sagte Mr. Fang.

»Passt auf, Herr Wachtmeister«, rief der alte Herr und hob unwillkürlich die Hände, »er fällt um!«

»Weg da, Wachtmeister«, schrie Fang, »lasst ihn fallen, wenn er will.«

Oliver machte von dieser freundlichen Erlaubnis Gebrauch und sackte ohnmächtig zu Boden. Die Männer in der Amtsstube sahen einander an, aber keiner wagte, sich zu rühren.

»Ich wusste, dass er sich bloß verstellt«, meinte Fang, als hätte Oliver den unstrittigen Beweis dieser Tatsache geliefert. »Lasst ihn dort liegen, er wird es bald satt haben.«

»Wie gedenkt Ihr mit dem Fall zu verfahren, Sir?«, erkundigte sich der Schreiber mit leiser Stimme.

»Das Urteil ergeht sofort«, erwiderte Mr. Fang. »Drei Monate Haft … bei schwerster Arbeit, natürlich. Und jetzt räumt den Saal.«

Zu diesem Zwecke wurde die Tür geöffnet, und zwei Wärter machten sich gerade daran, den bewusstlosen Jungen in die Zelle zu tragen, als ein älterer Mann von gepflegter, aber ärmlicher Erscheinung, der mit einem alten schwarzen Anzug bekleidet war, hastig in die Amtsstube stürzte und ans Pult des Richters trat.

»Halt! Halt! Schafft ihn nicht fort! Um Himmels willen, wartet einen Augenblick!«, rief der Neuankömmling atemlos vor Eile.

Obwohl der befehlshabende Genius einer Amtsstube wie dieser eine unmittelbare und willkürliche Herrschaft über die Freiheiten, den guten Namen, die Stellung, ja beinahe das Leben der Untertanen Ihrer Majestät, insbesondere der ärmeren Schichten, ausübt, und obwohl in diesen Mauern Tag für Tag absonderliche Winkelzüge vollführt werden, die Engel vor Tränen erblinden lassen, dringt davon nichts an die Öffentlichkeit, außer durch die Berichte der Tagespresse. Mr. Fang war folglich nicht wenig entrüstet, einen ungebetenen Gast unter solch ungebührlicher Ruhestörung eintreten zu sehen.

»Was soll das? Wer ist das? Werft diesen Mann hinaus. Räumt die Amtsstube!«, schrie Mr. Fang.

»Ich werde reden!«, rief der Mann. »Ich lasse mich nicht rauswerfen. Ich habe alles gesehen. Mir gehört die Bücherbude. Ich verlange, vereidigt zu werden. Ich lasse mich nicht abwimmeln. Mr. Fang, Ihr müsst mich anhören. Ihr dürft mich nicht abweisen, Sir!«

Der Mann hatte recht. Sein Auftreten war kühn und entschlossen, und die Sache wurde nun zu ernst, um sie noch vertuschen zu können.

»Vereidigt diesen Burschen«, knurrte Fang widerwillig. »Nun, was habt Ihr vorzubringen, Mann?«

»Folgendes«, sagte der Buchhändler, »ich habe drei Jungen gesehen, zwei andere und den Angeklagten hier, die auf der anderen Straßenseite herumlungerten, als dieser Herr am Lesen war. Der Diebstahl wurde von einem der anderen Jungen begangen. Ich habe es beobachtet und gesehen, wie dieser Junge hier völlig überrascht und bestürzt darüber war.«

Inzwischen wieder ein wenig zu Atem gekommen, fuhr der wackere Buchhändler damit fort, die genauen Umstände der Straftat etwas zusammenhängender zu schildern.

»Warum seid Ihr nicht gleich hergekommen?«, fragte Fang nach einer Pause.

»Ich konnte niemanden finden, der auf meine Bude aufpasst«, antwortete der Mann, »denn alle, die hätten helfen können, waren an der Verfolgungsjagd beteiligt. Erst vor fünf Minuten habe ich jemanden gefunden und bin sofort den ganzen Weg hierher gerannt.«

»Der Kläger hat also gelesen?«, wollte Fang nach einer weiteren Pause wissen.

»Ja«, erwiderte der Mann. »Er hat das Buch noch in der Hand.«

»Aha, dieses Buch also?«, fragte Fang. »Ist es bezahlt?«

»Nein, ist es nicht«, entgegnete der Mann lächelnd.

»Ach du meine Güte, das habe ich ganz vergessen!«, rief der zerstreute alte Herr gänzlich unbefangen.

»Ein feiner Herr, der hier einen armen Jungen beschuldigt!«, sagte Fang in dem komischen Bemühen, menschlich zu wirken. »Ich stelle fest, Sir, dass Ihr unter höchst verdächtigen und ehrenrührigen Umständen in den Besitz des Buches gekommen seid, und Ihr könnt Euch sehr glücklich schätzen, dass der Eigentümer dieses Gegenstands von einer Anklage absieht. Lasst Euch das eine Lehre sein, mein Herr, sonst wird Euch das Gesetz bald doch noch ereilen. Der Junge kommt auf freien Fuß. Und jetzt alle raus hier.«

»Gott verd…!«, platzte der alte Herr mit all dem Zorn heraus, den er so lange unterdrückt hatte. »Gott verd…! Ich werde …«

»Räumt den Saal!«, ordnete der Polizeirichter an. »Wachtmeister, hört Ihr schlecht? Räumt den Saal!«

Dem Befehl wurde Folge geleistet, und der aufgebrachte Mr. Brownlow, der vor Zorn und Empörung geradezu raste, wurde, das Buch in der einen und den Bambusstock in der anderen Hand, umgehend hinausbefördert. Als er den Hof betrat, löste sich seine ganze Erregung augenblicklich in Luft auf. Der kleine Oliver Twist lag mit dem Rücken auf dem Pflaster, das Hemd aufgeknöpft und die Schläfen mit Wasser besprenkelt. Sein Gesicht war leichenblass, und ein Schüttelfrost ließ ihn am ganzen Leib erzittern.

»Armer Junge, armer Junge!«, rief Mr. Brownlow und beugte sich über ihn. »Kann bitte jemand eine Kutsche rufen? Schnell!«

Die Kutsche wurde besorgt, und nachdem sie Oliver vorsichtig auf einen Sitz gelegt hatten, stieg der alte Herr ein und setzte sich daneben.

»Darf ich Euch begleiten?«, fragte der Buchhändler und schaute hinein.

»Du meine Güte, natürlich, mein lieber Freund«, sagte Mr. Brownlow rasch. »Euch habe ich ganz vergessen. Lieber Himmel! Und noch immer habe ich dieses unglückselige Buch! Steigt ein. Armer Kerl! Wir dürfen keine Zeit verlieren.«

Der Buchhändler bestieg die Kutsche, und schon fuhren sie los.

Zwölftes Kapitel

In dem für Oliver besser gesorgt wird als jemals zuvor und die Erzählung zu dem fröhlichen alten Herrn und seinen jungen Freunden zurückkehrt.

Die Kutsche ratterte davon, Mount Pleasant hinab und die Exmouth Street hinauf, und nahm beinahe denselben Weg, den Oliver gegangen war, als er London in Begleitung des Dodgers zum ersten Mal betreten hatte, bis sie schließlich, nachdem sie am Angel in Islington in eine andere Richtung abgebogen war, vor einem hübschen Haus in einer ruhigen schattigen Straße in Pentonville hielt. Hier wurde unverzüglich ein Lager bereitet, in das Mr. Brownlow seinen jungen Schützling behutsam und bequem betten ließ, und hier wurde er mit einer Fürsorge und Hingabe gepflegt, die keine Grenzen kannte.

Doch viele Tage lang blieb die Güte seiner neuen Freunde von Oliver unbemerkt. Die Sonne ging auf und unter, und wieder auf und unter, und das viele weitere Male, und der Junge lag noch immer ausgestreckt auf seinem Krankenlager und schwand unter der trockenen und verzehrenden Hitze des Fiebers dahin. Der Wurm verrichtet sein Zerstörungswerk am Leichnam nicht wirkungsvoller als dieses schwelende Feuer das seine am lebendigen Leib.

Matt, abgemagert und bleich erwachte er endlich aus etwas, das ein langer böser Traum gewesen zu sein schien. Seinen Kopf auf den Arm gestützt, richtete er sich mit Mühe im Bett auf und blickte sich bange um.

»Was ist das für ein Zimmer? Wohin hat man mich gebracht?«,

fragte sich Oliver. »Das ist nicht der Ort, an dem ich eingeschlafen bin.«

Er sprach die Worte mit leiser Stimme, da er noch schwach und matt war, doch hat man sie sogleich vernommen, denn schnell wurde der Vorhang am Kopfende des Bettes zurückgezogen, von einer reinlich und adrett gekleideten mütterlichen alten Dame, die in einem Lehnstuhl gleich neben dem Krankenlager mit einer Näharbeit beschäftigt gewesen war.

»Still, mein Schatz«, sagte die alte Dame sanft. »Du musst ganz ruhig bleiben, sonst wirst du wieder krank. Und dir ist es sehr schlecht gegangen, schlimmer ging's nicht, dem Tode nahe. Leg dich wieder hin, so ist's brav!« Mit diesen Worten bettete die alte Dame Olivers Kopf auf das Kissen, strich ihm das Haar aus der Stirn und blickte ihm so liebevoll und gütig ins Gesicht, dass er mit seiner kleinen ausgedörrten Hand unwillkürlich nach der ihren griff und sie sich um den Nacken legte.

»Guter Gott!«, rief die alte Dame mit Tränen in den Augen. »Was für ein dankbarer kleiner Junge er doch ist. So ein liebes Kerlchen! Was würde seine Mutter wohl empfinden, wenn sie so wie ich bei ihm gesessen wäre und ihn jetzt sehen könnte?«

»Vielleicht sieht sie mich sogar«, flüsterte Oliver und faltete die Hände, »vielleicht hat sie wirklich an meinem Bett gesessen. Mir kam es fast so vor.«

»Das war das Fieber, mein Schatz«, sagte die alte Dame sanft.

»Wahrscheinlich«, erwiderte Oliver, »denn der Himmel ist weit weg, und dort sind sie zu glücklich, um ans Bett eines armen Jungen hinabzusteigen. Aber wenn sie wüsste, dass ich krank bin, würde sie sogar dort Mitleid mit mir haben, denn sie war selbst sehr krank gewesen, bevor sie starb. Doch sie kann ja nichts von mir wissen«, fuhr Oliver nach kurzem Schweigen fort. »Hätte sie gesehen, wie ich verletzt wurde, wäre sie sehr traurig gewesen, aber ihr Gesicht sah immer so lieb und glücklich aus, wenn ich von ihr geträumt habe.«

Darauf erwiderte die alte Dame nichts, sondern wischte sich zuerst ihre Augen, und dann noch ihre Brille, die auf der Tagesdecke lag, als würde auch diese weinen. Dann holte sie Oliver ein kühles Getränk, tätschelte ihm die Wange und hieß ihn, ganz still zu liegen, damit er nicht wieder krank würde.

Also verhielt Oliver sich vollkommen ruhig, teils weil er bestrebt war, der alten Dame in allen Dingen zu gehorchen, und teils weil er, um die Wahrheit zu sagen, von den wenigen gesprochenen Worten bereits völlig erschöpft war. Bald fiel er in einen sanften Schlummer, aus dem ihn der Schein einer Kerze weckte, die sich seinem Bett näherte und in deren Licht er einen Herrn erkannte, der eine sehr große und laut tickende goldene Taschenuhr in der Hand hielt, seinen Puls fühlte und verkündete, es ginge Oliver schon viel, viel besser.

»Es *geht* dir doch schon viel besser, nicht wahr, mein Junge?«, fragte der Herr.

»Ja, danke, Sir«, erwiderte Oliver.

»Genau wie ich mir gedacht habe«, sagte der Herr. »Und hungrig bist du sicher auch, nicht wahr?«

»Nein, Sir«, erwiderte Oliver.

»Ahem!«, machte der Herr. »Das dachte ich mir. Er ist nicht hungrig, Mrs. Bedwin«, sagte der Herr und machte ein schlaues Gesicht.

Die alte Dame neigte ehrerbietig den Kopf, als wolle sie damit sagen, dass sie den Doktor für einen sehr gescheiten Menschen hielt. Eine Ansicht, die der Doktor voll und ganz zu teilen schien.

»Du bist müde, nicht wahr, mein Junge?«, fragte der Doktor.

»Nein, Sir«, entgegnete Oliver.

»Nein«, wiederholte der Doktor mit wissender und zufriedener Miene, »du bist nicht müde. Und auch nicht durstig, nicht wahr?«

»Doch, Sir. Sehr sogar«, antwortete Oliver.

»Genau das habe ich erwartet, Mrs. Bedwin«, sagte der Doktor. »Es ist völlig normal, dass er Durst hat. Gebt ihm etwas Tee, Madam, und ein wenig trockenes Röstbrot ohne Butter. Es darf ihm nicht zu warm werden, Madam, aber achtet auch darauf, dass er nicht friert – wollt Ihr wohl die Güte haben?«

Die alte Dame machte einen Knicks. Nachdem der Doktor das kühle Getränk probiert und für gut befunden hatte, eilte er fort, wobei seine Stiefel auf der Treppe wichtig und behäbig knarrten.

Oliver döste bald wieder ein, und als er aufwachte, war es kurz vor zwölf. Die alte Dame wünschte ihm kurz darauf zärtlich eine gute Nacht und überließ ihn der Obhut einer dicken alten Frau, die soeben eingetroffen war und in ihrem kleinen Bündel ein schmales Gebetbüchlein und eine große Nachthaube mitgebracht hatte. Sie setzte letztere auf den Kopf und legte ersteres auf den Tisch, und nachdem die Alte Oliver mitgeteilt hatte, dass sie die Nacht bei ihm wachen werde, rückte sie ihren Stuhl dicht ans Feuer und nickte, von Räuspern und Stöhnen begleitet, immer wieder kurz ein, und zuweilen sackte ihr dabei auch das Kinn auf die Brust, was jedoch keine schlimmere Wirkung zeitigte, als dass sie aufwachte, sich kräftig die Nase rieb und sogleich wieder einschlief.

Und so schlich die Nacht dahin. Oliver lag eine Weile wach und zählte die kleinen Lichtkreise, die vom Binsenschirm des Nachtlichts an die Decke geworfen wurden, oder er verfolgte mit seinen schläfrigen Augen das verschlungene Muster der Wandtapete. Die Dunkelheit und die tiefe Stille des Zimmers wirkten sehr feierlich, und als sie den Jungen auf den Gedanken brachten, dass der Tod, der hier viele Tage und Nächte über ihm geschwebt hatte, auch jetzt noch das Gemach mit der Düsternis und dem Schrecken seiner furchtbaren Anwesenheit erfüllen könnte, drehte er sein Gesicht ins Kissen und schickte ein inbrünstiges Gebet gen Himmel.

Allmählich fiel er in jenen tiefen, ruhigen Schlaf, den allein die Genesung von einem jüngst überstandenen Leiden gewährt, ein ungestörter und friedvoller Schlummer, aus dem aufzuwachen als schmerzlich empfunden wird. Wäre das der Tod, wer wollte wohl wieder erwachen zu all den Kämpfen und Nöten des Lebens, zu all den Sorgen der Gegenwart, den Ängsten um die Zukunft und vor allem zu den drückenden Erinnerungen an das Vergangene!

Als Oliver die Augen öffnete, war schon seit Stunden helllichter Tag, und als er es tat, fühlte er sich froh und glücklich. Der Tiefpunkt seiner Krankheit war überwunden. Die Welt hatte ihn wieder.

Nach drei Tagen konnte er bereits von Kissen gestützt in einem Lehnstuhl sitzen, und da er noch zu schwach zum Gehen war, hatte Mrs. Bedwin ihn die Treppe hinabtragen lassen, in die kleine Hausmädchenkammer, die ihr gehörte. Dort setzte die gute alte Dame ihn an den Kamin, nahm ebenfalls Platz, und fing vor lauter Freude, den Jungen in einem so viel besseren Zustand zu sehen, sogleich heftig zu weinen an.

»Keine Sorge, mein Schatz«, sagte die alte Dame. »Ich muss mich nur mal richtig ausweinen. Siehst du, es ist schon vorbei, mir geht's wieder gut.«

»Ihr seid sehr freundlich zu mir, Madam«, meinte Oliver.

»Na, lass mal gut sein, mein Schatz«, sagte die alte Dame, »das hat nichts mit deiner Brühe zu tun, und es wird höchste Zeit, dass du sie bekommst, denn der Doktor sagt, Mr. Brownlow würde dich heute morgen vielleicht besuchen kommen, also müssen wir unser Bestes tun, um gut auszusehen, denn je besser wir aussehen, umso mehr wird er sich freuen.« Und bei diesen Worten machte die alte Dame sich daran, in einer kleinen Kasserolle ein Schälchen Brühe zu erwärmen, die kräftig genug war, um, vorschriftsmäßig gestreckt, für dreihundertfünfzig Armenhäusler eine üppige Mahlzeit abzugeben, und das war noch vorsichtig geschätzt.

»Gefallen dir Gemälde, mein Schatz?«, fragte die alte Dame, die bemerkte, dass Oliver seinen Blick höchst aufmerksam auf ein Porträt gerichtet hielt, das genau gegenüber von seinem Stuhl an der Wand hing.

»Ich weiß nicht recht, Madam«, antwortete Oliver, ohne seine Augen von dem Bild abzuwenden. »Ich habe bisher erst so wenige gesehen, dass ich es nicht sagen kann. Was für ein schönes, sanftes Gesicht die Dame hat!«

»Ach!«, rief die alte Mrs. Bedwin. »Maler machen die Damen immer hübscher als sie sind, sonst bekämen sie keine Kundschaft, mein Kind. Der Mann, der den Apparat erfunden hat, mit dem man naturgetreue Abbilder anfertigt, hätte wissen sollen, dass *so etwas* kein Erfolg beschieden sein kann, es ist einfach viel zu ehrlich. Viel zu ehrlich!«, sagte die alte Dame und lachte herzhaft über ihren Scharfsinn.

»Stellt es … stellt es wirklich jemanden dar, Madam?«, fragte Oliver.

»Ja«, antwortete die alte Dame und schaute kurz von der Brühe auf, »es ist ein Porträt.«

»Von wem, Madam?«, wollte Oliver wissen.

»Tja, mein Schatz, das weiß ich nun wirklich nicht«, antwortete die alte Dame munter. »Es stellt wohl niemanden dar, den du oder ich kennen, nehme ich an. Es scheint dich ja sehr zu beschäftigen, mein Junge.«

»Es ist so wunderschön«, erwiderte Oliver.

»Ja, aber du fürchtest dich doch nicht etwa davor, oder?«, fragte die alte Dame, die mit großer Verwunderung bemerkte, mit welch ehrfürchtiger Scheu das Kind das Gemälde betrachtete.

»O nein, nein«, erwiderte Oliver rasch, »aber die Augen schauen so traurig und scheinen auf mich gerichtet zu sein. Es gibt mir einen Stich ins Herz«, fügte Oliver mit leiser Stimme hinzu, »als sei es lebendig, als wolle es zu mir sprechen und könne nicht.«

»Gott behüte!«, rief die alte Dame erschrocken aus. »Sag doch nicht solche Sachen, Kind. Du bist nach deiner Krankheit noch nervös und schwach. Ich will deinen Stuhl umdrehen, dann siehst du es nicht mehr. So!«, sagte die alte Dame und setzte ihre Worte sogleich in die Tat um. »Jetzt ist es dir wenigstens aus den Augen.«

Doch vor seinem geistigen Auge sah Oliver das Bild tatsächlich noch so deutlich, als hätte er seine Position nicht verändert, aber er hielt es für besser, die gute alte Dame nicht weiter zu beunruhigen, also lächelte er still, als sie ihn anschaute. Und Mrs. Bedwin, die zufrieden war, dass er sich wohler fühlte, salzte die Brühe und brockte ein paar Stückchen Röstbrot hinein, mit all der Aufmerksamkeit, die einer so wichtigen Beschäftigung gebührte. Oliver aß die Brühe mit außerordentlicher Geschwindigkeit und hatte kaum den letzten Löffel genommen, als es sachte an der Tür klopfte.

»Herein«, rief die alte Dame, und Mr. Brownlow kam ins Zimmer.

Der alte Herr trat in froher Erwartung herein, aber sobald er sich die Brille auf die Stirn geschoben und die Hände hinter den Schößen seines Morgenrocks verschränkt hatte, um Oliver eingehend zu mustern, schnitt er eine ganze Reihe merkwürdiger Gesichter. Oliver wirkte von der Krankheit noch sehr mitgenommen und hatte Schatten unter den Augen. Aus Ehrerbietung vor seinem Wohltäter machte er einen vergeblichen Versuch aufzustehen, der jedoch damit endete, dass er wieder in den Stuhl zurücksank, und wenn wir der Wahrheit die Ehre geben wollen, war es tatsächlich so, dass Mr. Brownlows Herz, das für sechs gewöhnliche alte Herrn von menschenfreundlicher Wesensart ausgereicht hätte, ihm durch einen hydraulischen Vorgang, den zu erklären wir philosophisch nicht genügend bewandert sind, eine Ladung Tränen in die Augen beförderte.

»Armer Kerl, armer Kerl!«, sagte Mr. Brownlow und räusperte sich. »Ich habe heute morgen so ein Kratzen im Hals, Mrs. Bedwin. Ich fürchte, ich habe mich erkältet.«

»Hoffentlich nicht, Sir«, meinte Mrs. Bedwin. »All Ihre Sachen sind sorgfältig getrocknet und gelüftet worden, Sir!«

»Ich weiß nicht, Bedwin, ich weiß nicht«, sagte Mr. Brownlow, »ich vermute fast, ich hatte gestern beim Mittagessen eine feuchte Serviette, aber lassen wir das. Wie fühlst du dich, mein Lieber?«

»Sehr glücklich, Sir«, erwiderte Oliver. »Und wirklich sehr dankbar, Sir, weil Ihr so gut zu mir seid.«

»Braver Junge«, sagte Mr. Brownlow tapfer. »Habt Ihr ihm eine Stärkung verabreicht, Bedwin? Ein Süppchen vielleicht?«

»Sir, er hat gerade eine Schüssel schöner kräftiger Brühe bekommen«, entgegnete Mrs. Bedwin, wobei sie sich ein wenig aufrichtete und das vorletzte Wort mit Nachdruck betonte, um zu verstehen zu geben, dass zwischen einem Süppchen und einer gut zubereiteten Brühe keine wie auch immer geartete Verbindung oder Ähnlichkeit bestehe.

»Bah!«, entfuhr es Mr. Brownlow mit leichtem Schauder. »Ein paar Gläschen Portwein wären besser für ihn gewesen, nicht wahr, Tom White?«

»Ich heiße Oliver, Sir«, erwiderte der kleine Kranke mit erstauntem Blick.

»Oliver«, wiederholte Mr. Brownlow. »Oliver was? Oliver White?«

»Nein, Sir. Twist, Oliver Twist.«

»Seltsamer Name!«, meinte der alte Herr. »Warum hast du dem Polizeirichter gesagt, dein Name sei White?«

»Das habe ich nie gesagt, Sir!«, entgegnete Oliver verwundert.

Das klang so sehr nach einer Lüge, dass der alte Herr Oliver streng ins Gesicht sah. Es war jedoch unmöglich, an ihm zu zweifeln, denn aus jedem seiner etwas spitz gewordenen Züge sprach Wahrheit.

»Dann war's wohl ein Irrtum«, sagte Mr. Brownlow. Und obwohl es keinen Grund mehr für ihn gab, den Jungen weiterhin anzuschauen, drängte sich ihm der Gedanke einer Ähnlichkeit zwischen Olivers Zügen und einem vertrauten Gesicht so stark auf, dass er seinen Blick nicht abzuwenden vermochte.

»Ich hoffe, Ihr seid nicht böse mit mir, Sir!«, sagte Oliver mit flehendem Augenaufschlag.

»Aber nein«, entgegnete der alte Herr. »Nanu! Was ist das? Bedwin, schaut einmal!«

Bei diesen Worten zeigte er aufgeregt zum Gemälde über Olivers Kopf und dann wieder auf das Gesicht des Jungen. Es war das leibhaftige Ebenbild. Die Augen, der Kopf, der Mund, jeder einzelne Zug war derselbe. Ihr Ausdruck stimmte in diesem Moment derart überein, dass noch die kleinste Linie mit erstaunlicher Sorgfalt nachgezeichnet schien.

Oliver erfuhr den Grund für diesen plötzlichen Ausruf nicht, denn da er noch nicht kräftig genug war, um den Schrecken, den er ihm einjagte, zu ertragen, wurde er ohnmächtig. Sein Schwächeanfall gibt der Erzählung die Gelegenheit, die Neugierde des Lesers zu befriedigen, was die beiden jungen Schützlinge des fröhlichen alten Herrn betrifft, und von ihnen zu berichten.

Als der Dodger und sein feiner Freund Meister Bates in das Zeter und Mordio einstimmten, das sich hinter Oliver erhob, weil sie sich – wie bereits geschildert – auf ungesetzliche Art und Weise den persönlichen Besitz von Mr. Brownlow angeeignet hatten, wurden sie von einer sehr löblichen und durchaus angebrachten Sorge um sich selbst ergriffen. Da die Unantastbarkeit der Person und die Freiheit des einzelnen zu den Dingen gehören, deren sich ein wahrer Engländer an erster Stelle und mit größtem Stolz rühmt, brauche ich den Leser nicht erst ausdrücklich darauf hinzuweisen, dass diese Tat dazu geschaffen ist, die Jungen in der Achtung aller guten Bürger und Patrioten steigen zu lassen, in fast genau demselben Maße, wie dieser nachhaltige Beweis der Sorge um ihre Sicherheit und Selbsterhaltung dazu dient, die kleine

Sammlung von grundlegenden Gesetzen zu bekräftigen und zu bestätigen, die von gewissen tiefschürfenden Philosophen mit gutem Urteilsvermögen als Haupttriebfeder aller natürlichen Taten und Handlungen festgelegt wurde. Dabei reduzieren die besagten Philosophen das Vorgehen der gütigen Dame höchst weise auf eine Angelegenheit von Grundsätzen und Theorien, während sie als sehr nettes und hübsches Kompliment an ihre erhabene Weisheit und ihr Verständnis jegliche Erwägung von Herzensgüte, Großmut oder Gefühl gänzlich außer Acht lassen. Denn diese Dinge sind zutiefst unter der Würde eines Weibes, dem allgemein zugestanden wird, weit über den zahlreichen kleinen Fehlern und Schwächen ihres Geschlechtes zu stehen.

Bedürfte ich noch eines weiteren Beweises für die strikt philosophische Natur des Verhaltens dieser beiden jungen Herrn in ihrer misslichen Lage, fände ich ihn sofort in dem Umstand (ebenfalls in den vorigen Kapiteln nachzulesen), dass sie die Verfolgung abbrachen, sobald alle Aufmerksamkeit auf Oliver gerichtet war, und sich unverzüglich auf kürzestem Weg nach Hause begaben. Auch wenn ich nicht behaupten möchte, es sei die übliche Gewohnheit namhafter und gelehrter Weiser, den Weg zu einer gewichtigen Schlussfolgerung kurz zu halten – tatsächlich begeben sie sich eher auf Umwege, indem sie sich in holprigen Umschreibungen und Abschweifungen ergehen, ganz so, wie Betrunkene es unter dem Druck eines allzu großen Mitteilungsbedürfnisses gern zu tun pflegen –, so möchte ich dennoch behaupten, und zwar ganz entschieden, dass es die eingefleischte Gewohnheit vieler bedeutender Philosophen ist, bei der Darlegung ihrer Theorien große Weisheit und Voraussicht walten zu lassen, indem sie sich gegen jede erdenkliche Möglichkeit absichern, dass ihre

Schlussfolgerungen in irgendeiner Weise auch für sie selbst gelten könnten. Also darf man im Kleinen Unrecht begehen, um im Großen Recht zu bewirken, und man darf jegliches Mittel anwenden, das der angestrebte Zweck letztlich heiligt, denn es bleibt allein dem betreffenden Philosophen überlassen, das Ausmaß des Rechts oder das Ausmaß des Unrechts oder gar die Unterscheidung von beiden durch eine klare, umfassende und unbestechliche Prüfung seines besonderen Falles zu bestimmen und festzulegen.

Erst nachdem die beiden Jungen in hohem Tempo durch ein verschlungenes Labyrinth enger Straßen und Gässchen gerannt waren, trauten sie sich in einem niedrigen, dunklen Torweg wie auf Verabredung anzuhalten. Hier blieben sie nur so lange still, bis sie wieder genug Atem zum Sprechen geschöpft hatten, als Meister Bates auch schon einen freudigen Schrei ausstieß, sich von einem unbändigen Lachanfall gepackt auf einen Türtritt warf und sich dort ganz entfesselt vor Heiterkeit herumwälzte.

»Was'n mit dir los?«, erkundigte sich der Dodger.

»Hahaha!«, brüllte Charley Bates.

»Mach nich so'n Lärm«, ermahnte ihn der Dodger und schaute sich wachsam um. »Willst wohl geschnappt werden, du Blödmann!«

»Ich kann nix dafür«, sagte Charley. »Ich kann nix dafür. Zu komisch, wie er stiften ging, um die Ecken fegte und gegen Pfähle knallte, sich wieder aufrappelte und weiterrannte, als sei er grad wie sie aus Eisen. Und ich immer schreiend hinter ihm her, die Rotzfahne in der Tasche … ach, herrje!« Die lebhafte Phantasie des Meister Bates malte ihm die Szene in den schönsten Farben aus, so dass er an dieser Stelle wieder auf dem Türtritt umherrollte und noch lauter lachte als zuvor.

»Was wird Fagin wohl sagen?«, wollte der Dodger wissen, der einen Augenblick der Atemlosigkeit seines Freundes nutzte, um diese Frage zu stellen.

»Was?«, fragte Charley Bates.

»Ja, was?«, wiederholte der Dodger.

»Na, was soll er schon sagen?«, entgegnete Charley Bates, dessen Fröhlichkeit mit einem Schlag verflogen war, da ihn das Benehmen des Dodgers beunruhigte. »Was soll er schon sagen?«

Mr. Dawkins pfiff eine ganze Weile vor sich hin, nahm dann seinen Hut ab, kratzte sich am Kopf und nickte dreimal.

»Was meinst du?«, fragte Charley.

»Lirum larum Löffelstiel, für zwei Penny gibt's nich viel, reiche Leute essen Speck, arme Leute fressen Dreck«, erwiderte der Dodger mit einem leicht hämischen Grinsen auf seinem listigen Gesicht.

Das war zwar eine Antwort, erklärte aber nicht viel. So empfand es zumindest Charley Bates, der abermals fragte: »Was meinst du?«

Der Dodger sagte nichts weiter, sondern setzte sich den Hut wieder auf, raffte die langen Schöße seines Rocks unter den Arm, beulte mit der Zunge eine Wange aus, schlug sich sachte, aber vielsagend ein halbes Dutzend Mal auf den Nasenrücken, machte auf dem Absatz kehrt und stahl sich durch das Gässchen davon. Meister Bates folgte ihm mit nachdenklicher Miene.

Wenige Minuten, nachdem dieses Gespräch stattgefunden hatte, störte das Geräusch von Schritten auf den knarrenden Treppenstufen den fröhlichen alten Herrn auf, der mit einer Zervelatwurst und einem kleinen Laib Brot in der Linken, einem Taschenmesser in der Rechten und einem Zinnkrug auf dem Dreifuß neben sich am Feuer saß. Ein verschlagenes Lächeln lag auf seinem Gesicht, als er sich umdrehte, mit stechendem Blick unter den buschigen roten Augenbrauen hervorsah, sein Ohr Richtung Tür wandte und aufmerksam lauschte.

»Nanu, was ist das?«, raunte Fagin, und seine Miene verfinsterte sich. »Nur zwei? Wo ist der dritte? Sie werden doch keinen Ärger bekommen haben? Horch!«

Die Schritte kamen näher, erreichten den Treppenabsatz. Langsam ging die Tür auf, der Dodger und Charley Bates traten ein und schlossen sie hinter sich.

Dreizehntes Kapitel

Der verständige Leser wird mit einigen neuen Personen bekanntgemacht und erfährt dabei verschiedene erquickliche Dinge, die zu unserer Geschichte gehören.

»Wo ist Oliver?«, fragte der erzürnte Fagin, der sich drohenden Blicks erhob. »Wo ist der Knabe?«

Die jungen Diebe beäugten ihren Meister, als fürchteten sie seine Gewalt, und sahen einander voller Unbehagen an. Aber sie gaben keine Antwort.

»Was ist dem Jungen geschehen?«, fragte Fagin, packte den Dodger fest am Kragen und bedachte ihn mit schrecklichen Flüchen. »Rede endlich, oder ich erwürge dich!«

Mr. Fagin sah keineswegs aus, als würde er spaßen, so dass Charley Bates, dem es für alle Fälle klug erschien, auf der sicheren Seite zu sein, und der es durchaus nicht für unwahrscheinlich hielt, möglicherweise als nächster erdrosselt zu werden, auf die Knie fiel und einen lauten, lang anhaltenden Schrei ausstieß – irgendetwas zwischen tollwütigem Stier und Heulboje.

»Willst du wohl reden«, donnerte der alte Hehler und schüttelte den Dodger so heftig, dass es ein großes Wunder schien, warum dieser nicht aus seinem weiten Gehrock fiel.

»Na, die Greifer haben ihn geschnappt, das is alles«, sagte der Dodger störrisch. »Und jetzt lass mich endlich los!« Dabei wand er sich mit einem Ruck aus seinem weiten Gehrock heraus, der in den Händen des Alten hängenblieb. Dann schnappte sich der Dodger die Röstgabel und führte einen Stoß gegen die Weste des fröhlichen alten Herrn, der, hätte er getroffen, den Alten mehr

Fröhlichkeit gekostet haben würde, als in ein oder zwei Monaten so ohne weiteres zu ersetzen gewesen wären.

Fagin sprang in seiner Not zurück, weitaus behender, als man es bei einem Mann von solch augenscheinlicher Hinfälligkeit erwartet hätte, griff den Krug und wollte ihn seinem Angreifer an den Kopf schleudern. Doch da in diesem Augenblick Charley Bates mit einem besonders grässlichen Geheul alle Aufmerksamkeit auf sich zog, änderte er plötzlich sein Ziel und warf den Krug mit voller Wucht nach diesem jungen Herrn.

»He, was zum Teufel is'n hier los?«, knurrte eine tiefe Stimme. »Wer schmeißt da nach mir? Zum Glück hab ich nur das Bier und nich den Krug abgekriegt, sonst hätt ich jetzt jemand vertrimmt. Hätt ich ja wissen könn, dass nur'n verfluchter, reicher, diebischer und verlogener alter Hehler sich leisten kann, auch'n andres Getränk als Wasser wegzuschütten, wo er obendrein seine Wasserrechnung eh nie bezahlt. Was soll das, Fagin? Gottverdammich, wenn mein Halstuch nich voller Bierflecken is! Komm schon, du elender Wurm, was bleibste denn da draußen, schämste dich vielleicht für deinen Herrn? Komm endlich rein!«

Der Mann, der diese Worte knurrte, war ein kräftig gebauter Bursche von ungefähr fünfunddreißig Jahren, der einen Gehrock aus schwarzem Baumwollsamt trug, dazu verdreckte graubraune Kniehosen, geschnürte Halbstiefel und graue Baumwollstrümpfe, in denen ein paar stämmige Beine mit dicken Waden steckten – die Sorte von Beinen, die in einem derartigen Aufzug immer so aussehen, als würde ihnen ohne die Zierde einer Garnitur Fußfesseln etwas fehlen. Auf dem Kopf trug er einen braunen Hut, und um den Hals ein schmutziges buntes Tuch, mit dessen langen ausgefransten Enden er sich beim Sprechen das Bier abwischte, woraufhin ein derbes, breites Gesicht samt Dreitagebart zum Vorschein kam, und zwei finster blickende Augen, von denen das eine durch bunt schillernde Farben verriet, dass es vor kurzem durch einen Hieb lädiert worden war.

»Komm rein, willste wohl hörn!«, knurrte dieser reizende Geselle.

Ein struppiger weißer Hund, der an wohl zwanzig verschiedenen Stellen an Kopf und Leib zerkratzt und zerschunden war, kam ins Zimmer geschlichen.

»Warum biste nich gleich gekommen?«, fragte der Mann. »Bist wohl zu stolz geworden, dich mit mir blicken zu lassen, was? Platz!«

Dieser Befehl wurde von einem Tritt begleitet, der das Tier ans andere Ende des Zimmers beförderte. Der Hund schien jedoch daran gewöhnt, denn er rollte sich ganz ruhig in einer Ecke zusammen, ohne einen Laut von sich zu geben. Er war anscheinend damit beschäftigt, das Zimmer zu begutachten, wobei er mit seinen entzündeten Augen etwa zwanzigmal in der Minute blinzelte.

»Was treibst du hier? Die Jungs piesacken, du lüsterner, habgieriger, un-er-sätt-li-cher alter Hehler?«, sagte der Mann und setzte sich gemächlich hin. »Ich frag mich, warum se dich nich umbringen. *Ich* würd's an ihrer Stelle tun. Wär ich dein Lehrjunge, hätt ich's schon längst getan, und … nee, hinterher verkaufen hätt ich dich gar nich können, denn du bist ja zu nix zu gebrauchen, außer um als hässliche Kuriosität in nem Einmachglas voll Spiritus aufbewahrt zu werden, und ich glaub, so große Einmachgläser gibs gar nich.«

»Pst! Seid doch still, Mr. Sikes!«, sagte Fagin zitternd. »Sprecht nicht so laut.«

»Hör bloß auf mit ›Mr. Sikes‹!«, erwiderte der Schurke. »Das bedeutet nie Gutes, wenn du damit kommst. Du weiß doch, wie ich heiße, also heraus damit! Ich werd meinem Namen schon keine Schande machen, wenn's soweit is.«

»Schon gut, schon gut, also … Bill Sikes«, sagte Fagin mit erbärmlicher Unterwürfigkeit. »Du scheinst schlechte Laune zu haben, Bill.«

»Vielleicht«, entgegnete Sikes. »Man könnte jedoch denken, du wärst selbst ein wenig verstimmt, es sei denn, du meinst das Werfen von Zinnkrügen genauso wenig bös wie deine Ausplaudereien und …«

»Bis du verrückt!«, rief Fagin, packte den Mann am Ärmel und deutete auf die Jungen.

Mr. Sikes begnügte sich damit, unter seinem linken Ohr einen imaginären Knoten zu knüpfen und seinen Kopf mit einem Ruck auf die rechte Schulter fallen zu lassen, eine Pantomime, die Fagin voll und ganz zu verstehen schien. Dann verlangte er in Gaunersprache, mit der seine Rede reichlich gespickt war, jedoch unverständlich bliebe, wollten wir sie hier wiedergeben, ein Glas Schnaps.

»Und misch mir ja kein Gift rein«, sagte Mr. Sikes und legte seinen Hut auf den Tisch.

Das war im Scherz gesagt, doch hätte Sikes den scheelen Seitenblick gesehen, mit dem sich Fagin auf seine bleichen Lippen biss und zum Schrank umdrehte, würde er sich gedacht haben, dass durchaus Vorsicht geboten sein könnte, oder ihm wäre zumindest aufgefallen, dass der Wunsch, die Kunst des Schnapsbrenners noch ein wenig zu verfeinern, dem Herzen des fröhlichen alten Herrn zumindest nicht allzu fern lag.

Nachdem er zwei oder drei Glas Schnaps hinuntergekippt hatte, ließ sich Mr. Sikes dazu herab, von den jungen Herren Notiz zu nehmen. Diese gnädige Tat führte zu einer Unterredung, in deren Verlauf das Wie und Warum von Olivers Festnahme ausführlich und in allen Einzelheiten dargelegt wurden, mit so vielen Abänderungen und Verbesserungen, wie sie dem Dodger unter den gegebenen Umständen ratsam erschienen.

»Ich fürchte«, meinte Fagin, »er könnte etwas sagen, das uns in Schwierigkeiten bringt.«

»Höchstwahrscheinlich«, warf Sikes mit einem hämischen Grinsen ein, »hat er dich verpfiffen, Fagin.«

»Und wisst ihr, ich fürchte«, fuhr der alte Hehler fort, als habe er die Unterbrechung überhaupt nicht bemerkt und sah dabei den anderen scharf an, »ich fürchte, wenn das Spiel für uns aus ist, könnte es auch für viele andere aus sein, und es würde dich wohl schlimmer treffen als mich, mein Freund.«

Der Mann sprang auf und wandte sich wütend gegen den Alten. Aber Fagin hatte die Schultern bis zu den Ohren hochgezogen und starrte mit leerem Blick die gegenüberliegende Wand an.

Es trat ein langes Schweigen ein. Jedes Mitglied dieser ehrenwerten Gesellschaft schien in seine eigenen Gedanken versunken, sogar der Hund, der sich boshaft die Lefzen leckte und darauf aus schien, die Beine des erstbesten Menschen – Dame oder Herr –, dem er draußen auf der Straße begegnen würde, zu attackieren.

»Jemand muss rausfinden, was auf der Polizeiwache geschehen ist«, sagte Mr. Sikes viel leiser, als er seit seiner Ankunft gesprochen hatte.

Fagin nickte zustimmend.

»Wenn er nicht gesungen hat und verurteilt wurde, dann steht nichts zu befürchten, bis er wieder draußen ist«, sagte Mr. Sikes, »und dann muss man sich um ihn kümmern. Du musst ihn irgendwie in die Finger kriegen.«

Wieder nickte Fagin.

Die Klugheit dieser Vorgehensweise lag zwar auf der Hand, aber leider stand ihrer Ausführung ein schwerwiegendes Hindernis im Weg, denn der Dodger, Charley Bates, Fagin und Mr. William Sikes hegten zufällig alle miteinander einen unbändigen und tief verwurzelten Widerwillen dagegen, sich einer Polizeiwache zu nähern, aus welchem Grund oder unter welchem Vorwand auch immer.

Schwer zu sagen, wie lange sie wohl noch in diesem alles andere als angenehmen Zustand der Ungewissheit verharrt und einander angeschaut hätten. Doch ist es auch gar nicht notwendig, irgendwelche Vermutungen zu diesem Thema anzustellen, denn das plötzliche Eintreten der beiden jungen Damen, die Oliver bei früherer Gelegenheit kennengelernt hatte, brachte die Unterredung wieder neu in Gang.

»Das ist es!«, rief Fagin. »Bet wird gehen, nicht wahr, meine Liebe?«

»Wohin?«, erkundigte sich die junge Dame.

»Nur kurz auf die Wache, mein Schatz«, antwortete Fagin einschmeichelnd.

Man muss der jungen Dame lassen, dass sie nicht rundheraus erklärte, sie werde nichts dergleichen tun, sondern bloß klar und deutlich dem Wunsch Ausdruck gab, der Teufel solle sie holen, wenn sie es täte, der vorgetragenen Bitte also höflich und zartfühlend auswich, was zeigt, dass die junge Dame von Haus aus über eine gute Kinderstube verfügte, die es ihr nicht gestattete, Mitmenschen durch eine direkte und unverblümte Weigerung vor den Kopf zu stoßen.

Fagin machte ein langes Gesicht und wandte sich von dieser jungen Dame, die mit einem roten Kleid, grünen Stiefeln und gelben Haarschleifchen hübsch, um nicht zu sagen prächtig herausgeputzt war, an die andere Frau.

»Nancy, meine Beste«, sagte der alte Hehler in sanftem Ton, »wie steht es mit *dir*?«

»Da wird nichts draus, brauchst es gar nicht erst zu versuchen, Fagin«, erwiderte Nancy.

»Was soll das heißen?«, fragte Mr. Sikes und schaute verdrossen auf.

»Was ich gesagt habe, Bill«, antwortete die Dame mit ruhiger Stimme.

»Na, du wärst aber genau die Richtige dafür«, überlegte Mr. Sikes, »hier in der Gegend kennt dich keiner.«

»Und das soll auch so bleiben«, entgegnete Nancy ebenso gelassen wie zuvor, »es spricht mehr dagegen als dafür, Bill.«

»Sie wird gehen, Fagin«, sagte Sikes.

»Nein, wird sie nicht, Fagin«, sagte Nancy.

»Doch, sie wird«, sagte Sikes.

Und Mr. Sikes behielt recht. Durch Drohungen, die sich mit Versprechen und Bestechungen abwechselten, wurde die fragliche Dame schließlich dazu bewegt, diese Aufgabe zu übernehmen. Ihr standen natürlich auch nicht dieselben Bedenken im Wege wie ihrer liebenswürdigen Freundin, denn da sie erst kürzlich aus dem abgelegenen, aber vornehmen Vorort Ratcliffe in die

Gegend von Field Lane gezogen war, lief sie nicht wie diese Gefahr, von einer ihrer zahlreichen Bekanntschaften entdeckt zu werden.

Also band sich Miss Nancy eine saubere weiße Schürze über ihr Kleid und verbarg die Haarschleifchen unter einer Strohhaube – beide Kleidungsstücke stammten aus den unerschöpflichen Vorräten des alten Hehlers – und bereitete sich auf ihren Ausflug vor.

»Halt, meine Liebe, einen Augenblick«, sagte Fagin und holte einen kleinen Deckelkorb hervor. »Nimm den in die Hand. Das sieht ehrbarer aus, meine Gute.«

»Gib ihr noch'n Schlüssel in die andre, Fagin«, warf Sikes ein, »dann wirkt's noch orginialer.«

»Gute Idee, mein Bester«, sagte Fagin und hängte der jungen Dame einen großen Torschlüssel an den Zeigefinger der rechten Hand. »So, ausgezeichnet! Ganz ausgezeichnet sogar, mein Schatz«, meinte der alte Hehler händereibend.

»Oh, mein Bruder! Mein armer, kleiner, lieber, unschuldiger Bruder!«, rief Nancy, brach in Tränen aus und umklammerte im Schmerz der Verzweiflung das kleine Körbchen und den Schlüssel. »Was mag aus ihm geworden sein? Wohin mögen sie ihn gebracht haben? Oh, habt Erbarmen, ihr Herrn, und sagt mir, was mit ihm geschehen ist, ich bitt' Euch, meine Herrn, seid so gütig!«

Nachdem sie diese Worte zum größten Entzücken ihres Publikums in höchst kläglichem und herzerweichendem Ton ausgesprochen hatte, hielt Miss Nancy inne, zwinkerte der Gesellschaft zu, nickte lächelnd in die Runde und verschwand.

»Ha, was für ein kluges Mädchen, meine Lieben«, sagte Fagin, wandte sich an seine jungen Freunde und schüttelte ernst den Kopf, als wolle er sie stumm ermahnen, dem leuchtenden Beispiel, das sie soeben zu sehen bekommen hatten, zu folgen.

»Sie ist eine Perle unter den Weibsbildern«, bemerkte Mr. Sikes, der sich ein Glas einschenkte und mit seiner riesigen Faust auf den Tisch schlug. »Auf ihr Wohl, wär'n sie doch alle wie Nancy!«

Während diese und viele andere Lobreden auf die vorzügliche Nancy gehalten wurden, hatte die junge Dame bereits den größten Teil ihres Weges zur Polizeiwache zurückgelegt, wo sie, ungeachtet eines verständlichen Anflugs von Ängstlichkeit, weil sie alleine und ohne Schutz durch die Straßen lief, kurz darauf völlig wohlbehalten eintraf.

Sie trat durch die Hintertür ein, klopfte mit dem Schlüssel sachte an eine Zellentür und horchte. Drinnen blieb es still, also hüstelte sie und horchte erneut. Noch immer keine Antwort, also fing sie zu sprechen an.

»Nolly, mein Liebster?«, wisperte Nancy mit leiser Stimme. »Nolly?«

Doch drinnen befand sich niemand außer einem elenden, barfüßigen Übeltäter, der eingelocht worden war, weil er Flöte gespielt hatte, und den, nachdem sein Verbrechen gegen die Gesellschaft eindeutig bewiesen worden war, Mr. Fang darum völlig zu Recht zu einem Monat Zuchthaus verurteilte, mit der ebenso passenden wie launigen Bemerkung, wenn er schon über so viel überschüssige Atemluft verfüge, sei es doch viel gesünder, sie in der Tretmühle als in ein Musikinstrument abzulassen. Der arme Kerl gab darauf keine Antwort, denn er war im Geiste ganz damit beschäftigt, den Verlust seiner Flöte zu beklagen, die zum Nutzen der Stadtverwaltung konfisziert worden war. Also ging Nancy zur nächsten Zelle und klopfte dort.

»Was is?«, ließ sich eine matte, schwache Stimme vernehmen.

»Ist dort drin ein kleiner Junge?«, erkundigte sich Nancy nach einem einleitenden Schluchzer.

»Nein«, erwiderte die Stimme, »Gott bewahre!«

Dies war ein Landstreicher von fünfundsechzig Jahren, der ins Gefängnis gewandert war, weil er *nicht* Flöte gespielt hatte, oder, mit anderen Worten, weil er auf der Straße gebettelt hatte, ohne für seinen Lebensunterhalt zu arbeiten. In der nächsten Zelle saß wiederum ein Mann, den man ins nämliche Gefängnis gesperrt hatte, weil er mit Kochtöpfen hausieren gegangen war, ohne eine behördliche Genehmigung dafür zu besitzen, also dem Gewerbeaufsichtsamt zum Trotz für seinen Lebensunterhalt arbeitete.

Aber da keiner dieser Verbrecher auf den Namen Oliver hörte oder etwas über ihn wusste, begab sich Nancy direkt zu dem gutmütigen Wachtmeister in der gestreiften Weste und fragte ihn unter mitleiderregendem Schluchzen und Klagen, das durch den gleichzeitigen Einsatz von Schlüssel und Körbchen in seiner Wirkung noch verstärkt wurde, nach ihrem geliebten Bruder.

»Hier ist er nicht, Teuerste«, sagte der alte Mann.

»Wo ist er dann?«, schrie Nancy verzweifelt.

»Na, dieser vornehme Herr hat ihn mitgenommen«, entgegnete der Wachtmeister.

»Welcher Herr? O mein Gott, welcher Herr?«, rief Nancy aus.

Als Antwort auf diese aufgeregten Fragen teilte der alte Mann der zutiefst beunruhigten Schwester mit, Oliver sei verletzt auf die Wache gebracht und entlassen worden, weil ein Zeuge ausgesagt habe, der Diebstahl sei von einem anderen, nicht in Haft befindlichen Jungen begangen worden, und der Kläger habe ihn in ohnmächtigem Zustand zu seinem eigenen Wohnsitz mitgenommen, von dem der Gewährsmann nur wusste, dass er sich irgendwo in Pentonville befand, jedenfalls meine er, das Wort gehört zu haben, als dem Kutscher das Fahrtziel genannt wurde.

In ihrem schrecklichen Zustand voller Bangen und Ungewissheit wankte die verzweifelte junge Frau zum Tor und kehrte dann, indem sie von ihrem strauchelnden Gang in einen sicheren, schnellen und steten Laufschritt wechselte, auf den gewundensten und verwirrendsten Wegen, die sie sich ausdenken konnte, zum Domizil des alten Hehlers zurück.

Kaum hatte Mr. Bill Sikes den Bericht über ihren Ausflug vernommen, als er auch schon seinen weißen Hund rief, sich den Hut aufsetzte und davoneilte, ohne irgendwelche Zeit mit der Förmlichkeit zu verschwenden, der Gesellschaft einen »Guten Morgen« zu wünschen.

»Wir müssen herausbekommen, wo er steckt, meine Lieben, wir müssen ihn finden«, rief Fagin in heller Aufregung. »Charley, du wirst dich so lange umhören, bis du mit Nachricht über ihn heimkommst! Nancy, Teuerste, ich muss ihn finden. Ich verlass mich voll und ganz auf dich, meine Liebe – auf dich und den Dodger! Wartet, wartet«, fuhr der alte Hehler fort und öffnete mit zittriger Hand eine Schublade. »Da habt ihr Geld, meine Freunde. Ich werde den Laden hier heute nacht dichtmachen. Ihr wisst, wo ich zu finden bin. Und nun bleibt keinen Augenblick länger, meine Lieben, fort mit euch!«

Mit diesen Worten schob er sie aus dem Zimmer, und nachdem er die Tür hinter ihnen doppelt verschlossen und verriegelt hatte, holte er aus dem Versteck das Kästchen hervor, welches Oliver aus Versehen zu Gesicht bekommen hatte. Dann verstaute er die Uhren und den Schmuck hastig in seinen Kleidern.

Ein Klopfen an der Tür schreckte ihn aus seiner Beschäftigung auf. »Wer ist da?«, rief er schrill.

»Ich bin's!«, erwiderte die Stimme des Dodgers durchs Schlüsselloch.

»Was gibt's?«, fragte Fagin unwirsch.

»Nancy will wissen, ob wir ihn in die andere Bude verschleppen soll'n«, sagte der Dodger.

»Ja«, erwiderte Fagin, »wann immer ihr ihn zu fassen kriegt. Findet ihn, schafft ihn herbei, das ist alles. Ich weiß schon, was dann zu tun ist, keine Angst.«

Der Junge murmelte, dass er verstanden habe, und eilte die Treppen hinab seinen Gefährten nach.

»Noch hat er nicht gesungen«, sagte Fagin und nahm seine vorherige Beschäftigung wieder auf. »Wenn er uns bei seinen neuen Freunden verpfeifen will, können wir ihm immer noch den Mund stopfen.«

Vierzehntes Kapitel

Enthält weitere Einzelheiten über Olivers Aufenthalt bei Mr. Brownlow sowie die bemerkenswerte Vorhersage, die ein Mr. Grimwig in Bezug auf Oliver trifft, als dieser zu einem Botengang aufbricht.

Oliver erholte sich bald von dem Ohnmachtsanfall, den er aufgrund von Mr. Brownlows plötzlichem Ausruf erlitten hatte, und im darauffolgenden Gespräch wurde der Gegenstand des Gemäldes sowohl vom alten Herrn als auch von Mrs. Bedwin sorgsam gemieden, es ging darin auch weder um Olivers Vergangenheit noch um seine Aussichten, sondern beschränkte sich auf solche Themen, die ihn aufzuheitern vermochten, ohne ihn dabei aufzuregen. Er war noch immer zu schwach, um zum Frühstück aufzustehen, doch als er am nächsten Tag in das Zimmer der Haushälterin herunterkam, warf er als erstes einen neugierigen Blick auf die Wand, in der Hoffnung, das Gesicht der schönen Dame wiederzusehen. Seine Erwartung wurde jedoch enttäuscht, denn das Gemälde war entfernt worden.

»Na«, sagte die Haushälterin, als sie Olivers Blick bemerkte, »siehst du, es ist fort.«

»Ja, ich seh's, Madam«, antwortete Oliver mit einem Seufzer. »Warum hat man es weggenommen?«

»Weißt du, mein Kind, es wurde abgehängt, weil Mr. Brownlow sagte, es könne, da es dich anscheinend ängstigt, deiner Genesung abträglich sein«, erwiderte die alte Dame.

»Aber nein, es hat mich keineswegs geängstigt, Madam«, sagte Oliver. »Ich habe es gern angeschaut, ich mochte es wirklich.«

»Na ja«, meinte die alte Dame gutmütig, »dann werde mal so schnell wie möglich gesund, mein Liebling, dann soll es wieder aufgehängt werden, versprochen! Aber jetzt lass uns von was anderem reden.«

Das war alles, was Oliver für den Moment über das Bild in Erfahrung bringen konnte. Da die alte Dame während seiner Krankheit so gut zu ihm gewesen war, bemühte er sich, jetzt nicht weiter über diesen Gegenstand nachzudenken, also lauschte er aufmerksam den unzähligen Geschichten, die sie ihm erzählte, von ihrer lieben und hübschen Tochter, die mit einem lieben und hübschen Mann verheiratet sei und auf dem Land lebe, und von einem Sohn, der in Westindien als Büroschreiber bei einem Handelsherrn in Stellung war, und der dazu ein solch guter Junge sei und viermal im Jahr so treusorgende Briefe nach Hause schriebe, dass sich ihre Augen mit Tränen füllten, als sie darüber sprach. Nachdem die alte Dame sich eine ganze Weile ausführlich über die Vorzüge ihrer Kinder verbreitet hatte, und nebenbei auch über die Verdienste ihres lieben und gütigen Gatten, der jetzt schon – Gott habe ihn selig! – vor sechsundzwanzig Jahren das Zeitliche gesegnet hatte, war es so weit, den nachmittäglichen Tee zu trinken. Danach brachte sie Oliver das Kartenspiel Cribbage bei, das er ebenso schnell begriff, wie sie es ihm erklärte. Mit diesem Spiel waren sie voller Hingabe und Ernst beschäftigt, bis es für den Kranken Zeit war, ein wenig erwärmten, mit Wasser verdünnten Wein und eine Scheibe trockenes Röstbrot zu sich zu nehmen und dann behaglich zu Bett zu gehen.

Diese Tage der Genesung waren eine glückliche Zeit für Oliver. Alles war so friedlich, so hübsch, so ordentlich, alle waren so gütig und freundlich, dass es ihm nach all dem Lärm und Trubel, in dem er stets gelebt hatte, wie der Himmel vorkam. Und kaum war er wieder bei Kräften, um sich richtig anzukleiden, ließ Mr. Brownlow auch schon einen kompletten, neuen Anzug, samt neuer Mütze und einem Paar neuer Schuhe, für ihn besorgen. Da man Oliver sagte, er könne mit seinen alten Kleidern tun, was er wolle, gab er sie einem Dienstmädchen, das sehr freundlich zu ihm gewesen war, und bat sie, diese einem Trödler zu verkaufen und das Geld für sich zu behalten. Das tat sie dann auch sogleich, und als Oliver aus dem Stubenfenster blickte und sah, wie der Trödler die Kleider in seinen Sack stopfte und fortging, fühlte er sich erleichtert bei dem Gedanken, dass sie jetzt ein für alle Mal weg waren und keine Gefahr mehr bestand, sie noch einmal tragen zu müssen. Ehrlich gesagt waren es tatsächlich schäbige Lumpen gewesen, denn Oliver hatte noch nie zuvor einen neuen Anzug bekommen.

Eines Abends, etwa eine Woche nach dem Vorfall mit dem Gemälde, als er gerade mit Mrs. Bedwin zusammensaß und plauderte, sandte Mr. Brownlow die Nachricht nach unten, dass er Oliver, sollte dieser sich entsprechend wohl fühlen, in seinem Arbeitszimmer zu sehen und sich ein wenig mit ihm zu unterhalten wünsche.

»Ach du meine Güte! Wasch dir die Hände und lass dir einen hübschen Scheitel ziehen, mein Kind«, sagte Mrs. Bedwin. »Bei meiner Seel! Hätten wir geahnt, dass er nach dir schicken lässt, hätten wir dir einen frischen Kragen umgelegt und dich wie einen Goldtaler poliert!«

Oliver tat, wie ihn die alte Dame geheißen, und obwohl sie fortwährend jammerte und klagte, dass nicht einmal Zeit sei, die kleine Krause an seinem Hemdkragen zu fälteln, sah er, ungeachtet dieses schwerwiegenden Mangels, so hübsch und fein aus, dass sie, als sie ihn mit großem Wohlgefallen von Kopf bis Fuß betrachtete, so weit ging, zu sagen, sie glaube nicht, dass es möglich gewesen wäre, ihn noch weiter zu seinem Vorteil zu verändern, selbst wenn sie alle Zeit der Welt gehabt hätten.

Derart ermutigt klopfte Oliver an die Tür des Arbeitszimmers. Auf Mr. Brownlows Aufforderung trat er in ein kleines, mit Büchern vollgestopftes Hinterzimmer, dessen Fenster auf hübsche kleine Gärten blickte. Vor diesem Fenster befand sich ein Tisch, an dem Mr. Brownlow saß und las. Als er Oliver sah, schob er das Buch beiseite und bat ihn, an den Tisch zu treten und sich zu setzen. Oliver gehorchte und fragte sich verwundert, wo man wohl so viele Menschen finden könne, um solch große Anzahl von Büchern zu lesen, die anscheinend geschrieben worden waren, um die Weisheit der Welt zu mehren. Und das fragen sich auch erfahrenere Leute als Oliver Twist jeden Tag ihres Lebens aufs neue.

»Das sind eine Menge Bücher, nicht wahr, mein Junge«, sagte Mr. Brownlow, als er die Neugier bemerkte, mit der Oliver die Regale betrachtete, die vom Fußboden bis unter die Decke reichten.

»Und was für eine Menge, Sir«, entgegnete Oliver. »So viele habe ich noch nie gesehen.«

»Du sollst sie zu lesen bekommen, wenn du brav bist«, sagte der alte Herr freundlich, »und es wird dir besser gefallen, als sie bloß anzuschauen … das heißt, in manchen Fällen, denn es gibt tatsächlich Bücher, bei denen Einband und Rücken die bei weitem interessantesten Dinge sind.«

»Das sind vermutlich diese schweren Wälzer da, Sir«, meinte

Oliver und zeigte auf einige große Quartbände, deren Einband reichlich vergoldet war.

»Nicht immer«, erwiderte der alte Herr und strich Oliver lächelnd übers Haar, »es gibt andere, die, obwohl von kleinerem Format, ebenso schwer sind. Wie würde dir das gefallen, ein gescheiter Mann zu werden und Bücher zu schreiben?«

»Ich glaube, ich würde sie lieber lesen, Sir«, antwortete Oliver.

»Na so was! Du möchtest gar kein Schriftsteller werden?«, rief der alte Herr.

Oliver dachte kurz nach und sagte schließlich, es erschiene ihm weitaus lohnender, Buchhändler zu werden, woraufhin der alte Herr herzlich lachte und meinte, Oliver hätte da etwas sehr Treffendes gesagt. Darüber war Oliver froh, wenn er sich auch nicht vorstellen konnte, was es gewesen sein mochte.

»Schon gut«, sagte der alte Herr und sammelte sich wieder. »Keine Angst, wir werden keinen Schriftsteller aus dir machen, solange man noch ein ehrbares Handwerk erlernen oder Ziegelbrenner werden kann.«

»Vielen Dank, Sir«, sagte Oliver. Über diese ernsthaft vorgebrachte Antwort musste der alte Herr erneut lachen und bemerkte etwas über einen erstaunlichen Instinkt, dem Oliver aber, da er es nicht verstand, keine große Beachtung schenkte.

»Und jetzt, mein Junge«, sagte Mr. Brownlow, in einem womöglich noch freundlicheren, aber zugleich auch ernsthafteren Ton, als Oliver bisher von ihm gehört hatte, »möchte ich, dass du genau darauf achtgibst, was ich sage. Ich werde ganz offen mit dir reden, denn ich weiß, dass du mich ebenso gut verstehen wirst wie manch ein Älterer.«

»Oh, sagt mir nicht, dass Ihr mich fortschicken wollt, Sir, bitte nicht!«, rief Oliver aus, beunruhigt von dem ernsten Tonfall, mit dem der alte Herr seine Rede begann. »Setzt mich nicht vor die Tür, ich mag nicht wieder durch die Straßen irren. Lasst mich hierbleiben, Euch zu Diensten sein. Schickt mich nicht zurück an den schrecklichen Ort, von dem ich komme. Habt Erbarmen mit einem armen Jungen, Sir!«

»Mein liebes Kind«, entgegnete der alte Herr, bewegt von der unerwarteten Erregung, mit der Oliver seine Bitte vortrug, »du brauchst nicht zu befürchten, dass ich dich im Stich lasse, solange du mir keinen Grund dazu gibst.«

»Das werde ich niemals tun, Sir, niemals«, unterbrach ihn Oliver.

»Das hoffe ich«, erwiderte der alte Herr, »und ich kann es mir auch nicht vorstellen. Zwar habe ich mich früher schon getäuscht in Leuten, denen ich Gutes tun wollte, dennoch fühle ich mich sehr geneigt, dir zu vertrauen, und nehme größeren Anteil an dir, als ich es mir selbst so recht erklären kann. Die Menschen, denen meine innigste Liebe galt, liegen kalt in ihren Gräbern, aber auch wenn das Glück und die Freude meines Lebens mit ihnen begraben wurden, so habe ich aus meinem Herzen doch keinen Sarg gemacht und mich den besten meiner Gefühle auch nicht für immer und ewig verschlossen. Das tiefe Leid hat sie nur gestärkt und geläutert.«

Während der alte Herr das sagte, mit gedämpfter Stimme und mehr zu sich selbst als zu seinem Gegenüber, und danach für eine kurze Weile schwieg, blieb Oliver ganz still sitzen.

»Na schön«, fuhr der alte Mann in etwas munterem Ton schließlich fort, »ich sage dies bloß, weil dein Herz noch jung ist, und wenn du weißt, dass ich viel Kummer und Schmerz erlitten habe, wirst du vielleicht achtsamer sein und mich nicht erneut verletzen. Du sagst, du seist eine Waise, ohne irgendeinen Verwandten auf der Welt, und alle Erkundigungen, die ich einziehen konnte, haben diese Behauptung bestätigt. Erzähle mir deine Geschichte, woher du kommst, wer dich großgezogen hat und wie du in die Gesellschaft geraten bist, in der ich dich angetroffen habe. Sprich die Wahrheit, und dir soll nie ein Freund fehlen, solange ich lebe.«

Olivers Rede wurde immer wieder von Schluchzern unterbrochen, und als er schildern wollte, wie er im Heim aufgewachsen war und Mr. Bumble ihn ins Armenhaus brachte, ließ sich unten an der Haustür ein höchst ungeduldiges, kurzes Doppelklopfen vernehmen, und das Dienstmädchen kam die Treppe heraufgeeilt, um einen Mr. Grimwig zu melden.

»Kommt er herauf?«, erkundigte sich Mr. Brownlow.

»Jawohl, Sir«, erwiderte das Dienstmädchen. »Er hat gefragt, ob es im Hause irgendwelches Gebäck gäbe, und als ich bejahte, meinte er, er sei zum Tee gekommen.«

Mr. Brownlow lächelte und erklärte an Oliver gewandt, Mr. Grimwig sei ein alter Freund von ihm, und er solle sich nicht an dessen zuweilen etwas rauhem Umgangston stören, denn er sei in Wahrheit ein guter Kerl, wie er aus gutem Grunde wisse.

»Soll ich nach unten gehen, Sir?«, fragte Oliver.

»Nein«, antwortete Mr. Brownlow, »ich hätte lieber, dass du hierbleibst.«

In diesem Augenblick spazierte, auf einen dicken Stock gestützt, ein beleibter älterer Herr ins Zimmer. Er war auf einem Bein ein wenig lahm und trug einen blauen Gehrock, eine gestreifte Weste, Nankinghosen, Gamaschen und einen weißen

Hut mit breiter, hochgeschlagener Krempe, die auf der Unterseite grün war. Eine zierlich gefältelte Hemdkrause schaute oben aus seiner Weste heraus, und unten lugte eine sehr lange stählerne Uhrenkette, an deren Ende bloß ein Schlüssel befestigt war, hervor. Die Enden seines weißen Halstuchs waren zu einem Ball von der Größe einer Apfelsine verschlungen, und die mannigfachen Mienen, zu denen er sein Gesicht verzog, waren unbeschreiblich. Er besaß die Angewohnheit, den Kopf beim Sprechen zur Seite zu drehen und einen dabei zugleich aus den Augenwinkeln anzusehen, was jeden Betrachter unweigerlich an einen Papageien erinnerte. In dieser Haltung verharrte er, sobald er eingetreten war, und rief – während er ein Stückchen Apfelsinenschale mit ausgestrecktem Arm von sich hielt – mit knurrender, missmutiger Stimme aus:

»Schaut her, seht Ihr das? Ist es nicht eine höchst seltsame und außergewöhnliche Sache, dass ich keines Menschen Haus betreten kann, ohne ein Stückchen von diesem elenden Freund aller Knochenflicker auf der Treppe zu finden? Eine Apfelsinenschale hat mich einst lahm gemacht, und ich weiß, dass eine Apfelsinenschale schließlich mein Tod sein wird. Verlasst Euch darauf, Sir, eine Apfelsinenschale wird mein Tod sein, oder ich will meinen Kopf fressen, Sir!«

Mit diesem freundlichen Angebot pflegte Mr. Grimwig beinahe jede Behauptung, die er tat, zu bekräftigen, und das war in seinem Fall umso eigentümlicher, da – selbst wenn man einmal theoretisch die Möglichkeit in Betracht zöge, dass der wissenschaftliche Fortschritt eines Tages einem Herrn erlaube, seinen eigenen Kopf zu verschlingen, falls es ihn danach gelüste – Mr. Grimwigs Kopf so ungewöhnlich groß war, dass selbst der zuversichtlichste

Mensch auf Erden kaum die Hoffnung hegen konnte, ihn mit einem Male zu verspeisen, ganz zu schweigen von der äußerst dicken Puderschicht.

»Dann will ich meinen Kopf fressen, Sir«, wiederholte Mr. Grimwig und stieß seinen Stock auf den Boden. »Hallo, wen haben wir denn da?«, rief er beim Anblick Olivers und trat ein oder zwei Schritte zurück.

»Das ist der kleine Oliver Twist, von dem wir gesprochen haben«, sagte Mr. Brownlow.

Oliver verbeugte sich.

»Ihr wollt damit doch wohl nicht etwa sagen, dies sei der Junge, der Fieber hatte?«, fragte Mr. Grimwig und wich noch etwas weiter zurück. »Einen Augenblick! Sagt nichts! Halt …«, fuhr Mr. Grimwig fort, der im Triumphgefühl seiner Entdeckung plötzlich jegliche Furcht vor dem Fieber verlor, »das ist der Junge mit der Apfelsine! Wenn das nicht der Junge ist, Sir, der die Apfelsine gegessen und das Stückchen Schale auf die Treppe geworfen hat, will ich meinen Kopf fressen, und den seinen dazu.«

»Nein, nein, er war's nicht!«, rief Mr. Brownlow lachend. »Kommt, setzt Euren Hut ab und sprecht mit meinem jungen Freund.«

»So etwas kann mich ungemein in Rage bringen, Sir«, sagte der reizbare alte Herr, während er seine Handschuhe abstreifte. »In unserer Straße liegen ständig irgendwelche Apfelsinenschalen auf dem Gehweg, mal mehr, mal weniger, und ich *weiß*, dass der Gehilfe des Knochenflickers an der Ecke sie dort hinwirft. Gestern abend ist eine junge Frau darauf ausgerutscht und stürzte gegen meinen Gartenzaun. Ich habe gesehen, wie sie, gleich nachdem sie aufgestanden ist, auf den teuflischen roten Weihnachtslampion vor seiner Praxis geblickt hat. ›Geht nicht dorthin‹, habe ich ihr aus dem Fenster zugerufen, ›das ist ein Meuchelmörder! Ein Fallensteller!‹ Und das ist er. Wenn nicht, dann …«

Hier stieß der jähzornige alte Herr kräftig seinen Stock auf den Boden, was seine Freunde immer als Darbietung des üblichen Angebots verstanden, wenn es nicht in Worten ausgedrückt wurde. Dann setzte er sich, den Stock noch immer in der Hand, klappte einen Kneifer auf, den er an einem breiten schwarzen Band befestigt trug, und betrachtete Oliver, der errötete, als er bemerkte, dass er einer Musterung unterzogen wurde, und sich ein weiteres Mal verbeugte.

»So, das ist also der Junge?«, fragte Mr. Grimwig schließlich.

»Das ist der Junge«, entgegnete Mr. Brownlow.

»Wie geht es dir, mein Junge?«, erkundigte sich Mr. Grimwig.

»Danke, Sir, schon sehr viel besser«, antwortete Oliver.

Mr. Brownlow, der zu befürchten schien, sein wunderlicher Freund sei im Begriff, eine unpassende Bemerkung zu machen, bat Oliver, die Treppe hinabzugehen und Mrs. Bedwin zu sagen, dass sie nun Tee trinken wollten, was er, da ihm das Benehmen des Besuchers alles andere als behagte, mit Freuden tat.

»Ein hübscher Junge, nicht wahr?«, meinte Mr. Brownlow.

»Weiß nicht«, erwiderte Mr. Grimwig verdrossen.

»Nicht?«

»Nein. Ich weiß es nicht. Für mich sehen alle Jungen gleich aus. Ich kenne bloß zwei Sorten von Jungen: solche mit Mehlgesichtern und solche mit Fleischgesichtern.«

»Und was hat Oliver?«

»Ein Mehlgesicht. Ein Bekannter von mir hat einen fleischgesichtigen Jungen, ein hübscher Knabe, heißt es, mit rundem Kopf, roten Bäckchen und glänzenden Augen. Ein grässlicher Kerl, dessen Leib und Gliedmaßen aus den Nähten seines blauen Anzugs zu platzen drohen, mit der Stimme eines Lotsen und dem Appetit eines Wolfs. Ich kenne ihn, diesen Lümmel!«

»Na, na, na«, rief Mr. Brownlow, »das sind aber nicht die Eigenschaften des kleinen Oliver Twist, also braucht Ihr Euch auch nicht über ihn aufzuregen.«

»Nein, das sind sie nicht«, erwiderte Mr. Grimwig, »aber womöglich hat er noch schlechtere.«

An dieser Stelle hüstelte Mr. Brownlow unwillig, was Mr. Grimwig das allergrößte Vergnügen zu bereiten schien.

»Womöglich hat er noch schlechtere, sage ich«, wiederholte Mr. Grimwig. »Wo kommt er her? Wer ist er? Was ist er? Er hat Fieber gehabt. Na und? Fieber bekommen nicht allein gute Menschen, oder? Auch schlechte Menschen haben zuweilen Fieber, nicht wahr? Ich kannte einen Mann, der auf Jamaika gehängt wurde, weil er seinen Herrn ermordet hatte. Der war sechsmal an Fieber erkrankt, ohne dass er deshalb begnadigt wurde. Pah, was für ein Unsinn!«

Nun verhielt es sich tatsächlich so, dass Mr. Grimwig tief im Inneren seines Herzens durchaus geneigt war, zuzugeben, dass Olivers Erscheinung und sein Betragen ungewöhnlich einnehmend waren, doch besaß er einen starken Hang zum Widerspruch, der bei dieser Gelegenheit noch durch den Fund der Apfelsinenschale angestachelt wurde, und da er fest davon überzeugt war, dass kein Mensch ihm vorschreiben könne, ob ein Junge gut aussieht oder nicht, war er von Anfang an entschlossen, sich seinem Freund zu widersetzen. Als Mr. Brownlow zugab, auf keinen der fraglichen Punkte eine befriedigende Antwort zu wissen und jede weitere Erforschung von Olivers Vergangenheit aufgeschoben zu haben, bis er den Jungen wieder für so weit bei Kräften hielt, dies ertragen zu können, kicherte Mr. Grimwig boshaft. Und er erkundigte sich hämisch, ob die Haushälterin auch jeden Abend das Besteck zähle, denn wenn sie nicht mal eines schönen Morgens ein oder zwei silberne Löffel vermissen werde, dann wolle er seinen Kopf ... und so weiter und so fort.

All dies ertrug Mr. Brownlow, obwohl er selbst leicht aufbrausenden Charakters war, mit ruhigem Gemüt, weil er die Eigenheiten seines Freunds kannte, und da Mr. Grimwig sich beim Tee gütigerweise dazu herabließ, seiner vollsten Zufriedenheit mit dem Gebäck Ausdruck zu geben, blieb die Stimmung ungetrübt, und Oliver, der ihnen Gesellschaft leistete, begann sich in der Gegenwart des grimmigen alten Herrn ein wenig behaglicher als bisher zu fühlen.

»Und wann werdet Ihr einen vollständigen, wahrhaftigen und ausführlichen Bericht über Leben und Abenteuer des Oliver Twist zu hören bekommen?«, fragte Grimwig am Ende der Mahlzeit Mr. Brownlow, mit einem Seitenblick auf Oliver, als er den Gesprächsgegenstand wieder aufnahm.

»Morgen vormittag«, antwortete Mr. Brownlow. »Ich möchte dann lieber mit ihm alleine sein. Komm morgen früh um zehn Uhr zu mir herauf, mein Guter.«

»Ja, Sir«, erwiderte Oliver. Seine Antwort kam leicht zögerlich, weil er verwirrt war, dass Mr. Grimwig ihn so scharf ansah.

»Ich will Euch mal was sagen«, flüsterte dieser Herr Mr. Brownlow zu, »er wird morgen früh nicht heraufkommen. Ich habe sein Zögern bemerkt. Er macht Euch was vor, mein lieber Freund.«

»Ich bin überzeugt, dass er es nicht tut«, entgegnete Mr. Brownlow leidenschaftlich.

»Wenn er's nicht tut«, sagte Mr. Grimwig, »dann will ich ...«, und stieß mit dem Stock auf den Boden.

»Ich bürge mit meinem Leben für die Aufrichtigkeit dieses Jungen!«, erwiderte Mr. Brownlow und klopfte auf den Tisch.

»Und ich mit meinem Kopf für seine Falschheit!«, rief Mr. Grimwig und klopfte ebenfalls auf den Tisch.

»Wir werden ja sehen«, sagte Mr. Brownlow, seinen aufsteigenden Zorn bezwingend.

»Das werden wir«, entgegnete Mr. Grimwig mit einem herausfordernden Lächeln, »ja, das werden wir.«

Wie das Schicksal so spielte, kam in diesem Augenblick zufällig Mrs. Bedwin mit einem kleinen Packen Bücher herein, die Mr. Brownlow am Vormittag bei demselben Buchhändler erworben hatte, den wir bereits aus unserer Geschichte kennen, legte sie auf den Tisch und wollte das Zimmer wieder verlassen.

»Der Botenjunge soll noch warten, Mrs. Bedwin«, bat Mr. Brownlow, »ich möchte, dass er etwas mit zurücknimmt.«

»Er ist bereits wieder fort, Sir«, erwiderte Mrs. Bedwin.

»Dann ruft ihn zurück«, sagte Mr. Brownlow, »es ist wichtig. Er ist ein armer Mann, und die Bücher sind noch nicht bezahlt. Außerdem sollen ein paar andere Bücher zurückgebracht werden.«

Die Haustür wurde geöffnet, Oliver lief in die eine Richtung, das Dienstmädchen in die andere, und Mrs. Bedwin blieb auf der Schwelle stehen und rief nach dem Botenjungen, aber es war kein Botenjunge zu sehen. Oliver und das Mädchen kehrten ganz außer Atem zurück, nur um zu berichten, dass sie keine Kunde von ihm hatten.

»Ach du meine Güte, das tut mir aber leid«, sagte Mr. Brownlow, »vor allem wollte ich diese Bücher noch heute abend zurückgeben.«

»Dann schickt doch Oliver«, meinte Mr. Grimwig mit einem ironischen Lächeln, »er wird sie ganz bestimmt wohlbehalten abliefern.«

»Ja, ich will gehen, wenn Ihr erlaubt, Sir«, sagte Oliver. »Ich werde auch den ganzen Weg rennen, Sir.«

Der alte Herr wollte gerade einwenden, dass Oliver auf keinen Fall gehen dürfe, als ein höchst gehässiges Hüsteln Mr. Grimwigs ihn zu dem Entschluss brachte, dass er doch gehen und durch die prompte Erledigung seines Auftrages beweisen solle, wie ungerechtfertigt Grimwigs Verdächtigungen seien, zumindest in diesem Punkt.

»Du darfst gehen, mein Lieber«, sagte der alte Herr. »Die Bücher liegen auf dem Stuhl neben meinem Tisch. Geh sie holen.«

Oliver, der froh war, sich nützlich machen zu können, kam dienstbeflissen mit den Büchern unterm Arm zurück und wartete, die Mütze in der Hand, welche Botschaft man ihm auftragen würde.

»Richte aus«, sagte Mr. Brownlow mit festem Blick auf Grimwig, »richte aus, dass du diese Bücher zurückbringst und gekommen bist, um die vier Pfund zehn zu zahlen, die ich ihm schulde. Hier ist eine Fünfpfundnote, also bringst du zehn Shilling Wechselgeld zurück.«

»Ich werde keine zehn Minuten brauchen, Sir«, erwiderte Oliver eifrig. Nachdem er den Geldschein in seine Jackentasche geknöpft und die Bücher sorgfältig unter den Arm gesteckt hatte, verbeugte er sich ehrerbietig und verließ das Zimmer. Mrs. Bedwin begleitete ihn bis zur Haustür, beschrieb ihm den kürzesten Weg, nannte ihm den Namen des Buchhändlers und der Straße, woraufhin Oliver bestätigte, alles verstanden zu haben. Nachdem sie ihm noch mehrmals eingeschärft hatte, aufzupassen und sich nicht zu erkälten, gestattete die alte Dame ihm schließlich zu gehen.

»Gott schütze diesen lieben Jungen!«, rief die alte Dame, als sie ihm nachschaute. »Es ist mir so gar nicht recht, ihn aus den Augen zu lassen.«

In diesem Moment sah sich Oliver fröhlich um und nickte ihr zu, bevor er um die Ecke verschwand. Die alte Dame erwiderte lächelnd seinen Gruß, schloss die Tür und ging wieder auf ihr Zimmer.

»Wollen wir mal sehen, in spätestens zwanzig Minuten wird er zurück sein«, sagte Mr. Brownlow, zog seine Uhr hervor und legte sie auf den Tisch. »Bis dahin wird es dunkel sein.«

»Oh! Ihr rechnet also wirklich damit, dass er zurückkommt, was?«, erkundigte sich Mr. Grimwig.

»Ihr nicht?«, fragte Mr. Brownlow lächelnd.

Der Geist des Widerspruchs regte sich augenblicklich in Mr. Grimwigs Brust, und er wurde durch das zuversichtliche Lächeln seines Freundes noch weiter angestachelt.

»Nein«, rief er und schlug mit der Faust auf den Tisch, »tue ich nicht. Der Bursche hat einen nagelneuen Anzug auf dem Leib, einen Packen wertvoller Bücher unterm Arm und eine Fünfpfundnote in der Tasche. Er wird zu seinen alten Diebesfreunden laufen und Euch auslachen. Wenn der Bursche jemals in dieses Haus zurückkehrt, will ich meinen Kopf fressen, Sir.«

Mit diesen Worten zog er seinen Stuhl näher an den Tisch,

und da saßen die beiden Freunde nun, in stummer Erwartung, die Uhr zwischen sich.

Eines ist erwähnenswert, da es die Bedeutung, die wir unserem eigenen Urteil beimessen, verdeutlicht, und auch den Stolz, mit dem wir unsere raschen und voreiligen Schlüsse ziehen, dass nämlich Mr. Grimwig, obwohl keineswegs ein bösartiger Mensch, und obwohl es ihm aufrichtig leidgetan hätte, seinen geschätzten Freund betrogen und enttäuscht zu sehen, in diesem Augenblick allen Ernstes und inständig hoffte, Oliver Twist möge nicht zurückkehren.

Es wurde so dunkel, dass die Zahlen auf dem Ziffernblatt kaum noch zu erkennen waren, doch die beiden alten Herrn blieben dort sitzen, schweigend, die Uhr zwischen sich.

Fünfzehntes Kapitel

Zeigt, wie sehr der fröhliche alte Herr und Miss Nancy Oliver Twist zugetan sind.

In der finsteren Schankstube einer schäbigen Gastwirtschaft, die im schmutzigsten Teil der Little Saffron Hill gelegen war, einer dunklen und unheimlichen Höhle, wo im Winter den ganzen Tag lang eine flackernde Gaslampe brannte und im Sommer nie ein Sonnenstrahl hereindrang, saß über Zinnkrug und kleinem Glas brütend, von starkem Schnapsgeruch regelrecht gegerbt, ein Mann in Baumwollsamtrock, Kniehosen, Halbstiefeln und Strümpfen, den selbst bei diesem dämmrigen Licht jeder erfahrene Polizeibeamte ohne auch nur einen Augenblick zu zögern als Mr. William Sikes erkannt haben würde. Ihm zu Füßen kauerte ein Hund mit weißem Fell und roten Augen, der abwechselnd damit beschäftigt war, seinen Herrn und Meister mit beiden Augen zugleich anzublinzeln und eine frische große Schramme neben seinem Maul zu lecken, die das Ergebnis eines kürzlichen Streits zu sein schien.

»Still, du elender Wurm! Willste wohl ruhig sein!«, rief Mr. Sikes, plötzlich sein Schweigen brechend. Ob er in derart heikle Betrachtungen versunken gewesen war, dass ihn selbst das Blinzeln des Hundes störte, oder ob sein Gemüt durch diese Betrachtungen so in Wallung geraten war, dass es der ganzen Erleichterung erforderte, die einem das Treten eines arglosen Tieres verschaffen konnte, um es wieder zu besänftigen, bedürfte einer tiefen und eingehenden Erörterung. Was auch immer die Ursache war, sie bewirkte einen Fußtritt und einen Fluch, die beide zugleich den Hund ereilten.

Hunde neigen im allgemeinen nicht dazu, sich für Tätlichkeiten, die ihnen ihre Herren zufügen, zu rächen, aber Mr. Sikes' Hund, der ähnliche Charakterfehler wie sein Besitzer besaß und in diesem Augenblick möglicherweise unter dem starken Eindruck erlittenen Unrechts handelte, grub ohne viel Federlesens seine Zähne in einen der Halbstiefel. Nachdem er ihn einmal kräftig geschüttelt hatte, verkroch er sich knurrend unter eine Bank, wodurch er knapp dem Zinnkrug entging, den Mr. Sikes nach seinem Kopf warf.

»Na warte!«, rief Sikes, packte mit einer Hand den Schürhaken und öffnete mit der anderen angelegentlich ein großes Klappmesser, das er aus der Tasche zog. »Komm her, du Teufelsbraten! Komm her! Willste wohl hören?«

Der Hund hörte zweifelsohne, da Mr. Sikes im rauhesten Ton seiner rauhen Stimme sprach, doch da er offenbar eine unerklärliche Abneigung dagegen besaß, sich die Kehle durchschneiden zu lassen, blieb er, wo er war, und knurrte noch wütender als zuvor, zugleich packte er das Ende des Schürhakens mit den Zähnen und biss wie ein wildes Tier darauf herum.

Diese Widerspenstigkeit brachte Mr. Sikes nur noch mehr in Rage, er ließ sich auf die Knie fallen und begann wie wild auf das Tier einzustechen. Der Hund sprang von links nach rechts und wieder von rechts nach links, schnappte, knurrte und kläffte, der Mann stach und fluchte, schlug und schimpfte. Der Kampf wollte gerade für einen von beiden die entscheidende Wendung nehmen, als sich plötzlich die Tür öffnete, der Hund nach draußen schoss und Bill Sikes mit Schürhaken und Klappmesser in den Händen zurückließ.

Zu einem Streit gehören stets zwei, so lautet ein altes Sprichwort. Mr. Sikes, dem mit dem Hund sein Gegner abhanden gekommen war, übertrug dessen Rolle im Streit unverzüglich auf den Neuankömmling.

»Was zum Teufel stellst du dich zwischen mich und mein Hund?«, schrie er mit zorniger Gebärde.

»Das konnte ich doch nicht wissen, mein Freund«, erwiderte Fagin unterwürfig – denn niemand anderes war der Neuankömmling.

»Nich wissen, du feiger Dieb!«, knurrte Sikes. »Haste nich den Lärm gehört?«

»Keinen Laut, so wahr ich lebe, Bill«, antwortete Fagin.

»Ach was! Hast natürlich nichts gehört«, entgegnete Sikes gehässig. »Schleichst rein und raus, damit dich keiner kommen und gehen hört! Ich wollte, du wärst grad eben der Hund gewesen, Fagin!«

»Warum?«, fragte der alte Hehler mit gequältem Lächeln.

»Weil die Regierung, die sich um das Leben solcher Menschen wie dich schert, die nur halb so viel Mumm wie'n gottverdammter Köter haben, nem Mann erlaubt, sein Hund einfach abzustechen«, antwortete Sikes und klappte das Messer mit vielsagendem Blick zu. »Darum.«

Fagin rieb sich die Hände und nahm am Tisch Platz, wobei er tat, als würde er über den Scherz seines Freundes lachen. Dennoch fühlte er sich offenbar äußerst unbehaglich.

»Lach nur«, sagte Sikes, legte den Schürhaken beiseite und musterte ihn mit abgrundtiefer Verachtung, »ja, lach nur. Du wirst aber nie derjenige sein, der als letzter lacht, außer am Galgen. Ich hab dich in der Hand, Fagin, und ver… noch mal, so wird's auch bleiben. So! Geh ich hops, gehste auch hops, also nimm dich in Acht vor mir.«

»Schon gut, schon gut, mein Freund«, sagte Fagin. »Das weiß ich ja alles, wir … wir … profitieren beide von unserer Freundschaft, Bill … wir profitieren beide davon.«

»Humpf«, machte Sikes, als wolle er andeuten, der Profit läge wohl eher auf Seiten des Hehlers als bei ihm. »Also, was haste mir zu sagen?«

»Es ist alles sicher durch den Schmelztiegel gewandert«, erwiderte Fagin, »und hier ist dein Anteil. Es ist sogar etwas mehr, mein Freund, aber ich weiß ja, dass du mir ein andermal auch wieder einen Gefallen tun wirst, und …«

»Red kein Stuss«, unterbrach ihn der Räuber unwillig. »Wo isses? Her damit!«

»Ja doch, Bill, ja doch, immer mit der Ruhe«, sagte Fagin beschwichtigend. »Hier ist es! Alles sicher verstaut!«

Während er sprach, zog er aus seiner Brusttasche ein altes baumwollenes Taschentuch hervor, löste an einer Ecke den großen Knoten und brachte ein kleines Päckchen aus braunem Papier zum Vorschein. Sikes riss es ihm aus der Hand, öffnete es hastig und fing an, die darin befindlichen Sovereigns zu zählen.

»Is das auch wirklich alles?«, erkundigte sich Sikes.

»Natürlich«, erwiderte der alte Hehler.

»Und du hast unterwegs nich zufällig das Päckchen geöffnet und ein oder zwei stibitzt?«, forschte Sikes misstrauisch nach. »Schau nicht so beleidigt, das haste schon oft genug gemacht. Zieh mal die Bimmel.«

Auf gut Deutsch beinhalteten diese Worte die Aufforderung, die Klingel zu betätigen. Daraufhin erschien ein weiterer Ganove, jünger als Fagin, aber von beinahe ebenso gemeinem und abstoßendem Äußeren.

Bill Sikes deutete bloß auf den leeren Krug. Der Bursche, der den Wink sofort verstand, nahm ihn zum Nachfüllen mit, tauschte zuvor aber einen bedeutungsvollen Blick mit Fagin, der seine Augen für einen Moment hob, als ob er es erwartete, und schüttelte zur Antwort den Kopf, so leicht, dass diese Bewegung für einen unbeteiligten Beobachter kaum zu erkennen gewesen wäre. Sikes jedenfalls entging sie, da er sich in diesem Augenblick bückte, um den Schuhriemen, den der Hund zerbissen hatte, neu zu schnüren. Hätte er diesen kurzen Austausch von Zeichen bemerkt, wäre ihm wohl der Gedanke gekommen, dass er ihm nichts Gutes verhieß.

»Irgendjemand hier, Barney?«, erkundigte sich Fagin, der jetzt, wo Sikes wieder aufschaute, sprach, ohne die Augen vom Boden zu heben.

»Keine Benschenseele«, erwiderte Barney, dessen Worte, mochten sie auch aus dem Herzen kommen, den Weg durch die Nase nahmen.

»Niemand?«, fragte Fagin in leicht erstauntem Ton, der vielleicht bedeuten sollte, dass sich Barney nicht zu scheuen brauchte, die Wahrheit zu sprechen.

»Niemand außer Biss Nadsy«, antwortete Barney.

»Nancy!«, rief Sikes aus. »Wo? Mich soll der Schlag treffen, wenn ich das Mädel nich wegen ihrer besonderen Gaben schätze.«

»Sie sitzt gerade mit einem Teller gesottenem Fleisch am Schanktisch«, näselte Barney.

»Schick sie her«, sagte Sikes und schenkte sich ein Glas Schnaps ein. »Schick sie her.«

Barney schaute ängstlich auf Fagin, als wolle er eine Erlaubnis einholen; da der alte Hehler stumm blieb und seinen Blick nicht hob, verschwand er und kehrte umgehend mit Nancy zurück, die komplett mit Haube, Schürze, Körbchen und Türschlüssel ausstaffiert war.

»Du bist ihm auf der Spur, was, Nancy?«, erkundigte sich Sikes und hielt ihr das Glas hin.

»Ja, Bill, bin ich«, erwiderte die junge Dame, die das Glas leerte, »und ich hab's gründlich satt. Der kleine Balg war krank und musste das Bett hüten, und …«

»Ah, Nancy, meine Liebe!«, sagte Fagin und schaute auf.

Ob nun vielleicht die besondere Art, wie der alte Hehler seine roten Brauen runzelte und seine tiefliegenden Augen halb schloss, Miss Nancy warnte, dass sie Gefahr lief, allzu mitteilsam zu werden, spielt keine wichtige Rolle. Wir befassen uns hier nur mit den Tatsachen, und Tatsache ist, dass sie sich auf einmal zurückhielt und das Gespräch in andere Bahnen lenkte, wobei sie Mr. Sikes mehrfach huldvoll anlächelte. Nach etwa zehn Minuten überkam Mr. Fagin ein Hustenanfall, woraufhin sich Nancy ihr Umschlagtuch über die Schultern zog und verkündete, es sei Zeit, aufzubrechen. Da Mr. Sikes feststellte, dass sie ein kleines Stück gemeinsamen Weges hatten, tat er seine Absicht kund, sie begleiten zu wollen, und so gingen sie zusammen fort, in einiger Entfernung gefolgt vom Hund, der aus einem Hinterhof hervorkroch, sobald sein Meister außer Sicht war.

Fagin steckte, nachdem Sikes hinausgegangen war, seinen Kopf aus der Tür der Schankstube und schaute ihm nach, als jener durch den dunklen Gang schritt, wobei er seine Faust ballte und einen schlimmen Fluch murmelte. Dann setzte er sich mit einem schrecklichen Grinsen wieder an den Tisch, wo er sich alsbald in die Lektüre der interessanten Polizeigazette »Zeter und Mordio« vertiefte.

Inzwischen war Oliver Twist, der sich nicht träumen ließ, dass er sich in unmittelbarer Nähe des fröhlichen alten Herrn befand, auf dem Weg zur Bücherbude. Als er Clerkenwell erreichte, bog er aus Versehen in eine Seitenstraße ein, die nicht genau auf seinem Weg lag, aber da er seinen Irrtum erst bemerkte, als er sie schon zur Hälfte passiert hatte, und wusste, dass sie ungefähr in die richtige Richtung führte, hielt er es nicht für nötig, umzukehren, also marschierte er, die Bücher unterm Arm, so schnell er konnte weiter.

So ging er seines Weges und dachte, wie glücklich und zufrieden er sein könne, und was er dafür geben würde, nur einmal den kleinen armen Dick zu sehen, der, hungrig und geschunden, gerade in diesem Augenblick bitterlich weinen mochte, als er plötzlich von einer jungen Frau aufgeschreckt wurde, die laut ausrief: »Oh, mein lieber Bruder!« Kaum hatte er aufgeblickt, um zu sehen, was los war, als er auch schon von einem Paar Armen, die sich um seinen Hals schlangen, festgehalten wurde.

»Nicht«, rief Oliver abwehrend. »Lasst mich los. Wer seid Ihr? Warum haltet Ihr mich auf?«

Die einzige Antwort darauf war ein Schwall lauter Klagen seitens der jungen Frau, die ihn umklammerte und einen kleinen Korb und einen Hausschlüssel in der Hand hielt.

»O mein Gott!«, rief die junge Frau. »Ich hab ihn gefunden! Oh! Oliver! Oliver! Du böser Junge, mir solchen Kummer zu bereiten! Komm mit nach Hause, Liebling, komm. Oh, ich hab ihn gefunden, dem Himmel sei Dank, ich hab ihn gefunden!«

Unter diesen wirren Ausrufen brach die junge Frau erneut in Tränen aus und wurde so fürchterlich hysterisch, dass zwei Damen, die gerade vorbeikamen, einen Metzgerjungen, dessen glänzender Haarschopf mit Rindertalg verschmiert war und der die Szene ebenfalls beobachtete, fragten, ob er nicht lieber schnell laufen und einen Arzt holen wolle. Daraufhin erwiderte der Metzgerjunge, der träge, um nicht zu sagen faul veranlagt zu sein schien, das wolle er nicht.

»O nein, nein, bemüht Euch nicht«, sagte die junge Frau und packte Olivers Hand, »mir geht's schon wieder besser. Komm jetzt sofort mit nach Hause, du garstiger Junge! Los!«

»Was ist denn geschehen, Madam?«, erkundigte sich eine der Damen.

»Oh, Madam«, antwortete die junge Frau, »er ist vor fast einem Monat von seinen Eltern, die fleißige und ehrbare Leute sind, fortgelaufen und hat sich einer Bande von Dieben und zwielichtigem Gesindel angeschlossen. Seiner Mutter hat's fast das Herz gebrochen.«

»So ein kleiner Strolch!«, schimpfte die eine Dame.

»Nach Hause mit dir, du kleines Scheusal«, sagte die andere.

»Ich bin's nicht«, entgegnete Oliver höchst beunruhigt. »Ich kenne sie gar nicht. Ich habe keine Schwester, und weder Vater noch Mutter. Ich bin ein Waisenkind, ich wohne in Pentonville.«

»Oh, hört nur, wie er alles abstreitet!«, rief die junge Frau.

»Aber, das ist ja Nancy!«, entfuhr es Oliver, der zum ersten Mal ihr Gesicht sah und unweigerlich erstaunt zurückschreckte.

»Da seht ihr, er kennt mich!«, rief Nancy an die Umstehenden gewandt. »Er kann's gar nicht leugnen. Helft mir, ihn nach Hause zu bringen, ihr guten Leute, sonst wird er seine lieben Eltern noch ins Grab bringen und mir das Herz brechen!«

»Was zum Teufel ist denn das?«, sagte ein Mann, der mit einem weißen Hund auf seinen Fersen aus einer Bierschenke herausstürzte. »Der kleine Oliver! Geh sofort nach Hause zu deiner armen Mutter, du kleiner Rabauke! Ab mit dir!«

»Ich gehöre nicht zu denen. Ich kenne sie nicht. Hilfe! Hilfe!«, schrie Oliver und wand sich im festen Griff des Mannes.

»Hilfe?«, wiederholte der Mann. »Ja, ich werd dir helfen, du kleiner Halunke! Was sind denn das für Bücher? Die haste wohl gestohlen, was? Gib sie her.« Mit diesen Worten riss er die Bände an sich und schlug Oliver auf den Kopf.

»So ist's recht!«, rief ein Zuschauer aus einem Mansardenfenster. »Anders wird er nicht zur Vernunft kommen!«

»Ganz genau!«, meinte ein schläfrig dreinblickender Tischler, der zustimmend zum Mansardenfenster hochblickte.

»Das wird ihm guttun!«, bemerkten die beiden Damen.

»Er wird seine Abreibung noch bekommen!«, sagte der Mann, schlug ein weiteres Mal zu und packte Oliver am Kragen. »Los jetzt, du kleiner Schurke! Sonst wird dich mein Hund hier packen, pass bloß auf!«

Geschwächt von der gerade überstandenen Krankheit, betäubt von den Schlägen und dem jähen Überfall, verängstigt vom bösen Knurren des Hundes und der Brutalität des Mannes und überwältigt von der Überzeugung der Umstehenden, er sei tatsächlich der widerborstige kleine Bengel, als der er hingestellt wurde –, was sollte ein armes Kind da ausrichten können? Die Dunkelheit war hereingebrochen, sie befanden sich in einem elenden Viertel, es war keine Hilfe in Sicht und jeglicher Widerstand zwecklos. Im nächsten Augenblick wurde er in ein Labyrinth enger, finsterer Gassen gezerrt und in einem Tempo mitgeschleift, dass die wenigen Rufe, die er von sich zu geben wagte, gänzlich unverständlich blieben. Es spielte allerdings auch keinerlei Rolle, ob sie verständlich waren oder nicht, denn es hätte sich ohnehin niemand darum gekümmert, und wenn sie noch so deutlich zu hören gewesen wären.

Die Gaslaternen wurden entzündet, Mrs. Bedwin wartete besorgt an der offenen Tür, das Dienstmädchen war zwanzigmal auf die Straße gerannt, um nach Oliver Ausschau zu halten, und die beiden alten Herren harrten noch immer in der dunklen Wohnstube aus, die Uhr zwischen sich.

Sechzehntes Kapitel

Berichtet, was mit Oliver geschah, nachdem ihn Nancy in Beschlag genommen hatte.

Die engen Straßen und Gässchen mündeten schließlich auf einen großen offenen Platz, auf dem dicht gedrängt zahlreiche Verschläge für Tiere und andere Stände eines Viehmarkts aufgebaut waren. Sikes drosselte sein Tempo, als sie diesen Ort erreichten, da das Mädchen nicht länger mit der hohen Geschwindigkeit, in der sie bisher gelaufen waren, Schritt halten konnte. Er befahl Oliver barsch, Nancy an die Hand zu nehmen.

»Haste nich gehört?«, knurrte Sikes, als Oliver zögerte und sich umschaute.

Sie standen in einem dunklen Winkel, wohin sich niemand verlief. Oliver erkannte nur zu deutlich, dass Widerstand zwecklos sein würde. Er streckte seine Hand aus, die Nancy fest in die ihre schloss.

»Gib mir die andere«, sagte Sikes und griff Olivers freie Hand. »Hier, Bulleye!«

Der Hund blickte hoch und knurrte.

»Pass auf!«, sprach Sikes und legte seine andere Hand an Olivers Kehle. »Wenn er nur einen Mucks macht, dann pack ihn! Verstanden?«

Der Hund knurrte wieder, leckte sich die Lefzen und beäugte Oliver, als wolle er ihm am liebsten sofort an die Gurgel fahren.

»Will verdammt sein, wenn er nich so gehorsam wie'n Christenmensch is!«, sagte Sikes und betrachtete das Tier mit einer Art von grimmigem und grausamem Wohlgefallen. »Jetzt weißte, was dich erwartet, Meister, also ruf nur so laut du willst, der Hund wird dem Spaß schnell ein Ende bereiten. Los, weiter, Kleiner!«

Bulleye wedelte als Dank für diese ungewohnt freundliche Ansprache mit dem Schwanz, ließ für Oliver ein weiteres mahnendes Knurren ertönen und trabte dann voran.

Der Platz, den sie überquerten, hieß Smithfield, für Oliver, der sich nicht auskannte, hätte es aber ebenso gut der Grosvenor Square sein können. Die Nacht war dunkel und neblig. Die Lampen der Läden drangen kaum durch den schweren Dunst, der sich immer weiter verdichtete und Häuser und Straßen in Düsternis tauchte. Das ließ den fremden Ort in Olivers Augen noch befremdlicher und seine ungewisse Lage noch bedrückender und trostloser erscheinen.

Als sie ein paar Schritte weitergeeilt waren, schlug eine tiefe Kirchenglocke die Stunde. Beim ersten Schlag hielten seine beiden Führer an und wandten ihre Köpfe in die Richtung, aus der das Läuten erklang.

»Acht Uhr, Bill«, sagte Nancy, als die Glocke verstummte.

»Was erzählste mir das, denkste, ich hab keine Ohrn?«, erwiderte Sikes.

»Ich frag mich, ob *sie* es hören können«, meinte Nancy.

»Klar könnse das«, entgegnete Sikes. »Es war um Bartholomäus, als ich im Loch saß, und es gab keine Pennytröte aufm Markt, die ich nich hab quäken hörn. Wenn se mich zur Nacht weggesperrt ham, war's im alten Knast nach dem ganzen Lärm und Trubel draußen so totenstill, dass ich am liebsten meinen Kopp gegen die Eisenplatten anner Tür geschlagen hätt.«

»Arme Burschen!«, sagte Nancy, ihr Gesicht noch immer dem

Viertel zugewandt, wo die Glocke geschlagen hatte. »Oh, Bill, so prächtige junge Kerle wie sie!«

»Ja, das is alles, woran ihr Weiber denkt«, antwortete Sikes. »Prächtige junge Kerle! Na, die sind so gut wie tot, is also eh egal.«

Mit diesem Trost schien Mr. Sikes einen Anflug von Eifersucht zu unterdrücken, dann packte er Olivers Hand fester und befahl ihm weiterzugehen.

»Wart einen Augenblick!«, rief das Mädchen. »Ich würde nicht einfach so vorbeigehn, wenn du's wärst, der zum Galgen geführt wird, wenn's das nächste Mal acht Uhr schlägt, Bill. Ich würd hier so lange umhergehen, bis ich umfiele, und wenn's auch schneite und ich kein Tuch hätt, das mich wärmt.«

»Ach, und wozu sollte das gut sein?«, erkundigte sich der für sentimentale Gefühle unempfängliche Mr. Sikes. »Könnste mir keine Feile und'n gutes Stück Seil, zwanzig Yard lang und reißfest, rüberwerfen, könnste von mir aus auch fünfzig Meilen weit weg rumlaufen, oder überhaupt nich, das würd mir ebenso viel nützen. Und jetzt halt hier keine Predigt, sondern komm.«

Das Mädchen lachte laut auf, zog ihr Umschlagtuch fester um sich, dann gingen sie fort. Aber Oliver spürte, wie ihre Hand zitterte, und als sie an einer Gaslaterne vorbeikamen und er ihr ins Gesicht schaute, sah er, dass sie leichenblass geworden war.

So gingen sie weiter, auf unbelebten, schmutzigen Wegen, eine ganze halbe Stunde lang. Sie begegneten nur sehr wenigen Menschen, und diese schienen, nach ihrem Aussehen zu urteilen, demselben gesellschaftlichen Stand wie Mr. Sikes anzugehören. Schließlich bogen sie in eine sehr dreckige, enge Gasse, die fast ganz aus Trödelläden bestand. Der Hund, der voranlief, als wüsste er, dass es seiner Wachsamkeit nicht mehr bedurfte, hielt vor der

Tür eines Ladens, der geschlossen und offensichtlich nicht verpachtet war. Das Haus glich einer Ruine, und an die Tür hatte jemand ein Schild genagelt, das verkündete, es sei zu vermieten, und es sah aus, als hinge es schon viele Jahre dort.

»Alles klar«, sagte Sikes, wobei er sich vorsichtig umschaute.

Nancy bückte sich unter die Fensterläden, und Oliver hörte eine Klingel läuten. Sie gingen auf die gegenüberliegende Straßenseite und stellten sich für eine kurze Weile unter eine Laterne. Ein Geräusch, als würde ein Fenster sachte hochgeschoben, war zu vernehmen, und gleich darauf öffnete sich leise die Tür. Mr. Sikes packte den verängstigten Oliver ohne Umschweife am Kragen, und im Handumdrehen waren alle drei im Haus verschwunden.

Im Flur war es stockduster. Sie warteten, während die Person, die sie eingelassen hatte, die Tür verschloss und verriegelte.

»Irgendeiner hier?«, erkundigte sich Sikes.

»Nein«, antwortete eine Stimme, die Oliver von früher zu kennen glaubte.

»Is der Alte da?«, fragte der Schurke.

»Ja«, erwiderte die Stimme, »und er war ganz schön geknickt gewesen. Ob er sich wohl freuen wird, euch zu sehen? Ich glaub nich!«

Die Art und Weise der Antwort, und auch die Stimme, die sie gab, schienen Olivers Ohren vertraut, doch war es in der Dunkelheit unmöglich, auch nur die Konturen des Sprechers auszumachen.

»Hol mal ne Funzel«, sagte Sikes, »sonst wer'n wir uns noch das Genick brechen oder aufn Hund treten, und dabei würden eure Beine Schaden nehm.«

»Wartet'n Augenblick, ich hol eine«, erwiderte die Stimme. Man hörte, wie sich die Schritte des Sprechers entfernten, und gleich darauf erschien die Gestalt des Mr. John Dawkins, auch bekannt als der gerissene Dodger. In der rechten Hand trug er einen Gabelstock, in dessen gespaltenem Ende eine Talgkerze steckte.

Dieser junge Herr hielt sich nicht damit auf, Oliver ein anderes Zeichen des Wiedererkennens zu geben als ein belustigtes Grinsen, sondern drehte sich einfach um und winkte den Besuchern, ihm eine Treppe hinabzufolgen. Sie durchquerten eine leere Küche, öffneten die Tür zu einem niedrigen, muffig riechenden Raum, der sich in einem kleinen Hinterhof zu befinden schien, und wurden von brüllendem Gelächter empfangen.

»Oh, ich halt's nich aus, ich halt's nich aus!«, rief Meister Charley Bates, dessen Mund das Gelächter hervorgebracht hatte. »Da isser! Oh, zum Schreien, da isser! Oh, Fagin, schau ihn dir an, Fagin, schau ihn dir an! Ich werd nich mehr, was für'n Spaß, ich werd nich mehr. Halt mich einer, sonst platz ich vor Lachen.«

Mit diesem unbezähmbaren Ausbruch an Heiterkeit fiel Meister Bates der Länge nach auf den Boden und strampelte dort fünf Minuten lang in der Verzückung diebischer Freude mit den Beinen. Dann sprang er wieder auf, schnappte sich vom Dodger den Gabelstock, trat an Oliver heran und betrachtete ihn von allen Seiten, während Fagin seine Nachtmütze zog und vor dem verwirrten Jungen viele tiefe Bücklinge machte. Inzwischen filzte der Dodger, der eher mürrisch veranlagt war und selten dem Vergnügen nachging, wenn es dem Geschäft in die Quere kam, mit großer Sorgfalt Olivers Taschen.

»Schau dir seine Kledage an, Fagin!«, sagte Charley und hielt das Licht so nah an Olivers neue Jacke, dass sie beinahe Feuer fing.

»Schau dir seine Kledage an! Bester Zwirn und modischer Schnitt! Bei meiner Seel, was für'n Spaß! Und erst seine Bücher, so'n richtiger kleiner Gentleman, Fagin!«

»Ich bin hocherfreut, dich so wohlauf zu sehen, mein Freund«, sagte Fagin. »Der Dodger wird dir andere Kleider geben, mein Lieber, um diesen Sonntagsanzug zu schonen. Warum hast du denn nicht geschrieben, dass du kommst, mein Kleiner? Dann hätten wir etwas Warmes zum Abendessen bereitet.«

Daraufhin brüllte Meister Bates erneut, so laut, dass auch Fagin schmunzelte und sogar der Dodger lächelte, doch da jener in diesem Augenblick die Fünfpfundnote hervorzog, ist es ungewiss, ob der Scherz oder diese Entdeckung seine Fröhlichkeit hervorrief.

»Hallo, was haben wir denn da?«, fragte Sikes und trat heran, als Fagin sich den Geldschein griff. »Das is meiner, Fagin.«

»Nein, nein, mein Freund«, sagte Fagin. »Meiner, Bill, meiner. Du kannst die Bücher haben.«

»Wenn der nich mir gehört«, rief Bill Sikes und setzte sich mit entschlossener Miene den Hut auf, »das heißt, Nancy und mir, dann bring ich den Jungen wieder zurück.«

Fagin fuhr zusammen. Und Oliver fuhr ebenfalls zusammen, wenn auch aus anderem Grund, denn er hoffte, der Streit werde damit enden, zurückgebracht zu werden.

»Los, her damit!«, forderte Sikes.

»Das ist kein ehrlich Spiel, Bill, kein ehrlich Spiel, nicht wahr, Nancy?«, sagte der alte Hehler.

»Ehrlich oder nich«, erwiderte Sikes, »her damit, sag ich dir! Glaubst du, Nancy und ich hätten nichts anderes zu tun, als unsere kostbare Zeit damit zu verschwenden, jeden Jüngling, dem du nachstellst, aufzuspüren und zu verschleppen? Gib schon her, du habgieriger alter Sack, gib schon her!«

Mit dieser milden Rüge zog Mr. Sikes den Schein zwischen Fagins Finger und Daumen hervor, faltete ihn, während er dem alten Mann frech in die Augen blickte, klein zusammen und steckte ihn sich ins Halstuch.

»Das is für die Mühe, die wir hatten«, sagte Sikes, »und eigentlich wär's Doppelte fällig. Du kanns die Bücher behalten, falls du se lesen willst. Wenn nich, kannste se verkaufen.«

»Die sind vielleicht hübsch«, bemerkte Charley Bates, der Grimassen schneidend so tat, als würde er einen der fraglichen Bände lesen. »Was für'ne schöne Schrift, nich wahr, Oliver?«

Als er sah, wie entgeistert Oliver seine Peiniger anschaute, bekam Meister Bates, der mit einem ausgeprägten Sinn fürs Drollige gesegnet war, einen weiteren Lachanfall, noch ungestümer als der erste.

»Sie gehören dem alten Herrn«, sagte Oliver händeringend, »dem gütigen, freundlichen alten Herrn, der mich bei sich zu Hause aufgenommen und gepflegt hat, als ich beinahe am Fieber gestorben wäre. Oh, ich flehe Euch an, gebt sie zurück, gebt ihm die Bücher und das Geld zurück. Ihr könnt mich den Rest meines Lebens hierbehalten, aber bitte, bitte gebt ihm seine Sachen zurück. Er wird denken, ich hätte sie gestohlen. Die alte Dame, alle, die so gut zu mir waren, werden denken, ich hätte sie gestohlen. Oh, habt Erbarmen mit mir und gebt sie zurück!«

Bei diesen Worten, die mit all der Inbrunst leidenschaftlichen Kummers gesprochen wurden, fiel Oliver vor Fagin auf die Knie und faltete vollkommen verzweifelt seine Hände.

»Der Junge hat recht«, bemerkte Fagin, blickte verschlagen in die Runde und runzelte seine buschigen Augenbrauen. »Du hast recht, Oliver, du hast recht, sie werden tatsächlich denken, du hättest sie gestohlen, hahaha!« Fagin rieb sich kichernd die Hände. »Es hätte nicht besser laufen können, selbst wenn wir's so geplant hätten!«

»So isses«, erwiderte Sikes, »ich hab's sofort gewusst, als ich ihn in Clerkenwell gesehen hab, die Bücher unterm Arm. Alles ist bestens geregelt. Das sind weichherzige Betbrüder, die hätten ihn sonst gar nich aufgenomm, und sie werden keine Nachforschungen anstellen, aus Angst, sie müssten ihn dann anklagen und er käme ins Loch. Der Knabe is uns sicher.«

Während dieses Wortwechsels schaute Oliver von einem zum anderen, als sei er verwirrt und könne kaum verstehen, was beredet wurde. Aber als Bill Sikes fertig war, sprang er plötzlich auf und stürzte wie wild aus dem Zimmer, wobei er laute Hilfeschreie ausstieß, die in dem leeren alten Haus bis unters Dach widerhallten.

»Halt den Hund zurück, Bill!«, rief Nancy, sprang zur Tür und schloss sie, nachdem Fagin und seine beiden Zöglinge hinausgelaufen waren, um die Verfolgung aufzunehmen. »Halt den Hund zurück, er reißt den Jungen in Stücke.«

»Geschähe ihm recht!«, sagte Sikes, der versuchte, sich aus dem Griff des Mädchens zu befreien. »Aus'm Weg, sonst schlag ich dir'n Kopf an der Wand entzwei.«

»Is mir egal, Bill, is mir ganz egal«, schrie das Mädchen, das verzweifelt mit dem Mann rang, »der Hund wird das Kind nicht zerreißen, erst müsstest du mich töten.«

»So is das also?«, fragte Sikes zähneknirschend. »Das kannste haben, wenn du nich sofort ausm Weg gehst.«

Der Einbrecher stieß das Mädchen von sich, bis ans andere Ende des Zimmers, als auch schon Fagin und die beiden Jungen, die Oliver zwischen sich mitschleiften, zurückkehrten.

»Was ist hier los?«, fragte Fagin und schaute sich um.

»Ich glaub, das Mädel is verrückt geworden«, antwortete Sikes wütend.

»Nein, bin ich nicht«, rief Nancy von der Rauferei noch blass und außer Atem, »nein, bin ich nicht, Fagin, glaub ihm nicht.«

»Dann halt den Mund, verstanden?«, sagte Fagin mit drohendem Blick.

»Nein, das werde ich auch nicht«, erwiderte Nancy mit lauter Stimme. »Was sagst du nun?«

Mr. Fagin war zur Genüge mit den Sitten und Gebräuchen jener besonderen Spezies der Menschheit, der Nancy angehörte, vertraut, um mit einiger Gewissheit sagen zu können, dass es gegenwärtig nicht angeraten war, die Unterhaltung mit ihr fortzusetzen. In der Absicht, die Aufmerksamkeit der Gesellschaft in eine andere Richtung zu lenken, wandte er sich Oliver zu.

»Du wolltest also weglaufen, mein Lieber, nicht wahr?«, fragte Fagin und griff sich einen schartigen, knotigen Knüppel, der in einer Ecke am Kamin lag. »Was?«

Oliver gab keine Antwort. Aber er folgte den Bewegungen des Alten, und sein Atem ging schnell.

»Wolltest Hilfe holen, die Polizei rufen, nicht wahr?«, zischte Fagin und packte den Jungen am Arm. »Das werden wir dir schon austreiben, mein kleiner Gentleman.«

Fagin versetzte Oliver mit dem Knüppel einen harten Schlag auf die Schultern und holte gerade erneut aus, als das Mädchen vorstürmte und ihm den Knüppel entwand. Sie warf ihn mit solcher Wucht ins Feuer, dass einige der glühenden Kohlen durchs Zimmer flogen.

»Ich werde nicht tatenlos dabei zusehen, Fagin«, schrie das Mädchen. »Du hast den Jungen, was willst du noch? Lass ihn in Ruh ... lass ihn in Ruh, oder ich werde ein paar von euch anschwärzen, auch wenn's mich dann selbst vorzeitig an den Galgen bringt.«

Als sie diese Drohung ausstieß, stampfte das Mädchen mit ihrem Fuß heftig auf den Boden. Mit zusammengekniffenen Lippen und geballten Fäusten schaute sie abwechselnd Fagin und den anderen Ganoven an. Aus ihrem Gesicht war vor leidenschaftlichem Zorn, in den sie sich hineingesteigert hatte, jegliche Farbe gewichen.

»Aber Nancy«, sagte Fagin nach einer Pause, in der er und Mr. Sikes sich verdutzt angeschaut hatten, mit besänftigender Stimme, »du ... du übertriffst dich heute abend mal wieder selbst. Haha, meine Liebe, du spielst deine Rolle wunderbar.«

»Tu ich das?«, fragte Nancy. »Pass auf, dass ich nicht ernst mache. Dann wird's dir schlecht ergehen, Fagin, ich sag's dir im Guten, reiz mich nicht.«

Eine aufgebrachte Frau hat etwas, vor allem, wenn sich zu ihren anderen heftigen Leidenschaften auch noch der starke Antrieb von Wagemut und Verzweiflung gesellen, was kein Mann gern herausfordern möchte. Fagin erkannte, dass es keinen Sinn hatte, sich weiter über Miss Nancys Zorn hinwegzusetzen, und so warf er, unwillkürlich ein paar Schritte zurückweichend, Sikes einen Blick zu, halb beschwörend, halb feige, als wolle er ihm bedeuten, dass er die geeignete Person sei, das Gespräch fortzuführen.

Mr. Sikes, der sich solchermaßen wortlos aufgefordert sah und möglicherweise auch das Gefühl hatte, sein persönlicher Stolz und Einfluss würden Schaden nehmen, sollte er Miss Nancy nicht unverzüglich zur Vernunft bringen können, stieß ein halbes Dutzend Drohungen und Flüche aus, deren schnelle Folge Zeugnis seines Einfallreichtums ablegte. Da sie jedoch keinerlei sichtbare Wirkung auf die Person, der sie galten, ausübten, besann er sich auf handfestere Argumente.

»Was soll das heißen?«, erkundigte sich Sikes und untermauerte diese Frage mit einer allseits beliebten Verwünschung des schönsten der menschlichen Züge, durch die, wenn sie der Himmel auch nur einmal von den etlichen tausend Malen, die sie auf Erden ausgesprochen wird, erhörte, sich Blindheit so wie Masern ausbreiten würde, »was soll das heißen? Hol mich der Teufel! Du hast wohl vergessen, wer du bist … und was du bist!«

»O nein, das weiß ich sehr gut«, erwiderte das Mädchen, lachte hysterisch auf und schüttelte ihren Kopf bei dem kläglichen Versuch, gleichgültig zu scheinen, von einer Seite zur anderen.

»Na also, dann halt den Mund«, entgegnete Sikes mit einem Knurren, wie er es gebrauchte, wenn er seinem Hund Befehle erteilte, »oder ich werd dich für ne lange Zeit zum Schweigen bringen.«

Das Mädchen lachte wieder, noch unbeherrschter als zuvor, warf Sikes einen schnellen Blick zu, wandte sich dann ab und biss sich auf die Lippen, bis sie zu bluten anfingen.

»Du bist mir die Richtige«, fügte Sikes, der sie mit verächtlicher Miene musterte, hinzu, »dich auf die Seite der Anständigen und Führnehmen zu schlagen! Eine feine Freundin für das Kind, wie du ihn nennst!«

»Bei Gott dem Allmächtigen, das bin ich!«, rief das Mädchen inbrünstig. »Und ich wünschte, ich wär auf der Straße erschlagen worden oder anstelle jener gewesen, an denen wir heute abend vorbeigegangen sind, statt mitzuhelfen, ihn hierherzubringen. Von heut nacht an wird er ein Dieb, ein Lügner, ein Teufel und alles andere Schlechte sein. Reicht das dem alten Schurken nicht, dass er ihn noch schlagen muss?«

»Lass gut sein, Sikes«, sagte Fagin tadelnd und deutete auf die Jungen, die alles, was geschah, höchst aufmerksam verfolgten, »wir müssen doch höfliche Worte gebrauchen, Bill, höfliche Worte.«

»Höfliche Worte!«, rief das Mädchen, deren Zorn schrecklich anzusehen war. »Höfliche Worte, du Schurke! Ja, die hast du von mir verdient. Ich hab für dich geklaut, als ich noch nicht halb so alt war wie er!« Dabei zeigte sie auf Oliver. »Und seitdem bin ich im selben Gewerbe tätig, in selben Diensten, zwölf Jahre schon. Hast du das vergessen? Los, sprich, hast du das vergessen?«

»Aber nicht doch«, antwortete Fagin in dem Versuch, Frieden zu stiften, »und wenn schon, damit verdienst du immerhin deine Brötchen.«

»Ja, das tu ich!«, erwiderte das Mädchen, die weniger redete, als die Worte in einem ununterbrochenen lauten Ton herauszuschreien. »Davon lebe ich, und die nassen, kalten, dreckigen Straßen sind mein Zuhause, und du bist der elende Hund, der mich vor langer Zeit auf diese Straßen getrieben hat, und der mich dort herumhetzt, Tag für Tag und Nacht für Nacht, bis ich sterbe!«

»Ich werde dir übel mitspielen«, unterbrach sie Fagin, von diesen Vorwürfen aufgebracht, »weit schlimmer als bisher, wenn du nicht still bist.«

Das Mädchen war still, aber sie verfiel in eine Raserei, riss sich an Haar und Kleidern und stürzte sich derart auf Fagin, dass er sicher bleibende Spuren ihrer Rache davongetragen hätte, wäre es Sikes nicht gelungen, sie im letzten Augenblick an den Handgelenken zu packen, wogegen sie sich noch einmal vergeblich aufbäumte und dann in Ohnmacht fiel.

»Jetzt isse ruhig«, sagte Sikes und legte sie in einer Ecke nieder. »Sie hat ungewöhnlich viel Kraft in den Armen, wenn sie so am Toben is.«

Fagin wischte sich die Stirn und lächelte, als fühle er sich erleichtert, den Aufruhr überstanden zu haben, doch weder er noch Sikes, weder der Hund noch die Jungen schienen darin etwas anderes als einen alltäglichen Zwischenfall, der zum Geschäft gehört, zu sehen.

»Mit den Weibern ist es immer am schlimmsten«, sagte der alte Hehler und nahm seinen Stock wieder an sich, »aber sie sind gescheit, und wir kommen in unserem Gewerbe nicht ohne sie aus. Charley, bring Oliver zu Bett.«

»Ich nehm mal an, er wird morgen nich in seinen guten Anzug steigen, was, Fagin?«, erkundigte sich Charley Bates.

»Gewiss nicht«, antwortete Fagin und erwiderte das Grinsen, mit dem Charley die Frage gestellt hatte.

Meister Bates, der offensichtlich hocherfreut über seinen Auftrag war, nahm den Gabelstock und führte Oliver nach nebenan in die Küche, wo sich drei oder vier der Nachtlager befanden, auf denen er schon zuvor geschlafen hatte. Dort zog er unter unbezähmbaren Lachanfällen eben jenen alten Anzug hervor, zu dessen Ausrangierung sich Oliver bei Mr. Brownlow so sehr gratuliert hatte, und der, als Fagin ihn bei dem Trödler, der ihn erworben hatte, zufällig entdeckte, den ersten Hinweis auf Olivers Verbleib gegeben hatte.

»Zieh den feinen Zwirn aus«, sagte Charley, »ich werd ihn Fagin geben, damit er drauf aufpasst. Was für ein Spaß!«

Der arme Oliver gehorchte widerwillig. Meister Bates verließ, den zusammengerollten neuen Anzug unterm Arm, das Zimmer, versperrte hinter sich die Tür und ließ Oliver im Dunkeln zurück.

Der Lärm von Charleys Gelächter und die Stimme Miss Betsys, die gerade recht gekommen war, um ihre Freundin mit Wasser zu besprenkeln und ihr weitere Gefälligkeiten unter Frauen zu erweisen, um Nancy wieder zu sich zu bringen, hätten viele Menschen unter glücklicheren Umständen als die, in denen Oliver sich befand, wachgehalten. Aber er war erschöpft und krank und fiel alsbald in tiefen Schlaf.

Siebzehntes Kapitel

Olivers Schicksal, das ihm weiterhin nicht gewogen ist, lässt einen wichtigen Mann nach London kommen, um seinen Ruf zu schädigen.

So ist es auf der Bühne Brauch: In allen trefflichen, mordseligen Melodramen folgen im regelmäßigen Wechsel tragische und komische Szenen aufeinander, wie die roten und weißen Streifen einer gut geräucherten Speckseite. Der Held sinkt auf sein Strohbett, niedergedrückt von Fesseln und Schicksalsschlägen, und in der nächsten Szene ergötzt sein getreuer, aber ahnungsloser Knappe das Publikum mit einem lustigen Lied. Klopfenden Herzens erblicken wir die Heldin in den Fängen eines stolzen und unbarmherzigen Barons. Da ihre Tugend und ihr Leben gleichermaßen bedroht sind, zieht sie ihren Dolch, um die eine auf Kosten des anderen zu bewahren, und gerade als wir bis zum Zerreißen gespannt sind, ertönt ein Pfiff, und wir werden direkt in die große Halle des Schlosses befördert, wo ein grauhaariger Seneschall einen fröhlichen Chor anstimmt, mit einer noch fröhlicheren Schar von Vasallen, die, wo sie auch gehen und stehen und gesellig umherstreifen, sei es in Kirchen oder in Palästen, ohne Unterlass lustige Weisen zum besten geben.

Solche Wechsel muten widersinnig an, doch sind sie nicht so unnatürlich, wie sie auf den ersten Blick scheinen mögen. Im wahren Leben sind die Übergänge von reich gedeckten Tafeln zu Totenbetten, von Trauerkleidung zum Festgewand um keinen Deut weniger schroff, nur sind wir hier geschäftige Akteure statt passive Beobachter, was einen riesigen Unterschied ausmacht. Die Akteure des mimischen Lebens des Theaters sind blind für die gewaltsamen Übergänge und die jähen Ausbrüche von Gefühl und Leidenschaft, die, vor den Augen bloßer Zuschauer dargeboten, sofort als haarsträubend und widersinnig verurteilt werden.

Da plötzliche Szenenwechsel und schnelle Abfolgen von Zeiten und Orten nicht allein durch langen Gebrauch in Büchern gutgeheißen werden, sondern vielen als Zeichen großer Kunstfertigkeit des Autors gelten – ja, von derartigen Kritikern wird die Könnerschaft eines Autors hauptsächlich an der Größe des Dilemmas gemessen, in dem er seine Charaktere am Ende eines jeden Kapitels zurücklässt –, mag diese kurze Einleitung zum vorliegenden Kapitel unnötig erscheinen. Sollte dem so sein, betrachte man sie als zarten Hinweis seitens des Chronisten, dass er mitten in die Stadt, in der Oliver Twist geboren wurde, zurückkehrt, und der Leser versichert sein kann, dass es für diesen Abstecher gute und gewichtige Gründe gibt, da er ansonsten keinesfalls dazu eingeladen worden wäre, sich auf einen derartigen Ausflug zu begeben.

Mr. Bumble trat am frühen Morgen aus dem Tor des Armenhauses und ging in würdevoller Haltung und festen Schrittes die High Street hinauf. Er zeigte sich voller Stolz in der Blüte seiner Büttelschaft. Dreispitz und Mantel glänzten in der Morgensonne, und im Bewusstsein kraftstrotzender Gesundheit und Macht hielt er seinen Stock fest in der Hand. Mr. Bumble trug seinen Kopf stets hoch erhoben, doch an diesem Morgen trug er ihn noch höher als gewöhnlich. Es lag eine Entrücktheit in seinem Blick, eine Verklärung in seiner Miene, was einem fremden Beobachter wohl verraten hätte, dass dem Büttel Gedanken durch den Kopf gingen, die zu bedeutend waren, um sie auszusprechen.

Mr. Bumble blieb nicht stehen, um sich mit den kleinen Krämern und anderen, die ihn ehrfürchtig ansprachen, als er vorbeiging, zu unterhalten. Er erwiderte ihre Grüße lediglich mit einem Winken der Hand und drosselte seinen würdevollen Schritt nicht eher, als bis er den Hort erreichte, wo Mrs. Mann die kleinen Armenhauskinder mit amtlicher Fürsorge aufzog.

»Dieser vermaledeite Büttel!«, rief Mrs. Mann, als sie das wohlbekannte Rütteln am Gartentor vernahm. »So früh am Morgen kann's ja nur er sein. Ach, Mr. Bumble, wer hätte gedacht, dass Ihr es seid! Meine Güte, was für eine Freude! Tretet ein in die gute Stube, Sir, bittschön.«

Der erste Satz galt Susan, den freudigen Ausruf richtete die gute Dame an Mr. Bumble, als sie das Gartentor entriegelte und ihn voller Aufmerksamkeit und Achtung ins Haus führte.

»Mrs. Mann«, sagte Mr. Bumble, der sich weder einfach hinsetzte noch auf einen Stuhl fallen ließ, wie jeder gewöhnliche Lümmel es getan hätte, sondern sich langsam und majestätisch in einen Sessel sinken ließ. »Mrs. Mann, Madam, guten Morgen.«

»Ja, *Ihnen* gleichfalls einen guten Morgen, Sir«, erwiderte Mrs. Mann mit breitem Lächeln. »Ich hoffe, Ihr befindet Euch wohl, Sir!«

»Es geht so, Mrs. Mann«, antwortete der Büttel. »Das Brot der Gemeinde zu essen ist kein Zuckerschlecken, Mrs. Mann.«

»Nein, wahrlich nicht, Mr. Bumble«, stimmte die Dame zu. Und all die kleinen Armenhauskinder hätten dem ebenfalls voller Überzeugung zugestimmt, wenn es ihnen denn zu Ohren gekommen wäre.

»Ein Beamtenleben im Dienste der Gemeinde, Madam«, fuhr Mr. Bumble fort und schlug mit seinem Stock auf den Tisch, »ist ein Leben voller Sorgen, Verdruss und Entbehrungen, aber alle

Personen, die in der Öffentlichkeit stehen, müssen, wie ich wohl sagen darf, derlei Heimsuchungen erdulden.«

Mrs. Mann, die nicht genau verstand, was der Büttel meinte, hob mit einem Ausdruck des Mitgefühls die Hände und seufzte.

»Ja, da seufzt Ihr völlig zu Recht, Mrs. Mann!«, sagte der Büttel.

Da Mrs. Mann merkte, dass sie das Richtige getan hatte, seufzte sie abermals, augenscheinlich zur Genugtuung der in der Öffentlichkeit stehenden Person, die ein selbstgefälliges Lächeln unterdrückte, indem sie starr auf den Dreispitz blickte, und sagte:

»Mrs. Mann, ich reise nach London.«

»Hach, Mr. Bumble!«, rief Mrs. Mann und schreckte zurück.

»Nach London, Madam«, wiederholte der unerschütterliche Büttel, »mit der Kutsche. Ich und zwei Armenhäusler, Mrs. Mann! Es steht ein Gerichtstermin an, über die Frage, welcher Bezirk für die Unterstützung dieser Armenhäusler zuständig ist, und der Vorstand hat mich – mich, Mrs. Mann – bestimmt, bei der vierteljährlichen Gerichtssitzung zu Clerkenwell in dieser Sache unter Eid auszusagen. Und ich hege nicht den geringsten Zweifel«, fügte Mr. Bumble, sich kerzengrade aufrichtend, hinzu, »dass die Richter in Clerkenwell merken werden, dass sie sich verrechnet haben, wenn ich mit ihnen fertig bin.«

»Oh! Ihr dürft nicht zu streng mit ihnen sein, Sir«, sagte Mrs. Mann schmeichelnd.

»Das Gericht in Clerkenwell hat den Streit vom Zaun gebrochen, Madam«, erwiderte Mr. Bumble, »und wenn sie nun feststellen, dass sie den kürzeren ziehen, haben die Richter in Clerkenwell sich das ganz allein selbst zuzuschreiben.«

Es lag so viel Entschlossenheit und unerschütterlicher Vorsatz in der drohenden Haltung, mit der Mr. Bumble diese Worte hervorbrachte, dass Mrs. Mann dadurch ganz eingeschüchtert schien. Schließlich sagte sie:

»Ihr fahrt mit der Kutsche, Sir? Ich dachte, es sei immer üblich gewesen, die Armenhäusler mit dem Karren zu befördern.«

»Nur wenn sie krank sind, Mrs. Mann«, antwortete der Büttel. »Die kranken Armenhäusler setzen wir bei Regenwetter in den offenen Karren, damit sie sich keine Erkältung holen.«

»Oh!«, rief Mrs. Mann.

»Die beiden fahren ja nicht mit der Express-Kutsche, das wäre zu kostspielig«, sagte Mr. Bumble. »Sie befinden sich beide in einem erbärmlichen Zustand, und für uns kommt es zwei Pfund billiger, sie fortzuschaffen als sie zu begraben – das heißt, wenn wir sie einem anderen Bezirk aufhalsen können, was uns gelingen sollte, falls sie nicht uns zum Trotze unterwegs sterben. Hahaha!«

Nachdem Mr. Bumble eine Weile gelacht hatte, fiel sein Blick auf den Dreispitz, und er wurde wieder ernst.

»Kommen wir zum Geschäftlichen, Madam«, sagte der Büttel, »hier ist Euer monatliches Kostgeld von der Gemeinde.«

Mr. Bumble holte etwas in Papier gerolltes Silbergeld aus seiner Börse und verlangte eine Quittung, die Mrs. Mann ihm ausstellte.

»Da sind ziemlich viele Kleckse drauf, Sir«, bemerkte die Ziehmutter der Armenhauskinder, »aber sie wird wohl ihrem Zweck Genüge tun. Danke, Mr. Bumble. Ich bin Euch wirklich sehr verbunden, Sir.«

Mr. Bumble nickte in Erwiderung auf Mrs. Manns Knicks kurz und erkundigte sich nach dem Ergehen der Kinder.

»Gott segne ihre lieben kleinen Herzen!«, rief Mrs. Mann voller Gefühl. »Denen könnt's nicht besser gehen, den kleinen

Schätzchen! Außer natürlich den beiden, die letzte Woche gestorben sind. Und dem kleinen Dick.«

»Hat der Junge sich noch nicht gebessert?«, wollte Mr. Bumble wissen.

Mrs. Mann schüttelte den Kopf.

»So ein bösartiges, verderbtes, ungezogenes Heimkind«, rief Mr. Bumble zornig. »Wo steckt er?«

»Ich werde ihn sofort herbringen, Sir«, antwortete Mrs. Mann. »Dick, komm her!«

Nach einigem Rufen machte sie Dick ausfindig, hielt sein Gesicht unter die Pumpe und trocknete es an ihrem Kleid ab. Dann wurde er dem furchterregenden Büttel Mr. Bumble vorgeführt.

Das Kind war dünn und blass, die Wangen eingefallen, und seine Augen groß und glänzend. Die dürftige Anstaltskleidung, die Tracht seines Elends, hing ihm lose um den abgemagerten Leib, und seine jungen Gliedmaßen waren so abgezehrt wie die eines alten Mannes.

In solch einem Zustand befand sich das kleine Geschöpf, das unter Mr. Bumbles Blick zitternd dastand und nicht wagte, seine Augen vom Boden zu heben, ja, sich gar davor fürchtete, die Stimme des Büttels zu hören.

»Kannst du den Herrn nicht anschauen, du widerborstiger Bengel?«, schimpfte Mrs. Mann.

Das Kind hob verschüchtert den Blick und begegnete dem Mr. Bumbles.

»Was fehlt dir denn, Dick aus dem Armenhaus?«, erkundigte sich Mr. Bumble mit einer der Situation angemessenen Heiterkeit.

»Nichts, Sir«, erwiderte das Kind leise.

»Das will ich meinen«, sagte Mrs. Mann, die natürlich sehr

über Mr. Bumbles Scherz gelacht hat. »Dir fehlt es gewiss an nichts.«

»Ich hätte gern …«, stammelte das Kind.

»Holla!«, fuhr Mrs. Mann dazwischen. »Willst du etwa damit sagen, dass es dir *doch* an etwas fehlt? Na warte, du kleiner Spitzbube …«

»Halt, Mrs. Mann, halt!«, sagte der Büttel und hob zum Zeichen seiner Autorität die Hand. »Gern was, mein Junge?«

»Ich hätte gern«, stammelte das Kind, »dass jemand, der schreiben kann, ein paar Worte für mich zu Papier bringt, es zusammenfaltet, versiegelt und für mich verwahrt, nachdem ich beerdigt worden bin.«

»Ja, aber, was meint der Junge denn?«, fragte Mr. Bumble, auf den die Ernsthaftigkeit und Blässe des Kindes Eindruck gemacht hatten, obwohl er dergleichen gewohnt war. »Was meinst du damit, Junge?«

»Ich würde gern«, antwortete der Junge, »dem armen Oliver Twist einen lieben Gruß hinterlassen. Er soll wissen, wie oft ich alleine dasaß und geweint habe, bei dem Gedanken, wie er in den dunklen Nächten umherwandert und keinen hat, der ihm hilft. Und ich möchte ihm gern sagen«, fuhr das Kind die kleinen Hände ringend und mit großer Inbrunst fort, »dass ich froh bin, so jung gestorben zu sein, denn wenn ich vielleicht erwachsen und alt geworden wäre, hätte meine kleine Schwester, die im Himmel ist, mich vielleicht vergessen oder mir fremd werden können, und es ist doch so viel schöner, wenn wir dort als Kinder zusammenkommen.«

Mr. Bumble musterte den kleinen Jungen, der diese Worte gesprochen hatte, mit unbeschreiblichem Erstaunen von Kopf bis

Fuß und sagte an die Hausmutter gewandt: »Die stecken alle unter einer Decke, Mrs. Mann. Dieser ausverschämte Oliver hat sie alle demobilisiert, alle!«

»Das hätte ich ja nie für möglich gehalten, Sir!«, rief Mrs. Mann, hob die Hände empor und schaute Dick unheilvoll an. »Noch nie habe ich einen so verstockten kleinen Bösewicht gesehen!«

»Schafft ihn fort, Madam!«, gebot Mr. Bumble herrisch. »Das muss dem Vorstand gemeldet werden, Mrs. Mann.«

»Ich hoffe, die Herren werden nicht denken, das sei mein Versäumnis, Sir«, wimmerte Mrs. Mann kläglich.

»Das werden sie nicht, Madam, ich werde sie über die wahren Umstände des Falles in Kenntnis setzen«, sagte Mr. Bumble. »Los, schafft ihn fort. Ich kann seinen Anblick nicht länger ertragen.«

Dick wurde unverzüglich fortgeschafft und in den Kohlenkeller gesperrt. Gleich darauf entschwand auch Mr. Bumble, um sich auf seine Reise vorzubereiten.

Um sechs Uhr am nächsten Morgen nahm Mr. Bumble, der seinen Dreispitz gegen einen runden Hut vertauscht und seine Gestalt in einen blauen Überrock mit Schulterumhang gehüllt hatte, auf einem Außensitz der Kutsche Platz, in Begleitung der beiden Kriminellen, von denen geklärt werden sollte, welcher Bezirk für ihren Unterhalt zuständig sei, und alle zusammen kamen sie pünktlich in London an. Unterwegs erlitt der Büttel keine weiteren Unannehmlichkeiten, außer jenen, die durch das wunderliche Betragen der beiden Armenhäusler verursacht wurden, die nicht davon abließen, derart zu zittern und über die Kälte zu klagen, dass Mr. Bumble, wie er erklärte, die Zähne im Mund klapperten und ihm unbehaglich zumute wurde, obwohl er einen Überrock trug.

Nachdem er diese übelgesinnten Menschen für die Nacht untergebracht hatte, setzte sich Mr. Bumble in dem Gasthaus, an dem die Kutsche angekommen war, zu Tisch und nahm ein bescheidenes Mahl, das aus Steaks, Austernsauce und Porter bestand, zu sich. Dann stellte er ein Glas mit heißem Grog auf den Kaminsims, zog seinen Stuhl ans Feuer und schickte sich an, die Zeitung zu lesen, wobei er mancherlei moralische Betrachtungen über die nur allzu verbreiteten Sünden der Unzufriedenheit und des Wehklagens anstellte.

Die allerersten Worte, auf die Mr. Bumbles Blick fiel, war die folgende Anzeige:

»FÜNF GUINEEN BELOHNUNG
in Sachen eines Jungen namens Oliver Twist, der am letzten Donnerstagabend aus seinem Zuhause in Pentonville floh oder fortgelockt wurde und seitdem vermisst wird. Die obengenannte Belohnung wird jeder Person gezahlt, die Hinweise geben kann, welche zur Auffindung des besagten Oliver Twist führen oder dazu geeignet sind, Aufschluss über sein bisheriges Leben zu geben, woran der Inserent aus vielerlei Gründen großes Interesse hat.«

Darauf folgte eine ausführliche Beschreibung von Olivers Kleidung und Person, der Umstände seines Auftauchens und Verschwindens, sowie Mr. Brownlows vollständiger Name samt Adresse.

Mr. Bumble machte große Augen, las die Anzeige langsam und sorgfältig dreimal hintereinander durch und befand sich fünf Minuten später auf dem Weg nach Pentonville, wobei er in seiner

Aufregung doch tatsächlich das Glas mit dem heißen Grog unberührt stehengelassen hatte.

»Ist Mr. Brownlow zu Hause?«, erkundigte sich Mr. Bumble bei dem Dienstmädchen, das ihm die Tür öffnete.

Auf diese Nachfrage gab das Mädchen die keineswegs unübliche und eher ausweichende Antwort: »Ich weiß nicht. Wer schickt Euch?«

Kaum hatte Mr. Bumble jedoch Olivers Namen als Erklärung seines Vorsprechens angeführt, als auch schon Mrs. Bedwin, die an der Stubentür gehorcht hatte, atemlos in den Flur gestürzt kam.

»Tretet ein ... tretet ein«, drängte die alte Dame. »Ich wusste, wir würden von ihm hören. Der liebe, arme Kleine! Ich wusste es! Ganz sicher. Gott segne ihn! Ich habe es die ganze Zeit gesagt.«

Nachdem sie diese Worte ausgesprochen hatte, eilte die gute alte Dame zurück in die Stube, setzte sich auf ein Sofa und brach in Tränen aus. Das Dienstmädchen, das weniger gefühlsselig war, lief inzwischen die Treppen hinauf und kehrte mit der Aufforderung zurück, Mr. Bumble möge ihr sogleich folgen, was er dann auch tat.

Er wurde in das kleine hintere Arbeitszimmer geführt, wo Mr. Brownlow und sein Freund Mr. Grimwig mit Karaffen und Gläsern vor sich zusammensaßen. Der letztere Herr brach sofort in den Ruf aus:

»Ein Büttel! Ein Gemeindebüttel, oder ich will meinen Kopf fressen.«

»Bitte, stört uns doch jetzt nicht«, sagte Mr. Brownlow. »Nehmt bitte Platz.«

Mr. Bumble setzte sich, leicht verwirrt durch das seltsame Betragen Mr. Grimwigs. Mr. Brownlow rückte die Lampe beiseite, damit er einen unverstellten Blick auf das Gesicht des Büttels hatte, und fragte ein wenig ungeduldig:

»Nun, Sir, Ihr seid sicher auf mein Inserat hin gekommen?«

»Ja, Sir«, antwortete Mr. Bumble.

»Und Ihr seid doch ein Büttel, nicht wahr?«, erkundigte sich Mr. Grimwig.

»Ich bin Gemeindebüttel, meine Herren«, erwiderte Mr. Bumble stolz.

»Natürlich«, bemerkte Mr. Grimwig in Richtung seines Freundes. »Ich wusste es. Von Kopf bis Fuß ein Büttel!«

Mr. Brownlow schüttelte leicht den Kopf, um seinem Freund Schweigen zu gebieten, und fuhr fort:

»Wisst Ihr, wo der arme Junge sich jetzt befindet?«

»Genauso wenig wie sonst jemand«, antwortete Mr. Bumble.

»Nun, was wisst Ihr dann von ihm?«, forschte der alte Herr nach. »Sprecht frei heraus, mein Freund, wenn Ihr etwas zu sagen habt. Was wisst Ihr über ihn?«

»Ihr wisst nicht zufällig irgendetwas Gutes über ihn, oder?«, fragte Mr. Grimwig sarkastisch, nachdem er Mr. Bumbles Züge eingehend studiert hatte.

Mr. Bumble verstand die Frage sogleich und schüttelte mit unheilvollem Ernst den Kopf.

»Seht Ihr?«, sagte Mr. Grimwig mit triumphierendem Blick auf Mr. Brownlow.

Mr. Brownlow schaute sorgenvoll in Mr. Bumbles Gesicht, das Unheil verhieß, und bat ihn, in so wenig Worten wie möglich mitzuteilen, was er über Oliver wusste.

Mr. Bumble setzte den Hut ab, knöpfte seinen Rock auf, verschränkte die Arme, neigte den Kopf, als wenn er sich zu erinnern versuchte, und begann dann nach einigen Augenblicken des Nachdenkens mit seiner Geschichte.

Es wäre ermüdend, wollten wir sie mit den Worten des Büttels wiedergeben, denn er brauchte gute zwanzig Minuten, um sie zu erzählen, aber im wesentlichen besagte sie folgendes: Oliver sei eine Waise, das Kind gemeiner und dem Laster anheimgefallener Eltern. Er habe von Geburt an keine besseren Eigenschaften als Heimtücke, Undankbarkeit und Bosheit an den Tag gelegt und seine kurze Laufbahn an seinem Geburtsort damit beendet, einen feigen und blutrünstigen Überfall auf einen arglosen Jungen zu verüben und in der Nacht aus dem Haus seines Lehrherrn fortzulaufen. Als Beweis, dass er tatsächlich die Person sei, als die er auftrat, legte Mr. Bumble die Dokumente, die er in die Stadt mitgebracht hatte, auf den Tisch, verschränkte wieder seine Arme und wartete auf eine Bemerkung Mr. Brownlows.

»Ich befürchte, das ist alles nur zu wahr«, sagte der alte Herr bekümmert, nachdem er einen Blick auf die Dokumente geworfen hatte. »Dies ist nicht viel für Eure Auskünfte, aber ich hätte Euch mit Freuden das Dreifache gezahlt, wären sie für den Jungen günstiger ausgefallen.«

Es ist keineswegs unwahrscheinlich, dass Mr. Bumble, wäre er schon zu einem früheren Zeitpunkt des Gesprächs in Besitz dieser Information gewesen, seiner kleinen Geschichte einen gänzlich anderen Anstrich gegeben hätte. Dazu war es nun jedoch zu spät, also schüttelte er ernst den Kopf, steckte die fünf Guineen in die Tasche und entfernte sich.

Mr. Brownlow schritt einige Minuten lang im Zimmer auf und ab, von der Erzählung des Büttels offensichtlich derart aufgewühlt, dass sogar Mr. Grimwig es unterließ, ihn noch weiter zu quälen.

Schließlich blieb er stehen und zog ungestüm die Klingel.

»Mrs. Bedwin«, sagte Mr. Brownlow, als die Haushälterin erschien, »dieser Junge, Oliver, ist ein Schwindler.«

»Das kann nicht sein, Sir. Das kann nicht sein«, erwiderte die alte Dame energisch.

»Wenn ich's Ihnen doch sage«, gab der alte Herr scharf zurück. »Was soll das heißen, es kann nicht sein? Wir haben soeben einen vollständigen Bericht von seiner Geburt an gehört, er ist sein ganzes Leben lang ein ausgekochter kleiner Halunke gewesen.«

»Das werde ich niemals glauben, Sir«, entgegnete die alte Dame bestimmt. »Niemals!«

»Ihr alten Weiber glaubt ohnehin nur Quacksalbern und verlogenen Märchenbüchern«, knurrte Mr. Grimwig. »Ich hab's von Anfang an gewusst. Warum habt Ihr nicht gleich auf meinen Rat gehört? Wahrscheinlich bloß, weil er Fieber hatte, was? Er war ja so nett, nicht wahr? Nett! Bah!« Und Mr. Grimwig stieß mit dem Schürhaken in die Glut.

»Er war ein liebes, dankbares und braves Kind, Sir«, gab Mrs. Bedwin entrüstet zurück. »Ich kenne mich mit Kindern aus, Sir, seit vierzig Jahren, und Leute, die von sich nicht dasselbe behaupten können, sollten keine Behauptungen über Kinder anstellen. Das ist zumindest meine Meinung!«

Das war ein harter Schlag gegen Mr. Grimwig, den Junggesellen. Da er diesem Herrn nichts als ein Lächeln abrang, warf die alte Dame ihren Kopf zurück und strich sich als Auftakt einer neuen Rede ihre Schürze glatt, als sie von Mr. Brownlow unterbrochen wurde.

»Ruhe!«, gebot der alte Herr, einen Zorn vortäuschend, den er bei weitem nicht verspürte. »Ich will den Namen des Jungen nie wieder hören. Um das zu sagen, habe ich nach Euch geläutet. Nie wieder. Nie, auch unter keinem Vorwand, merkt Euch das! Ihr könnt Euch jetzt zurückziehen, Mrs. Bedwin. Und denkt dran, ich meine es ernst!«

Im Hause Brownlow waren sie diese Nacht alle schweren Herzens.

Auch Oliver sank das Herz, wenn er an seine lieben, guten Freunde dachte. Nur gut, dass er nicht wissen konnte, was sie zu hören bekommen hatten, oder es wäre ihm auf der Stelle gebrochen.

Achtzehntes Kapitel

Wie Oliver die Zeit in der ersprießlichen Gesellschaft seiner ehrenwerten Freunde verbringt.

Am nächsten Tag um die Mittagszeit, der Dodger und Meister Bates waren fort, um ihrer üblichen Beschäftigung nachzugehen, nahm Mr. Fagin die Gelegenheit wahr, Oliver eine lange Lektion über die schreiende Sünde der Undankbarkeit zu erteilen, deren Oliver sich, wie er klar und deutlich darlegte, schuldig gemacht habe, und zwar in gehörigem Ausmaß, indem er sich mutwillig von der Gesellschaft seiner besorgten Freunde abgesetzt hatte, und noch mehr, indem er weiterhin zu fliehen versuchte, nachdem weder Mühe noch Kosten gescheut worden waren, um ihn zurückzuholen. Mr. Fagin hob besonders den Umstand hervor, dass er Oliver aufgenommen und hochgepäppelt habe, als dieser ohne seine Hilfe wohl des Hungers gestorben wäre, und er erzählte die traurige und ergreifende Geschichte eines jungen Burschen, dem er in seiner Menschenfreundlichkeit unter ähnlichen Umständen zu Hilfe gekommen war, welcher sich aber dieses Vertrauens unwürdig erwiesen und dem Verlangen nachgegeben hatte, sich mit der Polizei in Verbindung zu setzen, und so leider eines Morgens im Gerichtshof Old Bailey gehängt worden war. Mr. Fagin versuchte keineswegs, seinen Anteil an diesem Unglück zu verschweigen, doch beklagte er mit Tränen in den Augen das unbedachte und verräterische Betragen des besagten jungen Mannes, welches ihn notwendigerweise zum Schuldigen in einem gewissen Strafverfahren der Staatsanwaltschaft werden ließ, was zwar nicht ganz der Wahrheit entsprach, jedoch für die Sicherheit von ihm (Mr. Fagin) und einigen seiner besonderen Freunde unabdingbar gewesen war. Mr. Fagin schloss damit, ein eher düsteres Bild der Qualen des Gehängtwerdens zu zeichnen, und gab sehr freundlich und höflich seiner bangen Hoffnung Ausdruck, er möge sich nie gezwungen sehen, Oliver Twist dieser unangenehmen Prozedur auszuliefern.

Dem kleinen Oliver stockte das Blut, als er den Worten Fagins lauschte und vage die darin enthaltenen dunklen Drohungen verstand. Dass es sogar der Justiz möglich war, die Schuldigen mit den Unschuldigen zu verwechseln, wenn sie sich zufällig in Gesellschaft befanden, wusste er bereits, und dass raffinierte Pläne zur Vernichtung von unbequemen Mitwissern und allzu redseligen Leuten vom alten Hehler bei mehr als einer Gelegenheit tatsächlich ersonnen und ausgeführt worden waren, hielt er für keineswegs unwahrscheinlich, wenn er an den üblichen Tonfall der Auseinandersetzungen zwischen diesem Herrn und Mr. Sikes dachte, die sich auf eine frühere Verschwörung eben jener Art zu beziehen schienen. Als er verschüchtert aufschaute und dem forschenden Blick Fagins begegnete, spürte er, dass sein bleiches Antlitz und sein zitternder Leib diesem scharfsinnigen Herrn weder entgangen noch unwillkommen waren.

Fagin verzog seinen Mund zu einem Lächeln, tätschelte Oliver den Kopf und sagte, er denke, dass sie beide, falls er sich ruhig verhalten und sich ihrem Gewerbe zuwenden würde, noch sehr gute Freunde werden könnten. Dann nahm er seinen Hut, zog einen alten geflickten Überrock an, ging hinaus und verriegelte hinter sich die Zimmertür.

So verbrachte Oliver den ganzen Tag und auch den größten Teil vieler folgender Tage: Zwischen den frühen Morgenstunden und Mitternacht sah er niemanden und war während der langen Stunden den eigenen Gedanken überlassen, die sich unweigerlich seinen lieben Freunden zuwandten und der Meinung, die sie sich längst über ihn gebildet haben mussten, so dass es wahrlich traurige Gedanken waren.

Als ungefähr eine Woche verstrichen war, ließ Fagin die Tür unverriegelt, so dass es Oliver freistand, im Haus umherzuwandern.

Es war ein sehr schmutziger Ort. In den Zimmern im oberen Stockwerk befanden sich mächtige hölzerne Kaminsimse und große Türen, die Wände hatten bis zur Decke reichende Täfelungen und Friese, die, auch wenn sie aufgrund mangelnder Pflege schwarz und staubig waren, mannigfache Verzierungen aufwiesen. Aus all diesen Anzeichen schloss Oliver, das Haus müsse vor langer Zeit, noch bevor der alte Hehler geboren war, einmal besseren Leuten gehört haben und vielleicht sogar hübsch und freundlich gewesen sein, so düster und trostlos es jetzt auch aussehen mochte.

In den Winkeln zwischen Wänden und Decken hatten Spinnen ihre Netze gewoben, und manchmal, wenn Oliver leise ein Zimmer betrat, huschten Mäuse über den Boden und verkrochen sich ängstlich in ihre Löcher. Von diesen Ausnahmen abgesehen gab es dort nichts Lebendiges zu hören oder zu sehen, und oft, wenn es dunkel wurde und Oliver es müde war, von Zimmer zu Zimmer zu wandern, kauerte er sich in eine Ecke im Gang bei der Haustür, um so nah wie möglich bei lebendigen Menschen zu sein. Dort blieb er, horchend und die Stunden zählend, bis Fagin oder die Jungen zurückkehrten.

In allen Zimmern waren die vermodernden Fensterläden fest

verschlossen, und die Riegel, von denen sie gehalten wurden, tief im Holz festgeschraubt. Das einzige Licht, das sie durchließen, drang durch runde Löcher an ihrem oberen Ende, was die Zimmer noch bedrückender wirken ließ und sie mit seltsamen Schatten füllte. In der hinteren Dachkammer gab es ein Fenster ohne Läden, nur mit rostigen Gitterstäben davor, und aus diesem starrte Oliver mit traurigem Gesicht oft stundenlang hinaus, aber von dort aus war nichts zu sehen als ein Gewirr von Hausdächern, schwarzen Schornsteinen und Giebeln. Zuweilen konnte man mit Glück tatsächlich einen zottigen grauen Schopf erspähen, der über die Brüstungsmauer eines entfernten Hauses hervorschaute, aber schnell wieder zurückgezogen wurde. Und da das Fenster von Olivers Beobachtungsposten zugenagelt und vom Regen und Rauch vieler Jahre trübe geworden war, musste er sich damit begnügen, die Umrisse der verschiedenen Dinge jenseits davon erkennen zu können, ohne irgendeinen Versuch zu unternehmen, gesehen oder gehört zu werden – denn dem wäre ebenso viel Aussicht auf Erfolg beschieden gewesen, wenn er sich in der Kugel auf der Spitze von St. Paul's Cathedral befunden hätte.

Eines Nachmittags, bevor der Dodger und Meister Bates sich zu ihrer allabendlichen aushäusigen Beschäftigung aufmachten, setzte sich der zuerst genannte junge Herr in den Kopf, eine besondere Sorgfalt darauf zu verwenden, seine Person herauszuputzen (was, um ihm Gerechtigkeit widerfahren zu lassen, keineswegs eine gewohnheitsmäßige Schwäche von ihm war). Zu diesem Zwecke befahl er Oliver herablassend, ihm auf der Stelle bei seiner Toilette behilflich zu sein.

Oliver war nur allzu froh, sich nützlich machen zu können, allzu glücklich, in ein paar Gesichter schauen zu können, wie übel sie auch sein mochten, und nur allzu bestrebt, die Menschen in seiner Umgebung versöhnlich zu stimmen, wenn er es auf ehrliche Weise zu tun vermochte, um sich dieser Aufforderung zu widersetzen. Also erklärte er sofort sein Einverständnis und widmete sich, indem er auf dem Boden kniete, während der Dodger auf der Tischkante saß, so dass er seinen Fuß bei Oliver auf den Schoß legen konnte, der Tätigkeit, die Mr. Dawkins als »das Wienern seiner Quadratlatschen« bezeichnete, was auf gut Deutsch »Stiefel putzen«bedeuten sollte.

Vielleicht war es das Gefühl von Freiheit und Unabhängigkeit, das ein vernunftbegabtes Wesen überkommt, wenn es in ungezwungener Haltung auf der Tischkante hockt, die Pfeife im Mund, das eine Bein lässig hin und her baumelnd, während ihm dabei die Stiefel geputzt werden, ohne zuvor die Mühe erlitten zu haben, sie auszuziehen, und auch ohne die quälende, der Beschaulichkeit abträgliche Aussicht, sie danach wieder anziehen zu müssen, vielleicht war es der gute Tabak, der die Gefühle des Dodgers besänftigte, oder die Süffigkeit des Bieres, die seine Gedanken milde stimmte, jedenfalls legte er augenblicklich deutliche Züge von Romantik und Begeisterung an den Tag, die seinem Wesen eigentlich fremd waren. Mit nachdenklicher Miene blickte er eine Weile auf Oliver hinab, hob dann den Kopf, stieß einen leisen Seufzer aus und sagte halb zu sich und halb zu Meister Bates:

»Wie schade, dass er kein Ganeff is!«

»Ach«, meinte Meister Charles Bates, »er weiß halt nicht, was gut für ihn is.«

Der Dodger seufzte erneut und steckte die Pfeife wieder in den Mund, und Charley Bates tat es ihm gleich. Beide rauchten eine Weile schweigend.

»Ich nehm an, du weiß nich mal, was'n Ganeff is?«, fragte der Dodger bekümmert.

»Ich glaube, ich weiß es«, erwiderte Oliver und blickte auf. »Es ist ein Di… – du bist einer, nicht wahr?«, fragte Oliver, sich besinnend.

»Bin ich«, erwiderte der Dodger. »Würd mich schämen, was andres zu sein.« Nachdem er diese Meinung kundgetan hatte, gab Mr. Dawkins seinem Hut einen ordentlichen Stoß und sah Meister Bates an, als wolle er andeuten, er wäre ihm für die Behauptung des Gegenteils sehr verbunden.

»Bin ich«, wiederholte der Dodger. »Charley auch. Fagin auch. Sikes auch. Nancy auch. Bet auch. Wir alle sind's, sogar der Hund, und er is der Schlimmste von der ganzen Bande!«

»Und der letzte, der uns verpfeifen würde«, fügte Charley Bates hinzu.

»Er würd im Zeugenstand nich mal bellen, aus Angst, sich zu verplappern, ja, selbst wenn du ihn dort anbindest und ihm zwei Wochen nix zu fressen gibst«, sagte der Dodger.

»Keinen Mucks würd er machen«, bemerkte Charley.

»Das is'n gefährlicher Kläffer. Er schaut jeden fremden Kerl, der lacht oder singt, finster an!«, fuhr der Dodger fort. »Er knurrt wütend, wenn er jemand Fidel spielen hört! Und hasst alle Hunde, die nich seiner Rasse sind! Ja, so is er!«

»Durch und durch'n Christenmensch«, sagte Charley.

Das war lediglich als Anerkennung der Fähigkeiten des Tieres gedacht, stellte jedoch, ohne dass Meister Bates es wusste, auch in anderer Hinsicht eine treffende Bemerkung dar, denn es gibt viele vornehme Damen und Herren, die von sich behaupten, durch und durch Christenmenschen zu sein, zwischen denen und Mr. Sikes'

Hund in vielen Punkten eine starke und außerordentliche Ähnlichkeit besteht.

»Nun gut«, sagte der Dodger und kehrte, mit der gewerbsmäßigen Zielstrebigkeit, die all sein Tun auszeichnete, zum Ausgangspunkt seiner Ausführungen zurück, »das hat aber alles nichts mit unsrem jungen Grünschnabel hier zu tun.«

»Nee, hat's nich«, sagte Charley. »Warum steigst du nich bei Fagin ein, Oliver?«

»Und machst im Handumdrehn dein Glück?«, ergänzte der Dodger grinsend.

»Dann kannste dich zur Ruhe setzen und den führnehmen Herrn spielen, so wie ich's im übernächsten Schaltjahr am Sankt Nimmerleinstag zu tun gedenke«, sagte Charley Bates.

»Ich möcht's lieber nicht«, erwiderte Oliver schüchtern. »Ich wünschte, sie ließen mich gehen. Mir … mir … wär's lieber, sie ließen mich gehen.«

»Das wär Fagin aber gar nicht recht!«, hielt Charley dagegen.

Oliver wusste das nur zu gut, aber da er es für gefährlich hielt, seinen Gefühlen noch offener Ausdruck zu geben, seufzte er nur und polierte weiter die Stiefel.

»Weggehen!«, rief der Dodger. »Wo bleibt'n da dein Stolz? Haste denn gar kein Ehrgefühl? Willste dich immer nur von deinen Freunden aushalten lassen?«

»Pfui«, rief Meister Bates, zog zwei oder drei seidene Schnupftücher aus seiner Tasche und warf sie in einen Schrank, »das is ne verdammte Schande, is das.«

»Ich könnt das nicht«, sagte der Dodger mit einer überheblichen Miene des Abscheus.

»Aber du kannst deine Freunde im Stich lassen«, sagte Oliver mit dem Anflug eines Lächelns, »damit sie für das bestraft werden, was du angestellt hast.«

»Ach das«, entgegnete der Dodger und winkte mit seiner Pfeife ab, »das war bloß aus Rücksicht auf Fagin, weil die Greifer wissen, dass wir zusammenarbeiten, und er hätt in Schwierigkeiten geraten könn, wenn wir nich entwischt wärn, so war der Plan, nich wahr, Charley?«

Meister Bates nickte zustimmend und wollte auch etwas sagen, doch die Erinnerung an Olivers Flucht überkam ihn so plötzlich, dass der Rauch, den er gerade in die Lungen sog, einem Lacher in die Quere kam, ihm in den Kopf stieg und wieder die Kehle hinabfuhr, so dass er einen Hustenanfall erlitt und fast fünf Minuten lang mit den Beinen aufstampfte.

»Schau her«, sagte der Dodger, wobei er eine Handvoll Shillings und Halfpence hervorzog. »Is das kein feines Leben? Wen schert's, woher's kommt? Hier, nimm! Da, wo's herkommt, gibt's noch jede Menge mehr davon. Du wills nich? Na, du bist mir vielleicht'n schöner Dummkopf!«

»Das is wohl nich anständig, was, Oliver?«, fragte Charley Bates. »Er kriegt sicher bald ne Halskrause verpasst, was?«

»Ich weiß nicht, was das bedeutet«, antwortete Oliver.

»So was hier, alter Knabe«, sagte Charley. Bei diesen Worten griff Meister Bates ein Ende seines Halstuchs, hielt es straff in die Luft empor, ließ den Kopf auf eine Schulter fallen und stieß einen seltsamen Laut zwischen den Zähnen hervor, um durch diese naturgetreue pantomimische Darbietung zu verdeutlichen, dass eine Halskrause verpasst zu kriegen und aufgehängt zu werden ein und dasselbe seien.

»Das bedeutet es«, sagte Charley. »Schau doch, wie er glotzt,

Jack! Hab noch nie so'n lustigen Kumpel wie diesen Burschen hier gesehen. Über den werd ich mich bestimmt noch totlachen!« Als Meister Charley Bates abermals herzlich gelacht hatte, widmete er sich mit Tränen in den Augen wieder seiner Pfeife.

»Du bist schlecht erzogen worden«, sagte der Dodger und betrachtete voller Zufriedenheit seine Stiefel, die Oliver poliert hatte. »Fagin wird trotzdem was aus dir machen, du wärst der erste, aus dem er kein Profit geschlagen hätt. Du fängst besser sofort an, denn du wirst schneller als du denkst in unser Gewerbe einsteigen, du verlierst also bloß Zeit, Oliver.«

Meister Bates bekräftigte diesen Rat seinerseits mit vielerlei moralischen Ermahnungen, und als er damit fertig war, begannen er und sein Freund Mr. Dawkins mit einer begeisterten Schilderung der zahlreichen Freuden, die zu einem Leben wie dem ihren gehörten, in die sie immer wieder Hinweise an Oliver einstreuten, dass es für ihn am besten sei, sich ohne weiter zu zögern Fagins Wohlwollen zu vergewissern, und zwar auf die Art, wie sie es selber gewonnen hatten.

»Und eins kannst du dir hinter die Ohren schreiben, Nolly«, sagte der Dodger, als zu vernehmen war, wie Fagin oben die Tür entriegelte, »wenn du keine Rotzfahnen und Zeiteisen diftelst …«

»Hat kein Zweck, so mit ihm zu reden«, unterbrach Meister Bates, »er versteht doch nich, was du meinst.«

»Wenn du keine Schnupftücher und Taschenuhren klaust«, wiederholte der Dodger, der seine Rede Olivers Verständnis anglich, »wird's ein andrer Ganeff tun, so dass dem Bestohlnen nich geholfen is, und du hast auch nix davon. Keinem geht's deswegen nen Deut besser, außer den Burschen, die zugegriffen haben … und du hast da genau so'n Recht drauf wie sie.«

»Wie wahr, wie wahr!«, sagte Fagin, der von Oliver unbemerkt eingetreten war. »Er hat's auf den Punkt gebracht, mein Lieber, genau auf den Punkt gebracht. Hör auf den Dodger, haha, der versteht sein Geschäft!«

Der alte Mann rieb sich fröhlich die Hände, als er die Ausführungen des Dodgers mit diesen Worten bestätigte, und kicherte zufrieden über die Tüchtigkeit seines gelehrigen Schülers.

Die Unterhaltung wurde für dieses Mal nicht weitergeführt, denn Fagin kehrte in Gesellschaft Miss Betsys zurück, und eines Herrn, den Oliver nie zuvor gesehen hatte, der vom Dodger jedoch mit dem Namen Tom Chitling angeredet wurde, und der, nachdem er noch auf der Treppe verweilt hatte, um mit der Dame ein paar Artigkeiten auszutauschen, jetzt eintrat.

Mr. Chitling war älter an Jahren als der Dodger, er zählte vielleicht achtzehn Lenze, doch in seinem Betragen gegenüber jenem jungen Herrn lag ein gewisses Maß an Respekt, das darauf hinzuweisen schien, dass er sich ein wenig unterlegen fühlte, was Begabung und Geschicklichkeit in ihrem Gewerbe anbelangte. Er hatte kleine, blinzelnde Augen und ein pockennarbiges Gesicht, trug Pelzmütze, eine dunkle Kordjacke, schmierige Barchenthosen und einen Schurz. Seine Garderobe war ehrlich gesagt in einem erbärmlichen Zustand, doch er entschuldigte sich bei der Gesellschaft damit, dass er erst vor einer Stunde seine »Zeit« abgesessen habe und infolge des Umstands, die letzten sechs Wochen in Häftlingskluft herumgelaufen zu sein, der eigenen Kleidung keine Aufmerksamkeit habe schenken können. Mr. Chitling fügte mit allen Anzeichen großer Verärgerung hinzu, dass die neue Regelung dort, die Kleidung auszuräuchern, verdammt noch mal gegen das Gesetz verstieße, da sie Brandlöcher verursache, aber gegen die Behörden sei man ja machtlos. Dieselbe Bemerkung machte er hinsichtlich der Vorschrift, die Köpfe zu scheren, was er für eindeutig rechtswidrig hielt. Mr. Chitling schloss seine Betrachtungen mit der Feststellung, dass er seit zweiundvierzig sterbenslangen Tagen voll harter Arbeit keinen Tropfen angerührt habe, und ihn »solle der Teufel holen, wenn seine Kehle nich knochentrocken sei«.

»Was denkst du, woher dieser Herr wohl kommt, Oliver?«, fragte Fagin mit einem Grinsen, während die anderen Jungen eine Flasche Schnaps auf den Tisch stellten.

»Ich ... ich ... weiß nicht, Sir«, antwortete Oliver.

»Wer is'n das?«, erkundigte sich Tom Chitling, einen verächtlichen Blick auf Oliver werfend.

»Ein junger Freund von mir, mein Guter«, erwiderte der Hehler.

»Ein Glück für ihn«, sagte der junge Mann, wobei er Fagin vielsagend ansah. »Kümmer dich nich drum, wo ich herkomm, Kleiner, du wirst schon sehr bald selbst den Weg dorthin finden, da wett ich ne Krone drauf!«

Die Jungen lachten über diesen Scherz. Nachdem ein paar weitere Witze zum selben Thema gemacht worden waren, tuschelten sie kurz mit Fagin und verschwanden.

Daraufhin wechselten der Neuankömmling und Fagin etwas abseits einige Worte und rückten dann ihre Stühle ans Feuer. Der alte Hehler forderte Oliver auf, sich zu ihnen zu setzen, und sprach über Dinge, die dazu angetan waren, bei seinen Zuhörern auf reges Interesse zu stoßen. Dazu gehörten die großen Vorteile seines Gewerbes, die Gerissenheit des Dodgers, die Fröhlichkeit des Charley Bates und die Großherzigkeit des alten Hehlers selbst.

Schließlich waren diese Themen erschöpft, ebenso wie Mr. Chitling, denn der Aufenthalt im Zuchthaus wirkt nach ein oder zwei Wochen sehr ermüdend. Also zog sich Miss Betsy zurück und überließ die anderen ihrer Ruhe.

Von diesem Tag an wurde Oliver nur noch selten allein gelassen, vielmehr befand er sich fast ständig in Gesellschaft der beiden Jungen, die jeden Tag mit Fagin das alte Spiel spielten, ob zu ihrem eigenen oder zu Olivers Nutzen, das wusste Mr. Fagin wohl am besten. Ein andermal erzählte der alte Mann Geschichten von Gaunereien, die er in jungen Jahren verübt hatte, wobei er so viel Drolliges und Komisches einflocht, dass Oliver nicht anders konnte, als herzlich zu lachen und so zu verraten, dass er sich gegen seine besseren Gefühle darüber amüsierte.

Kurz und gut, der listige alte Hehler hatte den Jungen in der Mache. Nachdem er Oliver durch Einsamkeit und Trübsal dazu gebracht hatte, an diesem düsteren Ort jede Gesellschaft derjenigen seiner eigenen traurigen Gedanken vorzuziehen, träufelte er jetzt ein Gift in seine Seele, von dem er hoffte, es würde sie schwärzen und für immer verdunkeln.

Neunzehntes Kapitel

In dem ein bemerkenswerter Plan besprochen und beschlossen wird.

Es war eine kalte, feuchte und windige Nacht, als Fagin, den Überrock eng um seinen verdorrten Leib geknöpft und den Kragen bis zu den Ohren hochgeschlagen, so dass er den unteren Teil des Gesichts vollständig verbarg, aus seinem Schlupfwinkel trat. Er verharrte auf der Stufe, während die Tür hinter ihm verschlossen und die Kette vorgehängt wurde, lauschte, wie die Jungen den Riegel vorschoben und sich ihre Schritte entfernten, bis sie nicht mehr zu hören waren, und schlich dann so schnell er konnte die Straße hinab.

Das Haus, in das man Oliver gebracht hatte, befand sich in der Nachbarschaft von Whitechapel. Der alte Hehler blieb einen Augenblick an der Ecke stehen, überquerte, sich misstrauisch umblickend, die Straße und zog in Richtung Spitalfields davon.

Der Matsch lag dick auf dem Pflaster, und ein schwarzer Dunst hing über der Straße. Der Regen fiel träge herab, und alles fühlte sich kalt und klamm an. Es schien gerade die rechte Nacht, in der es sich für ein Geschöpf wie Fagin geziemte auszugehen. Wie er so verstohlen dahinglitt, im Schutze der Mauern und Hauseingänge, glich der grässliche alte Mann einem abscheulichen Reptil, gezeugt aus dem Schlamm und dem Dunkel, durch die er sich bewegte, das in der Nacht vorankriecht, auf der Suche nach einem üppigen Mahl von Innereien.

Sein Weg führte ihn weiter durch viele enge und gewundene Gassen, bis er Bethnal Green erreichte, dort bog er jäh links ab und verschwand bald darauf in einem Labyrinth schäbiger, schmutziger Straßen, von denen es in diesem engen und dichtbevölkerten Viertel unzählige gab.

Fagin war offensichtlich allzu vertraut mit der Gegend, die er durchquerte, um sich von der Dunkelheit der Nacht oder der Verschlungenheit der Wege auch nur im geringsten verwirren zu lassen. Er eilte durch mehrere Straßen und Gassen und bog schließlich in eine ab, die lediglich von einer einsamen Lampe am anderen Ende beleuchtet wurde. Hier klopfte er an die Tür eines Hauses, wechselte mit der Person, die ihm geöffnet hatte, ein paar geflüsterte Worte und stieg dann die Treppe hinauf.

Als er die Klinke einer Zimmertür berührte, knurrte ein Hund, und die Stimme eines Mannes verlangte zu wissen, wer dort sei.

»Ich bin's nur, Bill, nur ich, mein Freund«, sagte Fagin und schaute ins Zimmer.

»Dann schlepp mal deine müden Knochen rein«, sagte Sikes. »Platz, du blödes Vieh! Erkennst du den Teufel nich mehr, wenn er'n Überrock trägt?«

Offenbar hatte der Hund sich von Mr. Fagins Kleidung täuschen lassen, denn als der Hehler den Überrock aufknöpfte und über eine Stuhllehne warf, verzog er sich wieder in die Ecke, aus der er hervorgekommen war, und wedelte dabei mit dem Schwanz, zum Zeichen, dass er so friedlich gestimmt war, wie er seinem Wesen nach eben sein konnte.

»Nun?«, fragte Sikes.

»Nun ja, mein Guter«, erwiderte Fagin. »Ah! Nancy.«

Dieser Ausruf des Erkennens wurde mit einem gewissen Unbehagen geäußert, das den Zweifel verriet, wie er wohl aufgenommen würde, denn Mr. Fagin und seine junge Freundin waren sich nicht mehr begegnet, seit diese sich für Oliver eingesetzt hatte. Doch alle Zweifel, die er in dieser Hinsicht gehegt haben mochte, wurden sogleich von dem Benehmen der jungen Dame beseitigt. Sie nahm die Füße vom Kamingitter, schob ihren Stuhl zurück und bat Fagin, den seinen heranzuziehen, ohne ein weiteres Wort darüber zu verlieren, denn es war wirklich eine sehr kalte Nacht.

»Das ist vielleicht eine Kälte, Nancy, mein Schatz«, sagte der alte Hehler, als er seine knochigen Hände am Feuer wärmte. »Sie fährt einem durch den ganzen Leib«, fügte er hinzu und fasste sich an die Seite.

»Wenn's durch *dein* Herz geht, muss es ein Eispickel sein«, bemerkte Mr. Sikes. »Gib ihm was zu trinken, Nancy. Beeil dich, verdammt noch mal! Es macht einen ja ganz krank, dies dürre alte Gerippe so schlottern zu sehen wie'n grässliches Gespenst, das grad seinem Grab entstiegen is.«

Nancy holte geschwind eine Flasche aus dem Schrank, in dem sich viele weitere davon befanden, die, nach ihrem unterschiedlichen Aussehen zu urteilen, mit verschiedenen Sorten von Getränken gefüllt waren. Sikes schenkte ein Glas Schnaps ein und hieß den alten Hehler, es auszutrinken.

»Das ist genug, Bill, danke dir«, sagte Fagin und setzte das Glas ab, kaum dass er es an die Lippen gesetzt hatte.

»Na so was! Du hast wohl Angst, wir könnten dich übers Ohr hauen, wie?«, fragte Sikes und sah den Hehler unverwandt an. »Bah!«

Mit einem verächtlichen heiseren Grunzen griff Mr. Sikes das Glas und schüttete den restlichen Inhalt in die Asche, als vorbereitende Zeremonie, um es für sich wieder zu füllen, was er umgehend tat.

Fagin blickte sich im Zimmer um, als sein Kumpan das zweite Glas hinunterstürzte, nicht aus Neugier, denn er hatte es zuvor schon oft gesehen, sondern in einer ruhelosen und misstrauischen Art, die ihm zur Gewohnheit geworden war. Es war eine dürftig möblierte Unterkunft, in der nur der Inhalt des Schranks darauf hinwies, dass der Bewohner etwas anderes als ein gewöhnlicher Arbeiter sein könne, und die einzigen verdächtigen Gegenstände, die sich dem Blick darboten, waren zwei oder drei dicke Knüppel, die in einer Ecke standen, und ein Totschläger, der über dem Kaminsims hing.

»So«, sagte Sikes und schmatzte mit den Lippen, »jetzt bin ich bereit.«

»Fürs Geschäftliche?«, fragte der Hehler.

»Fürs Geschäftliche«, antwortete Sikes, »also sag, was du zu sagen hast.«

»Es geht um das Ding in Chertsey, Bill«, sagte Fagin, der seinen Stuhl vorrückte und mit ganz leiser Stimme sprach.

»Ja und? Was is damit?«, wollte Sikes wissen.

»Ah, du weißt genau, was ich meine, mein Guter«, sagte Fagin. »Er weiß, was ich meine, nicht wahr, Nancy?«

»Nein, weiß er nicht«, spottete Mr. Sikes. »Oder er will's nich wissen, was aufs gleiche rauskommt. Mach den Mund auf und nenn die Dinge beim Namen, sitz nich da rum, hör auf, zu zwinkern und zu winken und dich in dunklen Andeutungen zu ergehen, als ob du nich der allererste gewesen wärst, der den Bruch geplant hat. Also, was gibt's?«

»Leise, Bill, leise!«, sagte Fagin, der vergeblich versucht hatte, diesem Ausbruch der Empörung Einhalt zu gebieten. »Es könnte uns jemand hören, mein Freund, es könnte uns jemand hören.«

»Lass sie doch hören«, sagte Sikes, »was kümmert's mich!« Aber da es Mr. Sikes, nachdem er es bedacht hatte, sehr wohl kümmerte, senkte er bei diesen Worten die Stimme und beruhigte sich.

»Aber, aber«, sagte Fagin einschmeichelnd, »ich will doch bloß vorsichtig sein ... mehr nicht. Und nun, mein Freund, was das Ding in Chertsey angeht, wann soll's denn gedreht werden, Bill? Wann soll's gedreht werden? Fette Beute, meine Lieben, richtig fette Beute!« Fagin rieb sich die Hände und zog in freudiger Erwartung die Augenbrauen hoch.

»Überhaupt nich«, erwiderte Sikes kühl.

»Überhaupt nicht?«, wiederholte Fagin und richtete sich im Stuhl auf.

»Nein, überhaupt nich«, bestätigte Sikes. »Jedenfalls werden wir keinen in der Hinterhand haben, wie's eigentlich geplant war.«

»Dann seid ihr nicht richtig zu Werke gegangen«, sagte Fagin, vor Zorn erbleichend. »Erzähl mir doch nichts!«

»Ich werd dir aber was erzählen«, erwiderte Sikes. »Wer bist'n du, dass du dir nichts erzählen lassen willst? Ich sag dir, Toby Crackit hat das Haus zwei Wochen lang ausbaldowert, und er konnt nich einen der Dienerschaft einseifen.«

»Willst du mir damit zu verstehen geben, Bill«, sagte Fagin beschwichtigend, da er merkte, dass der andere in Rage geriet, »dass keiner der beiden Männer im Haus rumzukriegen ist?«

»Ja, genau das will ich dir damit sagen«, antwortete Sikes. »Die sind schon zwanzig Jahre bei der alten Dame in Stellung, und wenn du denen fünfhundert Pfund gibst, die würden nich mitmachen.«

»Aber du willst mir doch nicht erzählen, mein Lieber«, wandte Fagin ein, »dass sich selbst die Frauen nicht rumkriegen lassen?«

»Kein bisschen«, entgegnete Sikes.

»Nicht einmal vom schicken Toby Crackit?«, fragte der Hehler ungläubig. »Du weiß doch, wie Frauen sind, Bill.«

»Nein, nich mal vom schicken Toby Crackit«, antwortete Sikes. »Er sagt, er hätt die ganze verdammte Zeit, wo er da herumgestreunt ist, nen falschen Backenbart und ne kanariengelbe Weste getragen, hat aber alles nichts genützt.«

»Er hätte es mit Schnurrbart und Uniformhose versuchen sollen, mein Bester«, meinte Fagin.

»Hat er auch«, entgegnete Sikes, »aber die haben nich mehr genützt als die andere Kledage.«

Bei dieser Auskunft schaute der alte Hehler entgeistert drein. Nachdem er eine ganze Weile, das Kinn auf die Brust gesenkt, nachgedacht hatte, hob er den Kopf und sagte mit einem tiefen Seufzer, er fürchte, dass man, sofern Toby Crackit die Wahrheit berichtet habe, die Sache wohl vergessen könne.

»Und doch«, begann Fagin wieder und schlug die Hände auf die Knie, »wär's schade, mein Lieber, so viel zu verlieren, wo wir so fest damit gerechnet hatten.«

»So isses«, sagte Mr. Sikes, »jammerschade!«

Es folgte ein langes Schweigen, während dessen Fagin in tiefem Nachdenken versunken war, das zerfurchte Gesicht zu einer Fratze dämonischer Niedertracht verzogen. Sikes äugte hin und wieder verstohlen zu ihm hinüber, und Nancy, die anscheinend fürchtete, den Einbrecher zu erzürnen, saß da und starrte ins

Feuer, als würde sie nicht wahrnehmen, was um sie herum vorging.

»Fagin«, sagte Sikes jäh in das andauernde Schweigen, »ist das Ding fünfzig Goldsovereigns extra wert, wenn es sicher von draußen gedreht wird?«

»Ja«, antwortete der Hehler, als würde er mit einem Ruck wach.

»Abgemacht?«, fragte Sikes.

»Abgemacht, mein Guter«, antwortete Fagin. Die Nachfrage hatte ihn so in Aufregung versetzt, dass seine Augen funkelten und jeder Muskel seines Gesichts in Bewegung geriet.

»Dann«, sagte Sikes und stieß Fagins Hand verächtlich beiseite, »kann's losgehen, sobald du willst. Toby und ich sind vorletzte Nacht über die Gartenmauer gestiegen und haben uns Türen und Fensterläden angeschaut. Das Haus wird nachts zugesperrt wie'n Knast, aber es gibt ne Stelle, die wir knacken können, ganz einfach, still und leise.«

»Wo denn, Bill?«, fragte Fagin neugierig.

»Also«, flüsterte Sikes, »wenn du den Rasen überquerst ...«

»Ja, ja?«, fragte Fagin, dem fast die Augen aus dem vorgebeugten Kopf quollen.

»Pah!«, rief Sikes und brach ab, als das Mädchen sich auf einmal mit einer unmerklichen Kopfbewegung umwandte und kurz auf Fagins Gesicht deutete. »Kann dir egal sein, wo es is. Ohne mich kannste's nich schaffen, das steht mal fest, und wenn man mit dir zu tun hat, nimmt man sich besser in Acht.«

»Wie du willst, mein Freund, ganz wie du willst«, erwiderte Fagin. »Braucht ihr beide noch Hilfe, du und Toby?«

»Nein«, sagte Sikes, »bloß'n Spezialbohrer und'n Jungen. Den einen haben wir, den anderen musst du uns besorgen.«

»Ein Junge!«, rief Fagin. »Aha, dann ist es also eine schmale Fensteröffnung, was?«

»Scher dich nich drum, was es is!«, entgegnete Sikes. »Ich brauch'n Jungen, und er darf nich zu groß sein. Herrgott noch mal«, sagte Sikes nachdenklich, »könnt ich doch bloß diesen kleinen Jungen von Ned, dem Kaminkehrer, kriegen! Er hat ihn absichtlich schmächtig gehalten und ihn für anderweitige Geschäfte vermietet. Aber nun ham se den Vater eingelocht, und dann kam der Verein zur Bessrung jugendlicher Straftäter und hat ihn aus'm Verkehr gezogen, wo er doch damit Geld verdient hat. Bringen ihm jetzt Lesen und Schreiben bei und wollen ihn irgendwann zum Lehrjungen machen. Und so treiben sie's immer weiter«, ereiferte sich Mr. Sikes, dessen Zorn bei der Erinnerung an den Schaden, den er dadurch erlitten hatte, erwachte, »so treiben sie's immer weiter, und wenn die Geld genug hätten (was sie – der Vorsehung sei Dank! – nich haben), würden uns in ein oder zwei Jahren kein halbes Dutzend Jungs mehr für unser Gewerbe übrigbleiben.«

»Kein halbes Dutzend«, pflichtete Fagin bei, der während des Gesprächs nachgedacht und nur den letzten Satz aufgeschnappt hatte. »Bill!«

»Was'n jetzt los?«, fragte Sikes.

Fagin nickte mit dem Kopf Richtung Nancy, die noch immer ins Feuer starrte, und deutete mit einem Zeichen an, dass er sie aus dem Zimmer schicken solle. Sikes zog unwillig die Schultern hoch, als ob er diese Vorsichtsmaßnahme für unnötig erachte, fügte sich jedoch, indem er Miss Nancy bat, ihm einen Krug Bier zu holen.

»Du willst gar kein Bier«, sagte Nancy, verschränkte die Arme und blieb gleichmütig sitzen.

»Wenn ich's dir doch sage!«, rief Sikes.

»Unsinn«, bemerkte das Mädchen ungerührt. »Red weiter, Fagin. Ich weiß, was er sagen will, Bill, er braucht sich nicht um mich zu kümmern.«

Fagin zögerte noch immer. Sikes blickte ein wenig überrascht von einem zum anderen.

»Nun, du wirst dich doch nich an dem alten Mädchen stören, was, Fagin?«, fragte er schließlich. »Du kennst sie lang genug, um ihr zu trauen, hol's der Teufel. Sie ist keine, die quatscht, was, Nancy?«

»Das will ich meinen!«, antwortete die junge Dame, rückte ihren Stuhl an den Tisch und stützte die Ellbogen auf.

»Gewiss, meine Liebe, ich weiß doch, dass du das nicht tust«, sagte Fagin, »aber ...« Und wieder hielt der alte Mann inne.

»Aber was?«, fragte Sikes.

»Ich bin mir nicht sicher, ob sie nicht vielleicht wieder durchdreht, du weißt, mein Freund, wie neulich abends«, erwiderte Fagin.

Bei diesem Geständnis brach Nancy in lautes Gelächter aus, stürzte ein Glas Schnaps hinunter, schüttelte mit trotziger Miene den Kopf und stieß verschiedene Ausrufe wie »Nie die Flinte ins Korn werfen!« und »Nur nicht unterkriegen lassen!« und dergleichen mehr hervor. Das schien die beiden Herren zu beruhigen, denn Fagin nickte mit zufriedener Miene und nahm ebenso wie Mr. Sikes wieder seinen Platz ein.

»Und jetzt, Fagin«, sagte Nancy lachend, »erzähl Bill sofort von Oliver!«

»Ah, du bist eine ganz Schlaue, mein Schatz, so ein kluges Mädchen habe ich selten gesehen«, sagte der alte Hehler und klopfte ihr auf die Schulter. »Ich wollte tatsächlich über Oliver sprechen, das stimmt, hahaha!«

»Was is mit ihm?«, wollte Bill wissen.

»Er ist der Junge für dich, mein Freund«, antwortete Fagin mit heiserem Flüstern, legte einen Finger an die Nase und grinste abscheulich.

»Der?«, entfuhr es Sikes.

»Nimm ihn, Bill«, riet ihm Nancy. »Ich würd's an deiner Stelle tun. Er is vielleicht nich so gerissen wie die andern, aber das muss er ja auch nich, wo er doch bloß ne Tür für dich öffnen soll. Auf den kannst du dich verlassen, glaub mir, Bill.«

»Das will ich meinen«, stimmte Fagin ein. »Er ist in den letzten Wochen durch eine gute Schule gegangen, und es wird Zeit, dass er anfängt, für sein Brot zu arbeiten. Außerdem sind die anderen alle zu groß.«

»Tja, er hätt genau die Größe, die ich brauch«, überlegte Mr. Sikes laut.

»Und er wird alles tun, was du ihm sagst, Bill, mein Guter«, warf der alte Hehler ein, »er kann ja gar nicht anders. Das heißt, wenn du ihm gehörig Angst einjagst.«

»Ihm Angst einjagen!«, wiederholte Sikes. »Das wird nich bloß zum Schein geschehen, das sag ich dir. Mitgefangen, mitgehangen. Sollte er irgendwelche Faxen machen, sobald wir mit dem Bruch begonnen ham, dann wirste ihn nich lebend wiedersehen, Fagin. Denk dran, bevor du ihn mitschickst. Denk an meine Worte!«, sagte der Einbrecher und wog eine Brechstange, die er unter dem Bett hervorgezogen hatte, in seiner Hand.

»Ich habe alles bedacht«, sagte Fagin mit Nachdruck. »Ich habe … ich habe ihn genau beobachtet, meine Freunde, ganz genau. Hat er erst mal das Gefühl, einer von uns zu sein, wenn er begreift, dass er ein Dieb ist … dann gehört er uns! Für immer! Oho, es hätte gar nicht besser kommen können!« Der alte Mann kreuzte die Arme über der Brust und umarmte sich, indem er Kopf und Schultern zusammenzog, vor Freude buchstäblich selbst.

»Uns!«, rief Sikes. »Dir, meinst du wohl.«

»Vielleicht tu ich das, Bill«, sagte Fagin mit einem schrillen Kichern. »Mir, wenn du willst, Bill.«

»Und warum«, fragte Sikes mit finsterem Blick auf seinen feinen Freund, »warum nimmst du so viele Mühen auf dich für'n kreidebleichen Knaben, obwohl du weißt, dass in Covent Garden jede Nacht fünfzig Rotznasen Platte machen, unter denen du frei wählen könntest?«

»Weil sie mir keinen Nutzen bringen, mein Freund«, erwiderte Fagin leicht verlegen, »sie sind's nicht wert. Ihr Aussehen verrät sie sofort, wenn sie in Schwierigkeiten geraten, und ich verliere sie alle. Mit diesem Jungen, meine Lieben, kann ich, wenn er richtig gehandhabt wird, mehr Dinger drehen als mit zwanzig von denen. Außerdem«, fuhr der alte Hehler, der langsam wieder seine Fassung gewann, fort, »hat er uns in der Hand, wenn er uns noch einmal entwischt, deshalb muss er bei uns mitmachen. Egal wie, aber damit ich Macht über ihn bekommen kann, reicht es, wenn er sich an einem Raubzug beteiligt, mehr brauch ich nicht. Na, und wie viel besser ist das doch, als wenn wir uns gezwungen sähen, den armen, kleinen Jungen aus dem Weg zu räumen, was gefährlich wäre, und obendrein ging er uns dadurch verlustig.«

»Wann soll das Ding gedreht werden?«, fragte Nancy, die dadurch einem heftigen Ausbruch seitens Mr. Sikes vorbeugte, der kundtun wollte, welche Abscheu er vor Fagins geheuchelter Menschlichkeit empfand.

»Ach ja, richtig«, sagte der alte Hehler, »wann soll der Bruch stattfinden, Bill?«

»Ich hab's mit Toby für übermorgen nacht verabredet«, erwiderte Sikes mürrisch, »falls er nichts Gegenteiliges von mir hört.«

»Gut«, sagte Fagin, »dann ist Neumond.«

»Richtig«, bestätigte Sikes.

»Und ist alles geregelt, wie die Sore fortgeschafft wird?«, fragte der Hehler.

Sikes nickte.

»Und wegen …«

»Ach was, is alles besprochen«, unterbrach ihn Sikes. »Kümmer dich nich um unsern Kram. Bring lieber morgen abend den Jungen her. Ich will eine Stunde nach Tagesanbruch die Stadt verlassen. Dann brauchst du nur noch den Mund zu halten und den Schmelztiegel bereitzuhalten, das is alles.«

Nach einigem Gerede, an dem sich alle drei lebhaft beteiligten, wurde beschlossen, dass Nancy sich am nächsten Abend bei Einbruch der Dunkelheit zu Fagin begeben und Oliver abholen solle, denn der listige alte Hehler meinte, dass der Junge, sollte er sich dem Vorhaben abgeneigt zeigen, dem Mädchen, das sich erst kürzlich für ihn eingesetzt hatte, bereitwilliger folgen werde als sonst jemandem. Außerdem kam man mit feierlichem Ernst überein, dass der arme Oliver zum Zwecke des geplanten Unternehmens bedingungslos der Obhut und Aufsicht Mr. William Sikes' überantwortet werden solle, und der besagte Sikes darüber hinaus mit ihm nach Belieben verfahren dürfe und von Fagin für keinerlei Missgeschick oder Übel, das dem Jungen widerfahren mochte, verantwortlich gemacht werden könne, desgleichen für keine Bestrafung, deren Anwendung sich vielleicht als notwendig erweisen würde. Es versteht sich von selbst, dass, um ihre Übereinkunft in dieser Hinsicht bindend zu machen, alle Berichte, die Mr. Sikes nach seiner Rückkehr erstatten wird, in allen wichtigen Einzelheiten durch das Zeugnis des schicken Toby Crackit bestätigt und bekräftigt werden müssen.

Nachdem diese Vorkehrungen getroffen waren, begann Mr. Sikes, Unmengen an Schnaps zu trinken und in beängstigender Weise die Brechstange zu schwingen, wobei er zugleich höchst unmelodisch Liedfetzen grölte, in die er wüste Verwünschungen einflocht. Schließlich bestand er in einem Anfall von Berufsstolz darauf, seine Kiste mit den Einbruchswerkzeugen hervorzuholen. Kaum war er damit herbeigestolpert und hatte sie geöffnet, um Sinn und Zweck der darin enthaltenen Utensilien und die besondere Schönheit ihrer Machart zu erläutern, als er über die Kiste zu Boden stürzte und einschlief, wo er hingefallen war.

»Gute Nacht, Nancy«, sagte Fagin und mummte sich ein wie zuvor.

»Gute Nacht.«

Ihre Blicke trafen sich, und Fagin musterte sie eingehend. Das Mädchen zuckte mit keiner Wimper. Sie war so ernst und feierlich bei der Sache, als sei sie Toby Crackit persönlich.

Fagin wünschte ihr erneut eine gute Nacht, versetzte, als das Mädchen ihm den Rücken zuwandte, der hingestreckten Gestalt des Mr. Sikes einen kleinen Tritt und tappte dann die Treppe hinab.

»Immer das gleiche!«, murmelte der Hehler auf dem Heimweg vor sich hin. »Das Schlimmste an diesen Frauen ist, dass schon der geringste Anlass genügt, um ein lang vergessenes Gefühl wachzurufen. Und das Beste ist, dass es nie lange anhält. Hahaha! Der Mann gegen das Kind, für einen Sack voll Gold!«

Mit diesen angenehmen Betrachtungen beschäftigt, begab sich Fagin durch Schmutz und Schlamm zurück zu seinem düsteren Domizil, wo der Dodger noch wach saß und ungeduldig seine Rückkehr erwartete.

»Ist Oliver im Bett? Ich will mit ihm reden«, waren seine ersten Worte, als sie die Treppe hinabstiegen.

»Schon seit Stunden«, entgegnete der Dodger und stieß eine Tür auf. »Da isser!«

Der Junge lag in tiefem Schlaf auf einem rauhen Lager auf dem Boden, so blass vor Sorge, Traurigkeit und der Enge seines Gefängnisses, dass er wie der Tod aussah. Nicht der Tod, wie er sich in Leichentuch und Sarg zeigt, sondern in der Maske, die er trägt, wenn das Leben gerade erst verronnen ist, in dem Augenblick, wenn eine junge und sanfte Seele gen Himmel fliegt und der schweren Luft noch keine Zeit beschieden war, den Staub zu verwehen, den diese Seele einst heiligte.

»Jetzt nicht«, sagte Fagin und wandte sich leise ab. »Morgen. Morgen.«

Zwanzigstes Kapitel

In dem Oliver bei Mr. William Sikes abgeliefert wird.

Als Oliver am Morgen erwachte, war er nicht wenig überrascht, neben seiner Schlafstelle ein neues Paar Schuhe vorzufinden, mit dicken, festen Sohlen, während seine alten Schuhe verschwunden waren. Zuerst freute er sich über diese Entdeckung, weil er hoffte, es könne ein Vorzeichen seiner Freilassung sein, aber solche Gedanken wurden schnell vertrieben, als er allein mit Fagin beim Frühstück saß, denn dieser teilte ihm, in einer Art und Weise, die ihn zutiefst beunruhigte, mit, dass er abends zu Bill Sikes' Schlupfwinkel gebracht werden solle.

»Um … um … dort zu bleiben, Sir?«, fragte Oliver bange.

»Nein, nein, mein Lieber. Nicht, um dort zu bleiben«, antwortete Fagin. »Wir möchten dich doch nicht verlieren. Keine Angst, Oliver, du wirst zu uns zurückkehren, hahaha! So grausam werden wir nicht sein, dich fortzuschicken, mein Freund, aber nein, nicht doch!«

Der alte Mann, der übers Feuer gebeugt ein Stück Brot röstete, drehte sich um, als er Oliver so neckte, und er kicherte, wie um ihm zu sagen, er wisse sehr wohl, dass Oliver am liebsten weglaufen würde, wenn er könnte.

»Ich nehme an«, fuhr Fagin mit festem Blick auf Oliver fort, »du möchtest wissen, warum du zu Bill gehen sollst … nicht wahr, mein Guter?«

Oliver errötete unwillkürlich, weil der alte Dieb seine Gedanken gelesen hatte, erwiderte jedoch tapfer, ja, das wolle er.

»Nun, was denkst du?«, stellte Fagin die Gegenfrage.

»Ich weiß es wirklich nicht, Sir«, antwortete Oliver.

»Bah«, meinte der Hehler und wandte sich, nachdem er das Gesicht des Jungen eingehend gemustert hatte, mit enttäuschter Miene von ihm ab. »Dann warte, bis Bill es dir erzählt.«

Fagin schien sehr verärgert, dass Oliver keine größere Neugier an der Sache zeigte, doch in Wahrheit fühlte sich Oliver, obgleich er sehr beunruhigt war, durch die große Verschlagenheit in Fagins Blicken und seine eigenen Mutmaßungen viel zu verwirrt, um in dem Moment weitere Fragen stellen zu können. Er bekam auch keine Gelegenheit mehr dazu, denn der Hehler blieb äußerst mürrisch und schweigsam, bis er sich abends dazu bereitmachte, außer Haus zu gehen.

»Du kannst dir eine Kerze anzünden«, sagte Fagin, indem er eine auf den Tisch stellte. »Und hier ist ein Buch, in dem du lesen kannst, bis sie dich holen kommen. Gute Nacht!«

»Gute Nacht!«, erwiderte Oliver leise.

Fagin ging zur Tür und schaute dabei über seine Schulter auf den Jungen. Plötzlich blieb er stehen und rief ihn beim Namen.

Oliver schaute hoch, Fagin zeigte auf die Kerze und bedeutete ihm, sie anzuzünden. Der Junge gehorchte, und als er den Kerzenhalter auf den Tisch stellte, bemerkte er, wie der Hehler ihn mit drohend gerunzelten Brauen aus der dunklen Ecke des Zimmers anstarrte.

»Sieh dich vor, Oliver, sieh dich vor!«, sagte der alte Mann und schüttelte warnend seine Rechte. »Sikes ist ein rauher Geselle und scheut sich nicht, Blut zu vergießen, wenn das seine in Wallung gerät. Was auch geschehen mag, halt den Mund und tu, was er dir sagt. Merk dir das!« Die letzten drei Worte sprach er mit besonderem Nachdruck, ließ seine Züge allmählich zu einem scheußlichen Grinsen gerinnen, nickte dann kurz und ging hinaus.

Als Fagin verschwunden war, stützte Oliver den Kopf auf die Hände und sann mit bangem Herzen über die Worte nach, die er gerade vernommen hatte. Je länger er über die Ermahnung des alten Hehlers nachdachte, desto weniger vermochte er ihren wahren Sinn und Zweck zu erklären. Er konnte sich keine Schurkereien ausmalen, bei denen es einen Unterschied machte, ob er zu Sikes geschickt würde oder bei Fagin bliebe, und nach langem Grübeln kam er zu dem Schluss, er sei dazu ausersehen worden, dem Einbrecher kleinere Hilfsdienste zu leisten, bis sie dafür einen anderen, für diesen Zweck besser geeigneten Jungen fanden. Er war zu sehr an Leid gewöhnt und hatte auch dort, wo er gerade war, genug gelitten, um diese in Aussicht stehende Veränderung ernstlich zu beklagen. Er blieb noch eine Weile in Gedanken versunken, kappte dann mit einem großen Seufzer den Docht der Kerze, nahm das Buch, welches ihm Fagin dagelassen hatte, zur Hand und begann zu lesen.

Anfangs blätterte er achtlos die Seiten um, aber dann erregte eine Stelle seine Aufmerksamkeit, und sein Interesse für das Buch war bald entfacht. Es handelte vom Leben und den Untaten berüchtigter Verbrecher, und die Seiten waren schmierig und zerfleddert. Oliver las von fürchterlichen Verbrechen, die einem das Blut erstarren ließen, von heimlichen Morden, verübt auf einsamer Wegstrecke, und Leichnamen, vor den Augen der Menschen verborgen in tiefen Gruben und Brunnen, in denen sie, tief wie jene auch waren, jedoch nicht blieben, sondern schließlich nach vielen Jahren wieder zum Vorschein kamen und mit ihrem Anblick die Mörder in den Wahnsinn trieben, so dass sie in ihrem

Entsetzen ihre Schuld gestanden und nach dem Galgen verlangten, der ihrer Seelenqual ein Ende bereiten sollte. Und er las auch von Männern, die in finsterer Nacht wach in ihren Betten lagen und (wie sie behaupteten) von ihren bösen Gedanken zu grausigen Bluttaten verführt und verleitet wurden, dass einem allein beim Gedanken daran schauderte und man am ganzen Leib zitterte. Die entsetzlichen Schilderungen waren so echt und lebendig, dass die verblichenen Seiten sich blutrot zu färben schienen, und die dort geschriebenen Worte klangen ihm im Ohr, als würden sie von den Geistern der Toten mit einem hohlen Raunen geflüstert.

Der Junge bekam es mit der Angst zu tun, schlug das Buch zu und warf es fort. Dann fiel er auf die Knie und betete, der Himmel möge ihn vor solchen Taten bewahren und ihn lieber auf der Stelle sterben lassen, als ihn für derart abscheuliche und schreckliche Verbrechen aufzusparen. Allmählich beruhigte er sich wieder und flehte mit leiser, gebrochener Stimme, er möge aus seinen gegenwärtigen Bedrängnissen errettet werden, und wenn es überhaupt Hilfe gäbe für einen armen, ausgestoßenen Jungen, der nie die Liebe von Freunden oder Verwandten erfahren habe, dann solle sie ihm jetzt zuteil werden, wo er sich einsam und verlassen inmitten von Sünde und Schuld befände.

Sein Gebet war beendet, doch hielt er sein Gesicht noch immer in den Händen vergraben, als ein Rascheln ihn hochschrecken ließ.

»Was ist das?«, schrie er, sprang auf und erblickte eine Gestalt, die an der Tür stand. »Wer ist dort?«

»Ich. Nur ich«, antwortete eine bebende Stimme.

Oliver hob die Kerze über den Kopf und blickte zur Tür. Es war Nancy.

»Nimm die Kerze runter«, sagte das Mädchen und wandte ihren Kopf ab. »Sie blendet mich.«

Oliver, der sah, dass sie sehr blass war, fragte freundlich, ob sie krank sei. Das Mädchen ließ sich mit dem Rücken zu ihm auf einen Stuhl fallen und rang ihre Hände, antwortete jedoch nicht.

»Gott vergib mir!«, rief sie nach einer Weile. »Das habe ich nie gewollt.«

»Was ist passiert?«, fragte Oliver. »Kann ich Euch helfen? Ich werde gern alles tun, was ich kann.«

Sie wiegte sich vor und zurück, fasste sich mit der Hand an die Kehle, gab einen röchelnden Laut von sich und schnappte keuchend nach Luft.

»Nancy!«, rief Oliver. »Was ist los?«

Das Mädchen schlug mit den Händen auf ihre Knie und stampfte mit den Füßen auf den Boden, dann hielt sie plötzlich inne, zog ihr Schultertuch fester um sich und bebte vor Kälte.

Oliver fachte das Feuer an. Sie rückte mit ihrem Stuhl dicht heran und saß eine Weile dort, ohne zu sprechen, aber schließlich hob sie den Kopf und schaute sich um.

»Ich weiß nicht, was mich manchmal überkommt«, sagte sie und tat, als striche sie ihre Kleider glatt, »ich glaube, es ist dieses schmutzige, feuchte Zimmer. Nun, mein lieber Nolly, bist du bereit?«

»Um mit Euch zu gehen?«, fragte Oliver.

»Ja. Bill schickt mich«, erwiderte das Mädchen. »Du sollst mit mir kommen.«

»Warum?«, fragte Oliver zurückweichend.

»Warum!«, wiederholte das Mädchen, hob ihre Augen und

wandte sie im gleichen Augenblick, als ihr Blick auf das Gesicht des Jungen fiel, wieder ab. »Oh, wegen nichts Bösem.«

»Das glaube ich nicht«, sagte Oliver, der sie aufmerksam beobachtet hatte.

»Wie du willst«, entgegnete das Mädchen mit angestrengtem Lachen. »Dann also wegen nichts Gutem.«

Oliver bemerkte, dass er die besseren Gefühle des Mädchens anzusprechen vermochte, und einen Augenblick lang überlegte er, an ihr Mitgefühl für seine hilflose Lage zu appellieren. Aber dann kam ihm plötzlich der Gedanke, dass es kaum elf Uhr sein konnte und noch immer viele Leute auf den Straßen unterwegs waren, unter denen sich bestimmt jemand befand, der seiner Geschichte Glauben schenken würde. Als ihm dies in den Sinn kam, trat er vor und erklärte hastig, er sei bereit.

Weder seine kurze Überlegung noch deren Inhalt war seiner Begleiterin entgangen. Sie sah ihn scharf an, als er sprach, und warf ihm einen vielsagenden Blick zu, der deutlich zeigte, dass sie erraten hatte, was ihm in den Sinn gekommen war.

»Leise!«, flüsterte das Mädchen, beugte sich über ihn und deutete auf die Tür, während sie sich vorsichtig umschaute. »Du kannst dir nicht selbst helfen. Ich habe alles für dich versucht, doch es war vergebens. Es gibt kein Entkommen. Heut nacht wirst du bestimmt nicht fliehen können, vielleicht kommt ein andermal eine Gelegenheit.«

Von der Bestimmtheit ihrer Rede betroffen, schaute Oliver erstaunt zu ihr auf. Sie schien die Wahrheit zu sagen, ihr Gesicht war bleich und erregt, und sie bebte vor inbrünstiger Aufrichtigkeit.

»Ich habe dich schon einmal vor Schlägen bewahrt und werde

es wieder tun. Ich tu es auch jetzt«, fuhr das Mädchen laut sprechend fort, »denn die dich geholt hätten, wäre ich nicht gekommen, würden ganz anders mit dir umgesprungen sein. Ich habe mich dafür verbürgt, dass du ruhig und folgsam sein wirst. Bist du es nicht, schadest du dir nur selbst, und mir auch. Es könnte gar mein Tod sein. Schau her! Das habe ich bereits deinetwegen ertragen, Gott ist mein Zeuge, so wahr ich hier stehe.«

Sie deutete schnell auf ein paar blaue Flecken an Hals und Armen und fuhr hastig fort:

»Denk daran! Und lass mich im Augenblick nicht noch mehr für dich erleiden. Könnt ich dir helfen, würde ich's tun, es steht jedoch nicht in meiner Macht. Sie wollen dir nichts zuleide tun, und wozu sie dich auch zwingen, dich wird keine Schuld treffen. Schweig still! Jedes Wort von dir versetzt mir einen Schlag. Gib mir deine Hand. Mach schon! Deine Hand!«

Sie ergriff die Hand, die Oliver ihr unwillkürlich entgegenstreckte, blies die Kerze aus und zog ihn hinter sich die Treppen hinauf. Die Tür wurde schnell von jemand, der im Dunkeln verborgen stand, geöffnet und hinter ihnen genauso schnell wieder geschlossen. Draußen wartete eine einspännige Mietdroschke, und mit derselben Leidenschaft, mit der sie auf Oliver eingeredet hatte, zog das Mädchen ihn jetzt mit sich hinein und zog die Vorhänge zu. Der Kutscher fragte nicht wohin, sondern trieb sein Pferd ohne einen Augenblick des Zögerns zu höchster Eile an.

Das Mädchen hielt Oliver noch immer fest bei der Hand und fuhr fort, ihm die Warnungen und Zusicherungen, die sie bereits gegeben hatte, ins Ohr zu flüstern. All das geschah so schnell und eilig, dass ihm kaum Zeit blieb, zu überlegen, wo er sich befand oder wie er hergekommen war, als die Droschke auch schon vor dem Haus hielt, zu dem Fagin am Abend zuvor seine Schritte gelenkt hatte.

Oliver warf kurz einen raschen Blick die leere Straße hinab, und schon wollte ihm ein Hilfeschrei über die Lippen kommen, doch die Stimme des Mädchens drang an sein Ohr und flehte ihn mit solcher Todesangst an, er möge sie nicht verraten, dass er es nicht übers Herz brachte, den Schrei auszustoßen. Während er noch zögerte, verstrich die Gelegenheit, denn nun war er bereits im Haus, und die Tür fiel zu.

»Hier entlang«, sagte das Mädchen und lockerte zum ersten Mal ihren Griff. »Bill!«

»Hallo!«, antwortete Sikes, der mit einer Kerze am oberen Ende der Treppe erschien. »Oh! Welch schöne Überraschung. Herein mit euch!«

Das waren sehr wohlwollende Worte und ein ungewöhnlich freundliches Willkommen für einen Menschen von Mr. Sikes' Wesensart. Nancy, die darüber sehr erfreut schien, begrüßte ihn herzlich.

»Bulleye ist mit Tom nach Hause gegangen«, bemerkte Sikes, als er ihnen die Stufen hinaufleuchtete. »Er wär nur im Weg gewesen.«

»Das stimmt«, pflichtete Nancy bei.

»Da haste also den Jungen mitgebracht«, sagte Sikes, als sie ins Zimmer traten, und schloss dabei die Tür.

»Ja, hier ist er«, antwortete Nancy.

»Und isser brav gefolgt?«, fragte Sikes.

»Wie ein Lämmchen«, erwiderte Nancy.

»Das hör ich gern«, sagte Sikes und schaute Oliver grimmig an, »denn sonst hätt sein junger Leib sicher Schaden genommen.

Komm her, Kleiner, ich werd dir gleich ne Lektion erteilen, dann haben wir's hinter uns.«

Während er seinen neuen Lehrjungen derart anredete, riss Mr. Sikes Oliver die Mütze vom Kopf und warf sie in eine Ecke, dann packte er ihn bei den Schultern, setzte sich an den Tisch und stellte den Jungen vor sich hin.

»Also, erstens, weißt du, was das is?«, fragte Sikes und nahm dabei eine kleine Pistole vom Tisch auf.

Oliver bejahte.

»Gut, dann sieh her«, fuhr Sikes fort. »Das is Pulver, das hier ne Kugel und das'n Stück alter Hutfilz als Ladestock.«

Oliver murmelte zu den verschiedenen vorgeführten Gegenständen Worte des Verstehens, und Mr. Sikes begann mit äußerster Sorgfalt und Genauigkeit, die Pistole zu laden.

»Jetzt isse geladen«, sagte Mr. Sikes, als er fertig war.

»Ja, das sehe ich, Sir«, erwiderte Oliver.

»Gut«, sagte der Einbrecher, packte den Jungen fest am Handgelenk und hielt den Lauf so dicht an seine Schläfe, dass er sie berührte und Oliver unwillkürlich zurückschreckte, »wenn du nur ein Wort sagst, sobald wir draußen sind, ohne dass ich dich frag, dann haste sofort die Kugel im Kopf stecken. Wenn du also ohne Erlaubnis den Mund aufmachen willst, dann sprich vorher dein Gebet.«

Nachdem er denjenigen, dem diese Warnung galt, mit einem finsteren Blick bedacht hatte, um ihre Wirkung zu verstärken, fuhr Mr. Sikes fort.

»Soweit ich weiß, gibt's keinen, der sich groß nach dir erkundigen würde, wenn man dich wirklich umlegen täte, also könnt ich mir diese ganze gottverdammte Mühe sparen, dir alles zu erklärn, wenn's nich zu deinem eignen Besten wär. Haste mich verstanden?«

»Kurz und gut«, bemerkte Nancy mit eindringlicher Stimme und sah Oliver von der Seite an, damit er ihren Worten aufmerksam lausche, »du willst sagen, wenn er dir bei der Arbeit, die du zu tun gedenkst, in die Quere kommt, wirst du ihm in den Kopf schießen, damit er hinterher nichts mehr ausplaudern kann, und riskierst, dafür aufgeknüpft zu werden, so wie du es jeden Monat für viele Dinge, die zum Geschäft gehören, tust.«

»Genau!«, rief Mr. Sikes zustimmend. »Weiber bringen die Sachen doch immer auf'n Punkt. Außer wenn's ans Zanken geht, dann finden se kein Ende. Und da er jetzt Bescheid weiß, lasst uns zu Abend essen und noch'n Nickerchen machen, bevor's losgeht.«

Auf diese Aufforderung hin deckte Nancy geschwind den Tisch, verschwand dann einen Augenblick, um gleich darauf mit einem Krug Porter und einer Schüssel mit geschmortem Schafskopf zurückzukehren, was Mr. Sikes Gelegenheit zu zahlreichen witzigen Bemerkungen gab, die alle auf den einen Zufall gründeten, dass »Schafskopf« in der Gaunersprache auch die Bezeichnung für ein sinnreiches Werkzeug war, das in seinem Gewerbe häufig Anwendung fand. Überhaupt befand sich der ehrenwerte Herr, vielleicht durch die Aussicht auf die unmittelbar bevorstehende berufliche Betätigung, in gehobener Stimmung und bei bester Laune; als Beleg dafür soll hier erwähnt werden, dass er das ganze Bier genüsslich in einem Zug austrank und während der gesamten Mahlzeit nicht mehr als, grob geschätzt, vier Dutzend Flüche von sich gab.

Als das Abendessen beendet war – man kann sich gut vorstellen, dass Oliver keinen großen Appetit hatte –, leerte Mr. Sikes ein paar Gläser mit verdünntem Schnaps, warf sich aufs Bett und mahnte Nancy unter vielen Drohungen, sie solle es nicht versäumen, ihn um Punkt fünf Uhr zu wecken. Oliver streckte sich, auf Befehl desselben Gebieters, bekleidet auf eine Matratze am Boden aus, und das Mädchen hütete das Feuer, vor dem sie Platz genommen hatte, und hielt sich bereit, sie zur verabredeten Zeit zu wecken.

Oliver lag noch lange wach, da er es für möglich hielt, Nancy könne die Gelegenheit nutzen, ihm noch weitere Ratschläge zuzuflüstern, doch das Mädchen hockte grübelnd am Feuer und rührte sich nur, um dann und wann den Docht der Kerze zu kappen. Erschöpft von Wachen und Sorgen fiel er schließlich in tiefen Schlaf.

Als er erwachte, stand das Teegeschirr auf dem Tisch, und Sikes stopfte verschiedene Gegenstände in die Taschen seines Überrocks, der über einer Stuhllehne hing, während Nancy damit beschäftigt war, ein Frühstück zu richten. Es war noch nicht Tag, denn die Kerze brannte, und draußen herrschte Dunkelheit. Zudem schlug ein starker Regen gegen die Fensterscheiben, und der Himmel sah schwarz und wolkenverhangen aus.

»Also los!«, knurrte Sikes, als Oliver aufsprang, »halb sechs! Mach schnell, oder du kriegst kein Frühstück, es is schon spät.«

Oliver brauchte nicht lange für seine Morgentoilette, und nachdem er ein wenig gefrühstückt hatte, erwiderte er auf Sikes' mürrische Frage, er sei bereit.

Nancy warf dem Jungen, ihn kaum beachtend, ein Tuch zu, damit er es sich um den Hals binde, und Sikes gab ihm einen großen, derben Umhang, den er sich um die Schultern knöpfen sollte. So ausgestattet streckte er dem Einbrecher seine Hand hin, der sie mit festem Griff in die seine nahm und nur kurz innehielt, um ihm mit drohender Gebärde zu zeigen, dass die Pistole in der Seitentasche seines Überrocks steckte. Dann tauschte er mit Nancy einen Abschiedsgruß und nahm ihn mit fort.

Als sie bei der Tür waren, drehte sich Oliver kurz um, in der Hoffnung, dem Blick des Mädchens zu begegnen. Doch sie hatte wieder ihren alten Platz am Feuer eingenommen und rührte sich nicht.

Einundzwanzigstes Kapitel

Der Fußmarsch.

Es war ein trostloser Morgen, als sie auf die Straße traten, es wehte und regnete stark, und die Wolken wirkten dunkel und bedrohlich. Der Regen der Nacht hatte sich in großen Pfützen auf der Straße gesammelt, und die Rinnsteine standen unter Wasser. Am Himmel dämmerte schwach der Morgen, doch dadurch wurde die düstere Stimmung eher noch verstärkt als gemildert. Das trübe Licht ließ bloß das der Straßenlaternen verblassen, ohne die nassen Dächer und tristen Straßen in freundlichere oder wärmere Farbtöne zu tauchen. Dieses Viertel der Stadt schien wie ausgestorben, denn an den Häusern waren alle Fensterläden fest verschlossen, und die Straßen, durch die sie gingen, lagen still und leer da.

Als sie in die Bethnal Green Road einbogen, begann es endlich richtig hell zu werden. Viele Laternen waren bereits erloschen, ein paar Bauernkarren mühten sich langsam Richtung London, hin und wieder ratterte eine mit Matsch bespritzte Postkutsche rasch vorüber, und der Kutscher verpasste im Vorbeifahren dem schwerfälligen Fuhrmann, der die falsche Straßenseite benutzte, einen mahnenden Peitschenhieb, weil dieser ihn in die Gefahr brachte, die Poststation mit einer Viertelminute Verspätung zu erreichen. Die Wirtshäuser, in denen Gaslampen brannten, hatten bereits geöffnet. Nach und nach wurden auch andere Läden aufgemacht, und man traf auf ein paar verstreute Passanten. Dann kamen Gruppen von Tagelöhnern auf dem Weg zur Arbeit, dann Männer und Frauen mit Fischkörben auf den Köpfen, mit Gemüse beladene Eselskarren, Fuhrwerke voll lebendem oder geschlachtetem Vieh, Milchmägde mit Eimern und eine nicht enden wollende Reihe von Leuten, die mit den verschiedensten Waren zu den östlichen Vororten der Stadt trotteten. Je näher sie der City kamen, desto mehr nahmen Lärm und Verkehr zu, und als sie sich durch die Straßen zwischen Shoreditch und Smithfield drängten, war beides zu einem einzigen lauten Tosen angewachsen. Heller würde es nun den ganzen Tag lang nicht mehr werden, und für die halbe Londoner Bevölkerung hatte das geschäftige morgendliche Treiben begonnen.

Nachdem sie durch Sun Street und Crown Street geeilt waren und den Finsbury Square überquert hatten, nahm Mr. Sikes die Chiswell Street Richtung Barbican, bog dann in die Long Lane und gelangte so zum Smithfield, der mit einem solchen Tumult und Gekreisch erfüllt war, dass Oliver Twist nur staunen konnte.

Es war Markttag. Der Boden war fast knöcheltief mit Dreck und Unrat bedeckt, und über allem lag schwer ein dicker Dunst, der unablässig von den dampfenden Leibern des Viehs aufstieg und sich mit dem Nebel mischte, der zwischen den Kaminen zu hängen schien. Alle Viehverschläge in der Mitte des großen Platzes und auch die vielen, die man behelfsmäßig an jeder freien Stelle aufgeschlagen hatte, waren voller Schafe, und an den Rinnsteinen standen, in drei oder vier Reihen nebeneinander, Rinder und Ochsen an Pfählen angebunden. Bauernvolk, Schlachter, Viehtreiber, Händler, Jungen, Diebe, Müßiggänger und Strolche der übelsten Sorte verschmolzen zu einer dichten Masse. Die Pfiffe der Viehtreiber, das Kläffen der Hunde, das Brüllen und Ausschlagen der Ochsen, das Blöken der Schafe, das Grunzen und Quieken der Schweine, die Schreie der Händler, das Rufen, Fluchen und

Streiten überall, das Läuten der Glocken und das dröhnende Stimmengewirr, das aus jedem Wirtshaus drang, das Gewühle, das Stoßen, Schieben, Schubsen, das Rufen und Gejohle, der grässliche und misstönende Lärm, der aus jeder Ecke des Marktes widerhallte, und die ungewaschenen, unrasierten, verwahrlosten und verdreckten Gestalten, die ständig auf und ab liefen, sich ins Gedränge stürzten und wieder daraus hervorbrachen, all das bot ein überwältigendes und irremachendes Schauspiel, das einem völlig die Sinne verwirrte.

Mr. Sikes, der Oliver hinter sich herzerrte, bahnte sich mit den Ellbogen einen Weg mitten durch die Menge und schenkte den vielen Absonderlichkeiten und Geräuschen, die den Jungen so sehr erstaunten, kaum Beachtung. Er nickte im Vorbeigehen zwei- oder dreimal einem Freund zu und drängte, während er ebenso vielen Einladungen zu einem Frühschoppen widerstand, immer weiter vorwärts, bis sie aus dem Getümmel draußen waren und ihren Weg durch die Hosier Lane nach Holborn fortsetzten.

»Los jetzt, Kleiner«, sagte Sikes mit Blick auf die Uhr der Kirche von St. Andrew, »kurz vor sieben. Leg nen Schritt zu, du Schlafmütze, und mach nich jetzt schon schlapp!«

Mr. Sikes begleitete diese Worte mit einem Ruck am Handgelenk seines kleinen Gefährten, und Oliver, der sein Tempo zu einer Art von Trab zwischen schnellem Gehen und Rennen steigerte, versuchte, so gut er konnte, mit dem Einbrecher Schritt zu halten.

In dieser Geschwindigkeit setzten sie ihren Weg fort, und erst, als sie an Hyde Park Corner vorbei waren und Richtung Kensington gingen, drosselte Sikes das Tempo, bis sie ein leerer Karren, der hinter ihnen herfuhr, eingeholt hatte. Da er sah, dass auf dem Karren »Hounslow« geschrieben stand, fragte er den Fuhrmann mit all der Höflichkeit, zu der er imstande war, ob er sie bis nach Isleworth mitnehmen könne.

»Springt auf«, sagte der Mann. »Ist das Euer Junge?«

»Ja, das is mein Junge«, antwortete Sikes, blickte Oliver scharf an und schob wie zufällig seine Hand in die Tasche, in der die Pistole steckte.

»Dein Vater geht wohl ein wenig zu schnell für dich, was, kleiner Mann?«, erkundigte sich der Fuhrmann, der bemerkte, dass Oliver außer Atem war.

»Überhaupt nich«, mischte sich Sikes ein. »Das isser gewohnt. Hier, Ned, nimm meine Hand. Rauf mit dir!«

Mit diesen Worten half er Oliver auf den Karren, während der Fuhrmann auf einen Haufen Säcke zeigte und ihm bedeutete, er könne sich darauf hinlegen und ausruhen.

Als sie die verschiedenen Meilensteine passierten, fragte Oliver sich immer verwunderter, wohin ihn sein Gefährte wohl bringen mochte. Kensington, Hammersmith, Chiswick, Kew Bridge und Brentford hatten sie bereits hinter sich gelassen und fuhren doch noch immer so unverdrossen weiter, als ob sie ihre Reise gerade erst begonnen hätten. Schließlich erreichten sie ein Gasthaus mit dem Namen *Coach and Horses*, hinter dem eine andere Landstraße abzuzweigen schien. Dort hielt der Karren an.

Sikes stieg mit großer Eile ab, wobei er Oliver die ganze Zeit fest an der Hand hielt, und als er ihn herunterhob, warf er ihm einen grimmigen Blick zu und klopfte mit seiner Faust vielsagend auf seine Rocktasche.

»Auf Wiedersehen, Junge«, sagte der Mann.

»Er is trotzig«, erwiderte Sikes und versetzte ihm einen Stoß, »ein verstockter kleiner Kerl. Stört Euch nich dran.«

»Gewiss nicht«, entgegnete der andere und stieg wieder auf seinen Karren, »dafür ist heute ein viel zu schöner Tag!« Und damit fuhr er davon.

Sikes wartete, bis er außer Sichtweite war, und sagte zu Oliver, er könne sich ruhig nach ihm umschauen, wenn er wolle. Dann setzten sie ihren Marsch fort.

Kurz hinter dem Gasthaus bogen sie nach links ab und nahmen dann eine Landstraße zur Rechten. Hier gingen sie lange Zeit an vielen großen Gärten und vornehmen Villen vorbei, die zu beiden Seiten des Weges lagen, und hielten nur kurz an, um ein Bier zu trinken, bis sie eine Stadt erreichten. Dort sah Oliver, wie auf einer Hauswand in sehr großen Buchstaben »Hampton« geschrieben stand. Sie trieben sich erst ein paar Stunden auf den umliegenden Feldern herum, bevor sie wieder in die Stadt zurückgingen. Dort kehrten sie in einen alten Gasthof mit verwittertem Wirtshausschild ein und bestellten in der Küche eine Mahlzeit am Herdfeuer.

Die Küche war ein alter Raum mit niedriger Decke, über deren Mitte ein mächtiger Querbalken verlief. Am Feuer standen Bänke mit hohen Lehnen, auf denen ein paar derbe Gesellen in Bauernkitteln saßen, die rauchten und tranken. Von Oliver nahmen sie überhaupt keine Notiz und von Sikes nur sehr wenig, und da Sikes auch kaum Notiz von ihnen nahm, saßen er und sein junger Gefährte abseits in einer Ecke, ohne von ihrer Anwesenheit groß behelligt zu werden.

Sie aßen etwas kalten Braten und blieben, während Mr. Sikes

drei oder vier Pfeifen schmauchte, danach noch so lange dort, dass Oliver schon dachte, sie würden nicht mehr weitergehen. Da er früh aufgestanden und vom langen Marsch so erschöpft war, döste er zuerst ein wenig und fiel dann, von Müdigkeit und Tabakqualm überwältigt, in tiefen Schlaf.

Es war bereits dunkel, als ihn ein Stoß von Sikes weckte. Nachdem er wieder so weit zu sich gekommen war, um sich aufzusetzen und umzuschauen, sah er diesen Ehrenmann mit einem Landarbeiter bei einer Pinte Bier im kameradschaftlichen Gespräch vertieft.

»So, Ihr wollt also weiter nach Lower Halliford, was?«, erkundigte sich Sikes.

»Jawoll, das will ich«, erwiderte der Mann, der dem Trunke nicht abgeneigt, um nicht zu sagen äußerst zugeneigt schien, »und zwar nich langsam. Mein Gaul hat jetzt keine Last mehr zu ziehen, wie noch heut morgen aufm Herweg, also wird er nich lang brauchen. Auf sein Wohl! Prosit! Braves Tier!«

»Könntet Ihr mich und mein Jungen bis dorthin mitnehmen?«, fragte Sikes und schob seinem neuen Freund das Bier zu.

»Wenn Ihr sofort loswollt, dann ja«, antwortete der Mann, den Krug absetzend. »Geht's nach Halliford?«

»Nein, weiter nach Shepperton«, erwiderte Sikes.

»Nun, so weit, wie ich fahre, könnt ihr mit«, sagte der Mann. »Zahlen, Becky!«

»Der andere Herr hat schon alles gezahlt«, antwortete das Wirtsmädchen.

»Na so was!«, rief der Mann mit dem feierlichen Ernst, der Trunkenen zu eigen ist. »Aber das geht doch nich!«

»Warum nich?«, fragte Sikes. »Ihr wollt uns'n Gefallen tun,

warum sollte ich Euch dafür nich auf ein oder zwei Pinten einladen können?«

Der Fremde sann mit ernster Miene über dieses Argument nach und griff, als er damit fertig war, Sikes bei der Hand und erklärte, dieser sei wirklich ein feiner Kerl. Worauf Mr. Sikes erwiderte, er mache wohl Scherze. Wäre der andere nüchtern gewesen, hätte es in der Tat guten Grund zu dieser Annahme gegeben.

Nach dem Austausch einiger weiterer Komplimente wünschten sie der übrigen Gesellschaft eine gute Nacht und gingen hinaus. Währenddessen räumte das Wirtsmädchen die Krüge und Gläser ab und schlenderte damit vor die Tür, um ihrer Abfahrt zuzusehen.

Das Pferd, auf dessen Wohl in seiner Abwesenheit getrunken worden war, stand draußen und war bereits am Karren angeschirrt. Oliver und Sikes stiegen, ohne weitere Umstände zu machen, auf, und der Mann, dem der Karren gehörte, verbrachte noch ein paar Minuten damit, dem Pferd den Aufsatzzügel anzulegen und den Stallburschen und alle Welt aufzufordern, das sollten sie ihm erst einmal nachmachen, bevor er ebenfalls aufstieg. Dann gab er dem Stallburschen Anweisung, das Pferd loszulassen, das von seiner so gewonnenen Freiheit gleich auf unangenehme Art und Weise Gebrauch machte, indem es den Kopf höchst unwillig in die Luft warf und gegen die Stubenfenster auf der anderen Straßenseite rannte. Nachdem es diese Kunststückchen vollführt und sich eine Weile damit vergnügt hatte, auf den Hinterbeinen zu stehen, schoss es in hohem Tempo davon und galoppierte feurig zur Stadt hinaus.

Es war eine stockdunkle Nacht. Aus dem Fluss und dem sumpfigen Umland stieg ein feuchter Nebel, der sich über die öden Felder legte. Obendrein herrschte eine schneidende Kälte, und alles war düster und schwarz. Niemand sprach ein Wort, denn der Fuhrmann war müde geworden und Sikes nicht in der Stimmung, ihn in ein Gespräch zu verwickeln. Oliver hockte zusammengekauert in einer Ecke des Karrens, wirr von Furcht und böser Vorahnung, und erblickte seltsame Gestalten in den dürren Bäumen, deren Zweige unheimlich auf und nieder wippten, als bereite ihnen die Trostlosigkeit des Ortes eine seltsame Freude.

Als sie an der Kirche von Sunbury vorbeikamen, schlug die Uhr sieben. Aus dem Fenster des Fährhauses gegenüber fiel Licht auf die Straße und ließ einen dunklen Eibenbaum, der sich über Gräber beugte, noch tiefer in den Schatten sinken. Nicht weit entfernt erklang das eintönige Rauschen fließenden Wassers, und die Blätter des alten Baumes raschelten sanft im Nachtwind. Es schien eine leise Melodie für die Ruhe der Toten zu sein.

Sie durchquerten Sunbury und gelangten abermals auf die einsame Landstraße. Nach weiteren zwei oder drei Meilen hielt der Karren an. Sikes stieg ab, nahm Oliver an die Hand, und wieder einmal ging es zu Fuß weiter.

In Shepperton kehrten sie nicht, wie der erschöpfte Junge erwartet hatte, in ein Haus ein, sondern setzten ihren Fußmarsch fort, durch Matsch und Dunkelheit, durch finstere Heckenwege und über kalte Einöden, bis sie in nicht allzu großer Entfernung die Lichter einer Stadt erblickten. Als er angestrengt nach vorne spähte, sah Oliver, dass der Fluss direkt unter ihnen lag und sie zum Fuß einer Brücke kamen.

Sikes lief geradewegs weiter, bis sie dicht vor der Brücke waren, als er plötzlich nach links zum Ufer hinunter abbog.

»Der Fluss!«, dachte Oliver, dem vor Angst schlecht wurde.

»Er hat mich an diesen einsamen Ort gebracht, um mich zu ermorden!«

Er wollte sich eben zu Boden werfen und um sein junges Leben kämpfen, als er sah, dass sie vor einem einzelnen, völlig verfallenen Haus standen. Zu beiden Seiten des baufälligen Eingangs befanden sich ein Fenster und darüber ein Stockwerk, doch nirgends war Licht zu sehen. Es lag dunkel und verlassen da und war allem Anschein nach unbewohnt.

Sikes, der Oliver noch immer an der Hand hielt, näherte sich leise dem niedrigen Vordach und drückte die Klinke. Die Tür gab dem Druck nach, und sie traten beide ein.

Zweiundzwanzigstes Kapitel

Der Einbruch.

»Hallo!«, rief eine laute, krächzende Stimme, sobald sie ihren Fuß in den Hausflur gesetzt hatten.

»Mach nich so'n Lärm«, sagte Sikes und verriegelte die Tür. »Bring mal ne Kerze, Toby.«

»Aha, mein Kumpan!«, rief dieselbe Stimme. »Eine Kerze, Barney, eine Kerze! Führ den Herrn herein, Barney, aber wach vorher auf, wenn's dir keine allzu großen Umstände macht.«

Der Sprecher schien einen Stiefelknecht oder dergleichen nach der angeredeten Person zu werfen, um sie aus ihrem Schlummer zu wecken, denn es war zu hören, wie ein hölzerner Gegenstand hart auf den Boden aufschlug, und dann vernahm man einen Mann im Halbschlaf undeutlich etwas brummen.

»Haste nicht gehört?«, fragte die Stimme. »Da steht Bill Sikes im Hausflur und wartet auf das Empfangskomitee, und du pennst so selig, als hätteste zum Abendbrot Opium gefressen. Willste wohl aufstehen, oder muss ich erst mit ner Knarre kommen, um dir Beine zu machen?«

Als Antwort auf diese Frage schlurften hastig ein Paar Füße über den blanken Zimmerboden, und aus einer Tür zur Rechten kam zuerst ein trübes Kerzenlicht zum Vorschein, dann folgte die Gestalt des nämlichen, schon zuvor beschriebenen Individuums, das unter dem Sprachfehler des Näselns leidet und im Gasthaus in der Saffron Hill das Amt des Wirtsburschen bekleidet.

»Bister Sikes!«, näselte Barney mit echter oder geheuchelter Freude. »Kommbt herein, Sir, kommbt herein.«

»Los, du zuerst«, sagte Sikes und schob Oliver voran. »Schneller, sonst tret ich dir in die Hacken.«

Einen Fluch über Olivers Langsamkeit brummend stieß Sikes den Jungen vor sich her, und sie betraten ein dunkles Zimmer mit einem qualmenden Feuer, zwei oder drei zerbrochenen Sesseln, einem Tisch und einer uralten Couch, auf der sich, die Füße hochgelegt, ein Mann zu voller Länge ausgestreckt hatte und eine lange Tonpfeife rauchte. Er trug einen elegant geschnittenen zimtfarbenen Gehrock mit großen Messingknöpfen, ein orangefarbenes Halstuch, eine geschmacklose grelle Weste mit türkischem Muster und mausgraue Kniehosen. Mr. Crackit (denn um ihn handelte es sich) hatte keinen besonders üppigen Haarwuchs, weder auf dem Kopf noch im Gesicht, aber was er an Haaren besaß, war von rötlicher Färbung und in lange Korkenzieherlocken gezwungen, durch die er sich gelegentlich mit seinen ungemein schmutzigen, mit protzigen Ringen geschmückten Fingern fuhr. Er war etwas mehr als mittelgroß und hatte offenbar ein wenig schwächliche Beine, dieser Umstand schmälerte jedoch in keiner Weise seine Bewunderung für seine Stulpenstiefel, die er in ihrer erhöhten Lage mit äußerster Zufriedenheit betrachtete.

»Bill, mein Junge!«, sagte diese Gestalt und drehte den Kopf zur Tür. »Bin erfreut, dich zu sehen. Begann schon zu fürchten, du hättest aufgegeben. In dem Fall hätt ich das Ding allein gedreht. Hallo!«

Bei diesem Ausruf im Ton größter Überraschung, als er Oliver erblickte, setzte sich Mr. Toby Crackit mit einem Ruck auf und begehrte zu wissen, wer der Junge sei.

»Der Junge. Bloß der Junge!«, erwiderte Sikes und zog sich einen Stuhl ans Feuer.

»Einer von Bister Fagins Knaben«, erklärte Barney grinsend.

»Aha, von Fagin!«, rief Toby, wobei er Oliver musterte. »Na, der is ja prächtig geeignet, um alten Damen in der Kirche die Taschen zu leeren. Seine Visage is Gold wert.«

»Lass das«, unterbrach ihn Sikes unwillig. Dann beugte er sich über seinen liegenden Freund und flüsterte ihm ein paar Worte ins Ohr, woraufhin Mr. Crackit in unbändiges Lachen ausbrach und Oliver eine Weile erstaunt anstarrte.

»Und jetzt«, sagte Sikes, der wieder seinen Platz einnahm, »könnten wir – oder zumindest ich – eine Stärkung vertragen, falls du was für uns zu essen und zu trinken hast, während wir hier warten. Setz dich ans Feuer, Kleiner, und ruh dich aus. Du wirst heut nacht noch mal mit uns raus müssen, wenn auch nich sehr weit.«

Oliver sah Sikes in stummer Verwunderung verschüchtert an. Er zog sich einen Hocker ans Feuer und saß, den schmerzenden Kopf in die Hände gestützt, da, ohne recht zu wissen, wo er war oder was um ihn herum geschah.

»Hier«, sagte Toby, als Barney einige Essensreste und eine Flasche auf den Tisch stellte, »auf einen erfolgreichen Bruch!« Er erhob sich, um den Toast auszubringen, stellte seine leere Pfeife sorgfältig in eine Ecke, ging zum Tisch, füllte ein Glas mit Schnaps und trank es leer. Mr. Sikes tat es ihm gleich.

»Und ein Schluck für den Jungen«, sagte Toby und füllte ein Weinglas halb voll. »Runter damit, du Unschuldsengel.«

»Aber«, stammelte Oliver und schaute dem Mann kläglich in die Augen, »aber … ich …«

»Runter damit!«, wiederholte Toby. »Glaubste, ich weiß nich, was gut für dich is? Sag ihm, er soll trinken, Bill.«

»Wär besser für ihn«, sagte Sikes und klopfte mit der Hand auf seine Rocktasche. »Ich will verdammt sein, wenn er nich lästiger is als ne ganze Bande von Dodgern. Trink aus, du verstockter Satansbraten, trink!«

Eingeschüchtert von den Drohgebärden der beiden Männer schluckte Oliver hastig den Inhalt des Glases hinunter und bekam sofort einen heftigen Hustenanfall, was Toby Crackit und Barney sehr amüsierte und selbst dem mürrischen Mr. Sikes ein Grinsen abnötigte.

Nachdem dies vollbracht war und Sikes seinen Appetit gestillt hatte (Oliver aß nur einen kleinen Kanten Brot, den sie ihm aufzwangen), legten sich die beiden Männer für ein kurzes Nickerchen auf die Sessel. Oliver blieb auf seinem Hocker beim Feuer sitzen, und Barney streckte sich in eine Decke gewickelt dicht vor dem Kaminblech auf dem Boden aus.

So schliefen sie eine ganze Weile, oder schienen zu schlafen, ohne dass sich einer regte, außer Barney, der ein- oder zweimal aufstand, um Kohlen aufs Feuer zu legen. Oliver sank in einen tiefen Schlummer und irrte im Traum durch finstere Gassen oder über dunkle Friedhöfe und durchlebte erneut das eine oder andere Ereignis des vergangenen Tages, bis er von Toby Crackit geweckt wurde, der aufsprang und verkündete, es sei halb zwei.

Augenblicklich waren die beiden anderen auf den Beinen, und alle trafen eifrig ihre Vorbereitungen. Sikes und sein Kumpan wickelten sich lange, dunkle Tücher um Hals und Kinn und zogen ihre Übermäntel an, während Barney einen Schrank öffnete und verschiedene Gegenstände hervorholte, die er eilig in die Taschen stopfte.

»Meine Schießeisen, Barney«, sagte Toby Crackit.

»Hier sind sie«, antwortete Barney und gab ihm zwei Pistolen. »Du hast sie selbst geladen.«

»Gut!«, sagte Toby und verstaute sie. »Die Totschläger?«

»Die hab ich!«, rief Sikes.

»Masken, Dietriche, Bohrer, Blendlaternen … nichts vergessen?«, fragte Toby, der eine kleine Brechstange an einer Schlinge unter seinen Mantelschößen befestigte.

»Alles dabei«, erwiderte sein Kumpan. »Her mit den Prügeln, Barney. Die könnten nützlich sein.«

Mit diesen Worten nahm er einen dicken Knüppel von Barney entgegen, der einen weiteren an Toby aushändigte und dann Oliver half, den Schulterumhang zu befestigen.

»Also los!«, sagte Sikes und hielt seine Hand hin.

Oliver, der von der ungewohnten Anstrengung, der Luft und dem aufgezwungenen Trunk ganz benommen war, legte seine Hand unwillkürlich in die von Sikes zu diesem Zwecke ausgestreckte.

»Nimm seine andere Hand, Toby«, sagte Sikes. »Is die Luft rein, Barney?«

Der Mann ging zur Tür und kam mit der Nachricht zurück, dass draußen alles ruhig sei. Die beiden Einbrecher nahmen Oliver in die Mitte und brachen auf. Barney, der hinter ihnen alles verriegelte, wickelte sich ein wie zuvor und war bald wieder fest eingeschlafen.

Es herrschte nun stockfinstere Nacht. Die Nebelschwaden waren viel dichter als zu Beginn der Nacht und so feucht, dass Olivers Haare und Augenbrauen, obwohl kein Regen fiel, wenige Minuten, nachdem er das Haus verlassen hatte, an der nasskalten Luft steifgefroren waren. Sie überquerten die Brücke und hielten auf die Lichter zu, die sie zuvor schon gesehen hatten. Die waren nicht weit entfernt, und da sie geschwind ausschritten, kamen sie bald in Chertsey an.

»Quer durch die Stadt«, flüsterte Sikes, »heut nacht wird keiner unterwegs sein, der uns sehen könnte.«

Toby nickte, und so eilten sie durch die Hauptstraße der kleinen Stadt, die zu dieser späten Stunde völlig verwaist dalag. Hin und wieder drang ein matter Lichtschein aus einem Schlafzimmerfenster, und gelegentlich durchbrach das heisere Gebell von Hunden die Stille der Nacht. Aber niemand war auf der Straße, und als die Kirchturmuhr zwei schlug, hatten sie die Stadt hinter sich gelassen.

Sie beschleunigten ihren Schritt und bogen nach links in eine Landstraße ein. Nach einer Viertelmeile hielten sie vor einem freistehenden Haus, das von einer Mauer umgeben war, auf die Toby Crackit, ohne sich viel Zeit zum Verschnaufen zu nehmen, im Nu hinaufkletterte.

»Als nächstes der Junge«, sagte Toby. »Hiev ihn hoch, ich pack ihn dann.«

Bevor Oliver sich umschauen konnte, hatte Sikes ihn unter den Armen gepackt, und ein paar Sekunden später lag er mit Toby auf der anderen Seite auf dem Rasen. Sikes folgte sogleich. Dann schlichen sie verstohlen zum Haus.

Und erst jetzt erkannte Oliver, vor Kummer und Schrecken dem Wahnsinn nah, dass Einbruch und Raub, wenn nicht gar Mord, Sinn und Zweck ihrer Unternehmung waren. Er rang die Hände und stieß unwillkürlich einen unterdrückten Angstschrei aus. Ein Schleier legte sich vor seine Augen, und kalter Schweiß trat ihm auf die aschfahle Stirn, seine Beine versagten, und er sank auf die Knie.

»Steh auf!«, brummte Sikes, der vor Zorn bebte und seine Pistole aus der Tasche zog. »Steh auf, oder ich blas dir dein Hirn raus!«

»Oh, lasst mich um Gottes willen laufen!«, rief Oliver. »Lasst mich laufen und auf den Feldern sterben. Ich will auch nie mehr nach London zurück, nie mehr! Oh, ich flehe Euch an, habt Erbarmen, macht keinen Dieb aus mir. Um all der heiligen Engel im Himmel willen, habt Erbarmen mit mir!«

Der Mann, dem dieses Flehen galt, stieß einen wüsten Fluch aus und spannte die Pistole, als Toby sie seinem Griff entwand, dem Jungen die Hand auf den Mund legte und ihn zu dem Haus zerrte.

»Halt's Maul!«, rief der Mann. »Das wird dir nichts helfen. Noch ein Wort, und ich werd dir mit nem Hieb auf'n Kopf den Garaus machen. Das ist leiser, genauso sicher und viel vornehmer. Los, Bill, brich den Fensterladen auf. Der Kleine hat sich wieder eingekriegt, glaub mir. Ich hab schon abgebrühte kleine Rabauken seines Alters gesehen, die in ner kalten Nacht wie dieser kurz nen Rappel gekriegt haben.«

Sikes, der die fürchterlichsten Verwünschungen auf Fagins Haupt herabrief, weil er Oliver zu einem solchen Unterfangen ausgesandt hatte, hantierte emsig, aber beinahe geräuschlos, mit der Brechstange. Nach einigem Widerstand und mit etwas Hilfe von Toby schwang der besagte Fensterladen in seinen Angeln weit auf.

Es war ein kleines Gitterfenster an der Rückseite des Hauses, etwa fünfeinhalb Fuß über dem Boden. Es gehörte zu einer kleinen Spülküche oder Braustube am Ende des Flurs. Die Öffnung war so klein, dass die Bewohner es offenbar nicht für notwendig gehalten hatten, es besser zu sichern, doch war sie allemal groß genug, um einem Jungen von Olivers Größe Durchlass zu gewähren. Eine kurze Darbietung von Mr. Sikes' Kunstfertigkeit genügte, die Halterungen des kleinen Gitters auszuhebeln, und gleich darauf stand das Fenster ebenfalls weit offen.

»Jetzt hör zu, du kleine Kanaille«, flüsterte Sikes, zog eine Blendlaterne aus seiner Tasche und richtete den Schein direkt in Olivers Gesicht, »ich werde dich gleich da durchschieben. Nimm diese Laterne, geh leise die Stufen vor dir hoch und durch den kleinen Flur zur Haustür, sperr sie auf und lass uns rein.«

»Da is oben 'n Riegel dran, an den wirste nich rankommen«, mischte sich Toby ein. »Stell dich auf einen der Stühle im Flur. Da stehen drei herum, Bill, mit nem prächtigen großen blauen Einhorn und ner goldenen Heugabel drauf ... das Wappen der alten Dame.«

»Quatsch hier nich rum!«, erwiderte Sikes mit drohendem Blick. »Die Zimmertür is doch offen, oder?«

»Sperrangelweit«, antwortete Toby, nachdem er hineingespäht hatte, um sich dessen zu vergewissern. »Der Witz is, sie haken sie immer ein, damit der Hund, der dort schläft, durch'n Flur schnüffeln kann, wenn er wach wird. Aber Barney hat ihn heut nacht weggelockt, hahaha, was für'n Spaß!«

Obwohl Mr. Crackit in einem kaum hörbaren Flüsterton sprach und beinahe lautlos lachte, befahl Sikes ihm gebieterisch, still zu sein und sich an die Arbeit zu machen. Toby gehorchte, indem er zuerst seine Laterne hervorholte, auf den Boden stellte und sich dann unters Fenster plazierte, den Kopf an die Wand gedrückt und die Hände fest auf die Knie gestützt, so dass sein Rücken einen Tritt bildete. Kaum war das getan, stieg Sikes auf ihn hinauf, schob Oliver vorsichtig mit den Füßen voran durchs Fenster und setzte ihn, ohne seinen Kragen loszulassen, drinnen sicher auf dem Fußboden ab.

»Nimm diese Laterne«, sagte Sikes und schaute ins Zimmer hinein. »Siehst du die Treppe dort?«

Oliver, der mehr tot als lebendig war, keuchte ein »Ja«. Sikes, der mit dem Pistolenlauf zur Haustür deutete, ermahnte ihn kurz, daran zu denken, dass er sich die ganze Zeit in Schussweite befände und, sollte er zögern, augenblicklich tot umfallen würde.

»Das haste in einer Minute geschafft«, sagte Sikes im selben leisen Flüsterton. »Sobald ich dich loslass, machste deine Arbeit. Horch!«

»Was ist das?«, wisperte der andere Mann.

Sie lauschten angespannt.

»Nichts«, sagte Sikes und gab Oliver frei. »Los!«

In der kurzen Zeitspanne, die ihm blieb, seine Sinne zu sammeln, hatte der Junge sich fest dazu entschlossen, auch wenn er dabei sterben sollte, den Versuch zu wagen, die Treppen im Flur hinaufzustürmen und die Hausbewohner zu warnen. Mit diesem Vorsatz ging er sogleich, wenn auch verstohlen, vorwärts.

»Komm zurück!«, schrie Sikes plötzlich laut. »Zurück! Zurück!«

Erschrocken vom jähen Bruch der Totenstille des Ortes und dem lauten Aufschrei, der folgte, ließ Oliver die Laterne fallen und wusste nicht, ob er vor oder zurück sollte.

Wieder ertönte ein Schrei – ein Licht erschien – am Treppenabsatz tauchten schemenhaft zwei entsetzte, halb angekleidete

Männer auf – ein Blitz – ein Krachen – Pulverdampf – irgendwo Lärm, er wusste nicht wo – und er taumelte zurück.

Sikes hatte sich einen Augenblick weggeduckt, kam aber sofort wieder hoch und packte ihn beim Kragen, noch bevor der Rauch verzogen war. Er schoss mit seiner Pistole auf die Männer, die bereits zurückwichen, und zog den Jungen hoch.

»Halt dich an mir fest«, sagte Sikes, als er ihn durchs Fenster zerrte. »Gib mir 'n Tuch. Sie haben ihn erwischt. Schnell! Verdammt, wie der Junge blutet!«

Dann erklang das dröhnende Läuten einer Glocke, das sich mit dem Lärm von Feuerwaffen, den Rufen von Männern und dem Gefühl mischte, in hohem Tempo über unebenen Grund getragen zu werden. Dann verebbten die Geräusche in der Ferne, und ein kaltes, tödliches Gefühl kroch dem Jungen ins Herz, bis ihm Hören und Sehen verging.

Dreiundzwanzigstes Kapitel

Welches das Wesentliche einer reizenden Unterhaltung zwischen Mr. Bumble und einer Dame enthält und zeigt, dass sogar ein Büttel für gewisse Dinge empfänglich ist.

Die Nacht war bitterkalt. Der Schnee lag zu einer dicken harten Kruste gefroren auf dem Boden, so dass nur die Verwehungen in den Winkeln und Gässchen von dem scharfen Wind erfasst wurden, der sie, als stürze er sich umso wütender auf jede nur fassbare Beute, ungestüm zu Wolken emporhob, die er in tausend neblige Wirbel zerriss, die dann in der Luft zerstoben. Trostlos, düster und schneidend kalt war es eine Nacht, in der sich die Wohlbehausten und Satten um den warmen Kamin scharen und Gott danken, dass sie daheim sind, während sich die Hungrigen, die kein Obdach besitzen, zum Sterben niederlegen. In solchen Zeiten schließen auf unseren öden Straßen viele halb verhungerte Ausgestoßene ihre Augen, die sie, was immer sie verbrochen haben mögen, schwerlich in einer noch unwirtlicheren Welt wieder öffnen werden.

So standen die Dinge draußen vor den Türen, als Mrs. Corney, die Vorsteherin des Armenhauses, das unsere Leser bereits als Geburtsort des Oliver Twist kennen, sich in ihrer kleinen Stube vor einem gemütlichen Feuer niedersetzte und mit keineswegs geringem Wohlbehagen einen kleinen runden Tisch betrachtete, auf dem ein Tablett in passender Größe stand, worauf sich alle notwendigen Zutaten für ein Mahl, wie es würdigen älteren Damen gefiel, befanden. Tatsächlich war Mrs. Corney gerade im Begriff, sich mit einem Tässchen Tee zu trösten. Als ihr Blick vom Tisch zum Herd wanderte, wo der kleinste aller erdenklichen Kessel mit leiser Stimme ein kleines Liedchen sang, wuchs ihre innere Zufriedenheit augenscheinlich – und zwar so sehr, dass Mrs. Corney lächelte.

»Nun«, sprach die Hausmutter, stützte den Ellbogen auf den Tisch und sah nachdenklich ins Feuer, »ich bin überzeugt, dass wir alle für so vieles dankbar sein müssen! Für so vieles, ach, wenn wir es bloß wüssten!«

Mrs. Corney schüttelte bekümmert den Kopf, als beklage sie die geistige Blindheit jener Armenhäusler, die dies *nicht* wussten, stieß einen silbernen Löffel (ihr persönlicher Besitz) in die Tiefen einer zwei Unzen fassenden Teedose und fuhr fort, sich einen Tee zu bereiten.

Wie doch die kleinsten Dinge unser empfindsames seelisches Gleichgewicht stören können! Der schwarze Teetopf, der sehr klein und schnell gefüllt war, lief über, während Mrs. Corney moralisierte, und das Wasser verbrühte der Dame ein wenig die Hand.

»Verflixter Topf!«, schimpfte die ehrwürdige Hausmutter und setzte ihn schnell auf dem Herdvorsprung ab. »Dämliches kleines Ding, in das bloß zwei Tassen hineinpassen! Wer kann das schon gebrauchen? Außer«, hier machte Mrs. Corney eine Pause, »außer so ein armes, einsames Wesen wie ich. O mein Gott!«

Mit diesen Worten ließ sich die Hausmutter in ihren Sessel sinken und bedachte, den Ellbogen wieder auf den Tisch gestützt, ihr einsames Schicksal. Der kleine Teetopf und die einzelne Tasse hatten in ihrem Geiste die traurige Erinnerung an Mr. Corney (der erst fünfundzwanzig Jahre tot war) wachgerufen und ihre Gefühle überwältigt.

»Ich kriege nie wieder einen anderen!«, sagte Mrs. Corney verdrossen. »Ich kriege nie wieder einen anderen … so einen wie ihn.«

Ob diese Bemerkung dem Gatten oder dem Teetopf galt, ist ungewiss. Sie könnte letzterem gegolten haben, denn Mrs. Corney sah ihn an, als sie sprach, und nahm ihn gleich darauf in die Hand. Kaum hatte sie ihre erste Tasse getrunken, als sie durch ein sachtes Klopfen an der Zimmertür gestört wurde.

»Ja, immer nur herein mit euch!«, rief Mrs. Corney bissig. »Bestimmt liegt ein altes Weib im Sterben. Die sterben immer, wenn ich beim Tee sitze. Steht da nicht in der Tür herum und lasst die kalte Luft rein, hört ihr. Was gibt's denn?«

»Nichts, Madam, nichts«, erwiderte die Stimme eines Mannes.

»Ach du meine Güte!«, rief die Hausmutter in viel milderem Ton. »Seid Ihr's, Mr. Bumble?«

»Zu Euren Diensten, Madam«, sagte Mr. Bumble, der draußen stehenblieb, um sich die Schuhe abzutreten und den Schnee von seinem Mantel zu schütteln. Dann trat er ein, den Dreispitz in der einen und ein Bündel in der anderen Hand. »Soll ich die Tür schließen, Madam?«

Die Dame zögerte geziert mit der Antwort, da es ja als unschicklich erscheinen könnte, mit Mr. Bumble hinter verschlossener Tür eine Unterredung zu führen. Mr. Bumble nutzte dieses Zögern, da ihm selbst sehr kalt war, um die Tür ohne ausdrückliche Erlaubnis zu schließen.

»Furchtbares Wetter, Mr. Bumble«, sagte die Hausmutter.

»Wirklich furchtbar, Madam«, erwiderte der Büttel. »Und furchtbares Wetter für die Gemeinde, Madam. Allein an diesem trüben Nachmittag haben wir zwanzig Vierpfundlaibe Brot und anderthalb Käse ausgegeben, und noch immer sind die Armen nicht zufrieden.«

»Natürlich nicht. Wann wären sie's denn je, Mr. Bumble?«, fragte die Hausmutter und schlürfte ihren Tee.

»Ja, wann, Madam, wann!«, pflichtete Mr. Bumble bei. »Nun, da gibt es einen Mann, der in Anbetracht seiner Frau und seiner großen Familie ein Vierpfundbrot und ein gutes Pfund Käse bekommen hat. Ist der etwa dankbar, Madam, ist der etwa dankbar? Keinen Deut! Was tut er, Madam, er bittet tatsächlich noch um ein paar Kohlen, und wenn's nur ein Taschentuch voll wäre, sagt er! Kohlen! Was will er mit Kohlen? Er wird seinen Käse damit rösten, und dann kommt er wieder und verlangt noch mehr. So sind diese Leute, Madam, gib ihnen heute eine Schürze voll Kohlen, dann kommen sie übermorgen schon ganz frech wieder und wollen mehr.«

Die Hausmutter drückte ihre uneingeschränkte Zustimmung zu dieser wohlbegründeten Meinung aus, und der Büttel fuhr fort.

»Langsam treiben sie's wirklich auf die Spitze«, sagte Mr. Bumble. »Vorgestern kam ein Mann – Ihr seid verheiratet gewesen, Madam, deshalb darf ich's wohl vor Euch aussprechen – ein Mann, der kaum noch einen Fetzen am Leibe trug (hier senkte Mrs. Corney ihren Blick zu Boden), zu unserem Armenpfleger an die Haustür, als der gerade Gäste zum Essen erwartete, und sagte, er bräuchte Hilfe, Mrs. Corney. Da er keine Anstalten machte wegzugehen und die Gäste sehr schockiert waren, ließ ihm unser Armenpfleger ein Pfund Kartoffeln und eine halbe Pinte Hafermehl nach draußen schicken. ›Meine Güte‹, sagte diese undankbare Kanaille, ›was soll ich denn *damit* anfangen? Da hättet Ihr mir ebenso gut eine Nickelbrille geben können!‹ – ›Also gut‹, sagte unser Armenpfleger und nahm ihm alles wieder weg, ›was anderes bekommst du hier nicht.‹ – ›Dann werd ich auf der Straße sterben!‹, sagte der Landstreicher. ›O nein, das wirst du nicht‹, erwiderte da unser Armenpfleger.«

»Hahaha! Gut geantwortet! Ganz unser Mr. Grannett, nicht wahr?«, warf die Hausmutter ein. »Und dann, Mr. Bumble?«

»Nun, Madam«, antwortete der Büttel, »er ging fort und starb tatsächlich auf der Straße. Das war vielleicht ein frecher Lump!«

»Das übertrifft ja alles, was ich bisher gehört habe«, bemerkte die Hausmutter empört. »Aber meint Ihr nicht, dass die Hilfe außerhalb der Armenhäuser sowieso eine schlechte Sache ist, Mr. Bumble? Ihr seid ein Mann mit Lebenserfahrung, Ihr solltet es doch wissen, mal ganz ehrlich?«

»Mrs. Corney«, sagte der Büttel und lächelte, wie Männer zu lächeln pflegen, die sich ihres überlegenen Wissens bewusst sind, »die Hilfe außerhalb der Armenhäuser ist, richtig angewandt – wohlgemerkt, Madam, richtig angewandt! –, ein Schutzschild für die Gemeinde. Oberstes Prinzip dieser Hilfe ist, den Bedürftigen genau das zu geben, was sie nicht gebrauchen können, dann werden sie es leid, darum zu bitten.«

»Herrje!«, rief Mrs. Corney. »Das ist aber mal schlau!«

»Ja. Ganz unter uns, Madam«, erwiderte Mr. Bumble, »das ist das oberste Prinzip, und der Grund, warum, wenn man sich die Fälle anschaut, die in die unverschämten Zeitungen gelangen, einem stets auffällt, dass kranke Familien mit ein paar Scheiben Käse unterstützt wurden. So ist's jetzt üblich, Mrs. Corney, im ganzen Land. Doch wie dem auch sei«, sagte der Büttel und beugte sich vor, um sein Bündel aufzuschnüren, »das sind Amtsgeheimnisse, Madam, über die man nicht sprechen darf, außer, will ich mal sagen, unter Amtspersonen, so wie uns. Dies ist der Portwein, Madam, den der Vorstand für die Krankenstube geordert hat, guter, echter, unverfälschter Portwein, erst heute morgen abgezapft, klar wie Glockenklang und ohne Bodensatz!«

Nachdem er die erste Flasche gegen das Licht gehalten und kräftig geschüttelt hatte, um ihre Güte zu prüfen, stellte Mr. Bumble beide oben auf eine Kommode, faltete das Tuch, worin sie eingewickelt gewesen waren, steckte es behutsam in die Tasche und nahm seinen Hut, als wolle er gehen.

»Ihr werdet einen kalten Spazierweg haben, Mr. Bumble«, sagte die Hausmutter.

»Es ist so windig, Madam«, entgegnete Mr. Bumble und schlug seinen Mantelkragen hoch, »dass es einem die Ohren abfriert.«

Die Hausmutter blickte von dem kleinen Kessel zum Büttel, der Richtung Tür ging, und als der Büttel sich räusperte, um ihr einen guten Abend zu wünschen, erkundigte sie sich verlegen, ob … ob er nicht eine Tasse Tee trinken wolle?

Mr. Bumble schlug augenblicklich seinen Kragen wieder herab, legte Hut und Stock auf einen Stuhl und rückte einen anderen Stuhl an den Tisch. Als er sich langsam darauf niedersetzte, sah er die Dame an. Sie hielt ihre Augen unverwandt auf den kleinen Teetopf gerichtet. Mr. Bumble räusperte sich erneut und lächelte vorsichtig.

Mrs. Corney erhob sich, um aus dem Schrank eine weitere Tasse mit Untersetzer zu holen. Als sie wieder Platz nahm, traf ihr Blick den des stattlichen Büttels. Sie errötete und widmete sich der Aufgabe, ihm einen Tee zu bereiten. Abermals räusperte sich Mr. Bumble – dieses Mal lauter als zuvor.

»Süß, Mr. Bumble?«, fragte die Hausdame und griff nach der Zuckerdose.

»Ja, Madam, sehr süß sogar«, antwortete Mr. Bumble. Dabei sah er Mrs. Corney fest an, und wenn je ein Büttel zärtlich geblickt hatte, dann war in diesem Augenblick Mr. Bumble dieser Büttel.

Der Tee wurde eingeschenkt und wortlos gereicht. Mr. Bumble, der ein Taschentuch auf seinen Knien ausgebreitet hatte, damit kein Krümel die Pracht seiner Kniehosen beeinträchtigen konnte, begann zu essen und zu trinken. Gelegentlich unterbrach er diese Vergnügungen, um einen tiefen Seufzer zu tun, der jedoch keine abträgliche Wirkung auf seinen Appetit zeitigte, sondern ganz im Gegenteil seine Geschäfte in der Abteilung Tee und Toast noch zu befördern schien.

»Wie ich sehe, habt Ihr eine Katze, Madam«, sagte Mr. Bumble, der eine selbige betrachtete, die sich inmitten ihrer Familie am Kamin wärmte, »ja, und Kätzchen noch dazu!«

»Ich bin ganz vernarrt in die Tierchen, Mr. Bumble, das könnt Ihr Euch gar nicht vorstellen«, erwiderte die Hausmutter. »Sie sind *so* fröhlich, *so* verspielt, *so* munter, es sind grad die rechten Gefährten für mich.«

»Sehr niedliche Tiere, Madam«, entgegnete Mr. Bumble zustimmend, »und so ungemein häuslich.«

»Oh ja!«, rief die Hausmutter begeistert. »Und so anhänglich an ihr Zuhause, es ist einfach zu reizend, wirklich.«

»Mrs. Corney, Madam«, sagte Mr. Bumble gedehnt und klopfte dazu im Takt mit dem Teelöffel, »ich will Ihnen eines sagen, Madam, alle Katzen oder Kätzchen, die bei Ihnen leben und *nicht* an ihrem Zuhause hängen, müssen Esel sein, Madam.«

»Oh, Mr. Bumble!«, tadelte ihn die Hausmutter.

»Es hat keinen Zweck, Tatsachen verschweigen zu wollen, Madam«, sagte Mr. Bumble, wobei er mit einer Art würdevoller Verliebtheit bedächtig den Teelöffel schwang, was ihn doppelt so beeindruckend erscheinen ließ, »ich würde ein solches Tier mit Vergnügen eigenhändig ersäufen.«

»Dann seid Ihr aber ein grausamer Mensch«, rief die Hausmutter lebhaft, während sie ihre Hand nach der Tasse des Büttels ausstreckte, »und ein sehr hartherziger Mann obendrein.«

»Hartherzig, Madam«, sagte Mr. Bumble, »hart?« Mr. Bumble händigte ohne ein weiteres Wort seine Tasse aus und drückte Mrs. Corneys kleinen Finger, als sie diese ergriff. Dann klopfte er sich mit der flachen Hand zweimal auf seine betresste Weste, gab einen mächtigen Seufzer von sich und rückte seinen Stuhl ein kleines Stückchen vom Feuer weg.

Es war ein runder Tisch, und da Mrs. Corney und Mr. Bumble einander gegenübergesessen hatten, nicht weit auseinander und dem Feuer zugewandt, leuchtet es ein, dass Mr. Bumble, indem er sich vom Feuer zurückzog, aber dicht am Tisch verblieb, die Entfernung zwischen sich und Mrs. Corney vergrößerte, eine Vorgehensweise, die mancher kluge Leser zweifelsohne bewundern und für eine heldenhafte Tat seitens Mr. Bumble halten wird, da Zeit, Ort und Gelegenheit ihn in nicht geringem Maße in Versuchung führten, gewisse süße Nichtigkeiten zu Gehör zu bringen, die, so sehr sie auch als Lippenbekenntnisse zu den Leichtfüßen und Gedankenlosen passen mochten, doch gänzlich unter der Würde der Richter des Landes, der Parlamentarier, Staatsminister, Oberbürgermeister und anderer wichtiger Amtspersonen zu sein scheinen, und insbesondere unvereinbar mit der Würde und dem Ernst eines Büttels, der (wie allgemein bekannt) der strengste und unbeugsamste von allen sein sollte.

Was auch immer Mr. Bumbles Absichten waren – zweifelsohne konnten es nur die besten sein –, begab es sich unglücklicherweise, dass der Tisch, wie bereits zweimal zuvor erwähnt, eine runde Form besaß, und folglich begann Mr. Bumble, der seinen Stuhl Stück für Stück weiterrückte, schon bald, die Entfernung zwischen sich und der Hausmutter zu verringern, und brachte durch die fortgesetzte Rundreise entlang der äußeren Tischkante seinen Stuhl mit der Zeit dicht neben jenen, in dem die Hausmutter saß. Ja, die beiden Stühle berührten sich sogar, und als sie das taten, hielt Mr. Bumble an.

Hätte nun die Hausmutter ihren Stuhl nach rechts gerückt, wäre sie vom Feuer versengt worden, und zur Linken wäre sie in Mr. Bumbles Armen gelandet, also blieb Mrs. Corney (ganz die besonnene ältere Dame, die ohne Zweifel die möglichen Folgen sofort erkannte), wo sie war und reichte Mr. Bumble eine weitere Tasse Tee.

»Hartherzig, Mrs. Corney?«, fragte Mr. Bumble, rührte im Tee und blickte der Hausmutter ins Gesicht. »Seid Ihr denn hartherzig, Mrs. Corney?«

»Gütiger Himmel!«, rief die Hausmutter aus. »Was für eine seltsame Frage von einem alleinstehenden Herrn. Warum nur solltet Ihr es wissen wollen, Mr. Bumble?«

Der Büttel trank seinen Tee bis zum letzten Tropfen aus, verspeiste das letzte Stückchen Röstbrot, fegte die Krümel vom Knie, wischte sich den Mund ab und küsste die Hausmutter mit Bedacht.

»Mr. Bumble«, krächzte die besonnene ältere Dame im Flüsterton, denn vor lauter Schreck hatte sie glatt ihre Stimme verloren. »Mr. Bumble, ich schreie gleich!«

Mr. Bumble gab keine Antwort, sondern legte der Hausmutter sachte und in würdevoller Manier den Arm um die Taille.

Da die Dame ihre Absicht zu schreien bekundet hatte, wäre sie ob dieser zusätzlichen Kühnheit natürlich sofort in ein Geschrei ausgebrochen, doch erwies sich diese Mühe als überflüssig, weil es aufgeregt an der Tür klopfte. Im Nu sprang Mr. Bumble äußerst behende zu den Weinflaschen und begann sie eifrig abzustauben, während die Hausmutter barsch fragte, wer da sei. Dass ihre Stimme die amtliche Strenge fast gänzlich wiedergewonnen hatte, verdient Erwähnung als kurioses praktisches Beispiel dafür, wie eine plötzliche Überraschung die Wirkung großer Angst zunichtemachen kann.

»Wollt Ihr so gut sein, Madam«, sagte eine alte, verwitterte, schrecklich hässliche Armenhäuslerin, die ihren Kopf zur Tür hineinstreckte, »die alte Sally macht's nich mehr lang.«

»Na und, was geht mich das an?«, erkundigte sich die Hausmutter verärgert. »Ich kann sie auch nicht am Leben halten, oder?«

»Nein, Madam, nein«, erwiderte das alte Weib, »niemand kann das, für sie kommt alle Hilfe zu spät. Ich hab schon viele Leute sterben sehen, kleine Säuglinge und große, kräftige Mannsbilder, und ich weiß nur zu gut, wenn der Tod kommt. Aber ihr liegt was auf der Seele, und wenn sie bei klarem Verstand ist, was selten vorkommt, denn ihr geht's sehr schlecht, sagt sie, dass sie Euch etwas mitzuteilen hat, was Ihr unbedingt wissen müsst. Sie wird nich in Frieden sterben können, wenn Ihr nicht kommt, Madam.«

Auf diese Nachricht hin brummte die ehrenwerte Mrs. Corney eine Reihe von Schmähungen gegen alte Weiber, die nicht einmal zu sterben vermögen, ohne ihre Wohltäter absichtlich zu belästigen. Dann hüllte sie sich in ein dickes Umschlagtuch, das sie eilig ergriff, bat Mr. Bumble kurz, zu warten, bis sie zurückkehrte, falls sich nichts besonderes ereignen sollte, und befahl der Botin, rasch voranzugehen und nicht die ganze Nacht die Treppe hinaufzuhumpeln. So folgte sie der Alten höchst widerwillig aus dem Zimmer, wobei sie während des ganzen Weges vor sich hin schimpfte.

Mr. Bumbles Betragen, als er sich allein zurückgelassen fand, war ziemlich unerklärlich. Er öffnete den Schrank, zählte die Teelöffel, wog die Zuckerzange, prüfte sorgfältig ein Milchkännchen, um sich zu vergewissern, ob es aus echtem Silber sei, und nachdem er seine Neugier in diesen Punkten befriedigt hatte, setzte er sich den Dreispitz schräg auf den Kopf und tanzte mit großer Würde vier volle Runden um den Tisch herum. Als er dieses außerordentliche Kunststückchen vollbracht hatte, nahm er den Dreispitz wieder ab, setzte sich breitbeinig mit dem Rücken zum Feuer und schien im Geiste eine genaue Bestandsaufnahme des Mobiliars vorzunehmen.

Vierundzwanzigstes Kapitel

Handelt von einem ganz armen Geschöpf.
Es ist zwar kurz, mag sich für unsere Geschichte
jedoch als bedeutsam erweisen.

Es war keine unpassende Botin des Todes, die den Frieden in der Hausmutterstube gestört hatte. Ihr Leib war vom Alter gebeugt, ihre Glieder zitterten unter einer Schüttellähmung, und ihr Gesicht, das zu einer mümmelnden Fratze verzogen war, erinnerte mehr an die groteske Zeichnung eines irrsinnigen Bleistifts als an eine Schöpfung der Natur.

Ach, wie wenige von der Natur erschaffene Gesichter sind doch so geblieben, dass sie uns mit ihrer Schönheit erfreuen! Die Sorgen, Kümmernisse und Entbehrungen dieser Welt verändern sie, wie sie die Herzen verändern, und erst, wenn diese Leiden schlafen und ihren Griff für immer gelöst haben, verziehen sich die dunklen Wolken und lassen einen heiteren Himmel zurück. Es ist oft zu beobachten, wie das Antlitz der Toten selbst in diesem steifen und starren Zustand den lang vergessenen Ausdruck kindlichen Schlafs annimmt und das Aussehen der frühen Lebensjahre zurückerlangt; sie werden wieder so ruhig, so friedlich, dass jene, die sie in ihrer glücklichen Kindheit gekannt haben, ehrfürchtig an ihrem Sarg knien und vermeinen, den Engel schon auf Erden zu erblicken.

Das alte Weib schlurfte durch die Gänge und über die Treppen hinauf und brummelte undeutliche Antworten auf das Geschimpfe ihrer Begleiterin. Da sie sich bald zum Anhalten genötigt sah, um Atem zu schöpfen, drückte sie der anderen das Licht in die Hand und blieb zurück, um nachzufolgen, so gut sie konnte, während die behendere Hausmutter vorausging zu dem Zimmer, in dem die Kranke lag.

Es war eine karge Dachstube, in deren äußerstem Winkel ein trübes Licht brannte. Neben dem Bett wachte eine andere alte Frau, und der Gehilfe des Apothekerdoktors stand am Feuer und fertigte sich aus einem Federkiel einen Zahnstocher.

»Eine kalte Nacht, Mrs. Corney«, sagte dieser junge Herr, als die Hausmutter eintrat.

»In der Tat, Sir, sehr kalt«, erwiderte die Hausmutter in ihrem höflichsten Ton und begleitete ihre Worte mit einem Knicks.

»Ihr solltet Euch bei Eurem Lieferanten bessere Kohlen besorgen«, sagte der Apothekergehilfe, wobei er mit dem rostigen Schürhaken ein Kohlestück, das obenauf lag, zerschlug, »die hier taugen nicht für kalte Nächte.«

»Die wurden vom Vorstand bestellt, Sir«, erwiderte die Hausmutter. »Sie könnten allerdings dafür sorgen, dass uns wenigstens nicht kalt wird, denn wir haben's hier schon schwer genug.«

An dieser Stelle wurde das Gespräch durch ein Stöhnen der kranken Frau unterbrochen.

»Oh!«, sagte der junge Mann und wandte sein Gesicht zum Bett, als ob er die Kranke bis dahin überhaupt nicht wahrgenommen hätte. »Da ist nichts mehr zu machen, Mrs. Corney.«

»So scheint es, nicht wahr?«, bemerkte die Hausmutter.

»Es sollte mich wundern, wenn sie noch ein paar Stunden durchhielte«, sagte der Apothekergehilfe, der angelegentlich mit der Spitze des Zahnstochers beschäftigt war. »Sie hat einen völligen Zusammenbruch erlitten. He, du da, schläft sie gerade?«

Die Krankenwärterin beugte sich übers Bett, um sich dessen zu vergewissern, und nickte bejahend.

»Dann stirbt sie vielleicht auf diese Art, wenn wir keinen Krach machen«, sagte der junge Mann. »Stellt das Licht auf den Boden. Dort wird sie es nicht sehen.«

Die Krankenwärterin tat, wie ihr geheißen, und schüttelte dabei den Kopf, als wolle sie zu verstehen geben, dass die Frau nicht so leicht sterben werde. Dann nahm sie wieder ihren Platz neben der anderen Krankenwärterin ein, die inzwischen eingetroffen war. Die Hausmutter zog mit einer Geste der Ungeduld ihr Tuch fester und setzte sich ans Fußende des Bettes.

Der Apothekergehilfe, der die Herstellung des Zahnstochers beendet hatte, plazierte sich vor dem Feuer und machte etwa zehn Minuten von seinem Werkzeug Gebrauch, bis er, offensichtlich schläfrig geworden, Mrs. Corney noch viel Vergnügen bei ihrem Tun wünschte und sich auf Zehenspitzen entfernte.

Nachdem sie eine Weile schweigend am Bett gesessen waren, standen die beiden alten Frauen auf und beugten sich, ihre welken Hände ausgestreckt, übers Feuer, um sich zu wärmen. Die Flammen warfen ein grausiges Licht auf ihre runzeligen Gesichter und ließen ihre Hässlichkeit noch grauslicher erscheinen, während sie sich in dieser Haltung mit leiser Stimme zu unterhalten begannen.

»Hat sie noch was gesagt, als ich weg war, liebe Anny?«, wollte die Botin wissen.

»Kein einziges Wort«, antwortete die andere. »Sie riss und zerrte eine Weile an ihren Armen, aber ich hab ihr die Hände festgehalten, da hat sie's dann bald bleibengelassen. Sie ist nicht mehr allzu kräftig, so konnte ich sie leicht bändigen. So schwach bin ich noch nicht für mein Alter, o nein, obwohl ich nur Armenkost zu essen kriege!«

»Hat sie den angewärmten Wein getrunken, der ihr vom Doktor verordnet wurde?«, fragte die erste.

»Ich hab versucht, ihr etwas davon einzuflößen«, erwiderte die andere, »aber sie hat ihre Zähne zusammengebissen und den Krug so fest gepackt, dass mir nichts anderes übrigblieb, als ihn ihr wieder wegzunehmen. Also hab *ich* den Wein getrunken, und er hat mir gutgetan!«

Nachdem sich die beiden alten Vetteln verstohlen umgeschaut hatten, um sicherzugehen, dass sie nicht belauscht würden, rückten sie näher ans Feuer und kicherten selig.

»Ich erinnere mich«, sagte die erste wieder, »wie sie früher dasselbe getan und hinterher darüber gelacht hat.«

»Ja, das hat sie«, stimmte die andere zu, »sie war eine rechte Frohnatur. Und hat so viele schöne Leichname aufgebahrt, hübsch und nett wie Wachsfiguren. Meine alten Augen haben sie gesehen ... ja, und diese alten Hände haben sie auch berührt, denn ich habe ihr Dutzende Male dabei geholfen.«

Während sie so sprach, spreizte die Greisin ihre zitternden Hände und schüttelte sie triumphierend vor ihrem Gesicht, dann fingerte sie in ihrer Tasche herum und brachte eine altertümliche, verblichene Schnupftabakdose aus Blech zum Vorschein, aus der sie ein paar Körnchen in die ausgestreckte Hand ihrer Gefährtin schüttete, und ein paar weitere in ihre eigene. Während sie derart beschäftigt waren, kam die Hausmutter, die ungeduldig darauf gewartet hatte, dass die Sterbende aus ihrem Dämmerzustand erwachte, zu ihnen ans Feuer und fragte barsch, wie lange es noch dauern solle.

»Nicht lang, Madam«, antwortete die zweite Frau und schaute zu ihrem Gesicht auf. »Keine von uns wird noch lange auf den Tod warten müssen. Nur Geduld! Er wird schon früh genug zu uns kommen.«

»Halt den Mund, du närrisches Weibsbild!«, versetzte die Hausmutter ärgerlich. »He du, Martha, sag mir, war sie früher schon einmal in diesem Zustand?«

»Schon oft«, erwiderte die erste Frau.

»Aber nie mehr wieder«, fügte die zweite hinzu, »das heißt, sie wird nur noch einmal aufwachen … und glaubt mir, Madam, das wird nicht für lange sein.«

»Ob kurz oder lang«, sagte die Hausmutter bissig, »ich werde nicht mehr hier sein, wenn sie aufwacht, und ihr beide gebt acht, mich nicht noch einmal für nichts und wieder nichts zu belästigen. Es gehört nicht zu meinen Pflichten, allen alten Weibern im Haus beim Sterben zuzusehen, und ich habe auch nicht die geringste Lust dazu. Merkt euch das, ihr unverschämten alten Vetteln. Ich werd's euch schon austreiben, mich zum besten zu halten, darauf könnt ihr euch verlassen!«

So stürmte sie davon, als ein Aufschrei der beiden alten Frauen, die wieder am Bett standen, sie veranlasste, sich umzublicken. Die Kranke hatte sich aufgerichtet und streckte ihre Arme gegen sie aus.

»Wer ist das?«, rief sie mit hohler Stimme.

»Ruhig, ruhig!«, sagte eine der Alten und beugte sich über sie. »Leg dich hin, leg dich hin!«

»Ich werde mich nie wieder lebendig hinlegen!«, rief die Frau und wehrte sich. »Ich *muss* es ihr sagen! Kommt her! Näher! Ich will's Euch ins Ohr flüstern.«

Sie packte die Hausmutter am Arm und zwang sie in den Stuhl neben dem Bett. Als sie gerade im Begriff war zu sprechen, erblickte sie im Umherschauen die beiden alten Frauen, die sich vorbeugten, als wollten sie begierig lauschen.

»Schickt sie raus«, sagte die Frau matt, »schnell! Macht schnell!«

Die beiden alten Weibsbilder begannen zusammen im Chor ein klägliches Gejammer anzustimmen, dass die Ärmste zu weggetreten sei, um ihre besten Freundinnen zu erkennen, und beteuerten immer wieder, sie würden sie niemals im Stich lassen, als die Hausmutter sie aus dem Zimmer schob, die Tür schloss und ans Bett zurückkehrte. Sobald sie ausgeschlossen worden waren, änderten die alten Damen ihren Tonfall und schrien durchs Schlüsselloch, die alte Sally sei betrunken, was tatsächlich nicht unwahrscheinlich war, denn zusätzlich zu einer geringen Dosis Opium, die der Apotheker ihr verschrieben hatte, stand sie unter der Einwirkung eines letzten Schlückchens mit Wasser verdünnten Gins, das ihr von den würdigen alten Damen höchstpersönlich in ihrer Herzensgüte heimlich verabreicht worden war.

»Und jetzt hört mir zu«, sagte die Sterbende laut, als unternähme sie eine große Anstrengung, den letzten Funken an Kraft noch einmal anzufachen, »in eben diesem Zimmer, ja, in eben diesem Bett, hab ich einst ein hübsches junges Ding gepflegt, die vom Laufen wunde und zerschundene Füße hatte und voller Staub und Blutflecken ins Armenhaus gekommen war. Sie brachte einen Jungen zur Welt und starb. Lasst mich überlegen … in welchem Jahr war es gleich?«

»Scher dich nicht ums Jahr«, sagte die ungeduldige Zuhörerin. »Was war mit ihr?«

»Ja«, murmelte die Kranke und fiel wieder in ihren früheren Dämmerzustand, »was war mit ihr? Was war … ich weiß!«, rief sie, jäh hochfahrend. Ihr Gesicht glühte und ihre Augen traten hervor. »Ich hab sie bestohlen, jawohl, bestohlen! Sie war noch nicht kalt, ich sag Euch, sie war noch nicht kalt, als ich's gestohlen hab!«

»Was gestohlen, um Himmels willen?«, rief die Hausmutter mit einer Gebärde, als wolle sie um Hilfe schreien.

»*Es*!«, antwortete die Frau und legte der anderen ihre Hand auf den Mund. »Das einzige, was sie besaß. Sie brauchte Kleider, um sich zu wärmen, und was zu essen, aber sie gab es nicht her und hielt es am Busen verborgen. Es war aus Gold, sag ich Euch. Echtes Gold, es hätte ihr das Leben retten können!«

»Gold!«, wiederholte die Hausmutter und beugte sich aufgeregt über die Alte, als diese zurücksank. »Weiter, weiter … ja … was war damit? Wer war diese Mutter? Wann war das gewesen?«

»Sie trug mir auf, es sicher zu verwahren«, antwortete die Sterbende mit einem Stöhnen, »und vertraute mir als einziger Frau in ihrer Nähe. Ich stahl es bereits im Geiste, als sie mir zum ersten Mal zeigte, wie es um ihren Hals hing, und vielleicht bin ich auch schuld am Tod des Kindes! Sie hätten es besser behandelt, wenn sie alles gewusst hätten!«

»Was gewusst?«, fragte die andere. »So rede doch!«

»Der Junge wurde seiner Mutter so ähnlich«, spann die Frau weiter, ohne die Frage zu beachten, »dass ich immer daran denken musste, wenn ich sein Gesicht sah. Das arme Mädchen! Das arme Mädchen! Und noch so jung! Ein so sanftes Lämmchen! Halt, es gibt noch mehr zu erzählen. Ich hab Euch noch nicht alles gesagt, oder?«

»Nein, nein«, erwiderte die Hausmutter, die ihren Kopf neigte, um alle Worte zu verstehen, die der sterbenden Alten immer leiser über die Lippen kamen. »Schnell, oder es könnte zu spät sein!«

»Die Mutter«, sagte die Frau mit noch größerer Anstrengung als zuvor, »die Mutter flüsterte mir, als der Todeskampf einsetzte, ins Ohr, dass, wenn ihr Säugling am Leben bliebe und heranwüchse, der Tag kommen könne, an dem er sich nicht schämen würde, den Namen seiner armen jungen Mutter zu erfahren. ›Und ach, o gütiger Himmel‹, sagte sie, wobei sie ihre schmalen Hände faltete, ›ob es ein Junge oder Mädchen wird, sende ihm ein paar Freunde in dieser Welt voll Kummer, hab Mitleid mit einem einsamen und verlassenen Kind, das allein auf deine Gnade angewiesen ist!‹«

»Wie hieß der Junge?«, hakte die Hausmutter nach.

»Sie haben ihn Oliver genannt«, antwortete die Frau ganz entkräftet. »Das Gold, das ich gestohlen habe, war …«

»Ja, ja … was?«, rief die andere.

Sie beugte sich begierig über die Frau, um ihre Antwort zu hören, fuhr aber unwillkürlich zurück, als diese sich wieder aufrichtete, langsam und steif, bis sie, die Bettdecke in beide Hände gekrallt, zum Sitzen kam. Dann entfuhren ihrer Kehle einige undeutliche Worte, und sie fiel leblos aufs Bett zurück.

»Mausetot!«, sagte eine der beiden Alten, die ins Zimmer eilten, sobald die Tür geöffnet worden war.

»Und hatte letzten Endes gar nichts zu sagen«, bemerkte die Hausmutter und ging gleichgültig davon.

Die beiden alten Vetteln, die anscheinend zu sehr mit den Vorbereitungen für ihre unerfreuliche Pflicht beschäftigt waren, um irgendetwas zu antworten, blieben alleine zurück und nahmen sich des Leichnams an.

Fünfundzwanzigstes Kapitel

Worin die Geschichte zu Mr. Fagin und Konsorten zurückkehrt.

Während sich diese Dinge im Armenhaus der Gemeinde abspielten, hockte Mr. Fagin in seinem alten Schlupfwinkel – derselbe, aus dem Oliver Twist von dem Mädchen abgeholt worden war – und brütete über einem kümmerlichen, qualmenden Feuer. Er hielt einen Blasebalg auf den Knien, mit dem er offensichtlich versucht hatte, das Feuer im Kamin ein wenig mehr in Schwung zu bringen, war jedoch in tiefes Nachdenken versunken und starrte, die Arme auf dem Balg verschränkt, das Kinn auf den Daumen ruhend, abwesend auf die rostigen Stäbe.

An einem Tisch hinter ihm saßen der gerissene Dodger, Meister Charley Bates und Mr. Chitling eifrig bei einer Partie Whist, wobei der Dodger mit einem Strohmann gegen Meister Bates und Mr. Chitling spielte. Die Miene des erstgenannten Herrn, obschon zu allen Zeiten von besonderer Schläue, wirkte durch die gesteigerte Aufmerksamkeit, mit der er das Spiel verfolgte, noch viel durchtriebener. Bei günstiger Gelegenheit warf er immer wieder neugierige Blicke auf Mr. Chitlings Blatt, und nach den durch die Begutachtung der Karten seines Nachbarn gewonnenen Erkenntnissen spielte er klugerweise seine eigenen aus. Da die Nacht kalt war, trug der Dodger seinen Hut, wie er es im Hause tatsächlich oft zu tun pflegte. Dazu hielt er eine Tonpfeife zwischen den Zähnen, die er nur kurz herausnahm, wenn es ihn notwendig dünkte, zur Erfrischung nach einem Viertelliterkrug zu greifen, der mit verdünntem Gin gefüllt zur allgemeinen Verfügung auf dem Tisch bereitstand.

Auch Meister Bates verfolgte das Spiel aufmerksam; da er jedoch lebhafterer Natur war als sein abgebrühter Freund, konnte man beobachten, dass er häufiger dem Gin zusprach und sich darüber hinaus in vielen Scherzen und belanglosen Bemerkungen erging, die einer zünftigen Whistpartie höchst abträglich waren. Tatsächlich nahm der Dodger, wobei er auf ihre enge Freundschaft verwies, mehr als einmal die Gelegenheit wahr, seinen Gefährten wegen dieser Ungehörigkeiten streng zurechtzuweisen. Meister Bates nahm all diese Ermahnungen äußerst gutgelaunt hin und begnügte sich damit, seinen Freund aufzufordern, er solle doch zur Hölle fahren oder sich einen Sack über den Kopf stülpen, oder er antwortete mit anderen treffenden Scherzworten ähnlicher Art, deren schlagfertige Anwendung im Gemüte Mr. Chitlings beträchtliche Bewunderung hervorrief. Es war bemerkenswert, dass der zuletzt genannte Herr und sein Partner ausnahmslos verloren und dass dieser Umstand Meister Bates keineswegs erzürnte, sondern ihn ungemein zu erheitern schien, da er nach Beendigung jeder Partie schallend lachte und beteuerte, noch nie in seinem Leben ein so lustiges Spiel erlebt zu haben.

»Macht zweimal doppelt verloren und den Robber«, sagte Mr. Chitling mit langem Gesicht, als er ein Halbkronenstück aus seiner Westentasche zog. »So'n Burschen wie dich hab ich noch nie gesehen, Jack, du gewinnst immer. Sogar wenn wir gute Karten haben, können Charley und ich nichts damit ausrichten.«

Entweder der Grund oder der Ton dieser Bemerkung, die sehr

kläglich vorgebracht wurde, erfreute Charley Bates dermaßen, dass sein darauffolgendes brüllendes Gelächter Fagin aus seiner Träumerei riss und ihn zu der Frage veranlasste, was los sei.

»Was los ist, Fagin?«, rief Charley. »Ich wollte, du hättest das Spiel verfolgt. Tommy Chitling hat keinen einzigen Punkt gemacht, und ich hab mit ihm zusammen gegen den Dodger und den Strohmann gespielt.«

»Ja, ja!«, meinte Fagin mit einem Grinsen, was hinreichend bewies, dass er den Grund dafür wohl verstanden hatte. »Versuch's noch einmal, Tom, versuch's noch einmal.«

»Nein danke, Fagin, mir reicht's«, erwiderte Mr. Chitling. »Ich hab die Nase voll. Dieser Dodger hat so ne Glückssträhne, dagegen is kein Kraut gewachsen.«

»Jahaha, mein Lieber«, sagte der alte Hehler, »um gegen den Dodger zu gewinnen, musst du schon sehr früh aufstehen.«

»Früh aufstehn!«, rief Charley Bates. »Wenn du den drankriegen willst, musst du über Nacht deine Stiefel anbehalten und vor jedem Auge ein Fernrohr haben, und noch dazu ein Opernglas aufm Rücken.«

Mr. Dawkins nahm diese hübschen Komplimente mit stoischem Gleichmut entgegen und bot jedem der anwesenden Herrn die Wette an, für einen Shilling jedesmal als erstes eine Bildkarte abzuheben. Da niemand die Wette annahm und seine Pfeife inzwischen aufgeraucht war, wandte sich der Dodger nun der Beschäftigung zu, mit einem Stück Kreide, das ihm als Ersatz für Spielmarken gedient hatte, einen Grundriss des Gefängnisses von Newgate auf den Tisch zu zeichnen, wobei er ziemlich schräg vor sich hin pfiff.

»Du bist vielleicht'n Langweiler, Tommy!«, sagte schließlich der Dodger innehaltend, nachdem eine Weile Schweigen geherrscht hatte, zu Mr. Chitling. »An was mag er wohl gerade denken, Fagin?«

»Woher soll ich das wissen, mein Bester?«, fragte der alte Hehler, während er den Blasebalg betätigte und sich dabei umsah. »An seine Verluste vielleicht, oder an seine kleine Erholungsreise aufs Land, von der er gerade zurückgekehrt ist, was? Haha, ist es das, mein Lieber?«

»Nichts von alledem«, antwortete der Dodger, dem Gegenstand der Unterhaltung das Wort abschneidend, da Mr. Chitling gerade etwas sagen wollte. »Was meinst du, Charley?«

»Ich würd sagen«, erwiderte Meister Bates grinsend, »dass er ganz schön um Betsy herumscharwenzelt ist. Schaut mal, wie er rot wird! Ach herrje, unser Tommy Chitling wandelt auf Freiersfüßen! Oh, Fagin, Fagin, was für'n Spaß!«

Völlig überwältigt von der Vorstellung, Mr. Chitling sei das Opfer einer zarten Leidenschaft, warf sich Meister Bates mit solcher Wucht auf seinem Stuhl zurück, dass er das Gleichgewicht verlor und hintenüber zu Boden kippte, wo er (der Vorfall tat seiner Fröhlichkeit keinerlei Abbruch) der Länge nach ausgestreckt liegenblieb, bis sein Lachanfall vorbei war, worauf er seinen vorigen Platz wieder einnahm und einen neuen bekam.

»Kümmere dich nicht um ihn«, sagte Fagin, während er Mr. Dawkins zuzwinkerte und Meister Bates mit dem Rohr des Blasebalgs einen tadelnden Hieb verpasste. »Betsy ist ein feines Mädchen. Bleib ihr treu, Tom. Bleib ihr treu.«

»Ich möchte doch meinen, Fagin«, entgegnete Mr. Chitling mit hochrotem Kopf, »dass diese Sache keinen hier was angeht.«

»Ganz recht«, antwortete der alte Hehler. »Charley kann einfach nicht den Mund halten. Achte nicht auf ihn, mein Lieber, achte einfach nicht auf ihn. Betsy ist ein feines Mädchen. Tu, was sie dir sagt, Tom, und du wirst dein Glück machen.«

»Ich tu ja, was sie mir sagt«, antwortete Mr. Chitling, »und ich wär überhaupt nich inner Tretmühle gelandet, hätt ich nich auf ihrn Rat gehört. Aber für Euch hat's sich als gutes Geschäft erwiesen, nich wahr, Fagin? Und was sind schon sechs Wochen? Irgendwann trifft's einen sowieso, und dann schon besser im Winter, wenn man eh nich vor die Tür will, was, Fagin?«

»Ja, gewiss, mein Freund«, bestätigte der alte Hehler.

»Und du würdest es glatt noch einmal tun, Tom, oder«, fragte der Dodger, wobei er Charley und Fagin zuzwinkerte, »wenn's für Bet wär?«

»Worauf du dich verlassen kannst«, versetzte Tom erzürnt. »Also wirklich, wer könnte wohl das gleiche von sich behaupten, das möchte ich mal wissen, häh, Fagin?«

»Niemand, mein Freund«, entgegnete der alte Hehler, »keine Menschenseele, Tom. Ich kenne keinen außer dir, der das tun würde, kein einziger von ihnen, mein Guter.«

»Ich wär wohl davongekommen, wenn ich sie verpfiffen hätt, stimmt's, Fagin?«, fuhr der begriffsstutzige Einfaltspinsel verärgert fort. »Ein Wort von mir hätt gereicht, oder nich, Fagin?«

»Ganz bestimmt, mein Lieber«, antwortete Fagin.

»Aber ich hab nich gesungen, war's nich so, Fagin?«, beharrte Tom, der geschwätzig Frage auf Frage hervorbrachte.

»Gewiss doch, gewiss doch«, erwiderte der alte Hehler, »dafür warst du einfach zu anständig. Vielleicht ein wenig zu anständig, mein Lieber!«

»Vielleicht war ich das«, stimmte Tom zu und blickte in die

Runde, »aber selbst wenn, was gibt's dann da zu lachen, häh, Fagin?«

Der alte Hehler, der bemerkte, dass Mr. Chitling gehörig aufgebracht war, beeilte sich, ihm zu versichern, dass niemand lache, und wandte sich, um die Ernsthaftigkeit der Anwesenden unter Beweis zu stellen, an Meister Bates, den Hauptschuldigen. Doch unglücklicherweise konnte Charley, als er seinen Mund öffnete, um zu sagen, er sei noch nie in seinem Leben ernster gewesen, nicht verhindern, in ein derart brüllendes Gelächter auszubrechen, dass der so geschmähte Mr. Chitling ohne Vorwarnung durchs Zimmer schoss und einen Fausthieb gegen den Übeltäter führte, der sich jedoch, geschickt im Ausweichen wie er war, wegduckte, gerade im rechten Augenblick, dass der Schlag auf der Brust des fröhlichen alten Herrn landete und ihn gegen die Wand taumeln ließ, wo er nach Luft schnappend verharrte, während Mr. Chitling ihn entsetzt anstarrte.

»Horcht!«, rief der Dodger in diesem Augenblick. »Ich hab's läuten hören.« Er schnappte sich die Kerze und schlich leise die Treppe hinauf.

Erneut läutete es voller Ungeduld, während die Bande im Dunkeln saß. Kurz darauf erschien der Dodger wieder und tuschelte geheimnisvoll mit Fagin.

»Was!«, rief der alte Hehler. »Allein?«

Der Dodger nickte bejahend und gab, indem er die Flamme der Kerze mit seiner Hand abschirmte, Charley Bates mit stummer Geste einen heimlichen Wink, jetzt besser keine Späße zu machen. Nachdem er ihm diesen Freundschaftsdienst erwiesen hatte, blickte er Fagin ins Gesicht und wartete auf Anweisungen.

Der alte Mann kaute an seinen gelben Fingern und dachte eine kurze Weile nach. In seinem Gesicht zuckte es vor Erregung, als befürchte er etwas und hätte Angst, das Schlimmste zu erfahren. Schließlich hob Fagin den Kopf.

»Wo ist er?«, fragte er.

Der Dodger zeigte auf das darüberliegende Stockwerk und machte eine Bewegung, als wolle er das Zimmer verlassen.

»Ja«, sagte Fagin als Antwort auf die stumme Frage, »hol ihn herunter. Ruhe! Still, Charley! Sei friedlich, Tom! Macht euch dünne!«

Dieser knappe Befehl an Charley und seinen Widersacher von vorhin wurde geräuschlos und umgehend befolgt. Kein Laut verriet, wo sie steckten, als der Dodger mit der Kerze in der Hand die Treppe hinabstieg, gefolgt von einem Mann in einem groben Bauernkittel, der sich schnell im Zimmer umsah und dann ein breites Tuch ablegte, das Kinn und Mundpartie verhüllt hatte, und zum Vorschein kam – abgezehrt, ungewaschen und unrasiert – das Gesicht des schicken Toby Crackit.

»Wie geht's, Fagey?«, fragte dieser Ehrenmann, dem alten Hehler zunickend. »Stopf dies Tuch in meinen Filzhut, Dodger, dann weiß ich, wo's zu finden ist, wenn ich wieder verdufte. So ist's recht! Aus dir wird mal'n tüchtiger Einbrecher werden, was bessres als der alte Langfinger hier.«

Bei diesen Worten raffte er seinen Bauernkittel hoch, wickelte ihn um die Hüfte, rückte einen Stuhl ans Feuer und legte seine Füße auf den Kaminvorsprung.

»Sieh mal da, Fagey«, sagte er und deutete mit betrübter Miene auf seine Stulpenstiefel, »nicht einen Tropfen Schuhwichse, seit ich weiß nich wann, kein bisschen Politur, zum Teufel auch! Aber schau mich doch nicht so an, Mann. Alles zu seiner Zeit. Ich kann nicht übers Geschäftliche reden, ohne vorher zu essen und zu trinken, also schaff mal Fressalien herbei, damit ich mir erstmals seit drei Tagen in Ruhe den Bauch vollschlagen kann!«

Fagin bedeutete dem Dodger, alles, was an Essbarem vorhanden war, auf den Tisch zu stellen, setzte sich dem Einbrecher gegenüber und wartete, bis dieser fertig wäre.

Allem Anschein nach zu urteilen hatte Toby es jedoch überhaupt nicht eilig, das Gespräch zu eröffnen. Anfangs begnügte Fagin sich damit, geduldig Tobys Gesicht zu studieren, als wolle er aus dessen Miene einen Hinweis ablesen, welche Nachricht er überbringen werde, doch vergebens. Er wirkte müde und erschöpft, aber seine Züge trugen die gleiche eitle Selbstgefälligkeit wie immer, und unter Schmutz und Bart blitzte unverändert das zufriedene Grinsen des schicken Toby Crackit. Dann begann Fagin vor quälender Ungeduld, mit den Augen jeden Bissen, den Toby sich in den Mund steckte, zu verfolgen und zwischendurch vor unbezähmbarer Erregung im Zimmer auf und ab zu laufen. Es hatte jedoch alles keinen Zweck. Toby aß mit größter äußerlicher Gelassenheit weiter, bis er nichts mehr hinunterbekam. Dann schickte er den Dodger hinaus, schloss die Tür, mischte sich ein Glas Schnaps mit Wasser und hob an zu sprechen.

»Vorweg und zuallererst, Fagey«, begann Toby.

»Ja, ja!«, unterbrach Fagin und rückte mit seinem Stuhl näher.

Mr. Crackit hielt inne, um einen Schluck aus dem Glas zu nehmen und zu erklären, dass der Gin ganz vorzüglich sei, dann stemmte er die Füße gegen den niedrigen Kaminsims, so dass sich seine Stiefel auf Augenhöhe befanden, und sprach dann in aller Seelenruhe weiter.

»Vorweg und zuallererst, Fagey«, sagte der Einbrecher, »wie geht's Bill?«

»Was?«, schrie Fagin und fuhr vom Stuhl hoch.

»Aber, du willst doch wohl nicht andeuten, dass …«, setzte Toby an und wurde bleich.

»Andeuten?«, kreischte Fagin und stampfte wütend auf den Boden. »Wo sind sie? Sikes und der Junge? Wo? Wo waren sie? Wo haben sie sich versteckt? Warum sind sie nicht hier?«

»Der Bruch is schiefgegangen«, erwiderte Toby matt.

»Ich weiß«, sagte Fagin und deutete auf eine Zeitung, die er aus der Tasche zog. »Und weiter?«

»Sie haben geschossen und den Jungen getroffen. Wir haben uns querfeldein in die Büsche geschlagen, den Jungen zwischen uns, immer geradaus, durch Hecken und Gräben, und sie hinter uns her. Das ganze verdammte Landvolk war auf den Beinen und hat uns die Hunde auf den Hals gehetzt.«

»Und der Junge?«, keuchte Fagin.

»Bill hatte ihn auf dem Rücken und sauste wie der Wind. Wir sind stehengeblieben, um ihn zwischen uns zu nehmen, sein Kopf baumelte herab, und er war eiskalt. Sie waren uns dicht auf den Fersen, da wollte jeder nur noch seinen eigenen Kopf aus der Schlinge ziehen. Wir haben uns getrennt und den Jungen in einem Graben liegenlassen, tot oder lebendig, das ist alles, was ich von ihm weiß.«

Weiter wollte Fagin nichts mehr hören, sondern stieß einen gellenden Schrei aus, raufte sich das Haar und stürzte aus dem Zimmer und aus dem Haus.

Sechsundzwanzigstes Kapitel

In dem eine geheimnisvolle Gestalt auf der Bildfläche erscheint und etliche Dinge, die untrennbar mit unserer Geschichte verbunden sind, geschehen und getätigt werden.

Der alte Mann war bereits an der Straßenecke, bevor er sich von der Wirkung, die Toby Crackits Nachricht ausgeübt hatte, zu erholen begann. Er hatte sein ungewohnt hohes Tempo noch nicht gedrosselt, sondern stürmte unverändert wild und ungestüm voran, als eine plötzlich vorbeipreschende Kutsche und ein lauter Aufschrei von Fußgängern, die die drohende Gefahr erkannten, ihn auf den Gehweg zurücktrieben. Alle Hauptstraßen nach Möglichkeit vermeidend und nur durch Nebenwege und Gassen schleichend, kam er schließlich bei Snow Hill heraus. Jetzt lief er noch schneller als zuvor und verweilte nicht eher, als bis er abermals in ein Seitengässchen einbog, wo er, als fühle er sich hier in seinem gewohnten Element, in sein übliches Schlurfen verfiel und freier zu atmen schien.

Unweit der Stelle, wo Snow Hill und Holborn Hill aufeinandertreffen, öffnet sich rechter Hand, wenn man von der City her kommt, eine enge und düstere Gasse, die zur Saffron Hill führt. In ihren schmutzigen Läden werden riesige Stapel seidener Schnupftücher in allen Größen und Mustern zum Verkauf angeboten, denn hier wohnen die Händler, die sie von den Taschendieben erwerben. Hunderte dieser Schnupftücher wehen draußen an Pflöcken befestigt flatternd vor den Fenstern oder hängen an den Türpfosten, und drinnen füllen sie sämtliche Regale. So eng die Grenzen von Field Lane auch gezogen sind, gibt es dort doch einen

Barbier, ein Kaffeehaus, eine Bierschenke und eine Fischbratküche. Sie bildet ein eigenes Handelszentrum, einen Umschlagplatz für gestohlene Waren, der am frühen Morgen und in der Abenddämmerung von verschwiegenen Händlern aufgesucht wird, die in dunklen Hinterzimmern ihren Geschäften nachgehen und ebenso klammheimlich verschwinden, wie sie aufgetaucht sind. Hier legen Kleidertrödler, Flickschuster und Lumpensammler ihre Waren aus, als Firmenschilder für die kleinen Diebe, hier befinden sich Vorratslager an Alteisen und Knochen und Stapel von fleckigen Stofffetzen aus Wolle und Leinen, die in finsteren Kellern vor sich hin rotten und rosten.

Dies war der Ort, den Fagin aufsuchte. Den bleichen Bewohnern dieser Gasse, die auf der Lauer lagen, um zu kaufen oder zu verkaufen, war er wohlbekannt, und sie nickten ihm freundlich zu, als er vorbeiging. Fagin erwiderte ihre Grüße ebenso, schenkte jedoch keinem größere Beachtung, bis er am anderen Ende der Gasse ankam, wo er stehenblieb, um einen Händler von kleiner Gestalt anzusprechen, der so viel von seiner Person in einen Kinderstuhl gezwängt hatte, wie derselbe zu fassen vermochte, und vor seiner Ladentür Pfeife rauchte.

»Nun, Mr. Fagin, Euer Anblick ist Balsam für meine entzündeten Augen!«, sagte dieser ehrbare Geschäftsmann, als Antwort auf des alten Hehlers Frage nach seinem Befinden.

»Die Gegend hier war ein wenig zu heiß geworden, Lively«, bemerkte Fagin, zog seine Augenbrauen empor und legte die Hände überkreuz auf die Schultern.

»Tja, diese Klage hab ich zuvor schon ein- oder zweimal gehört«, erwiderte der Händler, »doch es kühlt auch bald wieder ab, findet Ihr nicht?«

Fagin nickte zustimmend. In Richtung Saffron Hill deutend erkundigte er sich, ob heute abend irgendjemand dort drüben anzutreffen sei.

»Im *Cripples*?«, fragte der Mann nach.

Der alte Hehler nickte.

»Wartet mal«, sagte der Händler und dachte nach. »Ja, da sind ungefähr'n halbes Dutzend Leute rein, soviel ich weiß. Glaub aber nich, dass Euer Freund dort is.«

»Und Sikes auch nicht, vermute ich?«, erkundigte sich Fagin mit enttäuschter Miene.

»*Non istwentus*, wie's bei Gericht heißt«, antwortete der kleine Mann kopfschüttelnd und machte ein schlaues Gesicht. »Habt Ihr heut abend irgendwas für meine Branche?«

»Heute nicht«, sagte Fagin und wandte sich ab.

»Geht Ihr ins *Cripples*, Fagin?«, rief ihm der kleine Mann hinterher. »Wartet! Ich hätt nichts dagegen, dort nen kleinen Schluck mit Euch zu trinken!«

Doch da der alte Hehler über die Schulter blickend mit der Hand abwinkte, um zu bedeuten, dass er lieber allein sei, und der kleine Mann sich obendrein nicht so ohne weiteres aus seiner Sitzgelegenheit lösen konnte, blieb dem Wirtshaus namens *Cripples* vorerst die Ehre von Mr. Livelys Anwesenheit erspart. Als er sich endlich erhoben hatte, war Fagin bereits verschwunden, so dass Mr. Lively, der sich in der Hoffnung, ihn noch zu erblicken, vergeblich auf die Zehenspitzen gestellt hatte, seinen Leib wieder in den Kinderstuhl zwängte und sich, nachdem er mit der Dame vom Laden gegenüber ein Kopfschütteln, in dem sowohl Zweifel wie Argwohn lagen, ausgetauscht hatte, mit würdigem Gebaren erneut seiner Pfeife widmete.

The Three Cripples, oder kurz das *Cripples*, wie das Etablissement bei seiner Kundschaft im allgemeinen hieß, war dasselbe Wirtshaus, in dem Mr. Sikes und sein Hund bereits aufgetreten sind. Fagin gab dem Mann an der Theke bloß ein Zeichen und ging geradewegs die Treppe hinauf, öffnete die Tür zu einem Zimmer und trat leise ein. Drinnen schaute er sich, die Augen mit der Hand beschattend, angestrengt um, als suche er eine bestimmte Person.

Der Raum wurde von zwei Gaslampen erleuchtet, deren grelles Licht wegen der geschlossenen Fensterläden und den zugezogenen, verblichenen roten Vorhängen von draußen nicht zu sehen war. Die Decke hatte man geschwärzt, damit ihre Farbe vom Rußen der Lampen keinen weiteren Schaden nehmen konnte, und in der Luft hing der Tabakqualm in so dichten Schwaden, dass es anfangs kaum möglich war, etwas anderes zu erkennen. Als ein Teil des Qualms durch die offene Tür abgezogen war, ließ sich jedoch allmählich eine Ansammlung von Köpfen ausmachen, ebenso undeutlich wie die Geräusche, die einem ans Ohr drangen, und wenn das Auge sich an die Umgebung gewöhnt hatte, nahm der Beobachter die Anwesenheit einer aus zahlreichen Frauen und Männern bestehenden Gesellschaft wahr, die sich um einen langen Tisch drängte, an dessen oberem Ende ein Vorsitzender mit dem dazugehörigen Hämmerchen seines Amtes waltete, während ein Musikant mit bläulicher Nase, der sich zur Linderung seiner Zahnschmerzen ein Tuch um die Kinnladen gebunden hatte, in der Ecke weiter hinten auf einem Klavier klimperte.

Als Fagin leise eintrat, stimmte der Musikant, dessen Finger zum Vorspiel über die Tasten glitten, gerade die Melodie eines allgemein lautstark verlangten Liedes an, woraufhin eine junge Dame, nachdem sich der Trubel ein wenig gelegt hatte, die Gesellschaft mit einer Ballade in vier Strophen unterhielt, zwischen denen der Begleiter jeweils einmal die gesamte Melodie spielte, so laut er konnte. Als das vorbei war, brachte der Vorsitzende einen kurzen Trinkspruch aus, wonach die Künstler zur Linken und zur Rechten des Vorsitzenden ein Duett ankündigten und es unter großem Applaus vortrugen.

Einige Gesichter, die aus der Gruppe hervorstachen, waren merkwürdig zu beobachten. Da gab es den Vorsitzenden selbst (der Wirt des Hauses), ein derber, rauhbeiniger Geselle von kräftiger Statur, der beim Vortrag der Lieder die Augen hin und her rollte und, während er sich scheinbar ganz der Lustbarkeit hingab, auf alles, was vor sich ging, ein scharfes Auge hatte, und ein ebensolches Ohr für alles, was gesagt wurde. Neben ihm saßen die Sänger und nahmen mit dem Gleichmut von Künstlern die Komplimente der Gesellschaft entgegen und griffen sich reihum die dutzendweise dargebotenen Gläser mit verdünntem Schnaps, die ihnen von ihren größten Bewunderern gereicht wurden, und deren Gesichter, in denen sich beinahe jedes Laster in jeglichem Ausmaß ausdrückte, unwiderstehlich die Aufmerksamkeit auf sich zogen, weil sie so abstoßend wirkten. Hinterlist, Grausamkeit und Trunksucht in all ihren Stadien waren dort in ihren ausgeprägtesten Erscheinungen zu beobachten. Manche der Frauen besaßen nur noch letzte Reste ihrer einstigen Jugendfrische, der man beinahe beim Schwinden zuschauen konnte, bei anderen war bereits jedes Merkmal und jede Eigenart ihres Geschlechts ausgelöscht worden, so dass nur eine hohle Fassade aus Liederlichkeit und Verbrechen übriggeblieben war, einige von ihnen noch Mädchen, andere blutjunge Frauen, noch keine hatte ihre Lebensmitte überschritten, sie alle bildeten den erschreckendsten und traurigsten Teil dieses trostlosen Bildes.

Während sich diese Dinge abspielten, schaute Fagin, durch keinerlei tiefere Gefühlsregungen gestört, aufmerksam von einem Gesicht zum anderen, aber offenbar ohne jenes zu entdecken, das er suchte. Zuletzt war ihm, als er dem Blick des Vorsitzenden begegnete, doch noch Erfolg beschieden. Er gab ihm einen leisen Wink und verließ dann den Raum so unauffällig, wie er ihn betreten hatte.

»Womit kann ich Euch dienen, Mr. Fagin?«, erkundigte sich der Mann, als er ihm auf den Treppenabsatz hinausfolgte. »Wollt Ihr Euch nicht unserer Gesellschaft anschließen? Die Gäste wären sicher ohne Ausnahme begeistert.«

Der alte Hehler schüttelte ungeduldig den Kopf und fragte im Flüsterton: »Ist *er* hier?«

»Nein«, antwortete der Mann.

»Und keine Neuigkeiten von Barney?«, erkundigte sich Fagin.

»Nichts«, erwiderte der Wirt vom *Cripples*, um den es sich ja handelte. »Der wird sich nicht rühren, bis die Luft wieder rein ist. Glaubt mir, sie sind ihm da unten auf der Spur, er braucht nur einen Mucks zu machen, dann schnappen sie ihn. Aber Barney ist in Sicherheit, sonst hätt ich von ihm gehört. Er wird's schon schaffen, da wett ich drauf. Macht Euch um ihn mal keine Sorgen.«

»Wird *er* heute nacht noch kommen?«, fragte der alte Hehler, mit derselben Betonung des Fürwortes wie zuvor.

»Ihr meint Monks?«, wollte der Wirt wissen und zögerte.

»Pssst!«, machte Fagin. »Ja.«

»Gewiss«, erwiderte der Mann und zog eine goldene Taschenuhr aus seiner Westentasche. »Ich habe ihn eigentlich schon längst erwartet. Wenn Ihr Euch noch zehn Minuten gedulden wollt, wird er …«

»Nein, nein«, sagte Fagin rasch, als sei er, ganz gleich wie dringend er die fragliche Person auch zu sehen wünschte, dennoch über ihre Abwesenheit erleichtert. »Bestellt ihm, ich sei hier gewesen, um ihn zu treffen, und dass er heute nacht zu mir kommen soll. Nein, sagt morgen. Da er nicht hier ist, wird morgen früh genug sein.«

»Gut«, meinte der Mann. »Mehr nicht?«

»Im Moment nichts«, antwortete der alte Hehler und stieg die Treppe hinab.

»Hört mal«, sagte der andere mit einem heiseren Flüstern über das Geländer blickend, »es wär grad ne günstige Gelegenheit, jemanden ans Messer zu liefern! Bei mir sitzt Phil Baker, so betrunken, dass ein Kind mit ihm fertig würde.«

»Aha! Aber Phil Baker ist noch nicht an der Reihe«, sagte Fagin aufblickend. »Phil muss erst noch was für uns erledigen, bevor wir's uns leisten können, ihn loszuwerden. Also geht zurück zur Gesellschaft, mein Bester, und fordert sie auf, fröhlich zu feiern – *solange sie noch können*. Hahaha!«

Der Wirt erwiderte das Lachen des Alten und kehrte zu seinen Gästen zurück. Kaum war Fagin wieder allein, nahm seine Miene erneut ihren früheren besorgten und nachdenklichen Ausdruck an. Nach kurzer Überlegung rief er eine Mietdroschke herbei und hieß den Kutscher, nach Bethnal Green zu fahren. Er stieg etwa eine Viertelmeile vor Mr. Sikes' Unterkunft aus und legte das restliche kurze Stück zu Fuß zurück.

»So«, murmelte Fagin, als er an die Tür klopfte, »wenn hier irgendjemand ein falsches Spiel treibt, dann werd ich's aus dir rauskriegen, Mädchen, magst du auch noch so schlau sein.«

Sie sei auf ihrem Zimmer, sagte die Hauswirtin. Fagin schlich leise treppauf und trat ohne vorherige Ankündigung ein. Das Mädchen war allein, ihr Kopf ruhte auf der Tischplatte, über die in wirren Strähnen ihr Haar ausgebreitet lag.

»Sie hat getrunken«, dachte Fagin ungerührt, »oder vielleicht ist ihr auch bloß elend zumute.«

Während er diese Überlegung anstellte, drehte der alte Mann sich um und schloss die Tür, wodurch die junge Frau geweckt wurde. Sie beäugte misstrauisch sein durchtriebenes Gesicht, als sie sich erkundigte, ob es Neuigkeiten gäbe, und seiner Wiedergabe von Toby Crackits Geschichte lauschte. Nachdem er geendet hatte, fiel sie erneut in ihre vorige Haltung zurück, sprach aber kein Wort. Unwillig stieß sie die Kerze beiseite und scharrte, als sie wie im Fieber ein- oder zweimal ihre Lage änderte, mit den Füßen auf dem Boden, doch das war alles.

Während dieses Schweigens sah sich Fagin unstet im Zimmer um, als wolle er sich vergewissern, dass nichts auf eine heimliche Rückkehr von Sikes hindeutete. Offenbar befriedigt von dieser Prüfung, räusperte er sich zwei- oder dreimal und machte ebenso viele Versuche, ein Gespräch zu beginnen, aber das Mädchen beachtete ihn so wenig, als wäre er aus Stein. Schließlich bemühte er sich ein weiteres Mal und fragte händereibend und so einschmeichelnd, wie er konnte:

»Und was denkst du, wo Bill jetzt sein mag, mein Schatz?«

Das Mädchen gab mit einem Stöhnen die kaum verständliche Antwort, dass sie es nicht wisse, und nach dem erstickten Schluchzen, das ihr entfuhr, zu urteilen, schien sie zu weinen.

»Und auch der Junge«, sagte Fagin, der seine Augen anstrengte, um einen Blick auf ihr Gesicht zu erhaschen. »Armer kleiner Kerl! Einfach im Graben liegengelassen, Nance, stell dir das bloß vor!«

»Dem Kind«, entgegnete das Mädchen, unvermittelt aufblickend, »geht es besser dort, wo es jetzt ist, als bei uns. Und wenn Bill dadurch keinen Ärger bekommt, so hoffe ich, dass es tot im Graben liegt und seine jungen Knochen dort verrotten.«

»Was?«, rief Fagin erstaunt.

»Ja, das hoffe ich«, sagte das Mädchen, seinen Blick erwidernd. »Ich bin froh, wenn er mir aus den Augen ist und ich weiß, dass das Schlimmste vorüber ist. Ich ertrage seine Nähe nicht. Bei seinem Anblick krieg ich ne Wut auf mich und auf euch alle.«

»Puuh!«, sagte der alte Hehler verächtlich. »Du bist betrunken.«

»Ach ja?«, rief das Mädchen verbittert. »Würd nich an dir liegen, wär ich mal nüchtern. Wenn's nach dir ginge, müsste ich ständig betrunken sein, nur grad jetzt nich ... darüber kannste nich lachen, was?«

»Nein«, entgegnete Fagin erzürnt, »kann ich nicht.«

»Dann versuch's doch mal«, versetzte das Mädchen lachend.

»Versuch's mal!«, rief Fagin aus. Er war wegen der unerwarteten Widerspenstigkeit seiner Kumpanin und des Ärgers dieser Nacht über alle Maßen gereizt. »Ich werd's dir gleich versuchen! Hör zu, du elende Dirne! Hör mir gut zu, der ich Sikes mit sechs Worten ebenso gewiss erwürgen kann, als hätt ich seinen Stiernacken jetzt hier zwischen meinen Fingern. Wenn er ohne den Jungen zurückkehrt ... wenn er ungeschoren davonkommt und ihn mir nicht zurückbringt, tot oder lebendig, dann töte ihn besser selbst, wenn du nicht willst, dass der Henker ihm ne Krawatte verpasst. Und töte ihn, sobald er den Fuß in dieses Zimmer hier setzt, sonst wird's zu spät sein, denk dran!«

»Was soll das alles bedeuten?«, entfuhr es dem Mädchen unwillkürlich.

»Was das bedeutet?«, fuhr Fagin wutentbrannt fort. »Dass der Junge für mich Hunderte von Pfund wert ist, und ich verliere, was das Schicksal mir als sichere Beute zu Füßen gelegt hat, wegen der Narreteien einer versoffenen Bande, deren Leben in meiner Hand liegt! Und das meine liegt in der Hand eines ausgemachten Teufels, der nur das Vermächtnis will und jederzeit in der Lage ist, um ... um ...«

Nach Atem ringend suchte der Alte stammelnd nach einem Wort, bezwang im selben Augenblick seinen Zornesausbruch und änderte sein ganzes Benehmen. Eben hatte er noch mit den geballten Fäusten in der Luft gefuchtelt, waren seine Augen weit aufgerissen und sein Gesicht aschfahl vor Wut gewesen. Doch nun sank er in einen Stuhl und kauerte sich zitternd zusammen, aus Furcht, eine geheime Schurkerei enthüllt zu haben. Nach kurzem Schweigen wagte er einen Blick auf seine Kumpanin. Er fühlte sich etwas wohler, sie in demselben teilnahmslosen Zustand zu sehen, aus dem er sie vorhin geweckt hatte.

»Nancy, Schätzchen!«, krächzte Fagin mit seiner gewöhnlichen Stimme. »Hast du mir zugehört, meine Liebe?«

»Lass mich jetzt in Ruhe, Fagin!«, antwortete das Mädchen und hob träge den Kopf. »Wenn Bill es diesmal nich geschafft hat, schafft er's ein andermal. Er war dir schon oft von Nutzen und wird's auch wieder sein, wenn er kann, und wenn nich, dann eben nich, also kein Wort mehr davon.«

»Und was diesen Jungen betrifft, Nancy?«, fragte Fagin, wobei er nervös seine Hände aneinanderrieb.

»Der Junge sitzt mit den andern in einem Boot«, unterbrach ihn Nancy hastig, »und ich sag's noch mal, ich hoffe, er is tot, dann braucht er kein Leid mehr zu fürchten, auch nicht von dir … doch will ich nicht, dass Bill deswegen Schaden nimmt. Aber wenn Toby entwischen konnte, dann wird's Bill allemal geschafft haben.«

»Und was ich dir sonst gesagt habe, meine Liebe?«, hakte Fagin nach, seine funkelnden Augen fest auf das Mädchen gerichtet.

»Das musst du mir alles noch einmal sagen, wenn's was ist, das ich für dich tun soll«, erwiderte Nancy, »und wartest damit besser bis morgen, denn du hast mich zwar für einen Moment wachgerüttelt, aber jetzt bin ich wieder ganz benommen.«

Fagin stellte noch ein paar weitere Fragen, alle mit dem gleichen Hintersinn, sich zu vergewissern, ob das Mädchen seine unbedachten Äußerungen nicht doch verstanden hatte. Aber sie antwortete immer so bereitwillig und blieb unter seinen forschenden Blicken obendrein so unbekümmert, dass er seinen ersten Eindruck, sie sei mehr als nur ein wenig angetrunken, vollauf bestätigt fand. Tatsächlich war auch Nancy nicht gefeit gegen eine Schwäche, die unter Fagins weiblichen Zöglingen grassierte, und in der sie in ihrer zarten Jugend eher bestärkt wurden, als dass man sie davor behütete. Ihr verwahrlostes Äußeres und der durchdringende Geruch des Gins, der im Zimmer hing, boten hinreichende Beweise zur Bestätigung der Richtigkeit von Fagins Annahme. Und als sie nach dem vorübergehenden heftigen Ausbruch, der oben beschrieben wurde, erst in Stumpfsinn verfiel und danach in eine Gefühlsverwirrung, unter deren Einfluss sie bald Tränen vergoss und bald mehrmals Ausrufe wie »Niemals verzweifeln!« hervorstieß und verschiedene Überlegungen anstellte, was alle Widrigkeiten schon ausmachten, solange eine Dame oder ein Herr nur glücklich seien, erkannte Mr. Fagin, der in seinem Leben beträchtliche Erfahrung in diesen Dingen gesammelt hatte, zu seiner großen Befriedigung, dass sie in der Tat weit weggetreten war.

Da er durch diese Beobachtung seine Gemütsruhe wiedererlangt hatte und außerdem seine beiden Absichten, dem Mädchen mitzuteilen, was er an diesem Abend gehört, und sich mit eigenen Augen zu vergewissern, dass Sikes nicht zurückgekehrt war, ausgeführt hatte, wandte Mr. Fagin sich wieder heimwärts und ließ seine junge Kumpanin mit dem Kopf auf dem Tisch schlafend zurück.

Es war etwa eine Stunde vor Mitternacht und die Witterung düster und kalt, so dass ihm der Sinn nicht danach stand, lange herumzutrödeln. Der scharfe Wind, der durch die Straßen fegte, schien neben Staub und Unrat auch die Fußgänger fortgeweht zu haben, denn es waren nur wenige Leute unterwegs, und diese eilten augenscheinlich schnellstens nach Hause. Für Fagin blies er jedoch aus einer günstigen Richtung, so dass er vor ihm herlief und bei jeder neuen Böe, die ihn unsanft auf seinem Weg vorantrieb, zitternd erschauderte.

Er hatte die Ecke seiner Straße erreicht und fingerte bereits in der Tasche nach dem Schlüssel, als aus einem vorspringenden Hauseingang, der in tiefem Schatten lag, eine finstere Gestalt auftauchte, die Straße überquerte und unbemerkt an ihn heranglitt.

»Fagin!«, flüsterte eine Stimme dicht an seinem Ohr.

»Ah«, sagte der alte Hehler und fuhr herum, »ist das …«

»Ja!«, unterbrach ihn der Fremde barsch. »Ich warte hier schon seit zwei Stunden. Wo zum Teufel seid Ihr gewesen?«

»In Euren Angelegenheiten unterwegs, mein Freund«, antwortete Fagin, der sein Gegenüber unbehaglich ansah und seinen Schritt verlangsamte, während er sprach.

»Ja, natürlich«, zischte der Fremde höhnisch. »Nun, und was ist dabei herausgekommen?«

»Nichts Gutes«, sagte Fagin.

»Aber auch nichts Schlimmes, hoffe ich?«, fragte der Fremde, blieb stehen und blickte seinen Begleiter erschrocken an.

Fagin schüttelte den Kopf und wollte gerade antworten, als der Fremde ihm das Wort abschnitt und auf das Haus deutete, vor dem sie inzwischen angekommen waren, und bemerkte, er solle das, was er zu sagen habe, drinnen sagen, denn er sei bis auf die Knochen durchgefroren, weil er so lange im eisigen Wind stehend warten musste.

Fagin machte ein Gesicht, als hätte er sich gern entschuldigt, um zu dieser unpassenden Zeit keinen Besucher ins Haus nehmen zu müssen, und tatsächlich murmelte er so etwas wie dass er kein Feuer mehr habe, doch sein Begleiter wiederholte sein Begehr in gebieterischem Tonfall, also entriegelte er die Tür und bat ihn, sie leise zu schließen, während er ein Licht hole.

»So finster wie im Grab«, bemerkte der Mann und tastete sich ein paar Schritte vorwärts. »Beeilt Euch!«

»Schließt die Tür«, wisperte Fagin vom Ende des Flurs. Noch als er sprach, fiel sie mit lautem Knall zu.

»Das war nicht mein Werk«, sagte der andere und ertastete sich seinen Weg. »Der Wind hat sie zugeschlagen, oder sie ist von allein zugefallen, eins von beiden. Macht schnell mit dem Licht, sonst stoß ich mir in diesem verwünschten Loch noch den Schädel ein.«

Fagin schlich die Küchentreppe hinab. Kurz darauf kam er mit einer brennenden Kerze zurück und der Nachricht, dass Toby Crackit unten im hinteren Zimmer schlafe und die Jungen im vorderen. Mit der Aufforderung, ihm zu folgen, stieg er vor dem Mann die Stufen hinauf.

»Wir können die paar Dinge, die wir zu besprechen haben, hier drin besprechen, mein Freund«, sagte der alte Hehler, als er im ersten Stock eine Tür aufstieß, »und da in den Fensterläden Löcher sind, wir unsere Nachbarn aber nie Licht sehen lassen, stellen wir die Kerze auf die Treppe. So!«

Bei diesen Worten bückte Fagin sich, stellte die Kerze auf die Treppe nach oben, der Tür direkt gegenüber. Als das getan war, ging er voran in das Zimmer, in dem sich keinerlei Mobiliar befand, außer einem zerschlissenen Sessel und einer alten Couch oder Sitzbank ohne Bezug, die hinter der Tür stand. Auf dieses Möbelstück ließ sich der Fremde mit der Miene eines erschöpften Mannes nieder, während Fagin den Sessel herbeizog, so dass sie einander ins Gesicht schauten. Es war nicht völlig dunkel, da die Tür ein Stück offenstand und die Kerze von draußen einen matten Widerschein an die gegenüberliegende Wand warf.

Eine Zeitlang unterhielten sie sich flüsternd. Obwohl nichts vom Gespräch zu verstehen war, abgesehen von ein paar zusammenhanglosen Worten hin und wieder, hätte ein heimlicher Zuhörer leicht erkannt, dass Fagin sich gegen einige Bemerkungen des Fremden zu verteidigen schien und dass letzterer sich in einem Zustand hochgradiger Erregung befand. So mochten sie vielleicht eine Viertelstunde oder länger miteinander geredet haben, als Monks – mit diesem Namen sprach Fagin den Fremden mehrmals im Laufe ihres Gesprächs an – seine Stimme ein wenig hob und erklärte:

»Ich sage Euch nochmals, das war ein schlechter Plan. Warum habt Ihr ihn nicht hier bei den anderen behalten und gleich einen gemeinen, erbärmlichen Taschendieb aus ihm gemacht?«

»Das sagt Ihr so einfach!«, rief Fagin achselzuckend.

»Na, soll das etwa heißen, Ihr hättet's nicht gekonnt, wenn Ihr's gewollt hättet?«, verlangte Monks zu wissen. »Habt Ihr's nicht mit anderen Jungen dutzendmale getan? Hättet Ihr bloß zwölf Monate Geduld gezeigt, dann wär er sicher verurteilt und außer Landes deportiert worden, lebenslänglich.«

»Wem wäre damit gedient gewesen, mein Freund?«, fragte Fagin bescheiden.

»Mir«, antwortete Monks.

»Aber mir nicht«, sagte Fagin unterwürfig. »Er hätte mir noch nützlich werden können. Wenn zwei Parteien einen Handel beschließen, dann ist es nur vernünftig, dass die Interessen beider berücksichtigt werden, oder nicht, mein lieber Freund?«

»Und weiter?«, fragte Monks mürrisch.

»Ich habe gemerkt, dass er nicht so leicht zu unserem Gewerbe zu bekehren ist«, erwiderte Fagin, »er ist nicht wie andere Jungen in der gleichen Lage.«

»Zum Teufel mit ihm, nein«, brummte der Mann, »sonst wär er schon längst zum Dieb geworden.«

»Ich hatte nichts in der Hand, um ihn zu verderben«, fuhr der alte Hehler fort, wobei er aufmerksam das Gesicht des anderen beobachtete. »Er war keiner von uns. Ich konnte ihn durch nichts einschüchtern, und damit muss man immer anfangen, sonst ist all unsere Mühe umsonst. Was sollte ich tun? Ihn mit dem Dodger und Charley losschicken? Das hat uns nach dem ersten Mal gereicht, mein Freund, ich hab um uns alle gebangt.«

»Das lag nicht an mir«, bemerkte Monks.

»Natürlich nicht, mein Lieber!«, beeilte sich Fagin zu sagen. »Und ich will mich jetzt auch gar nicht mehr darüber beklagen, denn wäre es nicht passiert, hättet Ihr den Jungen vielleicht niemals zu Gesicht bekommen, was Euch aufmerksam werden ließ und zu der Entdeckung geführt hat, dass er es ist, nach dem Ihr sucht. Nun gut, ich habe ihn ja für Euch zurückgeholt, mit Hilfe des Mädchens, aber jetzt beginnt sie, ihn zu beschützen.«

»Erwürgt das Weibsbild!«, rief Monks unwillig.

»Tja, das können wir uns im Augenblick gerade nicht erlauben, mein Guter«, erwiderte Fagin lächelnd, »und außerdem ist dergleichen nicht unsere Art, sonst hätte ich es wohl schon längst mit Freuden getan. Ich kenne diese Sorte Mädchen genau, Monks. Sobald der Junge seine Unschuld verliert, wird sie sich keinen Deut mehr für ihn interessieren als für einen Holzklotz. Ihr wollt, dass er zum Dieb wird. Wenn er noch am Leben ist, kann ich's diesmal schaffen, und wenn … wenn …«, sagte Fagin, näher an den anderen heranrückend, »es ist nicht wahrscheinlich, wohlgemerkt … aber wenn's zum Schlimmsten kommt und er tot ist …«

»Dann ist es nicht meine Schuld!«, unterbrach ihn der Fremde mit entsetztem Blick und umklammerte mit zitternder Hand den Arm des alten Hehlers. »Merkt Euch das, Fagin! Damit habe ich nichts zu schaffen. Alles, nur nicht sein Tod, das hab ich Euch von Anfang an gesagt. Ich will kein Blut vergießen. Das kommt immer raus und verfolgt einen obendrein ein Leben lang. Wenn sie ihn erschossen haben, war ich nicht schuld daran, versteht Ihr? Zum Teufel mit diesem Höllenloch! Was ist das?«

»Was?«, rief Fagin und griff dem schreckhaften Mann, als dieser aufsprang, mit beiden Armen um den Leib. »Wo?«

»Dort!«, antwortete Monks und starrte auf die Wand gegenüber. »Ein Schatten! Ich habe den Schatten einer Frau gesehen, mit Haube und Mantel, der wie ein Geist über die Täfelung glitt.«

Fagin ließ ihn los, und sie stürzten beide zugleich aus dem Zimmer. Die in der Zugluft schon weit herabgebrannte Kerze befand sich noch dort, wo sie hingestellt worden war. Sie zeigte ihnen nur das leere Treppenhaus und ihre eigenen bleichen Gesichter. Die Männer lauschten angestrengt, aber im ganzen Haus herrschte tiefe Stille.

»Das war nur Eure Einbildung«, sagte der alte Hehler, nahm das Licht in die Hand und wandte sich seinem Begleiter zu.

»Ich schwöre, ich habe ihn gesehen!«, erwiderte Monks mit bebender Stimme. »Der Schatten beugte sich vor, als ich ihn zuerst bemerkte, und als ich sprach, huschte er davon.«

Fagin musterte verächtlich das bleiche Gesicht seines Besuchers, bedeutete ihm, er möge folgen, wenn er wolle, und stieg die Treppe hinauf. Sie schauten in sämtliche Zimmer, die jedoch alle kalt, öde und leer waren. Sie gingen in den Flur und dann weiter hinunter in den Keller. Grüner Schimmel bedeckte die niedrigen Wände, und die Kriechspuren von Schnecken glänzten im Schein der Kerze, aber alles war totenstill.

»Was sagt Ihr jetzt?«, fragte Fagin, als sie wieder im Flur angekommen waren. »Außer uns beiden befindet sich keine Menschenseele im Haus, nur Toby und die beiden Jungs, und für die ist gesorgt. Seht her!«

Als Beweis für diese Behauptung zog der alte Hehler zwei Schlüssel aus der Tasche und erklärte, dass er sie, als er das erste Mal nach unten gegangen war, eingesperrt habe, um jegliche Störung ihrer Unterredung zu verhindern.

Diese zahlreichen Hinweise brachten Mr. Monks schließlich ins Wanken. Seine Beteuerungen waren allmählich immer kleinlauter geworden, als sie ihre Suche fortsetzten, ohne irgendetwas zu entdecken. Und jetzt gab er mehrmals ein grimmiges Lachen von sich und räumte ein, seine überreizte Phantasie müsse ihm einen Streich gespielt haben. Dennoch lehnte er es ab, das Gespräch in dieser Nacht fortzusetzen, da ihm plötzlich einfiel, dass bereits ein Uhr vorüber war, und so ging dieses reizende Paar auseinander.

Siebenundzwanzigstes Kapitel

Leistet Abbitte für die Unhöflichkeit eines vorhergehenden Kapitels, das eine Dame einfach sitzengelassen hat.

Da es sich für einen bescheidenen Autor unter keinen Umständen ziemen würde, eine so bedeutende Persönlichkeit wie einen Büttel mit dem Rücken zum Feuer und unter den Armen geafften Rockschößen warten zu lassen, bis es ihm beliebt, denselben zu erlösen, und da es seiner Stellung oder seiner Ritterlichkeit noch viel weniger anstünde, dasselbe Versäumnis einer Dame angedeihen zu lassen, die der Büttel voller Verlangen und Zärtlichkeit angesehen und in deren Ohr er süße Worte gewispert hatte, welche, aus solch einem Munde stammend, dazu angetan wären, im Herzen einer jeden Maid oder Matrone, welchen Standes sie auch sein mochte, ein wohliges Schaudern hervorzurufen, beeilt sich der Chronist, dessen Feder diese Zeilen schreibt, im Vertrauen darauf, zu wissen, was sich gehört, und da er jenen, die auf Erden mit großer und bedeutender Macht ausgestattet sind, die gebührende Ehrerbietung entgegenbringt, ihnen jenen Respekt zu zollen, den ihre Stellung verlangt, und sie mit aller gebotenen Höflichkeit zu behandeln, die ihr herausgehobener Rang und ihre (daraus folgenden) erhabenen Tugenden von seiner Seite gebieterisch einfordern. Zu diesem Zwecke hatte er in der Tat beabsichtigt, an dieser Stelle eine gelehrte Abhandlung über das Gottesgnadentum der Büttel einzufügen und den Standpunkt zu erläutern, warum ein Büttel kein Unrecht begehen kann, die für den rechtschaffenen Leser zweifelsohne gleichermaßen kurzweilig wie nutzbringend gewesen wäre, was aus

Mangel an Zeit und Platz jedoch auf eine günstigere und passendere Gelegenheit verschoben werden muss, bei deren Eintreten er dann zu zeigen bereit sein wird, dass ein rechtmäßig bestallter Büttel, also ein Gemeindebüttel, der dem Armenhaus einer Gemeinde zugehörig ist und in seiner amtlichen Eigenschaft auch der Kirchengemeinde dient, von Rechts wegen und kraft seines Amtes über sämtliche Vorzüge und Tugenden der menschlichen Natur verfügt, auf die gewöhnliche Zunft-, Gerichts- oder selbst bloße Kirchenbüttel keinen auch nur im entferntesten begründeten Anspruch erheben können (mit Ausnahme der Letztgenannten, und die auch nur in einem sehr bescheidenen und geringen Maße).

Mr. Bumble hatte ein weiteres Mal die Teelöffel gezählt, ein weiteres Mal die Zuckerzange gewogen, den Milchtopf einer eingehenderen Prüfung unterzogen und sich aufs genaueste Gewissheit über den Zustand des Mobiliars verschafft, bis hinunter zu den Rosshaarpolstern der Sessel, und er hatte all diese Prozeduren ein volles halbes Dutzend Mal wiederholt, ehe ihm der Gedanke kam, es sei eigentlich an der Zeit, dass Mrs. Corney zurückkehre. Ein Gedanke führt zum nächsten, und da kein Laut Mrs. Corneys Kommen ankündigte, schien es Mr. Bumble eine unschuldige und vortreffliche Weise, sich die Zeit zu vertreiben, indem er seine Neugier durch einen flüchtigen Blick auf den Inhalt der Schubladen von Mrs. Corneys Kommode weiter stillte.

Nachdem er am Schlüsselloch gehorcht hatte, um sicherzugehen, dass sich niemand der Stube näherte, fing Mr. Bumble von unten beginnend an, sich mit dem Inhalt der drei tiefen Schubladen vertraut zu machen, die mit verschiedenen Kleidungsstücken guten Zuschnitts und Materials, sorgfältig zwischen zwei

Lagen alter Zeitungen gebettet und mit getrocknetem Lavendel bestreut, gefüllt waren und ihn zutiefst zufriedenzustellen schienen. Als er schließlich zu der rechten Eckschublade (in der ein Schlüssel steckte) gelangte und darin ein kleines, mit einem Vorhängeschloss versehenes Kästchen fand, welches, wenn man es schüttelte, ein verheißungsvolles Geräusch von sich gab, das wie das Klimpern von Münzen klang, begab sich Mr. Bumble würdevollen Schrittes an den Kamin zurück, nahm seine vorige Stellung wieder ein und sagte mit ernster und entschlossener Miene: »Ich werde es tun!« Dieser bemerkenswerten Verkündigung sann er noch etwa zehn Minuten nach, indem er schelmisch den Kopf schüttelte, als wolle er sich selbst dafür tadeln, ein solcher Schwerenöter zu sein, und betrachtete sodann mit offensichtlichem Vergnügen und Wohlgefallen seine Beine im Profil.

Er war noch immer mit dieser Begutachtung beschäftigt, als Mrs. Corney ins Zimmer gerauscht kam, sich atemlos in einen Sessel am Kamin warf, mit der einen Hand ihre Augen bedeckte, die andere auf ihr Herz legte und nach Luft schnappte.

»Mrs. Corney«, sagte Mr. Bumble, über die Hausmutter gebeugt, »was ist denn los, Madam? Ist irgendetwas passiert, Madam? So antwortet doch, ich sitze wie auf … wie auf …« In seiner Aufregung fiel Mr. Bumble nicht gleich das Wort »Kohlen« ein, also sagte er: »Glasscherben«.

»Oh, Mr. Bumble!«, stöhnte die Dame. »Man hat mir soeben einen gehörigen Schreck eingejagt!«

»Einen Schreck eingejagt, Madam!«, rief Mr. Bumble aus. »Wer hat sich erdreistet, Ihnen …? Ich weiß schon!«, sagte Mr. Bumble und beherrschte sich mit seiner angeborenen Würde. »Das waren diese bösewichtigen Armenhäusler!«

»Allein daran zu denken ist furchtbar«, sagte die Dame erschaudernd.

»Dann denkt einfach nicht daran, Madam«, erwiderte Mr. Bumble.

»Ich kann nichts dagegen tun«, wimmerte die Dame.

»Dann trinkt ein Schlückchen, Madam«, sagte Mr. Bumble beschwichtigend. »Ein Gläschen Wein vielleicht?«

»Nicht um alles in der Welt!«, antwortete Mrs. Corney. »Ich könnte gar nicht … oh! Auf dem obersten Bord, rechts in der Ecke … oh!« Bei diesen Worten deutete die gute Frau verstört auf den Geschirrschrank und verfiel aufgrund innerlicher Krämpfe in Zuckungen. Mr. Bumble stürzte zum Schrank, schnappte sich aus dem so vage bezeichneten Bord eine grüne Halbliterflasche, füllte mit ihrem Inhalt eine Teetasse und setzte sie der Dame an die Lippen.

»Jetzt geht's mir schon besser«, sagte Mrs. Corney, nachdem sie die Hälfte davon getrunken hatte, und ließ sich zurücksinken.

Mr. Bumble hob den Blick voller Dankbarkeit fromm zur Decke, schaute dann wieder auf den Rand der Tasse hinab und hielt sie sich unter die Nase.

»Pfefferminz«, erklärte Mrs. Corney mit matter Stimme, wobei sie den Büttel freundlich anlächelte. »Probiert einmal! Da ist noch ein ganz klein wenig von etwas anderem drin.«

Mr. Bumble kostete mit zweifelnder Miene von der Medizin, schmatzte mit den Lippen, nahm einen weiteren Schluck und setzte die leere Tasse ab.

»Es wirkt sehr beruhigend«, sagte Mrs. Corney.

»In der Tat, sehr sogar, Madam«, erwiderte der Büttel. Mit diesen Worten rückte er seinen Stuhl neben die Hausmutter und erkundigte sich behutsam, was denn geschehen sei, das sie so mitgenommen habe.

»Nichts«, antwortete Mrs. Corney. »Ich bin ein närrisches, reizbares und schwaches Geschöpf.«

»Nicht schwach, Madam«, entgegnete Mr. Bumble und rückte seinen Stuhl noch etwas näher. »Ihr seid doch kein schwaches Geschöpf, Mrs. Corney, oder?«

»Wir alle sind schwache Geschöpfe«, sagte Mrs. Corney, eine allgemeine Wahrheit von sich gebend.

»Ja, das sind wir«, stimmte der Büttel zu.

Danach schwiegen die beiden eine ganze Weile lang, und während diese Zeit verstrich, bestätigte Mr. Bumble die Richtigkeit dieser Aussage, indem er seine linke Hand von Mrs. Corneys Stuhllehne, wo sie bis dato geruht hatte, zu Mrs. Corneys Schürzenband herabgleiten ließ und sich am selbigen zu schaffen machte.

»Wir alle sind schwache Geschöpfe«, wiederholte Mr. Bumble.

Mrs. Corney seufzte.

»Seufzt doch nicht, Mrs. Corney«, sagte Mr. Bumble.

»Ich kann nicht dagegen an«, erwiderte Mrs. Corney und seufzte erneut.

»Dies ist eine sehr gemütliche Stube, Madam«, bemerkte Mr. Bumble, während er sich umschaute. »Noch eine dazu, Madam, und es bliebe einem nichts zu wünschen übrig.«

»Das wäre zu groß für einen allein«, wisperte die Dame.

»Aber nicht für zwei, Madam«, erwiderte Mr. Bumble einschmeichelnd. »Nicht wahr, Mrs. Corney?«

Mrs. Corney senkte den Blick, als der Büttel dies sagte, und der Büttel senkte den seinen, um Mrs. Corneys Gesicht sehen zu können. Mrs. Corney wandte höchst sittsam den Kopf ab und löste ihre Hand, um ein Taschentuch hervorzuholen, legte sie aber unwillkürlich wieder in die Mr. Bumbles.

»Der Vorstand bewilligt Euch Kohlen, nicht wahr, Mrs. Corney?«, erkundigte sich der Büttel und drückte zärtlich ihre Hand.

»Und Kerzen«, antwortete Mrs. Corney, die den Händedruck sanft erwiderte.

»Kohlen, Kerzen und freie Unterkunft«, sagte Mr. Bumble. »Oh, Mrs. Corney, was seid Ihr doch für ein Engel!«

Gegen diesen Gefühlsausbruch war die Dame nicht gefeit. Sie sank Mr. Bumble in die Arme, und dieser Gentleman drückte ihr in seiner Erregung einen leidenschaftlichen Kuss auf ihre keusche Nase.

»Welch Paradies in unserer Gemeinde!«, rief Mr. Bumble glückselig aus. »Ihr wisst, dass es Mr. Slout heute abend wieder schlechter geht, meine Betörende?«

»Ja«, antwortete Mrs. Corney verlegen.

»Er hat keine Woche mehr zu leben, sagt der Doktor«, fuhr Mr. Bumble fort. »Er ist der Vorsteher dieser Anstalt, sein Tod wird eine freie Stelle hinterlassen, und diese freie Stelle wird besetzt werden müssen. Oh, Mrs. Corney, was für herrliche Aussichten! Welch Gelegenheit, Herzen und Haushalte zu vereinen!«

Mrs. Corney schluchzte.

»Das kleine Wörtchen?«, drängte Mr. Bumble, der sich über die verschämte Schönheit beugte. »Das eine kleine, klitzekleine Wörtchen, meine holde Corney?«

»J-j-a!«, hauchte die Dame.

»Noch eines«, sagte der Büttel, »haltet Eure überschäumenden Gefühle noch kurz im Zaum. Wann soll's denn stattfinden?«

Mrs. Corney setzte zweimal zum Sprechen an, beide Male versagte ihr jedoch die Stimme. Endlich fasste sie sich ein Herz, warf dem Büttel die Arme um den Hals und sagte, es solle so bald stattfinden, wie es ihm beliebe, und nannte ihn einen »unwiderstehlichen Schlawiner«.

Nachdem die Dinge so einvernehmlich und zu aller Zufriedenheit geregelt waren, wurde die Übereinkunft mit einer weiteren Tasse des Pfefferminzgebräus besiegelt, was umso notwendiger schien, als die Dame sich in erregter und aufgekratzter Stimmung befand. Während sie tranken, berichtete Mrs. Corney dem Büttel vom Dahinscheiden der alten Frau.

»Das trifft sich gut«, sagte der Herr und nippte am Pfefferminz. »Ich werde auf dem Heimweg bei Sowerberry Halt machen und ihm Bescheid geben, er möge morgen früh vorbeikommen. War's das, was Euch so erschreckt hat, mein Schatz?«

»Es war nichts Bestimmtes, mein Liebster«, antwortete die Dame ausweichend.

»Es muss doch was gewesen sein, mein Schatz«, beharrte Mr. Bumble. »Wollt Ihr's Eurem getreuen Bumble denn nicht verraten?«

»Nicht jetzt«, gab die Dame zurück, »ein andermal. Wenn wir verheiratet sind, Liebster.«

»Wenn wir verheiratet sind!«, rief Mr. Bumble aus. »Es hat sich doch wohl keiner dieser Armenhäusler die Unverschämtheit herausgenommen, Euch …«

»Nein, nein, mein Liebster!«, unterbrach ihn die Dame hastig.

»Wenn ich bloß dran denke«, fuhr Mr. Bumble fort, »wenn ich bloß dran denke, dass einer von denen sich erdreistet, sein schäbiges Auge auf dieses liebreizende Antlitz …«

»Das hätte sich keiner getraut, mein Liebster«, beschwichtigte ihn die Dame.

»Das wäre ihnen auch nicht gut bekommen«, sagte Mr. Bumble und ballte die Faust. »Zeigt mir den Mann, ob er der Gemeinde angehört oder nicht, der sich das herauszunehmen wagt, und ich werde dafür sorgen, dass er's kein zweites Mal tun wird!«

Ohne die Verzierung durch ungestüme Gebärden wäre dies nicht gerade als großes Kompliment für die Reize der Dame erschienen; da Mr. Bumble seine Drohung jedoch mit vielen kriegerischen Gesten begleitete, war sie von diesem Beweis seiner Liebe zutiefst gerührt und beteuerte voller Bewunderung, er sei doch ein rechtes Herzchen.

Darauf schlug das Herzchen seinen Mantelkragen hoch, setzte den Dreispitz auf und trotzte, nachdem er seine zukünftige Gattin lange und innig umarmt hatte, abermals dem kalten Abendwind, jedoch nicht, ohne zuvor noch kurz den Saal der männlichen Armenhausbewohner aufzusuchen, um sie ein wenig zu schikanieren und sich solcherart davon zu überzeugen, dass er das Amt eines Armenhausvorstehers mit der nötigen Strenge auszufüllen verstehe. Als er sich seiner Befähigung vergewissert hatte, verließ Mr. Bumble das Gebäude mit leichtem Herzen und strahlenden Visionen seiner baldigen Beförderung, womit er im Geiste beschäftigt war, bis er bei der Werkstatt des Leichenbestatters ankam.

Nun waren Mr. und Mrs. Sowerberry zum Tee und Abendessen ausgegangen, und da Noah Claypole zu keiner Zeit geneigt war, sich einem größeren Maß an körperlicher Anstrengung zu unterziehen, als es die bequeme Verrichtung der beiden Tätigkeiten des Essens und Trinkens erforderte, stand die Werkstatt noch offen, obwohl die Stunde des gewöhnlichen Ladenschlusses längst verstrichen war. Mr. Bumble klopfte mit seinem Stock mehrmals auf die Ladentheke, doch weil er damit niemandes Aufmerksamkeit zu erregen vermochte und durch das Glasfenster der kleinen Stube hinter dem Laden Licht sah, fühlte er sich bemüßigt, hindurchzuspähen, um zu sehen, was dort vor sich gehe, und als er gewahrte, *was* dort vor sich ging, war er nicht wenig überrascht.

Der Tisch war mit Brot und Butter, Tellern und Gläsern, einem Bierkrug und einer Flasche Wein zum Abendessen gedeckt. Am oberen Ende der Tafel lümmelte Mr. Noah Claypole lässig in einem Lehnstuhl und ließ die Beine über eine der Armlehnen baumeln. In der einen Hand hielt er ein offenes Klappmesser, in der anderen eine dicke Scheibe Butterbrot, gleich neben ihm stand Charlotte und öffnete Austern aus einem Fass, die Mr. Claypole mit bemerkenswerter Gier zu verschlingen geruhte. Eine ungewöhnlich starke Rötung um des jungen Herrn Nase und ein nervöses Zwinkern seines rechten Auges deuteten darauf hin, dass er sich in einem leicht angetrunkenen Zustand befand. Dieser Verdacht wurde noch von dem unbändigen Genuss bestätigt, mit dem er seine Austern aß, und der sich durch nichts anderes als die Wertschätzung ihrer kühlenden Wirkung auf ein inneres Fieber hinreichend erklären ließ.

»Hier is ne schöne fette, Noah, mein Schätzchen!«, sagte Charlotte. »Probier mal diese eine noch.«

»Was für'n köstliches Ding so'ne Auster doch is«, bemerkte Mr. Claypole, als er sie verschlungen hatte. »Nur schade, dass einem schlecht wird, wenn man zu viel davon isst, was, Charlotte?«

»Das is wirklich gemein«, sagte Charlotte.

»Das isses«, bekräftigte Mr. Claypole. »Du machst dir wohl nichts aus Austern?«

»Nich allzu viel«, erwiderte Charlotte. »Ich seh dir lieber dabei zu, wie du sie isst, liebster Noah, als sie selbst zu essen.«

»Mein Gott«, meinte Noah nachdenklich, »wie seltsam!«

»Willste noch eine?«, fragte Charlotte. »Hier is ne leckere mit nem schönen Bart!«

»Ich krieg keine mehr runter«, sagte Noah. »Leider. Komm her, Charlotte, dann kriegste nen Kuss!«

»Was!«, rief Mr. Bumble und stürmte in die Stube. »Sag das noch mal, Schlingel!«

Charlotte stieß einen Schrei aus und verbarg ihr Gesicht in ihrer Schürze. Mr. Claypole, der nur seine Beine zu Boden gleiten ließ, ansonsten aber regungslos sitzen blieb, starrte den Büttel in trunkenem Entsetzen an.

»Sag das noch mal, du ausverschämter, frecher Lümmel!«, schalt Mr. Bumble. »Wie kannst du's wagen, so zu reden? Und wie könnt Ihr's wagen, ihn so zu ermuntern, Ihr liederliches Weibsstück? Vom Küssen reden!«, rief Mr. Bumble voller Entrüstung. »Pfui!«

»Ich wollt's ja gar nich tun«, flennte Noah. »Sie küsst mich dauernd, ob ich's will oder nich.«

»Oh, Noah!«, rief Charlotte vorwurfsvoll.

»Doch, du weißt, dass du's tust!«, gab Noah zurück. »Sie tut's ständig, Mr. Bumble, sie kitzelt mich am Kinn, Sir, und treibt allerlei neckische Spielchen!«

»Ruhe!«, rief Mr. Bumble streng. »Hinab in die Küche mit Euch, Madam. Noah, du schließt die Werkstatt, und wehe, wenn du noch einen Ton sagst, bevor dein Herr nach Hause kommt.

Und wenn er kommt, dann richte ihm von Mr. Bumble aus, er soll morgen nach dem Frühstück eine Altweiberkiste ins Armenhaus bringen. Hast du verstanden? Küssen!«, rief Mr. Bumble und hob die Hände. »Die Gottlosigkeit und Verderbtheit des niederen Volkes dieses Gemeindebezirks sind fürchterlich! Wenn das Parlament ihren abscheulichen Umtrieben keinen Einhalt gebietet, steht das Land vor dem Untergang, und der Ruf der Bevölkerung wird für immer ruiniert sein!« Unter diesen Worten verließ der Büttel mit erhabener und umdüsterter Miene das Grundstück des Leichenbestatters.

Und da wir ihn jetzt so lange auf dem Heimweg begleitet haben und alle Vorbereitungen für das Begräbnis der Alten getroffen sind, wollen wir uns aufmachen und ein paar Nachforschungen über den jungen Oliver Twist anstellen, um uns zu vergewissern, ob er noch immer in dem Graben liegt, wo Toby Crackit ihn zurückgelassen hat.

Achtundzwanzigstes Kapitel

Kümmert sich um Oliver und verfolgt seine Abenteuer weiter.

»Die Wölfe sollen euch an die Gurgel fahren!«, knurrte Sikes zähneknirschend. »Ich wollt, ich wär unter euch, dann würdet ihr noch heiserer heulen.«

Als Sikes diese Verwünschung ausstieß, mit dem wildesten Ingrimm, zu dem er in seiner Verzweiflung fähig war, legte er den Leib des verwundeten Jungen über sein gebeugtes Knie und drehte kurz den Kopf, um sich nach seinen Verfolgern umzusehen.

In dem Nebel und der Dunkelheit ließ sich nur wenig erkennen, aber die Rufe von Männern hallten durch die Luft, und das Gebell der Hunde aus der gesamten Nachbarschaft, die durch das Läuten der Sturmglocke geweckt worden waren, erscholl aus allen Richtungen.

»Halt, du feiger Bastard!«, schrie der Einbrecher Toby Crackit hinterher, der rannte, was seine Beine hergaben, und schon ein ganzes Stück vorausgeeilt war. »Halt!«

Die Wiederholung des Wortes brachte Toby jäh zum Stehen, denn er war sich nicht ganz sicher, ob er schon außer Pistolenschussweite sei, und Sikes war nicht zum Scherzen aufgelegt.

»Pack hier beim Jungen mit an«, brüllte Sikes, der seinen Komplizen wütend herbeiwinkte. »Komm zurück!«

Toby machte Anstalten umzukehren, erkühnte sich aber, als er langsam näher kam, mit leiser und atemloser Stimme seinen Widerwillen kundzutun.

»Schneller!«, rief Sikes, legte den Jungen in einen trockenen Graben zu seinen Füßen und zog die Pistole aus der Tasche. »Versuch nich, mich reinzulegen.«

In diesem Augenblick wurde der Lärm lauter. Sikes sah sich abermals um und konnte erkennen, dass die Männer, die ihnen nachjagten, bereits über das Gatter des Feldes kletterten, auf dem sie sich befanden, und dass zwei Hunde ihnen ein paar Schritte vorausliefen.

»Es ist alles aus, Bill!«, schrie Toby. »Lass den Kleinen liegen und gib Fersengeld.«

Mit diesem Rat als Abschiedsgruß machte Mr. Crackit, der die Möglichkeit, von seinem Freund niedergeschossen, der Gewissheit, von seinen Feinden geschnappt zu werden, vorzog, auf dem Absatz kehrt und rannte in vollem Lauf davon. Sikes biss die Zähne zusammen, sah sich nach allen Seiten um, warf den Umhang, den er sich lose über die Schultern gelegt hatte, über die ausgestreckt daliegende Gestalt des Jungen, lief an einer Hecke entlang, als wolle er die Aufmerksamkeit seiner Verfolger von der Stelle, wo der Junge lag, ablenken, hielt einen Moment vor einer zweiten Hecke, die in rechtem Winkel auf die andere traf, wirbelte seine Pistole hoch in die Luft, sprang mit einem Satz hinüber und war verschwunden.

»Ho, ho, dort!«, rief eine bebende Stimme von weiter hinten. »Pincher! Neptun! Hierher, hierher!«

Die Hunde, die, ebenso wie ihre Herren, keine besondere Begeisterung für diese Jagd zeigten, die sie betrieben, gehorchten willig dem Befehl, und drei Männer, die inzwischen ein ganzes Stück auf das Feld vorgedrungen waren, blieben stehen, um sich zu beratschlagen.

»Mein Rat, oder vielmehr mein *Befehl*, wollte ich sagen, lautet«, begann der dickste Mann der Truppe, »dass wir auf der Stelle wieder nach Hause gehen.«

»Mir ist alles recht, was Mr. Giles recht ist«, sagte ein Mann, der zwar von kleinerer, aber keineswegs schlankerer Gestalt und sehr bleich im Gesicht war, und außerdem sehr höflich, wie es ängstliche Menschen häufig zu sein pflegen.

»Ich möchte nicht unmanierlich erscheinen, meine Herren«, sagte der dritte, der die Hunde zurückgerufen hatte, »Mr. Giles weiß es sicher am besten.«

»Gewiss«, erwiderte der kleinere Mann, »und wenn Mr. Giles etwas sagt, sind wir nicht in der Lage, ihm zu widersprechen. Nein, nein, dafür kenne ich meine Lage zum Glück zu gut!«

Um die Wahrheit zu sagen, schien der Mann seine Lage tatsächlich gut zu kennen und genau zu wissen, dass sie alles andere als angenehm war, denn seine Zähne klapperten ihm im Mund, als er sprach.

»Ihr habt Angst, Brittles«, sagte Mr. Giles.

»Hab ich nich«, entgegnete Brittles.

»Habt Ihr doch«, sagte Giles.

»Das ist nich wahr«, entgegnete Brittles.

Nun war dieser Wortwechsel durch Mr. Giles' Stichelei hervorgerufen worden, und Mr. Giles' Stichelei durch seinen Ärger darüber, dass man ihm unter dem Deckmantel eines Kompliments die Verantwortung für ihren Rückzug zugeschoben hatte. Der dritte Mann beendete dieses Streitgespräch auf höchst philosophische Weise.

»Ich sag Euch, was los ist, meine Herren«, warf er ein, »wir haben alle Angst.«

»Da sprecht Ihr für Euch selbst, Sir«, entgegnete Mr. Giles, der am bleichsten von allen war.

»Das tu ich«, erwiderte der Mann. »Es ist natürlich und angebracht, unter solchen Umständen Angst zu haben. Ich zumindest habe Angst.«

»Ich auch«, sagte Brittles, »aber deshalb müsst Ihr's einem ja noch lange nicht so geradewegs ins Gesicht sagen.«

Diese freimütigen Geständnisse besänftigten Mr. Giles, der sofort zugab, ebenfalls Angst zu haben, woraufhin alle drei kehrtmachten und in völliger Einmütigkeit zurückliefen, bis Mr. Giles (dem am schnellsten die Luft ausging und der sich obendrein mit einer Heugabel abschleppte) großmütig darauf bestand, eine Pause einzulegen, damit er sich für seine voreiligen Worte entschuldigen könne.

»Doch ist es nicht erstaunlich«, sagte Mr. Giles, nachdem er seine Erklärung abgegeben hatte, »wozu ein Mann fähig ist, wenn sein Blut in Wallung gerät? Ich hätt einen Mord begangen, da bin ich mir sicher, wär uns einer von diesen Schurken in die Hände geraten.«

Da die beiden anderen ähnliche Ansichten äußerten und ihr Blut sich, wie das seine, inzwischen wieder abgekühlt hatte, stellten sie Überlegungen an, was diesen Stimmungswechsel bewirkt haben mochte.

»Ich weiß, was es war«, sagte Mr. Giles, »es war das Gatter.«

»Das sollte mich nicht wundern«, rief Brittles, den Gedanken aufnehmend.

»Verlasst Euch drauf«, sagte Giles, »das Gatter hat uns den Schneid genommen. Ich hab's beim Rüberklettern deutlich gespürt.«

Durch ein bemerkenswertes Zusammentreffen waren die beiden anderen im gleichen Moment von genau demselben unangenehmen Gefühl heimgesucht worden. Es konnte daher als bewiesen gelten, dass es am Gatter gelegen hatte, vor allem, da es keinen Zweifel über den Zeitpunkt gab, an dem dieser Stimmungswechsel eingetreten war, denn alle drei erinnerten sich, dass sie im nämlichen Augenblick die Einbrecher gesichtet hatten.

Dieses Gespräch wurde von den beiden Männern, die die Einbrecher überrascht hatten, und einem wandernden Kesselflicker geführt, der in einem Nebengebäude genächtigt hatte und mitsamt seinen beiden Kötern geweckt worden war, um sich an der Verfolgungsjagd zu beteiligen. Mr. Giles war auf dem Landsitz der alten Dame in doppelter Eigenschaft als Butler und Hausverwalter tätig, während Brittles, der schon im Kindesalter in ihren Dienst getreten war und noch immer wie ein vielversprechender Jüngling behandelt wurde, obwohl er die Dreißig schon überschritten hatte, eine Art Faktotum war.

So eilten die drei Männer, während sie sich mit derlei Reden gegenseitig ermutigten, aber dennoch dicht beieinander blieben und sich erschrocken umschauten, wann immer eine frische Windböe raschelnd durchs Geäst fuhr, zu einem Baum zurück, hinter dem sie ihre Laterne liegengelassen hatten, damit ihr Licht den Dieben kein Ziel für ihre Schusswaffen bieten konnte. Sie nahmen die Laterne auf und machten sich in flottem Trab auf dem schnellsten Weg nach Hause, und noch lange, nachdem ihre dunklen Gestalten schon nicht mehr zu erkennen waren, konnte man in der Ferne ihr Licht blinken und tanzen sehen, wie ein Irrwisch im feuchten und düsteren Dunst, durch den es geschwind getragen wurde.

Mit dem langsam nahenden Tag wurde es kälter, und der Nebel wälzte sich wie eine dichte Rauchwolke über den Boden hinweg. Das Gras war nass, auf Feldwegen und Senken sammelten sich Matsch und Wasser, und der feuchte Hauch eines ungesunden Windes strich mit einem hohlen Seufzen träge vorüber. Noch immer lag Oliver regungslos und ohne Bewusstsein an der Stelle, wo Sikes ihn verlassen hatte.

Zusehends brach nun der Morgen an. Die Luft wurde schärfer und schneidender, als die ersten Anzeichen der Dämmerung – eher der Tod der Nacht als die Geburt des Tages – den Himmel matt erhellten. Alle Dinge, die in der Dunkelheit düster und schaurig ausgesehen hatten, traten immer deutlicher hervor und nahmen schließlich ihre vertraute Gestalt an. Der Regen fiel dicht und stetig und prasselte auf die kahlen Büsche. Aber Oliver spürte nicht, wie die Tropfen auf seinen Leib klatschten, denn er lag noch immer hilflos und ohnmächtig ausgestreckt auf seinem Bett aus Lehm.

Nach einer Weile durchbrach der leise Schmerzensschrei, mit dem der Junge erwachte, die herrschende Stille. Sein linker Arm hing, notdürftig mit einem Tuch, das blutgetränkt war, verbunden, schwer und unbrauchbar an seiner Seite hinab. Oliver war so schwach, dass er sich kaum aufsetzen konnte, und als er es geschafft hatte, blickte er sich verwirrt nach Hilfe um und stöhnte vor Schmerz. Vor Kälte und Erschöpfung am ganzen Leibe zitternd, machte er Anstalten aufzustehen, fiel jedoch wieder, von Kopf bis Fuß schaudernd, der Länge nach zu Boden.

Nachdem er erneut kurz in die Ohnmacht gesunken war, in der er so lange gelegen hatte, kam Oliver, getrieben von einer schleichenden Übelkeit im Herzen, die ihn zu warnen schien, dass er sicher sterben müsse, sollte er hier liegen bleiben, auf die Beine und versuchte zu gehen. Obwohl ihm ganz schwindlig war und er wie ein Betrunkener hin und her schwankte, konnte er sich aufrechthalten und schritt, das Kinn schlaff auf der Brust hängend, taumelnd voran, ohne zu wissen, wohin.

Und nun bedrängten Heerscharen verwirrender Trugbilder sein Gemüt. Er schien noch immer zwischen Sikes und Crackit einherzugehen, die wütend miteinander stritten, denn die Worte, die sie sagten, klangen ihm im Ohr, und wenn er dann bei einer ruckartigen Bewegung, um sich vorm Stürzen zu bewahren, zur Besinnung kam, merkte Oliver, dass er zu ihnen sprach. Dann war er wieder allein mit Sikes, vorwärtstrottend, wie sie es am Tag zuvor getan hatten, und wenn sie schemenhaften Gestalten begegneten, spürte er den Griff des Schurken um sein Handgelenk. Plötzlich wurden Schusswaffen abgefeuert, und er schreckte zurück, laute Rufe und Schreie erfüllten die Luft, Lichter tanzten vor seinen Augen, und alles war Lärm und Aufruhr, als eine unsichtbare Hand ihn rasch davontrug. Durch all diese flüchtigen Trugbilder zog sich ein unbestimmtes und unangenehmes Gefühl des Schmerzes, das ihn ohne Unterlass plagte und peinigte.

So taumelte er voran, kroch fast wie mechanisch zwischen den Holzlatten der Gatter oder durch die Lücken in den Hecken hindurch, die ihm den Weg versperrten, bis er zur Landstraße kam, wo es so stark zu regnen begann, dass er wieder vollends wach wurde.

Er schaute sich um und erblickte in nicht allzu weiter Entfernung ein Haus, das er vielleicht erreichen konnte. Vielleicht würden sie aus Mitleid über seinen Zustand Erbarmen mit ihm haben, und falls nicht, wäre es noch immer besser, so dachte er, in Gesellschaft von Menschen zu sterben als allein auf offenem Feld. Er sammelte all seine Kräfte für einen letzten Versuch und lenkte seine stolpernden Schritte in diese Richtung.

Als er sich dem Haus näherte, überkam ihn das Gefühl, es zuvor schon einmal gesehen zu haben. Er erinnerte sich an keine Einzelheiten, aber die Form und die Fassade des Gebäudes kamen ihm bekannt vor.

Die Gartenmauer! Auf dem Rasen dahinter war er vorige Nacht auf die Knie gesunken und hatte die beiden Männer um Gnade angefleht. Es war dasselbe Haus, das sie auszurauben versucht hatten.

Als er den Ort wiedererkannte, befiel Oliver eine solche Furcht, dass er für den Augenblick den Schmerz seiner Wunde vergaß und nur an Flucht dachte. Flucht! Er konnte sich kaum auf den Beinen halten, aber selbst wenn er im Vollbesitz der Kräfte seines schmächtigen und kindlichen Körpers gewesen wäre, wohin hätte er fliehen sollen? Er drückte gegen das Gartentor, das nicht verriegelt war und in seinen Angeln aufschwang. Er wankte über den Rasen, kroch die Stufen hoch und klopfte schwach an die Tür. Dann verließen ihn die Kräfte, und er sank gegen eine der Säulen des kleinen Vorbaus.

Zur selben Zeit stärkten sich Mr. Giles, Brittles und der Kesselflicker nach den Mühen und Schrecken der Nacht in der Küche mit Tee und allerlei kleinen Häppchen. Nicht dass es Mr. Giles' Gewohnheit gewesen wäre, auf allzu vertrautem Fuß mit der niederen Dienerschaft zu verkehren, er pflegte ihnen gegenüber vielmehr eine gönnerhafte Leutseligkeit an den Tag zu legen, die zwar freundlich schien, jedoch nicht verfehlte, sie an seine höhere Stellung in der Gesellschaft zu erinnern. Doch machen Tod, Feuer und Einbrüche alle Menschen gleich, also saß Mr. Giles mit ausgestreckten Beinen vorm Küchenfeuer, den linken Arm auf den Tisch gestützt, während er mit dem rechten einen weitschweifigen und ausführlichen Bericht des Einbruchs gestikulierend begleitete, dem seine Zuhörer (besonders aber die ebenfalls anwesende Köchin und das Hausmädchen) mit atemloser Anteilnahme lauschten.

»Es war gegen halb zwei«, sagte Mr. Giles, »auch wenn ich nicht schwören könnte, dass es nicht schon mehr auf drei zuging, als ich aufwachte. Ich drehte mich gerade in meinem Bett um, etwa so (hier drehte sich Mr. Giles auf seinem Stuhl herum, wobei er einen Zipfel des Tischtuchs, der die Bettdecke darstellen sollte, über sich zog), da vermeinte ich ein Geräusch zu hören.«

An dieser Stelle der Erzählung erbleichte die Köchin und bat das Hausmädchen, die Tür zu schließen, die Brittles darum bat, der den Kesselflicker bat, der so tat, als höre er nicht.

»... ein Geräusch zu hören«, fuhr Mr. Giles fort. »Ich dachte mir erst, das bildest du dir bloß ein, und wollte mich schon wieder schlafen legen, als ich das Geräusch abermals hörte, deutlicher als zuvor.«

»Was für ein Geräusch?«, fragte die Köchin.

»Eine Art knackendes Geräusch«, antwortete Mr. Giles und blickte in die Runde.

»Eher so, als riebe man ne Eisenstange an ner Muskatnussraspel zu Pulver«, meinte Brittles.

»So war's, als *Ihr* es gehört habt«, erwiderte Mr. Giles, »doch zuerst klang es wie ein Knacken. Ich schlug die Decke zurück«, fuhr Mr. Giles fort und schob den Tischtuchzipfel beiseite, »setzte mich im Bett auf und horchte.«

Die Köchin und das Hausmädchen stießen zugleich ein »Mein Gott!« hervor und rückten näher mit den Stühlen zusammen.

»Ich hörte es jetzt klar und deutlich«, erzählte Mr. Giles weiter. »Ich dachte mir, da bricht jemand eine Tür oder ein Fenster auf, was nun? Ich werde mal besser zu diesem armen Burschen Brittles rübergehen, um ihn davor zu bewahren, im eigenen Bett ermordet zu werden, denn sonst, so sagte ich mir, werden sie ihm noch vom linken bis zum rechten Ohr die Kehle aufschlitzen, ohne dass er's überhaupt merkt.«

Hier wandten sich alle Augen Brittles zu, der die seinen auf den Sprecher richtete und ihn mit offenem Mund anstarrte, wobei sein Gesicht grenzenloses Entsetzen ausdrückte.

»Ich warf die Bettdecke ab«, sagte Giles und entledigte sich, mit festem Blick auf Köchin und Hausmädchen, mit einem Ruck des Tischtuchs, »stieg leise aus dem Bett und schlüpfte in meine …«

»Es sind Damen anwesend, Mr. Giles«, raunte ihm der Kesselflicker zu.

»… *Schuhe*, Sir«, fuhr Giles zu ihm gewandt fort, wobei er das Wort nachdrücklich betonte, »schnappte mir die geladene Pistole, die ich stets mit dem Korb voll Tafelsilber mit nach oben nehme, und schlich mich auf Zehenspitzen in seine Kammer. ›Brittles‹, sagte ich, als ich ihn weckte, ›habt keine Angst!‹«

»Genau so war's«, bemerkte Brittles mit leiser Stimme.

»›Ich glaube, wir schweben alle in Lebensgefahr, Brittles‹, sagte ich«, fuhr Giles fort, »›aber habt keine Angst.‹«

»*Hatte* er Angst?«, fragte die Köchin.

»Kein bisschen«, antwortete Mr. Giles. »Er war genauso beherzt … na ja, fast genauso beherzt wie ich.«

»An seiner Stelle wär ich sofort tot umgefallen, das steht mal fest«, warf das Hausmädchen ein.

»Ihr seid auch eine Frau«, bemerkte Brittles, der sich wieder ein wenig gefasst hatte.

»Brittles hat recht«, sagte Mr. Giles und nickte beifällig mit dem Kopf, »von einer Frau kann man nichts anderes erwarten. Wir aber, die wir Männer sind, griffen uns eine Blendlaterne, die bei Brittles auf dem Kaminsims stand, und tappten in der stockfinstren Nacht die Treppe hinab ... etwa so.«

Mr. Giles war von seinem Platz aufgestanden und machte mit geschlossenen Augen zwei Schritte, um seine Erzählung mit der passenden Vorführung zu begleiten, als er, zusammen mit der übrigen Gesellschaft, jäh erschrak und zu seinem Stuhl zurückeilte. Die Köchin und das Hausmädchen kreischten.

»Es hat geklopft«, sagte Mr. Giles, der sich scheinbar völlig gelassen gab. »Man öffne die Tür.«

Niemand rührte sich.

»Es ist schon ungewöhnlich, dass jemand so früh am Morgen klopft«, sagte Mr. Giles, wobei er die bleichen Gesichter um sich herum musterte und selber recht blass aussah, »doch die Tür muss geöffnet werden. Hat mich jemand verstanden?«

Mr. Giles sah bei diesen Worten Brittles an, aber da dieser junge Mann von Natur aus bescheiden war, hielt er sich wohl für niemand und meinte, diese Frage könne nicht ihm gegolten haben, auf jeden Fall gab er keine Antwort. Mr. Giles warf einen flehentlichen Blick auf den Kesselflicker, aber dieser war urplötzlich eingeschlafen. Und die Frauen kamen nicht in Betracht.

»Wenn Brittles die Tür lieber in Anwesenheit von Zeugen öffnen möchte«, sagte Mr. Giles nach kurzem Schweigen, »bin ich bereit, mich als solchen zur Verfügung zu stellen.«

»Ich auch«, ließ sich der Kesselflicker vernehmen, der ebenso plötzlich erwachte, wie er eingeschlafen war.

Brittles kapitulierte unter diesen Bedingungen, und da die Gesellschaft aufgrund der Entdeckung (die beim Öffnen der Fensterläden erfolgte), dass es inzwischen helllichter Tag war, ein wenig Mut gefasst hatte, begab sie sich treppauf, die Hunde vorneweg und die beiden Frauen, die Angst hatten, allein unten zu bleiben, als Nachhut. Auf Rat von Mr. Giles redeten sie alle sehr laut, um jedwede bösartig gesinnte Person dort draußen zu warnen, dass sie zahlreich seien, und als weitere strategische Meisterleistung, die dem Hirn desselben fintenreichen Herrn entsprungen war, kniff man den Hunden im Flur kräftig in die Schwänze, damit sie wütend kläfften.

Nachdem diese Vorkehrungen getroffen waren, packte Mr. Giles den Kesselflicker fest am Arm (um diesen am Fortlaufen zu hindern, wie er scherzend bemerkte) und gab den Befehl, die Tür zu öffnen. Brittles gehorchte, und in der versammelten Schar spähte einer dem anderen furchtsam über die Schulter, doch gab es nichts Schreckenerregenderes zu erblicken als den armen kleinen Oliver Twist, der stumm und erschöpft seine schweren Augen hob und wortlos ihr Mitleid erflehte.

»Ein Junge!«, rief Mr. Giles aus und schob den Kesselflicker tapfer nach hinten. »Was ist los mit dem … na so was! He, Brittles … kommt her … erkennt Ihr ihn nicht?«

Kaum hatte Brittles, der hinter die Tür getreten war, um sie zu öffnen, Oliver gesehen, stieß er einen lauten Schrei aus. Mr. Giles packte den Jungen an einem Bein und einem Arm, zum Glück nicht dem verletzten, zerrte ihn mitten in den Flur und legte ihn dort der Länge nach auf den Fußboden.

»Ich hab ihn!«, brüllte Giles in großer Aufregung die Treppe hinauf. »Hier ist einer der Diebe, Madam! Hier ist ein Dieb, Miss! Verletzt, Miss! Ich hab ihn angeschossen, Miss, und Brittles das Licht gehalten.«

»In einer Laterne, Miss«, rief Brittles, wobei er eine Hand seitlich an den Mund hielt, um seine Stimme zu verstärken.

Die beiden weiblichen Bedienten liefen die Treppe hinauf, um die Nachricht zu überbringen, dass Mr. Giles einen Einbrecher dingfest gemacht habe, und der Kesselflicker war eifrig damit beschäftigt, Oliver wieder zu sich zu bringen, damit er nicht stürbe, bevor er gehängt werden konnte. In all diesem Lärm und Aufruhr ließ sich eine liebliche Frauenstimme vernehmen, die dem Tumult augenblicklich ein Ende setzte.

»Giles!«, tönte die Stimme sanft vom oberen Ende der Treppe herab.

»Hier bin ich«, antwortete Mr. Giles. »Habt keine Angst, Miss. Ich bin nicht schwer verletzt. Er hat kaum Widerstand geleistet, Miss, ich war ihm schon bald über.«

»Pst!«, machte die junge Dame. »Ihr ängstigt meine Tante beinahe ebenso sehr, wie die Einbrecher es getan haben. Ist das arme Geschöpf schwer verwundet?«

»Tödlich verwundet, Miss«, antwortete Giles mit unbeschreiblicher Selbstgefälligkeit.

»Sieht aus, als würde er's nich überleben, Miss«, rief Brittles auf gleiche Art wie zuvor. »Wollt Ihr nicht kommen und ihn Euch anschauen, Miss, bevor er stirbt?«

»Leise, ich bitt' Euch, seid so gut«, erwiderte die junge Dame.

»Wartet einen Augenblick ganz still, bis ich mit meiner Tante gesprochen habe.«

Mit einem Schritt, der so sanft und sachte war wie ihre Stimme, trippelte sie davon und kehrte bald mit der Anweisung zurück, der Verwundete solle behutsam nach oben auf Mr. Giles' Zimmer gebracht werden und Brittles möge das Pony satteln, sich unverzüglich nach Chertsey begeben und von dort so schnell wie möglich einen Konstabler und einen Doktor zu Hilfe holen.

»Aber wollt Ihr denn nicht zuerst einen Blick auf ihn werfen, Miss?«, fragte Giles voller Stolz, als sei Oliver ein Vogel mit seltenem Gefieder, den er geschickt zur Strecke gebracht hatte. »Nur einen ganz kurzen Blick, Miss?«

»Nicht jetzt, um alles in der Welt«, entgegnete die junge Dame. »Der arme Kerl! Oh! Behandelt ihn gütig, Giles, um meinetwillen!«

Der alte Diener betrachtete die Dame, als sie sich abwandte, mit einem so stolzen und bewundernden Blick, als wäre sie sein eigenes Kind. Dann beugte er sich über Oliver und half mit der Behutsamkeit und Fürsorglichkeit einer Frau, ihn die Treppen hinaufzutragen.

Neunundzwanzigstes Kapitel

Enthält einen einführenden Bericht über die Bewohner des Hauses, in dem Oliver Zuflucht gesucht hat.

In einem hübschen Zimmer – auch wenn dessen Mobiliar eher den Charme altmodischer Behaglichkeit als den moderner Eleganz verströmte – saßen zwei Damen an einem reichgedeckten Frühstückstisch. Mr. Giles, mit penibler Korrektheit in einen schwarzen Anzug gekleidet, wartete ihnen auf. Er hatte etwa auf halbem Weg zwischen Anrichte und Frühstückstisch Stellung bezogen und wirkte, kerzengrade aufgerichtet, das Kinn nach vorne gestreckt und den Kopf ein klein wenig seitwärts geneigt, das linke Bein vorgerückt und die rechte Hand in die Weste geschoben, während die linke an seiner Seite herabhing und ein Tablett hielt, wie jemand, der seinen Dienst im wohlgefälligen Bewusstsein seiner Verdienste und Bedeutsamkeit versah.

Von den beiden Damen war die eine in fortgeschrittenem Alter, doch ihre Haltung nicht weniger aufrecht als die hohe Lehne des Eichenstuhls, in dem sie saß. Höchst akkurat und sorgfältig in ein eigenartiges Gemisch aus altertümlichem Kostüm und einigen kleinen Zugeständnissen an den herrschenden Geschmack gekleidet, die eher dazu dienten, das Altmodische hervorzustreichen als seine Wirkung abzumildern, saß die alte Dame da, eine würdevolle Erscheinung, die gefalteten Hände vor sich auf dem Tisch. Ihre Augen, deren Glanz das Alter kaum getrübt hatte, waren aufmerksam auf ihre junge Vertraute gerichtet.

Die jüngere Dame stand in der lieblichen Blüte und im Frühling ihrer Weiblichkeit, ein Alter, in dem sich in ihresgleichen, so dürfen wir ohne Vermessenheit annehmen, Engel, sollten sie jemals für Gottes gute Absichten menschliche Gestalt annehmen, verkörpern würden.

Sie war noch keine siebzehn und von so zarter und betörender Gestalt, so mild und sanft, so rein und schön, dass die Erde nicht ihr angestammtes Element zu sein schien und deren derbe Bewohner keine passenden Gefährten. Ihr verständiges Wesen, das aus ihren tiefblauen Augen sprach und von dem ihre edle Stirn zeugte, schien schwerlich zu ihrem Alter oder zu dieser Welt zu passen, und doch waren das wechselnde Mienenspiel von Liebreiz und Heiterkeit, das Strahlen, das auf ihrem Gesicht lag und jeglichen Schatten vertrieb, und vor allem das Lächeln, das fröhliche, holde Lächeln, für ein trautes Heim geschaffen, für ein friedliches Plätzchen am Kamin und häusliches Glück.

Bei Tisch war sie emsig mit allerlei kleinen Handreichungen beschäftigt. Schaute sie zufällig auf, wenn die ältere Dame sie gerade betrachtete, strich sie spielerisch ihr Haar zurück, das ihr schlicht geflochten in die Stirn fiel, und legte eine solch überströmende Zuneigung und natürliche Herzlichkeit in ihren strahlenden Blick, dass selige Geister bei ihrem Anblick wohl gelächelt hätten.

»Und Brittles ist nun bereits über eine Stunde fort, nicht wahr?«, fragte die alte Dame nach einer Weile.

»Eine Stunde und zwölf Minuten, Madam«, antwortete Mr. Giles mit Blick auf eine silberne Taschenuhr, die er an einer schwarzen Kordel hervorzog.

»Er ist stets so langsam«, bemerkte die alte Dame.

»Brittles war schon als Kind so langsam, Madam«, erwiderte der Diener.

Und da Brittles, nebenbei gesagt, seit mehr als dreißig Jahren ein langsamer Junge war, schien es nicht sehr wahrscheinlich, dass er je zu einem flinken werden würde.

»Ich glaube sogar, dass es mit ihm immer schlimmer statt besser wird«, sagte die alte Dame.

»Es wäre wirklich unentschuldbar, sollte er unterwegs anhalten, um mit den anderen Kindern zu spielen«, warf die junge Dame lächelnd ein.

Mr. Giles erwog offenbar, ob es schicklich sei, sich ein anerkennendes Lächeln zu erlauben, als ein leichter Einspänner am Gartentor vorfuhr, aus dem ein dicker Herr sprang, der geradewegs auf die Eingangstür zulief und, nachdem er durch einen geheimnisvollen Vorgang unverzüglich ins Haus gelangt war, in das Zimmer stürzte und beinahe Mr. Giles mitsamt dem Frühstückstisch umgerannt hätte.

»So etwas habe ich ja noch nie gehört!«, rief der dicke Herr aus. »Meine liebe Mrs. Maylie ... du meine Güte ... und obendrein noch in der Stille der Nacht ... so etwas habe ich ja noch *nie* gehört!«

Unter diesen Beileidsbekundungen schüttelte der dicke Herr beiden Damen die Hand, zog sich einen Stuhl herbei und erkundigte sich nach ihrem Befinden.

»Ihr müsst vor Angst ja buchstäblich gestorben sein«, sagte der dicke Herr. »Warum habt Ihr nicht nach mir geschickt? Gütiger Himmel, mein Diener wäre im Nu gekommen, und ich ebenso, und meinem Gehilfen wäre es wie jedermann sonst eine Ehre gewesen, da bin ich sicher, unter diesen Umständen, ach herrje! So unerwartet! Und obendrein in der Stille der Nacht!«

Der Doktor schien sich besonders über den Umstand zu erregen, dass der Überfall unerwartet und während der Nacht verübt worden war, als sei es ein feststehender Brauch der Herren von der Einbrecherzunft, ihrem Gewerbe zur Mittagszeit nachzugehen und sich per Briefpost ein oder zwei Tage vorher anzukündigen.

»Und Ihr, Miss Rose«, sagte der Doktor an die junge Dame gewandt, »ich …«

»Oh! Gewiss, sehr wohl«, unterbrach ihn Rose, »doch dort oben liegt ein armes Geschöpf, das Ihr Euch auf Wunsch meiner Tante ansehen sollt.«

»Aber natürlich«, entgegnete der Doktor, »ganz recht. Das war Euer Werk, Giles, soweit ich weiß?«

Mr. Giles, der eifrig damit beschäftigt war, die Teetassen zurechtzurücken, errötete heftig und erwiderte, er habe die Ehre gehabt.

»Ehre, was?«, sagte der Doktor. »Na, ich weiß nicht. Vielleicht ist es genauso ehrenhaft, einen Dieb in der Waschküche zu treffen wie einen Mann auf zwölf Schritt Entfernung. Stellt Euch vor, er hat in die Luft geschossen, und Ihr habt ein Duell ausgefochten, Giles.«

Mr. Giles, der diese leichtfertige Darstellung der Angelegenheit als ungerechtfertigten Versuch ansah, seinen Ruhm zu mindern, antwortete würdevoll, es stünde seinesgleichen nicht an, darüber zu urteilen, aber er dächte doch, dass es für die gegnerische Partei kaum ein Scherz gewesen sei.

»Bei Gott, das ist wohl wahr!«, rief der Doktor. »Wo steckt er? Zeigt mir den Weg. Ich werde Euch noch einmal aufsuchen, bevor ich gehe, Mrs. Maylie. Durch dieses kleine Fenster ist er eingestiegen, wie? Na, das ist ja kaum zu glauben!«

Er redete die ganze Zeit, als er Mr. Giles nach oben folgte, und während er die Treppe hochsteigt, können wir dem Leser mitteilen, dass Mr. Losberne, ein Wundarzt aus der Nachbarschaft, im Umkreis von zehn Meilen als »der Doktor« bekannt, weniger durch gutes Essen als durch seine gute Laune so dick geworden und ein so gütiger, herzlicher und dazu so wunderlicher alter Junggeselle war, wie ihn kein Forschungsreisender in einem fünfmal so großen Gebiet ein weiteres Mal ausfindig machen könnte.

Der Doktor blieb viel länger fort, als er oder die Damen erwartet hatten. Aus dem Einspänner wurde eine große, flache Kiste geholt, die Klingel im Schlafzimmer sehr oft geläutet, und die Dienerschaft lief ohne Unterlass die Treppe hinauf und hinab, alles Anzeichen, aus denen man zu Recht folgern konnte, dass dort oben etwas Wichtiges vor sich ging. Endlich kehrte er zurück, machte als Antwort auf die besorgte Frage nach seinem Patienten ein geheimnisvolles Gesicht und schloss vorsichtig die Tür.

»Das ist eine höchst ungewöhnliche Sache, Mrs. Maylie«, sagte der Doktor und lehnte sich mit dem Rücken gegen die Tür, als wolle er sie geschlossen halten.

»Ich hoffe, er schwebt nicht in Lebensgefahr?«, sagte die alte Dame.

»Nun, das wäre unter diesen Umständen allerdings keineswegs ungewöhnlich«, erwiderte der Doktor, »obwohl ich es nicht befürchte. Habt Ihr Euch diesen Dieb einmal angesehen?«

»Nein«, antwortete die alte Dame.

»Oder etwas über ihn gehört?«

»Nein.«

»Ich bitte um Verzeihung, Madam«, meldete sich Mr. Giles zu Wort, »aber ich wollte Euch gerade etwas über ihn erzählen, als Doktor Losberne hereinkam.«

Die Dinge verhielten sich nun so, dass Mr. Giles es nicht gleich über sich gebracht hatte, einzugestehen, er habe bloß einen Jungen angeschossen. Für seine Tapferkeit war er derart mit Lob überhäuft worden, dass er um sein Leben nicht anders konnte, als diese heikle Erklärung noch ein paar köstliche Minuten hinauszuzögern, während derer er sich im kurzen Glanze seines Rufs als Mann von unerschrockenem Mute sonnte.

»Rose hatte den Wunsch, sich den Mann anzusehen«, sagte Mrs. Maylie, »aber ich wollte nichts davon wissen.«

»Hm«, machte der Doktor. »An seiner äußeren Erscheinung ist nichts, was besonders beunruhigend wäre. Hättet Ihr irgendetwas dagegen, ihn in meiner Gegenwart aufzusuchen?«

»Gewiss nicht«, antwortete die alte Dame, »wenn es denn notwendig ist.«

»Dann halte ich es für notwendig«, sagte der Doktor, »auf jeden Fall bin ich überzeugt, dass Ihr es sehr bereuen werdet, wenn Ihr es aufschiebt und es dann zu spät sein sollte. Er ist jetzt ganz ruhig und wohlauf. Erlaubt mir … Miss Rose, darf ich bitten? Ihr braucht nicht die geringste Angst zu haben, ich gebe Euch mein Ehrenwort.«

Dreißigstes Kapitel

Berichtet, was Olivers Besucher über ihn dachten.

Mit vielen weitschweifigen Versicherungen, sie würden vom Anblick des Einbrechers angenehm überrascht sein, hakte der Doktor die junge Dame mit einem Arm unter, entbot seine freie Hand Mrs. Maylie und geleitete beide würdevoll und feierlich die Treppe hinauf.

»Nun lasst mich hören«, flüsterte der Doktor, als er sachte auf die Klinke der Schlafzimmertür drückte, »was Ihr von ihm denkt. Er hat sich schon länger nicht rasiert, sieht aber trotzdem nicht allzu furchterregend aus. Doch halt! Ich will erst sehen, ob er auch in der Lage ist, Besuch zu empfangen.«

Er trat vor, warf einen Blick ins Zimmer und bedeutete ihnen nachzukommen. Dann schloss er die Tür und zog behutsam den Vorhang am Bett zurück. Dort lag, anstelle eines Erzschurken mit finsterem Gesicht, den sie zu sehen erwartet hatten, ein bloßes Kind, das von Schmerz und Erschöpfung gezeichnet in tiefen Schlaf gesunken war. Der verletzte Arm lag verbunden und geschient auf seiner Brust, und der Kopf ruhte, halb verdeckt von seinem langen Haar, das lose übers Kissen fiel, auf dem anderen Arm.

Der brave Doktor hielt den Vorhang mit der Hand fest und betrachtete den Jungen eine Weile schweigend. Während er seinen Patienten so anschaute, glitt die jüngere Dame leise an ihm vorbei, setzte sich auf einem Stuhl ans Bett und strich Oliver das Haar aus dem Gesicht. Als sie sich über ihn beugte, fielen ihre Tränen auf seine Stirn.

Der Junge rührte sich und lächelte im Schlaf, als hätten diese Zeichen des Mitleids und Erbarmens in ihm einen schönen Traum von bisher nicht gekannter Liebe und Zuneigung geweckt, so wie zuweilen ein paar Töne leiser Musik oder das Plätschern von Wasser an einem stillen Ort oder der Duft einer Blume oder auch nur der Klang eines vertrauten Wortes jäh vage Erinnerungen an Geschehnisse hervorrufen, die sich in diesem Leben nie ereignet haben und wie ein Hauch vergehen. Sie scheinen durch ein kurzes Aufflackern einer lang vergessenen glücklichen Existenz geweckt zu werden, denn keine noch so große willentliche Anstrengung des Geistes vermag sie je wieder zurückzurufen.

»Was hat das zu bedeuten?«, rief die ältere Dame. »Dies arme Kind kann doch niemals ein Komplize von Einbrechern gewesen sein!«

»Das Laster«, seufzte der Doktor und zog den Vorhang wieder zu, »hält in vielerlei Tempel seinen Einzug, und wer sagt, dass es sich nicht auch hinter einem wohlgefälligen Äußeren verbergen kann?«

»Aber er ist doch noch so klein!«, beharrte Rose.

»Meine liebe junge Dame«, erwiderte der Doktor und schüttelte traurig den Kopf, »das Verbrechen ist, ebenso wie der Tod, nicht allein den Alten und Hinfälligen vorbehalten. Oft genug wählt es sich gerade die Jüngsten und Blühendsten als Opfer.«

»Aber, könnt Ihr … oh, Sir, könnt Ihr wirklich glauben, dass dieser zarte Knabe sich freiwillig den schlimmsten Bösewichtern der Gesellschaft angeschlossen hat?«, fragte Rose.

Der Doktor schüttelte den Kopf in einer Weise, die andeutete, er fürchte, so etwas sei sehr wohl möglich, und mit der Bemerkung, dass sie den Kranken stören könnten, führte er sie in das benachbarte Zimmer.

»Und selbst wenn er Böses getan hat«, fuhr Rose fort, »bedenkt doch, wie jung er ist, bedenkt, dass er vielleicht nie die Liebe einer Mutter oder das Glück eines trauten Heims kennengelernt hat und dass Misshandlungen und Schläge oder Hunger ihn vielleicht dazu getrieben haben, sich Menschen anzuschließen, die ihn zu Missetaten nötigten. Tante, liebe Tante, bedenkt all dies, um der Barmherzigkeit willen, bevor Ihr zulasst, dass dieses kranke Kind ins Gefängnis gesteckt wird, was auf jeden Fall das Todesurteil für all seine Aussichten auf Besserung bedeuten würde. Oh, da Ihr mich liebt und wisst, dass mich aufgrund Eurer Güte und Zuneigung nie das Fehlen meiner Eltern geschmerzt hat, es aber hätte geschehen können, und ich dann genauso hilflos und ohne Schutz wie dieses Kind gewesen wäre, habt Mitleid mit ihm, bevor es zu spät ist.«

»Meine liebes Kind«, sagte die ältere Dame, als sie das weinende Mädchen an ihr Herz drückte, »glaubst du denn, ich könnte ihm auch nur ein Härchen krümmen?«

»O nein!«, antwortete Rose eifrig.

»Nein«, wiederholte die alte Dame mit bebender Stimme, »mein Leben neigt sich dem Ende zu, und mir möge Gnade gewährt werden, so wie ich sie anderen gewährt habe! Was kann ich tun, um ihn zu retten, Sir?«

»Lasst mich nachdenken, Madam«, sagte der Doktor, »lasst mich nachdenken.«

Mr. Losberne schob die Hände tief in seine Hosentaschen und lief ruhelos im Zimmer hin und her, wobei er oft innehielt, auf den Zehenspitzen wippte und fürchterlich die Stirn runzelte.

Nachdem er verschiedene Male »Jetzt hab ich's!« und »Nein, doch nicht!« ausgerufen und das Umherlaufen und Stirnrunzeln ebenso oft fortgesetzt hatte, blieb er schließlich endgültig stehen und sagte folgendes:

»Ich denke, wenn Ihr mir die vollständige und uneingeschränkte Erlaubnis gebt, Mr. Giles in die Mangel zu nehmen, und auch diesen jungen Kerl, Brittles, dann kann ich's wohl schaffen. Ich weiß, Giles ist eine treue Seele und ein alter Diener, aber Ihr könnt ihn auf vielerlei andere Weise entschädigen und ihn außerdem dafür belohnen, dass er ein so guter Schütze ist. Ihr habt doch nichts dagegen einzuwenden?«

»Nur wenn es einen anderen Weg gäbe, um das Kind zu retten«, antwortete Mrs. Maylie.

»Es gibt keinen anderen«, sagte der Doktor, »nur diesen, ich gebe Euch mein Wort.«

»Dann wird Euch meine Tante völlig freie Hand lassen«, entgegnete Rose, unter ihren Tränen lächelnd, »springt aber bitte mit den armen Burschen nicht härter um als unbedingt nötig.«

»Ihr scheint zu denken«, versetzte der Doktor, »dass heutzutage ein jeder zur Hartherzigkeit neigt, mit Ausnahme von Euch selbst, Miss Rose. Ich hoffe nur um der heranwachsenden Generation von Männern willen, dass der erste geeignete junge Bursche, der an Euer Mitgefühl appelliert, Euch in einer ebenso verwundbaren und weichherzigen Stimmung antrifft, und ich wünschte, ich selbst wäre noch ein junger Bursche, damit ich auf der Stelle eine so günstige Gelegenheit wie diese hier ergreifen könnte, um selbiges zu tun.«

»Ihr seid ein ebensolcher Kindskopf wie der arme Brittles«, gab Rose errötend zurück.

»Na«, sagte der Doktor mit einem herzlichen Lachen, »wenn's nichts Schlimmeres ist. Aber um auf unseren Jungen zurückzukommen, der wichtigste Punkt unserer Übereinkunft fehlt noch. Ich denke, er wird in etwa einer Stunde aufwachen, und obwohl ich dem tumben Kerl von einem Konstabler unten gesagt habe, man dürfe den Jungen bei Lebensgefahr weder wecken noch sprechen, glaube ich, dass wir uns mit ihm unterhalten können, ohne dass er Schaden nimmt. Nun mache ich folgenden Vorschlag: Ich werde den Jungen in Eurer Anwesenheit befragen, und wenn sich aus dem, was er sagt, ergibt – und ich zur Zufriedenheit Eures besonnenen Urteils darlegen kann –, dass er ein verstockter Bösewicht ist (was mehr als wahrscheinlich sein dürfte), dann wird er seinem Schicksal überlassen, ohne dass ich mich weiter einmische, was auch kommen mag.«

»O nein, Tante!«, protestierte Rose.

»O doch, Tante!«, entgegnete der Doktor. »Abgemacht?«

»Er kann einfach nicht dem Laster verfallen sein«, sagte Rose, »das ist unmöglich.«

»Umso besser«, erwiderte der Doktor, »dann spricht ja noch mehr dafür, meinen Vorschlag anzunehmen.«

Schließlich wurde die Übereinkunft getroffen, und beide Parteien nahmen Platz und warteten mit einiger Ungeduld, dass Oliver erwachte.

Die Geduld der beiden Damen wurde jedoch auf eine härtere Probe gestellt, als von Mr. Losberne in Aussicht gestellt, denn es verstrich Stunde um Stunde, während Oliver noch immer tief und fest schlummerte. Tatsächlich brach schon der Abend an, als der herzensgute Doktor ihnen die Nachricht überbrachte, der Patient sei endlich so weit zu sich gekommen, dass man mit ihm sprechen könne. Der Junge sei sehr krank, sagte er, und vom Blutverlust geschwächt, aber ihn quäle das Verlangen, sich etwas von der Seele zu reden, dass es ihm besser schien, dem Jungen diese Gelegenheit zu geben, als darauf zu bestehen, er möge bis morgen Ruhe halten, was er ansonsten wohl getan hätte.

Es wurde eine lange Unterredung, denn Oliver erzählte ihnen schlicht seine ganze Geschichte und musste diese häufig unterbrechen, weil er Schmerzen hatte oder seine Kraft ihn verließ. Es war ergreifend, zuzuhören, wie das kranke Kind in dem abgedunkelten Raum mit brüchiger Stimme all das Unglück und Leid aufzählte, das unbarmherzige Menschen über ihn gebracht hatten. Oh, würden wir doch, wenn wir unsere Mitmenschen bedrücken und peinigen, nur einen Gedanken auf die düsteren Zeugnisse menschlicher Irrtümer verwenden, die wie dichte und schwere Wolken zwar langsam, aber unaufhaltbar zum Himmel emporsteigen, um ihre späte Vergeltung auf unsere Häupter herabzuregnen, würden wir doch nur einen Augenblick im Geiste den Stimmen der Verstorbenen lauschen, die keine Macht zum Verstummen bringen und kein Stolz verdrängen kann, wo blieben dann Demütigung und Unrecht, Leid und Unheil, Grausamkeit und Kränkung, die das Leben alltäglich mit sich bringt!

In dieser Nacht wurde Olivers Kissen von sanften Händen glattgestrichen, und Anmut und Tugend wachten über seinen Schlaf. Er fühlte sich so glücklich und zufrieden, dass er klaglos hätte sterben können.

Kaum war die bedeutsame Unterredung beendet und Oliver wieder zur Ruhe gebettet, als der Doktor, nachdem er sich die Augen gewischt und sie für die plötzliche Rührseligkeit verwünscht hatte, nach unten ging, um sich Mr. Giles vorzuknöpfen. Da er in den Wohnstuben niemanden antraf, kam ihm in den Sinn, dass er sein Vorhaben vielleicht noch wirkungsvoller in der Küche beginnen könne, und er begab sich dorthin.

In diesem Unterhaus des häuslichen Parlaments waren die weibliche Dienerschaft, Mr. Brittles, Mr. Giles, der Kesselflicker (auf besondere Einladung, um sich dort in Anbetracht seiner Verdienste den Rest des Tages gütlich zu tun) und der Konstabler zusammengekommen. Letzterer Herr hatte einen großen Amtsstab, einen großen Kopf, eine große Gestalt und große Halbstiefel und sah aus, als habe er auch eine entsprechende Menge Bier getrunken, was tatsächlich zutraf.

Es wurden noch immer die Abenteuer der vorigen Nacht besprochen, denn als der Doktor eintrat, schwadronierte Mr. Giles gerade über seine Geistesgegenwart, und Mr. Brittles bestätigte, den Bierkrug in der Hand, alles, ehe es sein Vorgesetzter noch aussprechen konnte.

»Bleibt sitzen«, sagte der Doktor abwinkend.

»Danke, Sir«, erwiderte Mr. Giles. »Miss Rose hat veranlasst, Bier auszuschenken, Sir, und da ich nicht in meiner kleinen Kammer bleiben wollte und mir nach Gesellschaft war, hab ich mich hier zu den anderen gesetzt.«

Brittles ließ ein leises Gemurmel vernehmen, in das die anwesenden Damen und Herren allgemein einstimmten, um ihre Genugtuung darüber kundzutun, dass Mr. Giles sich dazu herabgelassen hatte. Mr. Giles schaute mit gönnerhafter Miene in die Runde, als wolle er sagen, solange sich alle anständig benähmen, werde er sie niemals verlassen.

»Wie geht's unserem Patienten denn heute abend, Sir?«, fragte Giles.

»Mehr schlecht als recht«, antwortete der Doktor. »Ich fürchte, Ihr habt Euch da in etwas hineingeritten, Mr. Giles.«

»Ihr wollt damit doch hoffentlich nicht andeuten, Sir«, sagte Mr. Giles mit zittriger Stimme, »dass er sterben wird. Ich würde mein Lebtag nicht mehr froh werden, allein bei dem Gedanken daran. Ich hätte doch niemals einen Jungen erschossen, nein, selbst Brittles hier nicht, um alles Tafelsilber in der gesamten Grafschaft nicht, Sir.«

»Darum geht's ja gar nicht«, sagte der Doktor geheimnisvoll. »Mr. Giles, seid Ihr Protestant?«

»Jawohl, Sir, das hoffe ich doch«, stammelte Mr. Giles, der leichenblass geworden war.

»Und wie steht's mit Euch, mein Junge?«, fragte der Doktor, indem er sich mit einem Ruck Brittles zuwandte.

»Gott behüte, Sir!«, antwortete Brittles, der heftig erschrak. »Ich bin dasselbe wie Mr. Giles, Sir.«

»Dann sagt mir eines«, fuhr der Doktor fort, »und zwar alle beide! Seid Ihr in der Lage, zu beschwören, dass der Junge dort oben derselbe ist, der gestern nacht durch das kleine Fenster eingestiegen ist? Heraus damit! Los! Wir hören!«

Der Doktor, der im allgemeinen für einen der gutmütigsten Menschen auf Erden gehalten wurde, trug diese Frage in einem solch furchterregenden und erzürnten Ton vor, dass Giles und Brittles, die vom Bier und all der Aufregung schon reichlich benommen waren, sich verwundert anstarrten.

»Und Ihr werdet gut auf die Antwort achtgeben, Konstabler, hört Ihr?«, sagte der Doktor, der in vollem Ernst mit dem Zeigefinger drohte und sich dann damit an die Nasenspitze tippte, um diesem ehrenwerten Herrn zu bedeuten, er solle seinen ganzen Scharfsinn aufbieten. »Die Sache könnte noch Folgen haben, schon sehr bald.«

Der Konstabler schaute so klug drein, wie er vermochte, und griff sich seinen Amtsstab, der unbeachtet in der Kaminecke gelehnt hatte.

»Es handelt sich ganz einfach darum, den Einbrecher zu identifizieren, wie Ihr bemerken werdet«, sagte der Doktor.

»So ist es, Sir«, entgegnete der Konstabler und bekam einen heftigen Hustenanfall, denn er hatte sein Bier hastig ausgetrunken, wobei ihm ein Schluck in die falsche Kehle geraten war.

»Da haben wir ein Haus, in das eingebrochen wird«, fuhr der Doktor fort, »und zwei Männer erhaschen inmitten des Pulverdampfs der abgefeuerten Pistolen und der ganzen Verwirrung durch Angst und Dunkelheit ganz kurz einen flüchtigen Blick auf einen Jungen. Und dann ist da dieser Junge, der am nächsten Morgen zu eben demselben Haus kommt, und weil sein Arm zufälligerweise verbunden ist, nehmen ihn diese Männer mit Gewalt in Gewahrsam, wodurch sie sein Leben in große Gefahr bringen, und schwören, dies sei der Dieb. Die Frage lautet nun, ob diese Männer aufgrund der Tatsachen richtig gehandelt haben, und falls nicht, in welche Lage sie sich gebracht haben.«

Der Konstabler nickte weise. Er meinte, wenn das nicht dem Gesetz entspräche, dann wolle er gern mal wissen, was sonst.

»Ich frage Euch noch einmal«, donnerte der Doktor, »seid Ihr, unter feierlichem Eid, in der Lage, den Jungen zu identifizieren?«

Brittles blickte unschlüssig auf Mr. Giles, und Mr. Giles blickte unschlüssig auf Brittles, der Konstabler legte eine Hand ans Ohr, damit ihm die Antwort nicht entgehe, die beiden Frauen und der Kesselflicker beugten sich horchend nach vorne, und der Doktor schaute scharf von einem zum anderen, als man es am Tor läuten hörte und zugleich das Geräusch einer vorfahrenden Kutsche vernahm.

»Das sind die Kriminalbeamten!«, rief Brittles, der offensichtlich höchst erleichtert war.

»Die was?«, fragte der Doktor seinerseits völlig entgeistert.

»Die Kriminalbeamten aus der Bow Street, Sir«, antwortete Brittles und nahm eine Kerze. »Mr. Giles und ich haben heute morgen nach ihnen schicken lassen.«

»Was?«, rief der Doktor.

»Jawohl«, entgegnete Brittles, »ich habe dem Postkutscher eine Nachricht für sie mitgegeben, und ich wundere mich bloß, dass sie noch nicht früher hier eingetroffen sind, Sir.«

»So, habt Ihr das? Dann soll der Teufel … Eure langsamen Postkutschen holen, das ist alles«, sagte der Doktor und ging fort.

Einunddreißigstes Kapitel

Bringt eine schwierige Situation mit sich.

»Wer ist da?«, fragte Brittles, der die Tür bei vorgehängter Kette einen Spalt öffnete und hinausspähte, wobei er die Kerze mit der Hand beschattete.

»Aufmachen«, antwortete von draußen ein Mann, »wir sind die Kriminalbeamten aus der Bow Street, nach denen Ihr heute geschickt habt.«

Höchst erleichtert über diese Bestätigung, machte Brittles die Tür weit auf und sah sich einem korpulenten Mann in einem Übermantel gegenüber, der, ohne ein weiteres Wort zu verlieren, eintrat und sich so gelassen die Schuhe an der Matte abstreifte, als sei er hier zu Hause.

»Schickt doch bitte jemanden hinaus, um meinen Kollegen abzulösen, junger Mann«, bat der Beamte, »er sitzt in der Kutsche und passt auf den Gaul auf. Habt Ihr hier vielleicht ne Remise, wo man sie für'n Viertelstündchen unterstellen könnte?«

Brittles bejahte und zeigte auf das entsprechende Gebäude, worauf der beleibte Herr wieder zum Gartentor ging, um seinem Kollegen beim Unterstellen der Kutsche zu helfen, während Brittles ihnen dabei voller Ehrerbietung leuchtete. Als dies getan war, kehrten sie zum Haus zurück. Die beiden wurden in die Wohnstube geführt, wo sie ihre Übermäntel und Hüte ablegten, so dass ihr Äußeres zum Vorschein kam.

Der Mann, der an die Tür geklopft hatte, war von untersetzter Statur und mittlerer Größe, etwa fünfzig Jahre alt, mit glänzendem, sehr kurz geschnittenem schwarzen Haar, Koteletten, einem runden Gesicht und stechendem Blick. Der andere war ein rothaariger, hagerer Mann in Stulpenstiefeln, mit einem eher hässlichen Gesicht und einer unheilverkündenden Stupsnase.

»Meldet Euren Herrschaften, dass Blathers und Duff hier sind, ja?«, sagte der dickere von beiden, während er sein Haar glattstrich und ein Paar Handschellen auf den Tisch legte. »Oh! Guten Abend, mein Herr. Kann ich Euch wohl einen Moment unter vier Augen sprechen, wenn's recht ist, Sir?«

Das galt Mr. Losberne, der in diesem Augenblick mit den beiden Damen hereinkam, Brittles bedeutete, sich zurückzuziehen, und hinter ihm die Tür schloss.

»Hier ist die Dame des Hauses«, sagte Mr. Losberne mit Blick auf Mrs. Maylie.

Mr. Blathers machte eine Verbeugung. Aufgefordert, Platz zu nehmen, legte er seinen Hut auf den Fußboden, setzte sich auf einen Stuhl und bedeutete Duff, es ihm gleichzutun. Letzterer Herr, der nicht allzu vertraut mit der besseren Gesellschaft zu sein schien oder sich in ihr nicht gar so wohl fühlte, eins von beiden, nahm, nachdem er seine Gliedmaßen auf diverse Weise verrenkt hatte, Platz und zwängte sich mit einiger Verlegenheit den Knauf seines Stockes in den Mund.

»Was nun den Einbruch hier betrifft, mein Herr«, begann Blathers, »wie waren die genauen Umstände?«

Mr. Losberne, der anscheinend Zeit zu gewinnen wünschte, schilderte sie ihnen in aller Ausführlichkeit und mit vielen Abschweifungen. Die Herren Blathers und Duff machten währenddessen ein schlaues Gesicht und nickten sich gelegentlich zu.

»Ich kann's natürlich nicht mit letzter Gewissheit behaupten, bevor ich den Tatort gesehen habe«, sagte Blathers, »aber meinem ersten Urteil nach – und ich wage es, mich so weit festzulegen – kann dies nicht von einem Kaffer begangen worden sein, wie, Duff?«

»Ganz bestimmt nicht«, erwiderte Duff.

»Und verstehe ich richtig, um das Wort Kaffer zum besseren Verständnis der Damen zu übersetzen, dass Ihr der Meinung seid, dieser Einbruch könne nicht von jemandem aus den Reihen der ländlichen Bevölkerung verübt worden sein?«, fragte Mr. Losberne mit einem Lächeln.

»Das ist richtig, mein Herr«, antwortete Blathers. »Das ist alles, was Ihr über den Vorfall wisst, oder?«

»Das ist alles«, bestätigte der Doktor.

»Und was hat es mit diesem Jungen auf sich, von dem die Dienerschaft redet?«, fragte Blathers.

»Überhaupt nichts«, erwiderte der Doktor. »Einer der verschreckten Diener meinte, es sich in den Kopf setzen zu müssen, dass er etwas mit dem versuchten Einbruch zu schaffen hätte, aber das ist Unsinn, völlig absurd.«

»Das lässt sich ja leicht nachprüfen«, bemerkte Duff.

»Absolut richtig, was er sagt«, erklärte Blathers, nickte zustimmend mit dem Kopf und spielte unbekümmert mit den Handschellen, als seien es ein Paar Kastagnetten. »Wer ist dieser Junge? Was berichtet er über sich? Wo kommt er her? Er wird ja nicht aus den Wolken gefallen sein, nicht wahr, mein Herr?«

»Natürlich nicht«, antwortete der Doktor mit nervösem Blick auf die beiden Damen. »Ich kenne seine ganze Geschichte, aber darüber können wir später noch reden. Ich nehme an, Ihr möchtet zuerst den Ort besichtigen, wo die Diebe versucht haben einzubrechen?«

»Ganz recht«, sagte Mr. Blathers. »Am besten untersuchen wir als erstes die Örtlichkeiten und befragen hinterher die Dienerschaft. So gehen wir bei unseren Ermittlungen für gewöhnlich vor.«

Sodann wurden Laternen herbeigeholt, und die Herren Blathers und Duff begaben sich, begleitet vom örtlichen Konstabler, Brittles, Giles und, um es kurz zu machen, allen anderen, in die kleine Kammer am Ende des Flurs und schauten durch das Fenster hinaus. Danach gingen sie über den Rasen um das Haus herum und schauten durch das Fenster hinein. Danach nahmen sie eine Kerze, um die Fensterläden zu inspizieren, und danach eine Laterne, um die Fußspuren zu verfolgen, und danach eine Heugabel, um damit in den Büschen umherzustochern. Als dies unter der atemlosen Anteilnahme aller Zuschauer getan war, gingen sie wieder hinein, und Mr. Giles und Brittles wurden zu einer melodramatischen Darstellung ihrer Rolle in den Abenteuern der vorigen Nacht genötigt, die sie etwa sechsmal von vorne bis hinten aufführten, wobei sie einander stets widersprachen, anfangs in nicht mehr als einem wichtigen Punkt, und zuletzt in nicht weniger als einem Dutzend. Als auch das vollbracht war, ließen Blathers und Duff das Zimmer räumen und hielten eine lange Beratung ab, gegen die, was Geheimniskrämerei und feierliche Würde betrifft, eine Konsultation berühmter Ärzte über die kniffligsten medizinischen Streitfragen ein bloßes Kinderspiel zu sein schien.

Währenddessen lief der Doktor, dem äußerst unbehaglich zumute war, im Nachbarzimmer auf und ab, wobei Mrs. Maylie und Rose ihm mit besorgten Mienen zusahen.

»Auf mein Wort«, sagte Mr. Losberne, als er nach vielen Kehrtwendungen endlich stehenblieb, »ich weiß nicht so recht, was ich tun soll.«

»Gewiss wird die Geschichte des armen Jungen«, erwiderte Rose, »wenn man sie diesen Männern getreu wiedergibt, ihn zur Genüge entlasten.«

»Das wage ich zu bezweifeln, meine liebe junge Dame«, sagte der Doktor kopfschüttelnd. »Ich glaube nicht, dass es ihn entlasten würde, weder bei denen, noch bei Amtspersonen höheren Ranges. ›Was ist er letzten Endes?‹, so würden sie fragen. ›Ein Ausreißer.‹ Nüchtern betrachtet und nach der Wahrscheinlichkeit beurteilt klingt seine Geschichte höchst verdächtig.«

»Aber Ihr glaubt sie doch sicher?«, unterbrach ihn Rose.

»*Ich* glaube sie, so seltsam sie klingt, und vielleicht bin ich deshalb bloß ein alter Narr«, antwortete der Doktor, »dennoch halte ich sie nicht gerade für geeignet, um sie einem erfahrenen Polizeibeamten zu erzählen.«

»Warum nicht?«, wollte Rose wissen.

»Weil, meine hübsche Inquisitorin«, erwiderte der Doktor, »sie mit deren Augen betrachtet viele schwache Punkte enthält. Der Junge kann nur die Dinge beweisen, die ihn belasten, aber keine, die ihn entlasten würden. Zum Teufel mit den Burschen, aber sie *werden* das Warum und Wofür rauskriegen wollen und keine Ausflüchte gelten lassen. Seht mal, nach eigener Aussage ist er schon früher einmal der Gefährte von Diebesvolk gewesen und ist unter der Anklage, einem Herrn das Schnupftuch gestohlen zu haben, auf die Polizeiwache geschleift worden. Aus dem Haus dieses Herrn wurde er gewaltsam verschleppt, an einen Ort, den er nicht beschreiben oder bezeichnen kann und von dessen Lage er nicht die geringste Vorstellung besitzt. Dann wird er nach

Chertsey gebracht, von Männern, die, ob es ihm gefällt oder nicht, offenbar eine gewalttätige Zuneigung zu ihm gefasst haben, und sie schieben ihn durch ein Fenster, um ein Haus auszurauben, und dann, ausgerechnet in dem Augenblick, als er die Bewohner alarmieren will, also gerade im Begriff stand, das zu tun, was ihn gerechtfertigt hätte, kommt ihm ein vermaledeiter Tropf von einem unfähigen Butler in die Quere und schießt ihn nieder, als wolle er ihn mit Absicht daran hindern, etwas zu tun, das ihm nützen könnte. Versteht Ihr, was ich meine?«

»Natürlich verstehe ich das«, antwortete Rose und lächelte über das Ungestüm des Doktors, »aber ich kann noch immer nicht erkennen, wessen man das arme Kind beschuldigen sollte.«

»Nein«, rief der Doktor, »natürlich nicht! Gesegnet seien die glänzenden Augen des schönen Geschlechts! Sie sehen, sei es zum Guten oder zum Schlechten, nie mehr als eine Seite einer jeglichen Angelegenheit, und zwar stets jene, die sich ihnen als erste dargeboten hat.«

Nachdem er dieser Lebenserfahrung Ausdruck gegeben hatte, schob der Doktor die Hände in seine Taschen und lief noch unruhiger als zuvor im Zimmer umher.

»Je mehr ich darüber nachdenke«, sagte der Doktor, »desto deutlicher erkenne ich, dass es bloß zu unendlich viel Ärger und Schwierigkeiten führen wird, sollten wir diesen Männern die wahre Geschichte des Jungen anvertrauen. Sie werden sie nicht glauben, davon bin ich überzeugt, und selbst wenn sie ihm letztlich nichts anhaben können, dann wird doch allein das Gezerre um die Sache und das Bekanntwerden aller Zweifel, die an ihr aufkommen, Ihrem wohltätigen Plan, den Jungen aus seinem Elend zu erretten, unweigerlich äußerst hinderlich sein.«

»Oh, aber was können wir denn bloß tun?«, rief Rose. »Herrje, warum haben sie nur diese Leute kommen lassen?«

»Ja, warum nur?«, stimmte Mrs. Maylie ein. »Ich hätte sie um alles in der Welt nicht hier haben mögen.«

»Alles, was ich weiß«, sagte Mr. Losberne schließlich und setzte sich mit einer Art verzweifelter Ruhe hin, »ist, dass wir versuchen müssen, die Sache ganz unverfroren anzugehen. Wir verfolgen einen guten Zweck, und das kann als Entschuldigung gelten. Der Junge zeigt starke Symptome von Fieber und befindet sich nicht in einem Zustand, in dem man noch weiter mit ihm reden könnte, das ist ein Trost. Wir müssen das Beste daraus machen, und wenn sich List als das Beste erweist, so ist es nicht unsere Schuld. Herein!«

»Nun, mein Herr«, sagte Blathers, als er, gefolgt von seinem Kollegen, eintrat und die Tür fest schloss, bevor er weiterredete. »Da war keine Hinterhand im Spiel.«

»Was zum Teufel soll das heißen, es war keine Hinterhand im Spiel?«, verlangte der Doktor ungeduldig zu wissen.

»Wir nennen es Hinterhand, meine Damen«, erklärte Blathers, indem er sich diesen zuwandte, als hätte er Verständnis für ihre Unwissenheit, aber nur Verachtung für die des Doktors, »wenn einer der Dienerschaft als Komplize darin verwickelt ist.«

»Niemand hat sie in diesem Fall verdächtigt«, bemerkte Mrs. Maylie.

»Auch wenn's nicht sehr wahrscheinlich schien, Madam«, entgegnete Blathers, »hätte sie dennoch daran beteiligt sein können.«

»Gerade dann ist's umso wahrscheinlicher«, fügte Duff hinzu.

»Wir haben festgestellt, dass es ein Kunde aus der Stadt war«, setzte Blathers seinen Bericht fort, »denn er hat erstklassige Arbeit geleistet.«

»Wirklich beeindruckend«, bestätigte Duff halblaut.

»Sie waren zu zweit«, fuhr Blathers fort, »und sie hatten einen Jungen dabei, das verrät schon die Größe des Fensters. Das ist alles, was man im Moment sagen kann. Wir wollen uns jetzt gleich mal diesen Burschen anschauen, den Ihr da oben liegen habt, wenn Ihr gestattet.«

»Vielleicht möchten die Herren erst noch eine kleine Erfrischung, Mrs. Maylie?«, sagte der Doktor, dessen Gesicht sich aufhellte, als sei ihm ein neuer Gedanke gekommen.

»Oh, aber gewiss doch!«, beeilte sich Rose auszurufen. »Ihr sollt sofort etwas zu trinken bekommen, wenn's Euch genehm ist.«

»Nun, vielen Dank, Miss«, antwortete Blathers und wischte sich mit dem Ärmel über den Mund. »Dergleichen Ermittlungen sind schon eine sehr trockene Angelegenheit. Aber nur, wenn gerade was zur Hand ist, Miss, macht Euch unseretwegen nur keine Umstände.«

»Was darf's denn sein?«, erkundigte sich der Doktor und folgte der jungen Dame zur Anrichte.

»Einen kleinen Tropfen Hochprozentiges, mein Herr, wenn's recht ist«, antwortete Blathers. »Es war eine kalte Fahrt von London her, Madam, und ich finde immer, dass Alkohol einem so richtig das Herz wärmt.«

Diese interessante Mitteilung war an Mrs. Maylie gerichtet, die sie sehr freundlich aufnahm. Während sie ihr übermittelt wurde, schlüpfte der Doktor aus dem Zimmer.

»Ah!«, sagte Mr. Blathers, der sein Glas nicht am Stiel ergriff, sondern den Boden zwischen Daumen und Zeigefinger fasste und es sich vor die Brust hielt. »Ich hab im Leben schon viele Dinge wie diese erlebt, meine Damen.«

»Der Einbruch in dem kleinen Gässchen in Edmonton, Blathers«, half Mr. Duff dem Gedächtnis seines Kollegen auf die Sprünge.

»Das war so ein ähnlicher Fall, nicht wahr?«, sagte Mr. Blathers. »Das Ding wurde von Conkey Chickweed gedreht, so war's.«

»Dem habt Ihr's immer in die Schuhe geschoben«, entgegnete Duff, »doch ich sag Euch, es war Family Pet. Conkey hatte nicht mehr damit zu tun als ich.«

»Hört doch auf!«, versetzte Mr. Blathers. »Das weiß ich besser. Aber könnt Ihr Euch noch daran erinnern, als Conkey sein Geld gestohlen wurde? Das war vielleicht ne aufregende Sache! Besser als jeder Roman, den ich kenne!«

»Was hatte es damit auf sich?«, erkundigte sich Rose, die bestrebt war, jegliches Anzeichen von guter Laune bei den unwillkommenen Besuchern zu fördern.

»Das war ein Diebstahl, auf den wohl sonst kaum jemand gekommen wär«, antwortete Blathers. »Da ist dieser Conkey Chickweed ...«

»Conkey, weil er so'n großen Zinken hat, Madam«, warf Duff ein.

»Aber das weiß die Dame doch, nicht wahr?«, fragte Mr. Blathers. »Immer müsst Ihr Euren Kollegen unterbrechen! Also, dieser Conkey Chickweed hatte ein Wirtshaus hinterm Battlebridge Way und einen Keller, den viele junge Lords aufsuchten, um sich Hahnenkämpfe und Dachshatzen und so etwas anzusehen, da wurde einem richtig anständiger Sport geboten, bin selbst ab und an dort gewesen. Damals gehörte er noch nicht zur Unterwelt, und eines Nachts wurden ihm dreihundertsiebenundzwanzig Guineen in einem Leinensack gestohlen, und zwar mitten in der Nacht aus seinem Schlafzimmer, von einem großen Kerl mit ner schwarzen Augenklappe, der sich unterm Bett versteckt hatte und nach dem Diebstahl mit einem Satz aus dem Fenster sprang, das bloß im ersten Stock lag. Er war flink auf den Beinen, aber Conkey nicht minder, denn er war vom Lärm aufgewacht, sprang aus dem Bett, feuerte mit ner kurzen Schrotflinte hinter ihm her und alarmierte die ganze Nachbarschaft. Es gab sofort ein großes Zeter und Mordio, und als sie die Verfolgung aufnahmen, stellten sie fest, dass Conkey den Räuber getroffen hatte, denn es waren auf dem ganzen Weg Blutspuren zu sehen, bis zu einem Lattenzaun in einiger Entfernung, wo sie sich dann verloren. Jedenfalls war der Dieb mit der Sore verschwunden, und folglich erschien der Name von Mr. Chickweed, lizenzierter Schankwirt, unter denen anderer Bankrotteure in der *Gazette*, und bald wurden alle möglichen Arten von Unterstützungen, Sammlungen und ich weiß nicht, was noch alles, für den armen Mann aufgeboten, der sich wegen seines Verlustes in einer sehr traurigen Gemütsverfassung befand und drei oder vier Tage lang die Straßen auf und ab lief und sich vor Verzweiflung die Haare raufte, so dass viele Leute schon fürchteten, er werde sich noch das Leben nehmen. Eines Tages kam er in heller Aufregung auf die Wache und wollte unter vier Augen den Polizeirichter sprechen, der, nachdem sie eine Weile geredet hatten, läutete und Jem Spyers kommen ließ, der ein tüchtiger Polizist ist, und ihm den Befehl gab, er solle Mr. Chickweed begleiten und ihm dabei helfen, den Mann, der ihn in seinem

Haus bestohlen hatte, dingfest zu machen. ›Ich hab ihn gesehen, Spyers‹, sagte Chickweed, ›wie er gestern morgen an meinem Haus vorbeiging.‹ – ›Warum habt Ihr ihn nicht gleich am Schlafittchen gepackt?‹, fragte Spyers. ›Ich war so verdattert, Ihr hättet mir mit nem Zahnstocher den Schädel einschlagen können‹, antwortete der arme Mann, ›aber wir schnappen ihn sicher, denn abends zwischen zehn und elf kam er wieder vorbei.‹ Kaum hatte Spyers dies gehört, da stopfte er auch schon saubere Wäsche und einen Kamm in die Tasche, für den Fall, dass er ein oder zwei Tage fortbleiben würde, ging los und bezog an einem der Wirtshausfenster hinter dem kleinen roten Vorhang Stellung, den Hut auf dem Kopf und bereit, sofort nach draußen zu stürzen. Dort schmauchte er bis spät in die Nacht seine Pfeife, als urplötzlich Chickweed losbrüllte: ›Da ist er! Haltet den Dieb! Mordio!‹ Jem Spyers stürmte hinaus und sah, wie Chickweed schreiend die Straße hinablief. Spyers setzte ihm nach, Chickweed immer vorneweg, die Leute drehten sich um, alle schrien ›Diebe!‹, und auch Chickweed brüllte die ganze Zeit wie verrückt. Spyers verlor ihn für einen Moment aus den Augen, rannte um eine Ecke, erblickte ein kleines Gedränge, tauchte hinein und fragte: ›Wo ist der Kerl?‹ – ›Gottverdammich!‹, rief Chickweed. ›Er is mir schon wieder entwischt!‹ Das war'n seltsamer Vorfall, aber er war nirgends zu sehen, also gingen sie ins Wirtshaus zurück. Am nächsten Morgen legte sich Spyers wieder hinterm Vorhang auf die Lauer und hielt Ausschau nach einem großen Mann mit schwarzer Augenklappe, bis ihm seine eigenen Augen weh taten. Endlich musste er sie kurz schließen, um sie auszuruhen, und im gleichen Moment hört er Chickweed brüllen: ›Da ist er!‹. Wieder rennt er los, Chickweed schon die halbe Straße voraus, und nach einer doppelt so langen Jagd wie gestern war der Mann schon wieder verschwunden! Das geschah noch einige Male, bis die eine Hälfte der Nachbarn verbreitete, Mr. Chickweed sei vom Teufel bestohlen worden, der danach sein Spiel mit ihm treibe, und die andere Hälfte, der arme Mr. Chickweed habe vor Kummer den Verstand verloren.«

»Was hat denn Jem Spyers dazu gesagt?«, fragte der Doktor, der kurz nach Beginn der Geschichte ins Zimmer zurückgekehrt war.

»Jem Spyers«, antwortete der Kriminalbeamte, »sagte lange Zeit gar nichts, sondern horchte überall herum, ohne es sich anmerken zu lassen, was zeigt, dass er sein Geschäft versteht. Aber eines Morgens spazierte er in den Schankraum, holte seine Schnupftabakdose hervor und sagte: ›Chickweed, ich habe herausgefunden, wer den Diebstahl verübt hat.‹ – ›Tatsächlich?‹, fragte Chickweed. ›Oh, mein bester Spyers, ich will bloß Rache nehmen, damit ich in Frieden sterben kann! Oh, mein bester Spyers, wo is der Schurke?‹ – ›Na kommt‹, sagte Spyers und bot ihm eine Prise Schnupftabak an, ›lasst dieses Possenspiel! Ihr seid es selbst gewesen!‹ So war's, und er hatte damit obendrein keinen schlechten Reibach gemacht. Niemand wär ihm jemals auf die Schliche gekommen, wenn er nich so eifrig versucht hätte, den Schein zu wahren!«, endete Mr. Blathers, setzte sein Glas ab und klimperte mit den Handschellen.

»Wirklich höchst erstaunlich«, bemerkte der Doktor. »Und wenn es Euch genehm ist, könnt Ihr Euch jetzt nach oben begeben.«

»Wenn es *Euch* genehm ist, Sir«, erwiderte Mr. Blathers, und so stiegen die beiden Kriminalbeamten dicht hinter Mr. Losberne zu

Olivers Schlafgemach hinauf, während Mr. Giles der Prozession mit einer brennenden Kerze voranschritt.

Oliver hatte geschlafen, sah aber schlechter aus und hatte höheres Fieber als zuvor. Vom Doktor gestützt konnte er sich für einen Moment im Bett aufrichten und blickte die Fremden an, ohne im geringsten zu verstehen, was vor sich ging, tatsächlich schien er sich weder daran zu erinnern, wo er sich befand, noch was vorgefallen war.

»Dies«, sagte Mr. Losberne leise, aber dessen ungeachtet mit großem Nachdruck, »dies ist der Junge, der von einer Selbstschussanlage verwundet wurde, als er heute morgen in kindlichem Spiel widerrechtlich auf Mr. Soundsos Grundbesitz gleich nebenan vorgedrungen war. Er kam zu diesem Haus hier, um Hilfe zu suchen, und wurde sofort von diesem trefflichen Herrn, der die Kerze hält, am Kragen gepackt und misshandelt, wodurch das Leben des Jungen in höchste Gefahr geriet, wie ich Euch als Arzt versichern kann.«

Die Herren Blathers und Duff sahen Mr. Giles an, als er auf solche Weise ihrer Aufmerksamkeit empfohlen wurde, und der bestürzte Butler blickte mit einer grotesken Mischung aus Angst und Verwirrtheit von ihnen zu Oliver und von Oliver zu Mr. Losberne.

»Das werdet Ihr doch nicht etwa abstreiten wollen?«, fragte der Doktor und brachte den Jungen wieder behutsam zum Liegen.

»Es geschah doch alles nur in … in bester Absicht, Sir!«, antwortete Giles. »Ich dachte mir, das ist sicher der Junge, sonst hätte ich ihn mir doch gar nicht gegriffen. Ich bin doch kein Unmensch, Sir.«

»Welcher Junge, dachtet Ihr?«, fragte der ranghöhere Kriminalbeamte nach.

»Der Junge von den Einbrechern, Sir!«, antwortete Giles. »Die … die hatten ja einen Jungen dabei.«

»Aha! Und denkt Ihr das jetzt noch?«, fragte Blathers.

»Denke was jetzt?«, erwiderte Giles und sah den Fragesteller mit leerem Blick an.

»Dass es derselbe Junge ist, Dummkopf«, fuhr ihn Mr. Blathers ungeduldig an.

»Ich weiß nicht, ich weiß es wirklich nicht«, antwortete Giles mit kläglichem Gesicht. »Ich könnte es nicht beschwören.«

»Was glaubt Ihr denn?«, fragte Mr. Blathers.

»Ich weiß nicht, was ich glauben soll«, erwiderte der arme Giles. »Ich glaube nicht, dass es dieser Junge war, da bin ich mir fast sicher. Versteht Ihr, es kann gar nicht sein.«

»Hat dieser Mensch etwa getrunken, Sir?«, erkundigte sich Blathers beim Doktor.

»Ihr seid ja ein Prachtkerl von einem Wirrkopf!«, sagte Duff höchst verächtlich zu Mr. Giles.

Mr. Losberne hatte während des kurzen Gesprächs dem Patienten den Puls gefühlt, aber jetzt erhob er sich vom Stuhl neben dem Bett und bemerkte, falls die Kriminalbeamten irgendwelche Zweifel in dieser Angelegenheit hegten, sollte man sich vielleicht ins Nebenzimmer begeben und Brittles vernehmen.

Diesen Vorschlag aufgreifend gingen sie ins benachbarte Zimmer, wo der herbeigerufene Mr. Brittles sich selbst und seinen verehrten Vorgesetzten in einen wundersamen Knäuel von neuen Widersprüchen und Unmöglichkeiten verwickelte, die nicht dazu dienlich waren, irgendetwas zu erhellen, außer der Tatsache seiner großen Verwirrtheit, abgesehen natürlich von seiner Erklärung, er würde den Jungen nicht erkennen können, wenn man ihm denselben in diesem Augenblick gegenüberstelle, und er habe Oliver nur mit diesem verwechselt, weil Mr. Giles es tat, Mr. Giles aber vor fünf Minuten in der Küche zugegeben habe, dass es ihm sehr leid zu tun beginne, ein wenig zu voreilig gewesen zu sein.

Neben anderen scharfsinnigen Vermutungen kam dann die Frage auf, ob Mr. Giles denn überhaupt jemanden getroffen habe, und bei der Untersuchung von Giles' zweiter Pistole, dem Gegenstück zu der Waffe, mit der er geschossen hatte, stellte sich heraus, dass sie keine tödlichere Ladung als Pulver und Zündblättchen enthielt, eine Entdeckung, die jedermann beträchtlich beeindruckte, außer den Doktor, der keine zehn Minuten zuvor die Kugel daraus entfernt hatte. Den größten Eindruck machte sie aber auf Mr. Giles selbst, der, nachdem er mehrere Stunden lang unter der Befürchtung gelitten hatte, einen Mitmenschen tödlich verwundet zu haben, begierig diesen neuen Gedanken aufgriff und großen Gefallen an ihm fand. Schließlich ließen die Kriminalbeamten, ohne sich groß um Oliver zu kümmern, den Konstabler aus Chertsey im Haus zurück und begaben sich zur Übernachtung in die Stadt, mit dem Versprechen, am nächsten Morgen zurückzukehren.

Mit dem nächsten Morgen kam ein Gerücht auf, im Gefängnis von Kingston säßen zwei Männer und ein Junge, die man in der Nacht unter verdächtigen Umständen festgenommen habe, folglich machten sich die Herren Blathers und Duff auf den Weg nach Kingston. Die verdächtigen Umstände erwiesen sich jedoch nach eingehender Untersuchung als die bloße Tatsache, dass man sie unter einem Heuschober schlafend erwischt hatte, was zwar ein abscheuliches Verbrechen darstellt, jedoch nur mit Haft zu bestrafen ist, und da es in den gnädigen Augen des englischen Gesetzes und seiner umfassenden Liebe zu allen Untertanen des Königs beim gleichzeitigen Fehlen anderer Indizien nicht als hinreichender Beweis erachtet wird, dass der oder die Schläfer einen Einbruch mit Gewaltanwendung begangen haben und somit der Todesstrafe anheimgefallen wären, fuhren die Herren Blathers und Duff ebenso klug zurück, wie sie hingefahren waren.

Kurzum, nach einigen weiteren Untersuchungen und noch etlichen weiteren Gesprächen ließ sich ein örtlicher Polizeirichter dazu bewegen, die gemeinsame Bürgschaft Mrs. Maylies und Mr. Losbernes für Olivers Erscheinen vor Gericht, sollte er je dazu aufgerufen werden, entgegenzunehmen, während Blathers und Duff, die mit ein paar Guineen entlohnt wurden, mit geteilter Meinung über den Ausgang ihrer Expedition in die Stadt zurückkehrten: Der letztgenannte Herr neigte nach reiflicher Erwägung aller Umstände zu der Auffassung, dass der versuchte Einbruch auf Kosten von Family Pet ginge, während der Erstgenannte sich gleichermaßen geneigt zeigte, die alleinige Urheberschaft daran dem berüchtigten Mr. Conkey Chickweed zuzuschreiben.

Inzwischen kam Oliver unter der vereinten Pflege von Mrs. Maylie, Rose und dem gütigen Mr. Losberne allmählich wieder zu Kräften und Gesundheit. Wenn inbrünstige Gebete, die aus vor Dankbarkeit überbordenden Herzen entstammen, im Himmel erhört werden – und wenn nicht, was sind Gebete dann überhaupt wert! –, müssen die Segnungen, die das verwaiste Kind auf sie herabrief, in ihre Herzen gesunken sein und dort Glück und Frieden verbreitet haben.

Zweiunddreißigstes Kapitel

Vom glücklichen Leben, das nun für Oliver bei seinen gütigen Freunden begann.

Olivers körperliche Leiden waren weder leicht noch gering an Zahl. Neben den Schmerzen der langwierigen Heilung seines verletzten Arms hatte er sich in der Kühle und der Nässe, denen er ausgesetzt gewesen war, Fieber und Schüttelfrost geholt, die ihn über viele Wochen hinweg plagten und ihn sehr schwächten. Aber schließlich begann es ihm ganz allmählich besserzugehen, und er war zuweilen in der Lage, mit wenigen Worten unter Tränen zu sagen, wie tief ihn die Güte der beiden liebevollen Damen berühre, und wie inbrünstig er hoffe, sollte er wieder gesund und kräftig sein, etwas tun zu können, um seine Dankbarkeit zu zeigen, einfach etwas, das sie die Liebe und Ergebenheit erkennen lasse, die sein Herz erfülle, etwas, wäre es auch noch so gering, das ihnen als Beweis dienen solle, dass ihre freundliche Güte nicht verschwendet sei, sondern der arme Junge, den ihre Barmherzigkeit aus der Not oder gar vor dem Tod errettet hatte, sich danach sehne, ihnen aus vollem Herzen und ganzer Seele zu dienen.

»Armer Kerl!«, sagte Rose, als Oliver sich eines Tages trotz seiner Schwäche bemühte, Worte der Dankbarkeit auszusprechen, die ihm auf seine bleichen Lippen kamen. »Du wirst noch zahlreiche Gelegenheiten bekommen, dich erkenntlich zu zeigen, wenn du magst. Wir wollen aufs Land hinaus, und meine Tante möchte, dass du uns begleitest. Die Abgeschiedenheit, die reine Luft und all die Freuden und Schönheiten des Frühlings werden dich in ein paar Tagen wieder gesunden lassen, und wir werden dich auf hunderterlei Weise beschäftigen, wenn es nicht zu mühevoll für dich ist.«

»Zu mühevoll!«, rief Oliver. »Oh, gütige Dame, könnte ich mich Euch nur nützlich erweisen, könnte ich Euch nur damit erfreuen, Eure Blumen zu gießen oder Eure Vögel zu füttern, oder indem ich den ganzen Tag hin und her laufe, um Euch glücklich zu machen, was wollte ich nicht alles darum geben!«

»Du sollst überhaupt nichts geben«, sagte Miss Maylie lächelnd, »denn wie ich schon gesagt habe, werden wir dich auf hunderterlei Weise beschäftigen, und wenn du dir nur halb so viel Mühe gibst, uns gefällig zu sein, wie du es jetzt versprichst, wirst du mich wirklich sehr glücklich machen.«

»Glücklich, Madam!«, rief Oliver. »Wie freundlich von Euch, das zu sagen!«

»Du wirst mich glücklicher machen, als ich dir beschreiben kann«, erwiderte die junge Dame. »Schon der Gedanke, dass es meiner lieben guten Tante beschieden war, dich aus jener großen Not, die du uns geschildert hast, zu erretten, ist eine unsagbare Freude für mich, aber zu erleben, wie der, dem ihre Güte und Barmherzigkeit gegolten hat, sich daraufhin als aufrichtig dankbar und treu erweist, würde mich mehr beglücken, als du dir vorstellen kannst. Verstehst du mich?«, fragte sie und betrachtete Olivers nachdenkliches Gesicht.

»O ja, Madam, ja!«, antwortete Oliver eifrig. »Ich dachte bloß, wie undankbar ich jetzt bin.«

»Gegen wen?«, erkundigte sich die junge Dame.

»Gegen den gütigen Herrn und die liebe alte Dame, die mich damals so gut gepflegt haben«, erwiderte Oliver. »Wenn sie wüssten, wie glücklich ich bin, würden sie sich bestimmt darüber freuen.«

»Davon bin ich überzeugt«, sagte Olivers Wohltäterin, »und Mr. Losberne war bereits so freundlich zu versprechen, dass er sie mit dir besuchen wird, wenn du wieder so weit bei Kräften bist, um die Reise zu ertragen.«

»Hat er das, Madam?«, rief Oliver, dessen Gesicht vor Wonne strahlte. »Ich weiß nicht, was ich vor Freude anstellen werde, wenn ich ihre lieben Gesichter wiedersehe!«

Schon bald hatte sich Oliver so weit erholt, dass er den Anstrengungen einer solchen Unternehmung gewachsen war, und so machte er sich eines Morgens mit Mr. Losberne in einer kleinen Kutsche, die Mrs. Maylie gehörte, auf den Weg. Als sie an die Chertsey Bridge kamen, wurde Oliver ganz blass und stieß einen lauten Schrei aus.

»Was hat der Junge denn auf einmal?«, rief der Doktor auf seine gewohnte lebhafte Art. »Hast du irgendetwas gesehen ... gehört ... gefühlt ... oder was?«

»Dort, Sir«, rief Oliver und zeigte zum Kutschfenster hinaus, »das Haus dort!«

»Ja und, was ist damit? Halt, Kutscher, fahrt hier ran!«, rief der Doktor. »Was ist mit dem Haus, junger Mann, he?«

»Die Diebe, in dieses Haus haben sie mich gebracht«, flüsterte Oliver.

»Teufel auch!«, rief der Doktor. »Hallo, Ihr da, lasst mich heraus!«

Aber noch bevor der Kutscher von seinem Bock steigen konnte, war der Doktor bereits irgendwie aus der Kutsche geklettert, rannte zum verlassenen Anwesen hinunter und begann, wie ein Wahnsinniger gegen die Tür zu treten.

»Heda!«, rief ein kleiner hässlicher Mann mit einem Buckel,

der die Tür so plötzlich öffnete, dass der Doktor von der Wucht seines letzten Fußtritts befördert beinahe in den Hausflur gefallen wäre. »Was ist hier los?«

»Was los ist?«, schrie der andere und packte ihn, ohne auch nur einen Augenblick nachzudenken, am Kragen. »Eine ganze Menge! Ein Raubüberfall ist los.«

»Und es wird noch ein Mord hinzukommen«, erwiderte der Bucklige kaltblütig, »wenn Ihr mich nicht sofort loslasst. Habt Ihr mich verstanden?«

»Ich versteh dich gut«, sagte der Doktor und schüttelte seinen Gefangenen kräftig durch. »Wo ist … zum Henker mit dem Burschen, wie war noch sein verfluchter Name? … Sikes, das war's! Wo ist Sikes, du Halunke?«

Der Bucklige starrte ihn an, als sei er über alle Maßen erstaunt und entrüstet, dann entwand er sich geschickt dem Griff des Doktors, stieß knurrend eine Salve von entsetzlichen Flüchen aus und zog sich ins Haus zurück. Bevor er jedoch die Tür schließen konnte, hatte sich der Doktor, ohne erst um Erlaubnis zu bitten, in die Wohnstube gedrängt. Er spähte aufmerksam umher, nicht ein Möbelstück, nicht das kleinste Fitzelchen, sei es belebt oder unbelebt, nicht einmal die Stellung der Schränke, stimmte mit Olivers Beschreibung überein!

»He«, rief der Bucklige, der ihn scharf beobachtete, »was soll das heißen, mit Gewalt in mein Haus einzudringen? Wollt Ihr mich ausrauben oder ermorden? Was habt Ihr vor?«

»Hast du je gehört, dass ein Mann, der eins von beiden vorhat, in einer zweispännigen Kutsche vorgefahren kommt, du komischer alter Kauz?«, erwiderte der Doktor gereizt.

»Was wollt Ihr denn dann?«, fragte der Bucklige. »Zum Teufel mit Euch! Wollt Ihr wohl verschwinden, bevor ich Euch etwas zuleide tue?«

»Ich gehe, wann's mir passt«, sagte Mr. Losberne und schaute ins andere Zimmer, das, genau wie das erste, keinerlei Ähnlichkeit mit Olivers Schilderung aufwies. »Eines Tages werde ich dich schon drankriegen, Freundchen.«

»So, werdet Ihr?«, höhnte der hässliche Krüppel. »Wann immer Ihr mich sucht, ich werde hier sein. Ich habe nicht fünfundzwanzig Jahre verrückt und ganz allein in diesem Haus gelebt, um mir jetzt von Euch Angst einjagen zu lassen. Das werdet Ihr mir noch büßen, das werdet Ihr mir noch büßen.«

Und als er das gesagt hatte, begann der verunstaltete kleine Dämon mit einem grässlichen Geschrei und tanzte wie toll vor Wut auf den Dielen herum.

»Was für eine dumme Geschichte«, murmelte der Doktor vor sich hin, »der Junge muss sich geirrt haben. Hier! Das ist für dich, und jetzt halt den Mund.« Mit diesen Worten warf er dem Buckligen ein Geldstück zu und ging zur Kutsche zurück.

Der Mann folgte ihm, bis er einstieg, und stieß auf dem ganzen Weg die wüstesten Flüche und Verwünschungen aus, doch als Mr. Losberne sich abwandte, um mit dem Kutscher zu sprechen, schaute er in die Kutsche und beäugte Oliver einen Moment lang mit einem so stechenden und bösen Blick, der zugleich so ergrimmt und rachsüchtig war, dass der Junge ihn noch monatelang, ob er wachte oder schlief, nicht vergessen konnte. Der Bucklige gab weiterhin die allerschlimmsten Flüche von sich, bis der Kutscher wieder auf den Bock gestiegen war, und als sie ihre Reise fortsetzten, konnten sie in einiger Entfernung hinter sich sehen, wie er in einem Anfall von Raserei mit den Füßen auf den Boden stampfte und sich die Haare raufte.

»Was für ein Esel ich doch bin!«, sagte der Doktor nach langem Schweigen. »Hast du das schon gewusst, Oliver?«

»Nein, Sir.«

»Dann denk beim nächsten Mal daran.«

»Ein Esel«, wiederholte der Doktor, nachdem er erneut für eine Weile geschwiegen hatte. »Selbst wenn es das richtige Haus mit den richtigen Schurken gewesen wäre, was hätte ich alleine dann ausrichten können? Und hätte ich auch Hilfe gehabt, wäre nichts Gutes dabei herausgekommen, ich hätte mich nur bloßgestellt und unweigerlich den Beweis geliefert, auf welche Weise ich die Sache vertuscht habe. Aber das wäre mir nur recht geschehen. Ich gerate immer wieder in die Klemme, wenn ich aus einer leidenschaftlichen Regung heraus handle, und das wäre mir mal eine gute Lehre gewesen!«

Nun verhielt es sich so, dass der treffliche Doktor in seinem ganzen Leben noch nie anders als aus leidenschaftlicher Regung heraus gehandelt hatte, und es war ein schönes Kompliment für die Art von Leidenschaft, die ihn beherrschte, dass er, weit davon entfernt, deswegen in besondere Schwierigkeiten oder Ärgernisse zu geraten, von allen, die ihn kannten, aufs höchste geschätzt und geachtet wurde. Um die Wahrheit zu sagen, war er kurzzeitig ein wenig verstimmt gewesen, weil er bei der ersten Gelegenheit, die sich ihm dazu bot, keine Beweise beschaffen konnte, die Olivers Geschichte bestätigten. Er hatte sich jedoch schnell wieder gefasst, und als er feststellte, dass Olivers Antworten auf seine Fragen noch immer so geradeheraus und überzeugend waren und genauso aufrichtig und ehrlich gegeben wurden wie stets zuvor, beschloss er, ihnen von nun an vollen Glauben zu schenken.

Da Oliver den Namen der Straße kannte, in der Mr. Brownlow wohnte, konnten sie direkt dorthin fahren. Als die Kutsche um die Ecke bog, schlug sein Herz so heftig, dass er kaum noch atmen konnte.

»Nun, mein Junge, welches Haus ist es denn?«, erkundigte sich Mr. Losberne.

»Dort! Dort!«, antwortete Oliver und zeigte aufgeregt zum Fenster hinaus. »Das weiße Haus. Oh, macht schnell! Macht bitte schnell! Ich fühle mich, als müsste ich sterben, so lässt es mich erschaudern.«

»Aber, aber«, sagte der gute Doktor und klopfte ihm auf die Schulter. »Du wirst sie ja gleich treffen, und sie werden überglücklich sein, dich wohlbehalten und gesund wiederzusehen.«

»Oh, das hoffe ich sehr!«, rief Oliver. »Sie waren so gut zu mir, so überaus gut zu mir.«

Die Kutsche fuhr vor und blieb stehen. Nein, das war das falsche Haus. Das nebenan. Sie fuhr ein paar Schritte weiter und blieb abermals stehen. Oliver schaute zu den Fenstern hinauf, während ihm Tränen froher Erwartung übers Gesicht liefen.

Aber ach! Das weiße Haus stand leer, und im Fenster hing ein Anschlag: »Zu vermieten.«

»Lasst uns nebenan klopfen«, sagte Mr. Losberne und hakte Olivers Arm unter. »Wisst Ihr, was aus Mr. Brownlow geworden ist, der im Nachbarhaus gewohnt hat?«

Das Dienstmädchen wusste es nicht, ging aber hinein, um nachzufragen. Gleich darauf kehrte sie mit der Nachricht zurück, dass Mr. Brownlow vor sechs Wochen all seinen Besitz verkauft habe und nach Westindien abgereist sei. Oliver faltete seine Hände und sank kraftlos in sich zusammen.

»Ist seine Haushälterin auch fort?«, erkundigte sich Mr. Losberne nach einer kurzen Pause.

»Jawohl, Sir«, antwortete das Dienstmädchen. »Der alte Herr, die Haushälterin und ein Herr, der mit Mr. Brownlow befreundet war, sie sind alle zusammen abgereist.«

»Dann machen wir uns wieder auf den Heimweg«, sagte Mr. Losberne zum Kutscher, »und haltet nicht an, um die Pferde zu füttern, bis wir aus diesem verflixten London heraus sind!«

»Und was ist mit dem Buchhändler, Sir?«, fragte Oliver. »Ich kenne den Weg dorthin. Lasst uns zu ihm gehen, Sir, bitte, lasst uns zu ihm gehen!«

»Mein armer Junge, für heute haben wir genug Enttäuschungen erlebt«, antwortete der Doktor, »wir alle beide. Wenn wir zum Buchhändler gehen, werden wir gewiss feststellen, dass er gestorben ist, sein Haus angezündet hat oder davongelaufen ist. Nein, nichts wie ab nach Hause!« Und der leidenschaftlichen Regung des Doktors gehorchend, machten sie sich auf den Heimweg.

Diese bittere Enttäuschung bereitete Oliver viel Kummer und Schmerz, sogar inmitten seines Glücks, denn er hatte sich während seiner Krankheit oft damit getröstet, an all das zu denken, was Mr. Brownlow und Mrs. Bedwin alles zu ihm sagen würden, und was für eine Freude es wäre, ihnen zu berichten, wie viele lange Tage und Nächte er damit verbracht habe, darüber nachzusinnen, was sie für ihn getan hatten, und die grausame Trennung von ihnen zu beklagen. Und die Hoffnung, sich endlich vor ihnen rechtfertigen und erklären zu können, dass er mit Gewalt entführt worden war, hatte ihn während seiner vielen Prüfungen in letzter Zeit obendrein aufrechterhalten und gestützt, und der Gedanke, dass sie jetzt so weit fort waren, und in dem Glauben gefahren, er sei ein Dieb und Betrüger, ein Glaube, der vielleicht bis zu seinem Tode ohne Richtigstellung bliebe, das war beinahe mehr, als er ertragen konnte.

Dieser Umstand führte jedoch zu keiner Änderung im Verhalten seiner Wohltäter. Nach weiteren zwei Wochen, als das Wetter anfing, richtig schön und warm zu werden, und jeder Baum und jede Blume neue Blätter und prächtige Blüten trieb, trafen sie Vorbereitungen, um das Haus in Chertsey für einige Monate zu verlassen. Nachdem sie das Tafelsilber, das so sehr die Begierde Fagins geweckt hatte, auf die Bank gegeben hatten, ließen sie das Haus unter der Obhut von Giles und einem weiteren Diener zurück, brachen zu einem etwas entfernt liegenden kleinen Landhaus auf und nahmen Oliver mit.

Wer kann die Freude und das Glück beschreiben, den Seelenfrieden und die wohltuende Stille, die der kränkelnde Junge an der milden Luft und zwischen den grünen Hügeln und den dichten Wäldern eines Dorfes auf dem Lande verspürte! Wer vermag in Worte zu fassen, wie die friedliche und ruhige Umgebung auf die Gemüter der geplagten Bewohner von engen und lauten Städten wirkt und deren erschöpfte Herzen mit ihrer Frische erfüllt. Menschen, die ihr Leben voller Mühsal eingepfercht in überfüllten Straßen verbracht und sich nie etwas anderes gewünscht haben, Menschen, denen die Gewohnheit tatsächlich zur zweiten Natur geworden ist und die jeden Stein und jeden Ziegel, der die engen Grenzen ihrer täglichen Wege bildet, schon beinahe liebgewonnen haben, selbst diese sehnen sich, wenn der Tod schon seine Hand nach ihnen ausstreckt, zuletzt danach, einen kurzen Blick auf das Antlitz der Natur zu werfen, und weit entfernt vom Schauplatz ihrer alten Kümmernisse und Freuden scheinen sie sofort in einen neuen Daseinszustand einzutreten. Wenn sie sich dann Tag für Tag zu einem sonnigen, grünen Plätzchen schleppen, steigen beim bloßen Anblick von Himmel, Hügel, Ebenen und glitzerndem Wasser Erinnerungen in ihnen auf, die wie ein Vorgeschmack des Paradieses ihren raschen Verfall aufhalten und sie schließlich so friedlich in ihre Gräber sinken lassen, wie die Sonne hinterm Horizont verschwindet, so wie sie es mit schwachen und getrübten Augen noch wenige Stunden zuvor von ihrem einsamen Kammerfenster aus beobachtet hatten! Die Erinnerungen, die von friedlichen ländlichen Szenerien wachgerufen werden, sind nicht von dieser Welt, noch haben sie etwas mit deren Gedanken oder Hoffnungen gemein. Ihr besänftigender Einfluss mag uns lehren, frische Kränze zu winden für die Gräber jener, die wir geliebt haben, mag unsere Gedanken läutern und alte Feindschaften und alten Hass zum Verstummen bringen. Aber unter all dem schlummert sogar in dem unbeweglichsten Geist ein unbestimmtes, kaum geformtes Bewusstsein, solche Gefühle lange zuvor in einer fernen und entrückten Zeit empfunden zu haben, das erhabene Gedanken an künftige ferne Zeiten hervorruft und den irdischen Stolz bezwingt.

Es war ein reizender Ort, an den sie sich begeben hatten. Oliver, dessen Leben sich zwischen verwahrlosten Menschenmassen und inmitten von Lärm und Streit abgespielt hatte, schien hier in ein neues Dasein einzutreten. Rose und Geißblatt rankten an den Mauern des Landhauses empor, Efeu wand sich um die Baumstämme, und die Blumen im Garten erfüllten die Luft mit ihrem herrlichen Duft. Gleich in der Nähe befand sich ein kleiner Friedhof, der nicht mit hohen, unansehnlichen Grabsteinen übersät, sondern voller schlichter, mit frischem Rasen und Moos bedeckten Hügel war, unter denen die Verstorbenen aus dem Dorf ihre letzte Ruhestätte gefunden hatten. Hier ging Oliver oft spazieren, und bei dem Gedanken an das erbärmliche Grab, in dem seine Mutter lag, setzte er sich manchmal hin und schluchzte unbemerkt, doch wenn er dann seine Augen zu dem weiten Himmel über sich hob, gedachte er ihrer nicht mehr als einer, die unter der Erde lag, und beweinte sie zwar voller Trauer, aber ohne Schmerz.

Es war eine glückliche Zeit. Die Tage verstrichen friedlich und heiter, die Nächte brachten weder Schrecken noch Sorge mit sich, und Oliver musste weder in erbärmlichen Gefängnissen dahinsiechen noch mit lasterhaften Menschen zusammen sein und hatte nichts als angenehme und glückliche Gedanken. Jeden Morgen ging er zu einem alten, weißhaarigen Herrn, der neben der kleinen Kirche wohnte. Dieser lehrte ihn besser zu lesen und zu schreiben, und er sprach so gütig und bemühte sich so sehr, dass Oliver sich gar nicht genug anzustrengen vermochte, um ihm eine Freude zu machen. Dann wieder ging er mit Mrs. Maylie und Rose spazieren und lauschte ihren Gesprächen über Bücher oder saß vielleicht an einem schattigen Plätzchen neben ihnen und hörte zu, während die junge Dame vorlas, was er am liebsten so lange getan hätte, bis es zu dunkel wurde, um die Buchstaben noch erkennen zu können. Dann musste er seine Lektion für den nächsten Tag vorbereiten, wofür er in einem kleinen Zimmer mit Blick auf den Garten eifrig lernte, bis allmählich der Abend nahte und die Damen noch einmal einen Spaziergang unternahmen, wobei er sie begleitete und mit Vergnügen auf alles horchte, was sie erzählten, und so glücklich war, wenn sie eine Blume haben wollten, die er kletternd erreichen, oder wenn sie etwas vergessen hatten, das er ihnen im Laufschritt holen konnte, dass er nie eifrig genug bei der Sache zu sein vermochte. Wenn es dann schon dunkel wurde und sie nach Hause zurückkehrten, setzte sich die junge Dame ans Klavier und spielte eine schöne Weise oder sang mit sanfter, leiser Stimme ein altes Lied, das ihre Tante gern hörte. Bei solchen Gelegenheiten wurden keine Kerzen angezündet, und Oliver saß an einem Fenster und lauschte ganz hingerissen der herrlichen Musik.

Und wenn der Sonntag kam, wie anders wurde er doch begangen, als Oliver es jemals zuvor getan hatte! Und wie glücklich obendrein, gleich allen anderen Tagen in dieser glücklichen Zeit! Am Morgen war da die kleine Kirche, vor deren Fenstern die grünen Blätter rauschten und die Vögel sangen, und die würzige Luft drang durch den niedrigen Vorraum herein und erfüllte das schlichte Gebäude mit ihrem Wohlgeruch. Die einfachen Leute waren so adrett und reinlich und knieten so ehrfürchtig zum Gebet nieder, dass es ihnen ein Vergnügen und keine lästige Pflicht zu sein schien, wenn sie sich dort versammelten. Auch wenn ihr Gesang vielleicht aus rauhen Kehlen kommen mochte, klang er doch ehrlich und wohltönender (zumindest in Olivers Ohren), als er es je zuvor in einer Kirche vernommen hatte. Danach unternahmen sie die üblichen Spaziergänge und statteten den sauberen Häusern der Landarbeiter zahlreiche Besuche ab. Abends las Oliver dann ein oder zwei Kapitel aus der Bibel vor, die er die ganze Woche über geübt hatte, und wenn er diese Aufgabe meisterte, fühlte er sich stolzer und zufriedener, als wenn er selbst ein Geistlicher gewesen wäre.

Morgens war Oliver um sechs Uhr auf den Beinen, streifte

durch die Felder und plünderte alle Hecken weit und breit für Sträuße von Wildblumen, mit denen beladen er heimkehrte und sie dann mit großer Sorgfalt und Überlegung, wie sie am besten zur Geltung kämen, zur Verschönerung auf dem Frühstückstisch plazierte. Da gab es auch frisches Kreuzkraut für Miss Maylies Vögel, mit dem Oliver, der diese Arbeit unter der geschickten Anleitung des Dorfkantors gelernt hatte, kunstfertig die Käfige auslegte. Waren die Vögel alle für den Tag gefüttert und versorgt, gab es für gewöhnlich einen kleinen wohltätigen Auftrag im Dorf zu erledigen oder, falls nicht, fand zuweilen ein kurzweiliges Kricketspiel auf dem Rasen statt, und ansonsten gab es immer etwas im Garten zu tun, wo Oliver sich mit großer Hingabe, angeleitet vom selben Lehrmeister, der von Beruf Gärtner war, um die Blumen kümmerte, bis Miss Rose erschien, die dann allem, was er getan hatte, tausendfaches Lob erteilte.

So verstrichen drei Monate, drei Monate, die wohl im Leben der am meisten gesegneten und begünstigten Sterblichen als ungetrübtes Glück gegolten hätten, für Oliver jedoch bedeuteten sie wahre Glückseligkeit. Bei der reinsten und liebenswürdigsten Großherzigkeit auf der einen und der wahrhaftigsten, wärmsten und von Herzen kommenden Dankbarkeit auf der anderen Seite ist es kein Wunder, dass Oliver Twist sich nach Ablauf dieser kurzen Zeit bei der alten Dame und ihrer Nichte ganz und gar zu Hause fühlte und dass diese glühende Zuneigung seines jungen und empfindsamen Herzens durch ihren liebenden Stolz auf ihn belohnt wurde.

Dreiunddreißigstes Kapitel

Worin das Glück Olivers und seiner Freunde einen jähen Dämpfer erfährt.

Der Frühling verflog im Nu, und der Sommer brach an. War das Dorf zu Beginn schön gewesen, stand es nun in der vollen Blüte seiner üppigen Pracht. Die mächtigen Bäume, die in den ersten Monaten kahl und dürr gewirkt hatten, strotzten jetzt vor kraftvollem Leben und Gesundheit, und indem sie ihre Zweige über den durstigen Boden ausstreckten, verwandelten sie freie und öde Flecken zu lauschigen Ruheplätzchen, aus deren tiefen und kühlen Schatten man auf die sonnendurchflutete Landschaft, die vor einem lag, schauen konnte. Die Erde hatte ihren Mantel aus leuchtendem Grün angelegt und verströmte ihren betörendsten Duft. Es war die schönste und blühendste Zeit des Jahres, alles freute sich und gedieh.

Im kleinen Landhaus nahm das ruhige Leben weiter seinen Lauf, und unter den Bewohnern herrschte die gewohnte heitere Gelassenheit. Oliver war längst gesund und kräftig geworden, doch änderten Gesundheit oder Krankheit nichts an seinen herzlichen Gefühlen gegenüber jenen, die um ihn waren, wie es sonst bei sehr vielen Leuten der Fall ist. Er war immer noch dasselbe freundliche, anhängliche und liebevolle Geschöpf wie zuvor, als Schmerzen und Leiden ihm seine Kräfte geraubt hatten und er auf die Gefälligkeiten und die Unterstützung jener, die ihn pflegten, angewiesen war.

Eines schönen Abends hatten sie einen längeren Spaziergang als üblich unternommen, denn der Tag war ungewöhnlich warm gewesen, nun stand ein leuchtender Mond am Himmel, und es wehte ein leichter Wind, der ungemein erfrischend wirkte. Rose hatte sich obendrein in bester Stimmung befunden, und so waren sie fröhlich plaudernd weitergegangen, bis sie die gewohnten Grenzen ihrer Ausflüge weit überschritten hatten. Da Miss Maylie müde geworden war, machten sie sich ein wenig langsamer auf den Heimweg. Die junge Dame warf zu Hause nur ihre schlichte Haube ab und setzte sich wie immer ans Klavier. Nachdem ihre Finger eine Weile beiläufig über die Tasten geglitten waren, wechselte sie in eine leise und getragene Melodie, und während sie spielte, konnte man sie schluchzen hören, als ob sie weinte.

»Rose, mein Liebling!«, sagte die ältere Dame.

Rose gab keine Antwort, sondern spielte ein wenig schneller, als hätten die Worte sie aus schmerzlichen Gedanken gerissen.

»Rose, mein Schatz!«, rief Mrs. Maylie, stand rasch auf und neigte sich über sie. »Was ist denn los? Du weinst ja! Was bedrückt dich denn, mein liebes Kind?«

»Nichts, Tante, gar nichts«, erwiderte die junge Dame. »Ich weiß nicht, was es ist, ich kann es nicht beschreiben, aber ich fühle mich, als sei ich …«

»Doch nicht etwa krank, Liebes?«, warf Mrs. Maylie ein.

»Nein, nein! Oh, nicht krank!«, antwortete Rose erschaudernd, als würde sie von einem tödlichen Frösteln erfasst, während sie sprach. »Gleich wird mir wieder wohler sein. Macht doch bitte das Fenster zu.«

Oliver beeilte sich, ihrem Wunsch nachzukommen. Die junge Dame bemühte sich, ihre Fröhlichkeit wiederzuerlangen, indem sie eine lebhaftere Melodie spielte, aber ihre Finger fielen kraftlos auf die Tasten. Sie schlug die Hände vors Gesicht und sank auf ein Sofa, wo sie ihren Tränen, die sie nicht länger unterdrücken konnte, freien Lauf ließ.

»Mein Kind!«, sagte die ältere Dame und legte ihren Arm um sie. »So habe ich dich noch nie erlebt.«

»Ich würde Euch nicht beunruhigen, wenn ich es vermeiden könnte«, antwortete Rose, »und ich habe wirklich versucht, mich zu beherrschen, aber ich kann nicht mehr. Ich glaube, ich bin wirklich krank, Tante.«

Sie war es tatsächlich, denn als Kerzen gebracht wurden, erkannten sie, dass ihr Gesicht in der kurzen Zeit, die seit ihrer Heimkehr verstrichen war, weiß wie Marmor geworden war. Sein Ausdruck hatte nichts von seiner Schönheit verloren, doch zeigte es sich verändert, es lag etwas Bekümmertes und Verstörtes in ihren lieblichen Zügen, das zuvor nicht dort gewesen war. Im nächsten Augenblick erglühten ihre Wangen tiefrot, und in ihre sanften blauen Augen trat etwas Ungestümes, dann verschwand dieser Zustand wieder, wie der Schatten einer vorüberziehenden Wolke, und sie wurde abermals leichenblass.

Oliver, der die alte Dame ängstlich beobachtete, merkte, dass sie all diese Anzeichen beunruhigten, und ihm erging es eigentlich ebenso, doch weil er sah, dass sie so tat, als nähme sie es nicht allzu schwer, versuchte er, es ihr gleichzutun, und es gelang ihnen zumindest, dass Rose, als ihre Tante sie dazu überreden konnte, sich für die Nacht zurückzuziehen, in besserer Verfassung war und sogar bei besserer Gesundheit schien und ihnen versicherte, sie sei überzeugt, am nächsten Morgen wieder gesund und munter aufzustehen.

»Ich hoffe«, sagte Oliver, als Mrs. Maylie zurückkehrte, »dass es nichts Schlimmes ist? Sie sah heute abend ein wenig unwohl aus, aber …«

Die alte Dame bedeutete ihm, nicht zu sprechen, setzte sich in eine dunkle Ecke des Zimmers und schwieg für eine ganze Weile. Schließlich sagte sie mit zitternder Stimme:

»Ich hoffe nicht, Oliver. Ich bin viele Jahre lang sehr glücklich mit ihr gewesen, zu glücklich vielleicht. Es mag an der Zeit sein, dass mir Unheil widerfährt, aber hoffentlich nicht dieses.«

»Welches?«, fragte Oliver.

»Der schwere Schlag«, antwortete die alte Dame, »das liebe Mädchen zu verlieren, das so lange mein Trost und mein Glück gewesen ist.«

»Oh! Gott behüte!«, rief Oliver aus.

»Amen, mein Kind«, sagte die alte Dame und rang verzweifelt die Hände.

»Aber es steht doch gewiss nicht etwas derart Schreckliches zu befürchten?«, fragte Oliver. »Vor zwei Stunden ging es ihr doch noch gut.«

»Jetzt ist sie sehr krank«, erwiderte Mrs. Maylie, »und es wird noch schlimmer werden, da bin ich mir sicher. Meine liebe, liebe Rose! Oh, was sollte ich ohne sie bloß anfangen?«

Sie ließ sich so vom Kummer überwältigen, dass Oliver seine eigenen Gefühle unterdrückte und sich erkühnte, sie zu ermahnen und inständig zu bitten, um der lieben jungen Dame willen doch ruhiger zu sein.

»Und bedenkt auch, Madam«, sagte Oliver, als ihm, obwohl er sich bemühte, es zu verhindern, die Tränen mit Macht in die Augen traten, »oh, bedenkt auch, wie jung und gütig sie ist und welche Freude und Zuversicht sie allen gibt, die um sie herum sind. Ich glaube … ich bin überzeugt … fest überzeugt … dass sie nicht sterben wird, um Euretwillen nicht, die Ihr selbst so gütig seid, und um ihrer selbst willen nicht, und um all derer willen nicht, die sie so glücklich macht. Der Himmel wird sie niemals so jung sterben lassen.«

»Ganz ruhig, mein Junge!«, sagte Mrs. Maylie und legte ihre Hand auf Olivers Kopf. »Du sprichst wie ein Kind, mein armer Junge. Aber dennoch erinnerst du mich an meine Pflicht. Ich hatte sie für einen Augenblick vergessen, Oliver, hoffe aber, mir wird verziehen werden, weil ich alt bin und zur Genüge Krankheit und Tod gesehen habe, um zu wissen, wie schmerzlich die Trennung von jenen ist, die wir lieben. Und ich habe auch genug erlebt, um zu wissen, dass es nicht immer die Jüngsten und Vortrefflichsten sind, die ihren Lieben erhalten bleiben, aber eines sollte uns in unserem Kummer zum Trost gereichen, denn der Himmel ist gerecht, und solche Dinge mahnen uns eindringlich, dass es eine freundlichere Welt als die unsere gibt und der Weg dorthin sehr kurz ist. Gottes Wille geschehe! Ich liebe sie, und Er weiß, wie sehr!«

Oliver war erstaunt, dass Mrs. Maylie, indem sie diese Worte sagte, wie in einer gewaltigen Anstrengung ihrem Wehklagen Einhalt gebot, sich beim Sprechen aufrichtete und ruhig und entschlossen wurde. Er staunte noch mehr, als er merkte, dass diese Entschlossenheit anhielt und Mrs. Maylie bei all der Pflege und Betreuung der Kranken, die folgte, immer aufmerksam und gefasst blieb, und alle Pflichten, die ihr anheimfielen, zuverlässig und allem Anschein nach sogar fröhlich erfüllte. Doch war er noch jung und wusste nicht, wozu starke Seelen unter schwierigen

Umständen fähig sind. Wie sollte er auch, wo doch jene es kaum selber wissen?

Es folgte eine unruhige Nacht. Als der Morgen anbrach, erwiesen sich Mrs. Maylies Vorhersagen als nur zu wahr. Rose befand sich im Anfangsstadium eines hohen und gefährlichen Fiebers.

»Wir müssen etwas tun, Oliver, und dürfen uns nicht nutzlosem Kummer hingeben«, sagte Mrs. Maylie und legte den Finger an ihre Lippen, als sie ihm fest in die Augen sah. »Dieser Brief muss so schnell wie möglich an Mr. Losberne geschickt werden. Er muss zum Marktflecken gebracht werden, der nicht mehr als vier Meilen zu Fuß über die Felder entfernt liegt, und von dort per berittenem Eilboten direkt nach Chertsey. Die Leute vom Gasthaus werden das besorgen. Ich weiß, dass ich dir anvertrauen kann, alles auf den Weg zu bringen.«

Oliver brachte keine Antwort heraus, blickte aber, als wolle er sofort loslaufen.

»Und hier ist noch ein Brief«, sagte Mrs. Maylie und hielt kurz inne, um nachzudenken, »doch weiß ich nicht, ob ich ihn jetzt schon abschicken oder warten soll, wie es mit Rose weitergeht. Ich möchte ihn nur befördern lassen, wenn das Schlimmste zu befürchten steht.«

»Soll der auch nach Chertsey, Madam?«, fragte Oliver, der ungeduldig darauf wartete, seinen Auftrag auszuführen, und streckte seine Hand eifrig nach dem Brief aus.

»Nein«, antwortete die alte Dame, während sie ihm den Brief mechanisch reichte. Oliver warf einen Blick darauf und sah, dass er an Harry Maylie, Esquire, im Haus eines vornehmen Lords auf dem Lande adressiert war; wo genau, konnte er nicht erkennen.

»Soll er mit, Madam?«, fragte Oliver und schaute ungeduldig auf.

»Ich denke, nicht«, erwiderte Mrs. Maylie und nahm den Brief wieder an sich. »Ich werde noch bis morgen warten.«

Mit diesen Worten gab sie Oliver ihre Geldbörse, und ohne sich weiter aufzuhalten, machte er sich so schnell er konnte auf den Weg.

Geschwind rannte er über die Felder und die schmalen Wege, die manchmal zwischen ihnen verliefen. Bald war er fast ganz hinter dem hohen Getreide zu beiden Seiten verborgen, bald trat er wieder aufs freie Feld hinaus, wo die Schnitter und Heuwender emsig bei der Arbeit waren. Er machte kein einziges Mal halt, außer ab und an für ein paar Sekunden, um Atem zu schöpfen, bis er völlig erhitzt und staubbedeckt auf dem kleinen Marktplatz des Fleckens ankam.

Hier blieb er stehen und schaute sich nach dem Gasthaus um. Es gab eine weiße Bank, eine rote Brauerei, ein gelbes Rathaus, und in einer Ecke stand ein großes Gebäude, dessen hölzernes Fachwerk grün angestrichen war und an dem das Wirtshausschild *The George* prangte. Kaum hatte Oliver es erblickt, eilte er dorthin.

Er sprach einen Postreiter an, der unter dem Torbogen döste und ihn, nachdem er sein Anliegen gehört hatte, an den Stallknecht verwies, der ihn, nachdem er ebenfalls sein Anliegen, das er erneut vorbringen musste, gehört hatte, an den Wirt verwies, einen großgewachsenen Herrn mit blauem Halstuch, weißem Hut, mausgrauen Kniehosen und Stiefeln mit dazu passenden Stulpen, der bei der Stalltür an einer Pumpe lehnte und mit einem silbernen Zahnstocher seine Zähne bearbeitete.

Dieser Herr spazierte höchst bedächtig in den Schankraum,

um die Rechnung auszustellen, was viel Zeit in Anspruch nahm, und nachdem sie geschrieben und bezahlt war, musste ein Pferd gesattelt und ein Mann eingekleidet werden, was gut weitere zehn Minuten dauerte. Währenddessen geriet Oliver in einen solchen Zustand von Ungeduld und Unruhe, dass er am liebsten selbst aufs Pferd gesprungen und in vollem Galopp zur nächsten Poststation geritten wäre. Endlich war alles bereit, und nachdem das kleine Päckchen mit vielen Anweisungen und Mahnungen zur schnellen Auslieferung dem Boten ausgehändigt worden war, gab er seinem Pferd die Sporen, und mit klappernden Hufen ging es über das holprige Pflaster des Marktplatzes zum Städtchen hinaus, und im nächsten Moment galoppierte er bereits die Chaussee entlang.

Es ist schon beruhigend, zu wissen, dass Hilfe geholt und keine Zeit verloren wurde, also eilte Oliver etwas leichteren Herzens über den Hof und kam gerade durch den Torbogen, als er aus Versehen gegen einen großgewachsenen Mann in einem Mantel stieß, der im selben Augenblick aus der Tür des Gasthauses trat.

»Ha!«, rief der Mann, starrte Oliver an und schreckte jäh zurück. »Was zur Hölle ist das?«

»Ich bitte um Verzeihung, Sir«, sagte Oliver. »Ich war in großer Eile, um nach Hause zu kommen, und habe Euch nicht kommen sehen.«

»Hol's der Teufel!«, murmelte der Mann vor sich hin und starrte den Jungen mit seinen großen dunklen Augen hasserfüllt an. »Wer hätte das gedacht! Man zermalme ihn zu Staub! Er würde noch aus seinem marmornen Sarg entsteigen, um mir in die Quere zu kommen!«

»Es tut mir leid«, stammelte Oliver, verstört durch den wilden Blick des Fremden. »Ich hoffe, Ihr habt Euch nicht verletzt!«

»Mögen seine Gebeine verfaulen!«, knurrte der Mann in furchtbarer Wut mit zusammengebissenen Zähnen. »Hätte ich doch bloß den Mut gehabt, das eine Wort zu sagen, so wäre ich ihn über Nacht losgeworden. Fluch über dein Haupt, dass dich der schwarze Tod holen möge, du böser Wicht! Was treibst du hier?«

Der Mann schüttelte drohend die Faust und knirschte mit den Zähnen, als er diese Worte wirr hervorstieß. Er näherte sich Oliver, als wolle er ihm einen Hieb versetzen, stürzte jedoch zu Boden, wo er sich mit Schaum vor dem Mund in einem Anfall hin und her wand.

Oliver starrte einen Moment auf die Zuckungen des Wahnsinnigen (denn für einen solchen hielt er ihn), dann eilte er ins Haus, um Hilfe zu holen. Nachdem man ihn sicher ins Gasthaus getragen hatte, machte Oliver sich auf den Heimweg, wobei er so schnell rannte, wie er konnte, um die verlorene Zeit wieder aufzuholen, und dachte mit großem Erstaunen und ein wenig Grausen an das ungewöhnliche Betragen jenes Menschen, den er soeben zurückgelassen hatte.

Der Vorfall blieb jedoch nicht lange in seiner Erinnerung, denn als er das kleine Landhaus erreicht hatte, gab es genug anderes, das seine Aufmerksamkeit in Anspruch nahm und alle Überlegungen, die ihn selbst betrafen, völlig aus seinem Gedächtnis verdrängte.

Rose Maylies Zustand hatte sich zusehends verschlechtert, und noch vor Mitternacht fiel sie in ein fiebriges Delirium. Ein Arzt, der vor Ort wohnte, hielt sie unter ständiger Beobachtung und nahm, nachdem er sich die Patientin das erste Mal angesehen hatte, Mrs. Maylie beiseite und erklärte, Roses Krankheit sei von höchst beunruhigender Art.

»Es wäre in der Tat schon fast ein Wunder«, so sagte er, »sollte sie wieder genesen.«

Wie oft sprang Oliver in dieser Nacht nicht aus dem Bett, schlich mit lautlosen Schritten zur Treppe, um auf den geringsten Laut aus dem Krankenzimmer zu lauschen! Wie oft durchfuhr ein Zittern seinen Leib und trat ihm kalter Angstschweiß auf die Stirn, wenn ein plötzliches Getrappel von Füßen ihn befürchten ließ, es sei gerade etwas geschehen, das zu schrecklich auszudenken war! Und was war die Inbrunst aller Gebete, die er je gesprochen hatte, gegen jene, mit der er jetzt voller Seelenangst und Leidenschaft für das Leben und die Gesundheit des gütigen Geschöpfes flehte, das am Abgrund seines tiefen Grabes taumelte!

Oh, diese Ungewissheit, diese schreckliche, quälende Ungewissheit, untätig dastehen zu müssen, während das Leben eines innig geliebten Menschen sich in der Schwebe befindet! Diese peinigenden Gedanken, die sich aufdrängen, die das Herz ungestüm schlagen lassen und einem wegen der Bilder, die sie heraufbeschwören, den Atem nehmen! Das verzweifelte Bestreben, *etwas tun zu wollen*, um den Schmerz zu lindern oder die Gefahr abzuwehren, über die wir keine Macht haben! Diese Mutlosigkeit, die uns eingedenk unserer Hilflosigkeit überkommt! Welche Martern kommen diesen gleich, welche Überlegungen und Mühen vermögen sie in der Aufregung des Augenblicks zu lindern?

Der Morgen brach an, und das kleine Landhaus lag still und einsam da. Die Leute sprachen nur im Flüsterton, besorgte Gesichter erschienen von Zeit zu Zeit am Tor, und Frauen und Kinder gingen unter Tränen davon. Den ganzen lieben langen Tag und noch Stunden, nachdem es schon dunkel geworden war, schritt Oliver leise im Garten auf und ab, hob seine Augen immer wieder zum Krankenzimmer und erschauderte beim Anblick des abgedunkelten Fensters, das aussah, als lauere dahinter der Tod. Spät in der Nacht traf Mr. Losberne ein.

»Es ist bitter«, sagte der gute Doktor, indem er sich abwandte, »so jung, so innig geliebt, aber es besteht nur wenig Hoffnung.«

Ein neuer Morgen. Die Sonne schien strahlend, so hell, als erblicke sie weder Kummer noch Sorge, und umgeben von grünem Laub und Blumen in voller Blüte, inmitten von prallem Leben und Gesundheit, von Klängen und Bildern des Glücks, lag das schöne junge Geschöpf darnieder und schwand rasch dahin. Oliver schlich zum alten Friedhof davon und setzte sich auf einen der grünen Hügel, wo er still um sie weinte.

Es war so friedlich und schön, die sonnige Landschaft so hell und heiter, der sommerliche Gesang der Vögel so munter, der schnelle Flug der Saatkrähe hoch über seinem Kopf so unbeschwert, alles war so lebendig und fröhlich, dass dem Jungen, als er seine geröteten Augen hob und sich umschaute, unwillkürlich der Gedanke in den Sinn kam, dies sei keine Zeit für den Tod, und Rose könne gewiss nicht sterben, wenn weit niedrigere Geschöpfe alle so froh und munter waren, und Gräber seien nur für den kalten und freudlosen Winter, nicht aber für Sonnenlicht und Blumenduft. Es schien ihm sogar beinahe, als seien Leichentücher nur für die Alten und Welken bestimmt und würden mit ihren grausigen Falten nie die Jungen und Anmutigen umhüllen.

Das Totengeläut der Kirchenglocke riss ihn jäh aus diesen kindlichen Gedanken. Noch einmal! Und wieder! Es läutete zum Leichenbegräbnis. Eine Gruppe von Trauernden schritt still und mit weißen Schleifen, denn der Verstorbene war noch jung gewesen, durch das Tor. Sie standen unbedeckten Hauptes am Grab, und unter dem weinenden Trauergeleit war eine Mutter – einst eine Mutter. Aber die Sonne schien strahlend hell, und die Vögel sangen weiter.

Oliver ging nach Hause und dachte an die vielen Wohltaten, die er durch die junge Dame erfahren hatte, und wünschte sich, dass die Zeit wiederkehren möge, ihr unablässig seine Dankbarkeit und Zuneigung zeigen zu können. Er besaß keinen Grund, sich Vorwürfe zu machen, in dieser Hinsicht nachlässig oder gedankenlos gewesen zu sein, denn er hatte ihr treu gedient, und dennoch erinnerte er sich an hundert kleine Gelegenheiten, bei denen er seiner Meinung nach eifriger und ernsthafter hätte sein können, und wünschte, er wäre es gewesen. Wir müssen sorgsam mit unseren Nächsten umgehen, denn jeder Todesfall beschert dem kleinen Kreis der Überlebenden Gedanken an so vieles, das unterlassen, und so weniges, das getan wurde, an so viele Dinge, die man vergessen, und an so viele mehr, die man hätte wiedergutmachen können. Keine Reue ist so groß wie jene, die vergebens ist; wollen wir von ihren Qualen verschont bleiben, dann lasst uns beizeiten daran denken.

Als er nach Hause kam, saß Mrs. Maylie in der kleinen Wohnstube. Bei ihrem Anblick sank Oliver das Herz, denn sie hatte den Platz am Bett ihrer Nichte bisher nie verlassen, und er erschauderte bei dem Gedanken, welche Änderung sie wohl von dort vertrieben haben mochte. Oliver erfuhr, dass Rose in einen tiefen Schlaf gefallen sei, aus dem sie entweder zu Genesung und Leben erwachen werde, oder aber, um ihnen Lebewohl zu sagen und zu sterben.

So saßen sie stundenlang lauschend da und fürchteten sich zu sprechen. Sie ließen das Essen abräumen, ohne es angerührt zu haben. Und mit Blicken, die verrieten, dass ihre Gedanken ganz woanders waren, sahen sie, wie die Sonne tiefer und tiefer sank und Himmel und Erde schließlich in das prächtige Licht tauchte, das ihren Untergang ankündigte. Da vernahmen ihre gespitzten Ohren das Geräusch sich nähernder Schritte, und beide stürzten unwillkürlich zur Tür, als Mr. Losberne eintrat.

»Wie geht's Rose?«, rief die alte Dame. »Sagt es mir auf der Stelle! Ich kann es ertragen, alles, außer dieser Ungewissheit! Oh, sagt es mir, um Himmels willen!«

»Seid ganz gefasst«, sagte der Doktor und stützte sie. »Beruhigt Euch doch, meine Liebe, ich bitte Euch.«

»Lasst mich zu ihr, in Gottes Namen! Mein geliebtes Kind! Sie ist tot! Sie liegt im Sterben!«

»Nicht doch!«, rief der Doktor leidenschaftlich. »So Er gnädig und barmherzig ist, wird sie, uns allen zur Freude, noch viele Jahre lang weiterleben.«

Die Dame fiel auf die Knie und versuchte, ihre Hände zu falten, aber die Kraft, die sie so lange aufrechterhalten hatte, entschwand mit ihrem ersten Dankgebet gen Himmel, und sie sank in die gütigen Arme, die ausgestreckt wurden, um sie aufzufangen.

Vierunddreißigstes Kapitel

Enthält einige einführende Bemerkungen in Bezug auf einen jungen Herrn, der jetzt seinen Auftritt hat, und ein neues Abenteuer, das Oliver widerfährt.

Es war fast zu viel Glück, um es zu ertragen. Oliver wurde von dieser unerwarteten Nachricht überwältigt und fühlte sich wie betäubt. Er konnte weder weinen noch sprechen, noch zur Ruhe kommen. Er war kaum fähig, etwas von dem zu verstehen, was vorgefallen war, bis er nach einem langen Streifzug durch die milde Abendluft erleichtert in Tränen ausbrach und ihm ganz plötzlich sowohl die erfreuliche Wendung, die eingetreten war, als auch die beinahe unerträgliche Last der quälenden Angst, die ihm vom Herzen gefallen war, vollends bewusst wurde.

Die Nacht brach schnell herein, als er den Heimweg antrat, beladen mit Blumen, die er mit besonderer Sorgfalt zur Ausschmückung des Krankenzimmers gepflückt hatte. Als er schnellen Schrittes die Landstraße entlangging, hörte er hinter sich einen Wagen, der mit rasender Geschwindigkeit näher kam. Er drehte sich um und sah eine schnell fahrende Postkutsche, und da die Pferde galoppierten und die Straße schmal war, drückte er sich gegen ein Gatter, um sie vorbeizulassen.

Als sie vorüberjagte, erhaschte Oliver einen flüchtigen Blick auf einen Mann mit weißer Nachtmütze, dessen Gesicht ihm bekannt vorkam, aber er währte zu kurz, um jemanden erkennen zu können. Im nächsten Augenblick fuhr die Nachtmütze zum Wagenfenster hinaus, und eine Stentorstimme gebot dem Postillon brüllend, anzuhalten, was er auch tat, sobald er seine Pferde zu zügeln vermochte. Dann erschien abermals die Nachtmütze, und dieselbe Stimme rief Oliver bei seinem Namen.

»Hierher!«, schrie die Stimme. »Meister Oliver, was gibt's Neues? Miss Rose! Meister O-li-ver!«

»Seid Ihr es, Giles?«, rief Oliver und rannte zum Wagenschlag.

Giles steckte wieder seine Nachtmütze hinaus und wollte gerade antworten, als er plötzlich von einem jungen Herrn zurückgezogen wurde, der in der anderen Ecke der Kutsche saß und begierig nach den Neuigkeiten fragte.

»Mit einem Wort«, rief der Herr, »geht's ihr besser oder schlechter?«

»Besser ... viel besser!«, antwortete Oliver schnell.

»Dem Himmel sei Dank!«, rief der Herr aus. »Bist du dir auch sicher?«

»Ganz sicher, Sir«, erwiderte Oliver. »Die Besserung ist erst vor ein paar Stunden eingetreten, und Mr. Losberne meint, dass keine Gefahr mehr besteht.«

Daraufhin sagte der Herr nichts mehr, sondern öffnete den Wagenschlag, sprang heraus, fasste Oliver hastig am Arm und nahm ihn beiseite.

»Bist du dir wirklich sicher? Besteht nicht die Möglichkeit, dass du dich geirrt hast, mein Junge?«, fragte der Herr mit bebender Stimme. »Täusche mich bitte nicht, indem du Hoffnungen weckst, die sich nicht erfüllen werden.«

»Das würde ich um alles in der Welt nicht tun, Sir«, antwortete Oliver. »Ihr könnt mir wirklich glauben. Mr. Losberne gebrauchte die Worte, sie werde uns allen zur Freude noch viele Jahre lang weiterleben. So habe ich es ihn sagen hören.«

Oliver traten die Tränen in die Augen, als er sich an den Moment erinnerte, der der Anfang eines so großen Glücks gewesen war, und der Herr wandte sein Gesicht ab und schwieg für ein paar Minuten. Oliver glaubte, ihn mehr als einmal schluchzen zu hören, und wagte nicht, ihn durch irgendeine weitere Bemerkung zu stören, denn er konnte sich nur zu gut vorstellen, was der Herr empfand, also hielt er sich abseits und tat, als sei er mit seinem Blumenstrauß beschäftigt.

Mr. Giles hatte unterdessen die ganze Zeit über, mit weißer Nachtmütze und die Ellbogen auf die Knie gestützt, auf dem Trittbrett der Kutsche gesessen und sich mit einem blauen, weißgepunkteten Baumwolltaschentuch die Augen gewischt. Dass dieser ehrliche Bursche keine Gefühlsregungen vorgetäuscht hatte, verrieten zur Genüge die stark geröteten Augen, aus denen er den jungen Herrn ansah, als dieser sich umwandte und ihn ansprach.

»Ich denke, Ihr fahrt besser mit der Kutsche zu meiner Mutter weiter, Giles«, sagte er. »Ich werde lieber langsam zu Fuß gehen, um ein wenig Zeit zu gewinnen, bevor ich sie treffe. Ihr könnt ausrichten, dass ich auf dem Weg bin.«

»Ich bitte um Verzeihung, Mr. Harry«, erwiderte Giles, indem er ein letztes Mal mit dem Taschentuch über sein aus der Fassung geratenes Gesicht fuhr, »aber ich wäre Euch sehr verbunden, wenn Ihr den Postillon damit beauftragen würdet. Es wäre unpassend, wenn die Dienstmädchen mich in diesem Zustand sähen, Sir, sie würden dann jeglichen Respekt vor mir verlieren.«

»Nun gut«, sagte Harry Maylie lächelnd, »haltet das, wie Ihr wollt. Lasst ihn ruhig mit dem Gepäck vorausfahren, und Ihr könnt Euch uns anschließen, wenn Ihr mögt. Tauscht aber erst

Eure Nachtmütze gegen eine angemessenere Kopfbedeckung aus, sonst wird man uns für Verrückte halten.«

Mr. Giles, der so an seinen ungebührlichen Aufzug erinnert wurde, riss sich die Nachtmütze vom Kopf, stopfte sie in die Tasche und setzte stattdessen einen einfach und ordentlich geformten Hut auf, den er aus der Kutsche holte. Als dies erledigt war, fuhr der Postillon davon, und Giles, Mr. Maylie und Oliver folgten ihm gemessenen Schrittes.

Als sie so dahinwanderten, warf Oliver von Zeit zu Zeit einen interessierten und neugierigen Blick auf den Neuankömmling. Er schien etwa fünfundzwanzig Jahre alt zu sein, war von mittlerer Größe, hatte ein offenes und hübsches Gesicht, und sein Benehmen war ausgesprochen ungezwungen und einnehmend. Ungeachtet des Unterschieds zwischen Jugend und Alter besaß er eine so große Ähnlichkeit mit der alten Dame, dass Oliver ohne Schwierigkeiten in der Lage gewesen wäre, die Art ihrer Verwandtschaft zu erraten, selbst wenn der junge Herr nicht bereits von ihr als seiner Mutter gesprochen hätte.

Mrs. Maylie wartete bereits sehnsüchtig darauf, ihren Sohn in Empfang zu nehmen, als er das kleine Landhaus erreichte, und ihre Begegnung berührte sie beide sehr.

»Mutter!«, flüsterte der junge Mann. »Warum habt Ihr nicht schon eher geschrieben?«

»Das habe ich«, antwortete Mrs. Maylie, »doch nach einiger Überlegung beschloss ich, den Brief zurückzuhalten, bis ich Mr. Losbernes Meinung gehört hätte.«

»Aber warum«, fragte der junge Mann, »warum es darauf ankommen lassen, dass einträte, was beinahe tatsächlich passiert wäre? Wenn Rose ... ich bringe das Wort jetzt nicht über die Lippen ... wenn diese Krankheit anders ausgegangen wäre, hättet Ihr Euch dann jemals vergeben können? Wie hätte ich dann je wieder glücklich sein können?«

»Wenn dieser Fall eingetreten *wäre*, Harry«, sagte Mrs. Maylie, »dann wäre, so fürchte ich, dein Glück für immer zerstört gewesen, und ob du dann einen Tag früher oder später angekommen wärst, hätte überhaupt keine Rolle mehr gespielt.«

»Und wen kann es wundernehmen, wenn es so wäre, Mutter?«, entgegnete der junge Mann. »Doch warum sage ich *wenn*? Es ist so ... es ist so ... das wisst Ihr, Mutter ... das müsst Ihr doch wissen!«

»Ich weiß, dass sie die größte und reinste Liebe verdient, die ihr ein menschliches Herz geben kann«, sagte Mrs. Maylie. »Ich weiß, dass die Hingabe und Zärtlichkeit ihres Wesens keine gewöhnliche Erwiderung verlangen, sondern eine, die tief und dauerhaft ist. Wenn ich dies nicht spürte und obendrein nicht wüsste, dass der Sinneswandel bei einem Menschen, den sie liebt, ihr das Herz bräche, würde es mir weniger schwerfallen, meine Aufgabe zu erfüllen, und ich müsste nicht so viele Kämpfe in meiner Seele ausfechten, wenn ich unbeirrt das tue, was ich als meine Pflicht betrachte.«

»Das ist nicht sehr freundlich, Mutter«, sagte Harry. »Glaubt Ihr denn noch immer, ich sei ein kleiner Junge, der sich selbst nicht kennt und sich über die Regungen seines Herzens täuscht?«

»Ich glaube, mein lieber Sohn«, erwiderte Mrs. Maylie und legte ihre Hand auf seine Schulter, »dass die Jugend viele großherzige Regungen verspürt, die nicht von Dauer sind, und dass sich darunter manche befinden, die, wenn man ihnen nachgibt, noch unbeständiger werden. Vor allem aber glaube ich«, fuhr die Dame fort und schaute ihrem Sohn fest in die Augen, »dass ein glühender, leidenschaftlicher und ehrgeiziger Mann, der eine Frau heiratet, an deren Name ein Makel haftet, welcher, wenn auch nicht von ihr verschuldet, dennoch von kalten und niedrig gesinnten Menschen gegen sie und auch gegen ihre Kinder benutzt werden kann, und der ihm genau im Maße seines gesellschaftlichen Erfolgs unter die Nase gerieben und zum Gegenstand von Spöttereien über ihn gemacht wird, dass dieser Mann eines Tages – ganz gleich, wie großherzig und gütig er veranlagt ist – die Bindung bereuen mag, die er früh in seinem Leben eingegangen ist, und dann wird die Frau Kummer und Schmerz erleiden, weil sie weiß, dass er es bereut.«

»Mutter«, sagte der junge Mann unwillig, »wer so handelt, wäre ein eigensüchtiger Rohling, unwürdig, sich einen Mann zu nennen, und unwürdig auch der jungen Frau, die Ihr beschreibt.«

»So denkst du jetzt, Harry«, entgegnete seine Mutter.

»Und werde es immer tun!«, rief der junge Mann. »Die Seelenpein, die ich während der vergangenen zwei Tage erlitten habe, nötigt mir das rückhaltlose Bekenntnis zu einer Liebe ab, die mich, wie Ihr wohl wisst, weder erst gestern noch von ungefähr ergriffen hat. An Rose, dem lieben, sanften Mädchen, hängt mein Herz so treu, wie nur jemals das Herz eines Mannes an einer Frau hing. Ohne sie gibt es in meinem Leben keinen Gedanken, keine Zukunft und keine Hoffnung, und wenn Ihr mir dieses hehre Ansinnen verwehren wollt, dann nehmt Ihr meinen Seelenfrieden und mein Glück in Eure Hand und streut sie in den Wind. Mutter, denkt besser von dieser Sache und von mir, und missachtet nicht die zarten Gefühle, von denen Ihr so wenig zu halten scheint.«

»Harry«, erwiderte Mrs. Maylie, »gerade weil ich so viel von gefühlvollen und empfindsamen Herzen halte, möchte ich ihnen ersparen, verletzt zu werden. Aber wir haben jetzt genug darüber geredet, mehr als genug.«

»Dann überlasst es Rose«, versetzte Harry. »Ihr werdet Eure übertriebene Fürsorge doch nicht so weit treiben, mir Hindernisse in den Weg zu legen?«

»Das werde ich nicht«, entgegnete Mrs. Maylie, »doch möchte ich, dass du bedenkst ...«

»Ich *habe* alles bedacht!«, unterbrach Harry ungeduldig. »Mutter, ich habe jahrelang darüber nachgedacht. Ich habe darüber nachgedacht, seit ich zu ernsthafter Überlegung fähig war. Meine Gefühle sind unverändert, sie werden es immer bleiben, und warum sollte ich mich quälen, indem ich weiter zögere, ihnen Ausdruck zu verleihen, was zu nichts auf der Welt gut wäre? Nein! Ehe ich diesen Ort wieder verlasse, soll Rose mich anhören.«

»So soll es sein«, sagte Mrs. Maylie.

»Da ist etwas in Eurem Tonfall, das anzudeuten scheint, sie würde mich eher abweisend anhören, Mutter«, bemerkte der junge Mann.

»Nicht abweisend«, antwortete die alte Dame, »alles andere als das.«

»Wie dann?«, hakte der junge Mann nach. »Sie hat doch keine anderweitige Bindung ins Auge gefasst?«

»Ganz gewiss nicht«, antwortete seine Mutter. »Ich müsste mich schon sehr täuschen, wenn du nicht bereits zu viel Macht über ihre Gefühle besitzt. Ich will dir nur folgendes sagen«, fuhr die alte Dame fort, indem sie ihren Sohn, der gerade zum Sprechen anhob, unterbrach. »Bevor du bei dieser Gelegenheit alles erreichen willst, bevor du dich zum höchsten Gipfel der Hoffnung tragen lässt, denke einen Augenblick über Roses Geschichte nach, mein liebes Kind, und überlege, wie sich das Wissen um ihre zweifelhafte Herkunft auf ihre Entscheidung auswirken könnte, in Anbetracht dessen, dass sie uns so treu ergeben ist, mit der ganzen Hingabe ihres edlen Gemüts und dieser unbedingten Selbstverleugnung, die ihr in allen Dingen, seien sie wichtig oder nebensächlich, stets so eigentümlich gewesen ist.«

»Was meint Ihr damit?«

»Das herauszufinden überlasse ich dir«, antwortete Mrs. Maylie. »Ich muss jetzt wieder zu ihr gehen. Gott segne dich!«

»Werde ich Euch heute abend noch einmal sehen?«, fragte der junge Mann erwartungsvoll.

»Später«, erwiderte die Dame, »wenn ich von Rose zurückkomme.«

»Werdet Ihr Rose sagen, dass ich hier bin?«, fragte Harry.

»Natürlich«, antwortete Mrs. Maylie.

»Und ihr ausrichten, wie besorgt ich gewesen bin, wie sehr ich gelitten und mich danach gesehnt habe, sie zu sehen? Das werdet Ihr mir doch nicht abschlagen, Mutter?«

»Aber nein«, erwiderte die alte Dame, »ich werde ihr alles erzählen.« Dann drückte sie ihrem Sohn zärtlich die Hand und eilte aus dem Zimmer.

Während diese dringliche Unterredung stattfand, waren Mr. Losberne und Oliver in einer anderen Ecke des Zimmers geblieben. Jetzt reichte der erstere Harry Maylie die Hand, und sie tauschten herzliche Worte der Begrüßung. Dann gab der Doktor, als Antwort auf die mannigfaltigen Fragen seines jungen Freundes, einen genauen Bericht über den Zustand seiner Patientin, der genauso tröstlich und vielversprechend war, wie Olivers Äußerung ihn hatte hoffen lassen, und dem Mr. Giles, der so tat, als sei er mit dem Gepäck beschäftigt, die ganze Zeit mit gespitzten Ohren lauschte.

»Habt Ihr in letzter Zeit mal wieder etwas Besonderes geschossen, Giles?«, erkundigte sich der Doktor, als er geendet hatte.

»Nichts Besonderes, Sir«, erwiderte Giles und errötete bis unter die Haarwurzeln.

»Auch keine Diebe gefangen oder irgendwelche Einbrecher identifiziert?«, fragte der Doktor.

»Nichts von all dem, Sir«, erwiderte Mr. Giles würdevoll.

»Ach«, sagte der Doktor, »das ist aber schade, wo Ihr in derlei Dingen doch so viel Geschick besitzt. Sagt, wie geht's denn unserem Brittles?«

»Dem Burschen geht's prächtig, Sir«, antwortete Mr. Giles, der wieder in seinen üblichen gönnerhaften Ton gefallen war, »und er lässt seine ergebensten Grüße ausrichten, Sir.«

»Vielen Dank«, sagte der Doktor. »Wo ich Euch gerade sehe, Mr. Giles, fällt mir ein, dass ich an dem Tag, bevor ich so dringend hierhergerufen wurde, auf Wunsch der gnädigen Frau einen kleinen Auftrag zu Ihren Gunsten ausgeführt habe. Kommt doch bitte einmal kurz zur Seite.«

Mr. Giles folgte ihm mit wichtiger Miene und leicht verwundert in eine Ecke, wo ihm die Ehre einer kurzen, geflüsterten Unterredung mit dem Doktor zuteil wurde, nach deren Beendigung er viele Verbeugungen machte und ungewöhnlich würdevoll von dannen schritt. In der Wohnstube ließ man nichts über den Gegenstand des Gesprächs verlauten, aber in der Küche war man augenblicklich darüber im Bilde, denn Mr. Giles begab sich auf kürzestem Wege dorthin, ließ sich einen Krug Bier reichen und verkündete mit geheimnisvoller und herrschaftlicher Stimme, die ihre Wirkung nicht verfehlte, dass die gnädige Frau in Anbetracht seines furchtlosen Betragens bei jenem Einbruchsversuch geruht hatte, bei der örtlichen Sparkasse die Summe von fünfundzwanzig Pfund zu hinterlegen, zu seinem alleinigen Nutzen und Gebrauch. Da hoben die beiden Dienstmädchen sowohl Hände wie Augen und äußerten die Vermutung, nun werde Mr. Giles wohl noch ganz stolz werden, worauf Mr. Giles seine Hemdkrause herausnahm und »Aber nein, nicht doch« erwiderte, und erklärte, er wäre ihnen dankbar, wenn sie ihn darauf aufmerksam machten, sollte er sich gegen seine Untergebenen auch nur im geringsten hochnäsig verhalten. Dann erging er sich noch in zahlreichen weiteren Äußerungen, die nicht weniger Zeugnis seiner Bescheidenheit ablegten und mit dem gleichen Wohlgefallen und Beifall aufgenommen wurden und die überdies ebenso aufrichtig und zweckdienlich waren, wie es die Äußerungen großer Männer zu sein pflegen.

Oben im Haus verlief der Rest des Abends in fröhlicher Manier, denn der Doktor war in aufgeräumter Stimmung; und ganz gleich, wie erschöpft und nachdenklich Harry Maylie anfangs auch gewesen sein mochte, war er nicht gefeit gegen die gute Laune dieses ehrenwerten Herrn, die in vielerlei geistreichen Bemerkungen, Anekdoten aus seinem Leben als Arzt und einer Fülle von kleinen Späßen Ausdruck fand. Oliver vermeinte staunend, nie etwas Lustigeres gehört zu haben, und lachte dementsprechend, sehr zur Freude des Doktors, der selbst kräftig mitlachte, was schließlich Harry durch die bloße Macht der Sympathie dazu brachte, fast ebenso herzlich ins Gelächter einzustimmen. Es war also eine so fröhliche Gesellschaft, wie sie unter diesen Umständen nur zusammenkommen konnte, und es wurde spät, ehe sie sich unbeschwerten und dankbaren Herzens zur Ruhe begaben, die sie nach der Ungewissheit und Anspannung der letzten Zeit so sehr nötig hatten.

Oliver stand am nächsten Tag frohgemut auf und ging seinen gewohnten allmorgendlichen Beschäftigungen mit mehr Zuversicht und Freude nach, als er seit langer Zeit gekannt hatte. Er stellte die Vögel in ihrem Käfig wieder nach draußen, damit sie an ihrem angestammten Ort singen konnten, und sammelte erneut die herrlichsten wildwachsenden Blumen, an deren Schönheit und Duft Rose sich so erfreute. Die Schwermut, die während der letzten Tage in den traurigen Augen des bekümmerten Jungen scheinbar über allen Dingen, so schön sie auch sein mochten, gelegen hatte, war wie durch einen Zauber verschwunden. Der Tau schien heller auf den grünen Blättern zu glitzern, der Wind schien sanfter durch das Laub zu rascheln, und der Himmel selbst schien blauer und klarer. Dergestalt ist der Einfluss, den unsere Gemütslage sogar auf die Erscheinung der nicht mit uns verbundenen Dinge ausübt. Menschen, die auf die Natur und ihre Mitmenschen schauen und klagen, alles sei düster und bedrückend, haben recht, doch die finsteren Farben spiegeln bloß die Verbitterung ihrer Augen und Herzen wider. In Wahrheit sind die Farbtöne hell und zart und erfordern einen klareren Blick.

Es ist noch der Erwähnung wert, und Oliver nahm es sehr wohl zur Kenntnis, dass er seine morgendlichen Ausflüge nicht mehr alleine unternahm. Harry Maylie wurde, nachdem er gleich am ersten Morgen Oliver getroffen hatte, wie er mit seinen Sträußen beladen zurückkehrte, von einer solchen Leidenschaft für Blumen ergriffen und legte ein solches Geschick an den Tag,

Sträuße zu binden, dass er seinen jungen Gefährten darin weit übertraf. War Oliver auch in dieser Hinsicht ins Hintertreffen geraten, wusste er dafür jedoch, wo die schönsten Blumen zu finden waren. So streiften sie Morgen für Morgen gemeinsam durch die Gegend und brachten die prächtigsten Sträuße mit nach Hause. Das Zimmerfenster der jungen Dame blieb jetzt stets geöffnet, denn sie liebte es, zu spüren, wie die würzige Sommerluft hereinströmte und sie mit ihrer Frische belebte. Und immer stand dort, in einer Vase auf der Fensterbank, ein besonderes kleines Sträußchen, das jeden Morgen erneut mit großer Sorgfalt gebunden wurde. Es konnte Oliver nicht entgehen, dass die verwelkten Blumen nie weggeworfen wurden, obwohl die kleine Vase regelmäßig frisch bestückt wurde, und auch nicht, dass der Doktor jedesmal, wenn er in den Garten trat, seinen Blick unweigerlich zu diesem bestimmten Fleck hob und vielsagend mit dem Kopf nickte, bevor er seinen Morgenspaziergang fortsetzte. Unter diesen Beobachtungen flogen die Tage dahin, und Rose erholte sich zusehends.

Auch Oliver wurde die Zeit nicht lang, obwohl die junge Dame ihre Kammer noch nicht wieder verlassen hatte und keine Abendspaziergänge stattfanden, außer hin und wieder ein paar kürzere mit Mrs. Maylie. Er widmete sich nun mit doppeltem Eifer den Lektionen, die ihm der weißhaarige alte Herr erteilte, und lernte so fleißig, dass sogar er selbst von seinen schnellen Fortschritten überrascht war. Es geschah während dieser Tätigkeit, dass er durch einen gänzlich unerwarteten Vorfall aufs höchste erschreckt und gepeinigt wurde.

Das kleine Zimmer, in dem er zu sitzen pflegte, wenn er mit seinen Büchern beschäftigt war, lag ebenerdig auf der Rückseite des Hauses. Es war ein hübsches Gartenstübchen, mit einem hölzernen Gitter am Fenster, um das sich Jasmin und Geißblatt rankten, die den Ort mit ihrem köstlichen Duft erfüllten. Der Blick ging auf den Garten, von wo ein Pförtchen zu einer kleinen Koppel führte, hinter der sich satte Wiesen und dichter Wald erstreckten. Da in dieser Richtung keine weiteren Häuser in der Nähe standen, bot sich ein weiter Ausblick.

Eines schönen Abends, als sich die ersten Schatten der Dämmerung über die Erde legten, saß Oliver an diesem Fenster und war in seine Bücher vertieft. Er hatte schon geraume Zeit damit zugebracht, und da der Tag ungewöhnlich schwül gewesen war und er sich tüchtig verausgabt hatte, bedeutet es keine Verunglimpfung der Autoren, wer immer sie gewesen sein mögen, wenn wir feststellen, dass er langsam und allmählich einschlief.

Uns überkommt zuweilen eine Art von Schlaf, die zwar den Leib gefangen hält, den Geist aber nicht von der Wahrnehmung der Dinge um ihn herum abschneidet und ihn so befähigt, nach Belieben umherzustreifen. Sofern ein überwältigendes Gefühl der Schwere, ein Schwinden der Kräfte und eine ausgesprochene Unfähigkeit, unsere Gedanken und Bewegungen zu beherrschen, Schlaf genannt werden kann, ist dieser Zustand ein solcher, aber dennoch sind wir uns all dessen bewusst, was um uns herum vorgeht, und wenn wir in einem solchen Zustand träumen, fügen sich Worte, die in diesem Augenblick tatsächlich gesprochen, und Geräusche, die tatsächlich ertönen, mit erstaunlicher Leichtigkeit in unsere Traumbilder ein, bis sich Phantasie und Wirklichkeit so innig miteinander verweben, dass es im nachhinein beinahe ein Ding der Unmöglichkeit ist, beide auseinanderzuhalten. Aber das ist noch nicht die erstaunlichste Erscheinung an einem solchen

Zustand. Es ist eine unbestrittene Tatsache, dass die im Schlaf an uns vorüberziehenden Gedanken und Traumbilder, obwohl der Tastsinn und das Sehen derweil ausgeschaltet sind, von der *bloßen und stummen Anwesenheit* von Gegenständen, die vielleicht noch nicht einmal dort gewesen waren, als wir die Augen geschlossen, und von deren Nähe wir keine bewusste Kenntnis haben, beeinflusst werden, und zwar wesentlich.

Oliver wusste sehr wohl, dass er sich in seinem kleinen Zimmer befand, die Bücher vor ihm auf dem Tisch lagen und draußen eine milde Brise die Kletterpflanzen bewegte. Und doch schlief er. Plötzlich änderte sich die Szene, die Luft wurde stickig und drückend, und er dachte mit kaltem Entsetzen, dass er sich wieder in Fagins Haus befände. Dort hockte der grässliche alte Mann wie gewohnt in seiner Ecke, zeigte auf ihn und flüsterte einem anderen Mann, der mit abgewandtem Gesicht neben ihm saß, etwas zu.

»Still, mein Bester«, vermeinte er den alten Hehler sagen zu hören, »er ist es, ganz sicher. Kommt fort von hier.«

»Er!«, schien der andere Mann zu antworten. »Denkt Ihr etwa, ich könnte mich geirrt haben? Nähme eine Heerschar von Teufeln seine Gestalt an, und er stünde mitten unter ihnen, so würde mir noch immer irgendetwas verraten, welcher von allen er ist. Begrabt ihn fünfzig Fuß tief in der Erde und geleitet mich über die Stelle hinweg, ich werde unfehlbar spüren, dass er dort liegt, auch wenn kein Grabmal es anzeigte!«

Der Mann schien mit einem so furchtbaren Hass zu sprechen, dass Oliver vor Angst erwachte und hochfuhr.

Gütiger Himmel! Was war es, das ihm das Blut aus dem Gesicht weichen ließ, ihn der Stimme beraubte und seine Glieder lähmte? Da … da … am Fenster, ganz nah vor ihm, so nah, dass er ihn beinahe hätte berühren können, bevor er zurückgeschreckt war, da stand Fagin und starrte zum Fenster hinein, so dass sich ihre Blicke begegneten! Und neben ihm, weiß vor Zorn oder Furcht, oder vor beidem, die finsteren Gesichtszüge eben jenes Mannes, der ihn im Hof des Gasthauses angesprochen hatte.

Es währte nur einen flüchtigen Augenblick, ein kurzes Aufblitzen vor seinen Augen, dann waren sie verschwunden. Aber sie hatten ihn erkannt, und er sie, und ihr Blick hatte sich so fest in sein Gedächtnis geprägt, als sei er in Stein gemeißelt und stünde ihm von Geburt an vor Augen. Einen Moment lang konnte er sich nicht vom Fleck rühren, dann sprang er durch das Fenster in den Garten und rief laut um Hilfe.

Fünfunddreißigstes Kapitel

Enthält den unbefriedigenden Ausgang von Olivers Abenteuer und eine Unterredung zwischen Harry Maylie und Rose, die von gewisser Bedeutung ist.

Als die Bewohner des Hauses, durch Olivers Rufe aufmerksam geworden, zu der Stelle eilten, woher sie kamen, entdeckten sie ihn, wie er bleich und aufgeregt in Richtung der Wiese, die sich hinter dem Haus erstreckte, zeigte und kaum fähig war, die Worte »Fagin! Fagin!« hervorzubringen.

Mr. Giles konnte sich nicht vorstellen, was dieser Name wohl bedeuten solle, aber Harry Maylie, der etwas schneller von Begriff war und Olivers Geschichte von seiner Mutter erfahren hatte, verstand sofort.

»In welche Richtung ist er davon?«, fragte er und griff sich einen dicken Stock, der in einer Ecke stand.

»Dorthin«, antwortete Oliver und wies auf den Weg, den die Männer genommen hatten. »Ich habe sie sofort aus den Augen verloren.«

»Dann müssen sie im Graben sein!«, sagte Harry. »Nichts wie hinterher! Und bleibt so nah wie möglich bei mir.«

Mit diesen Worten sprang er über die Hecke und rannte so schnell los, dass es den anderen außerordentlich schwerfiel, ihm auf den Fersen zu bleiben.

Giles folgte ihm, so gut er konnte, Oliver ebenfalls, und ein paar Minuten später kletterte auch Mr. Losberne, der gerade erst von einem Spaziergang heimkehrte, ein wenig unbeholfen über die Hecke, raffte sich behender, als man ihm zugetraut hätte, wieder auf und schlug mit einer Geschwindigkeit, die durchaus nicht zu verachten war, dieselbe Richtung ein, wobei er die ganze Zeit ungeheuer laut rufend zu wissen verlangte, was eigentlich los sei.

So stürmten sie voran und machten nicht einmal halt, um Atem zu holen, bis ihr Anführer in die von Oliver bezeichnete Ecke des Feldes abbog und den Graben samt der angrenzenden Hecke aufs genauste abzusuchen begann, was dem Rest der Truppe Gelegenheit gab, ihn einzuholen, und Oliver konnte Mr. Losberne endlich die Umstände mitteilen, die zu der wilden Verfolgungsjagd geführt hatten.

Alles Suchen blieb vergeblich. Es gab nicht einmal die geringsten Anzeichen von frischen Fußspuren. Sie standen jetzt auf der Kuppe eines kleinen Hügels, von wo man das freie Feld in alle Richtungen auf drei oder vier Meilen überblicken konnte. In einer Senke zur Linken lag das Dorf, aber um dorthin zu gelangen, hätten die Männer, wären sie dem von Oliver angegebenen Weg gefolgt, einen weiten Bogen übers freie Feld schlagen müssen, was in dieser kurzen Zeit nicht möglich war. In der anderen Richtung säumte den Wiesengrund ein dichter Wald, aber seinen Schutz konnten sie aus dem gleichen Grund noch nicht erreicht haben.

»Du musst geträumt haben, Oliver«, sagte Harry Maylie.

»Nein, Sir, ganz bestimmt nicht«, erwiderte Oliver und erschauderte allein bei der Erinnerung an das Gesicht des alten Schurken. »Dafür habe ich ihn zu deutlich gesehen. Ich habe sie beide gesehen, so deutlich, wie ich Euch jetzt sehe.«

»Wer war der andere?«, fragten Harry und Mr. Losberne zugleich.

»Genau derselbe Mann, von dem ich Euch erzählt habe, der im Gasthaus so unversehens mit mir zusammenstieß«, sagte Oliver.

»Wir haben uns direkt ins Gesicht geschaut, ich würde ihn immer wiedererkennen.«

»Und sie sind hier entlang?«, fragte Harry. »Bist du sicher?«

»So sicher, wie die beiden Männer an meinem Fenster standen«, antwortete Oliver und zeigte dann auf die Hecke, die den Garten des Landhauses von der Wiese trennte. »Der große Mann ist genau dort drüber hinweggesprungen, und Fagin lief ein paar Schritte nach rechts und kroch durch diese Lücke hier.«

Die beiden Herren betrachteten Olivers ernstes Gesicht, als er sprach, dann tauschten sie einen Blick und schienen von der Wahrheit seiner Angaben überzeugt zu sein. Dennoch gab es keinerlei Spuren von Fußstapfen schnell fliehender Männer zu entdecken. Das Gras war lang, aber nirgendwo niedergetreten, außer von ihren eigenen Füßen. Die Seitenwände und Kanten der Gräben bestanden aus feuchtem Lehm, aber an keiner Stelle konnten sie Abdrücke von Männerschuhen oder sonstige Anzeichen ausmachen, dass dort während der letzten Stunden jemand entlanggegangen wäre.

»Das ist merkwürdig!«, sagte Harry.

»Höchst merkwürdig!«, wiederholte der Doktor. »Sogar Blathers und Duff wären daraus nicht schlau geworden.«

Ungeachtet der augenscheinlichen Fruchtlosigkeit ihrer Suche ließen sie nicht davon ab, bis die hereinbrechende Dunkelheit jegliche weitere Verfolgung aussichtslos machte, und selbst dann gaben sie nur widerwillig auf. Giles wurde, versehen mit der besten Beschreibung, die Oliver von Aussehen und Kleidung der Fremden zu geben vermochte, in die verschiedenen Bierschenken des Dorfes geschickt. Zumindest Fagin war auffällig genug, dass man sich an ihn erinnern würde, wenn er irgendwo eingekehrt oder herumgeschlichen wäre, aber Giles kehrte ohne jede Nachricht zurück, die das Rätsel hätte lösen oder erklären können.

Am nächsten Tag wurden erneut Untersuchungen angestellt und weitere Erkundigungen eingezogen, die jedoch genauso erfolglos blieben. Am darauffolgenden Tag begaben sich Oliver und Mr. Maylie zu dem Marktflecken, in der Hoffnung, dort etwas von den Männern zu hören oder zu sehen, aber diese Bemühungen waren ebenso vergeblich, und nach ein paar Tagen geriet der Vorfall allmählich in Vergessenheit, wie die meisten Vorfälle, weil die Neugier, wenn sie keine frische Nahrung erhält, von selbst erlischt.

Inzwischen war Rose zusehends genesen. Sie hatte ihre Kammer verlassen, konnte wieder spazierengehen und erfüllte, in den Kreis der Familie zurückgekehrt, die Herzen aller mit Freude.

Doch obwohl diese glückliche Veränderung eine sichtbare Wirkung auf die kleine Gesellschaft ausübte, und obwohl man im Landhaus wieder heitere Stimmen und fröhliches Lachen vernahm, konnte es Oliver nicht entgehen, dass einige von ihnen, sogar Rose selbst, zuweilen ungewohnt bedrückt schienen. Mrs. Maylie und ihr Sohn zogen sich immer wieder lange für vertrauliche Unterredungen zurück, und mehr als einmal erschien Rose mit Augen, die noch vom Weinen gerötet waren. Nachdem Mr. Losberne den Tag seiner Abreise nach Chertsey festgelegt hatte, mehrten sich diese Vorkommnisse, und es wurde offenbar, dass etwas im Gange war, das den Seelenfrieden der jungen Dame störte, und darüber hinaus auch den einer weiteren Person.

Eines Morgens schließlich, als Rose allein im Frühstückszimmer weilte, trat Harry Maylie herein und bat sie ein wenig zögerlich um die Erlaubnis, kurz mit ihr sprechen zu dürfen.

»Nicht lange, Rose, nur für einen Augenblick, das wird genügen«, sagte der junge Mann und rückte mit einem Stuhl an ihre Seite. »Ihr ahnt sicher schon, was ich zu sagen habe, denn die innigsten Hoffnungen meines Herzens können Euch nicht verborgen geblieben sein, obwohl Ihr sie noch nicht von meinen Lippen vernommen habt.«

Rose war gleich bei seinem Eintreten bleich geworden, aber das mochte eine Folge ihrer gerade erst überstandenen Krankheit sein. Sie nickte nur und beugte sich über einige Pflanzen, die in ihrer Nähe standen, und wartete schweigend, dass er fortfahren würde.

»Ich … ich … hätte schon längst abreisen sollen«, sagte Harry.

»Ja, in der Tat«, erwiderte Rose. »Verzeiht, wenn ich das sage, aber ich wollte, Ihr hättet es getan.«

»Mich hat die entsetzlichste und quälendste aller Befürchtungen hergeführt«, sagte der junge Mann, »die Angst, den einen geliebten Menschen zu verlieren, mit dem all mein Hoffen und Wünschen verbunden ist. Ihr lagt im Sterben, schwankend zwischen Erde und Himmel. Wenn die Jungen, die Schönen und die Guten von Krankheit befallen werden, so wissen wir, dass sich ihre reinen Seelen unbewusst den strahlenden Gefilden ihres ewigen Friedens zuwenden. Wir wissen – der Himmel steh uns bei! –, dass die Besten und Schönsten unter den Menschen nur allzu oft in ihrer Blüte dahingerafft werden.«

Dem sanftmütigen Mädchen traten Tränen in die Augen, als sie diese Worte hörte, und als eine davon auf die Blume fiel, über die sie sich beugte, und hell in deren Blütenkelch glänzte und sie dadurch noch schöner werden ließ, schien es, als wolle dieser Erguss ihres jungen, reinen Herzens ihre Wesensverwandtschaft mit den lieblichsten Gebilden der Natur geltend machen.

»Ein Engel«, fuhr der junge Mann leidenschaftlich fort, »ein Geschöpf, so rein und frei von Arglist wie ein Engel Gottes, schwebte zwischen Leben und Tod. Ach, wer durfte hoffen, wo sich die ferne, ihr so verwandte Welt schon einen Spalt für sie auftat, dass sie in dieses irdische Jammertal zurückkehren würde! Rose, Rose, zu wissen, dass Ihr dahinschwandet wie ein flüchtiger Schatten, den ein Licht vom Himmel auf die Erde wirft, keine Hoffnung zu besitzen, dass Ihr denen erhalten bleibt, die weiter hienieden weilen müssen, keinen Grund zu wissen, warum es gut ausgehen sollte, zu fühlen, dass Ihr dieser lichten Sphäre angehört, zu der zuvor schon so viele der Huldreichen und Gütigen aufgestiegen sind, und dennoch inmitten all dieser Tröstungen zu beten, Ihr möget denen, die Euch lieben, wiedergegeben werden – das war eine fast nicht zu ertragende Zerreißprobe. Dieser Zustand bedrückte mich bei Tag und bei Nacht, kam über mich mit einem reißenden Sturzbach an Ängsten, Befürchtungen und quälendem Selbstmitleid, Ihr könntet sterben, ohne von meiner hingebungsvollen Liebe zu erfahren, der beinahe alle Vernunft und Einsicht fortspülte. Ihr habt Euch wieder erholt, Tag für Tag, ja, beinahe Stunde für Stunde sickerte die Gesundheit tröpfchenweise in Euch zurück, mischte sich mit dem erschöpften und schwachen Strom des Lebens, der zu einem Rinnsal verebbt war, und ließ ihn aufs neue zu einer Flut anschwellen. Durch einen Tränenschleier, hervorgerufen von tief empfundener Liebe und Zuneigung, habe ich mitangesehen, wie Ihr, dem Tod schon fast verfallen, ins Leben zurückgekehrt seid. Sagt mir nicht, Ihr wünschtet, all das wäre mir erspart geblieben, denn es hat mein Herz gegen alle Menschen milder gestimmt.«

»Das meinte ich nicht«, sagte Rose weinend, »ich wünschte bloß, Ihr wärt fortgegangen, um Euch wieder hohen und edlen Zielen zuzuwenden, die Eurer würdig sind.«

»Es gibt kein Ziel, das meiner oder der edelsten menschlichen Natur würdiger wäre, als das Bestreben, ein Herz wie das Eure zu gewinnen«, sagte der junge Mann und ergriff ihre Hand. »Rose, meine liebe Rose, seit Jahren, seit vielen Jahren liebe ich Euch. Ich hatte gehofft, mein Glück zu machen und dann stolz heimzukehren und Euch zu sagen, ich hätte es nur gewonnen, um es mit Euch zu teilen. In meinen Tagträumen malte ich mir aus, wie ich Euch in diesem seligen Augenblick an all die stummen Andeutungen, mit denen ich Euch schon als Kind meine Zuneigung offenbart habe, erinnern und um Eure Hand anhalten würde, wie als Einlösung eines alten, stillschweigend gegebenen Versprechens. Diese Zeit ist noch nicht gekommen, und doch stehe ich hier, ohne mein Glück gemacht oder meinen Jugendtraum verwirklicht zu haben, und biete Euch mein Herz dar, welches Euch schon längst gehört, und setze meine ganze Hoffnung auf die Worte, mit denen Ihr meinem Ansinnen begegnet.«

»Ihr habt Euch stets gütig und edel verhalten«, sagte Rose, indem sie versuchte, die Gefühle, von denen sie aufgewühlt wurde, im Zaum zu halten. »Damit Ihr nicht glaubt, ich sei gefühllos oder undankbar, hört meine Antwort.«

»Heißt das, ich darf mich bemühen, Euch zu gewinnen, liebste Rose?«

»Es heißt«, erwiderte Rose, »dass Ihr Euch bemühen müsst, mich zu vergessen. Nicht als Eure alte und wohlvertraute Gefährtin, denn das würde mich zutiefst verletzen, aber als Ziel Eurer Liebe. Schaut Euch in der Welt um, wie viele Herzen es zu gewinnen gibt, auf die Ihr stolz sein würdet. Gewährt mir, so Ihr mögt, eine andere Art von Zuneigung, und ich will Euch die aufrichtigste, herzlichste und treueste Freundin sein.«

Es trat eine Pause ein, während der Rose, die ihr Gesicht mit einer Hand bedeckte, ihren Tränen freien Lauf ließ. Die andere Hand hielt Harry noch immer fest in der seinen.

»Und wie lauten Eure Gründe, Rose«, fragte er endlich mit leiser Stimme, »Eure Gründe für diesen Entschluss?«

»Ihr habt ein Recht darauf, sie zu erfahren«, antwortete Rose. »Ihr könnt nichts tun, damit ich meinen Entschluss ändere. Es ist eine Pflicht, die ich zu erfüllen habe. Ich bin es anderen und auch mir selbst schuldig.«

»Euch selbst?«

»Ja, Harry, ich bin es mir schuldig, dass ich, ein Mädchen ohne Familie und Mitgift, an deren Name ein Makel haftet, Euren Freunden keinen Anlass zu der Vermutung gebe, ich hätte ruchlos Eure erste Leidenschaft ausgenutzt und mich wie eine Fessel an all Eure Hoffnungen und Pläne gehängt. Ich bin es Euch und den Euren schuldig, zu verhindern, dass Ihr Euch in Eurer Herzensgüte dieses große Hindernis in den Weg zum gesellschaftlichen Erfolg legt.«

»Wenn Eure Neigungen mit Eurem Pflichtgefühl übereinstimmen …«, begann Harry.

»Das tun sie nicht«, sagte Rose tief errötend.

»Dann erwidert Ihr meine Liebe?«, fragte Harry. »Sagt mir nur das eine, liebe Rose, sagt mir nur das eine, um den Schmerz dieser bitteren Enttäuschung zu lindern!«

»Wenn es mir möglich gewesen wäre, es zu tun, ohne dem, den ich liebe, großes Unrecht zuzufügen«, antwortete Rose, »dann hätte ich …«

»… diese Erklärung ganz anders aufgenommen?«, ergänzte Harry. »Verschweigt mir wenigstens das nicht, Rose.«

»Mag sein«, sagte Rose. »Doch genug«, fügte sie hinzu und befreite ihre Hand, »warum sollen wir dieses schmerzliche Gespräch fortsetzen? So schmerzlich es für mich ist, begründet es dennoch ein bleibendes Glück, denn es *wird* ein Glück sein, zu wissen, dass ich einst so hoch in Eurer Achtung stand, wie ich es jetzt tue, und jeder Erfolg, den Ihr im Leben erzielt, wird mich erneut bestätigen und bestärken. Lebt wohl, Harry! So wie heute werden wir nie mehr zusammenkommen, aber mögen wir auf andere Art als bei dieser Unterredung einander lange und glücklich verbunden bleiben, und möge der Segen, den die Gebete eines treuen und aufrichtigen Herzens von der Quelle aller Wahrhaftigkeit und Ehrlichkeit erflehen können, Euch stets behüten und begleiten!«

»Eines noch, Rose«, sagte Harry. »Euren Beweggrund, in Euren eigenen Worten. Ich möchte ihn aus Eurem Mund hören.«

»Die Aussichten für Eure Zukunft«, antwortete Rose mit fester Stimme, »sind glänzend. Alle angesehenen Stellungen, zu denen große Begabung und einflussreiche Verwandte einem Mann im gesellschaftlichen Leben verhelfen können, stehen Euch offen. Aber diese Verwandten sind stolz, und ich möchte mich weder mit Leuten verbinden, die der Mutter, die mir das Leben schenkte, Verachtung entgegenbringen, noch dem Sohn der Frau, die mir an ihrer Statt so liebevoll Mutter war, Schande und Misserfolg bescheren. Mit einem Wort«, sagte die junge Dame und wandte sich ab, da sie ihre kurzzeitig wiedererlangte Fassung verlor, »mein

Name ist mit einem Makel behaftet, den die Welt Unschuldigen zuschreibt. Ich will ihn nicht an weitere Generationen weitergeben, die Schmach soll allein auf mir lasten.«

»Ein letztes noch, Rose. Liebste Rose, ein allerletztes!«, rief Harry und warf sich ihr zu Füßen. »Wäre ich weniger … weniger vom Glück begünstigt, wie alle Welt es wohl nennt, wäre mir vom Schicksal ein friedliches, unbeachtetes Leben zuteilgeworden, wäre ich arm, krank und hilflos, hättet Ihr Euch auch dann von mir abgewandt? Oder haben meine mutmaßlichen Aussichten auf Reichtum und Ehre Eure Bedenken genährt?«

»Drängt mich nicht, darauf zu antworten«, entgegnete Rose. »Die Frage stellt sich nicht, sie wird es nie tun. Es ist nicht recht und billig, sie aufzuwerfen.«

»Lautete Eure Antwort so, wie ich beinahe zu hoffen wage«, entgegnete Harry, »würde sie einen Schimmer des Glücks auf meinen einsamen Weg werfen und den düsteren Pfad, der vor mir liegt, erhellen. Ist es nicht der Mühe wert, durch ein paar kurze Worte für einen, der Euch über alles liebt, dieses zu tun? Oh, Rose! Bei meiner tiefen und unerschütterlichen Zuneigung, bei allem, was ich um Euretwillen erlitten habe, und allem, was Ihr mir für die Zukunft aufbürden wollt … beantwortet diese eine Frage!«

»Nun denn«, antwortete Rose, »wäre Euch ein anderes Schicksal zuteilgeworden, stündet Ihr nur ein wenig, aber nicht so viel über mir, hätte ich Euch Trost und Stütze sein können, an einem bescheidenen und friedlichen Ort in der Abgeschiedenheit, statt ein Schandfleck und Hindernis in ehrgeizigen und vornehmen Kreisen, dann wäre mir diese Prüfung wohl erspart geblieben. Ich habe jetzt allen Grund, glücklich zu sein, sehr glücklich sogar, aber dann, Harry, das gestehe ich, wäre ich noch glücklicher gewesen.«

Lebhafte Erinnerungen an ehemalige Hoffnungen, die sie vor langer Zeit als Mädchen gehegt, stürmten auf Rose ein, während sie dieses Bekenntnis ablegte, aber sie brachten auch Tränen mit sich, wie es alte Hoffnungen zu tun pflegen, wenn sie, welk geworden, zurückkehren, und in diesen Tränen fand sie Erleichterung.

»Verzeiht mir diese Schwäche, aber sie bestärkt mich nur in meinem Entschluss«, sagte Rose und reichte ihm ihre Hand. »Ich muss Euch jetzt wirklich allein lassen.«

»Ich erbitte mir eines«, entgegnete Harry, »gewährt mir, dass ich noch ein weiteres Mal, und nur das eine Mal noch – sagen wir in einem Jahr, vielleicht schon eher – in dieser Sache zu Euch sprechen darf, ein letztes Mal.«

»Nicht, wenn Ihr mich dazu drängen wollt, meine richtige Entscheidung zu ändern«, antwortete Rose mit wehmütigem Lächeln, »denn das wäre zwecklos.«

»Nein«, sagte Harry, »um sie abermals zu hören, ein letztes Mal. Ich werde Euch, was ich an Stellung oder Reichtum errungen habe, zu Füßen legen, und wenn Ihr dann noch immer an Eurer gegenwärtigen Meinung festhaltet, werde ich nie mehr versuchen, sie durch Wort oder Tat zu ändern.«

»Dann soll es so sein«, antwortete Rose. »Es wird nur erneut Schmerz hervorrufen, aber vielleicht bin ich, wenn es so weit ist, imstande, ihn besser zu ertragen.«

Sie entbot ihm abermals die Hand, doch der junge Mann zog sie an sich, drückte einen Kuss auf ihre schöne Stirn und eilte aus dem Zimmer.

Sechsunddreißigstes Kapitel

Ein sehr kurzes Kapitel, das hier unbedeutend erscheinen mag, aber ungeachtet dessen gelesen werden sollte, als Fortsetzung des vorigen und Schlüssel zu einem späteren, das zu gegebener Zeit erzählt werden wird.

»Ihr seid also entschlossen, heute morgen mein Reisegefährte zu sein, was?«, fragte der Doktor, als sich Harry Maylie zu ihm und Oliver an den Frühstückstisch gesellte. »Nun, Ihr scheint ja alle halbe Stunde Eure Absichten und Meinungen zu ändern.«

»Darüber werdet Ihr bald anderer Auffassung sein«, erwiderte Harry, der ohne erkennbaren Anlass rot wurde.

»Ich hoffe, dafür einen triftigen Grund zu bekommen«, sagte Mr. Losberne, »auch wenn ich gestehen muss, dass ich nicht so recht daran glauben kann. Gestern morgen hattet Ihr Euch noch rasch entschlossen, hierzubleiben und Eure Mutter wie ein pflichtgetreuer Sohn an die See zu begleiten. Im Laufe des Vormittags habt Ihr dann erklärt, mir die Ehre zu erweisen, mich zu begleiten, soweit wir Richtung London gemeinsame Wegstrecke haben. Abends habt Ihr mich schließlich mit viel Geheimniskrämerei bedrängt, aufzubrechen, bevor die Damen aufstünden, und als Folge davon darbt der kleine Oliver hier bei seinem Frühstück, statt auf der Jagd nach botanischen Kuriositäten aller Art über die Wiesen zu streifen. Was für ein Jammer, nicht wahr, Oliver?«

»Es hätte mir sehr leidgetan, bei der Abreise von Euch und Mr. Maylie nicht zugegen zu sein, Sir«, antwortete Oliver.

»Was für ein braver Kerl«, sagte der Doktor. »Du musst mich mal besuchen kommen, wenn du wieder zurück bist. Aber im

Ernst, Harry, hat irgendeine Nachricht von den hohen Tieren Euch dazu bewogen, unbedingt so plötzlich abreisen zu wollen?«

»Die hohen Tiere«, antwortete Harry, »womit Ihr vermutlich auch meinen ungemein vornehmen Onkel meint, haben mir überhaupt nichts mitgeteilt, seit ich hier bin. Es ist um diese Zeit des Jahres zudem höchst unwahrscheinlich, dass sich irgendetwas ereignet, was meine dringende Anwesenheit bei ihnen erfordern würde.«

»Nun«, meinte der Doktor, »Ihr seid ein wunderlicher Knabe. Aber die werden Euch bei der Wahl vor Weihnachten gewiss ins Parlament bringen, und diese plötzlichen Änderungen und Wechsel sind keine schlechte Vorbereitung auf ein Leben in der Politik. Es hat etwas für sich, Übung macht sich stets bezahlt, egal, ob's beim Rennen um Platz, Pokal oder Geld geht.«

Harry Maylie machte ein Gesicht, als würde er dieses kurze Zwiegespräch am liebsten mit ein paar Bemerkungen fortsetzen, die den Doktor nicht wenig verblüfft hätten, begnügte sich jedoch damit, »Wir werden sehen« zu sagen und das Thema nicht weiter zu verfolgen. Kurz darauf fuhr die Postkutsche vor das Tor, und da Giles kam, um das Gepäck zu holen, eilte der Doktor geschäftig hinaus, um das Verladen desselben zu beaufsichtigen.

»Oliver«, sagte Harry Maylie leise, »ich möchte ein paar Worte mit dir reden.«

Oliver folgte Mr. Maylie in eine Fensternische und wunderte sich sehr über die Mischung aus Traurigkeit und Entschlossenheit, die sich im Verhalten des jungen Herrn zeigte.

»Du kannst inzwischen ganz ordentlich schreiben?«, fragte Harry, indem er seine Hand auf Olivers Arm legte.

»Ich denke schon, Sir«, antwortete der Junge.

»Ich werde vielleicht eine Zeitlang nicht wieder nach Hause kommen und möchte, dass du mir schreibst, sagen wir mal alle vierzehn Tage, jeden zweiten Montag, an das Hauptpostamt in London. Willst du das tun?«

»Oh, aber gewiss doch, Sir, es wird mir eine Ehre sein«, erklärte Oliver, der über diesen Auftrag hocherfreut war.

»Ich möchte wissen, wie … wie es meiner Mutter und Miss Maylie geht«, sagte der junge Mann, »und den Rest des Briefbogens kannst du füllen, indem du mir berichtest, was für Spaziergänge ihr unternehmt, worüber ihr redet, und ob Rose … ob sie alle froh und munter sind. Hast du verstanden?«

»Ja, Sir, ganz bestimmt«, antwortete Oliver.

»Erwähne es ihnen gegenüber lieber nicht«, beeilte sich Harry zu sagen. »Meine Mutter sähe sich sonst nur veranlasst, mir häufiger zu schreiben, was ihr viel Mühe und Ungelegenheiten bereiten würde. Es soll unser Geheimnis bleiben, und schreib mir ja jede Kleinigkeit. Ich verlass mich ganz auf dich.«

Oliver, der sich durch ein Gefühl von Wichtigkeit erwählt und geehrt vorkam, versprach aufrichtig, die Briefe verschwiegen und ausführlich abzufassen. Darauf nahm Mr. Maylie unter vielen herzlichen Versicherungen seiner Freundschaft und Fürsorge von ihm Abschied.

Der Doktor saß bereits in der Kutsche, Giles (der, wie verabredet, zurückbleiben sollte) hielt den Wagenschlag offen, und die weiblichen Bedienten standen im Garten und schauten zu. Harry warf einen flüchtigen Blick auf das Fenster mit dem Holzgitter und sprang in die Kutsche.

»Fahrt los!«, rief er. »Schnell, geschwind, in vollem Galopp. Wie der Sturm will ich heute dahinbrausen.«

»Holla!«, rief der Doktor, der eilends das vordere Fenster herunterließ, dem Postillon zu. »Mir würde schon ein laues Lüftchen genügen. Hört Ihr?«

Rasselnd und ratternd, bis die Entfernung die Geräusche verschluckte und die schnelle Fahrt nur noch vom Auge wahrgenommen wurde, rollte der Wagen, von einer Staubwolke fast verborgen, die Landstraße entlang, wobei er bald hinter Hügelkuppen oder Gebäuden verschwand, um sogleich dahinter wieder aufzutauchen. Und erst, als auch die Staubwolke nicht mehr zu sehen war, gingen die Zurückgebliebenen auseinander.

Aber da gab es noch eine Zuschauerin, die ihre Augen fest auf den Punkt gerichtet hielt, wo die Kutsche außer Sicht geriet, auch als diese schon viele Meilen weit fort war, denn hinter dem weißen Vorhang, der sie den Blicken verbarg, als Harry zum Fenster hochgeschaut hatte, saß Rose.

»Er schien guter Stimmung und glücklich«, sagte sie schließlich. »Ich hatte eine Weile befürchtet, es könne anders sein. Ich habe mich geirrt. Ich bin sehr, sehr froh.«

Tränen sind Zeichen sowohl der Freude als auch des Kummers, aber jene, die Rose die Wangen herabliefen, als sie gedankenverloren am Fenster saß und noch immer in dieselbe Richtung starrte, schienen mehr von Kummer als von Freude zu zeugen.

Siebenunddreißigstes Kapitel

In dem der Leser von Unstimmigkeiten erfährt, wie sie bei Eheleuten wohl des öfteren vorkommen.

Mr. Bumble saß in der Wohnstube des Armenhauses, die Augen verdrossen auf den trostlosen Kaminrost gerichtet, von dem, da es Sommer war, kein hellerer Schein ausging als die Widerspiegelung einiger trüber Sonnenstrahlen, die von seiner kaltglänzenden Oberfläche zurückgeworfen wurden. Ein Streifen Fliegenpapier hing von der Decke herab, zu dem er in seinen düsteren Gedanken gelegentlich emporblickte, und während die achtlosen Insekten den klebrigen Streifen umschwirrten, tat Mr. Bumble einen tiefen Seufzer, wobei ein dunkler Schatten sein Antlitz noch mehr verdüsterte. Mr. Bumble war am Nachsinnen, und vielleicht brachten die Insekten ihm ein schmerzliches Ereignis aus seinem vergangenen Leben in Erinnerung.

Doch Mr. Bumbles Trübsal war nicht das einzige, was dazu angetan war, im Herzen des Betrachters eine wohlige Schwermut zu schüren. Es fehlte auch nicht an anderen, eng mit seiner Person verbundenen Anzeichen, die kundtaten, dass es in seinen Angelegenheiten große Veränderungen gegeben hatte. Der betresste Rock und der Dreispitz – wo waren sie? Noch immer bedeckten Kniehosen und dunkle Baumwollstrümpfe seine unteren Gliedmaßen, aber es waren nicht *die* Kniehosen. Der Rock hatte weite Schöße und glich in dieser Hinsicht *dem* Rock, aber ach, wie anders er ansonsten war! Der mächtige Dreispitz hatte einem schlichten runden Hut Platz gemacht. Mr. Bumble war kein Büttel mehr.

Es gibt ein paar Beförderungen im Leben, die, abgesehen von der wesentlich höheren Entlohnung, welche damit einhergeht, besondere Bedeutung und Würde durch die Röcke und Westen erhalten, die mit ihnen verbunden sind. Ein Feldmarschall besitzt seine Uniform, ein Bischof seinen seidenen Schurz, ein Büttel seinen Dreispitz. Nimm dem Bischof seinen Schurz, dem Büttel seinen Hut und seine Tressen, was sind sie dann? Menschen. Bloße Menschen. Würde, und sogar Heiligkeit, sind mehr eine Frage von Rock und Weste, als manche Leute denken.

Mr. Bumble hatte Mrs. Corney geehelicht und war nun Vorsteher des Armenhauses. Ein anderer Büttel war eingesetzt worden, und man hatte ihm Dreispitz, goldbetressten Rock und Amtsstab selbdritt übergeben.

»Und morgen ist das nun zwei Monate her!«, sagte Mr. Bumble mit einem Seufzer. »Es kommt mir wie eine Ewigkeit vor.«

Mr. Bumble mochte damit gemeint haben, dass er das Glück eines ganzen Lebens in die kurze Zeitspanne von acht Wochen gedrängt hatte, aber der Seufzer ... in diesem Seufzer lag eine weitaus tiefere Bedeutung.

»Ich habe mich verkauft«, sagte Mr. Bumble, seinen Gedankengang weiterverfolgend, »für sechs Teelöffel, eine Zuckerzange, einen Milchtopf, etwas gebrauchtes Mobiliar und zwanzig Pfund in bar. Ich war sehr günstig zu haben. Billig, spottbillig!«

»Billig!«, keifte eine schrille Stimme in Mr. Bumbles Ohr. »Ihr wärt um jeden Preis teuer gewesen, und teuer genug habe ich für Euch bezahlt, Gott im Himmel weiß es!«

Mr. Bumble drehte sich um und erblickte das Angesicht seiner reizenden Gemahlin, die die wenigen Worte seiner Klage, die sie gehört, nur unvollständig verstanden und ihre Bemerkung auf gut Glück getätigt hatte.

»Mrs. Bumble, Madam!«, rief Mr. Bumble wie ein gestrenger Gatte.

»Nun?«, fragte die Dame.

»Seid so gut und schaut mich an«, sagte Mr. Bumble, die Augen fest auf sie gerichtet.

»Wenn sie einem solchen Blick standhalten kann«, sagte Mr. Bumble zu sich selbst, »dann kann sie allem standhalten. Ich kann mich nicht entsinnen, dass dieser Blick bei den Armenhäuslern je seine Wirkung verfehlt hätte; versagt er bei ihr, ist meine Macht dahin.«

Ob ein geringes Weiten der Augen genügt, um Armenhäusler einzuschüchtern, die aufgrund ihrer kargen Kost ohnehin in keiner sonderlich guten Verfassung sind, oder ob die ehemalige Mrs. Corney gegen Adlerblicke besonders gefeit war, darüber kann man verschiedener Ansicht sein. Tatsache ist jedoch, dass sich die Hausmutter keineswegs von Mr. Bumbles finsterer Miene einschüchtern ließ, sondern ihr im Gegenteil mit Verachtung begegnete und sogar darüber lachte, und zwar aus vollem Herzen, wie es schien.

Als Mr. Bumble dieses so gar nicht erwartete Geräusch vernahm, blickte er erst ungläubig und dann erstaunt drein. Daraufhin fiel er wieder in seinen vorigen Zustand zurück und rührte sich nicht, bis die Stimme seiner Gemahlin erneut seine Aufmerksamkeit erregte.

»Wollt Ihr den ganzen Tag dort herumsitzen und schnarchen?«, verlangte Mrs. Bumble zu wissen.

»Ich werde hier so lange sitzen, wie ich es für richtig halte, Madam«, antwortete Mr. Bumble, »und obgleich ich *nicht* geschnarcht habe, werde ich schnarchen, gähnen, niesen, lachen oder weinen, wie es mir gefällt, weil es mein Vorrecht ist.«

»Euer Vorrecht!«, höhnte Mrs. Bumble mit unsäglicher Verachtung.

»Sehr wohl, Madam«, bemerkte Mr. Bumble. »Das Vorrecht des Mannes ist es, zu gebieten.«

»Und was in Gottes Namen ist dann das Vorrecht einer Frau?«, rief die Witwe des dahingeschiedenen Mr. Corney.

»Zu gehorchen, Madam«, donnerte Mr. Bumble. »Euer unglücklicher verstorbener Gatte hätte Euch das lehren sollen, dann wäre er jetzt vielleicht noch am Leben. Ich wünschte, er wär's, der Ärmste!«

Mrs. Bumble erkannte augenblicklich, dass nun der entscheidende Moment gekommen war, und dass ein von der einen oder der anderen Seite geführter Schlag um die Herrschaft unweigerlich endgültig und entscheidend sein würde. Kaum hatte sie diese Anspielung auf den Verstorbenen vernommen, als sie auch schon auf einen Stuhl niedersank und unter lautem Gezeter, Mr. Bumble sei ein hartherziges Scheusal, in einen Weinkrampf verfiel.

Doch waren Tränen nicht das geeignete Mittel, um zu Mr. Bumbles Herz vorzudringen, denn selbiges war wasserdicht. Wie ein waschechter Biberhut, der mit jedem Regen dichter wird, wurde sein Nervenkostüm mit jedem Tränenguss, der ein Zeichen von Schwäche und somit eine unausgesprochene Anerkennung seiner Macht darstellte, kräftiger und stärker. Er warf der guten Dame einen hochzufriedenen Blick zu und ermunterte sie, sich ruhig nach Kräften auszuweinen, da diese Leibesübung von Ärzten als ungemein förderlich für die Gesundheit erachtet werde.

»Es weitet die Lunge, reinigt das Gesicht, stärkt die Augen und wirkt beruhigend«, sagte Mr. Bumble. »Also weint getrost weiter.«

Während er diese scherzhafte Bemerkung von sich gab, nahm Mr. Bumble seinen Hut vom Haken, setzte ihn, ein wenig verwegen und schräg, auf den Kopf, wie es wohl ein Mann tut, der das Gefühl hat, seine Überlegenheit auf passende Weise geltend gemacht zu haben, schob die Hände in die Taschen und schlenderte, vom Scheitel bis zur Sohle ein Schalk, gemächlich zur Tür.

Nun hatte es die ehemalige Mrs. Corney mit Tränen versucht, weil ihr dies weniger beschwerlich schien als Handgreiflichkeiten, aber sie war durchaus willens, auch dieses Verfahren anzuwenden, wie Mr. Bumble schon bald herausfinden sollte.

Der erste Hinweis, den er darauf erhielt, erfolgte durch einen dumpfen Laut, in dessen unmittelbarer Folge sein Hut plötzlich ans andere Ende des Zimmers flog. Nach diesem einleitenden Vorspiel, das seinen Kopf entblößte, packte ihn die Dame sachkundig mit einer Hand fest an der Kehle und versetzte ihm mit der anderen eine Unmenge von Hieben, die mit erstaunlicher Kraft und Geschicklichkeit ausgeführt wurden. Nachdem dies vollbracht war, zerkratzte sie ihm zur Abwechslung das Gesicht und riss ihm die Haare aus, bis sie ihn so weit bestraft hatte, wie es ihr für die Beleidigung nötig dünkte, dann stieß sie ihn über einen Stuhl, der günstigerweise an der zu diesem Zwecke genau richtigen Stelle stand, und forderte ihn auf, noch einmal etwas über sein Vorrecht verlauten zu lassen, wenn er sich traue.

»Steht auf!«, rief Mrs. Bumble mit herrischer Stimme. »Und schert Euch fort, wenn Ihr mich nicht zu einer Verzweiflungstat treiben wollt.«

Mr. Bumble erhob sich mit kläglicher Miene und überlegte bange, was für eine Tat das wohl sein könne, nahm dann seinen Hut auf und blickte zur Tür.

»Geht Ihr endlich?«, fragte Mrs. Bumble.

»Aber gewiss doch, meine Liebe«, antwortete Mr. Bumble und bewegte sich eilig Richtung Tür. »Ich hatte nicht die Absicht … Ich gehe, Liebste! Ihr seid so ungestüm, dass ich wirklich …«

In diesem Augenblick trat Mrs. Bumble unvermittelt einen Schritt vor, um den Teppich, der sich bei der Rauferei verschoben hatte, wieder zurechtzurücken. Sofort schoss Mr. Bumble aus dem Zimmer, ohne einen weiteren Gedanken an seinen unvollendeten Satz zu verschwenden, und überließ der ehemaligen Mrs. Corney kampflos das Feld.

Mr. Bumble war regelrecht überrumpelt und besiegt worden. Er besaß eine ausgeprägte Neigung zum Schikanieren und fand kein unbeträchtliches Vergnügen an der Ausübung kleiner Grausamkeiten, folglich war er (was nicht eigens gesagt zu werden braucht) ein Feigling. Das ist keineswegs eine Verunglimpfung seines Charakters, denn viele Amtspersonen, die geachtet und bewundert werden, sind das Opfer ähnlicher Schwächen. Diese Bemerkung erfolgte dann auch tatsächlich eher zu seinen Gunsten und in Hinblick darauf, dem Leser den richtigen Eindruck über seine Befähigung zum Beamten zu vermitteln.

Doch das Maß seiner Erniedrigung war noch nicht voll. Nach einem Rundgang durchs Haus, bei dem er zum ersten Mal dachte, dass die Armengesetze wirklich zu streng für die Menschen seien, und dass Männer, die ihren Frauen davonliefen und sie der Fürsorge der Gemeinde überließen, von Rechts wegen überhaupt nicht bestraft, sondern als verdienstvolle Personen, die viel gelitten hatten, vielmehr entschädigt werden sollten, kam er zu einem Raum, wo einige weibliche Bewohnerinnen des Armenhauses für gewöhnlich damit beschäftigt waren, die Anstaltskleidung zu waschen, und aus dem jetzt das Geräusch von Stimmen drang, die sich unterhielten.

»Ahem!«, machte Mr. Bumble und bot all seine angestammte Würde auf. »Zumindest diese Frauen sollen weiterhin mein Vorrecht respektieren. Hallo! Hallo, ihr da! Was soll dieser Lärm, ihr Weibsbilder?«

Mit diesen Worten öffnete Mr. Bumble die Tür und trat ein, mit einer grimmigen und zornigen Miene, die sogleich einer unterwürfigen und geduckten Haltung Platz machte, als sein Blick unerwartet auf die Gestalt seiner Frau Gattin fiel.

»Meine Liebe«, sagte Mr. Bumble, »ich habe ja nicht gewusst, dass Ihr hier seid.«

»Nicht gewusst, dass ich hier bin!«, wiederholte Mrs. Bumble. »Was habt *Ihr* denn hier zu suchen?«

»Ich dachte, die würden schwatzen, statt ordentlich ihre Arbeit zu tun, mein Schatz«, antwortete Mr. Bumble und schaute verwirrt auf zwei alte Frauen am Waschzuber, die verwundert Bemerkungen über die Unterwürfigkeit des Armenhausvorstehers austauschten.

»*Ihr* dachtet, sie würden zu viel schwatzen?«, fragte Mrs. Bumble. »Was geht Euch das an?«

»Nun, meine Liebe ...«, stammelte Mr. Bumble kleinlaut.

»Was geht Euch das an?«, verlangte Mrs. Bumble erneut zu wissen.

»Schon recht, Ihr seid hier die Hausmutter, meine Liebe«, gab sich Mr. Bumble geschlagen, »aber ich dachte, Ihr könntet vielleicht gerade nicht da sein.«

»Ich werde Euch mal was sagen, Mr. Bumble«, gab seine Gattin zurück, »wir wünschen keinerlei Einmischung von Euch. Ihr steckt nur allzu gern Eure Nase in Dinge, die Euch nichts angehen. Alle lachen über Euch, sobald Ihr ihnen den Rücken gekehrt habt, weil Ihr Euch jeden Tag aufs neue zum Narren macht. Los, verschwindet!«

Mr. Bumble, der peinlich berührt die Schadenfreude der beiden alten Armenhäuslerinnen bemerkte, die voller Wonne miteinander kicherten, zögerte einen Augenblick. Mrs. Bumble, die mit ihrer Geduld am Ende war, griff sich eine Schüssel mit Seifenlauge, drängte ihn Richtung Tür und befahl ihm unter der Androhung, den Inhalt der Schüssel über seine stattliche Person zu schütten, umgehend zu verschwinden.

Was blieb Mr. Bumble übrig? Er schaute geknickt in die Runde und schlich sich davon, und als er die Tür erreichte, schwoll das Kichern der Armenhäuslerinnen zu einem schrillen Gelächter unbezähmbarer Freude an. Das hatte noch gefehlt. Er war vor ihren Augen erniedrigt worden, er hatte sogar vor den Armenhäuslern Rang und Würde verloren, er war von der Höhe und Pracht des Büttelamtes in die tiefsten Tiefen eines erbärmlichen Pantoffelheldentums gefallen.

»Und das alles binnen zweier Monate!«, sagte Mr. Bumble, von finsteren Gedanken erfüllt. »Zwei Monate! Nur zwei Monate zuvor war ich nicht nur mein eigener Herr, sondern auch der aller anderen, was das Armenhaus der Gemeinde betraf, und jetzt …!«

Das war zu viel. Mr. Bumble gab dem Jungen, der ihm das Tor öffnete (denn dort war er, in Gedanken versunken, inzwischen angekommen), eine Ohrfeige und trat verstört auf die Straße.

Er ging eine Straße hinauf und eine andere hinunter, bis die Bewegung die anfängliche Leidenschaft seines Kummers besänftigt hatte, und dieser Gefühlsumschwung machte ihn durstig. Er schritt an vielen Wirtshäusern vorbei und blieb in einer Seitengasse endlich vor einem stehen, dessen Schankraum, wie er durch einen hastigen Blick über die Halbgardine im Fenster erkennen konnte, bis auf einen einsamen Gast leer war. In diesem Moment begann es stark zu regnen, was seine Entscheidung herbeiführte. Mr. Bumble trat ein, bestellte sich im Vorbeigehen an der Theke etwas zu trinken und begab sich in den Raum, in den er von der Straße aus hineingeschaut hatte.

Der Mann, der dort saß, war groß und dunkel und trug einen weiten Mantel. Er wirkte wie ein Fremder und schien, seinem abgezehrten Gesicht und den staubbedeckten Kleidern nach zu urteilen, eine lange Wegstrecke zurückgelegt zu haben. Er blickte Bumble, als dieser eintrat, aus den Augenwinkeln an, ließ sich jedoch als Erwiderung auf dessen Gruß gerade mal dazu herab, kurz mit dem Kopf zu nicken.

Mr. Bumble besaß ausreichend Würde für zwei, selbst wenn der Fremde geselliger gewesen wäre, also trank er schweigend seinen Grog und las mit selbstherrlichem Gepränge in der Zeitung.

Dennoch geschah es, wie es so oft geschieht, wenn Männer unter solchen Umständen zusammentreffen, dass Mr. Bumble dann und wann eine starke Anwandlung verspürte, der er nicht widerstehen konnte, einen verstohlenen Blick auf den Fremden zu werfen, und jedesmal, wenn er es tat, wandte er seine Augen verwirrt wieder ab, weil er bemerkte, dass der Fremde ihn im selben Moment ebenfalls mit einem verstohlenen Blick bedachte. Mr. Bumbles Unbehaglichkeit wurde noch verstärkt durch den höchst seltsamen Ausdruck, der in den Augen des Fremden lag. Sie wirkten scharf und klar, wurden jedoch von einem Schatten des Misstrauens und Argwohns verfinstert, wie er es nie zuvor bei jemandem beobachtet hatte und was sehr scheußlich anzusehen war.

Als sich ihre Blicke mehrmals auf diese Weise getroffen hatten, brach der Fremde mit tiefer, rauher Stimme das Schweigen.

»Wart Ihr auf der Suche nach mir«, fragte er, »als Ihr durchs Fenster hereingeschaut habt?«

»Nicht dass ich wüsste, außer Ihr seid Mr. …«, hier machte Mr. Bumble eine Pause, denn er war neugierig, den Namen des Fremden zu erfahren, und dachte in seiner Ungeduld, dieser würde die Lücke vielleicht ausfüllen.

»Ich sehe, dass ich mich geirrt habe«, sagte der Fremde, wobei ein leicht spöttischer Ausdruck um seinen Mund spielte, »sonst wüsstet Ihr ja meinen Namen. Aber Ihr wisst ihn nicht. Und ich empfehle Euch, nicht danach zu fragen.«

»Ich wollte Euch nicht zu nahe treten, junger Mann«, bemerkte Mr. Bumble von oben herab.

»Das habt Ihr auch nicht getan«, erwiderte der Fremde.

Diesem kurzen Gespräch folgte wiederum ein Schweigen, das erneut durch den Fremden gebrochen wurde.

»Ich glaube, ich habe Euch zuvor schon einmal gesehen«, sagte er. »Ihr wart damals anders gekleidet, und wir sind bloß auf der Straße aneinander vorbeigegangen, aber ich erkenne Euch wieder. Ihr wart hier mal Büttel, nicht wahr?«

»In der Tat«, erwiderte Bumble leicht erstaunt. »Ich war Gemeindebüttel.«

»Ganz recht«, meinte der andere und nickte. »In dieser Stellung habe ich Euch gesehen. Was seid Ihr jetzt?«

»Vorsteher des Armenhauses«, antwortete Mr. Bumble, langsam und nachdrücklich, um jeder unangebrachten Vertraulichkeit, die sich der Fremde ansonsten vielleicht herausnehmen mochte, von vornherein Einhalt zu gebieten. »Vorsteher des Armenhauses, junger Mann!«

»Ich vermute mal, Ihr seid noch immer so auf Euren Vorteil bedacht wie eh und je, nicht wahr?«, fuhr der Fremde fort und sah Mr. Bumble fest in die Augen, als dieser, über die Frage erstaunt, aufblickte. »Scheut Euch nicht, frei heraus zu antworten, guter Mann. Wie Ihr seht, kenne ich Euch recht gut.«

»Es ist gewiss so«, antwortete Mr. Bumble, der seine Augen mit der Hand beschattete und den Fremden sichtlich verblüfft von Kopf bis Fuß musterte, »dass ein verheirateter Mann ebenso wenig wie ein Junggeselle abgeneigt ist, sein Geld redlich zu verdienen, wenn er kann. Gemeindebeamte werden nicht so gut bezahlt, als dass sie es sich erlauben könnten, einen kleinen Nebenverdienst abzuschlagen, wenn er ihnen auf ehrbare und anständige Weise angeboten wird.«

Der Fremde lächelte und nickte abermals mit dem Kopf, als wolle er sagen, dass er sich in seinem Mann nicht getäuscht habe, dann zog er die Klingel.

»Schenkt noch mal voll«, sagte er zum Wirt und reichte ihm

Mr. Bumbles leeres Glas. »Stark und heiß. So mögt Ihr es doch, nicht wahr?«

»Nicht zu stark«, antwortete Mr. Bumble mit einem höflichen Hüsteln.

»Ihr versteht, was das heißt, Herr Wirt!«, sagte der Fremde trocken.

Der Wirt lächelte, verschwand und kehrte bald darauf mit einem dampfenden Krug zurück, und schon der erste Schluck trieb Mr. Bumble das Wasser in die Augen.

»Jetzt hört mir zu«, sagte der Fremde, nachdem er Fenster und Tür geschlossen hatte. »Ich bin heute an diesen Ort gekommen, um Euch ausfindig zu machen, und durch einen dieser glücklichen Zufälle, die der Teufel seinen Freunden zuweilen beschert, spaziert Ihr geradewegs in diesen Schankraum, wo ich sitze und an Euch denke. Ich will einige Auskünfte von Euch. Ich erwarte sie nicht umsonst, so unbedeutend die Sache auch ist. Steckt das vorab schon mal ein.«

Während er sprach, schob er dem anderen über den Tisch ein paar Sovereigns zu, so umsichtig, als wolle er verhindern, dass draußen das Klimpern von Geld vernommen werde. Nachdem Mr. Bumble die Münzen sorgfältig auf ihre Echtheit geprüft und sie hochzufrieden in die Tasche gesteckt hatte, fuhr der Fremde fort:

»Erinnert Euch zurück ... sagen wir ... an den Winter vor zwölf Jahren.«

»Das ist lange her«, entgegnete Mr. Bumble. »Aber gut, ich will's versuchen.«

»Der Schauplatz: das Armenhaus.«

»Gut.«

»Die Zeit: in der Nacht.«

»Ja.«

»Und der Ort: das üble Loch, wo immer es sich befand, in dem elende Dirnen das gesunde Leben gebaren, das ihnen selbst so oft versagt blieb, und wimmernde Kinder zur Welt brachten, damit sie von der Gemeinde aufgezogen würden, und ihre Schande – mögen sie verfaulen! – mit sich ins Grab nahmen!«

»Ihr meint das Zimmer für die Wöchnerinnen?«, fragte Bumble, der der erregten Schilderung des Fremden nicht so richtig zu folgen vermochte.

»Ja«, sagte der Fremde. »Dort wurde ein Junge geboren.«

»Viele Jungen«, bemerkte Mr. Bumble und schüttelte verzagt den Kopf.

»Die Pest über die kleinen Teufel!«, rief der Fremde. »Ich spreche von einem bestimmten, einem schmächtigen Blagen mit blassem Gesicht, der hier beim Sargmacher in die Lehre gegeben wurde … ich wünschte, er hätte ihm einen Sarg geschreinert und den Deckel über seinem Leib zugeschraubt! Später ist er dann nach London ausgerissen, wie man vermutet.«

»Ach, Ihr meint Oliver! Den kleinen Twist!«, rief Mr. Bumble. »An den erinnere ich mich natürlich. Es gab keinen widerborstigeren kleinen Halunken …«

»Nicht von ihm will ich etwas hören, das habe ich schon zur Genüge«, sagte der Fremde und unterbrach Mr. Bumble, der gerade zu einer Schimpftirade über die Laster des armen Oliver ansetzen wollte. »Es geht um eine Frau, die alte Hexe, die seine Mutter gepflegt hat. Wo ist sie?«

»Wo sie ist?«, sagte Mr. Bumble, vom Grog angeheitert. »Schwer zu sagen. Wo sie auch hingegangen sein mag, Hebammen wird man dort keine brauchen, deshalb nehme ich an, dass sie nicht in Stellung ist.«

»Was soll das heißen?«, fragte der Fremde barsch.

»Dass sie letzten Winter gestorben ist«, antwortete Mr. Bumble.

Der Mann starrte ihn an, als Bumble ihm diese Nachricht mitteilte, und obwohl er seine Augen noch eine ganze Weile nicht abwandte, wurde sein Blick allmählich leer und abwesend, und er schien sich in Gedanken zu verlieren. Er war offenbar einige Zeit unschlüssig, ob er wegen dieser Nachricht erfreut oder enttäuscht sein solle, aber schließlich atmete er erleichtert auf und bemerkte, indem er sich wegdrehte, dass es nicht weiter wichtig sei. Mit diesen Worten stand er auf, als wolle er nun gehen.

Mr. Bumble war schlau genug, sogleich zu erkennen, dass sich hier eine Gelegenheit auftat, um ein Geheimnis, das sich im Besitz seiner besseren Hälfte befand, mit Gewinn loszuschlagen. Er erinnerte sich noch gut an den Abend, als die alte Sally gestorben war, denn die Vorkommnisse dieses Tages gaben ihm allen Grund, ihn nicht zu vergessen, da er damals um Mrs. Corneys Hand angehalten hatte, und auch wenn diese Dame ihm niemals die Enthüllung anvertraut hatte, deren einzige Zeugin sie gewesen war, hatte er doch genug gehört, um zu wissen, dass es um eine Sache ging, die sich ereignet hatte, während die Alte im Armenhaus als Pflegerin von Oliver Twists junger Mutter tätig gewesen war. Rasch rief er sich diesen Umstand ins Gedächtnis zurück und teilte dem Fremden mit, dass eine Frau mit der alten Vettel kurz vor deren Tod unter vier Augen gesprochen habe, und diese Frau könne, wie er aus gutem Grunde zu wissen glaube, sicher Licht in seine Angelegenheit bringen.

»Wie kann ich sie ausfindig machen?«, fragte der Fremde, der alle Vorsicht fallenließ und offen zeigte, dass alle seine Befürchtungen (welcher Art sie auch sein mochten) durch diese Mitteilung erneut geweckt wurden.

»Nur durch mich«, antwortete Mr. Bumble.

»Wann?«, rief der Fremde hastig.

»Morgen«, antwortete Mr. Bumble.

»Um neun Uhr abends«, sagte der Fremde, der einen Fetzen Papier hervorzog, auf den er in einer Handschrift, die seine Erregung verriet, eine zweifelhafte Adresse am Flussufer schrieb. »Bringt sie um neun Uhr abends dorthin. Ich brauche Euch nicht zu sagen, dass Ihr verschwiegen sein müsst. Es ist zu Eurem eigenen Vorteil.«

Mit diesen Worten ging er zur Tür voraus, machte an der Theke halt, um den getrunkenen Grog zu bezahlen, und bemerkte kurz angebunden, dass sich ihre Wege nun trennen würden. Dann verschwand er ohne weiteren Abschiedsgruß, wiederholte jedoch noch einmal nachdrücklich die verabredete Zeit für den morgigen Abend.

Als Mr. Bumble sich die Adresse anschaute, bemerkte der Gemeindebeamte, dass dort kein Name angegeben war. Der Fremde war noch nicht weit fort, so lief er ihm hinterher, um danach zu fragen.

»Was soll das?«, rief der Mann, der sich schnell umdrehte, als Bumble seinen Arm berührte. »Folgt Ihr mir etwa?«

»Nur, um etwas zu fragen«, sagte Bumble und zeigte auf den Fetzen Papier. »Nach welchem Namen soll ich mich erkundigen?«

»Monks!«, antwortete der Mann und schritt eilig davon.

Achtunddreißigstes Kapitel

Enthält einen Bericht dessen, was sich bei der nächtlichen Unterredung zwischen Mr. und Mrs. Bumble und Monks zutrug.

Es war ein trüber, schwüler und verhangener Sommerabend, und die Wolken, die schon den ganzen Tag lang gedroht hatten, sammelten sich zu einer schweren, dichten und dunstigen Masse, aus der bereits große Regentropfen fielen, die ein kräftiges Gewitter anzukündigen schienen, als Mr. und Mrs. Bumble von der Hauptstraße der Stadt abbogen und ihre Schritte in Richtung einer kleinen Siedlung verstreuter, baufälliger Häuser lenkten, die ungefähr anderthalb Meilen entfernt lag und in einer ungesunden, sumpfigen Niederung am Flussufer errichtet worden war.

Beide hatten sich in schäbige alte Mäntel gehüllt, die wahrscheinlich dem doppelten Zweck dienen sollten, ihre Personen sowohl vor dem Regen als auch vor dem Erkanntwerden zu schützen. Mr. Bumble trug eine Laterne, aus der jedoch kein Lichtschein drang, und ging ein paar Schritte voraus, als wolle er – da der Weg schmutzig war – seinem Eheweib die Gunst erweisen, in seine breiten Fußstapfen treten zu können. So zogen sie in tiefstem Schweigen dahin. Dann und wann wurde Mr. Bumble etwas langsamer und wandte seinen Kopf, als wolle er sich vergewissern, ob seine Angetraute auch folgte, und wenn er dann feststellte, dass sie ihm dicht auf den Fersen war, beschleunigte er seinen Schritt wieder und eilte mit beachtlich erhöhtem Tempo dem gemeinsamen Ziel entgegen.

Diese Gegend erfreute sich eines höchst zweifelhaften Rufs,

denn sie war seit langem als Schlupfwinkel von gemeinen und niederträchtigen Schurken bekannt, die unter vielerlei Vorwänden, einer ehrlichen Arbeit nachzugehen, hauptsächlich von Diebstahl und Verbrechen lebten. Es war eine Ansammlung bloßer Hütten, manche flüchtig aus losen Ziegelsteinen erbaut, andere aus wurmstichigen Schiffsplanken gezimmert, die ohne jeglichen Versuch einer Ordnung oder Einteilung wirr durcheinander und größtenteils nur wenige Fuß vom Flussufer entfernt aufgestellt worden waren. Ein paar lecke, auf den Schlamm heraufgezogene und an einer kümmerlichen Kaimauer festgemachte Boote, hier und da ein Ruder oder eine Rolle Tauwerk schienen auf den ersten Blick darauf hinzudeuten, dass die Bewohner dieser elenden Hütten einer Beschäftigung auf dem Fluss nachgingen, doch bei genauerem Hinsehen würde der beschädigte und unbrauchbare Zustand dieser auffällig herumliegenden Gegenstände einen Vorübergehenden unschwer zu der Vermutung geführt haben, dass man sie dort eher zur Wahrung des Anscheins plaziert hatte als mit der Absicht, sie tatsächlich zu gebrauchen.

Inmitten dieses Gewirrs von Hütten stand unmittelbar am Fluss ein großes Gebäude, dessen obere Stockwerke über das Wasser ragten und das früher als irgendeine Art von Fabrik gedient hatte. Seinerzeit hatte sie den Bewohnern der umliegenden Behausungen wahrscheinlich Arbeit gegeben, war inzwischen jedoch schon längst verfallen. Ratten, Würmer und Feuchtigkeit hatten an den Pfählen, auf denen das Haus stand, genagt und sie morsch werden lassen. Ein beträchtliches Stück des Hauses war bereits ins Wasser gesunken, während der übrige Teil, der sich wankend über den dunklen Strom neigte, auf eine günstige Gelegenheit zu warten schien, seinem alten Gefährten zu folgen und dessen Schicksal zu teilen.

Genau vor diesem verfallenen Gebäude machte das ehrenwerte Paar halt, als das erste ferne Donnergrollen die Luft erfüllte und es in Strömen zu regnen begann.

»Hier muss es irgendwo sein«, sagte Bumble, den Papierfetzen, den er in der Hand hielt, zu Rate ziehend.

»Hallo, Ihr da!«, rief eine Stimme von oben.

Der Richtung, aus der die Stimme kam, folgend, hob Mr. Bumble den Kopf und entdeckte einen Mann, der sich im zweiten Stock aus einer brusthohen Tür herausbeugte.

»Wartet einen Augenblick«, rief die Stimme. »Ich bin gleich bei Euch.«

Daraufhin verschwand der Kopf, und die Tür wurde geschlossen.

»Ist das der Mann?«, fragte Mr. Bumbles Eheweib.

Mr. Bumble nickte.

»Dann denkt daran, was ich Euch gesagt habe«, riet ihm die ehrwürdige Dame, »und gebt acht, nur so viel zu reden, wie Ihr unbedingt müsst, sonst werdet Ihr sicher gleich alles verderben.«

Mr. Bumble, der das Gebäude mit kläglicher Miene betrachtet hatte, wollte offenbar gerade einige Zweifel äußern, ob es ratsam sei, ihre Unternehmung an diesem Punkte weiter fortzusetzen, als er vom Erscheinen Monks daran gehindert wurde, der gleich neben ihnen eine kleine Tür öffnete und sie hereinwinkte.

»Kommt!«, rief er ungeduldig und stampfte mit dem Fuß auf den Boden. »Haltet mich hier nicht auf!«

Die Frau, die erst gezögert hatte, fasste sich ein Herz und ging ohne weitere Aufforderung hinein. Mr. Bumble, der sich schämte oder ängstigte, zurückzubleiben, folgte ihr mit sichtlich großem Unbehagen und ganz ohne diese besondere Würde, die ihn für gewöhnlich auszeichnete.

»Was zum Teufel habt Ihr dort draußen im Regen rumgestanden?«, fragte Monks an Bumble gewandt, nachdem er die Tür hinter sich verriegelt hatte.

»Wir … wir haben uns nur ein wenig abgekühlt«, stammelte Bumble und schaute sich besorgt um.

»Euch abgekühlt!«, entgegnete Monks. »Nicht aller Regen der Welt vermag das Höllenfeuer zu löschen, das ein Mensch mit sich herumtragen kann. Glaubt ja nicht, Ihr könntet Euch so einfach abkühlen!«

Nach dieser reizenden Ansprache wandte er sich abrupt der Hausmutter zu und musterte sie grimmigen Blickes, bis sogar sie, die sich nicht so leicht einschüchtern ließ, ihre Augen niederschlagen und zu Boden schauen musste.

»Das ist also die Frau, ja?«, verlangte Monks zu wissen.

»Ahem! Das ist die Frau«, antwortete Mr. Bumble, der an die Warnung seines Weibes dachte.

»Ihr glaubt wohl, Frauen könnten keine Geheimnisse bewahren, was?«, warf die Hausmutter ein, wobei sie Monks' forschenden Blick erwiderte.

»Ich weiß, dass sie zumindest immer *eins* bewahren, bis es dann herauskommt«, sagte Monks abfällig.

»Und was wäre das?«, fragte die Dame im gleichen Ton.

»Der Verlust ihres guten Rufes«, erwiderte Monks. »Und aus selbigem Grund wird eine Frau, wenn sie an einem Geheimnis teilhat, das ihr den Galgen oder die Deportation einbringen könnte, es auch nicht ausplaudern, da mach ich mir überhaupt keine Sorgen, ich nicht. Versteht Ihr?«

»Nein«, antwortete die Hausmutter leicht errötend.

»Natürlich nicht!«, rief Monks. »Wie solltet Ihr auch?«

Nachdem er seine beiden Besucher mit einem halb lächelnden und halb finsteren Blick bedacht und sie abermals aufgefordert hatte, ihm zu folgen, eilte der Mann quer durch den Raum, der zwar niedrig, aber von beträchtlichen Ausmaßen war. Monks wollte gerade die steile Treppe oder vielmehr Leiter, die zu den Lagerräumen im darüberliegenden Stockwerk führte, emporsteigen, als ein heller Blitz durch die Öffnung fuhr, dem ein Donnerschlag folgte, der das baufällige Gebäude bis ins Mark erschütterte.

»Hört!«, schrie er im Zurückschrecken. »Hört, wie es donnert und kracht, als halle es durch tausend Höhlen wider, in denen sich die Teufel davor verkriechen. Wie ich diesen Lärm hasse!«

Er schwieg für einen Moment, und als er dann plötzlich die Hände vom Gesicht wegnahm, sah Mr. Bumble, dass es ganz verzerrt und kreideweiß war.

»Diese Anfälle suchen mich hin und wieder heim«, sagte Monks, der Bumbles Bestürzung bemerkte, »und zuweilen werden sie vom Donner ausgelöst. Habt keine Angst, für diesmal ist es vorbei.«

Mit diesen Worten stieg er als erster die Leiter empor, schloss in dem Raum, zu dem sie führte, hastig den Fensterladen und ließ mit einem Flaschenzug, der über einen der mächtigen Deckenbalken geführt wurde, eine Laterne herab, die ihr mattes Licht auf einen alten Tisch warf, der mit drei Stühlen gleich unter ihr stand.

»Nun«, sagte Monks, als sie alle drei Platz genommen hatten, »je schneller wir zur Sache kommen, desto besser für uns alle. Die Frau weiß, worum es geht, oder?«

Die Frage war an Mr. Bumble gerichtet, aber seine Gemahlin nahm die Antwort vorweg, indem sie verkündete, genauestens im Bilde zu sein.

»Verhält es sich so, wie er sagt, dass Ihr an dem Abend, als jene alte Hexe starb, bei ihr gewesen seid und sie Euch etwas mitgeteilt hat …«

»… über die Mutter des Jungen, den Ihr erwähnt habt«, antwortete Mrs. Bumble, ihn unterbrechend. »Ja.«

»Die erste Frage lautet: Welcher Art war ihre Mitteilung?«, sagte Monks.

»Das ist die zweite«, bemerkte die Frau wohlüberlegt. »Die erste lautet: Was ist diese Mitteilung wohl wert?«

»Wer zum Teufel kann das sagen, ohne zu wissen, was sie enthält?«, fragte Monks.

»Niemand besser als Ihr, davon bin ich überzeugt«, antwortete Mrs. Bumble, der es nicht an Mut fehlte, wie ihr angetrauter Ehegatte zur Genüge bezeugen konnte.

»Aha!«, sagte Monks bedeutungsvoll und mit neugierig forschender Miene. »Da gibt's wohl etwas, das sich zu Geld machen ließe, wie?«

»Vielleicht«, war die gelassene Antwort.

»Etwas, das ihr entwendet wurde«, meinte Monks. »Etwas, das sie getragen hat. Etwas, das …«

»Macht besser ein Angebot«, unterbrach Mrs. Bumble. »Ich habe bereits genug gehört, um sicher zu sein, dass Ihr der Mann seid, an den ich mich wenden sollte.«

Mr. Bumble, dem seine bessere Hälfte bisher nicht mehr von dem Geheimnis preisgegeben hatte, als er ohnehin wusste, lauschte dem Zwiegespräch mit langem Hals und hervortretenden Augen, die er in unverhohlenem Staunen abwechselnd auf sein Weib und auf Monks richtete, und als letzterer eindringlich zu wissen verlangte, welche Summe für die Enthüllung gefordert würde, wunderte er sich, wenn überhaupt möglich, noch mehr.

»Was ist es Euch wert?«, fragte die Frau, so gefasst wie zuvor.

»Vielleicht nichts, vielleicht zwanzig Pfund«, erwiderte Monks. »Heraus damit, lasst mich hören, wie viel.«

»Schlagt noch fünf Pfund auf die von Euch genannte Summe drauf. Gebt mir fünfundzwanzig Pfund in Gold«, schlug die Frau vor, »dann werde ich Euch alles mitteilen, was ich weiß. Vorher sage ich kein Wort.«

»Fünfundzwanzig Pfund!«, rief Monks und wich zurück.

»Ich habe so viel verraten, wie ich konnte«, antwortete Mrs. Bumble. »Und zudem ist es nicht viel Geld.«

»Nicht viel Geld für ein belangloses Geheimnis, das sich bei seiner Enthüllung als wertlos erweisen könnte«, rief Monks unwillig aus, »und das schon seit zwölf Jahren oder länger begraben liegt!«

»Derlei Dinge pflegen langlebig zu sein und ihren Wert wie guter Wein mit der Zeit oft zu verdoppeln«, erwiderte die Hausmutter, die noch immer ihre betont gleichgültige Haltung, die sie eingenommen hatte, bewahrte. »Und was das Begrabensein betrifft, so gibt es Dinge, die seit zwölftausend oder zwölf Millionen Jahren begraben liegen und, nach allem, was wir wissen, letztlich doch ans Tageslicht kommen!«

»Was aber, wenn ich für nichts zahle?«, fragte Monks zögernd.

»Dann könnt Ihr mir das Geld leicht wieder abnehmen«, antwortete die Dame. »Ich bin bloß eine Frau, allein und ohne Schutz.«

»Nicht allein, meine Liebe, und auch nicht ohne Schutz«, ließ sich Mr. Bumble mit vor Furcht zittriger Stimme vernehmen. »*Ich* bin ja hier, meine Liebe. Und außerdem«, fuhr Mr. Bumble mit klappernden Zähnen fort, »ist Mr. Monks viel zu sehr Gentleman, um Amtspersonen der Gemeinde Gewalt anzutun. Mr. Monks weiß, dass ich kein junger Mann bin, meine Liebe, und nicht mehr in der Blüte meiner Jahre stehe, wenn ich das mal so ausdrücken darf, aber er hat gehört, ich sage, Mr. Monks hat zweifelsohne gehört, dass ich ein äußerst entschlossener Beamter von außerordentlicher Kraft bin, wenn man mich reizt. Man darf mich nur nicht reizen, das ist alles.«

Während Mr. Bumble sprach, unternahm er den misslungenen Versuch, mit wilder Entschlossenheit seine Laterne zu packen, und offenbarte durch den ängstlichen Ausdruck, der in sämtlichen seiner Gesichtszüge lag, dass er tatsächlich gereizt werden musste, und zwar nicht zu knapp, ehe er sich auch nur zur geringsten kriegerischen Handlung hinreißen lassen würde, außer natürlich gegenüber Armenhäuslern oder anderen Menschen, die ihm gegenüber wehrlos waren.

»Ihr seid ein Narr«, gab Mrs. Bumble zur Antwort, »und hättet besser Eure Zunge im Zaum gehalten.«

»Er hätte sie sich besser abgeschnitten, bevor er herkam, wenn er nicht leiser zu sprechen vermag«, sagte Monks grimmig. »Aha! Er ist also Euer Mann, was?«

»Was für ein Mann?«, kicherte die Dame, der Frage ausweichend.

»Das dachte ich mir schon, als Ihr hereingekommen seid«, sagte Monks, dem der zornige Blick aufgefallen war, mit dem die Dame ihren Herrn Gemahl bedacht hatte, als sie sprach. »Umso besser. Es fällt mir leichter, mit zwei Leuten zu verhandeln, wenn ich merke, dass sie nur von einem Willen beherrscht werden. Ich meine es ernst. Seht her!«

Er schob seine Hand in eine Seitentasche, zog ein Leinwandsäckchen hervor, zählte fünfundzwanzig Sovereigns auf den Tisch und schob sie der Frau hinüber.

»Hier«, sagte er, »steckt das ein, und wenn dann dieser verfluchte Donnerschlag verhallt ist, der, wie ich spüre, gleich über dem Haus losbrechen wird, lasst Ihr Eure Geschichte hören.«

Als der Donnerschlag, der in der Tat ganz nahe war, so dass er fast über ihren Köpfen zu bersten schien, abgeklungen war, hob Monks sein Gesicht vom Tisch und beugte sich vor, um zu vernehmen, was die Frau zu sagen hätte. Die Köpfe der drei berührten sich beinahe, da die beiden Männer sich in ihrer Neugierde über den kleinen Tisch lehnten und die Frau sich ebenfalls vorbeugte, damit man ihr Flüstern verstehen könne. Die matten Strahlen der herabhängenden Laterne fielen direkt auf sie und verstärkten die Blässe und Erregung ihrer Gesichter, die inmitten der stockfinsteren Schwärze, die sie umgab, geradezu gespenstisch wirkten.

»Als diese Frau, die wir die alte Sally nannten, starb«, begann die Hausmutter, »waren sie und ich allein.«

»War niemand sonst dort?«, fragte Monks in demselben dumpfen Flüsterton. »Keine sieche alte Vettel oder Wahnsinnige in einem anderen Bett? Niemand, der lauschen und womöglich verstehen konnte?«

»Keine Menschenseele«, antwortete die Frau. »Wir waren ganz allein. Nur ich stand an ihrem Bett, als der Tod sie holen kam.«

»Gut«, sagte Monks, der sie aufmerksam betrachtete. »Erzählt weiter.«

»Sie sprach von einem jungen Ding«, fuhr Mrs. Bumble fort, »das einige Jahre zuvor ein Kind zur Welt gebracht hatte, nicht bloß im selben Zimmer, nein, sogar im selben Bett, in dem sie nun zum Sterben lag.«

»Was?«, entfuhr es Monks mit bebenden Lippen, und er schaute über die Schulter. »Hol's der Teufel! Wie sich die Dinge zuweilen doch fügen!«

»Das Kind war jenes, das Ihr vorige Nacht ihm gegenüber erwähnt habt«, sagte die Hausmutter, indem sie achtlos in Richtung ihres Gatten nickte, »und die Mutter wurde von der Alten bestohlen.«

»Als sie noch lebte?«, fragte Monks.

»Sie war schon tot«, erwiderte die Frau mit einem Schaudern. »Sie stahl der Toten, noch bevor sie kalt war, etwas, das sie eigentlich zum Wohle des Kindes aufbewahren sollte, wie die Mutter sie mit ihrem letzten Atemzug angefleht hatte.«

»Hat sie es verkauft?«, rief Monks in höchster Erregung. »Hat sie es verkauft? Wo? Wann? An wen? Vor wie vielen Jahren?«

»Nachdem sie mir unter großer Mühe den Diebstahl gestanden hatte«, fuhr die Hausmutter fort, »fiel sie aufs Kissen zurück und verstarb.«

»Ohne noch etwas zu sagen?«, rief Monks mit einer Stimme, die, weil er sie zu dämpfen versuchte, umso aufgeregter klang. »Das ist eine Lüge! Mich könnt Ihr nicht hinters Licht führen! Sie hat noch etwas gesagt. Und wenn ich Euch beide bei lebendigem Leib rösten müsste, ich werde es in Erfahrung bringen.«

»Sie hat kein weiteres Wort gesagt«, erwiderte die Frau, allem Anschein nach ungerührt vom Wutausbruch des Fremden (was man von Mr. Bumble nicht gerade behaupten konnte), »packte mich aber am Kleid, ganz fest, mit einer Hand, die halb geschlossen war, und als ich sah, dass sie tot war, und ihren Griff mit Gewalt löste, fand ich darin einen schmutzigen Papierfetzen.«

»Und der enthielt …«, unterbrach Monks und beugte sich vor.

»Nichts«, antwortete die Frau, »es war ein Pfandschein.«

»Worüber?«, wollte Monks wissen.

»Das werde ich Euch schon noch sagen«, bemerkte Mrs. Bumble. »Ich glaube, sie wollte den Schmuck erst behalten, in der Hoffnung, ihn besser losschlagen zu können, und hat ihn dann ins Pfandhaus gebracht und Jahr für Jahr Geld gespart oder zusammengekratzt, um dem Pfandleiher die Zinsen zu zahlen und zu verhindern, dass die Frist abläuft, um ihn auslösen zu können, falls sich eine Gelegenheit zum Verkauf bieten würde. Aber es ist nichts daraus geworden, und sie starb wie gesagt mit dem zerknitterten und verblichenen Papierfetzen in der Hand. Die Frist wäre zwei Tage danach abgelaufen, und weil ich mir dachte, es könne eines Tages noch von Nutzen sein, habe ich das Pfandstück ausgelöst.«

»Wo ist es jetzt?«, fragte Monks schnell.

»*Hier*«, antwortete die Frau. Und als sei sie froh, es loszuwerden, warf sie hastig einen kleinen Beutel aus Ziegenleder, kaum groß genug für eine französische Taschenuhr, auf den Tisch. Monks stürzte sich sofort darauf und riss ihn mit zitternden Händen auf. Er enthielt ein kleines Goldmedaillon, in dem sich zwei Haarlocken und ein schlichter goldener Ehering befanden.

»Im Ring ist der Name ›Agnes‹ eingraviert«, sagte die Frau. »Die Stelle für den Nachnamen hat man frei gelassen, dann folgt ein Datum, ungefähr ein Jahr vor der Geburt des Kindes. So viel habe ich herausgefunden.«

»Ist das alles?«, fragte Monks, nachdem er den Inhalt des Beutels sorgfältig und genau untersucht hatte.

»Das ist alles«, erwiderte die Frau.

Mr. Bumble atmete tief durch, als sei er erleichtert, dass die Geschichte nun vorüber und keine Rede davon war, die fünfundzwanzig Pfund zurückzugeben, und so traute er sich endlich, die Schweißtropfen abzuwischen, die ihm während der gesamten vorangegangenen Unterredung ungehindert über die Nase gelaufen waren.

»Ich weiß von der Geschichte nichts weiter, als was ich erraten kann«, sagte sein Weib nach kurzem Schweigen an Monks gewandt. »Und ich will auch gar nichts wissen, das schafft nur Verdruss. Darf ich Euch dennoch zwei Fragen stellen?«

»Ihr dürft«, erwiderte Monks, der sich ein wenig überrascht zeigte, »aber ob ich Euch antworte oder nicht, ist eine andere Frage.«

»… das macht dann zusammen drei«, bemerkte Mr. Bumble, der versuchte, witzig zu sein.

»War es das, was Ihr von mir zu bekommen hofftet?«, fragte die Hausmutter.

»Ja, das war es«, antwortete Monks. »Und die andere Frage?«

»Was habt Ihr damit vor? Kann es gegen mich verwendet werden?«

»Niemals«, erwiderte Monks. »Und auch nicht gegen mich. Seht her! Aber rührt Euch nicht von der Stelle, sonst ist Euer Leben verwirkt!«

Bei diesen Worten schob er den Tisch mit einem Ruck zur Seite, zog an einem eisernen Ring, der an den Dielen befestigt war und ließ eine große Falltür aufschwingen, die sich unmittelbar vor Mr. Bumbles Füßen öffnete, was diesen Herrn dazu veranlasste, in großer Eile ein paar Schritte zurückzutreten.

»Schaut hinunter«, sagte Monks, während er die Laterne in den Schacht hinabließ. »Habt keine Angst. Wäre es meine Absicht gewesen, hätte ich Euch still und leise nach dort unten verschwinden lassen können, als Ihr über dem Loch gesessen habt.«

Derart ermutigt, wagte sich die Dame bis dicht an den Abgrund, und sogar Mr. Bumble traute sich, von Neugier getrieben, das gleiche zu tun. In der Tiefe rauschte das trübe Wasser, durch den Regen zu einer Flut angeschwollen, mit Macht dahin, und das Geräusch, mit dem es gegen die grünen, glitschigen Pfähle schlug und klatschte, übertönte jeden anderen Laut. Dort unten hatte sich einst eine Wassermühle befunden, und die Fluten, die um die paar vermoderten Pfeiler und restlichen Maschinenteile schäumten und tosten, schienen mit neuer Kraft dahinzuschießen, wenn sie von den Hindernissen freikamen, die vergeblich versucht hatten, sie in ihrem ungestümen Lauf zu hemmen.

»Würde man den Leib eines Menschen dort hinabwerfen, wo wäre er morgen früh wohl zu finden?«, fragte Monks, der die Laterne im schwarzen Schacht hin und her schwenkte.

»Zwölf Meilen flussabwärts, und zudem in Stücke gerissen«, antwortete Bumble, der schon beim Gedanken daran zurückschreckte.

Monks zog das kleine Päckchen aus der Brusttasche, wohin er es in der Eile gesteckt hatte, befestigte es an einem Bleigewicht, das einmal Teil eines Flaschenzugs gewesen war und auf dem Boden lag, und warf es in den Fluss. Es fiel schnurgerade hinab, tauchte mit einem kaum hörbaren Platschen ins Wasser und war verschwunden.

Die drei sahen einander ins Gesicht und schienen freier zu atmen.

»So!«, sagte Monks und schloss die Falltür, die mit einem dumpfen Schlag in ihre alte Lage zurückkehrte. »Das Meer mag seine Toten wieder herausgeben, wie es geschrieben steht, aber Gold und Silber behält es für sich selbst, und diesen Plunder ebenfalls. Weiter gibt es nichts zu sagen, also können wir unsere reizende Gesellschaft jetzt auflösen.«

»Aber gewiss doch«, bemerkte Mr. Bumble mit großem Eifer.

»Und Ihr werdet Eure Zunge hüten, hört Ihr?«, sagte Monks mit drohendem Blick. »Bei Eurem Weib mache ich mir da keine Sorgen.«

»Ihr könnt Euch ganz auf mich verlassen, junger Mann«, erwiderte Mr. Bumble mit ausgesuchter Höflichkeit und näherte sich langsam und unter vielen Verbeugungen der Leiter. »Um unser aller willen, junger Mann, und um meinetwillen, das versteht sich doch von selbst, Mr. Monks.«

»Es freut mich für Euch, das zu hören«, bemerkte Monks. »Zündet Eure Laterne an! Und geht so schnell Ihr könnt fort von hier.«

Zum Glück endete das Gespräch an dieser Stelle, denn sonst wäre Mr. Bumble, der sich bis auf sechs Zoll zur Leiter hinab verbeugt hatte, unweigerlich kopfüber in den darunterliegenden

Raum gestürzt. Er entzündete seine Laterne an jener, die Monks vom Seil gelöst hatte und nun in der Hand hielt, und stieg, ohne Anstalten zu machen, die Unterhaltung fortzusetzen, von seiner Frau gefolgt schweigend nach unten. Monks bildete die Nachhut und blieb kurz auf den Sprossen stehen, um sich zu vergewissern, dass außer dem Prasseln des Regens und dem Rauschen des Wassers kein anderer Laut zu hören war.

Langsam und vorsichtig durchquerten sie den unteren Raum, denn Monks scheute vor jedem Schatten, und Mr. Bumble, der seine Laterne einen Fuß über den Boden hielt, ging nicht nur mit auffälliger Umsicht, sondern auch mit einem für einen Herrn von seiner Körperfülle erstaunlich leichten Schritt, wobei er die ganze Zeit nervös nach versteckten Falltüren Ausschau hielt. Die Pforte, durch die sie eingetreten waren, wurde von Monks leise entriegelt und geöffnet, und nachdem das Ehepaar seinem mysteriösen Bekannten noch einmal kurz zugenickt hatte, entschwanden die beiden hinaus in die Nässe und Dunkelheit.

Kaum waren sie fort, als Monks, der eine unüberwindliche Abneigung gegen das Alleinsein zu hegen schien, einen Jungen zu sich rief, der sich irgendwo unten versteckt gehalten hatte. Er trug ihm auf, mit dem Licht voranzugehen, und kehrte in das Zimmer zurück, das er eben erst verlassen hatte.

Neununddreißigstes Kapitel

Lässt einige ehrbare Personen auftreten, die dem Leser bereits bekannt sind, und zeigt, wie Monks und Fagin ihre trefflichen Köpfe zusammenstecken.

An dem Abend, der auf jenen folgte, als die drei im vorigen Kapitel erwähnten respektierlichen Personen wie berichtet ihre kleinen geschäftlichen Angelegenheiten erledigten, erwachte Mr. William Sikes von einem Nickerchen und erkundigte sich mit einem schläfrigen Knurren, wie spät am Abend es wohl sei.

Das Zimmer, in dem Mr. Sikes diese Frage vorbrachte, war keins von denen, die er vor der Unternehmung in Chertsey bewohnt hatte, auch wenn es sich im selben Stadtviertel und nicht weit entfernt von seinen früheren Unterkünften befand. Dem Anschein nach war es keine so reizvolle Behausung wie seine alten Quartiere, denn es handelte sich um eine armselige, schäbig eingerichtete Bude von sehr geringer Größe, die in einer engen und schmutzigen Gasse lag und in die nur durch ein einziges kleines Fenster in der Dachschräge Licht fiel. Es fehlte auch nicht an anderen Anzeichen dafür, dass es mit dem guten Mann letzthin bergab in der Welt gegangen war, denn das spärliche Mobiliar, das Fehlen jeglicher Behaglichkeit im Verein mit dem Verschwundensein sämtlicher beweglicher Habe wie Kleidung und Bettwäsche zum Wechseln, sprachen von einem Zustand äußerster Armut, während die jämmerliche und abgemagerte Erscheinung von Mr. Sikes selber diese Hinweise vollends bestätigte, wenn sie dessen überhaupt noch bedurft hätten.

Der Einbrecher lag, eingehüllt in seinen weißen Mantel, der den Schlafrock ersetzte, auf dem Bett und hatte eine Miene aufgesetzt, die durch eine kränkliche Leichenblässe, zu der sich noch eine schmutzige Nachtmütze und wochenalte schwarze Bartstoppeln gesellten, in keinster Weise gewann. Der Hund kauerte neben dem Bett, wo er mal seinen Herrn traurig beäugte und dann wieder die Ohren spitzte und ein leises Knurren vernehmen ließ, wenn ein Geräusch auf der Straße oder in den unteren Stockwerken des Hauses seine Aufmerksamkeit erregte. Am Fenster saß, emsig damit beschäftigt, eine alte Weste zu flicken, die einen Bestandteil der gewöhnlichen Kleidung des Räubers bildete, eine Frau, so bleich und abgezehrt vor Wachen und Entbehrung, dass es eine beträchtliche Mühe erfordert hätte, in ihr dieselbe Nancy zu erkennen, die bereits in unserer Geschichte aufgetreten ist, wäre da nicht die Stimme gewesen, mit der sie auf Mr. Sikes' Frage antwortete.

»Kurz nach sieben«, sagte das Mädchen. »Wie fühlst du dich heute abend, Bill?«

»Saft- und kraftlos«, antwortete Mr. Sikes, seine Augen und Glieder verwünschend. »Komm her und hilf mir irgendwie aus diesem verdammten Bett heraus.«

Durch die Krankheit war Mr. Sikes' Naturell keineswegs milder geworden, denn als Nancy ihm aufhalf und ihn zu einem Stuhl führte, verfluchte er knurrend ihre Ungeschicklichkeit und schlug sie.

»Was heulste denn?«, fragte Sikes. »He, steh da nich rum und flenn. Wenn dir nix Bessres einfällt, dann scher dich zum Teufel. Haste gehört?«

»Ich hab's gehört«, erwiderte das Mädchen, wandte ihr Gesicht ab und lachte gezwungen. »Was für eine Tollheit haste nun wieder vor?«

»Aha, du hast dich also eines Bessren besonnen, was?«, brummte Sikes, der bemerkte, dass sie ihre Tränen zurückhielt. »Umso besser für dich, wenn's so is.«

»Aber Bill, du kannst heute abend doch unmöglich so hart gegen mich sein«, sagte das Mädchen und legte ihm ihre Hand auf die Schulter.

»Ach nein«, rief Sikes, »und warum nich?«

»So viele Nächte«, sagte das Mädchen mit einem Anflug von weiblicher Zärtlichkeit, die selbst ihrer Stimme einen lieblichen Klang verlieh, »so viele Nächte habe ich mit dir Geduld gehabt, hab dich wie ein Kind umsorgt und gepflegt, und jetzt bist du auf einmal wieder so wie sonst, aber du hättest mich eben nich so behandelt, wenn du daran gedacht hättest, nicht wahr? Komm, sag doch, dass du's nich getan hättest.«

»Na schön«, entgegnete Mr. Sikes, »ich hätt's nich getan. Na so was, verdammt noch mal, jetzt heult die schon wieder!«

»Es ist nichts«, sagte das Mädchen und ließ sich in einen Stuhl fallen. »Kümmer dich nich um mich. Es is gleich vorbei.«

»Was is gleich vorbei?«, fragte Mr. Sikes mit wütender Stimme. »Welche Albernheiten schwirren dir jetzt schon wieder im Kopf rum? Steh auf und mach dich nützlich, und komm mir bloß nich wieder mit diesem weibischen Unsinn.«

Zu jeder anderen Zeit hätten diese Zurechtweisung und der Ton, in dem sie vorgetragen wurde, die gewünschte Wirkung erzielt, doch das Mädchen, das wirklich müde und erschöpft war, ließ ihren Kopf über die Stuhllehne zurücksinken und fiel in Ohnmacht, bevor Sikes noch ein paar der geeigneten Verwünschungen ausstoßen konnte, mit denen er bei ähnlichen Gelegenheiten seine Drohungen zu würzen pflegte. Da er nicht so recht wusste, was er in dieser ungewöhnlichen Lage tun sollte, weil Miss Nancys hysterische Anfälle üblicherweise von jener ungestümen Art waren, die die Leidtragenden ohne großen Beistand von alleine bekämpfen und überwinden, versuchte es Mr. Sikes mit ein paar gotteslästerlichen Flüchen, aber als er feststellte, dass diese Behandlungsmethode gänzlich wirkungslos blieb, rief er um Hilfe.

»Was ist denn hier los, mein Guter?«, fragte Fagin und schaute zur Tür herein.

»Geh mir doch mal gefälligst bei dem Mädchen zur Hand«, erwiderte Sikes unwillig, »statt bloß grinsend rumzustehen und mich vollzuschwatzen.«

Mit einem überraschten Ausruf eilte Fagin dem Mädchen zu Hilfe, während Mr. John Dawkins (auch bekannt als *Artful Dodger*, der gerissene Schwindler), der seinem ehrbaren Freund ins Zimmer gefolgt war, schnell ein Bündel, das er trug, auf dem Fußboden ablegte und Meister Charles Bates, der gleich hinter ihm hereinkam, eine Flasche aus der Hand riss, sie im Nu mit den Zähnen entkorkte und der Ohnmächtigen einen Teil des Inhalts einflößte, jedoch nicht, ohne zuvor selbst davon gekostet zu haben, um jedweden Irrtum auszuschließen.

»Fächer ihr mit dem Blasebalg frische Luft zu, Charley«, sagte Mr. Dawkins, »und du klopfst ihr die Hände, Fagin, während Bill ihr das Mieder lockert.«

Diese vereint und tatkräftig angewandten Wiederbelebungsmittel – besonders die Meister Bates zugeteilte Aufgabe, dem sein Anteil an der Behandlung außerordentliches Vergnügen zu bereiten schien – ließen nicht lange auf ihre gewünschte Wirkung warten. Das Mädchen kam allmählich wieder zu sich, wankte zu einem Stuhl neben dem Bett, verbarg ihr Gesicht auf einem Kissen und überließ es Mr. Sikes, den Besuchern ein wenig erstaunt über ihr unerwartetes Erscheinen gegenüberzutreten.

»Nun, welch böser Wind weht dich hierher?«, fragte er Fagin.

»Überhaupt kein böser Wind, mein Freund«, antwortete der alte Hehler, »denn böse Winde bringen niemandem etwas Gutes, aber ich bringe gute Sachen mit, über die du dich freuen wirst. Mein lieber Dodger, öffne das Bündel und gib Bill die paar Kleinigkeiten, für die wir heute morgen all unser Geld ausgegeben haben.«

Fagins Aufforderung folgend, schnürte der Dodger sein Bündel auf, das ziemlich groß und aus einer alten Tischdecke gemacht war, und händigte die darin enthaltenen Dinge einzeln an Charley Bates aus, der sie unter vielerlei Lobreden über ihre Güte und Vortrefflichkeit auf den Tisch legte.

»Was für ne feine Karnickelpastete, Bill«, rief dieser junge Herr aus, als eine riesige Pastete zum Vorschein kam, »von so zarten Viechern mit so zarten Gliedern, dass dir sogar die Knochen auf der Zunge zergehn, Bill, und du se nich ma abnagen muss. Und hier'n halbes Pfund grünen Tee zu siebeneinhalb Shilling; wenn du da kochendes Wasser draufgießt, fliegt der Deckel vom Teepott weg, so mächtig stark ist der. Und hier ham wir anderthalb Pfund braunen Zucker, wofür die Nigger gar nix tun mussten, damit er so süß schmeckt, jawoll! Zwei doppelte Pfundlaibe Kleiebrot, ein Pfund Tafelbutter, ein Stück Gloucester und zu guter Letzt so'n guten Tropfen, wie du ihn dir noch nie hinter die Binde gekippt hast!«

Mit dieser letzten Lobpreisung zog Meister Bates aus einer seiner tiefen Taschen eine große, sorgfältig verkorkte Weinflasche hervor, während Mr. Dawkins im selben Augenblick ein Weinglas mit dem scharfen Schnaps aus der Flasche, die er mitgebracht hatte, füllte, welches sich der Kranke ohne einen Moment zu zögern durch die Gurgel jagte.

»Ah!«, sagte Fagin und rieb sich hochzufrieden die Hände. »Du wirst schon wieder, Bill, du wirst schon wieder.«

»Schon wieder werden!«, rief Mr. Sikes. »Nix wär aus mir geworden, ich hätt schon dutzendmal abkratzen können, ohne dass du ne Hand für mich gerührt hättst. Was soll das heißen, nen Mann in so nem Zustand über drei Wochen allein zu lassen, du treuloser Lump?«

»Hört ihn euch an, Jungs!«, sagte Fagin achselzuckend. »Und wir kommen her und bringen ihm all diese wun-der-ba-ren Sachen.«

»Diese Sachen sind ja schön und gut«, bemerkte Mr. Sikes, ein wenig besänftigt, als er auf den Tisch blickte, »aber was is mit dir, warum hast mich hier hängen lassen, hungrig, krank, ohne Zaster und allem, und hast dich'n Dreck um mich gekümmert, als wär ich dieser Hund da gewesen. – Jag ihn weg, Charley!«

»Hab noch nie so'n fidelen Hund gesehn«, sagte Meister Bates, als er tat, wie ihm geheißen. »Der riecht den Braten zehn Meter gegen den Wind, wie ne alte Küchenmagd. So'n Hund könnt auffer Bühne sein Glück machen und nebenbei gleich das Drama neu beleben.«

»Halt's Maul!«, schrie Sikes, als der Hund, der sich unters Bett verkrochen hatte, noch immer wütend knurrte. »Was hast du zu deinen Gunsten vorzubringen, du verknöcherter alter Gauner, häh?«

»Ich war länger als eine Woche aus London fort, mein Guter, hab was ausbaldowert«, entgegnete Fagin.

»Und was is mit den andern zwei Wochen?«, wollte Sikes wissen. »Was is mit den andern zwei Wochen, die du mich hier hast liegenlassen, wie ne kranke Ratte in ihrm Loch?«

»Ich konnt's nicht ändern, Bill«, antwortete Fagin. »Ich kann jetzt vor versammelter Mannschaft keine langen Erklärungen abgeben, aber es ging nicht anders, bei meiner Ehre.«

»Bei deiner was?«, knurrte Sikes voller Ekel. »Los, schneid mir einer von euch Jungs mal'n Stück von der Pastete ab, damit ich den Geschmack aus'm Mund loswerde, sonst würgt's mich noch zu Tode.«

»Reg dich doch nicht so auf, mein Lieber«, drängte der alte Hehler unterwürfig. »Ich hab dich nie vergessen, Bill, keinen Augenblick.«

»Ja, da wett ich sogar drauf«, erwiderte Sikes mit bitterem Grinsen. »Während ich hier im Fieber lag, haste die ganze Zeit deine hinterlistigen Pläne geschmiedet. Bill muss dies tun, Bill muss jenes tun, Bill muss alles tun, und zwar für'n Appel und'n Ei, sobald er wieder gesund und arm genug is, um für dich zu arbeiten! Hätt ich das Mädchen nich gehabt, wär ich vielleicht gestorben!«

»Na siehst du, Bill«, fiel ihm der alte Hehler ins Wort und griff den Gedanken geschickt auf. »Hättest du das Mädchen nicht gehabt! Und wer anders als der arme alte Fagin hat dir zu diesem klugen Mädchen verholfen?«

»Da hat er allerdings recht«, sagte Nancy, die rasch hinzutrat. »Lass ihn in Ruhe, es reicht.«

Nancys Einschreiten verlieh der Unterhaltung eine neue Wendung, denn die Jungen, die vom listigen Hehler einen heimlichen Wink erhalten hatten, begannen, sie mit Branntwein zu versorgen, von dem sie jedoch nur sehr zurückhaltend Gebrauch machte, während Fagin, der sich ungewöhnlich gut aufgelegt zeigte, Mr. Sikes allmählich in bessere Stimmung brachte, indem er so tat, als betrachte er dessen Drohungen als nette kleine Scherze, und obendrein lachte er noch herzlich über einige derbe Witze, die der Einbrecher, nachdem er wiederholt der Schnapsflasche zugesprochen hatte, zu machen geruhte.

»Das is ja alles gut und schön«, sagte Mr. Sikes, »aber ich brauch heut abend noch Moneten von dir.«

»Leider habe ich keinen einzigen Penny dabei«, antwortete Fagin.

»Aber du hast mehr als genug bei dir zu Hause«, gab Sikes zurück, »und davon brauch ich was.«

»Mehr als genug!«, rief Fagin und warf die Hände empor. »Ich habe nicht einmal so viel, um …«

»Ich weiß nich, wie viel du hast, und ich glaub gern, dass du's selber nich so genau weißt, denn es würde ziemlich lang dauern, es zu zählen«, sagte Sikes, »aber ich muss noch heute abend was haben, und damit basta.«

»Also gut«, erwiderte der alte Hehler seufzend. »Ich werde gleich den gerissenen Dodger damit herschicken.«

»Du wirst nichts dergleichen tun«, sagte Mr. Sikes. »Der gerissene Dodger ist mir ein wenig zu gerissen, der könnte glatt vergessen herzukomm, oder er verläuft sich unterwegs oder wird von den Greifern geschnappt, so dass er verhindert is, oder er wird irgend ne andere Ausrede haben, wenn du's ihm einflüsterst. Nancy soll zu deiner Bude mitgehen und es holen, damit nichts schiefläuft, und ich werd mich derweil hinhauen und'n Nickerchen machen.«

Nach vielerlei Gezanke und Gefeilsche drückte Fagin den Betrag des geforderten Handgelds von fünf Pfund auf drei Pfund, vier Shilling und sechs Pence herunter, während er unter vielen feierlichen Versicherungen beteuerte, dass ihm dann nur noch achtzehn Pence zur Haushaltsführung blieben, worauf Mr. Sikes mürrisch bemerkte, wenn er nicht mehr beschaffen könne, müsse er sich eben damit begnügen. Nancy machte sich unterdessen bereit, Fagin nach Hause zu begleiten, während der Dodger und Meister Bates die Esswaren im Schrank verstauten. Dann nahm Fagin Abschied von seinem lieben Freund und machte sich in Begleitung von Nancy und den Jungen auf den Heimweg. Mr. Sikes warf sich derweil aufs Bett und machte sich daran, die Zeit bis zur Rückkehr der jungen Dame zu verschlafen.

Nach einer Weile erreichten sie die Behausung des alten Hehlers, wo sie auf Toby Crackit und Mr. Chitling trafen, die in ihre fünfzehnte Partie Cribbage vertieft waren, die – man braucht es kaum zu sagen – letzterer Herr verlor, und damit, sehr zur Belustigung seiner jungen Freunde, auch seinen fünfzehnten und zugleich letzten Sixpence. Mr. Crackit, der sich offenbar ein wenig schämte, dabei ertappt zu werden, wie er sich mit einem Herrn, der, was Ansehen und geistige Gaben betraf, weit unter ihm stand, die Zeit vertrieb, gähnte und erkundigte sich nach Sikes. Dann nahm er seinen Hut und wollte gehen.

»Niemand hier gewesen, Toby?«, fragte Fagin.

»Kein Rabenaas«, erwiderte Mr. Crackit und schlug den Kragen hoch, »es war so fade wie abgestandenes Bier. Du könntest eigentlich ne Kleinigkeit springen lassen, Fagin, um mich dafür zu entschädigen, dass ich so lange das Haus gehütet habe. Gottverdammich, ich bin so schläfrig wie'n Geschworener und wär auf der Stelle eingepennt, als säße ich im Knast von Newgate, hätte ich nich die Gutmütigkeit besessen, diesen Jungspund hier bei Laune zu halten. Ich will verflucht sein, wenn's nich totlangweilig war!«

Unter diesen und weiteren Stoßseufzern ähnlicher Art strich Mr. Toby Crackit seinen Gewinn ein und stopfte ihn mit hochmütiger Miene in seine Westentasche, als seien solche kleinen Silberstücke der Beachtung eines Mannes seines Formats gar nicht würdig. Als dies erledigt war, stolzierte er so elegant und vornehm aus dem Zimmer, dass Mr. Chitling, der unzählige bewundernde Blicke auf dessen Beine und Stiefel warf, bis sie außer Sicht waren, der Gesellschaft versicherte, dass er die Bekanntschaft des Herrn für fünfzehn Sixpence günstig erworben zu haben glaube, weshalb ihm seine Verluste nicht einmal ein Schnippen des kleinen Fingers wert seien.

»Was für'n komischer Kauz du doch bist, Tom!«, sagte Meister Bates, durch diese Erklärung höchst belustigt.

»Überhaupt nich«, entgegnete Mr. Chitling. »Oder, Fagin?«

»Du bist ein blitzgescheiter Bursche, mein Lieber«, sagte der alte Hehler, wobei er ihm auf die Schulter klopfte und seinen anderen Zöglingen zuzwinkerte.

»Und Mr. Crackit is doch wirklich ein Mordskerl, was, Fagin?«, fragte Tom.

»Ohne jeden Zweifel, mein Lieber«, erwiderte der alte Hehler.

»Und es is doch wirklich ne Ehre, seine Bekanntschaft gemacht zu haben, nich wahr, Fagin?«, fragte Tom weiter.

»Sogar eine große Ehre, mein Bester«, antwortete Fagin. »Die sind bloß neidisch, Tom, weil er sie links liegenlässt.«

»Aha«, rief Tom triumphierend, »daher weht also der Wind! Er hat mir zwar all mein Geld abgeknöpft, aber ich kann ja gehen und neues beschaffen, wann immer ich will, stimmt's, Fagin?«

»Stimmt genau«, erwiderte der alte Hehler, »und je eher du losgehst, desto besser, Tom. Verlier nur keine weitere Minute, das Geld wieder reinzuholen. Dodger! Charley! Zeit für die Maloche. Los! Es ist schon fast zehn, und ihr habt noch nichts getan.«

Diesem Wink gehorchend nickten die Jungen Nancy zu, schnappten sich ihre Hüte und verließen das Zimmer. Im Hinausgehen rissen der Dodger und sein munterer Freund noch viele Witze auf Kosten von Mr. Chitling, dessen Benehmen, was man gerechterweise sagen muss, weder besonders auffällig noch absonderlich war, da es in der Stadt jede Menge ehrgeizige junge Burschen gibt, die einen viel höheren Preis als Mr. Chitling zahlen, um in der feinen Gesellschaft gesehen zu werden, und ebenso viele vornehme Gentlemen (welche die besagte feine Gesellschaft darstellen), deren Ansehen auf derselben Grundlage beruht wie das des schicken Toby Crackit.

»Und jetzt«, sagte Fagin, als sie draußen waren, »geh ich dir das Geld holen, Nancy. Dies ist bloß der Schlüssel zu einem kleinen Schrank, wo ich ein paar Dinge aufbewahre, die mir die Jungs herbeischaffen, mein Schatz. Geld schließe ich nie weg, weil ich ohnehin keins habe, meine Liebe – hahaha! – weil ich ohnehin keins habe. Es ist ein armseliges Geschäft, Nancy, das sich nicht lohnt, aber ich habe gern die jungen Leute um mich, deshalb ertrage ich das alles, nur deshalb. Psst!«, machte er und verbarg den Schlüssel hastig in seinem Gewand. »Wer ist das? Horch!«

Das Mädchen, das mit verschränkten Armen am Tisch saß, schien in keiner Weise an dem Neuankömmling interessiert zu sein oder sich darum zu kümmern, ob die Person, wer immer es sein mochte, kam oder ging, bis das Wispern einer männlichen Stimme an ihr Ohr drang. Noch im selben Augenblick riss sie sich in Windeseile Haube und Schultertuch herab und warf beides unter den Tisch. Als der alte Hehler sich gleich darauf umdrehte, beklagte sie sich über die Hitze, in einem matten Tonfall, der in auffälligem Gegensatz zu der großen Eile und dem Ungestüm ihrer Handlung stand, die Fagin jedoch entgangen waren, weil er ihr in dem Moment den Rücken zugekehrt hatte.

»Ach«, flüsterte der alte Hehler, als sei er über die Störung verärgert, »das ist der Mann, den ich früher erwartet hatte, er kommt die Treppe runter. Kein Wort über das Geld, solange er hier ist, Nance. Er wird nicht lange bleiben. Keine zehn Minuten, mein Schatz.«

Fagin legte seinen hageren Zeigefinger an die Lippen und ging mit einer Kerze zur Tür, als draußen auf der Treppe die Schritte eines Mannes zu hören waren. Er erreichte sie zugleich mit dem Besucher, der eilig ins Zimmer trat und schon dicht vor Nancy stand, bevor er sie bemerkte.

Es war Monks.

»Die gehört bloß zu meinen jungen Leuten«, sagte der alte Hehler, als er sah, dass Monks beim Anblick der Fremden zurückwich. »Bleib sitzen, Nancy.«

Das Mädchen rückte näher an den Tisch, blickte Monks mit einem Ausdruck unbekümmerter Gleichgültigkeit an und schaute wieder weg. Doch als er sich Fagin zuwandte, warf sie ihm heimlich einen weiteren Blick zu, so durchdringend, forschend und absichtsvoll, dass ein zufälliger Beobachter dieser Veränderung gezweifelt hätte, dass die beiden Blicke von der gleichen Person stammten.

»Gibt's Neuigkeiten?«, erkundigte sich Fagin.

»Allerdings.«

»Und … sind sie gut?«, fragte der alte Hehler zögernd, als fürchte er, den anderen durch zu große Forschheit zu verärgern.

»Jedenfalls nicht schlecht«, antwortete Monks mit einem Lächeln. »Dieses Mal bin ich schnell genug gewesen. Ich muss mit Euch sprechen.«

Das Mädchen rückte noch näher an den Tisch und machte keine Anstalten hinauszugehen, obwohl sie sah, dass Monks auf sie zeigte. Fagin, der vielleicht befürchtete, sie könne etwas wegen des Geldes verlauten lassen, wenn er sie loszuwerden versuchte, deutete nach oben und verließ mit Monks das Zimmer.

»Nicht wieder in dieses Höllenloch, wo wir letztes Mal waren«, konnte sie den Mann sagen hören, als die beiden die Treppe hinaufgingen. Fagin lachte, gab eine Antwort, die sie nicht verstand, und schien ihn, nach dem Knarren der Stufen zu urteilen, in den zweiten Stock zu führen.

Noch ehe der Laut ihrer Schritte im Haus verhallt war, hatte das Mädchen ihre Schuhe abgestreift, ihren Umhang lose über den Kopf gezogen und die Arme darin verborgen. So stand sie atemlos lauschend in der Tür. Sobald die Schritte verstummt waren, schlich sie aus dem Zimmer und stieg unglaublich vorsichtig und leise die Treppe empor und verschwand oben in der Dunkelheit.

Das Zimmer blieb für eine Viertelstunde oder länger verwaist, dann kam das Mädchen mit demselben gespenstischen Schritt zurückgeschlichen, und gleich darauf hörte man die beiden Männer herunterkommen. Monks trat sofort auf die Straße hinaus, während Fagin noch einmal nach oben ging, um das Geld zu holen. Als er wiederkehrte, ordnete das Mädchen gerade Haube und Tuch, als wolle sie sogleich aufbrechen.

»Aber Nancy!«, rief Fagin aus und fuhr zurück, als er die Kerze abstellte. »Wie bleich du bist!«

»Bleich?«, wiederholte das Mädchen, wobei sie die Augen mit der Hand beschattete, als wolle sie ihn fest ansehen.

»Ganz entsetzlich«, sagte Fagin. »Was hast du bloß angestellt?«

»Nichts weiter, außer, dass ich wer weiß wie lange in dieser stickigen Bude hier herumgehockt habe«, antwortete das Mädchen wie beiläufig. »Also los, sei so gut und lass mich endlich gehen.«

Mit einem Seufzer bei jeder Münze zählte Fagin ihr das Geld in die Hand. Sie wünschten sich noch eine gute Nacht und gingen dann auseinander, ohne ein weiteres Wort zu wechseln.

Draußen auf der Straße setzte sich das Mädchen auf einen Türtritt und schien für einen Moment völlig verwirrt und unfähig, ihren Weg fortzusetzen. Plötzlich stand sie auf und eilte in eine Richtung, die gerade entgegengesetzt zu der lag, wo Sikes auf ihre Rückkehr wartete, und beschleunigte ihren Schritt, bis er allmählich in ein rasendes Laufen überging. Nachdem sie sich völlig verausgabt hatte, blieb sie stehen, um Atem zu schöpfen, und als ob sie jäh zu sich kommen und die Aussichtslosigkeit ihres Vorhabens erkennen würde, rang sie verzweifelt die Hände und brach in Tränen aus.

Vielleicht verschafften ihr die Tränen Erleichterung, oder sie mochte auch die ganze Hoffnungslosigkeit ihrer Situation verspüren, auf jeden Fall drehte sie sich um und eilte fast genauso schnell in die entgegengesetzte Richtung, teils, um die verlorene Zeit wiedergutzumachen, und teils, um mit dem tosenden Fluss ihrer Gedanken Schritt zu halten, so dass sie schon bald die Behausung erreichte, wo sie den Einbrecher zurückgelassen hatte.

Sollte sie irgendwelche Anzeichen von Erregung gezeigt haben, als sie Mr. Sikes gegenübertrat, so war es ihm nicht aufgefallen, denn er erkundigte sich nur, ob sie das Geld mitgebracht habe, und als er darauf eine bejahende Antwort erhielt, gab er ein zufriedenes Knurren von sich, legte den Kopf wieder aufs Kissen und setzte den Schlaf fort, in dem er durch ihre Ankunft gestört worden war.

Zu ihrem Glück bot ihm der Besitz von Geld am nächsten Tag reichlich Gelegenheit zur Beschäftigung in Form von Essen und Trinken, und es zeitigte insgesamt die wohltuende Wirkung, sein schroffes Temperament zu besänftigen, so dass er weder Zeit noch Lust hatte, sich über ihr Verhalten und Betragen sonderlich zu ereifern. Dem luchsäugigen Fagin wäre sofort aufgefallen, dass Nancy sich in der zerstreuten und nervösen Verfassung eines Menschen befand, der unmittelbar davorsteht, einen kühnen und gefährlichen Schritt zu wagen, zu dem er sich hat durchringen müssen, und er wäre auf der Hut gewesen, doch Mr. Sikes fehlte es an einem solch feinen Gespür, und da ihn keine größere Sorge plagte als die, jedermann mit seinem ungehobelten Benehmen zu behelligen, und da er sich wie gesagt obendrein in einer ungewohnt versöhnlichen Stimmung befand, sah er nichts Auffälliges in ihrem Verhalten und kümmerte sich tatsächlich so wenig um sie, dass ihre Erregung, selbst wenn sie noch weit offenkundiger gewesen wäre, höchstwahrscheinlich keinerlei Verdacht in ihm geweckt hätte.

Als der Tag sich dem Ende zuneigte, wuchs die Aufregung des Mädchens, und als die Nacht anbrach und Nancy dasaß und darauf wartete, dass der Einbrecher sich in den Schlaf trinken würde, waren ihre Wangen so ungewöhnlich blass und ihre Augen von einer solchen Glut erfüllt, dass sogar Sikes sie mit Verwunderung betrachtete.

Vom Fieber geschwächt lag Mr. Sikes im Bett und trank seinen Gin mit Wasser verdünnt, damit er weniger erhitzend wirke, und hatte Nancy sein Glas schon zum dritten oder vierten Mal hingeschoben, damit sie es ihm wieder fülle, als ihm diese Anzeichen erstmals auffielen.

»Gottverdammich!«, rief der Mann und stützte sich auf die Hände, während er dem Mädchen ins Gesicht starrte. »Du schaust aus wie'n lebender Leichnam. Was is'n los?«

»Was soll los sein?«, gab das Mädchen zurück. »Nichts. Warum glotzt du mich so an?«

»Was is das schon wieder für ne Dummheit?«, wollte Sikes wissen, packte sie am Arm und schüttelte sie grob. »Was soll das? Was hast du vor? Woran denkst du?«

»An so manches, Bill«, erwiderte das Mädchen bebend und presste sich die Hände auf die Augen. »Aber, ach Gott, was hat das schon zu bedeuten?«

Der Tonfall gezwungener Fröhlichkeit, mit dem sie die letzten Worte sprach, schien Sikes stärker zu beeindrucken als der wilde, starre Blick, der ihnen vorausgegangen war.

»Ich sag dir, was los is«, erklärte Sikes, »wenn du dir kein Fieber eingefangen hast, das jetzt ausbricht, dann liegt irgendwas Übles in der Luft, und obendrein was Gefährliches. Du wirst doch nich … nein, verdammt, das würdeste nich tun!«

»Was tun?«, fragte das Mädchen.

»Es gibt«, sagte Sikes, der den Blick fest auf sie gerichtet hielt und die Worte vor sich hin murmelte, »es gibt kein Mädel auf der Welt, das treuer is als sie, sonst hätt ich ihr schon vor drei Monaten die Kehle durchgeschnitten. Sie kriegt das Fieber, das isses.«

Nachdem er sich mit dieser Versicherung beruhigt hatte, leerte Sikes das Glas bis auf den Grund und verlangte dann unter vielen gebrummten Verwünschungen nach seiner Medizin. Das Mädchen sprang dienstbeflissen auf und goss sie rasch ein, wobei sie ihm jedoch den Rücken zukehrte, und hielt dann das Gefäß an seine Lippen, während er den Inhalt trank.

»Und jetzt«, sagte der Räuber, »komm und hock dich zu mir her, und setz'n anderes Gesicht auf, sonst werd ich's dir so zurichten, dass du's nich mehr wiedererkennst, und wenn du dich noch so bemühst.«

Das Mädchen gehorchte. Sikes umschloss ihre Hand fest mit der seinen, fiel auf das Kissen zurück und richtete seine Augen auf ihr Gesicht. Sie fielen zu, öffneten sich wieder, fielen erneut zu und öffneten sich abermals. Ruhelos änderte er ständig seine Lage, und nachdem er immer wieder für zwei oder drei Minuten eingenickt und jedesmal mit entsetzter Miene wieder hochgefahren war und mit leerem Blick vor sich hingestarrt hatte, fiel er, als er sich gerade aufrichten wollte, jäh in einen tiefen, festen Schlaf. Der Griff seiner Hand lockerte sich, der erhobene Arm fiel schlaff an seiner Seite herab, und er lag wie in völliger Bewusstlosigkeit da.

»Endlich hat das Laudanum gewirkt«, murmelte das Mädchen, als sie sich von der Bettkante erhob. »Es könnte aber schon zu spät sein.«

Sie nahm hastig Haube und Schultertuch, wobei sie sich immer wieder ängstlich umsah, als erwarte sie trotz des Schlaftrunks jeden Augenblick den Druck von Sikes' schwerer Hand auf ihrer Schulter zu spüren, beugte sich vorsichtig übers Bett und küsste die Lippen des Einbrechers, dann öffnete und schloss sie fast lautlos die Zimmertür und eilte aus dem Haus.

In einem dunklen Seitengässchen, durch das sie auf dem Weg zur Hauptstraße gehen musste, rief ein Nachtwächter aus, dass es halb zehn geschlagen habe.

»Ist es schon weit nach halb?«, fragte das Mädchen.

»In einer Viertelstunde wird es zehn schlagen«, sagte der Mann und hob die Laterne zu ihrem Gesicht.

»Und ich brauche noch mindestens eine Stunde, bis ich dort bin«, murmelte Nancy, die geschwind an ihm vorbeihuschte und die Straße hinabeilte.

In den Nebengassen und Zufahrtsstraßen, durch die sie ihr Weg führte, um von Spitalfields ins Londoner West End zu gelangen, waren viele Läden schon geschlossen. Die Uhr schlug zehn und steigerte ihre Ungeduld. Sie bahnte sich mit den Ellbogen ihren Weg durch die Menge auf dem engen Bürgersteig und überquerte, indem sie um Haaresbreite an den Köpfen der Pferde vorbeischoss, die belebte Fahrbahn, an deren Rändern sich zahllose Menschen drängten, die begierig auf die Gelegenheit warteten, ein Gleiches zu tun.

»Die spinnt ja wohl!«, riefen die Leute und drehten sich nach ihr um, wenn sie dahinrauschte.

Als Nancy die vornehmeren Viertel der Stadt erreichte, waren die Straßen vergleichsweise leer, und hier erregte ihr ungestümes Dahineilen bei den vereinzelten Passanten, an denen sie vorbeistürmte, noch größere Neugier. Manche gingen beschleunigten Schrittes hinter ihr her, als wollten sie sehen, wohin sie so geschwind liefe, und ein paar überholten sie und drehten sich, erstaunt über ihr unvermindertes Tempo, nach ihr um, aber einer nach dem anderen blieb zurück, und als sie sich ihrem Ziel näherte, war sie allein.

Es war eine Privatpension in einer abgelegenen, aber schönen Straße in der Nähe des Hyde Parks. Als das helle Licht der Lampe, die vor der Tür brannte, sie zu dem Ort führte, schlug die Uhr elf. Sie hatte die letzten Schritte nur zögerlich getan, als sei sie unentschlossen und müsste sich zum Weitergehen überwinden, aber die Glockenschläge ermutigten sie, in die Eingangshalle zu treten. Der Platz des Pförtners war leer. Sie blickte unsicher umher und näherte sich der Treppe.

»Hallo, junge Frau!«, rief ein adrett gekleidetes Hausmädchen, das hinter ihr aus einer Tür schaute. »Was sucht Ihr hier?«

»Eine Dame, die in diesem Haus logiert«, antwortete Nancy.

»Eine Dame!«, lautete die von einem geringschätzigen Blick begleitete Antwort. »Was für eine Dame?«

»Miss Maylie«, sagte Nancy.

Die junge Frau, die inzwischen Nancys Äußeres gemustert hatte, bedachte sie nur mit einem Blick tugendhafter Verachtung und rief einen Diener herbei, der ihr Auskunft geben sollte. Ihm brachte Nancy erneut ihr Anliegen vor.

»Wen darf ich melden?«, fragte der Mann.

»Sie wird mich nicht kennen«, erwiderte Nancy.

»Und worum geht es?«, fragte der Mann.

»Das tut ebenfalls nichts zur Sache«, antwortete das Mädchen. »Ich muss die Dame sprechen.«

»Geht!«, sagte der Mann und schob sie Richtung Tür. »So nicht! Schert Euch fort.«

»Ihr müsstet mich hier schon mit Gewalt raustragen, wenn Ihr mich loswerden wollt!«, rief das Mädchen erregt. »Und das dürften nicht mal zwei von euch schaffen, wenn ich mich dagegen sperre. Ist denn hier niemand«, sagte sie, in die Runde schauend, »der für ein armes Mädchen wie mich eine einfache Botschaft überbringen will?«

Diese flehentliche Bitte machte Eindruck auf einen gutmütig dreinblickenden Koch, der mit einigen anderen der Dienerschaft zuschaute und jetzt vortrat, um sich einzumischen.

»Hör mal, Joe, warum richtest du's nicht einfach oben aus?«, fragte dieser Mann.

»Wozu soll das gut sein?«, entgegnete der Diener. »Du glaubst doch nicht, dass die junge Dame eine wie die hier sehen will, oder?«

Diese Anspielung auf Nancys zweifelhaften Charakter weckte einen nicht unbeträchtlichen keuschen Zorn im Busen der vier Hausmädchen, die voller Eifer bemerkten, dass dieses Geschöpf eine Schande für ihr Geschlecht sei und sich klar und deutlich dafür aussprachen, sie unbarmherzig auf die Straße zu werfen.

»Macht mit mir, was ihr wollt«, sagte Nancy, wieder an die Männer gewandt, »doch erfüllt mir zuvor meine Bitte und überbringt um Gott des Allmächtigen willen diese Botschaft.«

Der gutmütige Koch legte abermals seine Fürsprache ein, mit dem Ergebnis, dass der Diener, der zuerst aufgetaucht war, den Botengang übernahm.

»Was soll ich also ausrichten?«, fragte der Mann, einen Fuß schon auf der Treppe.

»Dass eine junge Frau dringend unter vier Augen mit Miss Maylie zu sprechen wünscht«, sagte Nancy, »und dass die Dame schon nach dem ersten Wort wissen wird, ob sie mich anhören oder als Betrügerin vor die Tür setzen lassen soll.«

»Ihr tragt aber ganz schön dick auf«, meinte der Mann, »das muss ich schon sagen!«

»Überbringt einfach die Nachricht«, versetzte das Mädchen unbeirrt, »und lasst mich die Antwort wissen.«

Der Mann ging die Treppe hinauf. Nancy wartete blass und beinahe atemlos und hörte mit bebenden Lippen die gut vernehmbaren verächtlichen Bemerkungen, die die züchtigen Hausmädchen zur Genüge von sich gaben und die sich noch häuften, als der Diener mit der Nachricht zurückkehrte, die junge Frau möge sich hinaufbegeben.

»Es zahlt sich nicht aus, auf dieser Welt anständig zu sein«, sagte das erste Hausmädchen.

»Messing gilt mehr als Gold, das durchs Feuer gegangen ist«, sagte die zweite.

Die dritte begnügte sich mit der verwunderten Frage, »was eine vornehme Dame wohl ausmache«, und die vierte übernahm die Oberstimme in dem Quartett »Was für eine Schande!«, mit dem die frommen Helenen schlossen.

Ohne auf all dies zu achten, denn ihr lag Wichtigeres am Herzen, folgte Nancy dem Mann am ganzen Leibe zitternd in ein kleines Vorzimmer, das von einer Lampe an der Decke erhellt wurde. Hier ließ er sie allein und zog sich zurück.

Vierzigstes Kapitel

Eine sonderbare Unterredung, die eine Fortsetzung des vorigen Kapitels ist.

Nancy hatte ihr Leben in den Straßen und inmitten der übelsten Bordelle und Lasterhöhlen Londons gefristet, dennoch war in ihr noch immer etwas vom ursprünglichen weiblichen Wesen erhalten geblieben, und als sie hörte, wie sich ein leichter Schritt der anderen Tür auf der gegenüberliegenden Seite des Zimmers näherte, und daran dachte, welch einen ungeheuer großen Gegensatz dieser kleine Raum im nächsten Augenblick beherbergen würde, empfand sie die ganze Last ihrer tiefen Schmach und sank in sich zusammen, als könne sie kaum die Gegenwart derjenigen ertragen, mit der sie diese Unterredung unbedingt hatte führen wollen.

Aber gegen diese besseren Gefühle kämpfte der Stolz – dieses Laster sowohl der niedrigsten und verkommensten Geschöpfe als auch der Hochstehenden und Selbstgewissen. Die unselige Komplizin von Dieben und Verbrechern, die gefallene Aussätzige der Elendsviertel, die Gefährtin des Abschaums der Kerker und Gefängnisschiffe, die selbst ein Leben im Schatten der Galgen führte – sogar dieses gedemütigte Wesen fühlte sich zu stolz, um den schwachen Schimmer ihrer Weiblichkeit zu verraten, den sie für eine Schwäche hielt, obwohl er sie als einziges mit der Menschlichkeit verband, von der ihr wüstes Leben schon in der Kindheit so viele, viele Spuren ausgelöscht hatte.

Sie hob den Blick gerade so weit, um zu bemerken, dass die Gestalt, die vor sie trat, die einer zarten und schönen jungen Frau war, dann senkte sie ihn zu Boden und warf gleich darauf ihren Kopf mit gespielter Unbekümmertheit zurück, als sie sagte:

»Es war nicht einfach, zu Euch vorzudringen, Madam. Wäre ich beleidigt gewesen und fortgegangen, wie es wohl viele getan hätten, so würdet Ihr es wohl eines Tages bereut haben, und das nicht ohne Grund.«

»Es tut mir sehr leid, wenn sich jemand Euch gegenüber ungehörig benommen hat«, erwiderte Rose. »Denkt bitte nicht mehr daran. Sagt mir, warum Ihr mich sehen wolltet. Ich bin diejenige, nach der Ihr gefragt habt.«

Nancy war vom gütigen Ton dieser Antwort, der wohlklingenden Stimme, dem freundlichen Wesen und dem Fehlen jeglichen Anflugs von Überheblichkeit oder Unmut derart überrascht, dass sie in Tränen ausbrach.

»Oh, Madam, Madam!«, rief sie und schlug ihre Hände in einer leidenschaftlichen Aufwallung vors Gesicht. »Gäbe es mehr Menschen wie Euch, würde es weniger wie mich geben ... ganz gewiss ... ganz gewiss!«

»Setzt Euch«, sagte Rose bestimmt. »Ihr bringt mich in Verlegenheit. Wenn Ihr in Not oder Bedrängnis seid, wird es mir eine Freude sein, Euch zu helfen, wenn ich kann ... eine wirkliche Freude. Setzt Euch.«

»Ich möchte lieber stehen bleiben, Madam«, sagte das Mädchen noch immer weinend, »und sprecht nicht so gütig zu mir, solange Ihr mich nicht besser kennt. Es ist schon spät. Ist ... ist ... die Tür dort verriegelt?«

»Ja«, antwortete Rose, wobei sie ein paar Schritte zurückwich, als wolle sie der Hilfe näher sein, falls sie welche benötigen sollte. »Warum?«

»Weil ich«, antwortete Nancy, »im Begriff bin, mein Leben und das anderer in Eure Hände zu geben. Ich bin das Mädchen, das den kleinen Oliver an dem Abend, als er das Haus in Pentonville verließ, zurück zu Fagin, dem alten Hehler, geschleppt hat.«

»Ihr!«, rief Rose Maylie.

»Ja, ich, Madam«, erwiderte das Mädchen. »Ich bin die elende Kreatur, von der Ihr gehört habt, die unter Diebesvolk lebt, und die, soweit ich zurückdenken kann und zum ersten Mal die Straßen Londons erblickt und wahrgenommen habe, nie ein besseres Leben kennengelernt oder freundlichere Worte, als die Ihr zu mir sagtet, gehört hat, so wahr mir Gott helfe! Erschreckt ruhig vor mir, Madam. Ich bin jünger, als Ihr nach meinem Aussehen vermuten werdet, aber ich bin daran gewöhnt. Selbst die armseligsten Frauen weichen mir aus, wenn ich durch die belebten Straßen geh.«

»Was für schreckliche Dinge sagt Ihr da?«, entfuhr es Rose, die unwillkürlich ein Stück von ihrer seltsamen Besucherin abrückte.

»Dankt dem Himmel auf Knien, Madam«, rief das Mädchen, »dass Ihr eine Familie hattet, die Euch in der Kindheit behütet und umsorgt hat, und dass Ihr niemals Hunger und Kälte, Gewalt und Trunkenheit erfahren habt und … und noch Schlimmeres … so wie ich, seit ich in der Wiege lag, ich darf das Wort wohl gebrauchen, denn Straße und Gosse waren meine Wiege, so wie sie auch meine Totenbahre sein werden.«

»Ihr dauert mich!«, sagte Rose mit gebrochener Stimme. »Es zerreißt mir das Herz, Euch anzuhören!«

»Gott segne Euch für Eure Güte!«, erwiderte das Mädchen. »Wenn Ihr wüsstet, was ich zuweilen bin, würde ich Euch tatsächlich dauern. Doch ich habe mich fortgeschlichen von jenen, die mich gewiss töten würden, wenn sie erführen, dass ich hier gewesen bin, um Euch zu verraten, was ich belauscht habe. Kennt Ihr einen Mann namens Monks?«

»Nein«, antwortete Rose.

»Aber er kennt Euch«, sagte das Mädchen, »und er wusste, dass Ihr hier seid, denn ihn habe ich diesen Ort nennen hören, so dass ich Euch auffinden konnte.«

»Ich habe den Namen nie gehört«, erwiderte Rose.

»Dann benutzt er uns gegenüber einen falschen«, sagte das Mädchen, »was ich mir schon fast gedacht habe. Vor einiger Zeit, kurz nachdem Oliver in der Nacht des Einbruchs in Euer Haus gebracht wurde, habe ich – da ich diesem Mann misstraute – ein Gespräch, das er in der Dunkelheit mit Fagin führte, belauscht. Durch das, was mir zu Ohren kam, erfuhr ich, dass Monks – Ihr wisst schon, der Mann, nach dem ich Euch fragte …«

»Ja«, warf Rose ein, »ich verstehe.«

»… dass Monks«, fuhr das Mädchen fort, »Oliver zufällig mit zwei anderen unserer Jungs gesehen hat, an dem Tag, als er uns das erste Mal entwischte, und ihn sofort als das Kind erkannte, nach dem er auf der Suche war, wenn ich auch nicht herausfinden konnte, warum. Sie schlossen einen Handel, dass Fagin einen gewissen Geldbetrag erhalten solle, wenn er Oliver zurückholte, und noch mehr, wenn er einen Dieb aus ihm machte, womit dieser Monks irgendeine Absicht verfolgt.«

»Was für eine Absicht?«, fragte Rose.

»Als ich in der Hoffnung lauschte, es herauszufinden, hat er meinen Schatten an der Wand entdeckt«, sagte Nancy, »und es gibt außer mir nicht viele, die ihnen rechtzeitig entkommen wären, ohne dabei ertappt zu werden. Aber ich hab's geschafft und ihn erst gestern abend wiedergesehen.«

»Was geschah da?«

»Ich werd's Euch erzählen, Madam. Gestern abend kam er wieder. Abermals gingen sie die Treppe hinauf. Ich verhüllte mich so, dass mein Schatten mich nicht verraten würde, und horchte wieder an der Tür. Die ersten Worte, die ich Monks sagen hörte, waren die: ›Die einzigen Beweise von der Abstammung des Jungen liegen also auf dem Grunde des Flusses, und die alte Hexe, die sie von seiner Mutter erhalten hat, verfault in ihrem Grab.‹ Sie lachten und redeten über seine erfolgreiche Tat, und Monks, der weiter von dem Jungen erzählte, wurde ganz wild, als er sagte, das Geld des kleinen Teufels sei ihm jetzt zwar sicher, aber noch lieber hätte er's auf die andere Art bekommen, denn was wäre das für ein Spaß gewesen, das hochnäsige Testament des Vaters zuschanden zu machen, indem man Oliver durch sämtliche Gefängnisse Londons geschleift und ihn dann für irgendein Kapitalverbrechen aufgeknüpft hätte, was für Fagin leicht zu bewerkstelligen gewesen wäre, der obendrein noch großen Gewinn daraus geschlagen hätte.«

»Was hat das alles zu bedeuten?«, rief Rose.

»Die Wahrheit, Madam, auch wenn sie aus meinem Munde kommt«, antwortete das Mädchen. »Dann sagte er unter Flüchen, die meinem Ohr nur zu vertraut sind, dem Euren aber fremd, wenn er seinen Hass stillen könnte, indem er dem Jungen das Leben nähme, ohne seinen eigenen Hals in Gefahr zu bringen, würde er's tun, da's ihm aber nicht möglich ist, müsse er auf der Hut sein und beobachten, wie's dem Jungen im Leben so ergehe, und sollte er aus seiner Geburt und Herkunft Nutzen ziehen, könne er ihm immer noch schaden. ›Kurz und gut, Fagin‹, sagte er, ›mögt Ihr auch ein noch so verkommener Schurke sein, solche Fallstricke wie ich für meinen kleinen Bruder Oliver habt Ihr noch für niemanden ausgelegt!‹«

»Sein Bruder!«, rief Rose aus.

»Das waren seine Worte«, sagte Nancy und schaute unruhig umher, wie sie es fast die ganze Zeit tat, seit sie zu reden begonnen hatte, da sie ständig von dem Gedanken an Sikes heimgesucht wurde. »Aber es geht noch weiter. Als er von Euch und der anderen Dame sprach und sagte, es scheine, als habe sich der Himmel – oder der Teufel – gegen ihn verschworen, dass Oliver ausgerechnet Euch in die Hände fiel, lachte er und meinte, es wäre aber andererseits auch eine Genugtuung, denn Ihr würdet wohl Tausende und Abertausende Pfund dafür geben, wenn Ihr sie denn hättet, um zu erfahren, wer Euer zweibeiniges Schoßhündchen in Wirklichkeit sei.«

»Ihr wollt doch nicht behaupten«, unterbrach sie Rose, die ganz bleich geworden war, »er hätte das in vollem Ernst gesagt.«

»Er sprach mit einem so bitteren und zornigen Ernst, wie's ein Mann nur tun kann«, erwiderte das Mädchen kopfschüttelnd. »Mit dem ist nicht zu spaßen, wenn ihn der Hass überkommt. Ich kenne viele, die schlimmere Dinge anstellen, aber lieber höre ich all denen ein Dutzend Mal zu als Monks nur ein einziges Mal. Doch es wird spät, und ich muss nach Hause kommen, ohne den Verdacht zu erregen, dass ich einen Gang wie diesen unternommen habe. Ich muss schnell zurück.«

»Aber was kann ich tun?«, fragte Rose. »Wie kann ich diese Mitteilung ohne Euch nutzen? Zurück! Warum wollt Ihr zurück zu Gefährten, die Ihr in solch schrecklichen Farben malt? Wenn Ihr Eure Mitteilung gegenüber einem Herrn wiederholt, den ich augenblicklich aus dem Nebenzimmer herbeirufen kann, werdet Ihr in weniger als einer halben Stunde an einem sicheren Ort untergebracht werden.«

»Ich möchte zurückgehen«, sagte das Mädchen. »Ich muss zurück, weil … wie kann ich dergleichen Dinge einer anständigen Dame wie Euch erklären? … weil es unter den Männern, von denen ich Euch erzählt habe, einen gibt, der Verwegenste von allen, den ich nicht verlassen kann, ja, nicht einmal, um von dem Leben, das ich jetzt führe, errettet zu werden.«

»Dass Ihr Euch zuvor schon einmal für den lieben Jungen verwendet habt«, sagte Rose, »und Euch einer großen Gefahr aussetzt, um herzukommen und mir zu berichten, was Ihr gehört habt, Euer Wesen, das mich von der Wahrheit Eurer Worte überzeugt, Eure offensichtliche Reue und Beschämung, all das lässt mich hoffen, dass Ihr noch nicht für immer verloren seid. Oh«, entfuhr es voller Leidenschaft der jungen Frau, die ihre Hände faltete, während ihr die Tränen übers Gesicht liefen, »verschließt Eure Ohren nicht der flehentlichen Bitte von Frau zu Frau, der ersten … der ersten, glaube ich, die sich je mit der Stimme des Mitleids und Mitgefühls an Euch gewandt hat. Hört auf meine Worte, und lasst mich Euch für ein besseres Leben erretten.«

»Madam«, rief Nancy und sank auf die Knie, »liebste, gütigste, engelsgleiche Freundin, Ihr seid tatsächlich die erste, die mich je mit solchen Worten gesegnet hat, und hätte ich sie Jahre zuvor vernommen, wäre ich vielleicht von meinem Leben in Sünde und Leid bekehrt worden, aber jetzt ist es zu spät … zu spät!«

»Es ist nie zu spät für Reue und Umkehr«, erwiderte Rose.

»Doch«, rief Nancy, die sich unter ihrer Seelenpein wand. »Ich kann ihn jetzt nicht verlassen! Ich will nicht sein Tod sein.«

»Warum solltet Ihr das sein?«, fragte Rose.

»Nichts könnte ihn retten«, rief das Mädchen. »Wenn ich anderen erzählte, was ich Euch anvertraut habe, und sie würden deshalb gefasst, müsste er sicher sterben. Er ist der gefährlichste von ihnen, und er ist so grausam gewesen!«

»Wie ist es möglich«, fragte Rose, »dass Ihr für einen solchen Mann alle zukünftige Hoffnung fahren lasst und die Zusicherung sofortigen Schutzes ausschlagt? Das ist eine Tollheit.«

»Ich weiß nicht, was es ist«, antwortete das Mädchen. »Ich weiß nur, dass es so ist, und nicht bloß bei mir, sondern bei Hunderten anderen, die ebenso schlecht und elend sind wie ich. Ich muss zurück. Ob es Gottes Zorn wegen meiner Missetaten ist, weiß ich nicht, doch treibt es mich trotz aller Leiden und Misshandlungen zu ihm zurück, und ich glaube, ich würde sogar gehen, wenn ich wüsste, dass ich zuletzt durch seine Hand sterben sollte.«

»Was kann ich tun?«, fragte Rose. »So darf ich Euch nicht von hier fortgehen lassen.«

»Ihr müsst, Madam, und ich weiß, Ihr werdet es tun«, entgegnete das Mädchen und erhob sich. »Ihr werdet mich nicht am Fortgehen hindern, denn ich habe Eurer Güte vertraut und kein Versprechen von Euch eingefordert, wie ich es hätte tun können.«

»Welchen Zweck hat dann die Nachricht, die Ihr mir überbracht habt?«, fragte Rose. »Das Geheimnis muss ergründet werden, denn wie sonst soll es Oliver, dem Ihr doch so sehr helfen wollt, nützen, dass Ihr es mir anvertraut habt?«

»Ihr kennt doch sicher irgendeinen verständnisvollen Herrn,

der es sich unter dem Siegel der Verschwiegenheit anhören und Euch Rat geben wird, was zu tun ist«, antwortete Nancy.

»Aber wo kann ich Euch finden, wenn es notwendig sein sollte?«, erkundigte sich Rose. »Ich will gar nicht wissen, wo diese entsetzlichen Menschen wohnen, doch wo werdet Ihr künftig zu einer festgelegten Zeit vorbeikommen oder entlanggehen?«

»Versprecht Ihr mir, mein Geheimnis streng zu hüten und allein zu kommen oder nur mit der einzigen anderen Person, die es noch kennt, und dass mich niemand beobachten oder mir folgen wird?«, fragte das Mädchen.

»Ich gebe Euch mein feierliches Versprechen«, antwortete Rose.

»Jeden Sonntag, nachts zwischen elf und zwölf Uhr«, sagte Nancy ohne Zögern, »werde ich auf der London Bridge auf und ab gehen, wenn ich noch lebe.«

»Bleibt noch einen Augenblick«, unterbrach Rose, als das Mädchen sich rasch Richtung Tür bewegte. »Denkt noch einmal über Eure eigene Lage nach und über die Gelegenheit, die sich Euch bietet, ihr zu entkommen. Ich bin Euch etwas schuldig, nicht nur, weil Ihr mir diese Nachricht überbracht habt, sondern auch weil Ihr eine Frau seid, die beinahe unrettbar verloren ist. Wollt Ihr wirklich zurück zu dieser Räuberbande und zu diesem Mann, wo Euch doch ein einziges Wort zu retten vermag? Welch ein Zauber ist es, der Euch zurückzieht und an Laster und Elend festhalten lässt? Ach, gibt es denn in Eurem Herzen keine Saite, die ich zum Klingen bringen kann? Ist nichts übriggeblieben, das ich gegen diese schreckliche Verblendung anrufen könnte?«

»Wenn Damen, so jung, gütig und schön, wie Ihr es seid«,

antwortete das Mädchen mit fester Stimme, »ihr Herz verschenken ... wird die Liebe ihnen mehr als alles andere bedeuten – selbst Euch, die Ihr ein Zuhause, Familie und andere Verehrer habt, alles, was man nur begehren kann. Wenn eine wie ich, deren einziges sicheres Dach der Sargdeckel ist und die bei Krankheit oder Tod keinen anderen Freund als die Pflegerin im Armenhaus kennt, ihr verderbtes Herz an einen Mann hängt und er den Platz ausfüllt, der während unseres ganzen elenden Lebens leer geblieben war, wer kann da hoffen, uns zu kurieren? Bedauert uns, Madam ... bedauert uns, weil uns nur ein weibliches Gefühl geblieben ist, und weil wir es, durch ein gestrenges Urteil, von einem Trost und Stolz zu einem neuen Anlass für Gewalt und Leid verkehrt haben.«

»Ihr werdet doch«, fragte Rose nach einer Pause, »ein wenig Geld von mir annehmen, das Euch ermöglichen wird, ohne Unredlichkeit zu leben ... zumindest, bis wir uns wiedersehen?«

»Keinen Penny«, antwortete Nancy mit einer abwehrenden Handbewegung.

»Verschließt Euer Herz nicht gegen all meine Bemühungen, Euch zu helfen«, sagte Rose und trat ein wenig näher heran. »Ich wünsche aufrichtig, Euch gefällig zu sein.«

»Den größten Gefallen, Madam, könntet Ihr mir erweisen«, erwiderte Nancy händeringend, »wenn Ihr mir auf der Stelle das Leben nähmet, denn heute nacht habe ich bei dem Gedanken daran, was ich bin, mehr Kummer verspürt als je zuvor, und es wäre schon etwas, nicht in derselben Hölle zu sterben, in der ich gelebt habe. Gott segne Euch, gütige Dame, und schütte so viel Glück über Euer Haupt aus, wie ich Schande über das meine gebracht habe!«

Bei diesen Worten schluchzte das unglückliche Geschöpf laut auf und ging fort, während Rose Maylie, überwältigt von dieser sonderbaren Unterredung, die eher einem flüchtigen Traum als einem wirklichen Geschehen ähnelte, in einen Stuhl sank und sich bemühte, ihre verwirrten Gedanken zu sammeln.

Einundvierzigstes Kapitel

Enthält neue Entdeckungen und zeigt, dass eine Überraschung, ebenso wie ein Unglück, selten allein kommt.

Sie befand sich in der Tat in einer ungewöhnlich verzwickten und schwierigen Lage. Während sie einerseits den dringlichen und brennenden Wunsch verspürte, das Geheimnis, das Olivers Herkunft umgab, zu erforschen, durfte sie andererseits natürlich nicht das Vertrauen missbrauchen, welches die unglückliche Frau, mit der sie soeben gesprochen, als ein junges und argloses Mädchen in sie setzte. Ihre Worte und ihr Wesen hatten Rose Maylies Herz gerührt, und in die Liebe zu ihrer jungen Schutzbefohlenen mischte sich, kaum weniger aufrichtig und stark, ihr sehnlicher Wunsch, die Ausgestoßene zur Umkehr zu bewegen und ihr neue Hoffnung zu geben.

Es war geplant, dass sie nur drei Tage in London blieben, bevor sie für einige Wochen nach einem entlegenen Küstenstrich abreisen wollten. Jetzt war die Mitternacht des ersten Tages. Welchen Plan konnte sie ersinnen, der sich innerhalb von achtundvierzig Stunden ausführen ließe? Oder wie konnte sie die Abreise aufschieben, ohne Verdacht zu erregen?

Mr. Losberne war bei ihnen und würde es auch in den nächsten beiden Tagen bleiben, aber Rose kannte nur zu gut das ungestüme Wesen des trefflichen Herrn und sah nur allzu deutlich den Zorn voraus, mit dem er im ersten Aufwallen seiner Empörung das Werkzeug von Olivers Verschleppung betrachten würde, um ihm das Geheimnis anzuvertrauen, solange sie keinen lebensklugen

Menschen an ihrer Seite hatte, der bereit war, ihr Eintreten für das Mädchen zu unterstützen. Dies alles waren Gründe, die zu großer Vorsicht mahnten und für ein äußerst behutsames Vorgehen sprachen, wenn sie die Angelegenheit Mrs. Maylie darlegte, deren erste Regung unweigerlich sein würde, sich mit dem ehrenwerten Doktor besprechen zu wollen. Aus denselben Gründen war kaum daran zu denken, einen Rechtsbeistand zu Rate zu ziehen, selbst wenn sie gewusst hätte, wie das zu bewerkstelligen sei. Einmal kam ihr in den Sinn, Harry um Hilfe zu bitten, doch das weckte die Erinnerung an ihr letztes Auseinandergehen, und es erschien ihrer nicht würdig, ihn zurückzurufen, da er – als sie darüber nachsann, traten ihr Tränen in die Augen – es inzwischen geschafft haben mochte, sie zu vergessen und fern von ihr glücklicher zu sein.

Verwirrt durch diese verschiedenen Überlegungen, wobei sie bald dieser und bald jener Entscheidung zuneigte und dann wieder alles verwarf, während ihr die Gedanken immer wieder durch den Kopf gingen, verbrachte Rose eine unruhige und schlaflose Nacht. Nachdem sie am nächsten Morgen abermals mit sich zu Rate gegangen war, gelangte sie zu dem verzweifelten Entschluss, sich an Harry zu wenden.

»Es mag schmerzlich für ihn sein, hierher zurückzukehren«, so dachte sie, »doch wie schmerzlich wird es mir erst werden! Aber vielleicht kommt er ja gar nicht, er könnte auch schreiben; oder er kommt, vermeidet jedoch geflissentlich ein Zusammentreffen mit mir … so wie er es bei seiner Abreise getan hat. Ich hätte es kaum für möglich gehalten, aber es war für uns beide besser so.«

Hier ließ Rose die Feder sinken und wandte sich ab, als solle der Briefbogen, dem sie ihre Botschaft anvertrauen wollte, ihre Tränen nicht sehen.

Sie hatte eben diese Feder wohl fünfzigmal aufgenommen und wieder abgelegt, während sie hin und her überlegte, wie sie ihren Brief beginnen sollte, ohne auch nur eine Silbe zu schreiben, als Oliver, der mit Mr. Giles als Beschützer draußen auf den Straßen spazieren gewesen war, in so atemloser Hast und großer Erregung ins Zimmer gestürzt kam, dass ein neuer Grund zur Beunruhigung gegeben schien.

»Warum bist du denn so aufgeregt?«, fragte Rose und ging ihm entgegen.

»Ich weiß kaum, wie ich's sagen soll, es ist, als wär mir die Kehle zugeschnürt«, erwiderte der Junge. »O Gott! Der Gedanke, ihn endlich wiederzusehen, und dass Ihr erfahren werdet, dass ich Euch nur die Wahrheit erzählt habe!«

»Ich habe nie geglaubt, dass du uns irgendetwas anderes als die Wahrheit erzählt hättest«, sagte Rose, um ihn zu beruhigen. »Aber was soll das bedeuten … von wem sprichst du?«

»Ich habe den Herrn gesehen«, antwortete Oliver, der kaum imstande war, deutlich zu sprechen, »den Herrn, der so gut zu mir war … Mr. Brownlow, von dem wir so oft geredet haben.«

»Wo?«, fragte Rose.

»Er ist aus einer Kutsche gestiegen und in ein Haus gegangen«, erwiderte Oliver, der vor Freude weinte. »Ich habe nicht mit ihm gesprochen … ich konnte nicht mit ihm sprechen, denn er hat mich nicht gesehen, und ich zitterte am ganzen Leib, so dass ich es nicht vermochte, zu ihm zu gehen. Aber Giles hat sich für mich erkundigt, ob er dort wohne, und sie haben ja gesagt. Schaut«, fuhr Oliver fort und entfaltete ein Stück Papier, »hier ist es, hier wohnt er … ich werde sofort hingehen! Ach du lieber Gott, ach du lieber Gott! Was werde ich nur tun, wenn ich ihn wiedersehe und wieder sprechen höre!«

Während Roses Aufmerksamkeit von diesen und vielen weiteren jähen freudigen Ausrufen nicht wenig abgelenkt wurde, las sie die Adresse, die Craven Street, unweit der Strand, lautete, und war umgehend entschlossen, diese Entdeckung für sich zu nutzen.

»Rasch!«, sagte sie. »Gib Bescheid, dass sie eine Mietdroschke kommen lassen, und mach dich bereit, mich zu begleiten. Ich werde dich sofort dort hinbringen, ohne eine Minute zu verlieren. Ich will nur eben der Tante sagen, dass wir für eine Stunde fort sein werden, und bin dann ebenso schnell fertig wie du.«

Oliver bedurfte keiner weiteren Aufforderung, und kaum fünf Minuten später befanden sie sich auf dem Weg zur Craven Street. Als sie dort ankamen, ließ Rose Oliver in der Kutsche zurück, unter dem Vorwand, den alten Herrn auf seinen Besuch vorbereiten zu wollen. Dann schickte sie ihre Karte durch einen Diener nach oben und bat, Mr. Brownlow in einer dringenden Angelegenheit sprechen zu dürfen. Der Diener kehrte bald zurück und forderte sie auf, ihm die Treppe hinauf zu folgen. In einem Zimmer des oberen Stockwerks wurde Miss Maylie einem gütig aussehenden älteren Herrn vorgestellt, der in einen dunkelgrünen Rock gekleidet war. Nicht weit von ihm entfernt saß ein anderer älterer Herr, der Nankinghosen und Gamaschen trug und nicht besonders gütig aussah. Er hatte das Kinn auf seine Hände gestützt, die gefaltet auf dem Knauf seines dicken Spazierstocks lagen.

»Ach du meine Güte«, sagte der Herr im dunkelgrünen Rock, während er sich mit großer Höflichkeit eilig erhob. »Ich bitte um

Verzeihung, junge Dame ... ich dachte, es sei irgendeine aufdringliche Person, die ... ich bitte nochmals um Verzeihung. So setzt Euch doch!«

»Ihr seid sicher Mr. Brownlow, Sir?«, fragte Rose, während sie von dem anderen Herrn zu jenem schaute, der gesprochen hatte.

»So heiße ich«, sagte der alte Herr. »Und dies ist mein Freund, Mr. Grimwig. Grimwig, wollt Ihr uns wohl für ein paar Minuten allein lassen?«

»Ich denke«, unterbrach ihn Miss Maylie, »es wird nicht nötig sein, dass sich der Herr zu diesem Zeitpunkt unserer Unterredung wegen uns fortbemühen muss. Wenn ich richtig im Bilde bin, ist ihm die Angelegenheit, über die ich mit Euch sprechen möchte, ebenfalls bekannt.«

Mr. Brownlow neigte den Kopf. Mr. Grimwig, der eine sehr steife Verbeugung gemacht und sich von seinem Platz erhoben hatte, verbeugte sich abermals sehr steif und ließ sich wieder in den Sessel sinken.

»Es wird Euch zweifelsohne sehr überraschen«, sagte Rose, verständlicherweise leicht verlegen, »aber Ihr habt einst einem lieben jungen Freund von mir viel Güte und Barmherzigkeit erwiesen, und ich bin mir sicher, Ihr würdet gern einmal wieder von ihm hören.«

»Was Ihr nicht sagt!«, rief Mr. Brownlow.

»Ihr kanntet ihn als Oliver Twist«, sagte Rose.

Kaum waren ihr diese Worte über die Lippen gekommen, als Mr. Grimwig, der so getan hatte, als würde er in einem dicken Buch, das auf dem Tisch lag, blättern, es mit einem lauten Knall zuschlug und im Sessel zurücksank. Aus seinen Zügen wich jeder andere Ausdruck als der unendlicher Verwunderung, worauf er sich einem anhaltenden leeren Stieren hingab. Dann richtete er sich, als sei er beschämt, so viel Gefühl gezeigt zu haben, mit einem Ruck wieder zu seiner früheren Position auf und ließ, während er gerade vor sich hin blickte, ein langes, tiefes Pfeifen vernehmen, das jedoch nicht in der Luft ausklang, sondern tief in seinem Inneren zu ersterben schien.

Mr. Brownlow war nicht weniger erstaunt, auch wenn sich sein Erstaunen nicht in derselben exzentrischen Weise äußerte. Er rückte mit seinem Stuhl näher an Miss Maylie heran und sagte:

»Tut mir den Gefallen, meine liebe junge Dame, und lasst die Güte und die Barmherzigkeit, von der Ihr sprecht und wovon sonst niemand etwas weiß, gänzlich unerwähnt, und wenn es in Eurer Macht steht, einen Beweis vorzulegen, der die ungünstige Meinung, die ich einst von diesem armen Kind habe fassen müssen, ändern kann, dann enthaltet ihn mir in Gottes Namen nicht länger vor.«

»Ein Bösewicht! Ich will meinen Kopf fressen, wenn er kein Bösewicht ist«, knurrte Mr. Grimwig in der Art eines Bauchredners, ohne einen Muskel im Gesicht zu bewegen.

»Er ist ein edelmütiges und warmherziges Kind«, sagte Rose errötend, »und jene Macht, die es für richtig befand, ihm über seine Jahre hinaus Prüfungen aufzuerlegen, hat in seiner Seele Regungen und Gefühle geweckt, die so manchem, der sechsmal so alt ist, zur Ehre gereichen würden.«

»Ich bin erst einundsechzig«, sagte Mr. Grimwig mit demselben starren Gesichtsausdruck, »und da es mit dem Teufel zugehen müsste, wenn dieser Oliver nicht mindestens zwölf Jahre alt ist, vermag ich keinen Nutzen in dieser Bemerkung zu erkennen.«

»Achtet nicht auf meinen Freund, Miss Maylie«, sagte Mr. Brownlow, »er meint es nicht so, wie er's sagt.«

»Doch, meint er wohl«, knurrte Mr. Grimwig.

»Nein, meint er nicht«, entgegnete Mr. Brownlow, der zusehends ärgerlich wurde, als er sprach.

»Er will seinen Kopf fressen, wenn er's nicht so meint«, brummte Mr. Grimwig.

»Er würde es verdienen, dass man ihm denselbigen abschlüge, wenn er es so meint«, sagte Mr. Brownlow.

»Und er würde nur zu gern denjenigen sehen, der sich zu dieser Tat bereit fände«, erwiderte Mr. Grimwig und stieß seinen Stock auf den Boden.

Als der Streit so weit gediehen war, nahmen die beiden alten Herren jeweils eine Prise Schnupftabak und schüttelten sich anschließend die Hände, wie es feststehender Brauch bei ihnen war.

»Und jetzt, Miss Maylie«, fuhr Mr. Brownlow fort, »kommen wir zu der Angelegenheit zurück, die Euch so sehr am Herzen liegt. Wollt Ihr mir verraten, welche Kunde Ihr von diesem armen Kind habt? Erlaubt mir vorauszuschicken, dass ich alle mir zur Verfügung stehenden Mittel ausgeschöpft habe, um ihn ausfindig zu machen, und dass während meiner Abwesenheit aus diesem Lande mein erster Eindruck, er habe mich getäuscht und sei von seinen früheren Kumpanen dazu angestiftet worden, mich zu bestehlen, erheblich ins Wanken geraten ist.«

Rose, die Zeit gefunden hatte, ihre Gedanken zu sammeln, berichtete umgehend in wenigen schlichten Worten alles, was Oliver zugestoßen war, seit er Mr. Brownlows Haus verlassen hatte, wobei sie Nancys Mitteilung für eine vertrauliche Unterredung mit diesem Herrn aufsparte, und schloss mit der Versicherung, der einzige Kummer, den der Junge in den letzten Monaten gelitten habe, sei der Umstand gewesen, seinen früheren Freund und Wohltäter nicht wiedersehen zu können.

»Gott sei Dank!«, sagte der alte Herr. »Das macht mich glücklich, sehr glücklich. Aber Ihr habt mir nicht gesagt, wo er sich jetzt befindet, Miss Maylie. Verzeiht, wenn ich Euch deshalb tadle, aber warum habt Ihr ihn nicht gleich mitgebracht?«

»Er wartet in einer Kutsche vor der Tür«, erwiderte Rose.

»Vor meiner Tür?«, rief der alte Herr und stürmte ohne ein weiteres Wort aus dem Zimmer, die Treppe hinab, aufs Trittbrett der Kutsche und in selbige hinein.

Als die Zimmertür hinter ihm zufiel, hob Mr. Grimwig den Kopf und drehte, sich dabei auf Stock und Tisch abstützend, auf einem Hinterbein des Stuhls, in dem er die ganze Zeit sitzen blieb, drei volle Kreise. Nachdem er dies vollbracht hatte, stand er auf und humpelte so schnell er es vermochte mindestens ein dutzendmal im Zimmer auf und ab, blieb dann plötzlich vor Rose stehen und küsste sie ohne jegliche vorherige Ankündigung.

»Psst!«, sagte er, als sich die junge Dame ein wenig erschrocken über dieses ungewöhnliche Benehmen erhob. »Habt keine Angst! Ich bin alt genug, um Euer Großvater zu sein. Ihr seid ein reizendes Mädchen. Ihr gefallt mir. Doch da kommen sie schon!«

Und tatsächlich, als er mit einem geschickten Satz wieder in seinen Sessel sprang, kehrte Mr. Brownlow in Begleitung Olivers zurück, der von Mr. Grimwig ausgesprochen herzlich empfangen wurde, und wenn die Freude dieses Augenblicks die einzige Belohnung für all ihre Ängste und Sorgen um Oliver gewesen wäre, hätte sich Rose Maylie reich beschenkt gefühlt.

»Da gibt es übrigens noch jemand, den wir nicht vergessen sollten«, sagte Mr. Brownlow und zog die Klingel. »Wollt Ihr wohl so gut sein und Mrs. Bedwin herschicken?«

Die alte Haushälterin kam der Aufforderung eilig nach, machte an der Tür einen Knicks und wartete auf Anweisungen.

»Na, Ihr werdet ja mit jedem Tag blinder, Bedwin«, sagte Mr. Brownlow leicht verdrossen.

»Natürlich werde ich das, Sir«, erwiderte die alte Dame. »Bei Menschen meines Alters pflegen die Augen nicht besser zu werden, Sir.«

»Das hätte ich Euch auch sagen können«, entgegnete Mr. Brownlow, »aber setzt einmal Eure Brille auf und schaut, ob Ihr herausfinden könnt, warum ich Euch habe rufen lassen.«

Die alte Dame begann in ihrer Tasche nach der Brille zu kramen, doch Olivers Geduld konnte diese neuerliche Prüfung nicht ertragen. Er ließ seinen Gefühlen freien Lauf und fiel ihr in die Arme.

»Gott stehe mir bei!«, rief die alte Dame und umarmte ihn. »Es ist mein lieber Junge!«

»Meine liebe alte Pflegemutter!«, rief Oliver.

»Er ist zurückgekommen … ich hab's ja immer gewusst«, sagte die alte Dame und hielt ihn fest umschlungen. »Wie gut er aussieht … und wieder ganz wie der Sohn eines Gentlemans gekleidet! Wo bist du bloß die liebe lange Zeit gewesen? Ach, dasselbe hübsche Gesicht, nur nicht mehr so blass, dieselben sanften Augen, nur nicht mehr so traurig. Nie habe ich sie oder sein stilles Lächeln vergessen, sondern beides jeden Tag vor mir gesehen, neben denen meiner eigenen lieben Kinder, die schon gestorben sind, als ich noch ein fröhliches junges Ding war.«

Während sie auf diese Weise weiterredete, hielt ihn die gute Seele bald ein wenig von sich weg, um zu sehen, wie groß er geworden war, zog ihn dann wieder fest an sich, fuhr mit ihren Fingern zärtlich durch sein Haar und lachte und weinte abwechselnd, den Kopf auf seine Schulter gelegt.

Damit sie sich mit Oliver nach Herzenslust austauschen konnte, führte Mr. Brownlow Rose in ein anderes Zimmer, wo er von ihr einen vollständigen Bericht über ihre Unterredung mit Nancy bekam, der ihn nicht wenig überraschte und bestürzte. Rose erklärte auch ihre Gründe, warum sie nicht als erstes ihren Freund Mr. Losberne ins Vertrauen gezogen hatte. Der alte Herr fand, sie habe klug gehandelt, und war sofort bereit, sich seinerseits mit dem ehrenwerten Doktor eingehend zu beraten. Um ihm möglichst bald Gelegenheit zu verschaffen, diese Absicht auszuführen, wurde vereinbart, dass er an diesem Abend um acht Uhr in die Pension kommen und Mrs. Maylie bis dahin über alles Vorgefallene behutsam in Kenntnis gesetzt werden solle. Nachdem diese Vorbereitungen getroffen waren, kehrten Rose und Oliver zu ihrer Unterkunft zurück.

Rose hatte den Zorn des guten Doktors in seiner Heftigkeit keinesfalls überschätzt. Kaum war ihm Nancys Geschichte zu Ohren gekommen, als er auch schon eine Breitseite an Drohungen und Verwünschungen losließ und beteuerte, sie gezielt zum Opfer des vereinten Scharfsinns der Herren Blathers und Duff zu machen, wobei er tatsächlich schon seinen Hut aufsetzte, um unverzüglich die Unterstützung dieser beiden wackeren Kriminalbeamten zu holen. Zweifelsohne hätte er in seiner ersten Erregung diese Absicht auch umgehend ausgeführt, ohne auch nur einen Augenblick über die Folgen nachzudenken, wäre er nicht aufgehalten worden, teils durch das ebenso ungestüme Eingreifen Mr. Brownlows, der selbst von aufbrausendem Temperament war, und teils durch Argumente und Vorhaltungen, wie sie am besten geeignet schienen, um ihm sein hitzköpfiges Vorhaben auszureden.

»Was zum Teufel sollen wir dann tun?«, sagte der aufgebrachte Doktor, als sie sich wieder zu den beiden Damen gesellt hatten. »Sollen wir etwa all diesen Halunken, seien sie Männer oder Frauen, unseren Dank ausrichten lassen und sie bitten, pro Nase hundert Pfund anzunehmen, als bescheidenes Zeichen unserer Wertschätzung und kleine Anerkennung für die Güte, die sie Oliver erwiesen haben?«

»Das nun vielleicht nicht gerade«, antwortete Mr. Brownlow lachend, »doch müssen wir behutsam und mit großer Vorsicht zu Werke gehen.«

»Behutsam und vorsichtig!«, schnaubte der Doktor. »Am liebsten würde ich sie samt und sonders …«

»Nun, was auch immer«, unterbrach Mr. Brownlow. »Aber überlegt einmal, ob wir unser Ziel, das wir im Auge haben, erreichen, wenn wir derlei Dinge täten.«

»Welches Ziel?«, fragte der Doktor.

»Ganz einfach, Olivers Herkunft zu enthüllen und ihm das Erbe zurückzugewinnen, das ihm, sofern die Geschichte wahr ist, auf betrügerische Weise geraubt wurde.«

»Ah«, sagte Mr. Losberne und tupfte sich mit seinem Taschentuch den Schweiß ab, »das hätte ich beinahe vergessen.«

»Versteht doch«, fuhr Mr. Brownlow fort, »wenn wir dieses

arme Mädchen einmal ganz beiseitelassen und annehmen, wir könnten diese Gauner vor Gericht bringen, ohne die Sicherheit des Mädchens zu gefährden, welchen Nutzen sollte uns das bringen?«

»Zumindest, dass aller Wahrscheinlichkeit nach ein paar von ihnen gehängt und die übrigen deportiert werden«, vermutete der Doktor.

»Schön und gut«, erwiderte Mr. Brownlow lächelnd, »aber dafür werden sie über kurz oder lang wohl selber sorgen, und wenn wir ihnen nun durch unser Eingreifen zuvorkommen, scheint mir das eine wahre Donquichotterie zu sein, die unserem eigentlichen Interesse zuwiderläuft … oder zumindest Olivers Interesse, was letztlich dasselbe ist.«

»Wieso?«, fragte der Doktor.

»Also, es ist völlig klar, dass es uns sehr schwerfallen dürfte, hinter dieses Geheimnis zu kommen, wenn wir den Mann, diesen Monks, nicht in die Knie zwingen. Das kann nur durch eine List geschehen, und indem wir ihn drankriegen, wenn er nicht von jenen Leuten umgeben ist. Denn selbst wenn er verhaftet würde, hätten wir keine Beweise gegen ihn. Er ist nicht einmal (soweit wir wissen oder aus den Tatsachen schließen können) an den Gaunereien der Bande beteiligt. Sofern er nicht gleich wieder freigelassen wird, droht ihm höchstens eine Gefängnisstrafe wegen Vagabundierens und Herumtreiberei, und hinterher würde er natürlich erst recht so hartnäckig schweigen und uns ebenso wenig nutzen, wie wenn er taub, stumm, blind und obendrein geisteskrank wäre.«

»Dann«, sagte der Doktor aufbrausend, »stell ich Euch erneut die Frage, ob Ihr es als vernünftig erachtet, das Versprechen gegenüber diesem Mädchen als bindend zu betrachten, ein Versprechen, das mit den besten und gütigsten Absichten gegeben wurde, aber wirklich …«

»Ich bitte Euch, diesen Punkt brauchen wir nicht weiter zu erörtern, meine liebe junge Dame«, unterbrach Mr. Brownlow Rose, als sie gerade etwas sagen wollte. »Das Versprechen wird unbedingt gehalten. Ich glaube nicht, dass es unser Vorhaben auch nur im geringsten stören wird. Bevor wir uns aber für eine bestimmte Vorgehensweise entscheiden, wird es vonnöten sein, das Mädchen zu treffen, um in Erfahrung zu bringen, ob sie uns unter der Bedingung, dass er es mit uns und nicht mit dem Gesetz zu tun bekommt, zu diesem Monks führen wird, oder, falls sie dies nicht tun will oder kann, um von ihr einen Hinweis auf seinen Schlupfwinkel und eine Beschreibung seiner Person zu erhalten, was uns ermöglichen wird, ihn ausfindig zu machen. Wir können sie erst in der kommenden Sonntagnacht sehen, heute haben wir Dienstag. Ich möchte vorschlagen, dass wir in der Zwischenzeit völlig untätig bleiben und diese Angelegenheit geheim halten, sogar vor Oliver.«

Obwohl Mr. Losberne den Vorschlag, der einen Aufschub von fünf vollen Tagen bedeutete, mit säuerlicher Miene aufnahm, gab er notgedrungen zu, dass ihm augenblicklich kein besserer Plan einfiele, und da sowohl Rose als auch Mrs. Maylie ganz eindeutig aufseiten Mr. Brownlows waren, wurde der Rat dieses Herrn einstimmig angenommen.

»Ich würde gern meinen Freund Grimwig ins Vertrauen ziehen«, sagte Mr. Brownlow. »Er ist zwar ein seltsamer Kauz, aber sehr gescheit, und er könnte sich für uns als große Hilfe erweisen. Ich sollte vielleicht erwähnen, dass er Rechtsanwalt von Beruf war, die Juristerei aber aus Unmut aufgegeben hat, da er in zwanzig Jahren nur anderthalb Fälle vor Gericht vertreten hat … ob das nun eine Empfehlung ist oder nicht, bleibt Eurem Urteil überlassen.«

»Ich habe keine Einwände dagegen, Ihren Freund einzuweihen, wenn ich den meinen ebenfalls hinzuziehen darf«, erwiderte der Doktor.

»Darüber müssen wir abstimmen«, sagte Mr. Brownlow. »Um wen handelt es sich denn?«

»Er ist der Sohn dieser Dame, und ein … sehr alter Freund jener jungen Dame«, antwortete der Doktor, wobei er erst auf Mrs. Maylie deutete und anschließend vielsagend auf ihre Nichte blickte.

Rose errötete tief, ließ aber keinen Einwand gegen diesen Antrag vernehmen (vermutlich wähnte sie sich hoffnungslos in der Minderheit), und so wurden Harry Maylie und Mr. Grimwig einvernehmlich in das Komitee berufen.

»Wir bleiben natürlich in der Stadt, solange noch die geringste Aussicht besteht, die Nachforschungen mit Erfolg durchzuführen«, sagte Mrs. Maylie. »Ich werde weder Kosten noch Mühen scheuen bei dem Vorhaben, das uns allen so am Herzen liegt, und bin bereit, sogar ein ganzes Jahr hier auszuharren, wenn Ihr mir versichert, dass noch ein Fünkchen Hoffnung vorhanden ist.«

»Wunderbar!«, erwiderte Mr. Brownlow. »Und da ich an den Gesichtern um mich herum ablesen kann, dass alle gern wissen möchten, warum ich zufällig nicht zur Hand war, um Olivers Geschichte zu bestätigen, sondern stattdessen so plötzlich außer Landes gereist bin, möchte ich Euch bitten, mir deshalb keine Fragen zu stellen, bis es mir angebracht scheint, diesen durch die Erzählung meiner Geschichte zuvorzukommen. Glaubt mir, ich ersuche aus gutem Grund darum, denn ansonsten könnte ich Hoffnungen wecken, denen es vielleicht niemals beschieden sein wird, sich zu erfüllen, und so die bereits zahlreich vorhandenen Schwierigkeiten und Enttäuschungen noch vermehren. Kommt! Das Abendessen steht bereit, und der kleine Oliver, der ganz alleine nebenan sitzt, wird inzwischen allmählich denken, wir seien seiner Gesellschaft überdrüssig und heckten eine dunkle Verschwörung aus, um ihn in die Welt hinaus zu verstoßen.«

Mit diesen Worten reichte der alte Herr Mrs. Maylie seine Hand und führte sie ins Esszimmer. Mr. Losberne folgte in Begleitung von Rose, und damit war die Beratung, zumindest für dieses Mal, endgültig beendet.

Zweiundvierzigstes Kapitel

Ein alter Bekannter Olivers, der deutliche Anzeichen von Genie erkennen lässt, wird in London zu einer bekannten Persönlichkeit.

In derselben Nacht, als Nancy, nachdem sie Mr. Sikes den Schlaftrunk verabreicht hatte, ihren selbstgewählten eiligen Botengang zu Rose Maylie besorgte, näherten sich auf der Great North Road zwei Personen London, denen unsere Geschichte tunlichst einige Aufmerksamkeit widmen sollte.

Es handelte sich um einen Herrn und eine Dame, oder vielleicht sollte man sie besser als männliche und weibliche Gestalten bezeichnen, denn ersterer gehörte zu jenen langgliedrigen, x-beinigen, schlaksigen, knochendürren Leuten, deren genaues Alter sich nur schwer schätzen lässt, weil sie mit ihrem Aussehen als Kinder wie kleingeratene Männer wirken, und wenn sie schon fast erwachsen sind wie zu groß geratene Knaben. Die Frau war jung, aber von kräftiger und zäher Natur, was sie auch sein musste, um das Gewicht des schweren Bündels, das auf ihrem Rücken festgebunden war, tragen zu können. Ihr Gefährte plagte sich nicht mit allzu viel Gepäck, da von seinem Stock, den er über die Schulter gelegt hatte, nur ein kleines, aus einem gewöhnlichen Taschentuch geschnürtes Bündel herabbaumelte, das ziemlich leicht zu sein schien. Dieser Umstand, im Verein mit der Länge seiner Beine, die außerordentlich war, ermöglichte es ihm, sich stets mühelos ein halbes Dutzend Schritte vor seiner Gefährtin zu halten, zu der er sich gelegentlich mit einer ungeduldigen Kopfbewegung umdrehte, als wolle er sie für ihre Langsamkeit tadeln und zu größerer Eile anspornen.

So zogen sie die staubige Landstraße dahin und schenkten nichts, was sich ihren Blicken darbot, besondere Beachtung, außer wenn sie beiseitetraten, um den stadtauswärts eilenden Postkutschen Platz zu machen, bis der Voranschreitende, als sie unter dem Viadukt von Highgate hindurchgegangen waren, stehen blieb und seiner Gefährtin unwillig zurief:

»Nu mach mal'n bisschen schneller! Was für ne lahme Ente du doch bist, Charlotte.«

»Das Bündel ist ganz schön schwer, das kann ich dir sagen«, erwiderte die Frau, als sie beinahe atemlos vor Erschöpfung herankam.

»Schwer! Was redest du? Wofür biste denn da?«, sagte der männliche Wanderer, wobei er sein kleines Bündel umschulterte. »Himmel noch mal, jetzt ruhste schon wieder aus! Na, wenn einem bei dir nich der Geduldsfaden reißt, dann weiß ich nich, bei wem!«

»Ist es noch sehr weit?«, fragte die Frau, die sich auf die Straßenböschung setzte und aufblickte, während ihr der Schweiß über die Stirn rann.

»Noch sehr weit! Wir sind so gut wie da«, sagte der schlaksige Wandersmann und zeigte nach vorne. »Sieh mal dort! Das sind die Lichter von London!«

»Die sind ja noch mindestens zwei Meilen weit weg«, bemerkte die Frau verzagt.

»Scher dich nich drum, ob sie noch zwei oder zwanzig Meilen weit weg sind«, sagte Noah Claypole, denn um keinen anderen handelte es sich, »sondern steh auf und komm, sonst kriegste nen Tritt von mir, dass du's nur weißt.«

Da Noahs rote Nase sich vor Zorn noch stärker rötete und er die Straße überquerte, während er diese Worte sprach, als wolle er seine Drohung sogleich in die Tat umsetzen, erhob sich die Frau, ohne eine weitere Bemerkung zu machen, und schleppte sich an seiner Seite weiter dahin.

»Wo willste denn für die Nacht einkehrn, Noah?«, fragte sie, nachdem die beiden ein paar hundert Meter gegangen waren.

»Woher soll ich das wissen?«, antwortete Noah, dessen Stimmung sich durch den Fußmarsch stark eingetrübt hatte.

»Hoffentlich in der Nähe«, sagte Charlotte.

»Nein, nich inner Nähe«, erwiderte Mr. Claypole. »Hörst du! Ganz bestimmt nich inner Nähe.«

»Warum nich?«

»Wenn ich dir sag, dass ich was nich tun will, dann brauchste nich wieso und warum zu fragen«, antwortete Mr. Claypole würdevoll.

»Sei doch nich gleich so böse«, sagte seine Gefährtin.

»Na, das wär vielleicht ne feine Sache, im nächstbesten Gasthof vor der Stadt abzusteigen, damit Sowerberry, wenn er uns verfolgt, nur seine alte Nase reinstecken braucht, um uns dann in Handschellen auf'n Karren zurückzubringen«, höhnte Mr. Claypole. »Nein! Ich werd mich in den engsten Gassen verkriechen, die ich finden kann, und nich eher anhalten, bis wir zum abgelegensten Wirtshaus kommen, das es gibt. Herrgott, du kannst froh sein, dass ich'n bisschen Grips hab, denn hätt'n wir nich zuerst absichtlich den falschen Weg genomm und wär'n dann querfeldein wieder zurückgelaufen, hättste schon vor ner Woche hinter Schloss und Riegel gesessen, Teuerste. Und es wär dir recht geschehen, weil du so blöd bist.«

»Ich weiß, dass ich nich so schlau bin wie du«, erwiderte Charlotte, »aber gib nich mir die ganze Schuld, und sag nich, *ich* säß hinter Schloss und Riegel, denn wenn, dann wär'n wir beide dran gewesen.«

»Du hast das Geld ausser Ladenkasse genommen, das weißte ganz genau«, sagte Mr. Claypole.

»Ich hab's für dich genommen, Noah, mein Liebster«, antwortete Charlotte.

»Hab ich's behalten?«, fragte Mr. Claypole.

»Nein, du hast es mir anvertraut, damit ich's trage, weil ich ja dein Schätzchen bin«, sagte die Dame, kraulte ihn am Kinn und hakte sich bei ihm unter.

So verhielt es sich in der Tat, doch war es nicht Mr. Claypoles Gewohnheit, irgendjemandem blindlings und leichtfertig zu vertrauen. Um diesem Herrn Gerechtigkeit widerfahren zu lassen, muss hier angemerkt werden, dass er Charlotte dieses große Vertrauen entgegenbrachte, damit man das Geld, sollten sie gefasst werden, bei ihr fände, was es ihm ermöglichen würde, jegliche Mittäterschaft am Diebstahl abzustreiten und so seine Aussichten, laufen gelassen zu werden, wesentlich zu verbessern. Natürlich ließ er sich zu diesem Zeitpunkt auf keine Erklärungen seiner Beweggründe ein, stattdessen gingen sie in bestem Einvernehmen weiter.

In Ausführung seines umsichtigen Plans schritt Mr. Claypole ohne Rast zu machen aus, bis er den Angel in Islington erreichte, wo er aus dem dichten Gedränge von Menschen und zahllosen Fuhrwerken messerscharf schloss, dass sie nun allen Ernstes nach London hereinkamen. Er hielt nur kurz an, um zu beobachten, welche Straßen am belebtesten schienen, die folglich zu meiden waren, um dann in die Saint John's Road einzubiegen. Schon bald befanden sie sich tief im Dunkel des schmutzigen Gewirrs von Gassen, das zwischen Gray's Inn Lane und Smithfield lag und dieses Stadtviertel zu einem der erbärmlichsten und übelsten machte, die der Fortschritt mitten in London zurückgelassen hatte.

Durch diese Gassen ging Noah Claypole, Charlotte im Schlepptau, wobei er zuweilen in die Gosse zurücktrat, um das Äußere eines kleinen Wirtshauses auf einen Blick in Augenschein nehmen zu können, und dann wieder weitertrottete, weil es ihm wegen irgendwelcher eingebildeter Anzeichen für seine Zwecke zu gut besucht erschien. Schließlich blieb er vor einem stehen, das armseliger und schmutziger aussah als alle anderen zuvor, und nachdem er die Straße überquert hatte, um es vom gegenüberliegenden Gehsteig aus zu betrachten, verkündete er gnädigerweise seine Absicht, für die Nacht dort einkehren zu wollen.

»Dann gib mir mal das Bündel«, sagte Noah, band es der Frau vom Rücken los und warf es sich über die Schulter. »Und halt den Mund, außer wenn du gefragt wirst. Wie heißt das Haus? *T-h-r … three …* was?«

»*Cripples*«, sagte Charlotte.

»*Three Cripples*«, wiederholte Noah, »und was für'n schönes Wirtshausschild. Also los! Komm, und bleib mir immer dicht auf'n Fersen.«

Mit dieser Aufforderung stieß er die knarrende Tür mit der Schulter auf und trat, gefolgt von seiner Gefährtin, ins Haus.

Im Schankraum befand sich nur ein junger Wirtsbursche, der, mit beiden Ellbogen auf die Theke gestützt, eine speckige Zeitung las. Er starrte Noah an, und Noah starrte ihn an.

Wäre Noah noch immer wie ein Armenschüler gekleidet gewesen, hätte es für den jungen Burschen wohl einen Grund gegeben, die Augen so weit aufzusperren, aber da er Rock und Schulmarke abgelegt hatte und über seinen ledernen Hosen einen kurzen Bauernkittel trug, schien kein besonderer Anlass zu bestehen, wegen seines Äußeren in einem Wirtshaus so viel Aufsehen zu erregen.

»Is das hier das *Three Cripples*?«, fragte Noah.

»So lautet der Nambe umseres Hauses«, näselte der junge Bursche.

»Ein vornehmer Herr, den wir unterwegs auf der Landstraße getroffen haben, hat uns diese Herberge empfohlen«, sagte Noah, indem er Charlotte heimlich anstieß, vielleicht um ihre Aufmerksamkeit darauf zu lenken, wie einfallsreich und geschickt er sich Respekt erheischte, vielleicht auch als Warnung, sich keine Überraschung anmerken zu lassen. »Wir möchten heute hier übernachten.«

»Ich weiß nicht, ob das böglich sein wird«, erwiderte Barney, denn kein anderer war der dienstbare Geist, »aber ich werde bal nachfragem.«

»Dann zeigt uns einstweilen die Gaststube und bringt uns'n Stück kalten Braten und nen Schluck Bier, während Ihr nachfragt«, sagte Noah.

Barney kam diesem Wunsch nach, indem er sie in ein kleines Hinterzimmer führte und ihnen die verlangten Speisen vorsetzte. Nachdem das getan war, benachrichtigte er die Reisenden, sie könnten für diese Nacht im Haus Unterkunft finden, und ließ das liebenswerte Pärchen mit seinem Imbiss allein.

Nun lag dieses Hinterzimmer unmittelbar hinter dem Schankraum, und einige Stufen tiefer, so dass jedwede Person, die zum Haus gehörte, wenn sie einen kleinen Vorhang beiseitezog, der eine einfache Glasscheibe verbarg, die ungefähr fünf Fuß über dem Boden in der Wand zum erwähnten Raum eingelassen war, nicht nur auf alle Gäste im Hinterzimmer herabblicken konnte, ohne groß Gefahr zu laufen, selbst bemerkt zu werden (da sich das Fenster in einem dunklen Winkel zwischen der Wand und einem dicken Stützbalken befand, in den sich der Beobachter hineinzwängen musste), sondern auch, indem er sein Ohr an die Trennwand legte, mit ziemlicher Deutlichkeit ihre Gespräche zu belauschen vermochte. Der Wirt des Gasthauses hatte diesen Beobachtungsposten noch keine fünf Minuten zuvor verlassen, und Barney war eben erst zurückgekehrt, nachdem er die erwähnte Auskunft erteilt hatte, als Fagin bei seinen allabendlichen Geschäften in den Schankraum trat, um nach einigen seiner jungen Zöglinge zu sehen.

»Psst!«, sagte Barney. »Nebeman sind Frembde.«

»Fremde!«, wiederholte der alte Mann flüsternd.

»Ja, und seltsam obemdreim«, fügte Barney näselnd hinzu. »Vom Lande, aber schom etwas für Euch, oder ich büsste bich sehr täuschen.«

Fagin schien diese Mitteilung begierig aufzunehmen. Er stieg auf einen Hocker und drückte sein Auge vorsichtig gegen die Glasscheibe. Durch dieses geheime Guckloch konnte er sehen, wie sich Mr. Claypole am kalten Rinderbraten und dem Porter aus dem Krug gütlich tat, während er Charlotte, die geduldig neben ihm saß und nach seinem Gutdünken essen und trinken durfte, von beidem homöopathische Dosen verabreichte.

»Aha!«, wisperte der alte Hehler, als er sich zu Barney umdrehte. »Mir gefällt, wie der Kerl aussieht. Der könnte uns noch nützlich sein, er versteht bereits, sich das Mädchen gefügig zu machen. Sei mal mucksmäuschenstill, mein Lieber, ich will hören, was sie reden … will hören, was sie reden.«

Fagin drückte sein Auge wieder an die Scheibe, legte dann sein Ohr an die Trennwand und lauschte angestrengt mit einer so durchtriebenen und heimtückischen Miene, wie sie einem alten Kobold gut zu Gesicht gestanden hätte.

»Ich gedenke also, ein feiner Herr zu werden«, sagte Mr. Claypole, streckte seine Beine aus und führte damit ein Gespräch fort, dessen Anfang Fagin verpasst hatte. »Keine ollen Särge mehr, Charlotte, sondern das Leben eines feinen Herrn, und wenn du willst, kannst du ne vornehme Dame sein.«

»Das tät mir schon gefallen, mein Schatz«, erwiderte Charlotte, »aber man kann ja nich jeden Tag Ladenkassen ausräumen und Leuten davonlaufen.«

»Zum Teufel mit den Ladenkassen!«, sagte Mr. Claypole. »Da gibt's bessere Sachen, die man ausräumen kann.«

»Und was wäre das?«, fragte seine Kumpanin.

»Geldbörsen, Handtaschen, Häuser, Postkutschen, Banken!«, rief Mr. Claypole, der vom Porter allmählich in Fahrt geriet.

»Aber das kannst du doch alles gar nich, Liebster«, meinte Charlotte.

»Ich werd zusehn, dass ich mich Leuten anschließ, die was davon verstehn«, antwortete Noah. »Die werden schon wissen, wie wir uns irgendwie nützlich machen könn. Na, du bist doch selbst so viel wert wie fünfzig andre Mädels. Hab noch nie eine gesehen, die so verdammt schlau und listig is wie du, wenn ich dich lass.«

»Ach herrje, wie hübsch du das sagst!«, rief Charlotte und drückte ihm einen Kuss auf sein hässliches Gesicht.

»Hör auf, genug. Werd hier nich so zutraulich, sonst kriegste noch Ärger mit mir«, sagte Noah und befreite sich mit würdevollem Ernst. »Ich wär gern Hauptmann von ner Bande, der alle rumkommandiert und heimlich verfolgt, ohne dass sie's merken. Das tät mir gefallen, wenn ordentlich Gewinn dabei rausspringt. Und wenn wir bloß an Herrn solchen Schlages rankämen, dann wär mir die Zwanzigpfundnote, die du bei dir hast, nich zu schade dafür … vor allem, weil wir eh nich so recht wissen, wie wir sie loswerden solln.«

Nachdem er diese Ansicht geäußert hatte, schaute Mr. Claypole mit einem Ausdruck tiefer Weisheit in den Bierkrug, schüttelte dessen Inhalt kräftig, nickte Charlotte herablassend zu und trank dann einen Schluck, der ihn sehr zu erfrischen schien. Er gedachte gerade, einen weiteren zu nehmen, als er vom plötzlichen Aufschwingen der Tür und dem Eintreten eines Fremden dabei unterbrochen wurde.

Dieser Fremde war Mr. Fagin. Und er blickte sehr liebenswürdig und machte eine sehr tiefe Verbeugung, als er näher trat, sich an den Nebentisch setzte und beim grinsenden Barney etwas zu trinken bestellte.

»Ein herrlicher Abend, Sir, aber ein wenig kühl für die Jahreszeit«, sagte Fagin und rieb sich die Hände. »Wie ich sehe, kommt Ihr vom Lande, Sir?«

»Woran seht Ihr das?«, fragte Noah Claypole.

»So viel Staub haben wir hier in London nicht«, antwortete der alte Hehler, wobei er von Noahs Schuhen auf die seiner Begleiterin deutete und von dort auf die beiden Bündel.

»Ihr seid ja'n gerissener Bursche«, sagte Noah. »Hahaha, hör dir das an, Charlotte!«

»Tja, in dieser Stadt muss man schon gerissen sein, mein Guter«, entgegnete Fagin, indem er die Stimme zu einem vertraulichen Flüstern senkte. »Das steht mal fest.«

Der alte Hehler unterstrich seine Bemerkung dadurch, dass er sich mit dem rechten Zeigefinger an die Nase tippte, eine Geste, die Noah nachzumachen versuchte, was ihm jedoch nicht so recht gelingen wollte, weil seine Nase zu diesem Zwecke nicht groß genug war. Dennoch schien Mr. Fagin Noahs Bemühung so auszulegen, als stimme dieser vollkommen mit seiner Ansicht überein, und ließ das Getränk, das Barney gebracht hatte, in aller Freundschaft herumgehen.

»Ein gutes Stöffchen«, bemerkte Mr. Claypole und schmatzte mit den Lippen.

»Und teuer!«, sagte Fagin. »Ein Mann, der das ständig trinken will, muss immerzu Ladenkassen oder Geldbörsen oder Handtaschen oder Häuser oder Postkutschen oder Banken ausräumen.«

Kaum hatte Mr. Claypole diesen Auszug aus seinem eigenen Gerede gehört, als er auf seinem Stuhl zusammensackte und mit einem Gesicht, das vor Entsetzen aschfahl und verängstigt war, von Fagin auf Charlotte blickte.

»Macht Euch wegen mir keine Sorgen, mein Guter«, sagte Fagin und rückte näher mit seinem Stuhl heran. »Haha, zum Glück war's nur ich, der Euch zufällig gehört hat. Zum großen Glück für Euch war's nur ich.«

»Ich hab's nich genommen«, stammelte Noah, der seine Beine nicht länger wie ein stolzer Herr ausstreckte, sondern sie so gut er konnte um die Stuhlbeine schlang. »Nur sie allein is schuld, du hast es noch bei dir, Charlotte, du weißt, dass du's hast.«

»Egal, wer's war oder wer's hat, mein Bester!«, beruhigte ihn Fagin, der dennoch mit Habichtsaugen nach dem Mädchen und den beiden Bündeln spähte. »Ich bin in der gleichen Sparte tätig, deshalb gefallt Ihr mir ja.«

»In was für ner Sparte?«, fragte Mr. Claypole, der sich wieder ein wenig gesammelt hatte.

»In dieser geschäftlichen Sparte«, antwortete Fagin, »genau wie alle anderen Leute in diesem Haus. Ihr habt den Nagel auf den Kopf getroffen, hier seid Ihr so sicher, wie's nur irgend geht. In der ganzen Stadt gibt's keinen Ort, der sicherer wär als das *Cripples*, das heißt, wenn ich ein Wort dafür einlege, aber ich habe Gefallen an Euch und der jungen Frau gefunden, deshalb hab ich mich für Euch verwendet und Ihr könnt in aller Seelenruhe hier sitzen bleiben.«

Noah Claypoles Seele mochte nach dieser Versicherung ruhig sein, sein Leib war es gewiss nicht, denn er drehte und wand sich in den unbequemsten Verrenkungen, während er seinen neuen Freund mit einer Mischung aus Misstrauen und Angst beäugte.

»Und ich werde Euch noch etwas sagen«, fuhr der alte Hehler fort, nachdem er das Mädchen durch freundliches Zunicken und aufmunternde Worte beschwichtigt hatte. »Ich habe einen Freund, der, so glaube ich, Euren Herzenswunsch erfüllen und Euch auf den rechten Weg bringen kann, bei dem Ihr den Geschäftszweig wählen könnt, der Euch für den Anfang am meisten zusagt, und dann alle weiteren lernen werdet.«

»Ihr redet, als meintet Ihr's ernst«, bemerkte Noah.

»Was hätte ich davon, es anders zu meinen?«, fragte Fagin achselzuckend. »Kommt, wir wollen draußen etwas miteinander besprechen!«

»Nich nötig, uns deshalb vom Fleck zu rührn«, sagte Noah, der seine Beine Stück für Stück wieder ausstreckte. »Sie wird derweil unser Gepäck nach oben bringen. Charlotte, schaff die Bündel fort!«

Dieser ungemein herrisch erteilten Anweisung wurde ohne das geringste Murren Folge geleistet, und Charlotte sah zu, dass sie schleunigst mit dem Gepäck fortkam, während Noah die Tür offen hielt und ihren Abgang überwachte.

»Die pariert aufs Wort, was?«, fragte er, als er wieder an seinen Platz zurückgekehrt war, im Tonfall eines Dompteurs, der ein wildes Tier abgerichtet hat.

»Ganz wunderbar«, erwiderte Fagin und klopfte ihm auf die Schulter. »Ihr seid ein Genie, mein Freund.«

»Na, wär ich keins, wär ich wohl nich hier«, entgegnete Noah. »Aber sie wird zurück sein, wenn Ihr nicht gleich zur Sache kommt.«

»Also, was haltet Ihr davon?«, fragte der alte Hehler. »Falls Euch mein Freund gefällt, was könnt Ihr dann Besseres tun, als Euch ihm anzuschließen?«

»Kommt drauf an, ob sein Geschäft gut läuft«, antwortete Noah, wobei er mit einem seiner kleinen Augen zwinkerte.

»Es könnte nicht besser laufen«, sagte Fagin, »er beschäftigt Heerscharen von Leuten und hat die vortrefflichste Bande im ganzen Gewerbe zusammen.«

»Alles richtige Städter?«, fragte Mr. Claypole.

»Kein einziger vom Lande, und ich glaube auch nicht, dass er

Euch nehmen würde, selbst auf meine Empfehlung hin, wenn es ihm zur Zeit nicht gerade an Helfern mangelte.«

»Müsst ich das hier abliefern?«, fragte Noah und klopfte auf seine Hosentasche.

»Das wird wohl nicht anders möglich sein«, erwiderte Fagin klar und deutlich.

»Aber zwanzig Pfund sind ne Menge Geld!«

»Nicht, wenn's eine Banknote ist, die man nicht loswerden kann«, gab Fagin zurück. »Nummer und Datum sind vermutlich notiert? Die Banken tauschen sie nicht ein? Ah, dann ist sie nicht viel wert für ihn. Er wird sie im Ausland losschlagen müssen, zu einem schlechten Preis.«

»Wann kann ich ihn denn treffen?«, fragte Noah zweifelnd.

»Morgen früh«, antwortete Fagin.

»Wo?«

»Hier.«

»Hm«, machte Noah. »Wie steht's mit der Entlohnung?«

»Das Leben eines feinen Herrn ... Kost und Logis, Tabak und Schnaps frei ... die Hälfte von allem, was Ihr einnehmt, und die Hälfte von allem, was die junge Frau einnimmt«, antwortete Mr. Fagin.

Ob Noah Claypole, dessen Habgier keineswegs gering war, selbst zu diesen verlockenden Bedingungen eingeschlagen hätte, wäre er vollkommen frei in seinem Tun gewesen, darf bezweifelt werden, doch da er nicht vergessen hatte, dass sein neuer Bekannter im Falle seiner Ablehnung in der Lage war, ihn unverzüglich der Gerechtigkeit auszuliefern (und es sind schon unwahrscheinlichere Dinge geschehen), lenkte er nach und nach ein und sagte, er denke, es käme ihm wohl doch zupass.

»Aber hört mal«, bemerkte Noah, »da sie imstande is, ne ganze Menge zu schaffen, würd ich gern irgendwas Leichteres tun.«

»Ein wenig Kuppelei vielleicht?«, schlug Fagin vor.

»So was in der Art«, erwiderte Noah. »Was meint Ihr, was für mich in Frage käme? Etwas, das nich allzu mühselig und nich sehr gefährlich is, wisst Ihr. So was wär das Richtige!«

»Ich habe gehört, wie Ihr erzählt habt, dass Ihr anderen nachspionieren wollt, mein Guter«, sagte der alte Hehler. »Mein Freund braucht ganz dringend jemanden, der das gut kann.«

»Na ja, das hab ich vielleicht erwähnt, und hätt auch nichts dagegen, mich hin und wieder darin zu versuchen«, erwiderte Mr. Claypole langsam, »aber wisst Ihr, da springt wohl nicht allzu viel dabei heraus.«

»Das ist wahr!«, bemerkte der alte Hehler und sann nach, oder zumindest tat er so. »Das wird nicht viel einbringen.«

»Fällt Euch denn sonst nichts ein?«, hakte Noah nach, während er ihn besorgt ansah. »Irgendwas Heimliches, was nich schiefgehen kann und nich riskanter is, als wenn man zu Hause sitzen bliebe?«

»Wie wär's mit älteren Damen?«, fragte Fagin. »Man kann viel Geld machen, indem man ihnen ihre Handtaschen und Päckchen entreißt und damit um die Ecke rennt.«

»Fangen die nich gleich laut an zu kreischen und kratzen sogar manchmal?«, erkundigte sich Noah kopfschüttelnd. »Ich glaub nich, dass so was für mich geeignet wär. Is nich noch was andres frei?«

»Halt!«, sagte da der alte Hehler und legte Noah die Hand aufs Knie. »Küken rupfen!«

»Was is'n das?«, wollte Mr. Claypole wissen.

»Küken, mein Guter«, erklärte Fagin, »sind die kleinen Kinder, die von ihren Müttern mit Sixpencestücken und Shillingen losgeschickt werden, um Besorgungen zu machen, und rupfen heißt einfach, dass du ihnen das Geld wegnimmst – sie halten's ja schon immer in der Hand –, dann schubst du sie in die Gosse und spazierst ganz gemächlich davon, als wär nichts weiter geschehen, als dass ein Kind hingefallen ist und sich weh getan hat, hahaha!«

»Hahaha!«, brüllte Mr. Claypole und trampelte vor Vergnügen mit den Beinen. »Mein Gott, das is genau das Richtige!«

»Ganz sicher«, stimmte Fagin zu, »und ich kann Euch einige gute Reviere in Camden Town und Battle Bridge oder ähnlichen Gegenden nennen, wo ständig Kinder für Besorgungen unterwegs sind und Ihr zu jeder Tageszeit so viele von den Knirpsen umschubsen könnt, wie Ihr wollt, hahaha!«

Bei diesen Worten knuffte Fagin Mr. Claypole in die Seite, und dann stimmten sie gemeinsam ein lautes und langes Gelächter an.

»Gut, das wär abgemacht!«, sagte Noah, als er sich wieder beruhigt hatte und Charlotte zurückgekehrt war. »Welche Zeit sollen wir für morgen ausmachen?«

»Wäre zehn Uhr recht?«, fragte der alte Hehler und fügte, als Mr. Claypole zustimmend nickte, hinzu: »Welchen Namen darf ich meinem guten Freund ausrichten?«

»Mr. Bolter«, antwortete Noah, der sich auf einen solchen Notfall vorbereitet hatte. »Mr. Morris Bolter. Und das hier is Mrs. Bolter.«

»Ihr ergebenster Diener, Mrs. Bolter«, sagte Fagin, während er mit übertriebener Höflichkeit eine tiefe Verbeugung machte. »Ich hoffe, Euch schon bald näher kennenlernen zu dürfen.«

»Haste gehört, was der Herr gesagt hat, Char-lot-te?«, donnerte Mr. Claypole.

»Ja doch, mein liebster Noah!«, erwiderte Mrs. Bolter und streckte ihre Hand aus.

»Sie nennt mich Noah, das is so'ne Art Kosename«, erklärte Mr. Morris Bolter, ehemals Claypole, an Fagin gewandt. »Versteht Ihr?«

»Oh ja, das versteh ich sogar sehr gut«, entgegnete der alte Hehler, womit er dieses Mal die Wahrheit sagte. »Und nun gute Nacht! Gute Nacht!«

Unter vielen Abschiedsgrüßen und guten Wünschen machte Fagin sich auf den Weg. Noah Claypole nahm unterdessen die Aufmerksamkeit seiner werten Frau Gemahlin in Anspruch, indem er sie über ihre Rolle in der von ihm getroffenen Übereinkunft aufklärte, und zwar mit all dem Hochmut und überheblichen Getue, wie es sich nicht bloß für einen Angehörigen des starken Geschlechts, sondern auch für einen Gentleman geziemte, der sich der besonderen Würde erfreute, von Berufs wegen in London und Umgebung kleine Kinder zu bestehlen.

Dreiundvierzigstes Kapitel

Worin geschildert wird, wie der gerissene Dodger in Schwierigkeiten gerät.

»Ihr seid also selbst Euer Freund, was?«, fragte Mr. Claypole, oder auch Bolter, als er am nächsten Tag kraft der zwischen ihnen getroffenen Vereinbarung in das Haus des alten Hehlers übergesiedelt war. »Ha, das hab ich mir gestern abend fast schon gedacht!«

»Jeder ist sich selbst ein Freund, mein Lieber«, erwiderte Fagin mit vielsagendem Grinsen. »So einen guten wie sich selbst findet man sonst nirgends.«

»Außer manchmal«, entgegnete Morris Bolter mit altkluger Miene. »Manche Leute sind nämlich bloß die Feinde von sich selbst, müsst Ihr wissen.«

»Glaubt das nicht!«, sagte Fagin. »Wenn ein Mann sein eigener Feind ist, dann nur, weil er allzu sehr sein Freund ist, nicht weil er für alle außer sich selbst sorgt. Pah, welch ein Unsinn! So etwas liegt nicht in der menschlichen Natur.«

»Und wenn doch, dann sollt es nich so sein«, bemerkte Mr. Bolter.

»Das versteht sich doch von selbst«, sagte der alte Hehler. »Manche Schwarzkünstler behaupten, die Drei sei die magische Zahl, andere sagen, es sei die Sieben. Aber es ist keine von beiden, mein Freund, es ist die Eins.«

»Hahaha!«, rief Mr. Bolter. »Immer nur die Nummer eins.«

»In einer kleinen Gemeinschaft wie der unsrigen, mein Guter«, sagte Fagin, der es für notwendig erachtete, diese Behauptung näher zu erläutern, »haben wir eine gemeinsame Nummer eins, das heißt, Ihr könnt Euch nicht selbst als Nummer eins betrachten, ohne mir und all den anderen Jungs das gleiche zuzugestehen.«

»Ha, hol's der Teufel!«, entfuhr es Mr. Bolter.

»Versteht Ihr«, fuhr der alte Hehler fort, der so tat, als habe er diese Unterbrechung nicht bemerkt, »wir sind so eng miteinander verwoben und durch unser gemeinsames Wohl verbunden, dass es so sein muss. Euer Anliegen ist beispielsweise, Euch um die Nummer eins zu kümmern, wobei Ihr Euch selbst im Sinn habt.«

»Stimmt«, entgegnete Mr. Bolter, »da habt Ihr ganz recht.«

»Gut! Ihr könnt aber nicht für Euch als Nummer eins Sorge tragen, ohne Euch zugleich um mich, ebenfalls Nummer eins, zu kümmern.«

»Nummer zwei, meintet Ihr wohl«, sagte Mr. Bolter, der in reichlichem Maße mit der Eigenschaft der Selbstsucht ausgestattet war.

»Nein, meinte ich nicht!«, gab Fagin zurück. »Ich bin für Euch genauso wichtig wie Ihr selbst.«

»Also«, unterbrach hier Mr. Bolter, »Ihr seid gewiss ein netter Mann und ganz nach meinem Geschmack, aber so dicke sind wir dann ja doch nich miteinander.«

»Denkt einmal nach«, sagte der alte Hehler achselzuckend und streckte beide Hände aus, »überlegt doch einmal. Ihr habt da ein nettes kleines Ding gedreht, was ich zu schätzen weiß, aber wegen genau derselben Sache könnte man Euch ne Krawatte verpassen, die so leicht zu binden, aber nur ganz schwer wieder zu lösen ist ... oder, um es deutlicher auszudrücken, den Strick!«

Mr. Bolter griff sich mit der Hand ans Halstuch, als sei es ihm plötzlich ungemütlich eng geworden, und murmelte etwas, das, wenn auch nicht dem Inhalt, so doch dem Tone nach zustimmend klang.

»Der Galgen«, fuhr Fagin fort, »der Galgen, mein Lieber, ist ein grässlicher Wegweiser, der vor einer jähen und scharfen Biegung warnt, die schon die Laufbahn von so manchem kühnen Burschen beendet hat. Auf der geraden Straße zu bleiben und sich von diesem Wegweiser fernzuhalten, das sollte Eure Sorge Nummer eins sein.«

»Natürlich«, stimmte Mr. Bolter zu. »Aber was erzählt Ihr mir solche Dinge?«

»Nur, um Euch meinen Standpunkt deutlich zu machen«, sagte Fagin mit emporgezogenen Augenbrauen. »Damit Ihr Euch darum kümmern könnt, seid Ihr auf mich angewiesen. Damit mein kleines Geschäft wie geschmiert läuft, bin ich auf Euch angewiesen. Das erste ist Eure, das zweite meine Nummer eins. Je mehr Ihr Eure Nummer eins pflegt, desto mehr müsst Ihr Euch um meine kümmern, so dass wir schließlich wieder darauf zurückkommen, was ich Euch anfangs gesagt habe – dass uns die Rücksicht auf die Nummer eins alle zusammenhält, und das muss so sein, denn sonst würden wir samt und sonders den Bach runtergehen.«

»Da is was dran«, erwiderte Mr. Bolter nachdenklich. »Oh, Ihr seid vielleicht'n alter Schlaufuchs!«

Mr. Fagin bemerkte mit Zufriedenheit, dass diese Anerkennung seiner Fähigkeiten keine bloße Schmeichelei darstellte, sondern der frisch rekrutierte Komplize tatsächlich von dieser Vorstellung seines teuflischen Genius beeindruckt war, was Fagin gleich zu Anfang ihrer Bekanntschaft als sehr wichtig erschien. Um diesen so wünschenswerten und nützlichen Eindruck noch zu verstärken, setzte er die Prahlerei fort, indem er Noah bis in die

Einzelheiten Einblick in die Größe und Reichweite seiner Unternehmungen gewährte, wobei er Wahrheit und Dichtung so vermischte, wie es seinen Zwecken am dienlichsten war, und beides so kunstfertig vortrug, dass er sichtlich in Mr. Bolters Achtung stieg, in der zugleich ein wenig heilsame Furcht mitschwang, die zu erwecken höchst wünschenswert war.

»Dieses beiderseitige Vertrauen, das wir einander entgegenbringen, tröstet mich über schwere Verluste hinweg«, sagte der alte Hehler. »Erst gestern morgen ist mir mein bester Gehilfe abhandengekommen.«

»Ihr wollt doch nich sagen, dass er gestorben is?«

»Nein, nein«, erwiderte Fagin, »so schlimm ist es nicht. Ganz so schlimm ist es nicht.«

»Dann wurde er wohl ...«

»Gesucht«, unterbrach ihn der alte Hehler. »Ja, er wurde gesucht.«

»Wegen was Besondrem?«

»Nein«, antwortete Fagin, »nichts von Bedeutung. Er wurde des versuchten Taschendiebstahls beschuldigt, und man hat eine silberne Schnupftabakdose bei ihm gefunden ... seine eigene, mein Guter, seine eigene, denn er hat selbst geschnupft, war ganz versessen darauf. Sie halten ihn bis heute in Haft, denn sie glauben, den Eigentümer zu kennen. Ach, er ist fünfzig Tabaksdosen wert, und ich würde den Preis für diese fünfzig zahlen, um ihn zurückzubekommen. Ihr hättet den Dodger kennenlernen sollen, mein Lieber, Ihr hättet den Dodger kennenlernen sollen.«

»Na, ich werd ihn ja hoffentlich noch kennenlernen, meint Ihr nich?«, fragte Mr. Bolter.

»Da habe ich so meine Zweifel«, antwortete der alte Hehler

seufzend. »Wenn sie keine neuen Beweise beibringen können, wird er bloß im Schnellverfahren abgeurteilt und wir sehen ihn nach sechs Wochen oder so wieder, wenn doch, wird er mit Sicherheit verschifft werden. Die wissen, was für'n ausgekochter Bursche er ist, die verknacken ihn zu Lebenslänglich. Mit weniger werden sie den Dodger nich davonkommen lassen.«

»Was meint Ihr mit ›verschifft‹ und ›verknacken‹?«, wollte Mr. Bolter wissen. »Was hat's für'n Sinn, so mit mir zu reden, warum redet Ihr nich so, dass ich Euch verstehn kann?«

Fagin schickte sich gerade an, diese geheimnisvollen Ausdrücke in eine verständliche Sprache zu übersetzen und Mr. Bolter davon in Kenntnis zu setzen, dass diese Worte eine Verurteilung zu lebenslanger Deportation nach Australien bedeuteten, als ihr Gespräch von Meister Bates unterbrochen wurde, der, die Hände in den Taschen seiner Kniehosen und das Gesicht zu einer tragikomischen Trauermiene verzogen, ins Zimmer trat.

»Es is alles aus, Fagin«, sagte Charley, nachdem er und sein neuer Kumpan miteinander bekanntgemacht worden waren.

»Was soll das heißen?«, fragte der alte Hehler mit bebender Stimme.

»Die ham den Herrn aufgetrieben, dem seine Dose das is, und zwei oder drei Leutchen ham ihn dentifiziert. Der Dodger kriegt ne Schiffsreise verpasst«, antwortete Meister Bates. »Ich brauch noch nen kompletten Traueranzug, Fagin, samt schwarzem Hutband, um ihn zu besuchen, bevor er an Bord geht. Der Gedanke, dass Jack Dawkins – der gewiefte Artful Dodger – für ne lumpige Schneuzdose zu zweieinhalb Pennys inne Verbannung muss! Hätte nie gedacht, dass er's unter ner goldenen Taschenuhr samt Kette und Petschaft machen tät! Oh, warum hatt er denn nich nem ollen Gentleman all seine Reichtümer geklaut und wär selbst wie'n feiner Herr rübergeschippert, un nich wie'n gemeiner Langfinger, so ganz ohne Ruhm und Ehre!«

Während er solchermaßen seinen Gefühlen für den unglücklichen Freund Ausdruck verlieh, setzte sich Meister Bates voller Kummer und Verzweiflung auf den nächsten Stuhl.

»Was redest du da, er hätte weder Ruhm noch Ehre?«, rief Fagin mit zornigem Blick auf seinen Zögling aus. »War er nicht stets die größte Leuchte von euch allen? Gibt's etwa einen unter euch, der ihm auch nur im entferntesten das Wasser reichen kann? Hä?«

»Nich einen einzigen«, antwortete Meister Bates mit vor Kummer belegter Stimme, »nich einen einzigen.«

»Was redest du dann daher?«, fragte Fagin aufgebracht. »Warum schwatzt du solchen Unsinn?«

»Weil's nich innen Akten drinsteht«, erwiderte Charley, der sich durch das heftige Beklagen des ehrenwerten Freundes in seinen Trotz hineinsteigerte, »weil's im Urteil nich erwähnt wird, weil keiner auch nur'n bisschen davon erfahren wird, was für'n toller Hecht er war. Was werden se im Newgatekalender über ihn schreiben? Vielleicht überhaupt nichts! Oh, bei meiner Seel, was für'n schwerer Schlag!«

»Haha!«, rief Fagin, streckte seine rechte Hand aus und wandte sich in einem Anfall von Gekicher, das ihn schüttelte, als habe er den Schlagfluss, an Mr. Bolter. »Seht, wie stolz sie auf ihr Gewerbe sind, mein Lieber. Ist das nicht großartig?«

Mr. Bolter nickte zustimmend, und nachdem der alte Hehler den Kummer von Charley Bates eine kurze Weile mit Befriedigung betrachtet hatte, trat er an den jungen Herrn heran und klopfte ihm auf die Schulter.

»Mach dir nichts draus, Charley«, sagte Fagin beschwichtigend, »es wird noch bekannt werden, es wird sicher noch bekannt werden. Alle sollen wissen, was für ein gerissener Bursche er war, er wird schon selbst dafür sorgen und seinen alten Kumpanen und Lehrern keine Schande machen. Bedenke auch, wie jung er noch ist! Was für eine Auszeichnung, Charley, in so nem Alter deportiert zu werden!«

»Na, das is wirklich ne Ehre!«, sagte Charley ein wenig versöhnlicher gestimmt.

»Er soll alles bekommen, was er will«, fuhr der alte Hehler fort. »Er wird im Bau wie'n feiner Herr bewirtet werden, Charley, wie'n feiner Herr! Jeden Tag sein Bier und mit Geld in der Tasche, um Kopf oder Zahl zu spielen, wenn er's sonst nicht ausgeben kann.«

»Nein, wirklich?«, rief Charley Bates.

»Aber natürlich«, erwiderte der alte Hehler, »und wir werden ihm einen gewieften Rechtsverdreher besorgen, Charley, der alle schwindlig redet, um seine Verteidigung zu übernehmen, und er soll auch selbst ein Plädoyer halten, wenn er will, und wir können's dann in der Zeitung nachlesen: ›Der gerissene Dodger – brüllendes Gelächter – das hohe Gericht erschüttert!‹ – das wär doch was, Charley, oder?«

»Haha!«, lachte Meister Bates. »Das wär vielleicht'n Spaß, was, Fagin? Ich glaub, der Dodger könnte die ganz schön ins Schwitzen bringen, oder?«

»Könnte?«, rief Fagin aus. »Das wird er, Charley, das wird er ganz bestimmt tun!«

»Ah, mit Sicherheit wird er das tun«, wiederholte Charley und rieb sich die Hände.

»Ich seh ihn jetzt schon vor mir«, rief Fagin, die Augen auf seinen Zögling gerichtet.

»Ich auch«, rief Charley Bates. »Hahaha, ich auch. Ich seh alles deutlich vor mir, bei meiner Seel, Fagin. Was für'n Spaß! Was für'n kolossaler Spaß! All die gepuderten Perücken versuchen, hochfeierlich dreinzuschauen, und Jack Dawkins plaudert so gemütlich und vertraulich mit ihnen, als wär er der Sohn vom Richter persönlich, der nach Tisch ne Ansprache hält ... hahaha!«

Fagin hatte die gedrückte Stimmung seines jungen Freundes tatsächlich so weit aufgehellt, dass Meister Bates, der erst dazu geneigt hatte, den eingesperrten Dodger eher in der Rolle eines Opfers zu betrachten, ihn jetzt als Hauptdarsteller in einer höchst ungewöhnlichen und köstlichen Komödie anzusehen begann und es kaum erwarten konnte, dass sein alter Kumpan diese einmalige Gelegenheit erhalten würde, seine Fähigkeiten unter Beweis zu stellen.

»Wir müssen durch irgendeine List rausfinden, wie's ihm heute ergeht«, sagte Fagin. »Lass mich mal nachdenken.«

»Soll ich gehn?«, fragte Charley.

»Nicht um alles in der Welt«, antwortete Fagin. »Bist du verrückt geworden, völlig verrückt, genau dorthin gehen zu wollen, wo ... Nein, Charley, nein. Es reicht mir, einen verloren zu haben.«

»Du willst doch nich etwa selber gehn, oder?«, fragte Charley mit leicht spöttischem Seitenblick.

»Das wäre wohl kaum passend«, antwortete Fagin kopfschüttelnd.

»Warum schicken wir dann nich diesen neuen Kumpanen hin?«, fragte Meister Bates, indem er seine Hand auf Noahs Arm legte. »Niemand kennt ihn dort.«

»Nun, wenn er nichts dagegen hat …«, bemerkte der alte Hehler.

»Dagegen haben?«, unterbrach Charley. »Was sollte er dagegen haben können?«

»Rein gar nichts, mein Guter«, sagte Fagin und wandte sich Mr. Bolter zu. »Rein gar nichts.«

»Oh, das würd ich nich sagen, hört Ihr«, bemerkte Noah, der sich rückwärts der Tür näherte und den Kopf schüttelte, als würde ihm Böses schwanen. »Nein … nein … nich so was. Das fällt nich in mein Fach, das nich.«

»Was fällt'n in sein Fach, Fagin«, erkundigte sich Meister Bates, wobei er Noahs schlaksige Gestalt verächtlich musterte, »nen langen Schuh machen, wenn's brenzlig wird, und sämtliche Fressalien wegmampfen, wenn alles glatt läuft, is das seine Abteilung?«

»Das geht dich nix an«, versetzte Mr. Bolter, »und nimm dir nich solche Frechheiten gegenüber Höherstehenden heraus, du Lausebengel, da gerätste bei mir an den Falschen.«

Meister Bates musste über diese großspurige Drohung so heftig lachen, dass es einige Zeit dauerte, bis Fagin einschreiten und Mr. Bolter darlegen konnte, dass er mit seinem Abstecher auf die Polizeiwache keinerlei mögliche Gefahr einginge, da bisher weder ein Bericht über die kleine Gaunerei, in die er verwickelt gewesen war, noch eine Beschreibung seiner Person in die Hauptstadt übermittelt worden seien, und dass er höchstwahrscheinlich nicht einmal verdächtigt wurde, hier Zuflucht gesucht zu haben, und dass er die Polizeiwache in zünftiger Verkleidung ebenso gefahrlos aufsuchen könne wie jede andere Gegend in London, zumal man wohl vermuten würde, dies sei der allerletzte Ort, an den er sich aus freien Stücken begeben werde.

Teils von diesen Ausführungen überredet, doch in weit höherem Maße von seiner Furcht vor dem alten Hehler überwältigt, stimmte Mr. Bolter schließlich höchst widerwillig zu, diesen Auftrag zu übernehmen. Auf Fagins Anweisung tauschte er sogleich seine eigene Kleidung gegen Fuhrmannskittel, Kniehosen aus Baumwollsamt und hohe Ledergamaschen, lauter Sachen, die Fagin zur Hand hatte. Dazu verpasste man ihm noch einen Filzhut, der mit zahllosen Schlagbaumbillets gespickt war, und eine Fuhrmannspeitsche. So ausstaffiert sollte er in die Polizeiwache spazieren, wie ein Dörfler vom Markt in Covent Garden es wohl tat, um seine Neugier zu befriedigen, und da er ein so linkischer, tölpelhafter und knochiger Bursche war, wie es sich nur wünschen lässt, machte Mr. Fagin sich nicht die geringsten Sorgen, er könne diese Rolle nicht vollends überzeugend spielen.

Als diese Vorkehrungen getroffen waren, wurde er über alle erforderlichen Merkmale und Zeichen unterrichtet, an denen der gerissene Dodger zu erkennen war. Dann führte Meister Bates ihn auf düsteren und gewundenen Wegen in unmittelbare Nähe der Bow Street. Nachdem er Noah die genaue Lage der Polizeiwache beschrieben und ihn mit ausführlichen Hinweisen versehen hatte, wie er geradewegs durchs Tor schreiten, auf dem Hof dann rechter Hand die Stufen zur Tür hochgehen und seinen Hut ziehen solle, wenn er die Amtsstube betrat, hieß Charley Bates ihn, alleine weiterzueilen, und versprach, an der Stelle, wo sie auseinandergingen, auf seine Rückkehr zu warten.

Noah Claypole, oder Morris Bolter, ganz wie der Leser möchte, folgte haargenau den Anweisungen, die er erhalten hatte und die sich, da Meister Bates bestens mit den Örtlichkeiten vertraut war, als so zuverlässig erwiesen, dass es ihm gelang, in die Amtsstube vorzudringen, ohne Fragen stellen zu müssen oder unterwegs aufgehalten zu werden. Er fand sich eingezwängt in einer Menschenmenge wieder, vornehmlich Frauen, die sich in einem schmutzigen, stickigen Raum zusammendrängte, an dessen oberem Ende ein mit einem Geländer abgetrenntes Podium errichtet war, auf dem sich links an der Wand die Anklagebank befand, in der Mitte ein Zeugenstand und zur Rechten ein Pult für die Amtspersonen, wobei die letztgenannte ehrfurchtgebietende Lokalität von einer Trennwand abgeschirmt war, welche die Richterbank den neugierigen Blicken des Publikums entzog, es dem gemeinen Volk also überlassen blieb, sich die Gerichtsbarkeit in ihrer vollen Majestät vorzustellen (sofern es dazu in der Lage war).

Auf der Anklagebank befanden sich nur zwei Frauen, die ihren Verehrern im Saal zunickten, während der Gerichtsschreiber zwei Polizisten und einem Mann in Zivilkleidung, die sich über den Tisch beugten, irgendwelche eidesstattlichen Aussagen vorlas. Ein Gefängniswärter stand an das Geländer vor der Anklagebank gelehnt und tippte sich gelangweilt mit einem großen Schlüssel an die Nase, außer wenn er einer ungebührlichen Neigung zum Schwatzen unter den anwesenden Müßiggängern Einhalt gebot, indem er zur Ruhe mahnte, oder streng aufblickte, um irgendeiner Frau »Schafft den Schreihals hinaus!« zu befehlen, wenn die Würde des Gerichts durch schwaches, von den Tüchern der Mütter halb ersticktes Geheule eines abgemagerten Säuglings beeinträchtigt wurde. Die Luft im Saal war drückend und ungesund, die Wände von schmutzig verblichener Farbe und die Decke schwarz vom Rauch. Auf dem Kaminsims stand eine alte verrußte Büste, und über der Anklagebank hing eine verstaubte Wanduhr – sie war das einzige, was hier so zu gehen schien, wie es sollte, denn Verderbtheit oder Armut, oder eine hinlängliche Bekanntschaft mit beidem, hatten auf allen beseelten Wesen Spuren des Makels hinterlassen, die kaum weniger unerquicklich anzusehen waren als die dicke schmierige Schmutzschicht, die jeden unbeseelten Gegenstand überzog und von ihm herabstarrte.

Noah hielt angestrengt Ausschau nach dem Dodger, doch obwohl sich verschiedene Frauen im Saal befanden, die ohne weiteres als Mutter oder Schwester dieser vortrefflichen Persönlichkeit durchgegangen wären, und mehr als ein Mann, der starke Ähnlichkeit mit seinem Vater aufweisen mochte, war niemand zu entdecken, auf den die Beschreibung passte, die man ihm von Mr. Dawkins gegeben hatte. Er wartete in einem Zustand großer Anspannung und Ungewissheit, bis die Frauen verurteilt waren und mit dreister Miene abzogen, woraufhin er umgehend durch das Erscheinen eines weiteren Angeklagten erlöst wurde, bei dessen Anblick er sofort wusste, dass es kein anderer als der Anlass seines Besuches sein konnte.

Es war in der Tat Mr. Dawkins, der, die weiten Rockärmel wie üblich hochgekrempelt, die linke Hand in der Tasche, den Hut in seiner Rechten, mit einem gänzlich unbeschreiblichen Schlendern vor dem Gefängniswärter die Amtsstube betrat und, während er auf der Anklagebank Platz nahm, mit weithin hörbarer Stimme zu wissen verlangte, warum man ihn hier in diese schändliche Lage gebracht habe.

»Willst du wohl den Mund halten!«, fuhr ihn der Gefängniswärter an.

»Bin ich etwa kein englischer Staatsbürger?«, versetzte der Dodger. »Wo bleiben meine Privielegjen?«

»Deine Privilegien wirste schon noch bekommen«, erwiderte der Wärter, »und zwar gepfefferte.«

»Na hoffentlich, sonst wolln wir doch mal sehn, was der Justizminister diesen Robenträgern hier zu flüstern hat«, erwiderte Mr. Dawkins. »Also gut. Was is hier los? Ich wär den Herrn Richtern dankbar, diese kleine Angelegenheit schleunigst abzuhaken und mich hier nich länger aufzuhalten, während sie Zeitung lesen, denn ich hab inner City ne Verabredung mit nem Gentleman, und da ich'n Mann bin, der sein Wort hält und in geschäftlichen Dingen auf die Minute pünktlich is, wird er fortgehn, wenn ich nich rechtzeitig auftauche, und dann kommt's womöglich noch zu ner Klage auf Schadensersatz gegen jene, die mich aufgehalten haben, oder etwa nich? Gewiss doch!«

An dieser Stelle verlangte der Dodger, der zeigen wollte, dass er es in Hinblick auf dieses später anstehende Gerichtsverfahren durchaus ernst meine, vom Gefängniswärter zu wissen, wie »die beiden Vögel da am Richtertisch« hießen, was die Zuschauer so sehr erheiterte, dass sie fast ebenso herzlich lachten, wie Meister Bates es getan haben könnte, hätte er dieses Ersuchen gehört.

»Ruhe im Saal!«, schrie der Wärter.

»Was liegt vor?«, fragte einer der Polizeirichter.

»Ein Fall von Taschendiebstahl, Euer Ehren.«

»Ist der Junge zuvor bereits einmal hier gewesen?«

»Er hätte es schon viele Male sollen«, antwortete der Gefängniswärter. »Ansonsten ist er schon überall gewesen. Ich jedenfalls kenne ihn zur Genüge, Euer Ehren.«

»Aha, Ihr kennt mich also, was?«, rief der Dodger, wobei er sich die Aussage notierte. »Das is allemal'n Fall von Rufbeschädigung.«

Hier gab es erneut Gelächter, und erneut wurde zur Ruhe gemahnt.

»Also weiter, wo sind die Zeugen?«, fragte der Gerichtsschreiber.

»Ha, genau!«, fügte der Dodger hinzu. »Wo sind se? Die würd ich gern mal sehn!«

Dieser Wunsch wurde sogleich erfüllt, denn es trat ein Polizist vor, der beobachtet hatte, wie der Angeklagte in der Menschenmenge einem unbekannten Herrn in die Tasche gegriffen und tatsächlich ein Schnupftuch daraus hervorgezogen habe, das er aber, da es ein sehr altes gewesen sei, mit Bedacht wieder zurücksteckte, nachdem er es an seiner eigenen Nase ausprobiert hatte. Aus diesem Grunde habe er den Dodger in Gewahrsam genommen, sobald er seiner habhaft werden konnte, und besagter Dodger habe, als er durchsucht wurde, eine silberne Schnupftabakdose, auf deren Deckel der Name des Besitzers eingraviert war, bei sich getragen. Dieser Herr war mit Hilfe einer Verlustanzeige ausfindig gemacht worden und nun vor Ort anwesend, wo er unter Eid aussagte, dass die Schnupftabakdose ihm gehöre und er sie am Vortag in dem Augenblick vermisst habe, als er die zuvor erwähnte Menschenansammlung verließ. Er habe im Gewühl ebenfalls einen jungen Herrn bemerkt, der sich besonders eifrig einen Weg durch die Menge bahnte, und dieser junge Herr sei eben jener Angeklagter, der hier vor ihm stünde.

»Hast du irgendeine Frage an den Zeugen, junger Mann?«, wollte der Richter wissen.

»Ich werd mich nich erniedrigen, indem ich mich zu nem Gespräch mit dem da herablasse«, antwortete der Dodger.

»Hast du überhaupt noch etwas zu sagen?«

»Hast du nicht gehört, Seiner Ehren fragt, ob du irgendetwas zu sagen hast«, wiederholte der Wärter, indem er dem schweigenden Dodger mit dem Ellbogen in die Seite stieß.

»Bitte um Verzeihung«, sagte der Dodger und schaute mit geistesabwesender Miene auf, »habt Ihr mit mir gesprochen, guter Mann?«

»Noch nie hab ich so einen durchtriebenen Spitzbuben gesehen, Euer Ehren«, bemerkte der Wärter mit einem Grinsen. »Willst du noch was sagen, du Grünschnabel?«

»Nein«, erwiderte der Dodger, »jedenfalls nich hier, wo man für Gerechtigkeit anner falschen Adresse is, außerdem is mein Anwalt heut morgen beim Fizepräsidenten des Unterhauses zum Frühstück, aber ich werd schon noch woanders was sagen, und er auch, und dazu noch ne Menge einflussreiche Freunde von mir, so dass diese Robenträger hier sich noch wünschen werden, sie wärn nie geboren worden, oder ihre Lakaien hätten sie an ihren eigenen Huthaken aufgehängt, statt sie heute morgen rauszulassen, um mich zu verknacken. Ich werde …«

»Das reicht! Er ist für schuldig befunden!«, unterbrach der Gerichtsschreiber. »Führt ihn ab!«

»Los, mitkommen«, sagte der Wärter.

»O ja, ich werd schon mitkommen«, erwiderte der Dodger, wobei er seinen Hut mit der Handfläche abbürstete und an die Richterbank gewandt rief:

»He, Ihr da, hat gar kein Zweck, so jämmerlich zu glotzen, ich werd keine Gnade mit Euch haben, nich für'n Zehner. Ihr werdet dafür bezahlen, meine sauberen Freunde. Möchte nich an Eurer Stelle sein! Ich würd jetzt nich mal stiften gehn, wenn Ihr auf die Knie fallt und mich drum anfleht. Los, bringt mich innen Knast! Führt mich ab!«

Bei diesen letzten Worten ließ sich der Dodger am Kragen packen und abführen und drohte auf dem Weg in den Hof, die Sache vor das Parlament zu bringen, wobei er dem Wärter fröhlich und selbstgefällig ins Gesicht grinste.

Nachdem Noah gesehen hatte, wie der Dodger allein in eine kleine Zelle gesperrt wurde, machte er sich schleunigst auf den Weg dorthin zurück, wo er Meister Bates verlassen hatte. Hier musste er eine Weile warten, ehe sich der junge Herr zu ihm gesellte, denn dieser hatte sich klugerweise nicht blicken lassen, bis er aus seinem verborgenen Schlupfwinkel vorsichtig herausgespäht und sich vergewissert hatte, dass sein neuer Freund nicht von irgendeiner frechen Person verfolgt wurde.

Die beiden eilten nun zusammen zurück, um Mr. Fagin die frohe Kunde zu überbringen, dass der Dodger seiner Erziehung alle Ehre mache und sich einen Ruf wie Donnerhall erwerbe.

Vierundvierzigstes Kapitel

Für Nancy kommt die Zeit, ihr Versprechen gegenüber Rose einzulösen. Es gelingt ihr nicht.

So geschickt Nancy in allen Künsten der Täuschung und Verstellung auch war, konnte sie die Wirkung, die das Wissen um den von ihr vollzogenen Schritt auf ihr Gemüt ausübte, nicht gänzlich verbergen. Sie dachte daran, dass sowohl der verschlagene alte Hehler als auch der brutale Sikes sie in geheime Pläne eingeweiht hatten, die vor allen anderen geheimgehalten wurden, und zwar in der festen Überzeugung, dass sie vertrauenswürdig sei und außerhalb jedes Verdachts stünde. Wie niederträchtig diese Pläne auch waren, wie verderbt deren Urheber und wie bitter ihre Gefühle gegenüber Fagin, der sie Schritt für Schritt tiefer und tiefer in den Abgrund von Verbrechen und Elend gestoßen hatte, aus dem kein Entkommen möglich war, gab es doch Zeiten, in denen sie sogar so etwas wie Mitleid mit ihm empfand, aus Furcht, dass ihre Enthüllung ihn dem eisernen Zugriff, dem er so lange entgangen war, ausliefern und er zuletzt durch ihre Hand zu Fall gebracht werde, sosehr er ein solches Schicksal auch verdient haben mochte.

Doch dies waren nur die Abirrungen eines Geistes, der nicht imstande war, sich völlig von den alten Kumpanen und Gefährten zu lösen, obgleich er es vermochte, unbeirrt ein Ziel zu verfolgen und sich von keinerlei Bedenken davon abbringen zu lassen. Ihre Furcht um Sikes hätte sie schon eher dazu bewegen können, umzukehren, solange noch Zeit war, aber sie hatte sich ausbedungen, dass ihr Geheimnis strikt bewahrt bliebe, sie hatte keinen Hinweis gegeben, der zu seiner Entdeckung führen konnte, sie hatte, auch seinetwegen, das Angebot, aus aller Schuld und allem Elend, das sie umgab, errettet zu werden, ausgeschlagen – was konnte sie mehr tun? Sie war fest entschlossen.

Obgleich all ihr seelisches Ringen in diesem Entschluss mündete, wurde sie immer wieder davon heimgesucht und auch gezeichnet. Innerhalb weniger Tage war sie dünn und blass geworden. Zuweilen beachtete sie nicht, was um sie herum vorging, oder sie nahm keinen Anteil an Gesprächen, bei denen sie sonst die Lebhafteste gewesen wäre. Ein andermal lachte sie auf, ohne fröhlich zu sein, und wurde ohne Grund oder Anlass laut. Dann saß sie wieder – oft nur einen Augenblick später – schweigend und mutlos da, den Kopf grübelnd auf die Hände gestützt, und die Anstrengung, mit der sie sich aufraffte, verriet noch deutlicher als die anderen Anzeichen, dass es ihr schlechtging und sie in Gedanken mit ganz anderen und entfernteren Dingen beschäftigt war als jenen, um die sich das Gespräch ihrer Gefährten drehte.

Es war Sonntagnacht, und die Glocke der nächsten Kirche schlug die volle Stunde. Sikes und Fagin waren im Gespräch vertieft, hielten jedoch inne, um zu lauschen. Das Mädchen schaute vom niedrigen Hocker, auf dem es kauerte, hoch und lauschte ebenfalls. Elf Uhr.

»Noch eine Stunde bis Mitternacht«, sagte Sikes, hob den Vorhang hoch, um hinauszublicken, und kehrte an seinen Platz zurück. »Außerdem isses finster und bewölkt. Ne gute Nacht fürs Geschäft.«

»Ach, wie schade, Bill, mein Guter«, erwiderte der Hehler, »dass augenblicklich keins zu erledigen ist.«

»Da sagste ausnahmsweise mal die Wahrheit«, bemerkte Sikes verdrossen. »Das is wirklich jammerschade, wo ich obendrein noch in der richtigen Stimmung dafür bin.«

Fagin seufzte und schüttelte verzagt den Kopf.

»Wenn die Chose wieder läuft, müssen wir die verlorne Zeit aufholen, das steht mal fest«, bemerkte Sikes.

»So ist's recht gesprochen, mein Bester«, erwiderte der alte Hehler, wobei er sich erkühnte, dem Einbrecher auf die Schulter zu klopfen. »Das tut mir gut, dich so reden zu hören.«

»So, das tut dir also gut!«, rief Sikes. »Na egal, sei's drum.«

»Hahaha!«, lachte Fagin, als würde ihn auch dieses Zugeständnis erleichtern. »Heut nacht bist du wieder ganz der Alte, Bill! Wieder ganz der Alte.«

»Ich fühl mich aber nich wie ganz der Alte, wenn deine Dreckspfote auf meiner Schulter liegt, also nimm se weg«, sagte Sikes und wischte Fagins Hand beiseite.

»Es macht dich nervös, Bill ... erinnert dich daran, geschnappt zu werden, nicht wahr?«, fragte Fagin, entschlossen, nicht gekränkt zu sein.

»Erinnert mich dran, vom Teufel geschnappt zu werden«, versetzte Sikes. »Hat nie'n Mann mit so ner Visage wie deiner gegeben, außer vielleicht dein Vater, und der versengt sich inzwischen sicher den ergrauten roten Bart, wenn du nich sowieso vom alten Gottseibeiuns persönlich abstammst, ohne irgendnen andern Vater, was mich kein bisschen wundern tät.«

Fagin gab auf dieses Kompliment keine Erwiderung, sondern zupfte Sikes am Ärmel und zeigte mit dem Finger auf Nancy, die das vorangegangene Gespräch genutzt hatte, um ihre Haube aufzusetzen, und jetzt das Zimmer verlassen wollte.

»He!«, rief Sikes. »Nance. Wo will das Mädel um diese nachtschlafende Zeit denn noch hin?«

»Nicht weit.«

»Was'n das für ne Antwort?«, gab Sikes zurück. »Wo gehste hin?«

»Nicht weit, sagte ich doch.«

»Und ich fragte wohin«, beharrte Sikes. »Haste nich gehört?«

»Ich weiß nich wohin«, antwortete das Mädchen.

»Aber ich«, sagte Sikes, mehr aus Sturheit und weniger, weil er tatsächlich etwas dagegen hatte, das Mädchen gehen zu lassen, wohin es auch wollte. »Nirgends. Setz dich hin.«

»Mir is nich gut. Ich hab's dir vorhin schon gesagt«, erwiderte das Mädchen. »Ich brauch'n bisschen frische Luft.«

»Dann steck dein Kopf aussem Fenster«, gab Sikes zur Antwort.

»Das reicht nich«, sagte das Mädchen. »Ich will nach draußen.«

»Da wird nix draus«, antwortete Sikes. Mit dieser Versicherung stand er auf, schloss die Tür ab, zog den Schlüssel heraus, riss ihr die Haube vom Kopf und schleuderte sie auf einen alten Kleiderschrank.

»So«, meinte der Einbrecher. »Und jetzt bleibste, wo du bist, verstanden?«

»Wegen der Haube werd ich nich hierbleiben«, sagte Nancy, die sehr bleich wurde. »Was soll das, Bill? Weißt du noch, was du tust?«

»Ob ich weiß, was ich … oho!«, rief Sikes an Fagin gewandt. »Siehst du, die is verrückt geworden, sonst würd se sich nich trauen, so mit mir zu reden.«

»Du treibst mich noch zu ner Verzweiflungstat«, murrte Nancy und drückte beide Hände gegen die Brust, als wolle sie mit Gewalt einen heftigen Gefühlsausbruch unterdrücken. »Lass mich gehn, hörst du … auf der Stelle … sofort …«

»Nein«, sagte Sikes.

»Sag ihm, er soll mich gehn lassen, Fagin. Wär besser so, auch für ihn. Hast du gehört?«, rief Nancy und stampfte mit dem Fuß auf den Boden.

»Hast du gehört!«, wiederholte Sikes und drehte sich im Stuhl herum, so dass er sie anblickte. »Hab ich, und wenn ich dich noch ne Minute länger hör, wird der Hund dir an die Kehle springen und dir deine keifende Stimme rausbeißen. Was is bloß in dich gefahren, du närrisches Weibsstück? Was is los?«

»Lass mich gehn«, sagte das Mädchen mit großem Ernst. Dann setzte sie sich vor die Tür auf den Boden und fügte hinzu: »Bill, lass mich gehn, du weißt wirklich nich, was du tust. Nur für ne Stunde … bitte … bitte.«

»Ich will verflucht sein«, rief Sikes und packte sie derb am Arm, »wenn das Mädel nich total übergeschnappt is. Steh auf!«

»Erst wenn du mich gehn lässt … erst wenn du mich gehn lässt … lass mich … lass mich!«, kreischte das Mädchen. Sikes schaute sich das eine Weile mit an und lauerte auf eine günstige Gelegenheit, dann packte er plötzlich ihre Hände und schleifte sie, während sie sich kräftig wand und wehrte, in ein kleines Nebenzimmer. Dort setzte er sich auf eine Bank und warf sie auf einen Stuhl, in den er sie mit Gewalt niederdrückte. Nancy kämpfte und flehte abwechselnd, bis es zwölf Uhr schlug, dann gab sie auf, zu müde und erschöpft, um die Sache weiter auszufechten. Mit der von vielen Flüchen bekräftigten Warnung, in dieser Nacht keinen Versuch mehr zu unternehmen auszugehen, ließ Sikes sie allein zurück, damit sie sich allmählich beruhigen konnte, und gesellte sich wieder zu dem alten Hehler.

»Puuuh!«, machte der Einbrecher und wischte sich den Schweiß von der Stirn. »Was für'n verdrehtes Mädel das doch is!«

»Das kann man wohl sagen, Bill«, entgegnete Fagin nachdenklich. »Das kann man wohl sagen.«

»Was glaubst du, warum hat sie sich bloß in den Kopf gesetzt, heut nacht unbedingt hinausgehen zu wolln?«, fragte Sikes. »Sag, du solltest sie besser kennen als ich. Was hat das zu bedeuten?«

»Eigensinn, weibischer Eigensinn, vermute ich, mein Lieber«, antwortete Fagin achselzuckend.

»Na, das wird's wohl sein«, knurrte Sikes. »Ich dachte, ich hätt sie anner Kandare, aber sie is so wild wie eh und je.«

»Noch wilder«, sagte Fagin nachdenklich. »So habe ich sie noch nie erlebt, und das wegen so ner Kleinigkeit.«

»Ich auch nich«, sagte Sikes. »Ich glaub, der steckt noch immer was von diesem Fieber in den Knochen, das sie einfach nich ausschwitzen will, was?«

»Gut möglich«, bemerkte der alte Hehler.

»Ich werd sie'n bisschen zur Ader lassen, ohne den Doktor zu bemühen, wenn sie noch mal so ausrastet«, sagte Sikes.

Fagin nickte beifällig zu dieser Behandlungsmethode.

»Sie is mir Tag und Nacht nich vom Leib gewichen, als ich flachlag, und du mit deiner schwarzen Seele hast dich nich blicken lassen«, sagte Sikes. »Wir hatten die ganze Zeit kaum was zu beißen, und ich denk, das hat sie irgendwie gequält und geängstigt, und dass sie so lange hier eingesperrt war, hat sie sicher unruhig gemacht, was?«

»Das wird's sein, mein Lieber«, antwortete Fagin flüsternd. »Psst!«

Als er diese Worte sprach, erschien Nancy und nahm wieder ihren alten Platz ein. Ihre Augen waren rot und geschwollen, sie wiegte sich hin und her, warf ihren Kopf zurück und brach nach einer kurzen Weile in Gelächter aus.

»Herrgott noch mal, jetzt gehen ihr die Pferde in die andre Richtung durch!«, rief Sikes aus und schaute seinen Kumpanen mit dem Ausdruck größten Erstaunens an.

Fagin bedeutete ihm mit einem Nicken, dem im Moment keine weitere Beachtung zu schenken, und ein paar Minuten später nahm das Mädchen wieder ihr gewohntes Verhalten an. Indem er Sikes zuwisperte, ein Rückfall stehe nicht zu befürchten, nahm der alte Hehler seinen Hut auf und wünschte ihm gute Nacht. An der Zimmertür blieb er stehen, schaute sich um und fragte, ob ihm jemand die dunkle Treppe hinableuchten könne.

»Leuchte ihm runter«, sagte Sikes, der seine Pfeife stopfte. »Wär schade, wenn er sich selbst das Genick bräche und die Schaulustigen enttäuschen würd. Halt ihm das Licht.«

Nancy folgte dem alten Mann mit einer Kerze die Treppe hinab. Als sie den Hausflur erreichten, legte er den Finger an die Lippen, trat nahe an das Mädchen heran und fragte flüsternd:

»Was ist los, Nancy, mein Schatz?«

»Was meinst du damit?«, erwiderte das Mädchen im gleichen Ton.

»Der Grund für all das«, antwortete Fagin. »Wenn *er*« – dabei deutete er mit seinem knochigen Zeigefinger treppauf – »so hart mit dir umspringt (er ist ein Scheusal, Nance, ein brutales Scheusal), warum willst du dann nicht …«

»Nun?«, fragte das Mädchen, als Fagin, der mit dem Mund beinahe ihr Ohr berührte und dessen Augen unverwandt in die ihren blickten, innehielt.

»Lassen wir das jetzt«, sagte der alte Hehler. »Darüber reden wir ein anderes Mal. Du hast einen Freund in mir, Nancy, einen treuen Freund. Ich habe die Mittel zur Hand, stille und verschwiegene Mittel. Wenn du Rache an jenen willst, die dich wie einen Hund behandeln – wie einen Hund, ja, schlimmer als seinen Hund, denn ihm ist er zuweilen noch zu Willen –, dann komm zu mir. Ich sage dir, komm zu mir. Er ist bloß ein umherstreunender Köter, aber mich kennst du schon seit langem, Nance.«

»Ich kenn dich gut«, erwiderte das Mädchen, ohne die geringste Gefühlsregung zu zeigen. »Gute Nacht.«

Sie zuckte zurück, als Fagin sich anschickte, seine Hand auf die ihre zu legen, sagte jedoch abermals mit fester Stimme gute Nacht und erwiderte seinen Blick zum Abschied mit einem Nicken des Verstehens und schloss dann die Tür hinter ihm.

Fagin machte sich auf den Heimweg und war eifrig mit den Gedanken beschäftigt, die ihm durch den Kopf gingen. Er war zu der Überzeugung gelangt – nicht wegen dem, was gerade geschehen war, auch wenn es dazu beitrug, ihn darin zu bestätigen, sondern langsam und allmählich –, dass Nancy, der Gewalttätigkeit des Einbrechers überdrüssig, zu einem neuen Freund Zuneigung gefasst habe. Ihr verändertes Benehmen, der Umstand, dass sie wiederholt alleine ausging, ihre ungewohnte Gleichgültigkeit gegenüber den Unternehmungen der Bande, an denen sie früher so lebhaft Anteil genommen hatte, und dazu ihre verzweifelte Ungeduld, in dieser Nacht zu einer bestimmten Stunde das Haus zu verlassen, all dies sprach für seine Vermutung und ließ sie, zumindest für ihn, beinahe zur Gewissheit werden. Der Gegenstand dieser neuen Zuneigung befand sich nicht unter seinen Getreuen. Mit so einer Gehilfin wie Nancy wäre er eine wertvolle Verstärkung und musste deshalb, so dachte Fagin, umgehend für die Bande gewonnen werden.

Es galt auch noch ein anderes, finsteres Ziel zu erreichen. Sikes wusste zu viel, und seine groben Schmähungen hatten Fagin nicht deshalb weniger verletzt, weil er es sich nicht anmerken ließ. Wenn sie ihm den Laufpass gab, musste Nancy klar sein, dass sie nirgends vor seiner Wut sicher sein konnte und er sie gewiss an dem Gegenstand ihrer jetzigen Schwärmerei auslassen, ihm den Leib verstümmeln oder gar das Leben nehmen würde.

»Mit ein bisschen Überredung«, so dachte Fagin, »wird sie höchstwahrscheinlich bereit sein, ihn zu vergiften! Frauen haben schon immer derlei Dinge und Schlimmeres getan, um dasselbe Ziel zu erreichen. Dann hätten wir den gefährlichen Schurken, einen Mann, den ich hasse, beseitigt und an seiner Stelle einen anderen gewonnen, und mein Einfluss auf das Mädchen wäre mit dem Wissen um dieses Verbrechen grenzenlos.«

Diese Dinge waren Fagin während der kurzen Zeit, als er im Zimmer des Einbrechers alleine gewesen war, durch den Kopf gegangen, und von diesen Gedanken getrieben, hatte er die Gelegenheit, die sich ihm danach bot, genutzt, um Nancy mit den beim Abschied hingeworfenen Andeutungen mal auf den Zahn zu fühlen. Sie hatte weder Anzeichen von Überraschung erkennen lassen noch so getan, als verstünde sie ihn nicht. Das Mädchen hatte es voll und ganz begriffen. *Das* hatte ihr Blick beim Abschied verraten.

Doch vielleicht würde sie vor einem Plan zurückschrecken, bei dem Sikes sterben würde, was aber der eigentliche Zweck war, der erreicht werden sollte.

»Wie«, so überlegte der alte Hehler, als er nach Hause schlich, »kann ich meinen Einfluss auf sie vergrößern? Wie kann ich mehr Macht über sie gewinnen?«

Gehirne wie das seine wissen sich stets zu helfen. Würde er, ohne Nancy selbst ein Geständnis zu entlocken, ihr nachspionieren und den Gegenstand ihrer neuen Aufmerksamkeit entdecken und damit drohen, die ganze Geschichte Sikes (vor dem sie unbändige Angst hatte) zu offenbaren, sollte sie sich nicht seinen Plänen fügen, konnte er sich dann nicht ihrer Komplizenschaft sicher sein?

»Ich kann«, sagte Fagin beinahe laut. »Sie wird dann nicht mehr wagen, sich mir zu widersetzen. Nicht um ihr Leben, nicht um ihr Leben! Die Werkzeuge sind vorhanden, und sie sollen eingesetzt werden. Ich werd dich schon noch drankriegen!«

Er warf einen finsteren Blick zurück und drohte mit der Hand in jene Richtung, wo er den frechen Schurken zurückgelassen hatte, und ging dann weiter seines Weges, wobei er mit den knochigen Händen die Falten seines zerlumpten Gewandes fasste und sie in seinem festen Griff zerknüllte, als zermalme er mit jeder Bewegung seiner Finger einen verhassten Feind.

Fünfundvierzigstes Kapitel

Noah Claypole erhält von Fagin einen geheimen Auftrag.

Der alte Mann stand am nächsten Morgen beizeiten auf und wartete ungeduldig auf das Erscheinen seines neuen Kumpanen, der schließlich nach einer Weile, die ihm unendlich vorkam, auftauchte und sich mit Heißhunger auf das Frühstück stürzte.

»Bolter«, sagte der alte Hehler, zog einen Stuhl heran und setzte sich ihm gegenüber. »Morris Bolter.«

»Ja, hier bin ich«, erwiderte Noah. »Was gibt's? Verlangt von mir nix zu tun, bis ich mit dem Frühstück fertig bin. Das stört mich hier gewaltig. Man kommt nie dazu, mal in Ruhe zu essen.«

»Aber Ihr könnt doch reden, während Ihr esst, nicht wahr?«, fragte Fagin, der die Gier seines jungen Freundes aus tiefstem Herzen verwünschte.

»Klar kann ich reden. Dann schmeckt's sogar noch besser, wenn ich rede«, sagte Noah und schnitt sich eine riesige Scheibe vom Brot ab. »Wo's Charlotte?«

»Unterwegs«, antwortete Fagin. »Ich habe sie heute morgen mit dem anderen Mädchen fortgeschickt, weil ich mit Euch allein sein wollte.«

»Oh!«, sagte Noah. »Ich wünschte, Ihr hättet ihr aufgetragen, erst ein paar Röstbrote mit Butter zu machen. Aber gut, erzählt weiter, ich lass mich nich störn.«

Er schien in der Tat überhaupt nicht zu befürchten, dass ihn irgendetwas stören könne, denn er hatte sich offenbar mit dem festen Vorsatz hingesetzt, ganze Arbeit zu leisten.

»Ihr habt Euch gestern wacker geschlagen, mein Lieber«, sagte der alte Hehler. »Sechs Shilling und neuneinhalb Pence am allerersten Tag! Ein hübsches Sümmchen. Das Kükenrupfen wird Euch noch reich machen.«

»Vergesst nich die drei Bierkrüge und die Milchkanne«, ergänzte Mr. Bolter.

»Gewiss nicht, mein Guter«, erwiderte Fagin. »Die Bierkrüge waren richtige Geistesblitze, aber die Milchkanne war geradezu ein Meisterwerk.«

»Nich schlecht für'n Anfänger, will ich meinen«, bemerkte Mr. Bolter selbstgefällig. »Die Krüge habe ich von hohen Geländern runtergenommen, und die Milchkanne stand einsam vor nem Wirtshaus. Wisst Ihr, ich dachte, die wird im Regen womöglich noch Rost ansetzen oder sich erkälten. Hahaha!«

Fagin tat so, als würde er herzlich mitlachen, und als Mr. Bolter ausgelacht hatte, nahm er eine Reihe von großen Bissen, mit denen er sein erstes riesiges Butterbrot verzehrte, und wandte sich dann dem zweiten zu.

»Also, Bolter«, sagte Fagin über den Tisch gebeugt, »ich möchte, dass Ihr einen Auftrag für mich erledigt, mein Guter, der große Sorgfalt und Vorsicht erfordert.«

»Hört mal«, antwortete Bolter, »bleibt mir weg mit Eurem gefährlichen Zeugs oder Euren Polizeiwachen. Das is nix für mich, wirklich nich, das sag ich Euch gleich.«

»Es besteht nicht die geringste Gefahr dabei ... nicht die allergeringste«, sagte der alte Hehler, »Ihr braucht bloß einer Frau heimlich hinterherzuschleichen.«

»Einer alten Frau?«, wollte Bolter wissen.

»Einer jungen«, antwortete Fagin.

»Na, damit kenn ich mich bestens aus«, sagte Bolter. »Ich war schon inner Schule so'n richtiger Leisetreter. Warum soll ich ihr denn nachspioniern? Doch nich, um …«

»Nicht, um irgendetwas zu tun«, unterbrach ihn Fagin, »sondern um mir zu berichten, wohin sie geht, wen sie trifft und, falls möglich, was sie sagt. Ihr sollt Euch die Straße merken, wenn's eine Straße ist, oder das Haus, wenn's ein Haus ist, und mir alles erzählen, was Ihr in Erfahrung bringen könnt.«

»Was krieg ich dafür?«, fragte Noah, setzte die Tasse ab und blickte seinem Brotherrn begierig ins Gesicht.

»Wenn Ihr's anständig erledigt, ein Pfund, mein Lieber. Ein ganzes Pfund«, sagte Fagin in der Absicht, ihn für die Sache so stark wie möglich zu erwärmen. »So viel habe ich bisher noch nie bezahlt für eine Arbeit, bei der nicht viel gewonnen werden kann.«

»Wer isse denn?«, erkundigte sich Noah.

»Eine von uns.«

»Ach, herrjemine!«, rief Noah naserümpfend. »Ihr habtse in Verdacht, was?«

»Sie hat ein paar neue Freunde gefunden, mein Lieber, und ich wüsste gern, wer die sind«, antwortete Fagin.

»Verstehe«, sagte Noah, »bloß wegen dem Vergnügen, ihre Bekanntschaft zu machen, wenn's denn auch respektierliche Leute sind, was? Hahaha! Da bin ich genau der Richtige für Euch.«

»Das habe ich mir gedacht«, rief Fagin, freudig erregt, dass sein Ansinnen so bereitwillig aufgenommen wurde.

»Na klar, na klar«, sagte Noah. »Wo steckt sie? Wo soll ich ihr auflauern? Wo soll ich hingehn?«

»Das werdet Ihr noch alles von mir erfahren, mein Guter. Ich werde sie Euch rechtzeitig zeigen«, erwiderte Fagin. »Haltet Euch bereit und überlasst alles andere mir.«

In dieser Nacht, der nächsten und auch der übernächsten saß der Spion gestiefelt und in seiner Fuhrmannskleidung bereit, um auf ein Wort von Fagin loszuziehen. So verstrichen sechs Nächte – sechs lange, öde Nächte –, und in jeder kehrte Fagin mit enttäuschter Miene heim und gab kurz Bescheid, dass es noch nicht so weit sei. In der siebten kehrte er früher zurück, in einer Hochstimmung, die er nicht verbergen konnte. Es war Sonntag.

»Heute nacht geht sie aus«, sagte Fagin, »und zwar auf den erwarteten Gang, da bin ich sicher, denn sie ist den ganzen Tag lang allein gewesen, und der Mann, den sie fürchtet, wird nicht vor Tagesanbruch zurückkehren. Los, kommt mit. Rasch!«

Noah sprang ohne ein Wort zu sagen auf, denn Fagin befand sich in einem derart erregten Zustand, dass er davon angesteckt wurde. Heimlich verließen sie das Haus und erreichten schließlich, nachdem sie durch ein Labyrinth von Straßen geeilt waren, ein Wirtshaus, welches Noah als dasselbe erkannte, in dem er in der Nacht seiner Ankunft in London geschlafen hatte.

Es war bereits nach elf und die Tür geschlossen. Auf einen leisen Pfiff von Fagin drehte sie sich sachte in den Angeln. Sie traten lautlos ein, und die Tür wurde hinter ihnen wieder geschlossen.

Da sie kaum zu flüstern wagten und die Worte durch stumme Gesten ersetzten, zeigten Fagin und der junge Barney, der sie eingelassen hatte, auf die Fensterscheibe und bedeuteten Noah, auf den Hocker zu steigen und sich die Person im Nebenzimmer zu betrachten.

»Ist das die Frau?«, fragte er, kaum lauter als sein Atem.

Fagin nickte.

»Ich kann ihr Gesicht nich richtich sehn«, flüsterte Noah. »Sie schaut zu Boden, und die Kerze steht hinter ihr.«

»Bleibt da«, flüsterte Fagin. Er gab Barney ein Zeichen, der sich daraufhin entfernte. Einen Augenblick später betrat der Bursche das Nebenzimmer, schob die Kerze unter dem Vorwand, den Docht zu kappen, an die gewünschte Stelle und bewog das Mädchen, indem er es ansprach, dazu, den Kopf zu heben.

»Jetzt seh ich sie!«, rief der Spion.

»Deutlich?«, fragte der alte Hehler.

»Ich würd se unter Tausenden erkennen.«

Hastig stieg er hinab, weil sich die Tür zum Nebenzimmer öffnete und das Mädchen heraustrat. Fagin zog ihn in eine kleine Nische, die durch einen Vorhang abgeteilt war, und sie hielten beide ihren Atem an, als das Mädchen nur ein paar Fuß an ihrem Versteck vorbei und zu der Tür hinausging, durch die sie hereingekommen waren.

»Psst!«, machte der Bursche, der die Tür offen hielt. »Himterher.«

Noah wechselte einen Blick mit Fagin und schoss hinaus.

»Nach links«, wisperte der Bursche. »Geht nach links, umd haltet Euch auf der amderen Seite.«

Das tat er und sah beim Licht der Laternen, wie sich die Gestalt des Mädchens bereits in einiger Entfernung von ihm fortbewegte. Er näherte sich so weit, wie es ihm ratsam erschien, und hielt sich auf der anderen Straßenseite, von wo er sie besser im Blick hatte. Sie schaute sich zwei- oder dreimal nervös um und blieb einmal stehen, um zwei Männer, die dicht hinter ihr hergingen, vorbeizulassen. Sie schien, je weiter sie vorankam, immer mehr Mut zu fassen und stetigeren und festeren Schrittes zu gehen. Der Spion folgte ihr in gleichbleibendem Abstand und ließ sie nicht aus den Augen.

Sechsundvierzigstes Kapitel

Die eingehaltene Verabredung.

Die Kirchturmuhren schlugen dreiviertel zwölf, als zwei Gestalten auf der London Bridge erschienen. Eine, die sich geschwinden und entschlossenen Schrittes näherte, war die einer Frau, die angestrengt umherschaute, als sei sie auf der Suche nach etwas, das sie vorzufinden erwartete, die andere Gestalt war die eines Mannes, der im tiefsten Schatten, den er finden konnte, dahinhuschte und in einigem Abstand seine Geschwindigkeit der ihren anglich: Er blieb stehen, wenn sie anhielt, und setzte sie sich wieder in Bewegung, schlich auch er verstohlen weiter, wobei er in seinem Verfolgungseifer darauf achtete, ihr nie zu nahe zu kommen. So überquerten sie die Brücke, vom Ufer in Middlesex zum Ufer in Surrey, wo die Frau, offenbar enttäuscht von ihrer eingehenden Musterung der Fußgänger, wieder kehrtmachte. Diese Wendung erfolgte unerwartet, aber ihr Beschatter ließ sich davon nicht überrumpeln, sondern drückte sich in eine der Nischen über den Brückenpfeilern, wo er sich über die Brüstung lehnte, um seine Gestalt besser zu verbergen, und ließ sie auf dem gegenüberliegenden Bürgersteig vorbeigehen. Als sie dann etwa so weit entfernt war wie zuvor, schlüpfte er lautlos aus der Nische und nahm erneut die Verfolgung auf. Ungefähr in der Mitte der Brücke hielt sie an. Der Mann hielt ebenfalls an.

Es war eine stockfinstere Nacht. Tagsüber hatte unfreundliches Wetter geherrscht, und zu dieser Stunde waren an diesem Ort nur wenige Menschen unterwegs. Diese hasteten schnell vorbei, sehr wahrscheinlich ohne die Frau oder den Mann, der sie beobachtete, zu sehen, aber ganz bestimmt, ohne die beiden zu beachten. Ihre äußere Erscheinung war nicht dazu angetan, neugierige Blicke von dem elenden Teil der Londoner Bevölkerung auf sich zu ziehen, der in dieser Nacht zufällig den Weg über die Brücke nahm, auf der Suche nach einem zugigen Torbogen oder einem türlosen Verschlag, um dort das Haupt niederlegen zu können. Sie standen schweigend da, ohne jemanden der Vorübergehenden anzusprechen oder von ihnen angesprochen zu werden.

Über dem Fluss lag Nebel und vertiefte den roten Widerschein der Feuer, die auf den kleinen, an den verschiedenen Kais vertäuten Schiffen brannten und die düsteren Gebäude an den Ufern noch dunkler und undeutlicher erscheinen ließen. Die alten, rußgeschwärzten Lagerhäuser ragten auf beiden Seiten schwer und drohend aus dem dichten Gewirr von Dächern und Giebeln heraus und blickten finster auf das Wasser, das zu schwarz war, um ihre massigen Formen widerspiegeln zu können. Der Turm der alten Saint Saviour's Church und die Kirchturmspitze von Saint Magnus, seit jeher die Riesenwächter der alten Brücke, waren in der Dunkelheit zu erkennen, doch der Mastenwald der Schiffe unterhalb der Brücke und die dichtgedrängt stehenden Kirchturmspitzen darüber blieben beinahe alle dem Blick verborgen.

Das Mädchen war einige Male ruhelos auf und ab gegangen – immer gut bewacht von ihrem heimlichen Verfolger –, als die tiefe Glocke von St. Paul den Tod eines weiteren Tages verkündete. Mitternacht war über die dichtbevölkerte Stadt hereingebrochen. Über den Palästen und den Nachtquartieren in den Kellerlöchern, über Gefängnis und Irrenhaus, über Kreißsälen und Sterbezimmern, über den Stätten von Gesundheit und Siechtum, über den starren Gesichtern der Leichname und dem sanften Schlaf der Kinder – über allem lag die Mitternacht.

Seit dem Schlag zur vollen Stunde waren noch keine zwei Minuten vergangen, als eine junge Dame in Begleitung eines grauhaarigen Herrn unweit der Brücke aus einer Mietdroschke stieg und sogleich geradewegs darauf zuging. Kaum hatten sie ihren Fuß auf das steinerne Pflaster der Brücke gesetzt, als das Mädchen sich auch schon in Bewegung setzte und sich ihnen näherte.

Die beiden gingen weiter, während sie sich mit der Miene von Leuten umschauten, die nur eine sehr geringe Hoffnung hegten, welche kaum Aussicht auf Erfüllung besaß, als diese neue Begleiterin unvermittelt zu ihnen trat. Sie blieben mit einem Ausruf der Überraschung stehen, unterdrückten ihn jedoch sofort, da genau in diesem Augenblick ein Mann in der Kleidung eines Fuhrmanns dicht an ihnen vorbeikam, ja, sie sogar streifte.

»Nicht hier«, sagte Nancy gehetzt. »Hier trau ich mich nicht, mit Euch zu sprechen. Kommt mit ... von der Straße runter ... dort die Treppe hinab!«

Als sie diese Worte hervorstieß und mit ihrer Hand in die Richtung zeigte, wohin sie mit ihnen gehen wollte, drehte sich der Fuhrmann um, fragte barsch, warum sie den ganzen Gehweg versperrten, und ging weiter.

Die Stufen, auf die das Mädchen gedeutet hatte, waren jene, die am Surrey-Ufer, auf derselben Seite wie die Saint Saviour's Church, den Landungsplatz am Fluss bildeten. Dorthin eilte unbemerkt der Mann, der wie ein Fuhrmann aussah, und nachdem er sich den Ort kurz angeschaut hatte, begann er hinabzusteigen.

Diese Treppe ist ein Teil der Brücke und verläuft über drei Absätze. Unmittelbar unter dem zweiten endet die steinerne Mauer zur Linken in einem Zierpfeiler oder Vorsprung, der Richtung Themse zeigt. An dieser Stelle werden die unteren Stufen breiter, so dass ein Mensch, der um diesen Mauervorsprung biegt, von niemandem gesehen werden kann, der sich zufällig oberhalb von ihm auf der Treppe befindet, und sei es nur eine Stufe. Dort angekommen schaute sich der Fuhrmann hastig um, und da es kein besseres Versteck zu geben schien und wegen der Ebbe ausreichend Platz vorhanden war, schlüpfte er beiseite und wartete dort mit dem Rücken zum Pfeiler, darauf vertrauend, dass sie nicht weiter nach unten kommen würden, und er zumindest, falls nicht zu verstehen war, was geredet wurde, unbemerkt ihre Verfolgung wieder aufnehmen könne.

So langsam verstrich die Zeit an diesem einsamen Ort, und so begierig war der Spion, hinter die Beweggründe für dieses Treffen, das so anders verlief, als man ihn hatte erwarten lassen, zu kommen, dass er die Sache mehr als einmal aufgeben wollte und sich einredete, sie seien viel weiter oben stehengeblieben oder hätten sich an einen gänzlich anderen Ort zurückgezogen, um ihre geheimnisvolle Unterredung zu führen. Er war gerade so weit, sein Versteck zu verlassen und nach oben auf die Straße zurückzukehren, als er das Geräusch von Schritten vernahm und gleich darauf Stimmen, ganz nah an seinem Ohr.

Er drückte sich platt gegen die Mauer und lauschte angestrengt, wobei er fast nicht zu atmen wagte.

»Das ist weit genug«, sagte eine Stimme, die offensichtlich dem Herrn gehörte. »Ich möchte der jungen Dame nicht zumuten, noch weiter zu gehen. Viele Leute hätten Euch schon misstraut, überhaupt so weit mitzukommen, aber wie Ihr seht, bin ich bereit, Euch zu Willen zu sein.«

»Ihr seid mir zu Willen?«, rief die Stimme des Mädchens, dem er gefolgt war. »Ihr seid ja wirklich rücksichtsvoll, Sir! Mir zu Willen! Na schön, das ist nun auch egal.«

»Also gut«, sagte der Herr in milderem Ton, »zu welchem Zweck habt Ihr uns an diesen seltsamen Ort geführt? Warum konnte ich nicht dort oben mit Euch reden, wo es wenigstens Licht gibt und ein paar Leute unterwegs sind, statt uns zu diesem finsteren und verlassenen Loch zu bringen?«

»Ich sagte Euch bereits«, antwortete Nancy, »dass ich Angst hatte, dort mit Euch zu reden. Ich weiß nicht, warum«, fuhr das Mädchen erschaudernd fort, »aber mich drückt heute nacht so eine Furcht und ein solches Grauen, dass ich mich kaum auf den Beinen halten kann.«

»Eine Furcht wovor?«, fragte der Herr, der sie zu bemitleiden schien.

»Ich weiß selber kaum, wovor«, erwiderte das Mädchen. »Ich wünschte, ich wüsste es. Den ganzen Tag werde ich von schrecklichen Gedanken heimgesucht, von Tod und blutbefleckten Leichentüchern, und von einer Angst, die wie Feuer in mir brennt. Heute abend habe ich in einem Buch gelesen, damit die Zeit vergeht, und dieselben Dinge erschienen im Gedruckten.«

»Das ist bloß Einbildung«, sagte der Herr beschwichtigend.

»Nein, keine Einbildung«, entgegnete das Mädchen mit heiserer Stimme. »Ich schwöre, ich habe gesehen, wie auf jeder Seite des Buches mit großen schwarzen Lettern das Wort ›Sarg‹ geschrieben stand … ja, und in den Straßen haben sie heute nacht einen dicht an mir vorbeigetragen.«

»Daran ist nichts Außergewöhnliches«, sagte der Herr. »Das habe ich selbst schon oft erlebt.«

»Ja, *richtige*«, erwiderte das Mädchen, »aber das war keiner.«

Es lag etwas so Ungewöhnliches in ihrem Betragen, dass es dem verborgenen Lauscher eiskalt über den Rücken lief, als er das Mädchen diese Worte sprechen hörte, und ihm das Blut in den Adern gefror. Nie zuvor hatte er eine größere Erleichterung verspürt als jetzt, da er die liebliche Stimme der jungen Dame vernahm, die das Mädchen bat, sich zu beruhigen und sich nicht von solch beängstigenden Hirngespinsten überwältigen zu lassen.

»Redet ihr freundlich zu«, sagte die junge Dame an ihren Begleiter gewandt. »Das arme Geschöpf! Sie scheint es nötig zu haben.«

»Eure hochmütigen Kirchgänger hätten bei meinem Anblick heute nacht wohl ihre Nase gerümpft und von Höllenfeuer und Vergeltung gepredigt«, rief das Mädchen. »Oh, liebste Madam, warum sind jene, die sich gläubige Christen nennen, nicht ebenso gütig und freundlich zu uns elenden Kreaturen wie Ihr, die Ihr Jugend, Schönheit und alles besitzt, was diese verloren haben, und ein wenig stolz sein könntet, statt so viel bescheidener?«

»Ha!«, sagte der Herr. »Ein Türke wendet sein Angesicht, nachdem er es gewaschen hat, gen Osten, wenn er seine Gebete spricht, und diese guten Leute wenden sich, nachdem sie ihr Gesicht an der Welt gerieben haben, bis das Lächeln daraus verschwunden ist, ebenso regelmäßig gegen die finsterste Seite des Himmels. Geht's um Moslem oder Pharisäer, dann lobe ich mir den ersteren!«

Diese Worte schienen an die junge Dame gerichtet und wurden vielleicht gesagt, um Nancy Zeit zu geben, sich wieder zu fangen. Kurz darauf sprach der Herr das Mädchen selbst an.

»Vergangene Sonntagnacht seid Ihr nicht hier gewesen«, sagte er.

»Ich konnte nicht kommen«, erwiderte Nancy. »Ich wurde mit Gewalt daran gehindert.«

»Von wem?«

»Ich habe der jungen Dame bereits von ihm erzählt.«

»Man hat Euch doch hoffentlich nicht verdächtigt, mit jemandem über die Angelegenheit, die uns heute nacht hierher geführt hat, geredet zu haben?«, fragte der alte Herr.

»Nein«, antwortete das Mädchen und schüttelte den Kopf. »Ich kann nicht so einfach weggehen, ohne dass er weiß, warum. Ich hätte damals auch die Dame nicht aufsuchen können, wenn ich ihm zuvor nicht Laudanum ins Glas gemischt hätte.«

»Ist er vor Eurer Rückkehr erwacht?«, erkundigte sich der Herr.

»Nein, weder er noch sonst jemand von ihnen hegt einen Verdacht gegen mich.«

»Gut«, sagte der Herr. »Dann hört mich an.«

»Ich bin bereit«, erwiderte das Mädchen, als er einen Augenblick innehielt.

»Diese junge Dame«, begann der Herr, »hat mir und einigen anderen Freunden, die absolut vertrauenswürdig sind, mitgeteilt, was Ihr vor nun etwa zwei Wochen berichtet habt. Ich gestehe, dass ich zuerst Zweifel hatte, ob auf Euch wirklich Verlass sei, doch jetzt bin ich fest davon überzeugt.«

»Das könnt Ihr auch«, sagte das Mädchen ernst.

»Ich wiederhole, dass ich fest davon überzeugt bin. Um zu beweisen, dass ich entschlossen bin, Euch zu vertrauen, sage ich Euch ganz offen, dass wir vorhaben, diesem Monks das Geheimnis, was es auch sein mag, mit Hilfe von Drohungen zu entreißen. Aber falls … falls …«, sagte der Herr, »er nicht gestellt werden kann, oder wir, wenn er gestellt ist, nicht wie gedacht mit ihm verfahren können, dann müsst Ihr uns den alten Hehler ausliefern.«

»Fagin!«, rief das Mädchen aus und schrak zurück.

»Diesen Mann müsst Ihr uns dann ausliefern«, sagte der Herr.

»Das werd ich nich tun! Das werd ich niemals tun!«, entgegnete das Mädchen. »So teuflisch er auch is, und mir hat er schlimmer zugesetzt als der Teufel, aber das werd ich niemals tun!«

»Ihr wollt also nicht?«, fragte der Herr, der auf diese Antwort ganz und gar vorbereitet schien.

»Niemals!«, antwortete das Mädchen.

»Sagt mir, warum?«

»Aus dem einen Grund«, erwiderte das Mädchen fest, »aus dem einen Grund, den die Dame kennt, und sie wird mir beistehen, das weiß ich, weil sie's mir versprochen hat. Und es gibt noch einen anderen Grund, denn mag er auch ein noch so schlechtes Leben geführt haben, das meine war auch schlecht, und es gibt viele von uns, die zusammen den gleichen Weg gegangen sind, und ich werd nich jene verraten, die – ein jeder von ihnen – ebenso mich hätten verraten können, es aber nich getan haben, so schlecht sie auch sind.«

»Dann«, sagte der Herr rasch, als sei der Punkt gekommen, auf den er zugesteuert hatte, »gebt mir Monks in die Hand und überlasst es mir, mit ihm fertigzuwerden.«

»Und was, wenn er die anderen verrät?«

»Ich verspreche Euch, in diesem Fall die Sache ruhen zu lassen, nachdem wir die Wahrheit aus ihm herausbekommen haben. Es muss da Dinge in Olivers kleiner Geschichte geben, die zu schmerzlich sind, um sie der Öffentlichkeit preiszugeben. Wird die Wahrheit also ans Licht gebracht, sollen sie ungeschoren davonkommen.«

»Und wird sie's nich?«, fragte das Mädchen.

»Dann«, fuhr der Herr fort, »soll der alte Hehler nicht ohne Euer Einverständnis vor Gericht gestellt werden. In einem solchen Fall könnte ich Euch Gründe nennen, die, so will ich meinen, Euch wohl bewegen würden, dem zuzustimmen.«

»Gibt mir die Dame ihr Wort?«, fragte das Mädchen.

»Das tut sie«, antwortete Rose. »Mein wahrhaftiges Ehrenwort.«

»Und Monks wird nie erfahren, woher Ihr wusstet, was Ihr tut?«, fragte das Mädchen nach einer kurzen Pause.

»Niemals«, antwortete der Herr. »Wir werden so mit ihm reden, dass er nicht mal erahnen könnte, woher wir unsere Kenntnisse haben.«

»Ich war eine Lügnerin und habe von klein auf unter Lügnern gelebt«, sagte das Mädchen nach einem weiteren kurzen Schweigen, »aber ich vertraue Eurem Wort.«

Nachdem ihr beide versichert hatten, dies ruhigen Gewissens tun zu können, fuhr sie mit so leiser Stimme fort, dass es dem heimlichen Lauscher oft schwerfiel, den Inhalt des Gesagten zu verstehen, und beschrieb Name und Lage des Wirtshauses, von dem sie heute nacht aus verfolgt worden war. Wegen der Art, wie sie gelegentlich innehielt, schien es, als mache sich der Herr eilig Notizen von ihren Angaben. Als sie ausführlich die Gegebenheiten der Örtlichkeit geschildert und erklärt hatte, von wo man sie am besten ohne Aufmerksamkeit zu erregen beobachten könne, und auch die Nächte und Stunden genannt hatte, zu denen Monks sie für gewöhnlich aufsuchte, schien sie einen Augenblick nachzudenken, um sich seine Gesichtszüge und Gestalt deutlicher in Erinnerung zu rufen.

»Er ist groß«, sagte das Mädchen, »und kräftig gebaut, aber nicht dick. Sein Gang hat was Schleichendes, und er schaut beim Gehen ständig über die Schulter, erst zur einen Seite, dann zur anderen. Vergesst es nicht, denn seine Augen liegen tief in ihren Höhlen eingesunken, viel tiefer als bei jedem anderen Menschen, schon fast allein daran kann man ihn erkennen. Sein Gesicht ist dunkel, wie sein Haar und seine Augen, und obwohl er nicht älter als sechs- oder achtundzwanzig sein kann, wirkt es schon welk und verhärmt. Seine Lippen sind oft bleich und von Bisswunden entstellt, denn er hat schreckliche Anfälle, manchmal beißt er sich sogar in die Hände und bedeckt sie mit Wunden … aber warum erschreckt Ihr?«, brach das Mädchen plötzlich ab.

Der Herr beeilte sich, zu antworten, dergleichen sei ihm nicht bewusst gewesen, und bat sie fortzufahren.

»Manches davon«, begann das Mädchen wieder, »habe ich von anderen Leuten aus dem Wirtshaus, von dem ich gesprochen habe, erfahren, denn ich habe ihn nur zweimal gesehen, und beide Male war er in einen weiten Mantel gehüllt. Ich denke, das ist alles, was ich Euch sagen kann, woran Ihr ihn erkennen könnt. Doch wartet«, fügte sie hinzu, »an seinem Hals, so weit oben, dass ein Stückchen davon unter seinem Halstuch hervorschaut, wenn er den Kopf dreht, hat er …«

»Ein großes rotes Mal, als hätte er sich dort verbrannt oder verbrüht«, rief der Herr.

»Wie?«, sagte das Mädchen. »Solltet Ihr ihn etwa kennen?«

Die junge Dame stieß einen überraschten Ruf aus, und dann waren sie für einige Augenblicke so still, dass der Lauscher sie ganz deutlich atmen hören konnte.

»Ich glaube es fast«, sagte der Herr, indem er das Schweigen brach. »Nach Eurer Beschreibung sollte ich ihn kennen. Wir werden sehen. Manche Leute sind einander seltsam ähnlich. Vielleicht ist es doch ein anderer.«

Während er dies scheinbar gelassen äußerte, tat er einige Schritte in Richtung des Spions, wie dieser aus der Deutlichkeit schloss, mit der er ihn murmeln hörte: »Er muss es sein!«

»Nun«, sagte der Herr und ging, wie es klang, wieder zu den Damen zurück, »Ihr habt uns ungemein wertvolle Hinweise gegeben, junge Frau, und ich möchte, dass es zu Eurem Besseren ist. Was kann ich tun, um Euch zu helfen?«

»Nichts«, antwortete Nancy.

»Das wird doch nicht Euer letztes Wort sein«, entgegnete der Herr mit einer so betont gütigen Stimme, dass sie ein viel härteres und verstockteres Herz hätte rühren können. »Überlegt es Euch noch einmal. Sagt es mir ruhig.«

»Nichts, Sir«, antwortete das Mädchen weinend. »Ihr könnt nichts tun, um mir zu helfen. Ich bin wirklich jenseits aller Hoffnung.«

»Ihr selbst stellt Euch außerhalb der Hoffnung«, sagte der Herr. »Die Vergangenheit war für Euch eine tragisch verlorene Zeit, die Verschwendung jugendlicher Kräfte und die Vergeudung kostbarer Schätze, wie sie der Schöpfer nur einmal verleiht und nie wieder gewährt, aber für die Zukunft mögt Ihr Hoffnung hegen. Ich behaupte nicht, dass es in unserer Macht stünde, Euch Seelenfrieden zu bieten, denn den könnt nur Ihr selbst finden, aber doch einen ruhigen Zufluchtsort, entweder in England oder, wenn Ihr Angst habt hier zu bleiben, in einem fremden Land. Wir haben nicht nur die Möglichkeiten, Euch zu erretten, es ist auch unser sehnlichster Wunsch. Bevor der Morgen dämmert, bevor dieser Fluss beim ersten Tageslicht erwacht, sollt Ihr völlig außerhalb der Reichweite Eurer alten Gefährten gebracht werden und keinerlei Spuren hinterlassen, so als wärt Ihr in diesem Augenblick vom Erdboden verschwunden. Kommt! Ich möchte nicht, dass Ihr zurückkehrt, um auch nur ein Wort mit den alten Kumpanen zu reden oder einen Blick auf die alten Schlupfwinkel zu werfen oder um die Luft zu atmen, die Pest und Tod für Euch bedeutet. Lasst alles hinter Euch, solange noch Zeit und Gelegenheit dazu ist!«

»Sie wird sich noch überreden lassen«, rief die junge Dame. »Sie zögert, ich seh's!«

»Ich glaub's eher nicht, meine Liebe«, sagte der Herr.

»Nein, Sir, ich tue es auch nicht«, antwortete das Mädchen nach einem kurzen Ringen. »Ich bin an mein altes Leben gekettet. Ich hasse und verabscheue es jetzt, kann es aber nicht hinter mir lassen. Ich bin zu weit gegangen, um noch umkehren zu können … und doch, ich weiß nicht, hättet Ihr vor einiger Zeit so zu mir gesprochen, hätte ich es mit Freuden aufgegeben. Aber«, sagte sie und schaute sich unruhig um, »mich überkommt wieder diese Angst. Ich muss jetzt nach Hause.«

»Nach Hause!«, wiederholte die junge Dame, wobei sie das letzte Wort mit Nachdruck betonte.

»Ja, nach Hause, Madam«, entgegnete das Mädchen. »Nach einem solchen Zuhause, wie ich es mir durch das Tun meines ganzen Lebens geschaffen habe. Lasst uns auseinandergehen. Ich könnte beobachtet oder gesehen werden. Geht! Geht! Wenn ich Euch einen Dienst erwiesen habe, dann bitte ich nur darum, dass Ihr mich allein und meines Weges gehen lasst.«

»Es hat keinen Zweck«, sagte der Herr seufzend. »Wir bringen sie womöglich nur in Gefahr, wenn wir länger hierbleiben. Wir haben sie vielleicht schon länger aufgehalten, als sie erwartet hatte.«

»Ja, ja«, drängte das Mädchen. »Das habt Ihr.«

»Ach«, rief die junge Dame, »wie soll das Leben dieses armen Wesens denn bloß enden?«

»Wie?«, wiederholte das Mädchen. »Schaut vor Euch, Madam. Schaut auf das dunkle Wasser. Wie oft habt Ihr gelesen von solchen wie mir, die in die Fluten springen und keine Menschenseele zurücklassen, die sich darum kümmert oder sie beweint. Vielleicht dauert es noch Jahre, vielleicht nur ein paar Monate, aber das wird gewiss mein Schicksal sein.«

»Bitte, redet doch nicht so«, erwiderte die junge Dame schluchzend.

»Es wird Euch nie zu Ohren kommen, liebe Madam, und Gott behüte, dass Ihr von solchen Greueltaten hört!«, antwortete das Mädchen. »Gute Nacht, gute Nacht!«

Der Herr wandte sich zum Gehen.

»Diese Börse«, rief die junge Dame. »Nehmt sie, um meinetwillen, damit Ihr in einer schwierigen Stunde der Not nicht mittellos seid.«

»Nein!«, antwortete das Mädchen. »Ich habe es nicht für Geld getan. Lasst mir diesen Gedanken. Aber … gebt mir etwas, das Ihr getragen habt. Ich möchte etwas haben … nein, nein, keinen

Ring … Euren Handschuh oder Euer Taschentuch … etwas, das ich behalten kann, als Andenken an Euch, Madam. Danke. Lebt wohl! Gott segne Euch! Gute Nacht, gute Nacht!«

Die heftige Erregung des Mädchens und die Besorgnis, eine Entdeckung könne für sie Misshandlung und Gewalt bedeuten, schien den Herrn zu dem Entschluss zu bewegen, Nancy, so wie sie gebeten hatte, allein zu lassen. Es war zu hören, wie sich Schritte entfernten, und die Stimmen verstummten.

Die beiden Gestalten der jungen Dame und ihres Begleiters tauchten kurz danach auf der Brücke auf. Sie blieben auf der obersten Treppenstufe stehen.

»Horcht!«, sagte die junge Dame und lauschte. »Hat sie nicht gerufen? Ich glaube, ich habe ihre Stimme gehört.«

»Nein, meine Liebe«, antwortete Mr. Brownlow und schaute traurig zurück. »Sie hat sich nicht gerührt, und sie wird es auch nicht tun, bis wir gegangen sind.«

Rose Maylie zögerte, doch der alte Herr hakte seinen Arm bei ihr unter und führte sie mit sanfter Gewalt fort. Als sie verschwunden waren, sank Nancy fast der Länge nach auf die steinernen Stufen und erleichterte ihr gequältes Herz, indem sie bittere Tränen weinte.

Nach einer Weile erhob sie sich und stieg unsicheren und geschwächten Schrittes zur Straße hinauf. Der erstaunte Lauscher blieb noch einige Minuten lang regungslos auf seinem Posten, und nachdem er sich mit vielen vorsichtigen Blicken vergewissert hatte, dass er wieder allein war, kam er langsam aus seinem Versteck hervorgeschlichen und ging heimlich und im Schatten der Mauer genauso nach oben, wie er hinabgestiegen war.

Oben angekommen spähte er mehr als einmal umher, um sicherzugehen, dass er nicht beobachtet wurde, und dann schoss Noah Claypole in höchstem Tempo davon und lief so schnell zum Haus des alten Hehlers, wie seine Beine ihn zu tragen vermochten.

Siebenundvierzigstes Kapitel

Tödliche Folgen.

Es war fast zwei Stunden vor Tagesanbruch, eine Zeit, die man im Herbst zu Recht totenstille Nacht nennen kann, wenn die Straßen ruhig und ausgestorben daliegen, wenn selbst die Geräusche zu schlummern scheinen und Laster und Ausschweifung nach Hause gewankt sind, um zu träumen. Es war zu dieser stillen und verschwiegenen Stunde, als Fagin wachend in seinem alten Schlupfwinkel saß, mit so bleichem und verzerrtem Gesicht und so roten, blutunterlaufenen Augen, dass er weniger wie ein Mensch, sondern eher wie ein grausiges Gespenst aussah, grabesfeucht und von einem bösen Dämon gepeinigt.

Er kauerte in eine alte, zerrissene Decke gehüllt am erloschenen Herdfeuer, das Gesicht einer schwindenden Kerze zugewandt, die neben ihm auf dem Tisch stand. Die rechte Hand hatte er an die Lippen gehoben und kaute gedankenverloren an seinen langen schwarzen Fingernägeln, wobei er zwischen den zahnlosen Kiefern ein paar Hauer wie von einem Hund oder einer Ratte erkennen ließ.

Auf einer Matratze am Fußboden lag ausgestreckt Noah Claypole, der tief und fest schlief. Zu ihm blickte der alte Mann manchmal kurz hinüber und schaute dann wieder auf die Kerze, deren langgebrannter, überhängender Docht klümpchenweise heißen Talg auf den Tisch tropfen ließ und die offenbarte, dass er in Gedanken mit ganz anderen Dingen beschäftigt war.

Und das war er in der Tat. Mit dem Ärger über das Scheitern seines ausgefeilten Plans, dem Hass auf das Mädchen, das gewagt hatte, gemeinsam mit Fremden falsches Spiel zu treiben, dem tiefen Misstrauen gegenüber der Aufrichtigkeit ihrer Weigerung, ihn auszuliefern, der bitteren Enttäuschung darüber, seiner Rache an Sikes entsagen zu müssen, der Angst vor Entdeckung, Ruin und Tod und einer rasenden und tödlichen, von all dem entfachten Wut; dies waren die aufgewühlten Gedanken, die Fagin in einem endlosen Wirbel rasch aufeinanderfolgend durch den Kopf schossen, während die unheilvollsten Pläne und finstersten Absichten in seinem Herzen gärten.

Er saß da, ohne seine Haltung im geringsten zu ändern oder auch nur im mindesten auf die Zeit zu achten, bis sein scharfes Ohr offenbar Schritte auf der Straße vernahm.

»Endlich«, murmelte der alte Hehler und wischte sich den trockenen, fiebrigen Mund. »Endlich!«

Bei diesen Worten ertönte leise die Klingel. Er schlich die Treppe zur Tür hinauf und kehrte umgehend in Begleitung eines bis zum Kinn vermummten Mannes zurück, der ein Bündel unterm Arm trug. Als er sich setzte und seinen Mantel zurückschlug, kam die vierschrötige Gestalt von Sikes zum Vorschein.

»Hier!«, sagte er und legte das Bündel auf den Tisch. »Nimm das Zeug und schlag möglichst viel dafür heraus. Hat ne Menge Ärger gemacht, es zu besorgen. Ich wollt schon vor drei Stunden wieder hier gewesen sein.«

Fagin griff sich das Bündel, schloss es in den Schrank und setzte sich dann, ohne ein Wort zu sagen, wieder hin. Doch währenddessen hatte er seinen Kumpanen nicht einen Moment aus den Augen gelassen, und als sie sich jetzt von Angesicht zu Angesicht gegenübersaßen, schaute er ihn starr an, wobei seine Lippen so heftig bebten und seine Gesichtszüge von den Gefühlen, die ihn übermannt hatten, so verändert waren, dass der Einbrecher unwillkürlich mit seinem Stuhl abrückte und ihn mit einem Ausdruck wahren Entsetzens betrachtete.

»Was is los?«, rief Sikes. »Was starrst du ne Menschenseele denn so an?«

Fagin hob die rechte Hand und fuhr mit seinem zitternden Zeigefinger durch die Luft, aber seine Erregung war so groß, dass es ihm für einen Moment die Sprache verschlug.

»Gottverdammich!«, rief Sikes und fasste sich mit bestürzter Miene an die Brust. »Er is verrückt geworden. Ich muss mich vorsehn.«

»Nein, nein«, erwiderte Fagin, als er seine Stimme wiederfand. »Du nicht, Bill, du bist nicht derjenige. Gegen dich hab ich nichts, Bill, gar nichts.«

»Ach, haste nich, was?«, fragte Sikes, sah ihn finster an und steckte seine Pistole auffällig griffbereit in eine Tasche. »Das is ja'n Glück … für einen von uns. Für wen, is ja egal.«

»Ich muss dir was erzählen, Bill«, sagte Fagin und rückte mit seinem Stuhl näher, »was dich noch wütender machen wird als mich.«

»So?«, fragte der Einbrecher mit ungläubiger Miene. »Dann schieß mal los. Und beeil dich, sonst denkt Nancy noch, mir wär'n Unglück passiert.«

»Ein Unglück!«, rief Fagin. »Das hat sie bereits selbst heraufbeschworen.«

Sikes blickte dem alten Hehler mit einem Ausdruck großer Verblüffung ins Gesicht, und da er aus ihm keine befriedigende Lösung des Rätsels ablesen konnte, packte er Fagin mit seiner mächtigen Pranke am Mantelkragen und schüttelte ihn kräftig.

»Willste jetzt wohl reden!«, rief er. »Sonst kannst du's nich mehr, weil ich dir gleich den Hals umdreh. Mach's Maul auf und sag klar und deutlich, was du zu sagen hast. Raus damit, du räudiger alter Hundesohn, raus damit!«

»Mal angenommen, dieser Bursche, der dort liegt …«, begann Fagin.

Sikes wandte sich nach dem schlafenden Noah um, als ob er ihn bisher nicht bemerkt hätte.

»Ja und?«, fragte er und nahm wieder seine vorige Haltung ein.

»Mal angenommen, dieser Bursche«, fuhr Fagin fort, »wollte uns verpfeifen … uns alle hochgehen lassen … würde zu diesem Zwecke erst die geeigneten Leute ausfindig machen, mit denen er sich dann auf der Straße trifft, um ihnen eine Beschreibung von uns zu geben, jedes kleinste Merkmal, an dem sie uns erkennen können, und die Spelunke nennen, wo wir am leichtesten zu schnappen sind. Mal angenommen, er würde all das tun und obendrein ein krummes Ding verraten, an dem wir alle mehr oder weniger beteiligt sind … aus eigenem Antrieb, ohne erwischt, verhaftet, verurteilt, vom Pfaffen ins Gebet genommen oder von Wasser und Brot im Knast gequält zu werden … sondern ganz aus freien Stücken, zu seinem eigenen Vergnügen … stiehlt sich nächtens fort und trifft jene, die unsere ärgsten Feinde sind, um ihnen alles auszuplaudern. Hast du mich verstanden?«, schrie der alte Hehler mit vor Zorn blitzenden Augen. »Angenommen, er hätte all das getan, was dann?«

»Was dann!«, wiederholte Sikes mit einem schrecklichen Fluch. »Wär er noch am Leben, wenn ich käm, würd ich seinen Schädel mit dem eisernen Absatz meines Stiefels zermalmen, dass nur Brei übrigbliebe.«

»Und wenn ich's getan hätt?«, rief Fagin, dessen Stimme sich fast überschlug. »*Ich*, der so viel weiß und so viele mit mir an den Galgen liefern könnte?«

»Ich weiß nich«, erwiderte Sikes, der schon allein bei dem Gedanken daran mit den Zähnen knirschte und bleich wurde. »Ich würd im Knast was anstellen, dasse mich in Eisen legen, und wenn ich dann mit dir vor Gericht steh, würd ich dir damit vor allen Leuten das Hirn einschlagen. Ich hätt so'ne Kraft«, knurrte der Einbrecher und schwang dabei seinen muskulösen Arm, »dass dein Kopf so aussäh, als wär'n vollbeladener Karren drüber weggefahrn.«

»Das würdest du tun?«

»Und ob!«, sagte der Einbrecher. »Lasses besser nich drauf ankomm.«

»Und wenn's Charley oder der Dodger oder Bet oder …«

»Is mir ganz egal, wer«, erwiderte Sikes ungeduldig. »Wer immer es war, ich würd's ihm auf die gleiche Art heimzahlen.«

Fagin sah den Einbrecher scharf an und bedeutete ihm, still zu sein, dann beugte er sich über das Nachtlager auf dem Boden und rüttelte den Schläfer, um ihn zu wecken. Sikes lehnte sich in seinem Stuhl nach vorn und schaute, die Hände auf die Knie gestützt, zu, als wundere er sich, wohin all diese Fragen und Vorbereitungen wohl führen würden.

»Bolter! Bolter! Armer Kerl!«, sagte Fagin, indem er mit einem Ausdruck teuflischer Vorfreude aufblickte und die Worte langsam und betont sprach. »Er ist müde … so müde, weil er *sie* so lange verfolgt hat … weil er *sie* so lange verfolgt hat, Bill.«

»Was soll das heißen?«, fragte Sikes und wich zurück.

Der alte Hehler gab keine Antwort, sondern beugte sich abermals über den Schlafenden und richtete ihn auf, so dass er zum Sitzen kam. Nachdem sein angenommener Name einige Male wiederholt worden war, rieb sich Noah die Augen, gähnte tüchtig und schaute sich verschlafen um.

»Erzählt es mir noch mal … noch ein weiteres Mal, damit er's auch hört«, sagte der alte Hehler, wobei er auf Sikes deutete.

»Euch was erzähln?«, fragte der schläfrige Noah mürrisch und streckte sich.

»Das über … Nancy«, sagte Fagin und packte Sikes am Handgelenk, als wolle er ihn daran hindern, das Haus zu verlassen, bevor er genug gehört hätte. »Ihr seid dem Mädchen gefolgt?«

»Ja.«

»Zur London Bridge?«

»Ja.«

»Wo sie zwei Leute getroffen hat?«

»Das hatse.«

»Einen Herrn und eine Dame, zu der sie aus eigenem Antrieb zuvor schon einmal gegangen war und die sie aufforderte, all ihre Komplizen zu verraten, vor allem Monks, was sie auch tat … und sie zu beschreiben, was sie auch tat … und ihr zu erzählen, in welchem Wirtshaus wir zusammenkommen, was sie auch tat … und von wo man es am besten beobachten kann, was sie auch tat … und wann die Leute dort hingehen, was sie ebenfalls tat. Sie erzählte alles Wort für Wort, ohne bedroht zu werden, ohne sich zu sträuben … nicht wahr … das hat sie doch getan?«, schrie Fagin, halb verrückt vor Zorn.

»Stimmt«, antwortete Noah und kratzte sich am Kopf. »Genau so war's!«

»Was haben sie über den letzten Sonntag geredet?«, wollte Fagin wissen.

»Über letzten Sonntag?«, wiederholte Noah und überlegte. »Aber das hab ich Euch doch schon erzählt.«

»Dann erzählt es noch einmal!«, rief Fagin, packte Sikes noch fester und fuchtelte mit der anderen Hand in der Luft herum, während ihm Schaum vor die Lippen trat.

»Die ham sie gefragt«, sagte Noah, dem, je wacher er wurde, allmählich dämmerte, wer Sikes wohl sein könne, »die ham sie gefragt, warum sie letzten Sonntag nich wie versprochen gekomm is. Sie sagte, sie hätt nich können.«

»Warum nicht ... warum nicht?«, unterbrach ihn Fagin triumphierend. »Sagt es ihm.«

»Weil sie mit Gewalt von Bill festgehalten wurde, der Mann, von dem sie ihnen schon erzählt hätt«, antwortete Noah.

»Und was weiter?«, rief der alte Hehler. »Was hat sie ihnen noch von diesem Mann erzählt? Sagt's ihm, sagt's ihm!«

»Na, dass sie nich so einfach rausgehen könne, wenn er nich wüsst, wohin sie will«, berichtete Noah, »und deshalb hätt sie ihm, als sie das erste Mal die Dame besuchte ... hahaha, ich musste lachen, als sie's erzählte ... da hätt sie ihm Laudanum ins Glas gemischt.«

»Tod und Teufel!«, schrie Sikes und riss sich mit Gewalt von dem Hehler los. »Lass mich gehn!«

Er stieß den alten Mann beiseite, stürmte aus dem Zimmer und rannte wie von Sinnen die Treppen hinauf.

»Bill, Bill!«, rief Fagin, der ihm hastig hinterherlief. »Auf ein Wort, Bill, hör mich an.«

Der Einbrecher hätte ihn gewiss nicht mehr angehört, wäre er nicht außerstande gewesen, die Tür zu öffnen, die er mit fruchtlosen Verwünschungen und Tritten traktierte, als Fagin angekeucht kam.

»Lass mich raus«, tobte Sikes. »Ich will nichts mehr hörn, sieh dich vor. Lass mich raus, verstehst du?«

»Ich möchte dir noch was sagen«, erwiderte Fagin, während er die Hand an das Türschloss legte. »Du wirst doch nicht …«

»Was?«, fragte der andere.

»Du wirst doch nicht … zu … brutal sein, Bill?«, greinte Fagin.

Der Morgen graute, und es war bereits hell genug, dass die beiden Männer das Gesicht des jeweils anderen erkennen konnten. Sie wechselten einen kurzen Blick, in beider Augen brannte ein Feuer, das man nicht missverstehen konnte.

»Ich meine«, sagte Fagin, als wisse er, dass jetzt jede Verstellung nutzlos sei, »nicht zu brutal für unsere eigene Sicherheit. Sei schlau, Bill, und nicht zu unbeherrscht.«

Sikes gab keine Antwort, sondern zog die Tür auf, als Fagin sie entriegelt hatte, und stürzte auf die stille Straße hinaus.

Ohne anzuhalten oder sich auch nur einen Augenblick zu besinnen, ohne den Kopf ein einziges Mal nach links oder rechts zu drehen oder seinen Blick zum Himmel zu erheben oder zu Boden zu senken, sondern wild entschlossen starr geradeaus schauend, die Zähne so fest zusammengepresst, dass die angespannten Kinnladen unter der Haut hervortraten, stürmte der Einbrecher unaufhaltsam voran, ohne ein Wort zu sprechen oder eine Faser seines Körpers zu entspannen, bis er vor seiner Haustür angelangt war. Er öffnete sie vorsichtig mit dem Schlüssel, eilte leisen Schrittes die Treppe hinauf, trat in sein Zimmer, verriegelte die Tür doppelt, schob einen schweren Tisch davor und zog den Vorhang am Bett zurück.

Nancy lag halb angekleidet auf der Matratze. Er hatte sie offenbar aus dem Schlaf geweckt, denn sie fuhr hastig und erschrocken hoch.

»Steh auf!«, rief der Mann.

»Du *bist* es, Bill!«, sagte das Mädchen, erfreut über seine Rückkehr.

»Ja, ich *bin's«,* war die Antwort. »Steh auf.«

Es brannte eine Kerze, aber der Mann zog sie schnell aus dem Leuchter und warf sie unter den Kaminrost. Da Nancy draußen den schwachen Schein des Morgenlichts sah, stand sie auf, um den Vorhang beiseitezuziehen.

»Lass das«, sagte Sikes und stieß sie mit der Hand zurück. »Es is hell genug für das, was ich zu tun hab.«

»Bill«, sagte das Mädchen mit vor Bestürzung leiser Stimme, »was schaust du mich so an?«

Der Einbrecher saß da, schwer atmend und mit geweiteten Nasenflügeln, und betrachtete sie einen Moment, dann packte er sie an Kopf und Kehle, schleifte sie mitten ins Zimmer, schaute noch einmal kurz zur Tür und legte ihr seine schwere Hand auf den Mund.

»Bill! Bill!«, keuchte das Mädchen und wehrte sich mit der Kraft der Todesangst. »Ich … ich … werd nich schreien oder jammern … kein bisschen … hör zu … sprich … sag mir, was ich getan hab!«

»Das weißt du genau, du Teufelin!«, versetzte der Einbrecher mit gepresstem Atem. »Man hat dir heut nacht aufgelauert, jedes Wort von dir belauscht.«

»Dann verschon um Himmels willen mein Leben, so wie ich deins verschont habe«, entgegnete das Mädchen und klammerte sich an ihn. »Bill, liebster Bill, du kannst es nicht übers Herz bringen, mich zu töten. Oh! Bedenke, was ich alles, allein in dieser Nacht, für dich aufgegeben habe. Halt ein, um dich zu besinnen und dir dies Verbrechen zu ersparen. Ich werd nich loslassen, du kannst mich nich abschütteln. Bill, Bill, um Gottes willen, um deinetwillen, um meinetwillen, halt ein, bevor du mein Blut vergießt! Ich bin dir treu gewesen, bei meiner sündigen Seele, das bin ich!«

Der Mann kämpfte heftig, um seine Arme freizubekommen, doch die des Mädchens hielten ihn umschlungen, und so fest er auch an ihnen zog, er konnte sie nicht lösen.

»Bill«, rief das Mädchen und versuchte, ihren Kopf an seine Brust zu legen, »der Herr und die gnädige Dame erzählten mir heut nacht von einem Zuhause in einem fremden Land, wo ich mein Leben in Ruhe und Frieden beschließen könnte. Lass sie mich wiedersehen und auf Knien anflehen, dir dieselbe Güte und Barmherzigkeit zu erweisen. Lass uns beide diesen schrecklichen Ort verlassen und getrennt weit weg ein besseres Leben führen, und vergessen, wie wir gelebt haben, außer im Gebet, und uns nie wiedersehen. Es ist nie zu spät zu bereuen. Das haben sie mir gesagt … ich spür's jetzt auch … aber wir brauchen Zeit … ein klein wenig Zeit!«

Der Einbrecher konnte einen Arm lösen und zog seine Pistole. Doch selbst inmitten seiner Raserei durchfuhr ihn der Gedanke, dass er mit Gewissheit sofort entdeckt würde, falls er sie abfeuerte, und so schlug er sie zweimal mit aller Kraft, die er aufbieten konnte, in das emporgewandte Gesicht, das fast das seine berührte.

Sie schwankte und fiel, fast blind von dem Blut, das aus der tiefen Wunde auf ihrer Stirn floss, konnte sich aber mühevoll zum Knien aufrichten und aus ihrem Busen ein weißes Taschentuch – das Rose Maylie gehörte – ziehen. Sie hielt es in den gefalteten Händen so hoch zum Himmel empor, wie sie es mit ihren schwindenden Kräften vermochte, und hauchte ein Gebet mit der Bitte um Gnade zu ihrem Schöpfer.

Es war ein grausiger Anblick. Der Mörder taumelte rückwärts gegen die Wand, hielt sich eine Hand vor die Augen, griff einen dicken Knüppel und schlug sie nieder.

Achtundvierzigstes Kapitel

Sikes flieht.

Von allen schlimmen Taten, die im Schutze der Dunkelheit in dem weiten Stadtgebiet Londons verübt worden waren, seit sich die Nacht darüber gesenkt hatte, war dies die allerschlimmste. Von allen Greueln, die mit ihrem üblen Hauch die Morgenluft verpesteten, war dies das abstoßendste und grausamste.

Die Sonne – die helle Sonne, die den Menschen nicht allein das Licht zurückbringt, sondern auch neues Leben, Hoffnung und Frische – ging golden und mit strahlendem Glanz über der dichtbevölkerten Stadt auf. Sie sandte ihr Licht gleichermaßen durch farbenprächtige Glasscheiben wie durch mit Pappe geflickte Fenster, durch die Kuppel der Kathedrale ebenso wie durch verrottete Ritzen und Spalten. Ja, sie erhellte sogar das Zimmer, in dem die Ermordete lag. Er versuchte, das Licht auszusperren, doch es drang herein. War der Anblick schon in der Morgendämmerung grausig gewesen, so war er es jetzt in der gleißenden Helligkeit noch weitaus mehr!

Sikes hatte sich nicht gerührt, er hatte Angst gehabt, sich zu bewegen. Da war noch ein Stöhnen und eine zuckende Hand gewesen, und mit einem Entsetzen, das sich mit dem Hass verband, hatte er wieder und wieder zugeschlagen. Einmal warf er eine grobe Wolldecke drüber, aber es war schlimmer, sich im Geiste vorzustellen, wie die Augen ihn anblickten, als sie wirklich nach oben gedreht zu sehen, als würden sie den Widerschein der Blutlache betrachten, der im Sonnenlicht an der Zimmerdecke flirrte und tanzte. Er riss die Decke wieder herunter. Und da lag der Körper –

bloß noch Fleisch und Blut, mehr nicht – aber was für Fleisch, und so viel Blut!

Er zündete ein Licht an, entfachte ein Feuer und stieß den Knüppel hinein. An dessen Ende klebten Haare, die aufloderten, zu feiner Asche verbrannten und vom Luftzug erfasst den Kamin emporwirbelten. Sogar das ängstigte ihn, hartgesotten wie er war, doch hielt er die Waffe fest, bis sie zerbrach, dann legte er sie auf die Kohlen, damit sie verbrennen und zu Asche verglühen konnte. Er wusch sich und bürstete seine Kleidung. Flecken, die er nicht wegbekam, schnitt er heraus und warf sie ins Feuer. Wie das Blut im Zimmer verspritzt war! Sogar die Pfoten des Hundes waren rot.

Die ganze Zeit hatte er dem Leichnam kein einziges Mal den Rücken zugewandt, auch nicht für einen Augenblick. Als all diese Vorkehrungen getroffen waren, ging er rückwärts zur Tür und zerrte den Hund hinter sich her, damit er seine Pfoten nicht erneut besudle und weitere Beweise des Verbrechens auf die Straße trug. Er schloss leise die Tür, drehte den Schlüssel herum, zog ihn ab und verließ das Haus.

Sikes ging auf die andere Straßenseite und blickte zum Fenster hoch, um sich zu vergewissern, dass von außen nichts zu erkennen war. Der Vorhang, den sie hatte öffnen wollen, um das Licht, das sie nie wieder sehen sollte, einzulassen, war noch immer zugezogen. Es lag fast genau dort drunter. *Er* wusste es. Gott, wie die Sonne genau auf diese Stelle schien!

Der Blick währte nur kurz. Es war eine Erlösung, aus dem Zimmer fort zu sein. Er pfiff nach dem Hund und schritt rasch davon.

Er ging durch Islington und den Hügel in Highgate hinauf, wo der Gedenkstein zu Ehren Whittingtons steht, stieg sodann, unschlüssig, was er tun und wohin er sich wenden solle, nach Highgate Hill hinab, bog jedoch, kaum hatte er mit dem Abstieg begonnen, nach rechts und nahm den Pfad über die Felder, vorbei an Caen Wood, und kam in Hampstead Heath heraus. Nachdem er die Rinne bei Vale of Health durchquert hatte, kletterte er auf der anderen Seite die Böschung empor, ging über die Landstraße, welche die beiden Dörfer Hampstead und Highgate verbindet, durchwanderte das letzte Stückchen der Heide bis zu den Feldern von North End und legte sich auf einem von ihnen unter eine Hecke zum Schlafen nieder.

Doch bald war er wieder auf und davon ... nicht weiter ins Land hinein, sondern die Landstraße Richtung London zurück ... machte dann abermals kehrt ... dann über einen anderen Teil derselben Gegend, die er bereits durchquert hatte ... dann wanderte er in den Feldern auf und ab, legte sich zuweilen am Rande der Gräben zum Ausruhen nieder, sprang dann wieder auf, um an anderer Stelle dasselbe zu tun und immer weiter umherzustreifen.

Wohin konnte er gehen, was nicht weit weg und nicht zu belebt war, um etwas zu essen und zu trinken zu bekommen? Nach Hendon. Das war der rechte Ort, ganz in der Nähe und ein wenig abgelegen. Dorthin lenkte er seine Schritte, wobei er bald rannte, bald in seltsamer Verdrehtheit im Schneckentempo dahinkroch oder gar stehen blieb, um mit seinem Stock auf die Hecken einzudreschen. Aber als er dort ankam, schienen alle Leute, die er traf, selbst die kleinen Kinder an den Türen, ihn argwöhnisch zu beäugen. Abermals machte er kehrt, ohne den Mut aufzubringen, sich einen Bissen oder Tropfen zu besorgen, obwohl er seit vielen

Stunden nichts zu sich genommen hatte, und erneut irrte er über die Heide, unschlüssig, wohin er sich wenden sollte.

So wanderte er viele Meilen durch die Landschaft und kam doch stets zu seinem Ausgangspunkt zurück. Morgen und Mittag waren verstrichen, der Tag ging bereits zur Neige, und noch immer lief er hin und her, wieder und wieder in der Runde, stets um dasselbe Fleckchen Erde kreisend. Schließlich gelangte er fort und schlug den Weg nach Hatfield ein.

Es war neun Uhr abends, als der völlig erschöpfte Mann mit dem Hund, der wegen der ungewohnten Anstrengung hinkte und lahmte, den Hügel bei der Kirche des stillen Dorfes herabstieg, sich durch die schmale Straße schleppte und in ein kleines Wirtshaus einkehrte, dessen spärliches Licht ihn zu diesem Ort geleitet hatte. Im Schankraum brannte ein Feuer, vor dem einige Landarbeiter saßen und etwas tranken. Sie machten dem Fremden Platz, aber er zog sich in die entfernteste Ecke zurück, wo er alleine aß und trank, oder vielmehr mit seinem Hund, dem er dann und wann einen Bissen zuwarf.

Die Unterhaltung der dort versammelten Männer drehte sich um die Äcker und Bauern der Umgebung, und als diese Themen erschöpft waren, um das Alter irgendeines alten Mannes, der vorigen Sonntag beerdigt worden war, wobei die anwesenden jungen Leute ihn für sehr alt hielten, die anwesenden älteren Leute hingegen erklärten, er sei noch recht jung gewesen – nicht älter, so sagte ein weißhaariger Großvater, als er selbst – und hätte noch mindestens zehn oder fünfzehn Jahre leben können, wäre er nur vorsichtiger gewesen, wäre er nur vorsichtiger gewesen.

Daran war nichts Auffälliges oder Beunruhigendes. Der Einbrecher hockte, nachdem er seine Rechnung beglichen hatte, schweigend und unbeachtet in seiner Ecke und war fast schon eingeschlafen, als er durch einen Mann, der lärmend eintrat, wieder geweckt wurde.

Der Neuankömmling war ein grotesker Kerl, halb Hausierer und halb Marktschreier, der zu Fuß durchs Land reiste, um Schleifsteine, Streichriemen, Rasiermesser, Seifenstücke, Lederfett, Arzneien für Hunde und Pferde, billige Duftwässerchen, Schönheitsmittel und dergleichen Ware feilzubieten, die er in einem auf den Rücken gebundenen Kasten mit sich trug. Sein Eintreten gab das Signal für verschiedene harmlose Neckereien vonseiten der Dörfler, die nicht aufhörten, ehe er das Mahl beendet hatte, sein Schatzkästlein öffnete und es dann geschickt verstand, Geschäft mit Kurzweil zu verbinden.

»Und was is das für Zeuch? Kann man das essen, Harry?«, fragte ein grinsender Landarbeiter und deutete auf einige kuchenförmige Stückchen in einer Ecke.

»Dies«, sagte der Bursche, indem er ein Stück hervorholte, »ist das unfehlbare, unschätzbar wertvolle Mittel, um jegliche Art von Fleck zu entfernen, ob Dreck, Klecks oder Spritzer, ob Rost, Schmutz oder Schimmel, ob auf Seide, Satin, Leinen, Batist, Tuch, Krepp, Teppich, Merino, Musselin, Bombasin oder Wolle. Ob Weinfleck, Obstfleck, Bierfleck, Wasserfleck, Farbfleck, Pechfleck, welcher Fleck auch immer – einmal mit dem unfehlbaren, unschätzbar wertvollen Mittel drüberbürsten, und weg ist er! Hat eine Dame ihre Ehre befleckt, braucht sie bloß ein Stück zu schlucken und ist sofort kuriert – denn das Zeug ist giftig. Möchte ein Herr die seine unter Beweis stellen, braucht er bloß ein kleines Eckchen zu vertilgen, und er ist über jeden Verdacht erhaben –

denn das Mittel ist ebenso satisfaktionsfähig wie eine Pistolenkugel, aber viel übler im Geschmack, die Ehre folglich noch größer. Nur einen Penny das Stück. Trotz all dieser Vorzüge – nur einen Penny das Stück!«

Sofort fanden sich zwei Käufer, während mehrere andere Zuhörer offenbar zögerten, was vom Hausierer bemerkt wurde und seine Beredsamkeit noch steigerte.

»Das Zeug geht schneller weg, als es sich herstellen lässt«, sagte der Bursche. »Ohne Unterlass sind ständig vierzehn Wassermühlen, sechs Dampfmaschinen und eine galvanische Batterie in Betrieb, und es geht doch nicht schnell genug, obwohl die Männer sich zu Tode schuften und die Witwen sofort ne Rente kriegen, zwanzig Pfund pro Jahr und Kind und ne Extraprämie von fünfzig Pfund für Zwillinge. Nur einen Penny das Stück! Zwei Halfpence tun's auch, und vier Farthings werden mit Freuden entgegengenommen. Nur einen Penny das Stück! Ob Weinfleck, Obstfleck, Bierfleck, Wasserfleck, Farbfleck, Pechfleck, Schmutzfleck oder Blutfleck! Da seh ich einen Fleck auf dem Hut eines anwesenden Herrn, den mach ich weg, bevor er mir'n Krug Bier bestellen kann.«

»Halt!«, rief Sikes aufspringend. »Gebt ihn wieder her!«

»Ich werde den Fleck restlos entfernen, Sir«, erwiderte der Mann, wobei er der Gesellschaft zuzwinkerte, »ehe Ihr rüberkommen und ihn Euch holen könnt. Aufgepasst, meine Herrschaften, dieser dunkle Fleck auf dem Hut des Herrn, nich größer als ein Shilling, aber dicker als ne halbe Krone, ob Weinfleck, Obstfleck, Bierfleck, Wasserfleck, Farbfleck, Pechfleck, Schmutzfleck oder Blutfleck …«

Weiter kam der Mann nicht, denn Sikes warf mit einem

schrecklichen Fluch den Tisch um, riss den Hut an sich und stürzte aus dem Wirtshaus.

Mit der gleichen Gefühlsverwirrung und Unentschlossenheit, die ihn ungewollt schon den ganzen Tag nicht losgelassen hatte, wandte sich der Mörder, als er feststellte, dass er nicht verfolgt wurde und sie ihn höchstwahrscheinlich für einen verbiesterten Trunkenbold hielten, wieder der Stadt zu und wich im Vorbeigehen dem Schein der Laterne einer Droschke aus, als er erkannte, dass es die Postkutsche aus London war und sie vor der kleinen Poststation stand. Er ahnte beinahe schon, was kommen würde, dennoch ging er hinüber und lauschte.

Der Schirrmeister stand an der Tür und wartete auf den Postsack. Ein Mann, der wie ein Wildhüter gekleidet war, gesellte sich in diesem Augenblick zu ihm und bekam einen Korb ausgehändigt, der bereits auf dem Pflaster stand.

»Das ist für deine Leute«, sagte der Schirrmeister. »He, wird's bald, da drinnen? Dieser vermaledeite Sack, vorgestern abend war er auch nich rechtzeitig fertig, so geht das nich, verstanden?«

»Gibt's was Neues in der Stadt, Ben?«, fragte der Wildhüter und trat an die Fensterläden zurück, um die Pferde besser bewundern zu können.

»Nee, nich dass ich wüsste«, antwortete der Mann, während er sich die Handschuhe überzog. »Der Getreidepreis is'n bisschen gestiegen. Und ich hab von nem Mord gehört, unten in Spitalfields, aber da geb ich nich viel drauf.«

»Oh, damit hat's aber seine Richtigkeit«, sagte ein Herr von drinnen, der aus dem Kutschfenster schaute. »Es war sogar ein ganz schrecklicher Mord.«

»Tatsächlich?«, fragte der Schirrmeister und tippte sich an den Hut. »Sagt, war's ein Mann oder eine Frau?«

»Eine Frau«, erwiderte der Herr. »Man vermutet ...«

»He, Ben!«, rief der Kutscher ungeduldig.

»Dieser vermaledeite Sack«, fluchte der Schirrmeister. »Seid Ihr da drinnen etwa eingeschlafen?«

»Kommt schon!«, rief der Postbeamte und kam herausgerannt.

»Kommt schon«, knurrte der Schirrmeister. »Ha, genau wie die junge reiche Dame, die sich in mich verlieben wird, man weiß bloß nich, wann. Her damit. Und lo-hos!«

Das Posthorn ließ ein paar muntere Töne erschallen, und fort war die Kutsche.

Sikes blieb auf der Straße stehen, anscheinend ungerührt von dem, was er soeben gehört hatte, und von keinem drängenderen Gefühl umgetrieben als der Frage, wohin er gehen solle. Schließlich drehte er abermals um und nahm die Landstraße, die von Hatfield nach St. Albans führte.

Er wanderte verdrossen weiter, doch als er den Ort hinter sich ließ und in die Einsamkeit und Finsternis der Landstraße eintauchte, spürte er, wie ihn Furcht und Grauen überkamen und ihn bis ins Mark erschütterten. Jeder feste Gegenstand oder Schatten vor ihm, ob ruhend oder in Bewegung, nahm ein bedrohliches Aussehen an. Doch diese Ängste waren noch gar nichts verglichen mit der gespenstischen Vorstellung, die grausige Gestalt vom Morgen würde ihm auf den Fersen folgen. Er konnte ihren Schatten in der Dunkelheit ausmachen, ihre Umrisse bis in die kleinsten Einzelheiten erkennen, und bemerkte, wie steif und ernst sie einherstelzte. Er hörte ihre Kleider in den Blättern rascheln, und jeder Windhauch trug diesen letzten leisen Schrei mit sich. Blieb er stehen, tat sie es auch. Rannte er weiter, folgte sie ... aber nicht ebenfalls rennend, was noch eine Erleichterung gewesen wäre, sondern wie ein mit bloß mechanischem Leben erfüllter Leichnam, von einem sanften, schwermütigen Wind getragen, der weder auffrischte noch abflaute.

Manchmal drehte er sich um, fest entschlossen, dieses Gespenst zu vertreiben, sollte es ihn auch durch seine Blicke töten, aber dann standen ihm die Haare zu Berge, und es stockte ihm das Blut, denn es hatte sich ebenfalls gedreht und stand jetzt hinter ihm. Am Morgen hatte er dem Grauen nie den Rücken zugewandt, aber jetzt war es hinter ihm ... die ganze Zeit. Er lehnte sich mit dem Rücken gegen eine Böschung und spürte, dass es jetzt über ihm stand und sich klar gegen den kalten Nachthimmel abzeichnete. Er warf sich auf die Straße ... mit dem Rücken auf die Straße. Nun stand es an seinem Kopf, schweigend, aufrecht und ohne sich zu rühren – ein lebendiger Grabstein mit einer Inschrift aus Blut.

Niemand soll sagen, dass Mörder der Gerechtigkeit entgingen, und andeuten, die göttliche Vorsehung müsse wohl schlafen. In dieser einen langen Minute voller Seelenpein lagen Tausende schmerzhafte Tode.

Auf einem Feld, an dem er vorbeikam, stand ein Bretterschuppen, der Schutz für die Nacht bot. Vor der Tür wuchsen drei hohe Pappeln, die kein Licht in den Schuppen ließen und durch deren Geäst mit klagendem Geheul der Wind fuhr. Er *konnte* nicht weitergehen, ehe der helle Tag wieder anbrach, und so legte er sich dicht an die Wand ... um neue Qualen zu erdulden.

Denn nun plagte ihn eine Erscheinung, ebenso hartnäckig und noch schrecklicher als jene, vor der er geflohen war. Diese starrenden, weit aufgerissenen Augen, so glanzlos und glasig, dass er sie lieber wirklich vor sich als in der Einbildung gesehen hätte, erschienen mitten in der Dunkelheit. Sie leuchteten zwar selbst, gaben aber nichts anderem Licht. Es war nur dieses Augenpaar, doch es war überall. Schloss er seine Augen, tauchte das Zimmer vor ihm auf, mit allen wohlvertrauten Gegenständen – sogar einige, die ihm nicht eingefallen wären, hätte er sich daran erinnern wollen –, jeder an seinem angestammten Platz. Die Leiche lag an *ihrem* Platz, und die Augen waren so, wie er sie gesehen hatte, ehe er sich fortstahl. Er sprang auf und raste hinaus aufs Feld. Die Gestalt hinter ihm drein. Er ging zurück in den Schuppen und kauerte sich erneut nieder. Die Augen erschienen, noch bevor er sich hingelegt hatte.

Und dort verharrte er in einer solchen Pein, wie nur er sie ermessen konnte, am ganzen Leibe zitternd brach ihm aus allen Poren kalter Schweiß hervor, als der Nachtwind plötzlich den Klang entfernter Rufe und aufgeregter, verwirrter Stimmen zu ihm trug. Jeder menschliche Laut, selbst wenn er eine tatsächliche Bedrohung verhieß, bedeutete ihm an diesem einsamen Ort etwas. Bei der Aussicht auf Gefahr kehrten seine Kräfte zurück, er sprang auf und eilte nach draußen.

Der ganze Himmel schien zu brennen. Feuersäulen erhoben sich einander überragend in die Luft, wobei sie einen Funkenregen versprühten, die Umgebung meilenweit erleuchteten und Rauchwolken in seine Richtung trieben. Die Rufe wurden lauter, als neue Stimmen das Gebrüll verstärkten, und er konnte hören, wie sich das Wort »Feuer!« ins Sturmgeläut mischte, schwere Gegenstände niederstürzten und die Flammen prasselten, wenn sie an einem neuen Hindernis hochzüngelten und an ihm neue Nahrung fanden. Der Lärm wurde immer lauter, während er zusah. Dort waren Menschen – Männer und Frauen –, gleißendes Licht, Aufruhr. Es erfüllte ihn gleichsam mit neuem Leben. Er lief blindlings los ... querfeldein ... durch Dornen und Gestrüpp, sprang über Gatter und Zäune, so toll wie sein Hund, der mit lautem, aufgeregtem Gekläffe vor ihm her rannte.

Dann erreichte er den Ort des Geschehens. Dort liefen halb angekleidete Gestalten hin und her, manche mühten sich, die verängstigten Pferde aus den Ställen zu ziehen, andere trieben das Vieh vom Hof und aus den Anbauten, und wieder andere kamen schwerbeladen mitten unter herabregnenden Funken und einstürzenden rotglühenden Balken aus dem brennenden Bauernhaus. Durch die Öffnungen, die vor einer Stunde noch Fenster und Türen enthalten hatten, sah man auf ein tosendes Flammenmeer, Mauern barsten und stürzten in die Feuersbrunst, geschmolzenes Blei und Eisen ergoss sich weißglühend auf den Boden. Frauen und Kinder kreischten, die Männer machten einander mit lauten Zurufen und Ermunterungen Mut. Das Klappern der Löschpumpen und das Zischen des Wassers, wenn es gegen das lodernde Holz spritzte und verdampfte, verstärkten den gewaltigen Tumult. Auch er schrie, bis er heiser wurde und auf der Flucht vor sich und der Erinnerung mitten ins dichteste Gewühl stürmte.

Allerorten tauchte er in dieser Nacht auf, bald arbeitete er an den Pumpen, bald eilte er durch Rauch und Flammen und war stets dort zu finden, wo der Lärm und das Gedränge am größten waren. Die Leitern rauf und runter, auf die Dächer der Gebäude, über Dielen, die unter seinem Gewicht ächzten und krachten, unter fallenden Ziegeln und Steinen hindurch, überall war er bei diesem großen Feuer zugegen, doch schien sein Leben wie durch einen Zauber geschützt, denn als der Morgen dämmerte und nur noch Rauch und schwarze Trümmer übrigblieben, hatte er weder Kratzer noch Beulen davongetragen und war weder von Erschöpfung noch Grübelei heimgesucht worden.

Nachdem die wahnsinnige Erregung verflogen war, kehrte das schreckliche Wissen um sein Verbrechen mit zehnfacher Macht zurück. Er schaute sich misstrauisch um, denn die Männer unterhielten sich in Grüppchen, und er fürchtete, Gegenstand ihres Gesprächs zu sein. Der Hund gehorchte auf seinen gebieterischen Fingerzeig, und sie gingen beide klammheimlich fort. Er kam dicht an einem Spritzenwagen vorbei, wo ein paar Männer saßen und ihn einluden, sich bei ihnen zu stärken. Er aß ein wenig Brot und Fleisch, und als er einen Schluck Bier trank, hörte er die Feuerwehrleute, die aus London waren, über den Mord reden.

»Es heißt, er hätt sich nach Birmingham davongemacht«, meinte der eine, »aber sie werden ihn bald kriegen, denn die Detektive sind ihm auf der Spur, und bis morgen abend wird das ganze Land Jagd auf ihn machen.«

Er eilte fort und lief so weit, bis er fast zu Boden fiel, dann legte er sich auf einem Feldweg nieder und schlief lange, wenn auch unruhig und mit Unterbrechungen. Unschlüssig, wankelmütig und zudem bedrückt von der Furcht vor einer weiteren einsamen Nacht setzte er seine Wanderung fort.

Plötzlich fasste er den verzweifelten Entschluss, nach London zurückzukehren.

»Dort wird es zumindest jemand geben, mit dem ich reden kann«, dachte er, »und auch'n gutes Versteck. Da sie meine Spur aufm Land verfolgen, werden sie wohl kaum dran denken, mich inner Stadt zu schnappen. Warum sollt ich dort nich ne Woche oder so untertauchen könn, und dann, wenn ich Fagin genug Moneten abgeknöpft hab, nach Frankreich fliehen? Gottverdammich, ich riskier's!«

Ohne zu zögern folgte er dieser Eingebung, wählte die am wenigsten benutzte Landstraße und machte sich auf den Rückweg, mit der Absicht, sich kurz vor London zu verbergen, um die Stadt erst bei Einbruch der Dämmerung und auf Umwegen zu betreten und dann geradewegs in das Viertel zu gehen, das er sich als Ziel auserkoren hatte.

Doch halt, der Hund! Falls irgendeine Beschreibung von ihm im Umlauf war, würde man sicher nicht vergessen, dass der Hund ebenfalls verschwunden und wahrscheinlich bei ihm war. Das könnte dazu führen, dass man ihn unterwegs aufgriff. Daher beschloss er, ihn zu ertränken, und hielt, während er weiterging, nach einem Tümpel Ausschau und hob einen schweren Stein von der Straße auf, den er in sein Taschentuch knüpfte.

Das Tier sah seinem Herrn, als er diese Vorbereitungen traf, ins Gesicht, und ob er nun instinktiv ahnte, wozu sie dienten, oder ob der Seitenblick des Einbrechers finsterer war als üblich, jedenfalls blieb der Hund etwas weiter als gewöhnlich zurück und duckte sich, während er langsam dahinschlich. Als sein Herr am Ufer eines Tümpels anhielt und sich umdrehte, um ihn zu rufen, blieb er gänzlich stehen.

»Haste nich gehört? Komm her!«, rief Sikes.

Das Tier gehorchte allein aus der Macht der Gewohnheit, doch als Sikes sich bückte, um das Taschentuch an seinem Hals zu befestigen, stieß der Hund ein leises Knurren aus und wich zurück.

»Komm wieder her!«, sagte der Einbrecher und stampfte auf den Boden.

Der Hund wedelte mit dem Schwanz, rührte sich jedoch nicht vom Fleck. Sikes knüpfte eine Schlinge und rief ihn abermals.

Der Hund kam näher, zog sich zurück, hielt einen Augenblick inne, drehte sich dann um und jagte so schnell er konnte davon.

Der Mann pfiff immer wieder, setzte sich hin und wartete in der Hoffnung, der Hund würde zurückkommen. Aber es ließ sich kein Hund blicken, also setzte er schließlich seinen Weg fort.

Neunundvierzigstes Kapitel

Monks und Mr. Brownlow treffen endlich zusammen. Ihre Unterredung und die Nachricht, die sie unterbricht.

Die Dämmerung senkte sich bereits nieder, als Mr. Brownlow vor seiner Haustür aus einer Mietdroschke stieg und leise anklopfte. Die Tür wurde geöffnet, ein kräftiger Mann entstieg der Kutsche, postierte sich zu einer Seite der Trittbretts, während ein zweiter Mann, der auf dem Bock gesessen hatte, ebenfalls herabstieg und sich auf die andere Seite stellte. Auf ein Zeichen von Mr. Brownlow halfen sie einem Dritten heraus, nahmen ihn in ihre Mitte und führten ihn umgehend ins Haus. Dieser Mann war Monks.

In derselben Weise stiegen sie, ohne ein Wort zu sprechen, die Treppe hinauf, wo Mr. Brownlow, der vorausging, sie in ein nach hinten gelegenes Zimmer geleitete. Vor der Tür dieses Raumes blieb Monks, der mit sichtlichem Widerwillen heraufgekommen war, stehen. Die beiden Männer blickten den alten Herrn an, als warteten sie auf Anweisungen.

»Er weiß, welche Wahl er hat«, sagte Mr. Brownlow. »Sollte er zögern oder auch nur eine falsche Handbewegung machen, dann schleppt Ihr ihn auf die Straße, ruft die Polizei zu Hilfe und klagt ihn in meinem Namen als Verbrecher an.«

»Wie könnt Ihr es wagen, so von mir zu reden?«, fragte Monks.

»Wie könnt Ihr es wagen, mich dazu zu nötigen, junger Mann?«, entgegnete Mr. Brownlow, wobei er ihn scharf anblickte. »Seid Ihr so von Sinnen, wieder nach draußen auf die Straße zu wollen? Lasst ihn los. Bitte, Sir. Es steht Euch frei, zu gehen, und uns, Euch zu folgen. Doch ich warne Euch, bei allem was mir kostbar und heilig ist, im selben Augenblick, wo Ihr den Fuß auf die Straße setzt, werde ich Euch wegen Betrugs und Diebstahls verhaften lassen. Ich bin fest und unerschütterlich entschlossen. Seid Ihr es ebenfalls, bringt Ihr bloß Euren eigenen Kopf in Gefahr!«

»Auf wessen Betreiben bin ich von diesen Grobianen auf offener Straße entführt und hergebracht worden?«, fragte Monks, wobei er die Männer, die neben ihm standen, einen nach dem anderen anschaute.

»Auf das meine«, antwortete Mr. Brownlow. »Diese Personen sind von mir dazu ermächtigt worden. Wollt Ihr Euch wegen dieser Freiheitsberaubung beschweren – und Ihr hattet auf dem Weg hierher Möglichkeit und Gelegenheit, Eure Freiheit wiederzuerlangen, aber es schien Euch offenbar ratsamer, stillzuhalten –, dann, so sage ich noch einmal, beruft Euch ruhig aufs Gesetz. In diesem Fall werde auch ich mich aufs Gesetz berufen. Wenn Ihr dann aber zu weit gegangen seid, um noch umkehren zu können, bittet mich nicht um Nachsicht, wenn andere Mächte über Euer Schicksal befinden, und behauptet nachher nicht, ich hätte Euch in den Abgrund gestoßen, in den Ihr Euch selbst gestürzt habt.«

Monks war sichtlich betroffen und obendrein beunruhigt. Er zögerte.

»Ihr werdet Euch unverzüglich entscheiden müssen«, sagte Mr. Brownlow, vollkommen unbewegt und unbeugsam. »Wenn Ihr es vorzieht, dass ich meine Anschuldigungen öffentlich vorbringe und Euch einer Bestrafung aussetze, deren Maß ich zwar mit einem Schaudern voraussehen, jedoch nicht beeinflussen kann, so wiederhole ich ein weiteres Mal, dann wisst Ihr den Weg. Wenn Ihr jedoch an meine Güte und die Gnade jener appelliert, die Ihr zutiefst verletzt habt, dann setzt Euch ohne Widerrede auf diesen Stuhl dort. Er hat zwei volle Tage auf Euch gewartet.«

Monks murrte etwas Unverständliches, zauderte aber noch immer.

»Beeilt Euch«, sagte Mr. Brownlow, »ein Wort von mir, und Euch wird keine Wahl mehr bleiben.«

Noch immer zögerte der Mann.

»Ich bin nicht gewillt, weiter zu verhandeln«, sagte Mr. Brownlow, »und da ich die ureigensten Interessen anderer vertrete, steht es mir auch gar nicht zu.«

»Gibt es …«, erkundigte sich Monks mit stockender Stimme, »… gibt es … keinen Mittelweg?«

»Nein.«

Monks betrachtete den alten Herrn furchtsamen Auges, aber da er aus seinen Zügen nichts als Strenge und Entschlossenheit ablesen konnte, betrat er das Zimmer und setzte sich achselzuckend hin.

»Schließt die Tür von außen ab«, wies Mr. Brownlow seine Gehilfen an, »und kommt herein, wenn ich läute.«

Die Männer folgten den Anweisungen, und die beiden blieben allein zurück.

»Das ist vielleicht eine Behandlung, Sir«, sagte Monks, der Hut und Mantel ablegte, »vom ältesten Freund meines Vaters.«

»Eben weil ich der älteste Freund Eures Vaters war, junger Mann«, erwiderte Mr. Brownlow, »weil die Hoffnungen und Wünsche junger und glücklicher Jahre mit ihm und jenem holden Wesen von seinem Stamm und Geblüt verbunden sind, das bereits in seiner Jugend zu seinem Schöpfer zurückkehrte und mich hier einsam und allein zurückließ, weil er, damals noch ein Knabe, neben mir am Totenbett seiner einzigen Schwester kniete, an jenem Morgen, als sie – aber der Himmel wollte es anders – mein junges Eheweib werden sollte, weil mein verwundetes Herz seit dieser Zeit durch all seine Irrungen und Wirrungen hindurch bis zu seinem Tode an ihm hing, weil all diese alten Erinnerungen und Andenken mein Herz erfüllen und selbst Euer Anblick mich an ihn gemahnt, all diese Dinge sind es, die mich bewegen, Euch jetzt mit Milde zu behandeln … ja, Edward Leeford, auch jetzt noch … und zu erröten, weil Ihr unwürdig seid, diesen Namen zu tragen.«

»Was hat der Name damit zu tun?«, fragte der andere, nachdem er teils schweigend und teils mit störrischer Verwunderung die Erregung seines Bekannten zur Kenntnis genommen hatte. »Was bedeutet mir der Name?«

»Nichts«, erwiderte Mr. Brownlow. »Euch bedeutet er nichts. Aber es war *ihr* Name, und selbst nach so langer Zeit bringt er mir, einem alten Mann, die Glut und das Entzücken zurück, die ich einst verspürte, wenn ihn auch nur ein Fremder aussprach. Ich bin sehr froh, dass Ihr ihn abgelegt habt … sehr, sehr froh.«

»Alles schön und gut«, sagte Monks (um seinen angenommenen Namen beizubehalten) nach langem Schweigen, währenddem er in missmutigem Trotz hin und her gerutscht war und Mr. Brownlow die Augen mit seiner Hand beschattend dasaß. »Aber was wollt Ihr von mir?«

»Ihr habt einen Bruder«, sagte Mr. Brownlow, sich wieder aufrichtend, »einen Bruder, dessen Name, Euch ins Ohr geflüstert, als ich Euch auf der Straße folgte, fast allein schon reichte, um Euch zu veranlassen, mich erstaunt und bestürzt hierher zu begleiten.«

»Ich habe keinen Bruder«, erwiderte Monks. »Ihr wisst, dass

ich das einzige Kind war. Was erzählt Ihr mir da von Brüdern? Das wisst Ihr genauso gut wie ich.«

»Dann hört Euch an, was ich weiß und Ihr vielleicht nicht«, sagte Mr. Brownlow. »Es wird gewiss bald Euer Interesse wecken. Ich weiß, dass Ihr der alleinige und höchst abscheuliche Spross jener unseligen Ehe seid, in die Euer unglücklicher Vater aufgrund von Familienstolz und gemeinem, engstirnigem Ehrgeiz gezwungen wurde, als er noch ein bloßer Knabe war.«

»Eure Beschimpfungen lassen mich kalt«, unterbrach ihn Monks mit höhnischem Lachen. »Ihr kennt die Tatsachen, das reicht mir.«

»Aber ich kenne auch«, fuhr der alte Herr fort, »das Elend, die fortwährende Tortur, die nicht enden wollende Qual dieser unpassenden Verbindung. Ich weiß, wie unwillig und voller Überdruss dieses elende Paar an der schweren Kette trug, in einer Welt, die ihnen beiden vergiftet war. Ich weiß, wie kalter Förmlichkeit vorsätzliche Verletzungen folgten, wie sich Gleichgültigkeit in Ablehnung verwandelte, Ablehnung in Hass und Hass in Ekel, bis sie zuletzt die klirrende Fessel zerrissen und sich weit voneinander entfernt niederließen – aber noch immer durch ein peinigendes Kettenglied gebunden, dessen Nieten nur der Tod sprengen konnte –, um sich in neuer Gesellschaft hinter dem heitersten Anschein, den sie sich zu geben vermochten, zu verbergen. Eurer Mutter ist es geglückt, sie hat es bald vergessen. Aber am Herzen Eures Vaters hat es jahrelang gefressen und genagt.«

»Nun, sie haben sich getrennt«, sagte Monks, »was bedeutet das schon?«

»Nachdem sie einige Zeit getrennt waren«, entgegnete Mr. Brownlow, »und Eure Mutter über den Lustbarkeiten auf dem

Kontinent, denen sie sich hingab, ganz den zehn Jahre jüngeren Gatten vergessen hatte, der mit zerstörten Hoffnungen zu Hause geblieben war, fand er neue Freunde. Zumindest *diesen* Umstand kennt Ihr bereits.«

»Nein«, sagte Monks, wandte seine Augen ab und stampfte mit dem Fuß auf den Boden wie ein Mensch, der entschlossen ist, alles abzustreiten, »das tu ich nicht.«

»Euer Benehmen bestätigt mir nicht weniger als Eure Taten, dass Ihr es nie vergessen und auch nicht aufgehört habt, mit Verbitterung daran zu denken«, erwiderte Mr. Brownlow. »Ich spreche von der Zeit vor fünfzehn Jahren, als Ihr nicht älter als elf Jahre alt wart, und Euer Vater gerade einunddreißig … denn er war, ich wiederhole es, noch ein Knabe, als *sein* Vater ihn zur Heirat zwang. Muss ich auf die Ereignisse zu sprechen kommen, die einen Schatten auf das Andenken Eures Vaters werfen, oder wollt Ihr es mir ersparen und die Wahrheit offenbaren?«

»Ich habe nichts zu offenbaren«, antwortete Monks. »Wollt Ihr es tun, müsst Ihr weiterreden.«

»Also gut, einer dieser neuen Freunde«, sagte Mr. Brownlow, »war ein Marineoffizier im Ruhestand, dessen Frau etwa ein halbes Jahr zuvor gestorben war und ihm zwei Kinder hinterlassen hatte … es waren noch mehr gewesen, aber von ihrer Familie hatten nur diese beiden das Glück zu überleben. Es waren zwei Töchter, die eine ein hübsches Geschöpf von neunzehn, die andere ein bloßes Kind von zwei oder drei Jahren.«

»Was habe ich damit zu schaffen?«, fragte Monks.

»Sie lebten«, fuhr Mr. Brownlow fort, als habe er die Unterbrechung nicht bemerkt, »in einem Teil des Landes, wohin es Euren Vater auf seinen Wanderungen verschlagen und er sich niedergelassen hatte. Bekanntschaft, Vertraulichkeit und Freundschaft folgten schnell aufeinander. Euer Vater war begabt, wie es nur wenige Männer sind. Er besaß die Seele und Persönlichkeit seiner Schwester. Je besser ihn der alte Offizier kennenlernte, umso mehr schätzte er ihn. Ich wünschte, es wäre dabei geblieben. Seiner Tochter erging es ebenso.«

Der alte Herr machte eine Pause. Monks biss sich, die Augen zu Boden gesenkt, auf die Lippen. Als Brownlow es sah, erzählte er sofort weiter.

»Nach Ablauf eines Jahres war er mit dieser Tochter verlobt, feierlich verlobt, der Gegenstand der ersten, wahren, leidenschaftlichen und einzigen Liebe eines arglosen, unerfahrenen Mädchens.«

»Eure Geschichte ist recht lang«, bemerkte Monks, der sich unruhig auf seinem Stuhl bewegte.

»Es ist eine wahre Geschichte von Kummer, Prüfung und Leid, junger Mann«, entgegnete Mr. Brownlow, »und derlei Geschichten pflegen für gewöhnlich lang zu sein. Handelte sie von ungetrübtem Glück und reiner Freude, wäre sie wohl sehr kurz. Schließlich starb einer jener reichen Verwandten, für dessen Interessen und zur Stärkung seines Einflusses Euer Vater, wie schon so oft andere – es ist kein ungewöhnlicher Fall – geopfert worden war, und um das Elend, das er verursacht hatte, wiedergutzumachen, hinterließ er ihm *sein* Allheilmittel für jeglichen Kummer – Geld. Es war notwendig, dass Euer Vater sich umgehend und ohne seine Angelegenheiten im mindesten geregelt zu haben nach Rom begab, wohin jener Mann um seiner Gesundheit wegen geeilt und wo er auch gestorben war. Euer Vater fuhr hin und steckte sich mit einer tödlichen Krankheit an. In dem Augenblick, als Eure Mutter diese Nachricht in Paris erhielt, folgte sie ihm, in Eurer Begleitung, nach Rom. Er starb einen Tag nach ihrer Ankunft, und da er kein Testament hinterlassen hatte – *kein Testament* –, fiel Eurer Mutter und Euch das gesamte Vermögen zu.«

An dieser Stelle der Erzählung stockte Monks der Atem, und er lauschte mit einer Miene, die größte Neugier ausdrückte, obwohl seine Augen nicht auf den Sprecher gerichtet waren. Als Mr. Brownlow innehielt, änderte er seine Haltung, mit dem Gebaren eines Menschen, der sich plötzlich ungeheuer erleichtert fühlt, und wischte sich sein erhitztes Gesicht und seine heißen Hände ab.

»Auf seinem Weg ins Ausland kam er durch London«, sagte Mr. Brownlow langsam, indem er dem anderen fest in die Augen blickte, »und hat mich besucht.«

»Davon habe ich nie gehört«, unterbrach Monks in einem Ton, der ungläubig klingen sollte, aber eher ein unangenehmes Überraschtsein verriet.

»Er suchte mich auf und übergab mir, neben einigen anderen Dingen, ein Gemälde ... ein Porträt, das er gemalt hatte ... das Bildnis jenes armen Mädchens ... das er nicht zurücklassen wollte, aber auch nicht auf seine überstürzte Reise mitnehmen konnte. Durch Sorgen und Gewissensbisse war er fast zu einem Schatten seiner selbst geworden, er sprach wirr und verstört von Ruin und Schande, die er herbeigeführt hätte, und vertraute mir seine Absicht an, seinen ganzen Besitz, und sei es mit Verlust, zu Geld zu machen, seiner Frau und Euch einen Teil des kürzlich Erlangten zu übertragen und außer Landes zu fliehen – ich erriet nur zu gut, dass er nicht alleine fliehen würde –, um nie mehr wiederzukehren. Selbst mir, seinem alten Freund seit Jugendzeit, dessen starke

Zuneigung in der Erde wurzelt, die jene bedeckt, die uns beiden so teuer war – selbst mir verwehrte er ein weitergehendes Geständnis. Er versprach, mir zu schreiben und über alles zu berichten und mich danach noch einmal sehen zu wollen, ein letztes Mal auf Erden. Ach! Es *war* bereits das letzte Mal. Ich erhielt keinen Brief und sah ihn nie wieder.«

»Ich begab mich«, fuhr Mr. Brownlow nach einer kurzen Pause fort, »ich begab mich, als alles vorbei war, an den Schauplatz seiner – ich werde den Ausdruck verwenden, den alle Welt so leichtfertig verwendet, denn Tadel oder Zuspruch der Welt sind ihm jetzt einerlei – sündigen Liebe, mit dem Entschluss, sollten sich meine Befürchtungen bestätigen, dem irregeleiteten Kind ein verständiges Herz und ein Zuhause zu bieten, wo es Schutz und Trost finden konnte. Die Familie hatte die Gegend eine Woche zuvor verlassen; sie hatten ihre geringfügigen Außenstände beglichen und waren bei Nacht abgereist. Niemand wusste, warum oder wohin.«

Monks atmete jetzt befreiter und schaute sich mit einem triumphierenden Lächeln um.

»Als Euer Bruder«, sagte Mr. Brownlow und rückte näher an den Stuhl des anderen heran, »als Euer Bruder, ein schwaches, zerlumptes und vernachlässigtes Kind, mir durch eine stärkere Macht als den Zufall über den Weg gesandt und von mir vor einem lasterhaften und schändlichen Leben bewahrt wurde ...«

»Was?«, rief Monks.

»Ja, von mir«, wiederholte Mr. Brownlow. »Ich habe ja gesagt, Euer Interesse wird schon noch geweckt werden. Ja, von mir ... ich sehe, dass Euer gerissener Komplize meinen Namen verschwiegen hat, obwohl dieser, nach allem, was er wusste, Euch nicht bekannt vorkommen konnte. Als Euer Bruder dann von mir gerettet wurde und sich in meinem Haus von seiner Krankheit erholte, setzte mich seine große Ähnlichkeit mit dem erwähnten Porträt in Erstaunen. Schon als ich ihn das erste Mal in all seinem Schmutz und Elend sah, schien mir in seinem Gesicht ein Ausdruck zu liegen, der mich wie in einem lebhaften Traum an einen alten Freund gemahnte. Ich brauche Euch nicht zu sagen, dass er verschleppt wurde, bevor ich seine Geschichte in Erfahrung bringen konnte …«

»Warum nicht?«, fragte Monks hastig.

»Weil Ihr es genau wisst.«

»Ich?«

»Leugnen ist zwecklos«, erwiderte Mr. Brownlow. »Ich werde Euch zeigen, dass ich noch mehr weiß als das.«

»Ihr … Ihr … Ihr könnt mir nichts nachweisen«, stammelte Monks. »Andernfalls fordere ich Euch auf, es zu tun!«

»Wir werden sehen«, antwortete der alte Herr mit einem forschenden Blick. »Ich verlor den Jungen und konnte ihn nicht wieder ausfindig machen, sosehr ich mich auch bemühte. Da Eure Mutter tot ist, wusste ich, dass, wenn überhaupt jemand, nur Ihr das Rätsel würdet lösen können, und da Ihr, als ich das letzte Mal von Euch hörte, auf Euren Besitzungen in Westindien weiltet – wohin Ihr Euch, wie Ihr wohl wisst, nach dem Tode Eurer Mutter zurückgezogen hattet, um den Folgen Eures hiesigen lasterhaften Lebenswandels zu entgehen –, machte ich mich auf die Reise. Doch wart Ihr Monate zuvor bereits wieder aufgebrochen und wurdet in London vermutet, aber niemand konnte mir sagen, wo. Ich kehrte zurück. Eure Verwalter besaßen keinerlei Hinweis auf Euren Wohnsitz. Sie sagten, Euer Kommen und Gehen sei so willkürlich wie eh und je, manchmal kämt Ihr ein paar Tage hintereinander, dann wieder monatelang überhaupt nicht. Allem Anschein nach hieltet Ihr Euch noch immer in den gleichen üblen Spelunken und in Gesellschaft der gleichen verrufenen Leute auf, die schon Eure Gefährten waren, als Ihr noch ein wilder, unbändiger Jüngling gewesen seid. Ich behelligte sie mit ständigen Nachfragen. Ich lief Tag und Nacht in den Straßen umher, aber bis vor zwei Stunden waren all meine Bemühungen fruchtlos geblieben, und ich habe Euch nicht ein einziges Mal gesehen.«

»Und jetzt, wo Ihr mich seht«, fragte Monks und erhob sich dreist, »was habt Ihr jetzt davon? Betrug und Diebstahl sind hochtrabende Worte … gerechtfertigt, wie Ihr glaubt, wegen einer eingebildeten Ähnlichkeit eines kleinen Satansbratens mit dem eitlen Geklecks eines Toten. Bruder! Ihr wisst nicht einmal, ob diesem rührseligen Pärchen tatsächlich ein Kind geboren wurde, nicht einmal das wisst Ihr!«

»Ich *wusste* es nicht«, erwiderte Mr. Brownlow und erhob sich ebenfalls, »doch in den letzten zwei Wochen habe ich alles erfahren. Ihr habt einen Bruder, Ihr wisst es und kennt ihn. Es gab ein Testament. Eure Mutter hat es vernichtet und Euch nach ihrem Tod das Geheimnis und das Vermögen hinterlassen. Es enthielt den Hinweis auf ein Kind, das wahrscheinlich dieser traurigen Verbindung entspringen werde, dieses Kind wurde geboren und lief Euch zufällig über den Weg, wobei es aufgrund der Ähnlichkeit mit dem Vater sogleich Euren Verdacht erweckte. Ihr habt seinen Geburtsort aufgesucht. Dort fanden sich Beweise … lang unterdrückte Beweise … seiner Geburt und Herkunft. Diese Beweise wurden von Euch vernichtet, und jetzt liegen, wie Ihr selbst zu Eurem Komplizen Fagin gesagt habt, *die einzigen Beweise von der Abstammung des Jungen also auf dem Grunde des Flusses, und die alte Hexe, die sie von seiner Mutter erhalten hat, verfault in ihrem Grab.* Unwürdiger Sohn, Feigling, Lügner ... der Ihr nächtens in finstren Gemächern mit Dieben und Mördern Zusammenkünfte abhaltet ... dessen Verschwörungen und Intrigen gewaltsamen Tod über eine Frau gebracht haben, die so viel wert war wie Millionen Euresgleichen ... der Ihr von der Wiege an dem Herzen Eures Vaters Galle und Bitterkeit wart und in dem alle bösen Leidenschaften, Laster und Verderbtheiten gärten, bis sie sich in einer schrecklichen Krankheit Bahn brachen, die Euer Angesicht zum Spiegelbild Eurer Seele gemacht hat ... seid Ihr, Edward Leeford, noch immer gewillt, mir zu trotzen?«

»Nein, nein, nein!«, rief der Feigling, durch diese gehäuften Anklagen überwältigt.

»Jedes Wort«, sagte der alte Herr, »jedes Wort, das zwischen Euch und diesem abscheulichen Schurken gewechselt wurde, ist mir bekannt. Schatten an der Wand haben Euer Gemunkel belauscht und es mir zu Ohren gebracht. Der Anblick des verfolgten Kindes hat sogar das Laster bekehrt und ihm den Mut und beinahe die Eigenschaften der Tugend verliehen. Ein Mord ist geschehen, an dem Ihr moralisch, wenn nicht gar persönlich, beteiligt gewesen seid.«

»Nein, nein«, unterbrach Monks. »Ich ... ich ... habe nichts damit zu tun. Ich wollte diese Geschichte gerade überprüfen, als Ihr mich gestellt habt. Ich kannte den Grund nicht. Ich dachte, es sei ein gewöhnlicher Streit gewesen.«

»Es geschah wegen der teilweisen Enthüllung Eurer Geheimnisse«, erwiderte Mr. Brownlow. »Wollt Ihr mir nun alles enthüllen?«

»Ja, das will ich.«

»Eure Unterschrift unter eine wahrheitsgemäße Erklärung der Tatsachen setzen und diese vor Zeugen wiederholen?«

»Auch das verspreche ich.«

»Ruhig hierbleiben, bis ein solches Dokument ausgefertigt ist, und mir dann zu einem Ort folgen, der mir am geeignetsten erscheint, um es beglaubigen zu lassen?«

»Wenn Ihr daraufbesteht, werde ich auch das tun«, antwortete Monks.

»Ihr müsst noch mehr als das tun«, sagte Mr. Brownlow, »nämlich Wiedergutmachung leisten an ein unschuldiges und harmloses Kind, denn das ist er, obgleich er einer sündigen und höchst unseligen Verbindung entstammt. Ihr habt die Bestimmungen aus dem Testament nicht vergessen. Führt sie aus, soweit sie Euren Bruder betreffen, und dann geht, wohin Ihr mögt. In dieser Welt braucht ihr euch nicht mehr zu begegnen.«

Während Monks auf und ab lief und dabei mit finsteren und bösen Blicken über dieses Ansinnen und die Möglichkeiten, es zu umgehen, nachdachte, hin und her gerissen zwischen seiner Furcht auf der einen und seinem Hass auf der anderen Seite, wurde die Tür hastig aufgeschlossen und ein Herr (Mr. Losberne) betrat in heller Aufregung das Zimmer.

»Der Mann wird gefasst!«, rief er. »Der Mann wird heute abend noch gefasst!«

»Der Mörder?«, fragte Mr. Brownlow.

»Ja, ja«, antwortete der andere. »Man hat gesehen, wie sein Hund um einen der alten Schlupfwinkel herumstrich, und es besteht kaum Zweifel, dass sein Herr entweder dort ist oder ihn im Schutze der Dunkelheit aufsuchen wird. Polizeistreifen durchkämmen die ganze Gegend. Ich habe mit den Leuten gesprochen, denen seine Festnahme obliegt, und sie haben mir versichert, dass er unmöglich entkommen kann. Die Regierung hat heute abend eine Belohnung von hundert Pfund ausgesetzt.«

»Und ich werde noch fünfzig drauflegen«, sagte Mr. Brownlow, »und es persönlich an Ort und Stelle verkünden, falls ich dorthin gelange. Wo ist Mr. Maylie?«

»Harry? Sobald er gesehen hat, dass Euer Freund hier sicher mit Euch in der Kutsche sitzt, eilte er dahin, wo er diese Nachricht hörte«, antwortete der Doktor, »dann bestieg er sein Pferd und ritt fort, um sich an einem zuvor vereinbarten Treffpunkt am Rande der Stadt dem ersten Suchtrupp anzuschließen.«

»Und was ist mit Fagin?«, erkundigte sich Mr. Brownlow.

»Nach dem, was ich zuletzt hörte, hat man ihn noch nicht gefasst, aber sie werden ihn zu fassen kriegen oder haben es inzwischen schon. Er kann ihnen nicht entkommen.«

»Habt Ihr Euch entschieden?«, fragte Mr. Brownlow mit leiser Stimme Monks.

»Ja«, antwortete dieser. »Ihr … Ihr … werdet mich aus der Sache heraushalten?«

»Das werde ich. Bleibt hier, bis ich zurückkehre. Das ist Eure einzige Hoffnung auf Rettung.«

Sie verließen das Zimmer, und die Tür wurde wieder abgeschlossen.

»Was habt Ihr erreichen können?«, fragte der Doktor im Flüsterton.

»Alles, was ich zu hoffen wagte, und sogar noch mehr. Indem ich die Auskünfte des armen Mädchens mit meinem bereits vorhandenen Wissen und dem Ergebnis der Nachforschungen unseres guten Freundes vor Ort verknüpfte, ließ ich ihm kein Schlupfloch und legte die ganze Schurkerei offen, so dass kein Leugnen möglich war. Schreibt und setzt unsere Zusammenkunft für übermorgen abend um sieben Uhr an. Wir werden ein paar Stunden früher dort sein, um zur Ruhe zu kommen, besonders die junge Dame, die vielleicht mehr Seelenstärke benötigt, als Ihr oder ich zum jetzigen Zeitpunkt voraussehen können. Doch mir brennt es unter den Nägeln, dieses arme ermordete Geschöpf zu rächen. Welche Richtung haben sie eingeschlagen?«

»Fahrt geradewegs zur Wache, und Ihr werdet noch rechtzeitig dort sein«, antwortete Mr. Losberne. »Ich werde hierbleiben.«

Die beiden Herren nahmen eilig Abschied und waren beide von einer unbezähmbaren fiebrigen Aufregung ergriffen.

Fünfzigstes Kapitel

Verfolgungsjagd und Flucht.

Unweit des Teils der Themse, an den die Kirche von Rotherhithe grenzt, wo die Gebäude an den Ufern am schmutzigsten und die Schiffe auf dem Fluss vom Staub der Kohlenschiffe und dem Rauch der niedrigen, dichtgedrängten Häuser am schwärzesten sind, befindet sich heute der dreckigste, seltsamste und ungewöhnlichste der unzähligen versteckten Winkel Londons, der den meisten Einwohnern der Stadt selbst dem Namen nach unbekannt ist.

Um diesen Ort zu erreichen, muss sich der Besucher durch ein Labyrinth kleiner, enger und morastiger Gassen winden, in denen es von den rauhesten und ärmsten Anwohnern des Flussufers wimmelt, die dort allen sich bietenden Geschäften nachgehen. In den Läden türmen sich die billigsten und unappetitlichsten Lebensmittel, vor den Türen und Fenstern der Trödler hängen flatternd die derbsten und einfachsten Kleidungsstücke. Mühsam muss sich der Besucher einen Weg durch das Gewühl von Arbeitslosen der niedrigsten Schichten, Schauerleuten, Kohlenträgern, dreisten Weibsleuten, zerlumpten Kindern und dem übelsten Hafengesindel bahnen, während aus den schmalen Gassen, die zur Linken und zur Rechten abzweigen, abstoßende Anblicke und strenge Gerüche auf seine Sinne einstürmen, ebenso wie das ohrenbetäubende Gerassel der schwerfälligen Frachtwagen, die mit ungeheuren Stapeln von Waren aus den Lagerhäusern, die an jeder Ecke aufragen, beladen sind. Gelangt er schließlich in Straßen, die abgelegener und weniger belebt sind als jene, die er eben durchquert hatte, kommt er vorbei an wankenden Hausfassaden, die sich über den Gehsteig neigen, an verfallenen Gemäuern, die bei seinem Schritt zu erbeben scheinen, an schiefen Schornsteinen, die noch zögern herabzustürzen, an Fenstern, geschützt von rostigen Eisenstäben, die von Zeit und Schmutz fast gänzlich zerfressen sind, und an jedem nur erdenklichen Anzeichen von Verwüstung und Vernachlässigung.

In einem solchen Viertel liegt, hinter Dockhead im Bezirk von Southwork, Jacob's Island, umgeben von einem modrigen Graben, der bei Flut sechs bis acht Fuß tief und fünfzehn bis zwanzig Fuß breit ist und einst Mill Pond hieß, heute aber Folly Ditch genannt wird. Er ist eine Art Nebenarm oder Einbuchtung der Themse, der bei Hochwasser jederzeit geflutet werden kann, wenn man die Schleusen von Lead Mills öffnet, woher er seinen alten Namen hat. Bei solchen Gelegenheiten sieht ein Fremder, der von einer der zur Mill Lane hinüberführenden hölzernen Brücken zuschaut, wie die Bewohner der Häuser an beiden Ufern aus den Hintertüren und Fenstern Eimer, Kübel und Haushaltsgerät jeglicher Art herablassen, mit denen sie Wasser schöpfen, und wenn sein Blick von diesem Tun zu den Häusern selbst wandert, wird ihn das sich darbietende Bild in großes Erstaunen versetzen. Ein halbes Dutzend Häuser mit baufälligen Holzgalerien an der Rückseite und Löchern, durch die man auf den darunterliegenden Morast blicken kann; zerbrochene und geflickte Fenster, aus denen Stangen ragen, um daran die nicht vorhandene Wäsche zu trocknen; Zimmer so schmutzig, klein und stickig, dass die Luft darin selbst für den Dreck und Schund, den sie beherbergen, zu verpestet erscheint; hölzerne Erker, die über den Schlamm herausragen und hineinzustürzen drohen – was einige bereits getan haben; besudelte Wände und versinkende Fundamente, jeder abstoßende Zug der Armut, jedwede ekelhafte Form von Unflat, Schmutz und Fäulnis, all das ziert die Ufer des Folly Ditch.

Die Lagerhäuser auf Jacob's Island sind leer und ohne Dach, ihre Mauern zerbröckeln und die Fenster sind keine Fenster mehr, die Türen fallen auf die Straße und die Schornsteine sind verrußt, obwohl sie keinen Rauch mehr ausstoßen. Dreißig oder vierzig Jahre zuvor, ehe Verluste und Prozesse darüber hereinbrachen, war es eine blühende Gegend, doch nun ist es in der Tat eine verödete Insel. Die Häuser haben keine Eigentümer, sie werden von denen, die verwegen genug sind, aufgebrochen und in Beschlag genommen, und dort leben und sterben sie dann. Jene, die auf Jacob's Island Zuflucht suchen, müssen gewichtige Beweggründe haben, um sich dort heimlich niederzulassen, oder in eine wirklich verzweifelte Lage geraten sein.

Im oberen Stockwerk eines dieser Häuser – ein freistehendes, ziemlich großes Haus, das zwar baufällig, aber an Fenstern und Türen stark gesichert war und dessen Rückseite wie beschrieben an den Graben grenzte – saßen in einem Zimmer drei Männer, die einander dann und wann mit einem Ausdruck von Verwunderung und Erwartung anblickten, eine ganze Weile in tiefem und bedrücktem Schweigen beisammen. Einer von ihnen war Toby Crackit, ein anderer Mr. Chitling und der dritte ein Verbrecher von etwa fünfzig Jahren, dessen Nase bei einer früheren Rauferei fast eingeschlagen worden war und über dessen Gesicht eine fürchterliche Narbe verlief, die er wahrscheinlich bei selbiger Gelegenheit davongetragen hatte. Dieser Mann war ein zurückgekehrter Deportierter und hieß Kags.

»Mir wär lieber gewesen«, sagte Toby an Mr. Chitling gewandt,

»du hättest dir'n anderen Unterschlupf gesucht, als die beiden alten zu heiß wurden, und wärst nich hierhergekommen, mein guter Junge.«

»Was haste dir bloß dabei gedacht, du Blödmann?«, fragte Kags.

»Na, ich hätt gedacht, ihr würdet euch'n bisschen mehr freuen, mich zu sehen«, antwortete Mr. Chitling mit betrübter Miene.

»Dann pass mal auf, junger Mann«, sagte Toby, »wenn jemand sich so weit zurückzieht, wie ich's getan hab, und auf diese Weise zu nem gemütlichen Dach überm Kopf gekommen is, wo ihm keiner nachspioniert oder rumschnüffelt, dann isses doch eher ne fragwürdige Ehre, Besuch von einem jungen Herrn (wie anständig und angenehm er auch sein mag, wenn man gelegentlich mit ihm Karten spielt) zu erhalten, der in deiner Lage is.«

»Besonders, wenn bei dem zurückgezogenen jungen Mann ein Freund zu Gast is, der früher als erwartet aus fremden Landen zurückgekommen und zu bescheiden is, bei der Heimkehr den Richtern seine Aufwartung zu machen«, fügte Mr. Kags hinzu.

Es trat ein kurzes Schweigen ein, worauf Toby Crackit, der jedes weitere Bemühen, seinen üblichen unbekümmerten und großspurigen Tonfall beizubehalten, als hoffnungslos aufzugeben schien, sich an Chitling wandte und fragte:

»Wann haben sie Fagin geschnappt?«

»Grad zur Essenszeit … heut nachmittag um zwei. Charley und ich sind inner Waschküche durch'n Kamin entwischt, und Bolter is kopfüber in die leere Regentonne gesprungen, aber seine Beine sind ja so elend lang, dass sie oben rausragten, also ham sie ihn auch gefasst.«

»Und Bet?«

»Arme Bet! Sie ging hin, um auszusagen, wer die Leiche is«, erwiderte Chitling, dessen Miene sich immer mehr verdüsterte, »und hinterher war sie wie von Sinnen, schrie und tobte, schlug ihren Kopf auf die Holzdielen, da ham sie ihr ne Zwangsjacke verpasst und sie ins Irrenhaus gesteckt ... und da isse jetzt.«

»Und was is aussem kleinen Bates geworden?«, wollte Kags wissen.

»Der streift noch rum, weil er nich vor Einbruch der Dunkelheit herkommen will, aber der wird bald hier sein«, antwortete Chitling. »Man kann jetzt nirgends anders mehr hin, denn die Leute vom *Cripples* sind alle verhaftet, und im Schankraum der Spelunke – ich bin vorbei und hab's mit eigenen Augen gesehn – wimmelt's von Greifern.«

»Das is'n schwerer Schlag«, bemerkte Toby und biss sich auf die Lippen. »Diesmal wird mehr als einer dran glauben müssen.«

»Die Gerichtsverhandlung beginnt«, sagte Kags, »wenn sie mit den Ermittlungen fertig sind, und wenn Bolter dann den Kronzeugen spielt, was er tun wird, nach allem, was er bereits gesagt hat, dann können sie Fagin wegen Anstiftung zum Mord drankriegen und ihn am Freitag verurteilen. Mein Gott, und sechs Tage später wird er baumeln!«

»Ihr hättet hörn solln, was für'n Radau das Volk gemacht hat«, sagte Chitling, »die Polizisten mussten wie Löwen kämpfen, sonst hätten sie Fagin fortgeschleift. Einmal lag er schon am Boden, aber sie bildeten einen Ring um ihn und haben sich den Weg freigekämpft. Ihr hättet sehn solln, wie er um sich schaute, ganz zerschunden und blutig klammerte er sich an sie, als wären es seine besten Freunde. Ich seh sie vor mir: Kaum imstande, sich gegen den anstürmenden Pöbel auf den Beinen zu halten, schleppen sie ihn zwischen sich fort. Ich seh, wie die Leute aufspringen, einer nach dem anderen, wie sie mit den Zähnen knirschen und wie wilde Tiere brüllen, ich seh das Blut in seinem Haar und Bart und hör das Kreischen, mit dem sich die Weiber mitten in die Menge an der Straßenecke vordrängen und schwören, sie würden ihm das Herz aussem Leib reißen!«

Der vom Grauen gepackte Zeuge dieser Szene presste sich die Hände auf die Ohren, erhob sich und schritt wie ein Wahnsinniger mit geschlossenen Augen ruhelos auf und ab.

Während er das tat und die beiden Männer mit zu Boden gesenktem Blick schweigend danebensaßen, war auf der Treppe ein trappelndes Geräusch zu vernehmen, und gleich darauf sprang Sikes' Hund ins Zimmer. Sie liefen ans Fenster, die Stufen hinab und auf die Straße. Der Hund war durch ein offenes Fenster hereingesprungen. Er machte weder Anstalten, ihnen zu folgen, noch war irgendwo sein Herr zu sehen.

»Was hat das zu bedeuten?«, wunderte sich Toby, als sie ins Zimmer zurückgekehrt waren. »Er wird doch wohl nich herkommen. Ich ... ich ... hoffe nich.«

»Wollte er herkommen, wär er mit dem Hund gekommen«, sagte Kags und bückte sich, um das Tier, das hechelnd auf dem Boden lag, genauer anzusehen. »Los, bringt mal Wasser für ihn her. Er muss bis zum Umfallen gerannt sein.«

»Er hat's bis auf'n letzten Tropfen ausgesoffen«, sagte Chitling, nachdem er den Hund eine Weile schweigend betrachtet hatte. »Völlig verdreckt ... lahmend ... halb blind ... muss nen langen Weg hinter sich haben.«

»Wo kann er schon herkommen?«, fragte Toby. »Er war natürlich bei den anderen Schlupfwinkeln, und als er dort nur Fremde angetroffen hat, kam er hierhergelaufen, wo er schon so oft gewesen is. Aber wo war er bloß davor, und warum kommt er allein, ohne den anderen?«

»Er … (keiner von ihnen nannte den Mörder bei seinem Namen) … er wird sich doch nich umgebracht haben. Was meint ihr?«, fragte Chitling.

Toby schüttelte den Kopf.

»Hätt er's getan«, sagte Kags, »würde der Hund uns zu ihm führn wollen. Nein, ich glaub, er is außer Landes und hat den Hund zurückgelassen. Er muss ihm irgendwie heimlich entwischt sein, sonst wär er nich so ruhig.«

Diese Erklärung wurde, da sie am wahrscheinlichsten schien, als die zutreffende angesehen. Der Hund kroch unter einen Stuhl und rollte sich zum Schlafen zusammen, ohne weiter von jemandem beachtet zu werden.

Da es jetzt dunkel war, wurde der Fensterladen geschlossen und eine Kerze angezündet und auf den Tisch gestellt. Die schrecklichen Ereignisse der beiden letzten Tage hatten bei allen dreien einen tiefen Eindruck hinterlassen, der von der Gefahr und Ungewissheit ihrer eigenen Lage noch verstärkt wurde. Sie rückten enger mit den Stühlen zusammen und schraken bei jedem Geräusch hoch. Sie redeten nur wenig und dann im Flüsterton, ansonsten waren sie so still und von Ehrfurcht ergriffen, als lägen die sterblichen Überreste der Ermordeten im Zimmer nebenan.

So waren sie eine Weile dagesessen, als unten an der Tür plötzlich ein hastiges Klopfen zu vernehmen war.

»Der kleine Bates«, sagte Kags, wobei er trotzig in die Runde schaute, um seine Furcht zu bezähmen.

Es klopfte abermals. Nein, er war es nicht. So klopfte er nie.

Crackit ging ans Fenster und zog am ganzen Leibe bebend den Kopf wieder zurück. Er brauchte ihnen nicht zu sagen, wer es war, sein bleiches Gesicht verriet genug. Der Hund war augenblicklich auf den Beinen und rannte winselnd zur Tür.

»Wir müssen ihn reinlassen«, sagte Crackit und griff sich die Kerze.

»Gibt's keine andere Möglichkeit?«, fragte der andere mit krächzender Stimme.

»Nein. Er *muss* reinkommen.«

»Lass uns hier nich im Finstern sitzen«, sagte Kags, nahm eine Kerze vom Kaminsims und zündete sie mit so zittriger Hand an, dass es noch zwei weitere Male klopfte, bevor er damit fertig war.

Crackit ging zur Tür hinunter und kehrte von einem Mann gefolgt zurück, der mit einem Tuch seine untere Gesichtshälfte vermummt und ein weiteres unter dem Hut um seinen Kopf gewunden hatte. Langsam wickelte er beide ab. Fahles Gesicht, eingesunkene Augen, hohle Wangen, Bartstoppeln, abgemagert, kurzer, schwerer Atem: Es war der leibhaftige Geist von Sikes.

Er stützte seine Hand auf einen Stuhl, der mitten im Zimmer stand, aber als er sich draufsetzen wollte, erschauderte er und schob ihn, wobei er über seine Schulter zu äugen schien, dicht an die Wand zurück … so dicht es nur ging … bis er dagegenstieß … und nahm darauf Platz.

Kein einziges Wort war gewechselt worden. Er sah schweigend von einem zum anderen. Hob sich ein verstohlener Blick und traf den seinen, wurde er sofort wieder abgewendet. Als seine hohl klingende Stimme das Schweigen brach, schreckten alle drei zusammen. Sie schienen sie nie zuvor vernommen zu haben.

»Wie is der Hund hergekomm?«, fragte er.

»Allein. Vor drei Stunden.«

»Die Abendzeitungen schreiben, Fagin wär geschnappt worden. Stimmt das oder nich?«

»Stimmt.«

Wieder schwiegen sie.

»Zur Hölle mit euch allen!«, sagte Sikes und wischte sich mit der Hand über seine Stirn. »Habt ihr mir denn nichts zu sagen?«

Sie rührten sich voller Unbehagen, aber keiner sprach.

»Der du hier den Hausherrn spielst«, sagte Sikes an Crackit gewandt, »willst du mich verschachern, oder gewährst du mir hier Unterschlupf, bis die Jagd vorüber is?«

»Du kannst hierbleiben, wenn du's für sicher hältst«, erwiderte der Angesprochene nach einigem Zögern.

Sikes drehte seine Augen langsam hinter sich zur Wand, eher als versuche er, seinen Kopf zu wenden, als es tatsächlich zu tun, und fragte:

»Is ... is ... die Leiche ... isse begraben?«

Sie schüttelten den Kopf.

»Warum nich?«, fragte er mit demselben Blick nach hinten. »Warum bringen sie so grässliche Dinge nich unter die Erde? – Wer klopft da?«

Indem er mit einer Handbewegung bedeutete, es stünde nichts zu befürchten, verließ Crackit das Zimmer und kam gleich darauf mit Charley Bates zurück. Sikes saß genau gegenüber der Tür, so dass der Junge im selben Moment, als er das Zimmer betrat, seine Gestalt erblickte.

»Toby«, sagte der Junge zurückweichend, als Sikes ihn anschaute, »warum haste mir das nich schon unten gesagt?«

Die Bestürzung der drei anderen hatte etwas so Ungeheures gehabt, dass der Erbärmliche zumindest diesen Jungen versöhnlich stimmen wollte. Deshalb nickte er ihm zu und erhob sich, als wolle er ihm die Hand reichen.

»Lasst mich in ein anderes Zimmer«, sagte der Junge und wich noch weiter zurück.

»Aber Charley«, sagte Sikes und trat einen Schritt vor, »kennst du … kennst du mich denn nich mehr?«

»Bleib mir vom Leib«, erwiderte der Junge, der sich immer weiter zurückzog und dem Mörder mit Entsetzen in den Augen ins Gesicht sah. »Du Bestie!«

Der Mann blieb auf halbem Wege stehen, und die beiden schauten einander an, aber Sikes' Blick sank langsam zu Boden.

»Ihr drei seid Zeuge«, rief der Junge, schüttelte seine geballte Faust und redete sich mehr und mehr in Rage, »ihr drei seid Zeuge … ich hab keine Angst vor ihm … wenn sie ihn holn kommen, werd ich ihn ausliefern, ja das tu ich. Das sag ich euch gleich. Soll er mich dafür doch töten, wenn er will, oder wenn er sich traut, aber wenn ich hier bin, werd ich ihn ausliefern. Und wenn sie ihn bei lebendigem Leibe rösten, ich werd ihn ausliefern. Mörder! Zu Hilfe! Wenn einer von euch auch nur'n bisschen Mumm hat, dann soll er mir helfen. Mörder! Zu Hilfe! Nieder mit ihm!«

Indem er diese Schreie ausstieß und sie mit wilden Gesten begleitete, stürzte sich der Junge tatsächlich ganz allein auf den starken Mann und warf ihn durch seinen ungestümen und überraschenden Angriff glatt zu Boden.

Die drei Zuschauer schienen wie betäubt. Sie unternahmen keinen Versuch, sich einzumischen, während sich der Junge mit dem Mann auf dem Boden herumwälzte, wobei ersterer ungeachtet der Schläge, die auf ihn niederfuhren, seine Hände immer fester in die Kleidung über der Brust des Mörders verkrallte und die ganze Zeit nicht aufhörte, aus Leibeskräften um Hilfe zu rufen.

Der Kampf war jedoch zu ungleich, um lange dauern zu können. Sikes hatte den Jungen unter sich gebracht und das Knie auf dessen Kehle gesetzt, als Crackit ihn mit erschrockenem Blick wegzog und zum Fenster zeigte. Unten erschienen Lichter, waren Stimmen in lautem und ernstem Gespräch zu hören, und das Getrampel von Füßen – offenbar unzählige –, die eilig die nächstgelegene Holzbrücke überquerten. Unter der Menge schien sich ein Reiter zu befinden, denn man konnte hören, wie Hufe auf das holprige Pflaster schlugen. Die Lichter wurden heller, das Fußgetrampel wurde lauter und stärker. Dann ertönte ein lautes Klopfen an der Tür und das heisere Murren einer solchen Vielzahl zorniger Stimmen, dass auch der Kühnste den Mut verloren hätte.

»Hilfe!«, kreischte der Junge in einem Ton, der die Luft zerschnitt. »Er is hier! Schlagt die Tür ein!«

»Im Namen des Königs«, riefen Stimmen von draußen, und wieder erhob sich das heisere Murren, aber diesmal viel lauter.

»Schlagt die Tür ein!«, schrie der Junge. »Ich sag euch, die werden nie aufmachen. Kommt schnell ins Zimmer, wo das Licht is. Schlagt die Tür ein!«

Harte, schwere Schläge prasselten gegen die Tür und die Läden der unteren Fenster, als er zu reden aufhörte, und ein lautes Hurra erscholl aus der Menge, das den Lauschenden zum ersten Mal eine genauere Vorstellung von ihrem ungeheuren Umfang gab.

»Macht die Tür zu irgendner Kammer auf, wo ich diesen kreischenden Satansbraten einsperren kann«, rief Sikes wütend, wobei er auf und ab rannte und den Jungen mitschleifte, als sei er bloß ein leerer Sack. »Die Tür hier, rasch!«

Er warf ihn hinein, verriegelte sie und drehte den Schlüssel herum.

»Is die Tür unten gesichert?«

»Mit doppeltem Schloss und ner Kette«, antwortete Crackit, der, wie die beiden anderen Männer, noch immer völlig hilflos und verwirrt wirkte.

»Die Türfüllung ... is sie stark?«

»Mit Eisenblech beschlagen.«

»Die Fensterläden auch?«

»Ja, auch die Fensterläden.«

»Fahrt zur Hölle!«, schrie der verzweifelte Mörder, während er das Schiebefenster hochstieß und der Menge drohte. »Tobt nur! Ich entwisch euch doch!«

Von allem entsetzlichen Geheul, das je an die Ohren von Sterblichen gedrungen ist, hat nie eines das Gebrüll des rasenden Haufens übertroffen. Einige forderten die dicht am Haus Stehenden auf, es anzuzünden, andere schrien den Polizisten zu, ihn totzuschießen. Doch niemand unter ihnen war so zornentbrannt wie der Mann auf dem Pferd, der aus dem Sattel sprang, durch die Menge pflügte, als teile er Wasser, und unter dem Fenster mit einer Stimme, die alle anderen übertönte, rief:

»Zwanzig Guineen für den, der eine Leiter herbeischafft!«

Die Zunächststehenden griffen den Ruf auf, und Hunderte von Stimmen wiederholten ihn. Einige riefen nach Leitern, andere nach Schmiedehämmern, manche liefen mit Fackeln hin und her, als wären sie auf der Suche danach, kehrten zurück und schrien erneut, einige ergingen sich in ohnmächtigen Flüchen und

Verwünschungen, bis sie außer Atem waren, andere drängten mit der Raserei von Wahnsinnigen nach vorne und behinderten so die Bemühungen jener an der Tür, und ein paar von den Wagemutigsten versuchten an der Regentraufe und den Spalten in der Mauer emporzuklettern, und unten in der Dunkelheit wogten alle wie ein vom Sturm gepeitschtes Getreidefeld vor und zurück und stimmten von Zeit zu Zeit ein lautes, zorniges Gebrüll an.

»Die Flut«, rief der Mörder, als er ins Zimmer zurückwankte und sich vom Anblick der Gesichter draußen abwandte, »es war Flut, als ich herkam. Gebt mir ein Seil, ein langes Seil. Sie sind alle vorne. Ich könnt mich in den Folly Ditch abseilen und nach hinten davonmachen. Gebt mir'n Seil, sonst begeh ich noch drei Morde und bring mich dann selbst um.«

Die zu Tode erschrockenen Männer zeigten ihm, wo er das Gesuchte finden konnte. Der Mörder wählte sich schnell den längsten und stärksten Strick und eilte aufs Dach.

Sämtliche Fenster auf der Rückseite des Hauses waren schon vor langem zugemauert worden, außer einer kleinen Klappe in dem Zimmer, wo der Junge eingesperrt war, die jedoch selbst für dessen Leib zu eng erschien. Aber durch diese Öffnung hatte er den Leuten draußen unaufhörlich zugerufen, auch die Rückseite zu bewachen, und als der Mörder schließlich oben an einer Dachluke auftauchte, verkündete ein lauter Aufschrei diese Neuigkeit den Leuten an der Vorderseite, die daraufhin einander stoßend und drängend umgehend nach hinten zu strömen begannen.

Sikes stemmte ein Brett, das er zu diesem Zwecke mitgenommen hatte, so fest gegen die Luke, dass man sie von innen nur noch unter großen Schwierigkeiten öffnen konnte, dann kroch er über die Dachziegel und schaute über die niedrige Brüstung.

Das Wasser war abgeflossen und der Graben ein Bett aus Schlamm.

Die Menge war während dieser kurzen Momente verstummt und verfolgte seine Bewegungen, unschlüssig über seine Absichten, doch in dem Augenblick, als sie diese erriet und erkannte, dass sie zum Scheitern verurteilt waren, stieß sie ein derartiges Triumphgeheul aus, dass alles vorangegangene Gebrüll wie ein Flüstern erschien. Immer wieder brach es hervor. Die zu weit entfernt standen, um den Grund zu verstehen, nahmen es einfach auf, so dass es unablässig widerhallte. Es schien, als hätte die Stadt sämtliche Bewohner entsandt, um ihn zu verwünschen.

Weiter drängten die Leute von der Vorderseite – immer weiter, weiter, weiter, in einem mächtigen, tosenden Strom erregter Gesichter, die hier und dort vom Schein einer lodernden Fackel beleuchtet wurden, der all ihre Wut und Leidenschaft enthüllte. Die Häuser am anderen Ufer des Grabens waren vom Pöbel erstürmt worden, Schiebefenster wurden aufgestoßen oder gleich gänzlich herausgerissen, an jedem Fenster drängten sich reihenweise Gesichter, und an jedes Hausdach klammerten sich dichte Menschentrauben. Alle kleinen Brücken, von denen sich drei in Sichtweite befanden, bogen sich unter dem Gewicht der dort versammelten Menge. Noch immer riss der Strom der Menschen nicht ab, die sich eine Ecke oder ein Loch suchten, um ihrem Gebrüll freien Lauf lassen oder auch nur für einen Moment den Elenden sehen zu können.

»Jetzt haben sie ihn«, rief ein Mann von der nächsten Brücke. »Hurra!«

Die Menge schwenkte die Mützen, und erneut erhob sich ein Gebrüll.

»Fünfzig Pfund Belohnung«, rief ein alter Herr aus derselben Richtung, »fünfzig Pfund dem Mann, der ihn lebendig ergreift. Ich bleibe hier, bis einer kommt und sie fordert.«

Abermals Gebrüll. In diesem Augenblick verbreitete sich die Kunde, endlich sei die Tür bezwungen und jener, der als erster eine Leiter verlangt hatte, ins Zimmer hinaufgestiegen. Jäh machte der Strom kehrt, als die Nachricht von Mund zu Mund flog, und die Menschen an den Fenstern, die sahen, dass jene auf den Brücken zurückströmten, verließen ihren Posten, rannten auf die Straße und schlossen sich der Menge an, die jetzt blindwütig zu dem Ort drängte, von dem sie gekommen war, wobei ein jeder seinen Nachbarn stieß und anrempelte und alle ungeduldig keuchten, um dicht vor die Tür zu gelangen und den Verbrecher sehen zu können, wenn die Polizisten ihn abführten. Die Rufe und Schreie derer, die im Gedränge fast erstickten oder in der Verwirrung niedergetrampelt wurden, klangen entsetzlich, die engen Wege waren völlig blockiert, und in diesem Moment, zwischen dem Ansturm der einen, die wieder auf den Platz vor dem Haus gelangen wollten, und den vergeblichen Kämpfen der anderen, sich aus der Masse zu befreien, wurde die unmittelbare Aufmerksamkeit von dem Mörder abgelenkt, obwohl der allgemeine Eifer, ihn zu fassen, wenn überhaupt möglich, sich noch gesteigert hatte.

Der Mann war, vollkommen entmutigt durch die Raserei des Pöbels und die Unmöglichkeit zu entkommen, auf dem Dach niedergesunken, aber kaum hatte er diesen plötzlichen Wandel bemerkt, sprang er nicht weniger schnell, als dieser sich vollzogen hatte, auf die Beine, fest entschlossen, eine letzte Anstrengung zu unternehmen, sein Leben zu retten, indem er sich, auf die Gefahr hin, im Morast einzusinken, in den Graben hinabließ und versuchte, in der Dunkelheit und dem Durcheinander fortzukriechen.

Zu neuer Stärke und Tatkraft erwacht und angetrieben von dem Lärm im Haus, der verriet, dass die Verfolger tatsächlich eingedrungen waren, stemmte er einen Fuß gegen den Schornstein, um den er fest und stramm das eine Ende des Seils schlang, und knüpfte mit Hilfe seiner Hände und Zähne am anderen Ende im Nu eine große lose Schlinge. So konnte er sich am Strick bis zu einer knappen Körperhöhe über dem Graben herunterlassen und in der Hand das Messer bereithalten, um ihn dann durchzuschneiden und zu springen.

Doch genau in dem Augenblick, als er die Schlinge über seinen Kopf zog, um sie unter seinen Armen zu befestigen, und der zuvor erwähnte alte Herr (der sich fest an das Brückengeländer geklammert hatte, um nicht von der tosenden Menge mitgerissen zu werden) die Umstehenden eindringlich warnte, dass der Mann sich hinablassen wolle – genau in diesem Augenblick schaute der Mörder auf dem Dach hinter sich, warf die Arme in die Luft und stieß einen grässlichen Schrei aus.

»Die Augen!«, schrie er in gespenstischem Ton.

Wie vom Blitz getroffen wankte er, verlor das Gleichgewicht und taumelte über die Brüstung. Die Schlinge lag um seinen Hals. Unter seinem Gewicht spannte sich der Strick pfeilschnell und so straff wie eine Bogensehne. Er fiel fünfunddreißig Fuß tief. Ein jäher Ruck, ein grausiges Zucken der Glieder, und dann hing er dort, das offene Messer in der erstarrenden Hand.

Der alte Schornstein erbebte unter der Erschütterung, hielt ihr aber wacker stand. Der Mörder schlug leblos gegen die Mauer, und der Junge stieß den baumelnden Körper, der ihm die Sicht versperrte, beiseite, um den Leuten zuzurufen, sie möchten um Gottes willen kommen und ihn herausholen.

Ein Hund, der bis jetzt versteckt gelegen hatte, lief mit kläglichem Geheul auf der Brüstung hin und her, nahm Anlauf und wollte dem Toten auf die Schulter springen. Er verfehlte sein Ziel, stürzte in den Graben, drehte sich in der Luft, traf mit dem Kopf auf einen Stein und schlug sich den Schädel ein.

Einundfünfzigstes Kapitel

Gibt über mehr als ein Geheimnis Aufklärung und enthält einen Heiratsantrag, in dem weder von Nadelgeld noch Mitgift die Rede ist.

Die im letzten Kapitel berichteten Ereignisse waren erst zwei Tage alt, als sich Oliver um drei Uhr nachmittags in einer Reisekutsche wiederfand, die geschwind seinem Geburtsort entgegenrollte. Mrs. Maylie, Rose, Mrs. Bedwin und der gute Doktor waren bei ihm, und in einer Postkutsche folgte Mr. Brownlow in Begleitung einer weiteren Person, deren Name nicht erwähnt worden war.

Sie hatten unterwegs nicht viel geredet, denn Oliver befand sich in einem Zustand der Aufregung und Ungewissheit, der es ihm unmöglich machte, seine Gedanken zu sammeln oder gar in Worte zu fassen, und der eine kaum geringere Wirkung auf seine Gefährten auszuüben schien, die ihn mindestens im gleichen Maße teilten. Er und die beiden Damen waren von Mr. Brownlow sehr behutsam mit dem Wesen der Beichte, die man Monks abgerungen hatte, vertraut gemacht worden, und obgleich sie wussten, dass ihre gegenwärtige Reise dazu diente, das so trefflich begonnene Werk zu vollenden, hafteten der ganzen Sache dennoch genügend Zweifel und Geheimnisvolles an, um sie in höchste Anspannung zu versetzen.

Derselbe gütige Freund hatte, unter Mithilfe von Mr. Losberne, mit Bedacht alle Wege blockiert, auf denen sie Kunde über die grässlichen Vorkommnisse, die sich gerade ereignet hatten, erhalten konnten. »Es ist wohl wahr«, sagte er, »dass sie über kurz oder lang davon erfahren werden, aber es sollte zu einem besseren

Zeitpunkt als dem jetzigen geschehen, der schlechter nicht sein könnte.«

So fuhren sie schweigend dahin, jeder im Geiste mit der Angelegenheit beschäftigt, die sie zusammengeführt hatte, und niemand war geneigt, den Gedanken Ausdruck zu geben, die sich ihnen allen aufdrängten.

Wenn Oliver auch unter diesen Einflüssen geschwiegen hatte, während sie auf einer Landstraße, die ihm unbekannt war, seinem Geburtsort entgegenfuhren, wurde er jedoch vom Strom der Erinnerungen an die damalige Zeit ergriffen, und mächtige Gefühlsregungen erwachten in seiner Brust, als sie in jene Straße einbogen, die er zu Fuß entlanggegangen war, ein armer, heimatloser, umherwandernder Junge, ohne einen Freund, der ihm hätte helfen, oder ein Dach, unter das er sein Haupt hätte niederlegen können.

»Seht, dort, dort!«, rief Oliver, ergriff eifrig Roses Hand und zeigte aus dem Kutschfenster. »Das ist der Zauntritt, über den ich gestiegen bin, dort sind die Hecken, hinter denen ich mich verkrochen habe, aus Angst, jemand könne mich verfolgen und mit Gewalt zurückholen! Da hinten ist der Feldweg, der zu dem alten Haus führt, wo ich als kleines Kind gelebt habe! Oh, Dick, Dick, mein lieber alter Freund, könnte ich dich jetzt bloß sehen!«

»Bald wirst du ihn sehen«, sagte Rose und nahm seine gefalteten Hände sachte zwischen die ihren. »Du sollst ihm erzählen, wie glücklich du bist und wie prächtig du dich herausgemacht hast und dass du bei all deinem Glück kein größeres weißt als zurückzukehren, um auch ihn glücklich zu machen.«

»Ja, ja«, erwiderte Oliver, »und wir werden … wir werden ihn von hier fortholen, ihn einkleiden und etwas lernen lassen und an einen ruhigen Ort auf dem Lande schicken, wo er wieder gesund und kräftig werden kann … nicht wahr?«

Rose nickte ihr »Ja«, denn der Junge lächelte hinter solchen Freudentränen, dass sie kein Wort herausbrachte.

»Ihr werdet freundlich und gütig zu ihm sein, denn das seid Ihr zu jedem«, sagte Oliver. »Ich weiß, es wird Euch zu Tränen rühren, was er zu erzählen hat, aber keine Sorge, keine Sorge, es wird alles vorbei sein und Ihr werdet wieder lächeln … auch das weiß ich … bei dem Gedanken, wie verändert er ist, genauso, wie Ihr es bei mir getan habt. Er sagte ›Gott segne dich‹ zu mir, als ich fortgelaufen bin«, schluchzte der Junge in einer Aufwallung seiner Gefühle, »und jetzt werde ich zu *ihm* ›Gott segne dich‹ sagen, um ihm zu zeigen, wie sehr ich ihn darum liebe!«

Als sie sich der Stadt näherten und endlich durch ihre engen Straßen fuhren, bereitete es keine geringe Mühe, den Jungen einigermaßen in Zaum zu halten. Da war Sowerberrys Sargtischlerei, noch genauso wie früher, nur kleiner und unscheinbarer, als er sie in Erinnerung hatte … da waren all die wohlbekannten Läden und Häuser, mit denen er fast ohne Ausnahme eine alltägliche Begebenheit verband … da stand vor der Tür der alten Gastwirtschaft Gamfields Karren, eben jener Karren, den er damals schon hatte … da war das Armenhaus, das düstere Gefängnis seiner Kindheit, mit seinen trüben Fenstern, die drohend auf die Straße blickten … da am Tor stand derselbe magere Pförtner, bei dessen Anblick Oliver unwillkürlich zurückfuhr und dann über seine eigene Torheit lachte, dann weinte, dann wieder lachte … und da waren an Türen und Fenstern Dutzende Gesichter, die er so gut kannte … da war fast alles, als hätte er es erst gestern zurückgelassen und als sei sein neues Leben nichts weiter als ein schöner Traum.

Doch es war reine, echte, heitere Wirklichkeit. Sie fuhren geradewegs vor die Tür des besten Gasthofs (an dem Oliver ehrfürchtig emporzublicken und den er für einen mächtigen Palast zu halten pflegte, der jedoch an Größe und Pracht eingebüßt zu haben schien), und da stand auch schon Mr. Grimwig, bereit, sie zu empfangen, die junge Dame zu küssen und die ältere ebenfalls, als sie aus der Kutsche stiegen, als sei er der Großvater der ganzen Gesellschaft, er war nur Lächeln und Güte und erbot sich nicht, seinen Kopf zu fressen – nein, kein einziges Mal, nicht einmal, als er dem recht betagten Postillon widersprach, was den kürzesten Weg nach London betraf, und behauptete, er wisse es besser, obwohl er die Strecke erst einmal zurückgelegt und dabei fest geschlafen hatte. Das Essen stand auf dem Tisch, die Betten waren gemacht, und alles schien wie von Zauberhand vorbereitet.

Ungeachtet all dessen herrschten, nachdem sich der Trubel der ersten halben Stunde gelegt hatte, dieselbe Stille und Anspannung, die sie bei ihrer Anreise begleitet hatten. Mr. Brownlow leistete ihnen beim Essen keine Gesellschaft, sondern blieb in einem anderen Zimmer. Die beiden anderen Herren eilten mit besorgten Mienen rein und raus und sprachen während der kurzen Zeiten, wo sie anwesend waren, immer ein wenig abseits miteinander. Einmal wurde auch Mrs. Maylie fortgerufen und kehrte dann nach einer Stunde der Abwesenheit mit rotgeweinten Augen zurück. Wegen all dieser Vorgänge fühlten sich Rose und Oliver, die in keine neuen Geheimnisse eingeweiht wurden, befangen und unbehaglich. Sie saßen verwundert da und schwiegen, oder sprachen, wenn sie ein paar Worte wechselten, im Flüsterton, als fürchteten sie, den Klang ihrer eigenen Stimmen zu vernehmen.

Als es schließlich neun Uhr geworden war und sie schon dachten, sie würden an diesem Abend nichts mehr erfahren, betraten Mr. Losberne und Mr. Grimwig das Zimmer, gefolgt von Mr. Brownlow und einem Mann, bei dessen Anblick Oliver vor Überraschung beinahe aufschrie, denn sie sagten ihm, dies sei sein Bruder, und es war derselbe Mann, den er im Marktflecken getroffen und der zusammen mit Fagin durch das Fenster in seine kleine Kammer gestarrt hatte. Monks bedachte den erstaunten Jungen mit einem Blick voller Hass, den er selbst jetzt nicht verhehlen konnte, und nahm neben der Tür Platz. Mr. Brownlow, der Dokumente in der Hand hielt, ging zu einem Tisch, der in der Nähe von Rose und Oliver stand.

»Es ist eine unerquickliche Aufgabe«, sagte er, »aber diese Erklärungen, die in London in Anwesenheit mehrerer Herren unterzeichnet wurden, müssen hier im wesentlichen wiederholt werden. Ich hätte Euch diese Pein gern erspart, doch müssen wir, bevor wir auseinandergehen, alles aus Eurem eigenen Mund vernehmen, und Ihr wisst auch, warum.«

»Fahrt fort«, sagte der Angesprochene und wandte sein Gesicht ab. »Beeilung. Mir scheint, ich habe schon mehr als genug getan. Haltet mich hier nicht länger auf.«

»Dieses Kind«, sagte Mr. Brownlow, der Oliver an sich zog und ihm die Hand auf den Kopf legte, »ist Euer Halbbruder, der uneheliche Sohn Eures Vaters, meines lieben Freundes Edwin Leeford, und der armen jungen Agnes Fleming, die bei seiner Geburt starb.«

»Ja«, erwiderte Monks und sah den zitternden Jungen, dessen pochendes Herz er hätte hören können, finster an. »Das ist ihr Bankert.«

»Der Ausdruck, dessen Ihr Euch bedient«, versetzte Mr. Brownlow streng, »ist ein Vorwurf an jene, die längst dem eitlen Tadel dieser Welt entzogen sind. Er bringt keinem Lebenden Schande außer Euch, der Ihr ihn benutzt. Doch lassen wir das. Er wurde in dieser Stadt hier geboren?«

»Im Armenhaus dieser Stadt«, kam verdrossen die Antwort, »dort steht doch die ganze Geschichte.« Dabei deutete er ungeduldig auf die Dokumente.

»Sie muss aber auch hier vernommen werden«, sagte Mr. Brownlow und blickte in die Runde.

»Dann hört alle gut zu!«, entgegnete Monks. »Als sein Vater in Rom erkrankte, begab sich seine Frau, meine Mutter, von der er lange getrennt gelebt hatte, von Paris in meiner Begleitung dorthin … um nach seinem Vermögen zu schauen, soweit ich weiß, denn sie hegte keine große Zuneigung für ihn und er nicht für sie. Er hat uns nicht mehr wahrgenommen, denn er war bereits bewusstlos und wachte, bis er am nächsten Tag starb, nicht wieder auf. Unter den Schriftstücken in seinem Schreibtisch befanden sich zwei, die das Datum jenes Abends trugen, als ihn die Krankheit ereilte, und an Euch persönlich« – hier wandte er sich an Mr. Brownlow – »adressiert waren. Auf dem Umschlag standen ein paar kurze, an Euch gerichtete Zeilen, mit dem Hinweis, dass dieses Päckchen erst nach seinem Tode abgeschickt werden dürfe. Eines dieser Schriftstücke war ein Brief an jenes Mädchen Agnes, das andere ein Testament.«

»Was war das für ein Brief?«, fragte Mr. Brownlow.

»Der Brief? Ein Blatt Papier, auf dem viel durchgestrichen war, mit einer reumütigen Beichte und Gebeten, dass Gott ihr helfen möge. Er habe dem Mädchen eine Geschichte aufgetischt, dass ein dunkles Geheimnis – welches sich eines Tages aufklären werde – ihn daran gehindert habe, sie damals zu ehelichen, und so habe sie ihm geduldig weiter vertraut, bis es zu spät war und sie verlor, was ihr niemand zurückgeben konnte. Zu diesem Zeitpunkt stand sie ein paar Monate vor der Niederkunft. Er schrieb ihr, was er alles tun wolle, um ihre Schande zu verbergen, falls er am Leben bliebe, und flehte sie an, falls er stürbe, sein Angedenken nicht zu verfluchen oder zu denken, die Folgen ihrer beider Sünde würden sie oder ihr kleines Kind heimsuchen, denn nur er allein trüge die Schuld. Er erinnerte sie an den Tag, als er ihr das kleine Medaillon und den Ring geschenkt hatte, in dem ihr Taufname eingraviert war, neben einer freien Stelle für den Namen, den er ihr eines Tages zu geben gehofft ... flehte sie an, ihn dennoch aufzubewahren und an ihrem Herzen zu tragen, wie sie es bisher getan ... und so ging es dann in einem fort, wild durcheinander, wieder und wieder die gleichen Worte, als sei er nicht mehr ganz bei Sinnen. Und ich glaube, so war es auch.«

»Und das Testament?«, fragte Mr. Brownlow, während Oliver die Tränen über die Wangen liefen.

Monks schwieg.

»Das Testament«, fuhr Mr. Brownlow an seiner Statt fort, »war im selben Geiste verfasst wie der Brief. Er berichtete vom Elend, das sein Eheweib über ihn gebracht habe, von der widerspenstigen Veranlagung, den Lastern, der Bosheit und den schon früh verderbten Leidenschaften seines einzigen Sohnes, von Euch, der dazu erzogen worden war, ihn zu hassen, und hinterließ Euch und Eurer Mutter eine jährliche Rente von je achthundert Pfund. Die Hauptmasse seines Vermögens schied er in zwei gleiche Teile – einen für Agnes Fleming und den anderen für ihr gemeinsames Kind, sollte es denn lebend zur Welt kommen und heranwachsen. Für den Fall, dass es ein Mädchen wäre, sollte es das Geld bedingungslos erhalten, wäre es jedoch ein Junge, nur unter dem Vorbehalt, dass er bis zur Volljährigkeit seinen Namen nicht mit einer öffentlich entehrenden, niederträchtigen, feigen oder unrechten Tat befleckte. Er habe dieses verfügt, so schrieb er, um seinem Vertrauen in die Mutter und seiner Überzeugung – die der nahende Tod noch bekräftigte – Ausdruck zu geben, dass dieses Kind ihr sanftes Herz und ihr edles Wesen mitbekommen werde. Werde er in dieser Erwartung enttäuscht, dann solle das Geld Euch zufallen, denn dann, und erst dann, wenn beide Kinder einander glichen, würde er Euren älteren Anspruch auf sein Vermögen anerkennen, der Ihr jedoch keinen auf sein Herz erheben könntet, da Ihr ihn von Kindheit an mit Kälte und Widerwillen abgestoßen hättet.«

»Meine Mutter«, sagte Monks mit lauterer Stimme, »tat, was jede Frau getan hätte ... sie hat dieses Testament verbrannt. Der Brief hat seinen Adressaten nie erreicht, aber sie bewahrte ihn und andere Beweisstücke auf, für den Fall, dass jemand einmal versuchen sollte, diesen Makel abstreiten zu wollen. Der Vater des Mädchens hat von ihr die Wahrheit erfahren, mit all der Übertreibung, die ihr unbändiger Hass – für den ich sie heute noch liebe – hinzuzufügen vermochte. Von Scham und Ehrverletzung getrieben, floh er mit seinen Kindern in eine einsame Ecke in Wales und änderte sogar seinen Namen, damit seine Freunde nie erführen, wo er sich versteckt hielt, und hier fand man ihn nicht viel später tot in seinem Bett. Das Mädchen hatte einige Wochen zuvor heimlich das Haus verlassen, und er hatte sie, zu Fuß umherwandernd, in jeder Stadt und jedem Dorf der Umgebung gesucht; und in eben der Nacht, als er nach Hause zurückkehrte, überzeugt, sie habe sich selbst getötet, um ihre und seine Schande zu verbergen, brach sein altes Herz.«

Hier trat ein kurzes Schweigen ein, bis Mr. Brownlow den Faden der Erzählung wieder aufnahm.

»Jahre später«, sagte er, »kam die Mutter dieses Mannes – Edward Leeford – zu mir. Er hatte sie, gerade erst achtzehn, verlassen, ihr Schmuck und Geld gestohlen, es verspielt und vergeudet, Betrügereien begangen und war nach London geflohen, wo er sich zwei Jahre lang mit dem gemeinsten Gesindel abgab. Sie litt an einer qualvollen und unheilbaren Krankheit und wollte ihn ausfindig machen, bevor sie starb. Es wurden Erkundigungen eingezogen und sorgfältige Nachforschungen angestellt. Lange Zeit blieben sie fruchtlos, hatten aber schließlich Erfolg, und er ging mit ihr nach Frankreich zurück.«

»Dort starb sie nach längerem Siechtum«, sagte Monks, »und auf ihrem Sterbebett vermachte sie mir diese Geheimnisse, samt ihrem unstillbaren und tödlichen Hass auf alle, die darin verstrickt waren ... obwohl es dessen nicht bedurfte, denn ich hatte ihn schon lange zuvor geerbt. Sie wollte nicht glauben, dass das Mädchen sich und auch das Kind umgebracht hatte, sondern war von der Vorstellung besessen, ein Knabe sei geboren worden und am Leben. Ich schwor ihr, dem Jungen, sollte er je meinen Weg kreuzen, nachzustellen, ihn nie zur Ruhe kommen zu lassen, ihn mit bitterer und erbarmungsloser Feindschaft zu verfolgen, meinen tiefempfundenen Hass an ihm auszulassen und auf die eitle Selbstgefälligkeit dieses schimpflichen Testaments zu spucken, indem ich ihn, sollte es mir möglich sein, an den Galgen brächte. Sie hatte recht. Schließlich lief er mir über den Weg. Ich fädelte es gut ein, und wäre diese schwatzhafte Dirne nicht gewesen, hätte ich es auch gut zu Ende gebracht!«

Als der Schurke seine Arme trotzig verschränkte und in der Ohnmacht seiner vereitelten Heimtücke murmelnd Flüche gegen sich selbst ausstieß, wandte sich Mr. Brownlow an die entsetzten Zuhörer neben ihm und erklärte, dass Fagin, Monks alter Komplize und Vertrauter, eine hohe Belohnung erhalten habe, damit er Oliver verführe, von der er, für den Fall, dass der Junge errettet würde, einen Teil zurückzahlen sollte, und dass ein Streit über diesen Punkt ihren Besuch bei dem Landhaus veranlasst habe, um sich von Olivers dortiger Anwesenheit zu überzeugen.

»Was ist mit Medaillon und Ring?«, fragte Mr. Brownlow an Monks gewandt.

»Ich kaufte beides von dem Mann und der Frau, von denen ich Euch berichtet habe. Sie haben es der Pflegerin gestohlen, die es der Leiche gestohlen hat«, antwortete Monks, ohne den Blick zu heben. »Ihr wisst, was daraus geworden ist.«

Mr. Brownlow nickte bloß Mr. Grimwig zu, der eilfertig verschwand und kurz darauf zurückkehrte, wobei er Mrs. Bumble hereinschob und ihren widerstrebenden Gatten hinter sich herzog.

»Trü-hü-gen mich meine alten Augen«, rief Mr. Bumble mit schlecht gespielter Begeisterung, »oder ist das der kleine Oliver? Oh, O-li-ver, wenn du wüsstest, wie ich mich um dich gegrämt habe!«

»Halt den Mund, Trottel«, murrte Mrs. Bumble.

»Man kann doch nicht gegen seine Natur, Mrs. Bumble«, wehrte sich der Vorsteher des Armenhauses. »Ist es nicht nur natürlich, so zu fühlen … wo ich ihn doch im Armenhaus großgezogen hab … und jetzt sitzt er hier, unter lauter vornehmen Damen und Herren der gütigsten Art! Ich habe den Jungen immer geliebt, als wär er mein … mein … mein eigener Großvater«, sagte Mr. Bumble, stotternd nach einem passenden Vergleich suchend. »Meister Oliver, mein Lieber, entsinnst du dich des mildtätigen Herren in der weißen Weste? Ach, er ist vorige Woche in den Himmel aufgestiegen, in einem Eichensarg mit vergoldeten Griffen, Oliver.«

»Ich muss schon bitten, Sir«, unterbrach Mr. Grimwig scharf, »haltet Eure Gefühle im Zaum.«

»Ich werde mich bemühen, Sir«, erwiderte Mr. Bumble. »Wie geht es Euch, Sir? Ich hoffe, Ihr seid bei guter Gesundheit!«

Diese Begrüßung galt Mr. Brownlow, der auf ein paar Schritte an das ehrenwerte Pärchen herangetreten war. Er deutete auf Monks und fragte: »Kennt Ihr diese Person?«

»Nein«, antwortete Mrs. Bumble rundheraus.

»*Ihr* vielleicht?«, fragte Mr. Brownlow ihren Gatten.

»Den habe ich noch nie im Leben gesehen«, sagte Mr. Bumble.

»Und ihm zufällig auch nichts verkauft?«

»Nein«, antwortete Mrs. Bumble.

»Und Ihr wart auch nie zufälligerweise im Besitz eines gewissen goldenen Medaillons und Rings?«, fragte Mr. Brownlow.

»Ganz bestimmt nicht«, entgegnete die Hausmutter. »Warum hat man uns hierhergeholt? Etwa, um solchen Unsinn zu beantworten?«

Wieder nickte Mr. Brownlow Mr. Grimwig zu, und wieder humpelte dieser Herr außerordentlich behende davon. Doch kehrte er dieses Mal nicht mit einem wohlbeleibten Herrn und dessen Gattin zurück, sondern führte zwei greise Frauen herein, die beim Gehen zitterten und wankten.

»Ihr habt die Tür geschlossen, in der Nacht, als die alte Sally starb«, sagte die eine und hob ihre runzlige Hand, »aber Ihr konntet weder die Geräusche einsperren noch die Spalten stopfen.«

»Nein, nein«, sagte die andere, schaute in die Runde und wackelte mit dem zahnlosen Kiefer. »Nein, nein, nein.«

»Wir haben gehört, wie sie Euch zu erzählen versuchte, was sie getan hat, und gesehen, wie Ihr den Papierfetzen aus ihrer Hand genommen habt und am nächsten Tag zum Pfandleiher gegangen seid«, sagte die erste.

»Ja«, fügte die andere hinzu, »und es waren ein Goldmedaillon und ein Ring. Das haben wir herausgefunden, und gesehen, wie Euch beides ausgehändigt wurde. Wir waren dabei, oh ja, wir waren dabei.«

»Und wir wissen noch mehr als das«, hob die erste wieder an, »denn sie hat uns lange davor schon oft erzählt, die junge Mutter habe ihr gesagt, sie habe sich, als sie spürte, dass sie's nich mehr lange machen würde, auf den Weg gemacht, um am Grabe vom Vater des Kindes zu sterben.«

»Wollt Ihr den Pfandleiher persönlich hören?«, fragte Mr. Grimwig und schickte sich an, zur Tür zu gehen.

»Nein«, antwortete Mrs. Bumble, »falls er« – sie zeigte auf Monks – »feige genug war, um zu gestehen, was er augenscheinlich getan hat, und da Ihr all diese alten Vetteln ausgehorcht habt, bis Ihr die richtigen fandet, habe ich nichts mehr zu sagen. Ich *habe* den Plunder verkauft, und er liegt jetzt dort, wo Ihr nie mehr an ihn rankommen werdet. Was nun?«

»Nichts«, erwiderte Mr. Brownlow, »außer, dass wir dafür Sorge tragen werden, dass keiner von euch je wieder eine Stellung erhält, die Vertrauenswürdigkeit voraussetzt. Ihr könnt jetzt gehen.«

»Ich hoffe«, sagte Mr. Bumble, der mit ungemein kläglicher Miene in die Runde schaute, als Mr. Grimwig mit den beiden alten Frauen verschwand, »ich hoffe, dass diese kleine Lappalie mich nicht mein Gemeindeamt kosten wird?«

»Das wird sie in der Tat«, erwiderte Mr. Brownlow. »Darauf könnt Ihr Euch gefasst machen und obendrein noch froh sein, dass Ihr so einfach davongekommen seid.«

»Es war alles Mrs. Bumbles Schuld. Sie wollte es so«, beharrte Mr. Bumble, aber nicht, ohne sich zuvor umgedreht zu haben, um sich zu vergewissern, dass seine Frau Gemahlin das Zimmer bereits verlassen hatte.

»Das ist keine Entschuldigung«, erwiderte Mr. Brownlow. »Ihr wart anwesend, als diese Schmuckstücke beseitigt wurden, und tragt in den Augen des Gesetzes sogar die größere Schuld, denn das Gesetz geht davon aus, dass Eure Gattin auf Eure Anweisung handelt.«

»Wenn das Gesetz von so etwas ausgeht«, sagte Mr. Bumble, wobei er seinen Hut mit beiden Händen zerknüllte, »dann ist das Gesetz ein Esel … ein Idiot. Wenn das die Ansicht des Gesetzes ist, dann ist das Gesetz ein Junggeselle, und ich wünsche dem Gesetz das Schlimmste, nämlich dass ihm die Augen durch Erfahrung geöffnet werden … ja, durch Erfahrung!«

Indem er großen Nachdruck auf die Wiederholung dieser beiden Worte legte, drückte sich Mr. Bumble den Hut fest auf den Kopf, schob die Hände tief in die Hosentaschen und folgte seiner Angetrauten die Treppe hinab.

»Junge Dame«, sagte Mr. Brownlow zu Rose, »reicht mir Eure

Hand. Zittert nicht. Ihr braucht die wenigen Worte, die uns noch zu sagen bleiben, nicht zu fürchten.«

»Wenn sie ... ich wüsste nicht, wie, aber wenn sie ... irgendwie mit mir in Verbindung stehen«, sagte Rose, »dann bitte ich Euch inständig, sie mir ein anderes Mal mitzuteilen. Ich habe jetzt weder die Kraft noch den Mut, sie anzuhören.«

»Aber, aber«, erwiderte der alte Herr und hakte ihren Arm unter, »Ihr besitzt mehr Seelenstärke, als Ihr glaubt, da bin ich mir sicher. Kennt Ihr diese junge Dame, Sir?«

»Ja«, antwortete Monks.

»Ich habe Euch nie zuvor gesehen«, sagte Rose matt.

»Ich habe Euch oft gesehen«, entgegnete Monks.

»Der Vater der unglücklichen Agnes hatte *zwei* Töchter«, sagte Mr. Brownlow. »Welches Schicksal wurde der anderen zuteil ... dem Mädchen?«

»Ja, das Mädchen«, antwortete Monks, »... als der Vater an einem fremden Ort starb, mit einem fremden Namen, ohne einen Brief, ein Tagebuch oder ein Stück Papier, das auch nur den geringsten Hinweis enthielt, mit dem man Freunde oder Verwandte hätte aufspüren können ... wurde das Mädchen von einem Paar armseliger Häusler aufgenommen, die es als ihr eigenes großzogen.«

»Fahrt fort«, sagte Mr. Brownlow und bedeutete Mrs. Maylie, näher heranzutreten. »Fahrt fort!«

»Ihr konntet den Ort, an dem sich diese Leute niedergelassen hatten, nicht ausfindig machen«, sagte Monks, »aber wo Freundschaft versagt, erzwingt Hass oft mit Gewalt einen Weg. Meine Mutter fand ihn, nach einem Jahr der beharrlichen Suche ... ja, und sie fand auch das Kind.«

»Sie hat es mitgenommen, nicht wahr?«

»Nein. Die Leute waren arm und begannen schon – zumindest der Mann –, ihrer edlen Gutherzigkeit überdrüssig zu werden, also ließ sie es bei ihnen und gab ihnen ein kleines Geldgeschenk, mit dem sie nicht weit kommen würden, und versprach noch mehr, was sie aber nie zu schicken gedachte. Sie verließ sich dennoch nicht allein auf deren Unzufriedenheit und Armut, um das Kind unglücklich zu machen, sondern erzählte die Geschichte von der Schande der Schwester, mit solchen Abänderungen, wie sie ihr dienlich erschienen, und hieß sie, gut auf das Kind achtzugeben, denn sie trüge böses Blut in sich, sei von unehelicher Geburt und würde gewiss früher oder später auf Abwege geraten. Die Umstände schienen all das zu bestätigen, und die Leute glaubten es, und so musste das Mädchen weiter ein Dasein erleiden, das elend genug war, um sogar uns zufriedenzustellen, bis eine verwitwete Dame, die damals in Chester wohnte, das Mädchen zufällig sah, Mitleid bekam und es zu sich nach Hause nahm. Da war wohl ein verfluchter Zauber gegen uns am Werk, denn trotz all unserer Bemühungen blieb sie dort und war glücklich. Ich habe sie vor zwei oder drei Jahren aus den Augen verloren und sie erst vor ein paar Monaten wiedergesehen.«

»Seht Ihr sie jetzt?«

»Ja, an Eurem Arm.«

»Aber dessen ungeachtet meine Nichte«, rief Mrs. Maylie und schloss das niedersinkende Mädchen in ihre Arme, »und mein liebstes Kind. Ich würde sie jetzt nicht um alle Schätze der Welt wieder verlieren wollen. Meine Herzensfreundin, mein geliebtes Mädchen!«

»Die einzige Freundin, die ich je hatte«, rief Rose und klammerte sich an sie. »Gütigste und beste aller Freundinnen. Mir will das Herz bersten. Ich … ich … kann all das nicht mehr ertragen.«

»Du hast schon viel mehr ertragen und bist bei alledem das liebenswürdigste und sanfteste Geschöpf gewesen, das je allen, die sie kannte, Freude bereitet hat«, sagte Mrs. Maylie und drückte sie zärtlich. »Na, na, meine Liebe, vergiss nicht, dass hier jemand darauf wartet, dich in seine Arme zu schließen, der arme Kerl! Schau her … sieh mal, mein Schatz!«

»Nicht Tante!«, rief Oliver und schlang seine Arme um ihren Hals. »Nie will ich sie Tante nennen … Schwester, meine eigene, allerliebste Schwester, der sich mein Herz von Anfang an in Liebe zugeneigt hat! Rose, liebe, teure Rose!«

Mögen die Tränen, die flossen, und die gebrochenen Worte, die während der langen, innigen Umarmung der beiden Waisen gesprochen wurden, geheiligt sein. Vater, Schwester und Mutter waren in ein und demselben Augenblick gefunden und verloren. Freude und Kummer mischten sich in diesem Kelch, doch gab es keine bitteren Tränen, denn sogar der Kummer stieg so gelindert und in so lieblichen und zarten Erinnerungen auf, dass er feierliche Freude bereitete und jeglichen Schmerz verlor.

Sie blieben lange, lange Zeit allein. Schließlich kündete ein sachtes Klopfen an, dass jemand vor der Tür stand. Oliver öffnete, huschte hinaus und ließ Harry Maylie herein.

»Ich weiß alles«, sagte er, als er sich neben das anmutige Mädchen setzte. »Liebe Rose, ich weiß alles.«

»Ich bin nicht zufällig hier«, fügte er nach längerem Schweigen hinzu, »und habe auch nicht alles erst heute abend gehört, denn ich erfuhr es bereits gestern … bereits gestern. Könnt Ihr Euch denken, dass ich gekommen bin, um Euch an ein Versprechen zu erinnern?«

»Halt«, sagte Rose. »Ihr wisst wirklich alles?«

»Alles. Ihr gabt mir die Erlaubnis, innerhalb eines Jahres jederzeit auf den Gegenstand unseres letzten Gesprächs zurückzukommen.«

»Das habe ich getan.«

»Nicht, um Euch zu drängen, Eure Entscheidung zu ändern«, fuhr der junge Mann fort, »sondern um zu hören, wie Ihr sie wiederholt, so Ihr mögt. Ich wollte Euch, was ich an Stellung oder Reichtum errungen habe, zu Füßen legen, und wenn Ihr dann noch immer an Eurer damaligen Entscheidung festhieltet, so schwor ich, nie mehr zu versuchen, sie durch Wort oder Tat zu ändern.«

»Dieselben Gründe, die mich damals bewogen haben, bewegen mich auch jetzt«, sagte Rose entschlossen. »Wenn ich derjenigen, deren Güte mich vor einem Leben in Armut und Elend gerettet hat, rückhaltlos und aufrichtig verpflichtet bin, wann sollte ich das dann je empfinden, wenn nicht heute abend? Es ist ein Kampf«, sagte Rose, »doch bin ich stolz, ihn zu führen, es ist eine Qual, doch wird mein Herz sie ertragen.«

»Die Enthüllungen des heutigen Abends …«, begann Harry.

»Die Enthüllungen des heutigen Abends«, unterbrach Rose sanft, »ändern nichts an meiner Lage Euch gegenüber, sie bleibt wie zuvor.«

»Ihr verhärtet Euer Herz gegen mich, Rose«, bedrängte ihr Verehrer sie.

»Oh, Harry, Harry«, sagte die junge Dame und brach in Tränen aus, »ich wünschte, ich könnte es und würde mir diesen Schmerz ersparen.«

»Warum fügt Ihr ihn Euch dann zu?«, fragte Harry und nahm ihre Hand. »Überlegt doch, liebe Rose, überlegt doch, was Ihr heute abend gehört habt.«

»Was ich gehört habe! Ja, was habe ich gehört?«, rief Rose. »Dass ein Gefühl tiefempfundener Schande meinem Vater so zugesetzt hat, dass er alle Welt floh … ach, es ist alles gesagt, Harry, es ist wirklich alles gesagt.«

»Noch nicht, noch nicht!«, erwiderte der junge Mann und hielt sie zurück, als sie sich erheben wollte. »Meine Hoffnungen, meine Wünsche, Aussichten und Gefühle, alle Gedanken in meinem Leben, außer meiner Liebe zu Euch, haben eine Veränderung erfahren. Ich biete Euch heute keine hervorgehobene Stellung in der besseren Gesellschaft, keine Teilhabe an einer Welt voller Bosheit und Dünkel, wo tugendhafte Wangen über alles erröten, nur nicht über wahrhaftige Schmach und Schande, sondern ein Heim … ein Herz und ein Heim … ja, liebste Rose, und dies, dies allein ist alles, was ich Euch zu bieten habe.«

»Was wollt Ihr damit sagen?«, fragte sie stockend.

»Nur das eine: Als ich Euch das letzte Mal verließ, verließ ich Euch mit der festen Absicht, alle vorgeblichen Schranken zwischen Euch und mir niederzureißen, mit dem Entschluss, da meine Welt nicht die Eure sein konnte, die Eure zu der meinen zu machen, kein Standesdünkel sollte über Euch die Nase rümpfen, also wollte ich ihm den Rücken kehren. Und das habe ich getan. Diejenigen, die sich deshalb von mir abgewandt haben, haben sich damit von Euch abgewandt und bewiesen, dass Ihr in dieser Hinsicht recht hattet. Macht und Gönnerschaft, einflussreiche Verwandte von hohem Rang – alles, was mir wohlgesonnen war, weist mir nun die kalte Schulter. Doch in Englands fruchtbarster Grafschaft gibt es wogende Felder und rauschende Bäume, und neben einer Dorfkirche – meiner, Rose, meiner eigenen – steht ein schlichtes Wohnhaus, auf das Ihr mich tausendfach stolzer machen könnt als auf alle Hoffnungen, die ich aufgegeben habe. Das ist jetzt *meine* Stellung und *mein* Reichtum, und ich lege Euch beides zu Füßen!«

»Es ist schon eine Geduldsprobe, mit dem Abendessen auf Liebende zu warten«, sagte Mr. Grimwig, als er aufwachte und sich sein Taschentuch vom Kopf zog.

Um die Wahrheit zu sagen, war es das Abendessen, das eine ungebührlich lange Zeit hatte warten müssen. Weder Mrs. Maylie noch Harry oder Rose (die alle zusammen eintraten) vermochten ein Wort zur Entschuldigung vorzubringen.

»Ich hatte schon ernsthaft in Erwägung gezogen, heute abend meinen Kopf zu fressen«, sagte Mr. Grimwig, »weil ich zu fürchten begann, ich würde nichts anderes bekommen. Ich bin so frei, wenn es gestattet ist, die künftige Braut mit einem Kuss zu begrüßen.«

Mr. Grimwig verlor keine Zeit, diese Ankündigung bei dem errötenden Mädchen in die Tat umzusetzen, und da es ansteckend war, folgten sowohl der Doktor als auch Mr. Brownlow seinem Beispiel. Gewisse Leute behaupten, Harry Maylie sei dabei beobachtet worden, es in einem dunklen Nebenzimmer als erster vorgemacht zu haben, aber die zuverlässigsten Gewährsleute erklären dies schlicht zur üblen Nachrede, denn er war jung und ein Geistlicher.

»Oliver, mein Kind«, sagte Mrs. Maylie, »wo bist du gewesen, und warum schaust du so traurig? Du verdrückst dir ja gerade eine Träne. Was ist denn los?«

Diese Welt hält Enttäuschungen bereit, oft für die Hoffnungen, die wir am eifrigsten hegen und die unserem Wesen am meisten zur Ehre gereichen.

Der arme Dick war tot!

Zweiundfünfzigstes Kapitel

Fagins letzte Nacht auf Erden.

Der Gerichtssaal war vom Fußboden bis zur Decke eine Wand von Gesichtern. Neugierige und gespannte Augen spähten aus jedem Zollbreit Raum. Vom Geländer vor der Anklagebank bis in den hintersten Winkel der kleinsten Ecke auf den Galerien waren alle Blicke auf einen Menschen gerichtet – auf Fagin. Vor und hinter ihm, über und unter ihm, zur Linken wie zu seiner Rechten schien er von einem von glühenden Augen erleuchteten Firmament umgeben zu sein.

Da stand er, in diesem Gleißen lebendigen Lichts, die eine Hand auf die Tischplatte vor sich gestützt, die andere ans Ohr gelegt und den Kopf vorgestreckt, um auch ganz deutlich jedes Wort vernehmen zu können, das der vorsitzende Richter sagte, der den Geschworenen die Anklage verlas. Bisweilen warf er schnell einen Blick auf sie, um die Wirkung eines winzigkleinen, zu seinen Gunsten sprechenden Punktes zu beobachten, und wenn die Anklagen gegen ihn mit schrecklicher Deutlichkeit vorgebracht wurden, schaute er zu seinem Verteidiger, mit dem stummen Flehen, dieser möge auch darauf noch etwas zu seinem Besten einwenden. Abgesehen von diesen Anzeichen der Besorgnis rührte er weder Hand noch Fuß. Seit Beginn der Gerichtsverhandlung hatte er sich kaum bewegt, und jetzt, da der Richter zu sprechen aufgehört hatte, hielt er den Blick weiter auf ihn gerichtet und verharrte in derselben angespannten Haltung höchster Aufmerksamkeit, als lausche er noch immer.

Eine leichte Unruhe im Gerichtssaal brachte ihn wieder zur

Besinnung. Als er in die Runde schaute, bemerkte er, dass die Geschworenen zusammengetreten waren, um über das Urteil zu beraten. Er ließ seine Augen zur Galerie hochwandern und konnte sehen, wie die Leute sich reckten und drängelten, um einen Blick auf sein Gesicht zu erhaschen, wobei manche hastig ihre Ferngläser an die Augen hoben und andere, deren Mienen Abscheu ausdrückten, ihren Nachbarn etwas zuflüsterten. Es gab auch ein paar wenige, die ihn nicht zu beachten schienen und nur auf die Geschworenen blickten, mit ungläubigem Staunen, warum diese noch zögerten. Aber in keinem einzigen der Gesichter – auch nicht in denen der Frauen, von denen viele zugegen waren – konnte er das geringste Mitleid mit ihm erkennen oder irgendeine andere Empfindung außer dem einhelligen Wunsch, ihn verurteilt zu sehen.

Während er all das mit einem einzigen verwirrten Blick erfasste, trat wieder Totenstille ein, und als er sich umdrehte, sah er, dass die Geschworenen sich dem Richter zugewandt hatten. Still!

Sie erbaten nur die Erlaubnis, sich zurückziehen zu dürfen.

Während sie hinausgingen, schaute er ihnen bangend in die Gesichter, einem nach dem anderen, als wolle er sehen, welchem Urteil die Mehrzahl von ihnen zuneige, doch es war vergeblich. Der Gefängniswärter tippte ihm auf die Schulter. Er folgte mechanisch zum anderen Ende der Anklagebank und setzte sich auf einen Stuhl, den der Mann ihm zeigen musste, ansonsten hätte er ihn nicht gesehen.

Wieder blickte er zur Galerie empor. Manche der Leute aßen etwas, andere fächelten sich mit Taschentüchern Luft zu, denn in dem überfüllten Saal war es drückend heiß. Dort saß ein junger Mann, der in einem kleinen Skizzenblock sein Gesicht zeichnete.

Fagin fragte sich, ob es ihm wohl ähnlich sähe und beobachtete, als sei er ein müßiger Zuschauer, wie dem Künstler der Bleistift abbrach und er ihn mit seinem Messer wieder anspitzte.

Auf dieselbe Weise begann er, als er seine Augen dem Richter zuwandte, sich im Geiste damit zu beschäftigen, wie dessen Robe geschnitten sei, was sie gekostet habe und wie er sie wohl anlege. Dort auf der Richterbank saß auch ein dicklicher älterer Herr, der vor etwa einer halben Stunde hinausgegangen war und jetzt zurückkehrte. Fagin fragte sich, ob dieser Mann essen gegangen war, wo er zu welcher Mahlzeit eingekehrt sei, und erging sich unbekümmert in diesen Betrachtungen, bis ein neuer Gegenstand seine Aufmerksamkeit auf sich zog und ihn andere anstellen ließ.

Nicht, dass ihm während dieser ganzen Zeit auch nur für einen Augenblick die bedrückende und überwältigende Vorstellung des Grabes, das sich zu seinen Füßen öffnete, aus dem Kopf gegangen wäre, sie war ihm stets gegenwärtig, aber auf eine so unbestimmte und allgemeine Art, dass er es nicht vermochte, seine Gedanken darauf zu richten. Sogar als er bei der Vorstellung seines baldigen Todes erschauderte und ihm siedend heiß wurde, verfiel er darauf, die Eisenstäbe vor sich zu zählen und zu überlegen, wie die Spitze des einen wohl abgebrochen sei und ob man sie ersetzen oder so belassen würde, wie sie war. Dann dachte er an all die Schrecken des Galgens und des Schafotts … und hielt inne, um einen Mann zu beobachten, der den Fußboden zur Kühlung mit Wasser besprenkelte … und setzte dann seine Betrachtungen weiter fort.

Endlich wurde der Saal zur Ruhe gerufen, und alle blickten wie gebannt zur Tür. Die Geschworenen kehrten zurück und gingen dicht an ihm vorbei. Er konnte nichts aus ihren Gesichtern ablesen, sie hätten ebenso gut aus Stein sein können. Es trat völlige Stille ein ... kein Geraschel ... kein Atemzug: Schuldig.

Das Gebäude erbebte von einem gewaltigen Aufschrei, dem ein zweiter und ein dritter folgten, und dann kam als Antwort ein tiefes, lautes Stöhnen, das wie ein Donnergrollen anschwoll. Es war der Jubel der Menge vor dem Gericht, mit dem sie die Kunde begrüßte, dass er am Montag sterben würde.

Der Lärm verebbte, und er wurde gefragt, ob er irgendetwas vorzubringen habe, um die Verkündung der Todesstrafe abzuwenden. Er hatte erneut seine horchende Haltung eingenommen und schaute denjenigen, der die Frage stellte, aufmerksam an, doch musste sie zweimal wiederholt werden, bevor er sie zu verstehen schien, und dann murmelte er bloß, er sei ein alter Mann ... ein alter Mann ... ein alter Mann ... flüsterte es immer leiser, bis er gänzlich verstummte.

Der Richter setzte sich die schwarze Kappe auf, während der Angeklagte weiter mit derselben Miene und Haltung dastand. Einer Frau auf der Galerie entfuhr unter der feierlichen Anspannung ein Schrei, er schaute hastig empor, als sei er über diese Störung verärgert, und beugte sich dann noch aufmerksamer vor. Die Verkündung des Urteils war ernst und nachdrücklich, das Strafmaß schrecklich anzuhören. Doch er stand wie eine marmorne Statue ohne mit der Wimper zu zucken da. Sein eingefallenes Gesicht war noch immer vorgestreckt, sein Unterkiefer hing herab, und seine Augen starrten nach vorne, als der Wärter ihm die Hand auf den Arm legte und ihn abführen wollte. Einen Moment lang blickte er stumpfsinnig umher, dann gehorchte er.

Sie geleiteten ihn durch einen gepflasterten Raum unter dem Gerichtssaal, wo einige Gefangene darauf warteten, bis sie an die

Reihe kämen, und andere mit ihren Freunden sprachen, die sich vor einem Gitter drängten, das auf den offenen Hof hinausging. Es war niemand dort, um mit *ihm* zu sprechen, aber als er vorbeiging, traten die Gefangenen zurück, damit die Leute, die sich an die Gitterstäbe klammerten, ihn besser sehen konnten, und sie überschütteten ihn mit Schmähungen, johlten und fauchten. Er drohte mit der Faust und hätte sie angespien, aber seine Wärter trieben ihn eilig weiter, durch einen finsteren, von wenigen trüben Lampen erhellten Gang ins Innere des Gefängnisses.

Hier wurde er durchsucht, damit er nichts bei sich trüge, womit er dem Gesetz zuvorkommen könne. Nachdem diese Zeremonie beendet war, führten sie ihn in eine der Todeszellen und ließen ihn dort … allein.

Er setzte sich gegenüber der Tür auf eine steinerne Bank, die sowohl als Stuhl wie auch als Bett diente, blickte mit seinen blutunterlaufenen Augen zu Boden und versuchte, seine Gedanken zu sammeln. Nach einer Weile begann er, sich an ein paar vereinzelte Bruchstücke von dem, was der Richter gesagt hatte, zu erinnern, obgleich es ihm währenddessen so vorgekommen war, als könne er kein Wort verstehen. Diese Bruchstücke fügten sich allmählich zusammen und riefen nach und nach weitere in Erinnerung, so dass er binnen kurzer Zeit alles beisammen hatte, fast genau so, wie es gesagt worden war. Soll am Halse aufgehängt werden, bis er tot ist – so lautete der Schluss. Soll am Halse aufgehängt werden, bis er tot ist.

Als es immer dunkler wurde, begann er, an alle seine Bekannten zu denken, die auf dem Schafott gestorben waren, manche von ihnen auf sein Betreiben. In so rascher Folge stiegen sie vor seinem inneren Auge auf, dass er sie kaum zählen konnte. Einige von ihnen hatte er sterben sehen ... und sie obendrein verspottet, weil sie mit Gebeten auf den Lippen starben. Dieses Scheppern, mit dem sich die Falltür öffnete, und wie plötzlich sie sich verwandelten, von lebendigen und kraftstrotzenden Männern in baumelnde Kleidersäcke!

Ein paar von ihnen hatten womöglich dieselbe Zelle bewohnt ... an der gleichen Stelle gesessen. Es war so finster, warum brachte niemand ein Licht? Die Zelle war schon vor vielen Jahren erbaut worden. Unzählige Menschen mussten hier ihre letzten Stunden verbracht haben. Es war, als säße er in einer mit Leichen vollgestopften Gruft ... die Kapuze, der Strick, die gefesselten Arme, die Gesichter, die er selbst unter diesem grässlichen Schleier erkannte – Licht, Licht!

Endlich, als seine Hände wund waren, weil er damit gegen die schwere Tür und die dicken Mauern getrommelt hatte, erschienen zwei Männer. Der eine trug eine Kerze, die er auf einen eisernen, in die Wand eingelassenen Halter steckte, der andere schleifte eine Matratze herbei, um die Nacht darauf zu verbringen, denn der Gefangene durfte nun nicht mehr allein gelassen werden.

Dann brach die Nacht herein ... die düstere, trostlose, schweigende Nacht. Andere, die wachen, sind froh, die Kirchturmuhren schlagen zu hören, denn sie verkünden Leben und den kommenden Tag. Für Fagin bedeuteten sie Verzweiflung. Jeder Schlag der eisernen Glocken trug ihm den einen, tiefen, hohlen Ton zu: Tod. Was nützten ihm der Lärm und die Geschäftigkeit des heiteren Morgens, die selbst bis hierher vordrangen? Sie waren eine andere Art von Totengeläut, das der Mahnung noch Spott beimischte.

Der Tag verstrich. Tag? Es gab keinen Tag, er entschwand so bald, wie er gekommen war ... und wieder brach die Nacht herein, eine so lange und doch so kurze Nacht, lang in ihrer schrecklichen Stille und kurz in ihren flüchtigen Stunden. Mal raste er und fluchte gotteslästerlich, dann wieder jammerte er und raufte sich die Haare. Ehrwürdige Männer seines Glaubens kamen, um mit ihm zu beten, doch jagte er sie unter Verwünschungen davon. Sie wiederholten ihre barmherzigen Bemühungen, und er schlug sie abermals in die Flucht.

Samstagnacht. Er hatte nur noch eine weitere Nacht zu leben. Und als er daran dachte, brach der Tag an – Sonntag.

Erst am Abend dieses furchtbaren letzten Tages begann seine verderbte Seele in voller Stärke das vernichtende Gefühl seiner hilflosen und verzweifelten Lage zu verspüren. Nicht, dass er je eine bestimmte oder gewisse Hoffnung auf Gnade gehegt hätte, aber er war nie fähig gewesen, mehr als nur eine vage Wahrscheinlichkeit, so bald zu sterben, in Betracht zu ziehen. Er hatte kaum mit den beiden Männern gesprochen, die einander bei seiner Bewachung ablösten und ihrerseits keine Anstalten machten, seine Aufmerksamkeit zu erregen. Er hatte dagesessen, wach, aber träumend. Jetzt sprang er alle Augenblicke auf und raste mit keuchendem Atem und brennender Haut in einem solchen Anfall von Wut und Verzweiflung hin und her, dass sogar sie – die derartige Anblicke gewohnt waren – entsetzt vor ihm zurückwichen. Am Ende wurde er unter der ganzen Pein seines schlechten Gewissens so furchtbar, dass einer allein es nicht ertragen konnte, dazusitzen und ihn zu beobachten, also hielten sie gemeinsam Wache.

Fagin kauerte sich auf seinem steinernen Bett nieder und sann über die Vergangenheit nach. Am Tag seiner Verhaftung war er durch einige Wurfgeschosse aus der Menge verletzt worden und trug einen Verband aus Leinen um den Kopf. Sein rotes Haar hing ihm ins blutleere Gesicht hinab, sein Bart war zerrauft und zu Knoten verfilzt, seine Augen glühten mit einem gespenstischen Licht und seine ungewaschene Haut knisterte von dem Fieber, das ihn verbrannte. Acht … neun … zehn. Wenn es keine List war, um ihn zu erschrecken, und dies wirklich die Stunden waren, die einander auf den Fersen folgten, wo würde er dann sein, wenn sie wieder an die Reihe kämen? Elf! Ein weiterer Schlag, ehe die Stimme der vorherigen Stunde gänzlich verhallt war. Um acht Uhr würde er der einzige Trauernde in seinem eigenen Leichenzug sein, um elf Uhr …

Diese grausamen Mauern von Newgate, die schon so viel Elend und unsägliche Qualen verborgen haben, nicht nur vor den Augen, sondern allzu oft und allzu lange auch vor den Gedanken der Menschen, gewahrten nie ein solch grausiges Schauspiel wie dieses. Die wenigen, die im Vorübergehen innehielten und sich fragten, was wohl der Mann tue, der morgen hängen sollte, würden in jener Nacht sicher nur schlecht geschlafen haben, hätten sie ihn sehen können.

Vom frühen Abend bis beinahe um Mitternacht erschienen kleine Gruppen von zwei oder drei Leuten an der Pforte und erkundigten sich mit besorgten Mienen, ob ein Aufschub der Hinrichtung verfügt worden sei. Da dies verneint wurde, teilten sie die frohe Kunde den auf der Straße versammelten Menschen mit, die einander auf die Tür hinwiesen, durch die er kommen musste, und auf die Stelle zeigten, wo das Schafott errichtet würde, dann gingen sie unwilligen Schrittes fort, nur um wieder kehrtzumachen und sich die Szenerie ein weiteres Mal heraufzubeschwören. Allmählich verschwanden sie, einer nach dem anderen, und in tiefster Nacht lag die Straße für eine Stunde finster und einsam da.

Der Platz vor dem Gefängnis war geräumt worden, und quer über die Straße hatte man bereits ein paar starke, schwarz angestrichene Barrikaden errichtet, um den Druck der erwarteten Massen aufzufangen, als Mr. Brownlow und Oliver an der Pforte erschienen und eine Besuchserlaubnis für den Gefangenen vorzeigten, die von einem Amtmann unterzeichnet war. Sie durften unverzüglich in die Pförtnerloge eintreten.

»Soll der junge Herr auch mitkommen, Sir?«, fragte der Mann, der beauftragt war, sie zu führen. »Das ist kein Anblick für Kinder, Sir.«

»Ganz gewiss nicht, mein Freund«, erwiderte Mr. Brownlow, »aber mein Anliegen bei jenem Mann ist untrennbar mit ihm verbunden, und da dieser Junge ihn auf der Höhe seines Erfolges und seiner Schurkerei erlebt hat, scheint es mir nur recht, wenn er ihn auch jetzt zu sehen bekommt, selbst auf die Gefahr hin, dass es ihn beunruhigt und ängstigt.«

Diese paar Worte wurden ein wenig abseits gesprochen, damit Oliver sie nicht hören konnte. Der Mann tippte sich an den Hut und öffnete, während er Oliver leicht verwundert betrachtete, ein weiteres Tor, gegenüber von dem, durch das sie eingetreten waren, und führte sie auf dunklen und verschlungenen Wegen zu den Zellen.

»Dies«, sagte der Mann und hielt in einem düsteren Gang, wo zwei Handwerker in tiefem Schweigen mit einigen Vorbereitungen beschäftigt waren, »dies ist die Stelle, an der er vorbeikommt. Wenn Ihr hierher tretet, könnt Ihr die Tür sehen, durch die er hinausgeht.«

Er führte sie in eine steinerne Küche, in der Kupferkessel für die Zubereitung der Gefangenenkost standen, und wies auf eine Tür. Darüber befand sich ein offenes Gitter, durch das der Klang von Männerstimmen drang, die sich mit dem Lärm von Hammerschlägen und herabgeworfenen Brettern mischten. Sie errichteten das Schafott.

Von diesem Ort aus gingen sie durch mehrere starke Tore, die andere Wärter von innen öffneten, und stiegen, nachdem sie einen offenen Hof betreten hatten, eine schmale Treppe hinauf zu einem Gang, auf dessen linker Seite sich eine Reihe starker Türen befand. Während er ihnen bedeutete, zu bleiben, wo sie waren, schlug der Wärter mit seinem Schlüsselbund gegen eine dieser Türen. Die beiden Wachen traten nach einem kurzen Getuschel auf den Gang heraus, reckten sich, als seien sie über die vorübergehende Ablösung froh, und hießen die Besucher, dem Wärter in die Zelle zu folgen. Und das taten sie.

Der zum Tode verurteilte Verbrecher hockte auf seinem Bett und wiegte sich hin und her, mit einem Gesicht, das eher dem eines gefangenen Tieres als einem menschlichen Antlitz glich. Im Geiste wanderte er offensichtlich in seinem früheren Leben umher, denn er brabbelte ständig vor sich hin und nahm ihre Anwesenheit anscheinend nur als Teil seines Hirngespinstes wahr.

»Braver Junge, Charley … gut gemacht …«, murmelte er. »Und Oliver auch, hahaha! Oliver auch … ist jetzt ganz ein Herr … ganz ein … bringt den Knaben zu Bett!«

Der Wärter nahm Olivers freie Hand, flüsterte ihm ins Ohr, sich nicht zu fürchten, und schaute zu, ohne etwas zu sagen.

»Bringt ihn zu Bett!«, rief Fagin. »Hört ihr nicht, ihr da? Er war der … der … irgendwie der Grund von alledem. Es ist das Geld wohl wert, ihn dafür aufzuziehen ... Bolters Kehle, Bill, scher dich nicht um das Mädchen ... Bolters Kehle, so tief du schneiden kannst. Säg ihm den Kopf ab!«

»Fagin«, sagte der Wärter.

»Das bin ich!«, rief der alte Hehler und fiel augenblicklich wieder in die lauschende Haltung, die er während der Gerichtsverhandlung eingenommen hatte. »Ein alter Mann, Euer Ehren, ein sehr, sehr alter Mann!«

»Hier«, sagte der Wärter, wobei er ihm die Hand gegen die Brust drückte, um ihn am Aufstehen zu hindern, »hier ist jemand, der Euch sehen und vermutlich einige Fragen stellen möchte. Fagin, Fagin! Seid Ihr denn kein Mann?«

»Aber nicht mehr lang«, antwortete Fagin, der mit einem Gesicht aufblickte, das außer Zorn und Schrecken keine menschlichen Züge mehr trug. »Schlagt sie alle tot! Welches Recht haben sie, mich abzuschlachten?«

Während er so sprach, erblickte er Oliver und Mr. Brownlow. Er verkroch sich ans äußerste Ende der Bank und verlangte zu wissen, was sie hier wollten.

»Ruhig Blut«, mahnte der Wärter, der ihn noch immer niederhielt. »Und jetzt, Sir, sagt ihm, was Ihr von ihm wollt ... schnell, ich bitte Euch, denn es wird nun jede Minute nur noch schlimmer mit ihm.«

»Ihr seid im Besitz einiger Schriftstücke«, sagte Mr. Brownlow näher tretend, »die Euch von einem Manne namens Monks zur sicheren Aufbewahrung übergeben wurden.«

»Das ist alles gelogen«, versetzte Fagin. »Ich habe kein einziges ... kein einziges.«

»Um der Liebe Gottes willen«, erwiderte Mr. Brownlow feierlich, »sagt nicht so etwas, jetzt, wo Ihr an der Schwelle des Todes steht, sondern verratet mir, wo sie zu finden sind. Ihr wisst, dass Sikes tot ist, Monks gestanden hat und es keine Hoffnung mehr gibt, irgendetwas zu gewinnen. Wo sind diese Papiere?«

»Oliver«, rief Fagin und winkte ihn herbei, »komm her, ich will's dir zuflüstern.«

»Ich habe keine Angst«, sagte Oliver mit leiser Stimme, als er Mr. Brownlows Hand losließ.

»Diese Papiere«, sagte Fagin und zog den Jungen an sich heran, »stecken in einem Leinenbeutel, in einem Loch ein Stückchen weiter oben im Kamin, im obersten Vorderzimmer. Ich will mit dir reden, mein Guter. Ich will mit dir reden.«

»Ja, ja«, entgegnete Oliver. »Lasst mich ein Gebet sprechen. Bitte! Lasst mich nur ein Gebet sprechen. Sprecht wenigstens ein einziges, auf Euren Knien, mit mir zusammen, und dann werden wir bis zum Morgen reden.«

»Draußen, draußen«, antwortete Fagin, schob den Jungen vor sich her Richtung Tür und starrte mit leerem Blick über dessen Kopf hinweg. »Sag ihnen, ich hätte mich schlafen gelegt … *dir* werden sie glauben. Du kannst mich rausschmuggeln, wenn du mich so mitnimmst. Los jetzt, los jetzt.«

»O Gott, vergib diesem unglücklichen Menschen!«, rief der Junge in Tränen ausbrechend.

»Gut so, gut so«, sagte Fagin, »das wird uns weiterhelfen. Zuerst diese Tür. Sollte ich zittern und beben, wenn wir am Galgen vorbeikommen, dann hab keine Bange, sondern lauf rasch weiter. Los, los, los!«

»Wollt Ihr ihn noch etwas anderes fragen, Sir?«, erkundigte sich der Wärter.

»Keine weiteren Fragen«, antwortete Mr. Brownlow. »Wenn es Hoffnung gäbe, ihm seine Lage bewusst zu machen …«

»Das wird durch nichts zu bewirken sein, Sir«, erwiderte der Mann kopfschüttelnd. »Ihr lasst ihn jetzt besser allein.«

Die Zellentür öffnete sich, und die Wächter kehrten zurück.

»Fort, fort«, rief Fagin. »Leise, aber nicht so langsam. Beeilung, Beeilung!«

Die Männer hielten ihn fest und befreiten Oliver aus seinem Griff. Er wehrte sich einen Augenblick mit der Kraft der Verzweiflung, dann stieß er einen Schrei nach dem anderen aus, die selbst diese massiven Mauern durchdrangen und ihnen in den Ohren hallten, bis sie den offenen Hof erreichten.

Es dauerte eine ganze Weile, ehe sie das Gefängnis verließen. Oliver wäre nach dieser grausigen Szene beinahe in Ohnmacht gefallen und fühlte sich so schwach, dass er eine Stunde oder noch länger nicht genug Kraft besaß, um gehen zu können.

Der Morgen dämmerte, als sie wieder nach draußen traten. Heerscharen von Leuten hatten sich bereits versammelt, an den Fenstern drängten sich Menschen, die rauchten und Karten spielten, um sich die Zeit zu verkürzen, und die Menge stieß, stritt und riss Witze. Alles kündete von munterem Leben, außer einem düsteren Block von Gegenständen, die in der Mitte von allem standen – das schwarze Gerüst, der Querbalken, der Strick und alle anderen scheußlichen Werkzeuge des Todes.

Dreiundfünfzigstes Kapitel

Und zu guter Letzt.

Die Schicksale jener, die in unserer Geschichte aufgetreten sind, nähern sich ihrer Erfüllung. Das wenige, was ihrem Chronisten zu berichten bleibt, lässt sich in ein paar einfachen Worten sagen.

Ehe drei Monate verstrichen waren, wurden Rose Fleming und Harry Maylie in der Dorfkirche getraut, die fortan der Schauplatz der Tätigkeit des jungen Geistlichen sein sollte, und am selben Tag nahmen sie ihr neues und glückliches Zuhause in Besitz.

Mrs. Maylie zog zu ihrem Sohn und ihrer Schwiegertochter, um sich während der ihr verbleibenden stillen Tage der größten Seligkeit zu erfreuen, die verdienstvollem Alter widerfahren kann: das Glück jener mitzuerleben, denen ohne Unterlass die innigste Zuneigung und die zärtlichste Fürsorge eines rechtschaffenen Lebens gegolten hatten.

Nach umfänglicher und sorgfältiger Prüfung stellte sich heraus, dass die Überreste des von Monks verwalteten Vermögens (das sowohl in seinen Händen als auch in denen seiner Mutter dahingeschwunden war), wenn man es zu zwei gleichen Hälften zwischen ihm und Oliver aufteilte, für jeden kaum mehr als dreitausend Pfund ausmachen würde. Den Bestimmungen im Testament des Vaters zufolge hätte Oliver Anspruch auf das ganze gehabt, doch da Mr. Brownlow den älteren Sohn nicht der Möglichkeit berauben wollte, seinen früheren Lastern zu entsagen und ein anständiges Leben zu führen, schlug er diese Aufteilung vor, der sein junger Freund mit Freuden zustimmte.

Monks, der weiterhin diesen angenommenen Namen trug,

zog sich mit seinem Anteil in einen fernen Winkel der Neuen Welt zurück, wo er, nachdem er das Geld rasch durchgebracht hatte, einmal mehr auf die gewohnten Abwege geriet, für neuerliche Betrugsdelikte und Gaunereien eine lange Strafe verbüßte und schließlich von einem Anfall seines alten Leidens niedergestreckt wurde und im Gefängnis verstarb. Ebenso fern ihrer Heimat kamen die wichtigsten verbliebenen Mitglieder der Bande seines Freundes Fagin ums Leben.

Mr. Brownlow nahm Oliver an Kindes Statt an. Indem er mit ihm und der alten Haushälterin nur eine Meile vom Pfarrhaus seiner lieben Freunde entfernt seinen Wohnsitz nahm, erfüllte er den einzigen verbliebenen sehnlichen und aufrichtigen Herzenswunsch Olivers und führte so eine kleine Gemeinschaft zusammen, die ihrem Wesen nach dem vollkommenen Glück so nahekam, wie es in dieser launischen Welt nur möglich sein kann.

Bald nach der Hochzeit der jungen Leute kehrte der gute Doktor nach Chertsey zurück, wo er, der Anwesenheit seiner alten Freunde beraubt, sicher mürrisch geworden wäre, hätte sein Naturell ein solches Gefühl zugelassen, oder auch griesgrämig, hätte er gewusst, wie man das anstellt. Zwei oder drei Monate lang begnügte er sich mit Andeutungen, er fürchte, die Luft würde ihm nicht so wie früher bekommen, dann stellte er fest, dass der Ort ihm tatsächlich nicht mehr so viel wie zuvor bedeutete, übergab die Praxis seinem Gehilfen, richtete sich ein Junggesellenhäuschen gerade außerhalb des Dorfes ein, in dem sein junger Freund Pfarrer war, und genas augenblicklich. Hier widmete er sich dem Gärtnern, Pflanzen, Angeln, Tischlern und verschiedenen anderen Beschäftigungen ähnlicher Art, die er allesamt mit dem ihm eigenen Ungestüm ausübte, und in einer jeden von ihnen hat er seitdem in der ganzen Nachbarschaft als großer Fachmann Berühmtheit erlangt.

Vor seinem Umzug war es ihm noch gelungen, eine enge Freundschaft mit Mr. Grimwig zu schließen, welche dieser verschrobene Herr aufs herzlichste erwiderte. Folglich wurde er im Laufe des Jahres häufig von ihm besucht. Bei all diesen Gelegenheiten gärtnerte, angelte und tischlerte Mr. Grimwig mit Feuereifer und betrieb alles auf eine sehr eigentümliche, nie dagewesene Art und Weise, doch stets mit der von seinem Lieblingsschwur bekräftigten Behauptung, seine Methode sei die einzig richtige. An Sonntagen versäumte er nie, den jungen Geistlichen persönlich für dessen Predigt zu tadeln, wobei er hinterher jedoch stets Mr. Losberne streng vertraulich mitteilte, er hielte sie für eine vortreffliche Leistung, aber es scheine ihm nicht angebracht, dies zu sagen. Mr. Brownlows größtes Vergnügen bestand darin, ihn ständig mit seiner alten Vorhersage bezüglich Oliver aufzuziehen und an den Abend zu erinnern, als sie – die Uhr zwischen sich – auf seine Rückkehr gewartet hatten, aber Mr. Grimwig hielt dem entgegen, er habe ja in der Hauptsache recht behalten, und führte als Beweis dafür an, *Oliver sei tatsächlich nicht zurückgekommen*, worauf er stets in ein Lachen ausbrach, was seine gute Stimmung weiter steigerte.

Mr. Noah Claypole, der vom Gericht begnadigt wurde, weil er als Kronzeuge gegen Fagin ausgesagt hatte, und der sein Gewerbe keineswegs mehr für so ungefährlich hielt, wie er es sich wünschen mochte, war fürs erste die Möglichkeit abhandengekommen, sich ohne viel Mühe die Mittel für seinen Lebensunterhalt zu verschaffen. Nach einiger Überlegung betätigte er sich dann als Denunziant, eine Berufung, die ihm ein einträgliches Auskommen sichert. Er stellt es so an, dass er einmal die Woche in Begleitung der sittsam gekleideten Charlotte zur Zeit des Gottesdienstes spazieren geht. Die Dame fällt vor den Türen hilfsbereiter Gastwirte in Ohnmacht, und der Herr, der mit Brandy im Wert von drei Pence versorgt wird, um sie wieder zu sich zu bringen, zeigt den Wirt am nächsten Tag wegen Verletzung des sonntäglichen Schankverbots an und kassiert die Hälfte der Strafe. Manchmal fällt Mr. Claypole auch selbst in Ohnmacht, aber das Ergebnis bleibt das gleiche.

Mr. und Mrs. Bumble gerieten, ihrer Stellungen beraubt, allmählich in große Not und Armut und wurden schließlich Bewohner desselben Armenhauses, in dem sie früher über andere geherrscht hatten. Mr. Bumble soll gesagt haben, dass er sich in dieser Schmach und Erniedrigung nicht einmal dazu aufraffen könne, für die Trennung von seinem Eheweib dankbar zu sein.

Was Mr. Giles und Brittles betrifft, so verblieben sie in ihren früheren Stellungen, auch wenn Erstgenannter kahl und letztgenannter Junge schon recht grau geworden ist. Sie wohnen im Pfarrhaus, teilen ihre Dienste aber zu gleichen Teilen unter dessen Bewohnern, Oliver, Mr. Brownlow und Mr. Losberne auf, so dass die Dörfler bis heute nicht feststellen konnten, zu welchem Haushalt sie eigentlich gehören.

Meister Charley Bates geriet, von Sikes' Verbrechen abgestoßen, ins Nachdenken, ob ein ehrliches Leben letztlich nicht doch das Beste sei. Als er zu dem Schluss kam, dass es sich gewiss so verhielt, kehrte er den Schauplätzen seiner Vergangenheit den Rücken, fest entschlossen, sich in einer neuen Umgebung zu bessern. Eine Weile musste er hart kämpfen und viel erleiden, doch da er von genügsamem Wesen und guten Willens war, hatte er am

Ende Erfolg, und nachdem er einem Bauern als Knecht und einem Fuhrmann als Gehilfe gedient hatte, ist er heute der fröhlichste junge Viehzüchter von ganz Northamptonshire.

Und jetzt gerät die Hand, die diese Worte schreibt, wo sie sich dem Ende ihrer Aufgabe nähert und den Faden dieser Abenteuer noch eine Weile weiterspinnen möchte, ins Stocken.

Ich würde gern noch ein wenig bei einigen von denen verweilen, unter denen ich mich so lange bewegt habe, und an ihrem Glück teilhaben, indem ich es zu schildern versuche. Ich möchte Rose Maylie in der ganzen Blüte und Anmut junger Weiblichkeit zeigen, wie sie auf ihrem abgeschiedenen Lebenspfad ein sanftes und mildes Licht verströmt, das auf alle fällt, die sie begleiten, und in deren Herzen leuchtet. Ich möchte sie als Lebens- und Freudequell des heimischen Kreises, der sich vor dem Kamin versammelt, und der Gruppe sommerlicher Ausflügler malen. Ich möchte ihr in der Mittagshitze über die Felder folgen und beim Abendspaziergang im Mondenschein ihre liebliche, leise Stimme vernehmen. Ich möchte sie in all ihrer Güte und Mildtätigkeit außerhalb der Familie betrachten und bei der unermüdlichen und lächelnden Erledigung aller häuslichen Pflichten. Ich möchte schildern, wie sie und das Kind ihrer verstorbenen Schwester in ihrer gegenseitigen Liebe Glück erfahren und ganze Stunden damit verbringen, ihrer Verwandten, die sie auf so traurige Weise verloren haben, zu gedenken. Ich möchte noch einmal diese fröhlichen kleinen Gesichter vor mir sehen, die sich um ihre Knie scharen und dem lustigen Geplapper lauschen. Ich möchte mir den Laut jenes hellen Lachens vergegenwärtigen und die mitfühlende Träne heraufbeschwören, die in dem sanften blauen Auge glänzt. Dies und tausend Blicke und Lächeln, Gedanken und Worte – wie gern würde ich all das wieder in Erinnerung rufen.

Wie Mr. Brownlow Tag für Tag den Geist seines angenommenen Kindes mit Wissensschätzen füllte und ihm immer zugetaner wurde, je mehr sich sein Charakter entwickelte und erkennen ließ, wie die Saat all dessen, was er sich für Olivers künftiges Leben wünschte, aufging ... wie er an ihm neue Züge seines früheren Freundes entdeckte, die in seinem Herzen alte Erinnerungen weckten, die wehmütig und doch so zärtlich und heilsam waren ... wie die beiden vom widrigen Schicksal geprüften Waisen ihre Lektionen in Barmherzigkeit gegenüber anderen, erwiderter Liebe und glühendem Dank an Ihn, der sie geschützt und gerettet hatte, nicht vergaßen ... dies sind alles Dinge, die nicht erzählt zu werden brauchen. Ich habe gesagt, dass sie wahrhaft glücklich waren, und ohne innige Zuneigung, Herzenswärme und Dankbarkeit gegenüber dem, dessen Gebot Barmherzigkeit und dessen höchste Eigenschaft Wohlwollen gegenüber allen beseelten Dingen ist, kann wahrhaftiges Glück niemals erlangt werden.

Beim Altar der alten Dorfkirche gibt es eine weiße Marmortafel, auf der bisher nur ein einziges Wort steht: »Agnes!« Es befindet sich kein Sarg in dieser Grabstätte, und mögen viele, viele Jahre vergehen, ehe ein weiterer Name darauf geschrieben wird! Doch sollten die Geister der Verstorbenen je zur Erde zurückkehren, um Orte aufzusuchen, die von der Liebe – der Liebe über das Grab hinaus – jener geheiligt sind, die sie im Leben gekannt haben, so glaube ich, dass der Schatten von Agnes zuweilen diesen feierlichen Winkel umschwebt. Ich glaube es, auch wenn dieser Winkel sich in einer Kirche befindet und das Mädchen schwach war und in die Irre ging.

Anhang

Anmerkungen

Die Übersetzung folgt der Ausgabe: Charles Dickens, *Oliver Twist*, ed. by Fred Kaplan, New York: W. W. Norton, 1993 (Norton Critical Edition).

Erstes Kapitel

5 Armenhaus: Die in England schon seit langem bestehenden Armenhäuser oder *workhouses* dienten traditionell vornehmlich der Unterbringung von völlig mittellosen Alten und Kranken, die keine Angehörigen hatten, welche sich um sie kümmerten. Es waren jedoch keine Stätten der (Zwangs-) Arbeit, wie die englische Bezeichnung irreführenderweise nahelegt und wie wir es etwa aus Zuchthäusern kennen. Die Insassen der Armenhäuser wurden hauptsächlich zu Tätigkeiten herangezogen, die den täglichen Betrieb aufrechterhielten (Küchendienste usw.). Andere Bedürftige blieben zu Hause wohnen und erhielten dort Unterstützung. Als deren Zahl immer mehr anstieg, wollte man 1834 die damit verbundenen Kosten durch den *Poor Law Amendment Act*, kurz Armengesetze, drastisch senken. Unterstützung gab es danach nur noch für die, die ins Armenhaus zogen, außerhalb sollte es keine Hilfe mehr geben (siehe dazu Mr. Bumbles Ausführungen in Kapitel 23). Zudem wurden die Bedingungen im Armenhaus möglichst abschreckend gestaltet. So waren Verpflegung und Unterbringung äußerst dürftig und selbst Ehepaare mussten nach Geschlechtern getrennt wohnen. Die Armenhäuser der Gemeinde waren einem Vorstand (*Board of Guardians*) unterstellt, der sich aus örtlichen Steuerzahlern zusammensetzte, die also ein genuines Interesse daran hatten, die Kosten für die Einrichtung möglichst niedrig zu halten, was Dickens durch spitze Bemerkungen in verschiedenen Kapiteln immer wieder thematisiert. Die geistige Grundlage der Armengesetze lieferten Philosophen und Ökonomen, die in der utilitaristischen Denkschule von Jeremy Bentham standen und an vielen Stellen im Buch Ziel von Dickens' satirischen Attacken sind. Den Kampf gegen die Armenhäuser – im Volksmund *Poor Law Bastilles* genannt – führte Dickens noch bis zu seinem letzten vollendeten Werk *Our Mutual Friend*.

Zweites Kapitel

9 siebeneinhalb Pence: Vor der Einführung des Dezimalsystems 1971 enthielt das britische Pfund 20 Shilling; einem Shilling entsprachen 12 Pence. Honorare wurden in Guineen berechnet; der Wert einer Guinee betrug 1 Pfund und 1 Shilling. Für das Pfund existierte eine Goldmünze (*sovereign*); die größte Silbermünze war die halbe Krone im Wert von 2 Shilling und Sixpence.

10 Geschichte eines anderen Verteters der angewandten Philosophie: Dies ist eine weitere Spitze von Dickens gegen die Nützlichkeitsphilosophen (vgl. Anm. zu S. 5), die sich jedoch auf keinen bestimmten ihrer Vertreter bezieht. Diese Geschichte findet sich vielmehr bereits in alten Sammlungen der Streiche des sogenannten »orientalischen Eulenspiegels« Mullah Nasruddin, gehört also offenbar zu den Mythen, Legenden und Märchen, die ursprünglich aus Indien über Persien und Arabien und dem maurischen Spanien in den Westen gelangt und hier ins Allgemeingut eingegangen sind, eine Wanderung, die bereits vom Indologen Max Müller (1823–1900) in seinem Essay »Indoeuropäische Mythen und Märchen« nachgezeichnet wurde.

15 Twist: Dickens war ein Meister darin, seinen Figuren einprägsame und sprechende Namen zu geben, bei denen die raffiniertesten Konnotationen mitschwingen. Ihnen im einzelnen nachzugehen, würde ein eigenes Buch füllen. *Twist* bedeutet als Verb umgangssprachlich ›hängen‹, ein Schicksal, das dem Jungen ja prophezeit wurde und dem übelgesinnten Büttel wohl recht gewesen wäre, es klingt aber auch die unerwartete, jähe Wendung (*twist*) an, die Olivers Schicksal nimmt. Und bei »Unwin« hört und ahnt man sogleich, dass der Träger dieses Namens nicht unbedingt auf der Sonnenseite des Lebens stehen wird.

22 *per diem:* (lat.) pro Tag.

»Bitte, Sir, ich möchte noch mehr«: Viele Sätze aus *Oliver Twist* sind als Redewendungen ins allgemeine Sprachgut eingegangen. Das bekannteste Beispiel ist wohl Olivers bescheidene Bitte: »Please, Sir, I want some more« (vgl. Anm. zu S. 626).

Drittes Kapitel

28 »Es sind schon viele junge Burschen in den Kaminen erstickt«: In viktorianischer Zeit ließ man kleine Kinder ab dem Alter von fünf Jahren in die Kamine klettern, damit sie dort Ruß und Teerrückstände abkratzten. Dabei blieben sie nicht selten in den engen, verwinkelten Schächten stecken, erlitten Verbrennungen und Verletzungen oder erstickten. Ein Schornsteinfegermeister berichtet: »Für mich arbeiten zwei Jungs, wenn sie wieder rauskommen, bluten sie an Armen und Beinen, deshalb reib ich die Wunden mit Salzwasser ab, bevor ich sie in den nächsten Kamin schicke.« Etliche Meister verdienten auch nicht schlecht damit, dass sie ihre Lehrjungen an Einbrecher »vermieteten« (vgl. Anm. zu S. 220).
1840 wurde ein Gesetz erlassen, dass keine Kinder unter sechzehn Jahren als Kaminkehrer beschäftigt werden durften, was aber kaum Wirkung zeitigte. 1864 erfolgte – unter maßgeblicher Mitwirkung von Lord Shaftesbury (vgl. Anm. zu S. 51) – eine verschärfte Fassung, aber erst 1875 wurde seine Durchführung unter polizeiliche Aufsicht gestellt.

Viertes Kapitel

40 drei oder vier Zoll: Die englischen Längenmaße gliedern sich wie folgt: 1 Zoll (*inch*) = 25,4 mm; 1 Fuß (*foot*) = 12 *inches* = 0,3048 m; 1 *yard* = 3 *feet* = 0,9144 m.

Fünftes Kapitel

51 Armenschule: Oliver erkennt den Jungen an seiner Kleidung als Armenschüler. Armenschulen (*charity schools* ›Wohlfahrtsschulen‹ oder auch *ragged schools* ›Lumpenschulen‹) waren Einrichtungen, in denen die ärmsten Kinder vor und nach ihrer täglichen Arbeit neben Unterricht (Lesen, Schreiben, Rechnen, Religion) auch Essen, Kleidung und Unterkunft erhielten. Sie entstanden zu Beginn des 19. Jh.s auf Initiative einzelner Bürger oder der Kirche. Einer der großen Förderer dieser Schulen war der mit Dickens befreundete Lord Shaftesbury. Seit 1843 unterstützte Dickens dessen Ragged School in Field Lane (wo sich Fagins Schlupfwinkel befunden hatte).

Sechstes Kapitel

69 Verbannung: Die Verbannung oder Deportation von Straftätern nach Australien und Tasmanien (vor der Unabhängigkeit auch nach Nordamerika) diente zum einen der Entlastung der überfüllten Strafanstalten im Mutterland, zum anderen auch der Entwicklung der Kolonien, da die deportierten Männer zu Bau- und Straßenarbeiten herangezogen und die Frauen als Helferinnen in Haushalten und der Landwirtschaft eingesetzt wurden. Diese Form der Bestrafung, die als besonders abschreckend galt, wurde 1868 offiziell abgeschafft (vgl. Anm. zu S. 469).

Achtes Kapitel

85 Barnet: Heute liegt Barnet innerhalb des Gebiets von Greater London.

87 Tretmühle: Tretmühlen (auch: Tretrad, Tretwerk oder Laufrad) sind durch Tiere oder Menschen betriebene mechanische Vorrichtungen, mit denen Energie erzeugt wird, zum Beispiel zum Mahlen von Getreide oder Pumpen von Wasser. 1817 wurden sie vom Ingenieur Sir William Cubitt (1785–1861) in Haftanstalten eingeführt. Es waren zumeist sehr breite Räder; die Häftlinge »arbeiteten« in langen Reihen nebeneinander in engen Verschlägen. Wer zu treten aufhörte, geriet in die Maschine, und ihm wurden die Beine zerquetscht. Cubitt wollte die Gefangenen durch nützliche Arbeit läutern und resozialisieren. Hier scheint deutlich der utilitaristische Ansatz von Jeremy Bentham durch (vgl. Anm. zu S. 5), der übrigens auch Urheber der sogenannten Panopticon-Architektur der Gefängnisse ist, die den Strafvollzug möglichst effektiv gestalten sollte und nach deren Prinzipien viele viktorianische Gefängnisse gebaut waren. Die Tretmühlen wirkten sich durch den Zwang, unablässig treten zu müssen, körperlich wie seelisch zermürbend auf die Häftlinge aus. Ein bekanntes Opfer dieser Form des Strafvollzugs ist der Schriftsteller Oscar Wilde, der während seiner zweijährigen Haft jeden Tag für sechs Stunden in die Tretmühle musste. Als er 1897 entlassen wurde, sagte der Gefängnisdirektor: »Wie alle Männer, die körperliche Arbeit nicht gewohnt sind und eine solche Strafe bekommen, wird er in zwei Jahren tot sein.« Oscar Wilde starb drei Jahre nach Haftentlassung im Alter von 46 Jahren.

90 *Angel:* ursprünglich Name eines an der Ecke Pentonville Road und (Isling-

ton) High Street gelegenen Gasthofes, nach dem heute die ganze Gegend und die U-Bahnstation benannt sind. Am Angel befand sich damals auch ein Zolltor nach London.

Hockley-in-the-Hole: wegen einer kleinen Arena für Tierhatzen bekannt, wo bis ins 18. Jh. unter anderem Kampfhunde auf Bären und Stiere gehetzt wurden. Dickens stand solcherlei »Sport« ablehnend gegenüber (vgl. die Erzählung von Mr. Blathers in Kap. 38), die Bezeichnung »altehrwürdiger Grund« ist einer seiner vielen kleinen bissigen Seitenhiebe (vgl. Anm. zu S. 355).

91 Saffron Hill: Natürlich hat es auch in London seit Dickens' Zeit große städtebauliche Veränderungen gegeben, die aber längst nicht so einschneidend waren wie die der Haussmannisierung in Paris, so dass man Olivers Wege durch die Stadt auch heute noch in etwa nachvollziehen kann. Fagins Schlupfwinkel, die Field Lane in Clerkenwell, existiert jedoch nicht mehr, sie verschwand in den 1860er Jahren bei Maßnahmen, die Elendsviertel zu beseitigen.

92 Schnupftücher: Aus heutiger Sicht befremdet es den Leser, welch große Rolle Schnupf-, Einsteck-, Hals- und Taschentücher in *Oliver Twist* spielen, dass sie gar Grundlage eines blühenden Schwarzhandels sind, von dem ganze Diebesbanden ihren Lebensunterhalt bestreiten. In den 1820er und 1830er Jahren waren diese Tücher (zumeist um einiges größer als unsere heutigen) noch immer ein wichtiges Modeutensil, vor allem auch in vornehmen Kreisen. Hochwertige, verzierte Exemplare aus Seide galten als Luxusartikel (siehe Anfang Kap. 3), was sie für Diebe und Hehler zu lohnender Beute machte. Zur selben Zeit ermöglichten billige Baumwolle aus Nordamerika, mechanische Webstühle und verbesserte Färbetechniken, in größeren Mengen billige Tücher herzustellen, die sich auch die unteren Gesellschaftsschichten leisten konnten. So drückte sich durch dieses Kleidungsstück auch eine Art »sozialer Dresscode« aus. Die vornehmen Herrschaften trugen sie zumeist in Hosen-, Rock- und Westentasche, die Angehörigen von Berufsgruppen der niederen Schichten trugen sie dagegen eher als Halstücher, so auch alle Mitglieder – bis auf Fagin, was seine Sonderstellung unterstreicht – unserer Diebesbande. Bei ihnen drängt sich dabei auch stets die drohende Gefahr des Gehängtwerdens, die Symbolik des Galgenstricks auf – am deutlichsten in der Szene, wo Charley

Bates mittels Halstuch dem naiven Oliver pantomimisch selbigen Vorgang erklärt (Kap. 18). Zudem konnte das Vergehen des *pickpocketing* (›Taschendiebstahl‹) bis zum *Larceny Act* von 1808 unter Umständen noch mit dem Tode bestraft werden, Zeiten, die Bill Sikes und Fagin noch erlebt haben dürften.

Neuntes Kapitel

99 so fleißig zu arbeiten: Die großen Menschenmengen, die sich bei den öffentlichen Hinrichtungen vor dem Newgate-Gefängnis versammelten, waren ein Paradies für Taschendiebe (vgl. Anm. zu S. 641).

Zehntes Kapitel

104 *The Green:* Der Platz Clerkenwell Green am Ende der Aylesbury Street zeichnete sich damals wie heute durch die Abwesenheit jeglicher Begrünung aus.

Elftes Kapitel

111 Newgate: Das Gefängnis von Newgate wurde an der Stelle des alten in der zweiten Hälfte des 18. Jh.s von George Dance in einer betont abschreckenden und einschüchternden Architektur mit hohen, extra verstärkten Wänden, winzigen Fensteröffnungen und mit eisernen Nägeln beschlagenen Türen erbaut. Die öffentlichen Hinrichtungen fanden bis zu ihrem Ende 1868 auf dem Platz vor dem Gebäude statt. Um 1900 wurde die Haftanstalt geschlossen und abgerissen. Dickens hatte das Gefängnis von Newgate mehrfach besucht und kritisch über den Strafvollzug berichtet.

112 Mr. Fang: Als Vorbild für Mr. Fang diente der berüchtigte Polizeirichter vom Revier in Hatton Garden (Hausnummer 54), ein gewisser Allan Stuart Laing (1788–1862). Dickens wandte sich 1837 brieflich an den bekannten Polizeireporter Thomas Haines mit der Bitte, ihn auf die Wache einzuschmuggeln, um den Polizeirichter (den er bis dato – »ob glücklicher- oder unglücklicherweise lasse ich dahingestellt« – noch nie persönlich gesehen habe) besser beobachten und beschreiben zu können. 1838 wurde Laing abgesetzt, was aber keine unmittelbare Folge von Dickens' Darstellung in *Oliver Twist* war.

117 »Das Urteil ergeht sofort«: Kleinere Vergehen wie Landstreicherei, Trun-

kenheit und Bagatellfälle von Diebstahl mussten nicht vor eine Jury von Geschworenen gebracht werden, sondern wurden im »summarischen Schnellverfahren« sofort vom Polizeirichter abgeurteilt.

Dreizehntes Kapitel

141 Ratcliffe: zur damaligen Zeit natürlich genauso wenig vornehm wie Field Lane, sondern ein typisches, zeitweilig sogar berüchtigtes Hafenviertel am nördlichen Themseufer im Osten Londons.

Vierzehntes Kapitel

151 Buchhändler: im Original »bookseller«; hier spiegelt sich Dickens' Verdruss mit seinem Verleger Richard Bentley, der zu diesem Zeitpunkt schon blendend an seinem jungen Schriftsteller verdiente.

155 Weihnachtslampion: Eine rote Lampe oder Laterne war in England das Zeichen für einen praktizierenden Arzt.

Fünfzehntes Kapitel

169 »Zeter und Mordio«: Die *Police Gazette* oder *Hue and Cry* erschien zu der Zeit von *Oliver Twist* zweimal wöchentlich. Dort wurden unter anderem Steckbriefe veröffentlicht, nach Zeugen und gestohlenen Gegenständen gesucht und Belohnungen ausgelobt. Die Idee zu diesem Polizeiblatt stammte von Henry Fielding (vgl. Anm. zu S. 345).

Sechzehntes Kapitel

174 Grosvenor Square: in Mayfair gelegener Platz, der im Unterschied zum Smithfield sehr vornehm ist (vgl. Anm. zu S. 240).
Acht Uhr: Die Hinrichtungen fanden zumeist um acht Uhr morgens statt, die Verurteilten hatten also nur noch zwölf Stunden zu leben.

Neunzehntes Kapitel

220 diesen kleinen Jungen von Ned, dem Kaminkehrer: Die Lehrjungen der Kaminkehrer waren als sogenannte *snakesmen* oder »Schlangenjungen« beliebte Gehilfen bei den Einbrechern, da sie in der Lage und gewohnt waren, sich durch die kleinsten Öffnungen hindurchzuwinden (vgl. Anm. zu S. 28).

223 Covent Garden: Bezirk in der Innenstadt Londons, wo sich einer der wichtigsten Märkte befand (der in den 1970er Jahren verlegt wurde). Nachts war er ein gespenstischer Tummelplatz für die Straßenkinder. In seiner Wochenzeitschrift *All the Year Round* berichtet Dickens 1860: »Covent Garden war am Morgen des Markttags ein herrlicher Ort. [...] Aber einen der schlimmsten nächtlichen Anblicke, die ich in London kenne, bieten die zerlumpten Kinder, die dort herumstreichen, in den Körben schlafen, sich um Abfälle balgen, sich auf jedes Ding stürzen, das sie in ihre diebischen Finger bekommen können, und versuchen, den Konstablern zu entwischen.«

224 Sore: Gaunersprache für ›Diebesgut‹.

Einundzwanzigstes Kapitel

240 Smithfield: Der Markt auf dem Smithfield (von *smooth* ›glatt‹, hat also nichts mit Schmieden zu tun) fand schon seit dem Mittelalter statt und war einer der ältesten von England, bis er 1855 geschlossen und in neue Gebäude verlegt wurde, weil das Marktgeschehen auf dem offenen Platz zu viel Belästigungen, Lärm, Gestank, Ausschreitungen und kriminelles Unwesen mit sich brachte.

244 Pinte: englisches Hohlmaß (1 *pint* entspricht etwa einem halben Liter), das jedoch nicht nur zur Maßangabe von Flüssigkeiten, sondern z. B. auch von Getreide verwendet wird (vgl. S. 261: »eine halbe Pinte Hafermehl«).

Zweiundzwanzigstes Kapitel

253 Chertsey: Von ihrem Schlupfwinkel bis zum südöstlich von London gelegenen Städtchen Chertsey dürften sie etwa 45 km zurückgelegt haben.

Dreiundzwanzigstes Kapitel

259 zwei Unzen: 1 Unze (*ounce*) = 28,35 g.

Sechsundzwanzigstes Kapitel

289 *Non istwentus:* richtig: *non est inventus* (lat.) »ist nicht aufzufinden«; juristischer Terminus, wenn ein Angeklagter oder Zeuge nicht ausfindig zu machen und er deshalb nicht anwesend war.

290 *The Three Cripples:* Unter diesem Namen befand sich in der Nr. 124 der Saffron Hill eine Herberge. Als Vorbild der Gastwirtschaft diente jedoch das angrenzende *One Tun*, in dem Dickens damals Stammgast war. Das Pub existiert noch heute, die Kundschaft hat sich – je nach Blickwinkel – mehr oder weniger stark verändert, sie besteht überwiegend aus »Bankern, Börsenmaklern, Anwälten, Juwelieren und Diamantenhändlern« (Eigendarstellung des Pubs).

Dreißigstes Kapitel

345 Kriminalbeamten aus der Bow Street: Die *Bow Street Runners* wurden 1749 von dem vor allem als Schriftsteller bekannten Henry Fielding begründet. Sie waren in Fieldings ehemaligem Amtssitz als Friedensrichter in der Bow Street stationiert und als Vorläufer der Metropolitan Police die ersten professionellen Polizeikräfte. Zuvor gab es lediglich die unbezahlten Konstabler der Gemeinden. Die Bow Street Runners wurden 1839 aufgelöst.

Einunddreißigstes Kapitel

354 Conkey, weil er so'n großen Zinken hat: Der sprechende Name geht auf den umgangssprachlichen Ausdruck *conk* ›Nase‹, ›Zinken‹ zurück; *conkey* ist Synonym für *nosey* ›neugierig‹.

355 richtig anständiger Sport: Mit diesem »anständigen Sport«, von dem Blathers spricht, sind die in England früher weitverbreiteten und beliebten Tierhatzen gemeint. Das Hetzen von Hunden auf Bären oder Stiere war in viktorianischer Zeit jedoch schon selten geworden, hartnäckiger hielt sich die Hatz auf Dachse und vor allem auf Ratten, die natürlich in weit größerer Zahl zur Verfügung standen. Die kleinen Holzarenen (die *pits*, daher auch »Pitbullterrier«) befanden sich zumeist in entsprechenden *sporting pubs*. Durch das Tierschutzgesetz *Cruelty to Animals Act* von 1835 sollten diese Wettkämpfe eigentlich verboten werden, aber die Rattenhatz wurde zumeist weiter stillschweigend toleriert. Die grausamen Dachshatzen werden bis heute illegal durchgeführt. Das besondere an diesen Veranstaltungen war, dass die im viktorianischen England streng hierarchisch getrennten Schichten der Gesellschaft zusammenkamen, und durch das Bewusstsein, etwas Verrufenes oder Verbotenes zu tun,

entstand sogar eine Art Gemeinschaftsgefühl. So ist es zu erklären, dass auch Kriminalbeamte wie Blathers und die von ihm erwähnten »jungen Lords« in derartigen Pubs anzutreffen waren (vgl. Anm. zu S. 90).

355 *Gazette:* In der *London Gazette* werden bis heute amtliche Bekanntmachungen und Insolvenzfälle veröffentlicht.

Dreiunddreißigstes Kapitel

380 Esquire: niedriger Adelstitel, der dem Namen nachgestellt wird, oft auch nur als höfliche und respektvolle Wendung benutzt.

387 sie sank in die gütigen Arme: Am 7. Mai 1837 stirbt Dickens' siebzehnjährige Schwägerin Mary Hogarth nach einem fröhlichen Besuch mit der Familie im Theater unerwartet in seinen Armen. Da Dickens der jungen Frau eine idealisierte Verehrung entgegenbrachte, wurde er von so tiefer Trauer erfasst, dass er im Juni 1837 weder für *Oliver Twist* noch für die *Pickwick Papers* Fortsetzungen liefern konnte. Im April 1838 setzt er ihr dann ein Denkmal, indem er den Charakter der Rose Maylie in *Oliver Twist* einführt (in diesem Buch Kap. 29). Sie ist ebenso »young, beautiful and good«, wie es Dickens im Epitaph auf Marys Grab geschrieben hat. Und im Juni 1838 (Kap. 33) lässt er Rose dann überleben, was Mary im wirklichen Leben nicht vergönnt gewesen war.

Neununddreißigstes Kapitel

464 Laudanum: (lat. »das zu Lobende«) ist eine Mischung aus Alkohol (zumeist Wein) und Opium.

Vierzigstes Kapitel

469 Gefängnisschiffe: Nach Ausbruch des amerikanischen Unabhängigkeitskrieges konnte England keine Strafgefangenen mehr nach Amerika deportieren. Als Ersatz wurden ab 1776 abgetakelte Schiffe, die zumeist in der breiten Mündung des Medways vertäut wurden, zu Gefängnisschiffen umgebaut. Sie dienten auch als Durchgangsstation für die Verbannung nach Australien. An Bord dieser Schiffe herrschten unzumutbare Bedingungen.
Von 1817 bis 1822 lebte die Familie Dickens in Chatham am Mündungstrichter des Medway. Der kleine Charles sah zuweilen die Sträflings-

trupps, die zum schwarzen Gefängnisschiff gebracht wurden, das »wie eine böse Arche Noah« draußen im Fluss vor Anker lag (vgl. Anm. zu S. 69).

Einundvierzigstes Kapitel

483 Strand: Straße in London, beginnt am Trafalgar Square; verlief früher am Ufer der Themse, daher der Name.

Dreiundvierzigstes Kapitel

516 Newgatekalender: Den Namen *Newgate Calendar* trugen im 18. und 19. Jh. unterschiedliche Veröffentlichungen, die über die Missetaten der Häftlinge des Newgate-Gefängnisses berichteten. Die Schilderungen, die oft sensationslüstern und voll makabrer Details waren, sollten vorgeblich der moralischen Belehrung und Abschreckung dienen, wurden von vielen aber natürlich mit voyeuristischer Begierde gelesen und erzielten hohe Auflagen. Die erste Sammlung erschien 1774, die letzte 1886.

Sechsundvierzigstes Kapitel

543 Saint Saviour's Church: heute bekannt als Southwark Cathedral.

Achtundvierzigstes Kapitel

570 zu Ehren Whittingtons: Richard Whittington (um 1354–1423) war mehrmals Lord Mayor von London. Einer Legende nach wollte er als junger Mann London verlassen, als er auf dem Highgate Hill Rast machte und hörte, wie ihn die Glocken der Stadt zur Umkehr aufforderten und ihm das Amt des Bürgermeisters verhießen: »Turn again, Whittington, Lord Mayor of London.«

Hampstead Heath: damals eine Heide vor den Toren der Stadt, heute ein in London befindlicher großer Park. Auch alle anderen Orte, die Sikes aufsucht, gehören heute zu Greater London.

572 Bombasin: Bezeichnung für einen dichten, weichfließenden Kammgarnstoff.

573 vier Farthings: = 1 Penny.

Fünfzigstes Kapitel

598 Jacob's Island: Heute sind die Gräben, von denen 1832 und 1848 die Choleraepidemien ihren Ausgang nahmen, zugeschüttet, und Jacob's Island ist keine Insel mehr. Man findet noch die Jacob Street und die Mill Street (wo das Büro der *Encyclopaedia Britannica* ansässig ist, was die erfolgte Gentrifizierung hinreichend belegt), die an den Saint Saviour's Dock grenzt. Die erbärmlichen Zustände, die Dickens geschildert hat, wollte die Stadtverwaltung damals nicht zur Kenntnis nehmen. In dem Vorwort zu einer späteren Ausgabe von *Oliver Twist* berichtet Dickens, dass der »bemerkenswerte Ratsherr« (*remarkable alderman*) Sir Peter Laurie auf eine Anfrage zu Jacob's Island vor einer Gemeindeversammlung mitteilte: »Dieser Ort existiert nur in einem Roman von Mr. Charles Dickens.«

Interessant ist in diesem Zusammenhang eine Beobachtung Ivan Illichs, der zu diesem Problem des viktorianischen Londons schreibt: »Dabei war die neue Verschmutzung der Themse allerdings gar nicht in erster Linie Folge dieses sich auf den Straßen ansammelnden Abfalls. Sie war auf die von der Oberklasse installierten Wasserklosetts zurückzuführen.«

Einundfünfzigstes Kapitel

614 Nadelgeld: (engl. *pin-money*) Summe, die Ehemänner ihren Frauen für ihren persönlichen Gebrauch und Bedarf zur Verfügung stellen. Der Ausdruck soll auf Catherine Howard, eine Frau Heinrichs VIII., zurückgehen, die die Nadeln aus Frankreich nach England eingeführt hatte. Damals waren es Luxusartikel, für die den Damen extra Geld bewilligt wurde.

626 dass Eure Gattin auf Eure Anweisung handelt: Erst durch die *Married Women's Property Acts* von 1870 und 1882 erhielten verheiratete Frauen einen eigenen gesetzlichen Status. Zuvor konnten sie weder vor Gericht klagen noch beklagt werden, und alles, was sie besaßen oder einnahmen, gehörte ihren Gatten. Diese konnten dafür jedoch auch für die Straftaten ihrer Ehefrauen belangt werden.

dann ist das Gesetz ein Esel: »The law is a [sic] ass« ist ein weiterer zur Redewendung gewordener Satz aus *Oliver Twist* (vgl. Anm. zu S. 22).

637 dann gehorchte er: Als Vorbild der Schilderung dieser Gerichtsverhandlung soll der Prozess gegen den berüchtigten Hehler Isaac »Ikey« Solomon im Jahre 1830 gedient haben (siehe auch Nachwort, S. 673).

640 Männer seines Glaubens: vgl. Nachwort, S. 672 f.

641 sich die Szenerie ein weiteres Mal heraufzubeschwören: Dickens selbst war bei zwei öffentlichen Hinrichtungen anwesend gewesen, zum einen im Juni 1840 bei der des Hausdieners François Benjamin Courvoisier, der seinem Dienstherrn Lord William Russell des Nachts im Bett die Kehle aufgeschlitzt hatte, und dann im November 1849, als das Mörderpaar Mr. und Mrs. Mannings gehängt wurde, wozu sich dreißigtausend Zuschauer (vgl. Anm. zu S. 99) versammelt hatten (beide Hinrichtungen fanden jedoch nicht vor dem Newgate-Gefängnis statt). Dickens mietete sich – wie viele, die es sich leisten konnten – in einem benachbarten Haus mit Blick auf das grausige Geschehen ein. In manchen Logierhäusern oder Pensionen kam die bessere Gesellschaft zu »Galgen-Partys« zusammen, und die Besitzer der Etablissements konnten von den Einnahmen zuweilen den Rest des Jahres gut leben. Dickens gab in einem Brief an den Herausgeber der *Times* seiner Empörung über das würdelose Schauspiel und das frivole und gehässige Benehmen des sich ergötzenden Pöbels Ausdruck. Die Kritik, mit der er nicht alleinstand, und die darauffolgende öffentliche Diskussion zeitigten durchaus Wirkung. In Dickens' Kindheit stand noch auf etwa zweihundert Vergehen die Todesstrafe, zur Zeit des *Oliver Twist* (1837) waren es fünfzehn, 1861 nur noch vier (Mord, Hochverrat, Piraterie und einige Formen der Brandstiftung). 1868, zwei Jahre vor seinem Tod, fand dann die letzte öffentliche Hinrichtung statt.
Ungeachtet seiner aufrichtig empfundenen Abscheu gegenüber dem menschenverachtenden Verhalten übten sinistre Dinge auf Dickens jedoch auch eine gewisse Faszination aus. Chesterton bemerkte in einer Einleitung zu *Oliver Twist* ganz richtig: »[…] der Sarg, der Galgen, das Gerippe, das blutige Messer. Dickens mochte diese Dinge.«

Nachwort

Charles Dickens (1812–1870) kann mit Fug und Recht als literarischer Chronist des viktorianischen Zeitalters (Queen Victoria, 1819–1901, regierte von 1837 bis 1901) gelten. Zu Beginn dieser Ära erzielte Dickens mit den *Pickwick Papers* (1836/37) seinen Durchbruch als Schriftsteller. Alle folgenden Werke spiegeln die sich wandelnden gesellschaftlichen Zustände und Probleme des britischen Empire, das auf dem Höhepunkt seiner Macht ein Viertel der Erdoberfläche und ein Drittel der Weltbevölkerung umfasste.

Es fällt heute schwer, sich auch nur eine ungefähre Vorstellung von Dickens' Popularität und Ruhm zu machen. Überall warteten die Menschen auf die Fortsetzungen seiner Geschichten, deren Veröffentlichung zumeist in wöchentlichen oder monatlichen Lieferungen erfolgte. In England galoppierten nachts Reiter durch die Dörfer und verkündeten: »Carker ist tot!« (eine Figur aus *Dombey and Son*). In New York drängte sich eine Menschenmenge am Kai eines aus England einlaufenden Schiffes und rief den Passagieren die bange Frage zu: »Ist Little Nell gestorben?« (Figur aus *The Old Curiosity Shop*). Beim Abschied zu seiner zweiten Amerikareise richtete man Dickens in London ein Staatsbankett aus, im Hafen von Boston wurde er mit einem Feuerwerk empfangen. In New York standen Menschen in eiskalter Wintersnacht stundenlang an, um für seine Lesung Karten zu bekommen, mit denen Schwarzhändler bis zu zweitausend Prozent Profit machten. Und schon damals gab es ein modern anmutendes »Merchandising« (an dem Dickens jedoch nichts verdient haben dürfte): mit den Konterfeis des Autors und seiner Figuren wurde nicht nur für Tinte und Schreibfedern geworben, sondern auch für Tee, Zigarren, Hüte, Liederbücher und Kordhosen. Die unübersehbare Zahl der Übersetzungen und das weltweite Presseecho auf seinen Tod bezeugen, dass Dickens' Popularität nicht auf die englischsprachigen Länder beschränkt war.

Oliver Twist (1837/38) erschien zur Zeit der Thronbesteigung Queen Victorias, die das Buch, das bei den höheren Gesellschaftsschichten Englands für Unmut gesorgt hatte, mochte und verteidigte. Die *Pickwick Papers* spielen noch im Postkutschen-Universum des Merry Old England, das aus Gasthäusern, Poststationen, Landpartien, Salons und Cottages besteht. Wahrscheinlich war Dickens während des Schreibens nicht bewusst, dass er damit bereits einen Abgesang verfasste auf dieses Zeitalter, das der stählernen Macht der Eisenbahnen (deren Möglichkeiten zum schnellen Reisen der rastlose Dickens exzessiv nutzte – Claire Tomalin nennt ihn einen »Flying Dutchman of the railways«) weichen musste.

Parallel zu den monatlichen Folgen der *Pickwick Papers* beginnt Dickens bereits an *Oliver Twist* zu schreiben. Schon in diesem Roman, anfangs angeregt durch die neuen Armengesetze von 1834, die Dickens scharf attackierte, erzählt er von den dunklen Schatten, die auf den Glanz der viktorianischen Zeit fallen und mit dem industriellen Aufschwung einhergehen: Armut, Kriminalität, Prostitution und die Verelendung breiter Gesellschaftsschichten, worauf die Bessergestellten zum großen Teil mit Ignoranz, Zynismus und Gefühlskälte reagieren.

Zu diesen äußeren Anstößen für die Geschichte gesellen sich Konflikte, die in Dickens' Seele gären. Es sind die traumatischen Erlebnisse seiner Kindheit, als 1824 zum einen sein Vater ins Londoner Schuldgefängnis Marshalsea kommt – wohin ihn die gesamte Familie bis auf den kleinen Charles begleitet – und er selbst in Warren's Schuhwichsfabrik Flaschen abfüllen und mit Etiketten bekleben muss, was der bildungshungrige Zwölfjährige, der sich bereits seiner schöpferischen Talente bewusst ist, als soziale Degradierung und Erniedrigung empfindet. Wie tief dieser Stachel sitzt, lässt sich daran ablesen, dass Dickens diese Kindheitsepisode später selbst gegenüber engen Familienangehörigen verschwieg und sie erst postum von seinem Freund und Biographen John Forster öffentlich gemacht wurde. Das Sujet des unglücklichen, alleingelassenen und bedrohten Kindes, das in Dickens' Werk immer von neuem wiederkehren wird, nimmt in der Geschichte von *Oliver Twist* erstmals feste Gestalt an. Dabei wirkt der Titelheld selbst über weite Strecken seltsam blutleer, unwirklich und leblos. Er agiert nicht wie ein im Armenhaus aufgewachsener Waisenjunge, sondern wie ein kleiner Gentleman (»the young Gentleman« wurde Dickens bei Warren's gerufen). Und so spricht er auch. Übrigens ebenso wie der alte Hehler Fagin, bei dem es glaubwürdiger wirkt, denn er könnte durchaus bessere Zeiten in vornehmeren Verhältnissen erlebt haben.

Damit wären wir bei dem bekannten Phänomen, dass die Schurken einer Geschichte zumeist interessanter sind als ihre Helden. Gegen Fagin, den Dodger und Nancy sind Brownlow, Oliver und Rose im wahrsten Sinne des Wortes blasse Gestalten.

Nie ist Oliver so fröhlich wie im Kreis der zerlumpten Straßenkinder, wenn Fagin ihnen spielerisch den Taschendiebstahl beibringt (mit Ausnahme einer Szene in der Gesellschaft des jovialen Dr. Losberne, der aber ohnehin eher den *Pickwick Papers* entsprungen scheint). Welch ein pädagogisches Talent und Fingerspitzengefühl – von beidem war weder im Heim noch im Armenhaus etwas zu spüren – dieser Fagin doch besitzt! Es zeigt sich auch bei anderer Gelegenheit, etwa wenn er den geknickten Charley Bates wieder aufmuntert, der sich wegen der bevorstehenden Deportation des Dodgers grämt, oder wenn er dem naseweisen Noah Claypole, der vermeintlichen »Nummer eins«, beibringt, dass er ihn jederzeit an den Galgen liefern könne.

Fagin ist jedoch nicht allein die interessanteste (kein Wunder, dass Alec Guinness darauf bestand, in David Leans cineastischem Meisterwerk von 1948 den Fagin zu spielen, obwohl er vom Äußeren her damals eher dem Typ des jugendlichen Liebhabers entsprach!), sondern zugleich auch die problematischste Gestalt des *Oliver Twist*. Geradezu erschreckend auf den heutigen Leser wirken die antisemitischen Stereotype, die Dickens verwendet hat, um möglichst eindrücklich die Gestalt eines *stage jew*, eines Bühnenjuden, zu zeichnen, etwa nach Art des Shakespeareschen Shylock. Eine Ursache dieser drastischen Darstellungsweise ist sicher in der engen und leidenschaftlichen Verbundenheit, die Dickens mit dem Theater pflegte, zu suchen.

Ein anderer Grund ist schlicht der, dass sich bei Dickens, wie eingangs schon erwähnt, natürlich auch die Einstellung der viktorianischen Gesellschaft widerspiegelt. Um 1830 wurden Juden in England gesellschaftlich noch massiv diskriminiert. Sie konnten in der City of London keine Geschäfte eröffnen, wurden nicht als Anwälte bei Gericht zugelassen, bekamen keine Universitätsabschlüsse verliehen und durften auch nicht ins Parlament einziehen. Zwischen 1830 und 1860 verbesserte sich ihre Stellung dann kontinuierlich, eine Entwicklung, die 1858 symbolisch einen Höhepunkt erreicht, als Baron Lionel Rothschild, der bereits 1847 ins

House of Commons gewählt worden war, endlich seinen Parlamentssitz einnehmen und einen abgeänderten Amtseid, bei dem der ausdrücklich aufs Christentum bezogene Passus (»upon the true faith of a Christian«) weggelassen wurde, ablegen durfte, was ihm bis dahin verweigert worden war.

In dem Roman *Our Mutual Friend*, den Dickens in den Jahren 1864/65 schrieb und der sein letztes vollendetes Werk ist, folgt die betont positive Darstellung des alten Juden Mr. Riah zum einen diesem Wandel der Zeit, zum anderen mutet es an, als habe Dickens diesen Charakter bewusst als Gegenbild und Korrektur zu Fagin geschaffen.

Als in dieser Hinsicht erhellend erweist sich die Korrespondenz zwischen Dickens und Eliza Davis, der Frau eines Geschäftsmanns, dem der Schriftsteller sein Haus am Tavistock Place veräußert hatte. Dickens knüpfte zu dem Ehepaar ein freundschaftliches Verhältnis und wurde von Eliza Davis, die Jüdin war, brieflich auf die antisemitischen Züge der Darstellung Fagins hingewiesen. In einer Antwort vom 10. Juli 1863 schreibt er ihr:

> »Fagin aus Oliver Twist ist ein Jude, weil es sich leider damals zu der Zeit, in der die Geschichte spielt, tatsächlich so verhielt, dass diese Sorte von Kriminellen beinahe sämtlich Juden waren. Aber sicher wird kein vernünftiger Mensch Eures Glaubens übersehen können, dass erstens alle übrigen der bösen *dramatis personae* Christen sind, und dass er zweitens nicht aufgrund seiner Religion ›Jude‹ genannt wird, sondern wegen seiner Volkszugehörigkeit.«

In der Tat fällt es auf, dass Fagin die »ehrwürdigen Männer seines Glaubens«, die ihm in seiner letzten Nacht auf Erden seelischen

Beistand leisten wollen, erbost davonjagt. Und was Dickens' Hinweis betrifft, die Hehler der damaligen Zeit hätten sich zum Großteil aus den Reihen der jüdischen Bevölkerung rekrutiert, so spielt dabei gewiss der Fall des Juden Isaac »Ikey« Solomon (1785–1850) eine Rolle. Dieser betrieb zur Tarnung seiner kriminellen Geschäfte im East End einen Laden (mal als Schmuckgeschäft, mal als Pfandleihe beschrieben) und hatte bereits ein abenteuerliches Leben hinter sich, als er 1830 in einem aufsehenerregenden Prozess im Gerichtshof Old Bailey wegen Hehlerei zu vierzehn Jahren (andere Quellen sagen sieben Jahre) Verbannung in Tasmanien verurteilt wurde. Diese Gerichtsverhandlung soll derjenigen gegen Fagin als Vorbild gedient haben. Man darf zumindest davon ausgehen, dass Dickens, der in jungen Jahren auch als Gerichtsreporter tätig gewesen war, diesen Prozess vor Ort verfolgt hat.

Am Ende des Briefes versichert Dickens Mrs. Davis, dass er dem jüdischen Volke gegenüber ausschließlich freundliche Gefühle hege und fügt dem Schreiben noch eine Spende für eine wohltätige jüdische Organisation bei, für die sie sich einsetzt. Einem späteren Brief vom 16. November 1864 ist zu entnehmen, dass Dickens mit Eliza Davis wohl über Einzelheiten der Darstellung des Mr. Riah in *Our Mutual Friend* korrespondierte, ihn das Thema also durchaus weiter beschäftigt hat.

Als in den Jahren 1867/68 eine neue Ausgabe seiner Werke erscheint, streicht Dickens in *Oliver Twist* an zahlreichen Stellen das Wort »Jude« und ersetzt es durch »Fagin«. Auch in den Texten, die er für seine berühmten szenischen Lesungen bearbeitet hat, fungiert Fagin lediglich als »Hehler«.

Die vorliegende Übersetzung, die sich ansonsten nach der

Ausgabe von 1846 richtet, der letzten, die Dickens grundlegend inhaltlich überarbeitet hat und die daher als die maßgebliche gilt, folgt ihm in dieser späteren Streichung und verzichtet komplett auf die Charakterisierung einer Person als Jude, ohne dass dadurch das Verständnis der Geschichte im geringsten beeinträchtigt würde. Hierin liegt auch der entscheidende Unterschied zu Mark Twains *Huckleberry Finn*, von dem immer wieder mal Ausgaben erscheinen, aus denen das Wort »Nigger« getilgt wurde. In *Huckleberry Finn* ist jedoch Rassismus eines der zentralen Themen, während das Thema Antisemitismus in *Oliver Twist* keinerlei Rolle spielt. Neben Fagin sind von dieser Änderung noch der Wirtsbursche Barney und ein namenloser Kleidertrödler betroffen. Der Grund dafür liegt keinesfalls in einer ideologischen *political correctness*, sondern schlicht darin, dass die entsprechenden Phrasen heute – nach Pogromen und Holocaust – nicht mehr das Bild eines pittoresken Bühnenjuden heraufbeschwören, sondern sich wie antisemitische Hetzpropaganda lesen.

An dieser Stelle ist es lohnenswert, noch einer anderen Spur nachzugehen, die Garry Wills in dem klugen Essay *Love in the Lower Depths* in der *New York Review of Books* gelegt hat. Er weist auf die vielen zwar impliziten, aber deutlichen Textstellen hin, die erkennen lassen, dass Fagin sich seine Bande von Knaben nicht allein der Taschendiebstähle wegen hält. (»›Einer von Bister Fagins Knaben‹, erklärte Barney grinsend.«) Um das nicht nur in der viktorianischen Zeit heikle Thema der Päderastie zu bemänteln, habe Dickens, so Wills, dem alten Hehler das auffällige Gewand eines Bühnenjuden verpasst. In der Tat lässt sich der fanatische Volkszorn auf den verhafteten Fagin kaum damit erklären, dass er mit gestohlenen seidenen Schnupftüchern hehlt, und auch nicht mit dem wenig stichhaltigen Vorwurf der Anstiftung zum Mord an Nancy, wegen dem er letztlich gehängt wird.

Die Gestalt Fagins steht aber ebenfalls in enger Verbindung zu Dickens' Kindheitstrauma, seiner Knechtschaft in Warren's Schuhwichsfabrik. Wie er in einem autobiographischen Fragment gesteht, hat Dickens sich von einem anderen der Jungen, die dort arbeiteten, den Namen für den alten Hehler entliehen: »Im Untergeschoss wurden zwei oder drei Jungen mit ähnlichen Arbeiten zu ähnlichem Lohn beschäftigt. Am ersten Montagmorgen kam einer von ihnen in zerlumpter Schürze und mit Papiermütze herbei, um mir den Trick zu zeigen, wie man mit der Schnur umgeht und den Knoten bindet. Er hieß Bob Fagin, und ich habe mir erlaubt, seinen Namen lange Zeit danach in *Oliver Twist* zu verwenden.«

Obwohl Bob Fagin eine Art Beschützerrolle für den jungen Charles übernimmt, bleibt er für Dickens bei all seiner Hilfsbereitschaft dennoch mit zwiespältigen Gefühlen verbunden, da dieser Angehörige der untersten Schichten ihn stets an seine gesellschaftliche Degradierung gemahnt.

Diese Zwiespältigkeit zeigt sich auf vielerlei Weise auch in dem alten Hehler, der keineswegs durchweg negativ gezeichnet ist. Er nimmt Oliver auf, bewahrt ihn im Grunde vor dem Hungertod auf den Straßen Londons und kümmert sich, wenn auch nicht ohne Hintergedanken, auf eine Weise um das Kind, wie es die ehrbaren Respektspersonen der Gesellschaft in Kinderheim, Armenhaus oder seinen Lehrbetrieben nie getan haben. Allem unterwürfigen Gehabe zum Trotz muss Fagin auch sehr viel Mut besitzen, um mit jähzornigen und zu Gewaltausbrüchen neigenden Verbrechern wie Bill Sikes sein Spiel zu treiben.

Ein großer Anteil an dem auf den ersten Blick abstoßenden

Bild von Fagin wird den Illustrationen von George Cruikshank zugeschrieben. So wie die heiteren Zeichnungen von Phiz die Stimmung der *Pickwick Papers* gekonnt einfangen, so trefflich vermitteln Cruikshanks zum Teil grotesk anmutende Darstellungen die sinistre Atmosphäre in *Oliver Twist.* Aber auch hier verhalten sich die Dinge nicht so einfach. Ebenso wie Dickens hegte offenbar auch Cruikshank eine seltsame Zuneigung zu seiner Figur, was sich darin äußerte, dass er Fagin in den Zeichnungen immer mehr von seinen eigenen Zügen verlieh – »Fagin in der Todeszelle« hat er gar vor dem Spiegel gezeichnet –, und es wird berichtet, dass Cruikshank im späteren Leben zunehmend versuchte, in Gestus und Rede Fagin nachzuahmen.

Inzwischen gibt es eine umfangreiche Literatur, die sich mit der schillernden Persönlichkeit Fagins beschäftigt, bis hin zu einer *Graphic Novel* von Will Eisner, dem Schöpfer dieses Genres, in der er die Geschichte von *Oliver Twist* aus der Sicht des alten Hehlers erzählt.

Bei den weiblichen Charakteren ist es die junge Straßenhure Nancy, die am lebendigsten gezeichnet ist. Das verwundert nicht, da Dickens durchaus einen gewissen Hang zur Halbwelt des Rotlichtmilieus besaß, die ihm recht vertraut war. Das brachte schon allein seine Nähe zum Theater mit sich. So unterhielt Dickens die letzten zwölf Jahre seines Lebens eine geheimgehaltene Liaison mit der Schauspielerin Ellen Lawless Ternan. In der damaligen Zeit gerieten Schauspielerinnen aus verschiedenen gesellschaftlichen Gründen im allgemeinen nicht selten in die Verlegenheit oder die Versuchung, sich aushalten zu lassen, und die Grenzen zur Prostitution waren fließend.

Der Dodger stellt Oliver dem Hehler Fagin vor. Kupferstich des britischen Illustrators George Cruikshank (1792–1878) aus der Erstausgabe von *Oliver Twist* (1838).

Gemeinsam mit der philanthropisch engagierten Bankierserbin Angela Burdett Coutts richtete Dickens 1847 in Shepherd's Bush ein Refugium für Prostituierte ein, die aus dem Gewerbe aussteigen wollten. Im *Urania Cottage* erhielten sie Hilfe und Gelegenheit, wieder gesellschaftsfähig zu werden, was nicht selten bedeutete, in den Kolonien, vornehmlich Australien und Südafrika, einen Neuanfang zu machen, der oftmals auch in eine Ehe münden konnte.

Diese Frauen und ihre Lebensumstände müssen auf Dickens eine starke Faszination ausgeübt haben, denn er wandte beträchtliche Zeit für die Belange des *Urania Cottage* auf und führte ausgiebige Gespräche mit den Bewohnerinnen. Sein Engagement war keineswegs auf diese Einrichtung beschränkt, so gab er zum Beispiel 1867 einem Zimmermädchen in seinem New Yorker Hotel Geld, damit sie mit ihrem unehelichen Kind in den Westen gehen konnte.

In Briefen finden sich jedoch auch Hinweise, dass Dickens zuweilen mit Freunden wie dem Schriftsteller Wilkie Collins und dem Maler Daniel Maclise Ausflüge in dieses Milieu unternommen hat, die nicht rein philanthropischer Natur gewesen zu sein scheinen.

Überhaupt waren es die ausgedehnten nächtlichen Streifzüge durch die Stadt, die Dickens und sein Werk nachhaltig geprägt haben. Diese einsamen Wanderungen hatte er schon als Kind begonnen, als der Rest seiner Familie im Schuldgefängnis Marshalsea saß, und sie blieben ihm Gewohnheit, solange sie ihm körperlich möglich waren. Claire Tomalin schildert sehr anschaulich:

> »Dickens unternahm auch allein Spaziergänge. Oft brach er abends ohne Begleitung auf und blieb zuweilen bis zum Morgen fort. Auf diese Art lernte er ganz London kennen: die finstersten Winkel des East End, das von den meisten als undurchdringliches fremdes Territorium betrachtet wurde; das Hafenviertel und das Flussufer von Hammersmith bis Greenwich; die verschiedenen Slums von Seven Dials, Somers Town

und Borough; die Hamstead Road seiner Kindheit, die von Euston über Mornington Crescent und Camden nach Kentish Town führte; und die vielen Meilen neuer Vororte, die Felder, Marktgärten, Bauernhöfe und die alten grünen Landstraßen nach Norden und Süden verschlangen. Er sagte, diese Spaziergänge würden ihm helfen, sein Schreibpensum des nächsten Tages zu planen, was sicherlich zutraf, aber es spielte gewiss noch etwas anderes eine Rolle. Bei all seiner Genialität war Dickens ein Mensch, der nicht von jedermann gekannt und in Beschlag genommen werden wollte. Er brauchte eine private Existenz, in der er weder der gesellige Freund noch der gut organisierte Vater sein musste und ganz zum betrachtenden Auge, zum lauschenden Ohr und zur träumenden Seele werden konnte.«

So verwundert es nicht, wenn W. H. Auden in einem Essay über Henry Mayhews dokumentarische Reportagen *Die Armen von London* (*London Labour and the London Poor*) schreibt: »Ich würde besonders seine Interviews mit […] einem jungen Taschendieb empfehlen. Diese haben mich dazu geführt, meine kritischen Ansichten über Dickens zu revidieren, von dem ich immer glaubte, er sei ein phantastischer Erzeuger überlebensgroßer Charaktere: es wird offensichtlich, dass er ein viel größerer ›Realist‹ war, als man gemeinhin glaubt.«

Zweifelsohne hat Dickens diese Charaktere auf seinen nächtlichen Streifzügen genauestens studieren können, und wir tun bei der Lektüre von *Oliver Twist* gut daran, uns der Worte Audens zu erinnern.

Oliver Twist ist getränkt von dieser Atmosphäre eines nächtlichen Labyrinths. Über weite Strecken spielt sich die Geschichte im Dunkeln ab: auf mondbeschienenen Feldern, im unbeleuchteten Gewirr der Gassen, in verborgenen finsteren Kammern und Kellern, die höchstens von einer trüben Kerze Licht erhalten. Fagin taucht gar nie bei Tageslicht auf, wie auch Graham Greene bemerkte, der in dem Gegensatz der Finsternis zur – eher nebensächlichen – hellen Welt der Brownlows und Maylies einen versteckten oder unbewussten manichäischen Symbolismus vermutet. Und zeigt sich der alte Hehler doch einmal kurz vor Einbruch der Dämmerung, wie am Fenster des im Maylieschen Landhaus schlummernden Oliver, ist dieser Auftritt mit der dunklen Welt von Schlaf und Traum verbunden und gemahnt an das Erscheinen Pans. Auf jeden Fall steht Fagin für eine Macht des Dunklen, welcher Provenienz auch immer. Gewiss war es auch kein Zufall, dass Dickens, während er an *Oliver Twist* schrieb, Daniel Defoes *History of the Devil* gelesen hat. Hier sei eine in diesem Zusammenhang interessante Petitesse erwähnt, nämlich dass »Dickens« selbst als alter Euphemismus für »Teufel« verwendet wird, und zwar in Redewendungen wie »what the Dickens«.

Näherliegend als ein manichäisches Weltbild scheint mir jedoch zu sein, dass es sich bei Dickens um die dunklen Gänge und Irrwege unseres Seelenlebens handelt und er in der Lage war, den Stoff, aus dem er seine Figuren und Geschichten erschuf, direkt aus den Spinnstuben unseres allgemeinen Unbewussten zu beziehen, die bekanntlich noch tiefer liegen als die Webstuben und Schneidereien der gesellschaftlichen Psyche. Das dürfte auch die ungebrochene Faszination erklären, die *Oliver Twist* bis heute ausübt und die weit darüber hinausgeht, dass uns die geschilderten sozialen Ungerechtigkeiten noch immer aufregen, da sie nach wie vor bestehen. Eine treffliche Beschreibung dieser seelischen Tiefenwirkung findet sich bei Graham Greene: »Wir irren nicht mit Oliver in Saffron Hill herum, wir irren durch die Windungen eines jungen, zornigen und düsteren Hirns, und die bedrückenden Bilder stehen am Wegesrand wie die beleuchteten Figuren im Tunnel einer Geisterbahn.«

Es ist bezeichnend, dass Dickens sich im Alter wieder verstärkt diesem Frühwerk und damit den traumatischen Erlebnissen seiner Kindheit zuwandte. Gegen Ende seiner Karriere unternahm er ausgedehnte Lesetourneen, die sich durchweg als triumphale Erfolge erwiesen. Der ansonsten eher skeptische Emlyn Williams schreibt darüber: »Dickens' Auftritte müssen, selbst unter Abzug journalistischer Übertreibungen in diesbezüglichen Schilderungen, eine ganz außergewöhnliche Wirkung gehabt haben. [...] Dickens war eine legendäre Figur, ein Zauberer des Wortes, der mit eigener Stimme eigene Worte aus Büchern sprach, die sein Publikum auswendig kannte, und der dieses Publikum von dem Augenblick an, in dem er auftrat, in Hypnose versetzte.«

Höhepunkt dieser Lesungen waren stets Auszüge aus *Oliver Twist*, die in dem eindringlich vorgetragenen Mord an Nancy gipfelten. Dickens versetzte seine Zuhörer dermaßen in Schrecken, dass etliche von ihnen regelmäßig aufschrien, in Ohnmacht fielen und »steif und starr« aus dem Saal getragen werden mussten. Noch verheerender waren jedoch die Auswirkungen auf den Schriftsteller selbst. Auf der Lesebühne begann sein Puls zu rasen, der Blutdruck stieg in lebensbedrohliche Höhen, und seine Gesichtsfarbe wechselte von aschfahl zu violett. Nach dem Auftritt dauerte es immer geraume Zeit, bis er wieder ansprechbar war.

Diese Lesungen gerieten für Dickens zur Obsession, die er gegen die Weisungen seiner Ärzte fortsetzte. Der Biograph Edgar Johnson behauptet nicht ganz zu Unrecht, Dickens habe mit der Entscheidung, den Mord an Nancy ins Repertoire aufzunehmen, sein Todesurteil unterzeichnet.

Am 8. März 1870 fand die letzte Lesung aus *Oliver Twist* statt, am 15. März folgte Dickens' endgültige Abschiedsvorstellung. Am 9. Juni verstarb der Schriftsteller im Alter von 58 Jahren.

Das Faszinosum, das Geheimnis, das von *Oliver Twist* ausgeht, wird sich, wie jedes echte Geheimnis, nie vollständig ergründen lassen. Am ehesten kommen wir ihm auf die Spur, wenn wir Charles Dickens selbst sprechen lassen, der seinem Verleger Richard Bentley schrieb: »I have thrown my heart and soul into Oliver Twist.«

Axel Monte

Zeittafel

1812	Am 7. Februar wird Charles John Huffam Dickens als zweites von acht Kindern des Marineschreibers John Dickens und dessen Ehefrau Elizabeth in Landport bei Portsmouth geboren.
1815	Umzug der Familie nach London, später nach Kent.
1822	Endgültiger Umzug nach London.
1824	Wegen hoher Schulden wird der Vater ins Schuldgefängnis gebracht; die Mutter zieht mit sieben Kindern ebenfalls ins Gefängnis. Nur Charles lebt außerhalb, um Geld zu verdienen – mit anderen Kindern arbeitet er in einer Lagerhalle für Schuhpolitur. Ein regelmäßiger Schulbesuch ist nicht mehr möglich. Noch im selben Jahr wird der Vater allerdings entlassen und Dickens kann den Schulbesuch wieder aufnehmen.
1827	Dickens wird als Schreiber bei einem Rechtsanwalt angestellt.
1829	Anstellung als Parlamentsstenograph.
1831	Arbeit bei verschiedenen Zeitungen; schließlich wird Dickens Journalist für den *Morning Chronicle*.
1833–36	*Sketches by Boz*, eine Reihe von Erzählungen, erscheint unter dem Pseudonym Boz in mehreren Zeitungen.
1836	Heirat mit Catherine Hogarth. Das Ehepaar bekommt insgesamt zehn Kinder. Bis 1837 erscheinen in monatlichen Heften die *Pickwick Papers* (dt.: *Die Pickwickier*).
1837–39	*Oliver Twist* erscheint als Fortsetzungsroman (deutsche Erstübersetzung 1838).
1838–39	*Nicholas Nickleby* (Roman). Dickens wird Herausgeber der liberalen Tageszeitung *Daily News*.
1842	Lesereise in den USA und Kanada, wo seine Werke mittlerweile große Erfolge feiern.
1843	*American Notes* (dt.: *Aufzeichnungen aus Amerika 1842*); *A Christmas Carol* (dt.: *Eine Weihnachtsgeschichte*), eine der berühmtesten und meistadaptierten Weihnachtsgeschichten aller Zeiten.
1844–45	Reise nach Italien.
1846–48	*Dombey and Son* (dt.: *Dombey und Sohn*) erscheint als Fortsetzungsroman.
1849–50	*David Copperfield* (Roman).

1852–53 *Bleak House* (Roman).

1856 Erwerb des Landsitzes Gad's Hill Place in Rochester.

1858 Trennung von seiner Ehefrau (eine formale Scheidung war zu dieser Zeit gesellschaftlich verpönt und deshalb nicht möglich). Dickens behielt neun der zehn Kinder bei sich, um die sich seine Schwägerin Georgina Hogarth kümmert. Dickens beginnt eine Beziehung zu der Schauspielerin Ellen Ternan, die bis zu seinem Tod andauert.

1859 *A Tale of two Cities* (dt.: *Eine Geschichte aus zwei Städten*, Roman).

1860–61 *Great Expectations* (dt.: *Große Erwartungen*, Roman).

1865 Am 9. Juli übersteht Dickens auf dem Rückweg von Paris einen schweren Eisenbahnunfall körperlich unversehrt. Das Ereignis beschäftigt ihn aber noch jahrelang. Die Gruselgeschichte *The Signal-Man* stellt einen Versuch dar, das Erlebte zu verarbeiten.

1867 Erneute Lesereise durch Nordamerika; gesundheitlich ist Dickens bereits angeschlagen.

1869 Lesereise durch England; während eines Auftritts erleidet er einen Schlaganfall, die Tour wird abgebrochen und Anfang des nächsten Jahres nachgeholt.

1870 *The Mystery of Edwin Drood* (dt.: *Das Geheimnis des Edwin Drood*), sein letzter Roman, bleibt unvollendet. Am 9. Juni stirbt Dickens auf seinem Landsitz an einem erneuten Schlaganfall. Fünf Tage später wird er, gegen seinen ausdrücklichen Wunsch eines schlichten Begräbnisses, in der Westminster Abbey beigesetzt. Schon seit Jahren war Dickens der meistgelesene Autor Großbritanniens und weltberühmt gewesen. Dieser Ruhm bleibt bis heute bestehen – viele seiner Werke gehören zu den meistverfilmten und -adaptierten Werken der englischen Literatur.

Inhalt

1 Wo Oliver Twist zur Welt kam und die Umstände seiner Geburt. 5
2 Wie Oliver Twist aufwuchs, erzogen und ernährt wurde. 9
3 Beschreibt, wie Oliver Twist beinahe eine Stellung antrat, die alles andere als ein Ruheposten gewesen wäre. 25
4 Oliver, dem eine andere Stellung angeboten wird, tritt ins Berufsleben ein. 38
5 Oliver trifft auf neue Gefährten. Er nimmt zum ersten Mal an einem Begräbnis teil und bildet sich eine ungünstige Meinung vom Gewerbe seines Lehrherrn. 49
6 Oliver schreitet, von Noahs Spott angestachelt, zur Tat und versetzt ihn dabei nicht wenig in Erstaunen. 65
7 Oliver bleibt widerspenstig. 72
8 Oliver geht nach London. Unterwegs begegnet er einem sonderbaren jungen Herrn. 82
9 Enthält weitere Angaben über den netten alten Herrn und seine hoffnungsvollen Schützlinge. 94
10 Oliver macht nähere Bekanntschaft mit dem Charakter seiner neuen Gefährten und sammelt zu hohem Preis neue Erfahrungen. Ein kurzes, aber äußerst wichtiges Kapitel dieser Geschichte. 103
11 Handelt von dem Polizeirichter Mr. Fang und gibt eine kleine Kostprobe davon, wie er Gerechtigkeit walten lässt. 110
12 In dem für Oliver besser gesorgt wird als jemals zuvor und die Erzählung zu dem fröhlichen alten Herrn und seinen jungen Freunden zurückkehrt. 121
13 Der verständige Leser wird mit einigen neuen Personen bekanntgemacht und erfährt dabei verschiedene erquickliche Dinge, die zu unserer Geschichte gehören. 135
14 Enthält weitere Einzelheiten über Olivers Aufenthalt bei Mr. Brownlow sowie die bemerkenswerte Vorhersage, die ein Mr. Grimwig in Bezug auf Oliver trifft, als dieser zu einem Botengang aufbricht. 147
15 Zeigt, wie sehr der fröhliche alte Herr und Miss Nancy Oliver Twist zugetan sind. 163
16 Berichtet, was mit Oliver geschah, nachdem ihn Nancy in Beschlag genommen hatte. 173

17 Olivers Schicksal, das ihm weiterhin nicht gewogen ist, lässt einen wichtigen Mann nach London kommen, um seinen Ruf zu schädigen. 187
18 Wie Oliver die Zeit in der ersprießlichen Gesellschaft seiner ehrenwerten Freunde verbringt. 201
19 In dem ein bemerkenswerter Plan besprochen und beschlossen wird. 213
20 In dem Oliver bei Mr. William Sikes abgeliefert wird. 227
21 Der Fußmarsch. 239
22 Der Einbruch. 248
23 Welches das Wesentliche einer reizenden Unterhaltung zwischen Mr. Bumble und einer Dame enthält und zeigt, dass sogar ein Büttel für gewisse Dinge empfänglich ist. 258
24 Handelt von einem ganz armen Geschöpf. Es ist zwar kurz, mag sich für unsere Geschichte jedoch als bedeutsam erweisen. 269
25 Worin die Geschichte zu Mr. Fagin und Konsorten zurückkehrt. 278
26 In dem eine geheimnisvolle Gestalt auf der Bildfläche erscheint und etliche Dinge, die untrennbar mit unserer Geschichte verbunden sind, geschehen und getätigt werden. 287
27 Leistet Abbitte für die Unhöflichkeit eines vorhergehenden Kapitels, das eine Dame einfach sitzengelassen hat. 305
28 Kümmert sich um Oliver und verfolgt seine Abenteuer weiter. 316
29 Enthält einen einführenden Bericht über die Bewohner des Hauses, in dem Oliver Zuflucht gesucht hat. 330
30 Berichtet, was Olivers Besucher über ihn dachten. 336
31 Bringt eine schwierige Situation mit sich. 346
32 Vom glücklichen Leben, das nun für Oliver bei seinen gütigen Freunden begann. 362
33 Worin das Glück Olivers und seiner Freunde einen jähen Dämpfer erfährt. 375
34 Enthält einige einführende Bemerkungen in Bezug auf einen jungen Herrn, der jetzt seinen Auftritt hat, und ein neues Abenteuer, das Oliver widerfährt. 388
35 Enthält den unbefriedigenden Ausgang von Olivers Abenteuer und eine Unterredung zwischen Harry Maylie und Rose, die von gewisser Bedeutung ist. 403

36 Ein sehr kurzes Kapitel, das hier unbedeutend erscheinen mag, aber ungeachtet dessen gelesen werden sollte, als Fortsetzung des vorigen und Schlüssel zu einem späteren, das zu gegebener Zeit erzählt werden wird. 414
37 In dem der Leser von Unstimmigkeiten erfährt, wie sie bei Eheleuten wohl des öfteren vorkommen. 418
38 Enthält einen Bericht dessen, was sich bei der nächtlichen Unterredung zwischen Mr. und Mrs. Bumble und Monks zutrug. 433
39 Lässt einige ehrbare Personen auftreten, die dem Leser bereits bekannt sind, und zeigt, wie Monks und Fagin ihre trefflichen Köpfe zusammenstecken. 448
40 Eine sonderbare Unterredung, die eine Fortsetzung des vorigen Kapitels ist. 469
41 Enthält neue Entdeckungen und zeigt, dass eine Überraschung, ebenso wie ein Unglück, selten allein kommt. 480
42 Ein alter Bekannter Olivers, der deutliche Anzeichen von Genie erkennen lässt, wird in London zu einer bekannten Persönlichkeit. 495
43 Worin geschildert wird, wie der gerissene Dodger in Schwierigkeiten gerät. 511
44 Für Nancy kommt die Zeit, ihr Versprechen gegenüber Rose einzulösen. Es gelingt ihr nicht. 527
45 Noah Claypole erhält von Fagin einen geheimen Auftrag. 537
46 Die eingehaltene Verabredung. 542
47 Tödliche Folgen. 557
48 Sikes flieht. 568
49 Monks und Mr. Brownlow treffen endlich zusammen. Ihre Unterredung und die Nachricht, die sie unterbricht. 582
50 Verfolgungsjagd und Flucht. 597
51 Gibt über mehr als ein Geheimnis Aufklärung und enthält einen Heiratsantrag, in dem weder von Nadelgeld noch von Mitgift die Rede ist. 614
52 Fagins letzte Nacht auf Erden. 634
53 Und zu guter Letzt. 647

Anmerkungen 655
Nachwort 668
Zeittafel 683

Englischer Originaltitel:
Oliver Twist; or, The Parish Boy's Progress

RECLAM TASCHENBUCH Nr. 20631
2021 Philipp Reclam jun. Verlag GmbH,
Siemensstraße 32, 71254 Ditzingen
Umschlaggestaltung: Anja Grimm Gestaltung
Umschlagabbildung: © Gutentag-Hamburg
Umschlagmaterial: PEYVIDA puro 270 g/m², peyer graphic gmbh
Druck und Bindung: GGP Media GmbH,
Karl-Marx-Straße 24, 07381 Pößneck
Printed in Germany 2021
RECLAM ist eine eingetragene Marke der
Philipp Reclam jun. GmbH & Co. KG, Stuttgart
ISBN 978-3-15-020631-7

Auch als E-Book erhältlich

www.reclam.de

FSC
www.fsc.org
MIX
Papier aus verantwortungsvollen Quellen
FSC® C014496